Robert Griesbeck · Peter Orzechowski

Die Kraft der Rät

Robert Griesbeck
Peter Orzechowski

DIE KRAFT DER RÄTSEL

Weisheitsspiele der Welt

Schönbergers Verlag

Besonderen Dank möchte ich folgenden Personen sagen, die mich bei oder während der Arbeit an diesem Buch mit Rat und Tat unterstützt, mir ihre Zeit, ihr Vertrauen und ihre Liebe geschenkt haben:
Maggie Bauer, Peter Bramböck, Nikodemus Frisch, Elke Gangl, Claudius Grodon, Hana Grüner, Christoph Herold, Peter (Zebulon) Huber, Peter Orzechowski, dem Sappl/Leitner-Clan, Peter Schamböck, Kurt und Margit Schönberger, Taran dem »Großkopf«, Maximilian Teicher, Schi-Schi Verrutschi und Renate Wirs.
Auch Philipp und Sara, die viel Geduld mit mir hatten.

Robert Griesbeck

Ich danke Rachel Pollack und meinen Klienten für die Anregung zu diesem Buch. Ich danke vor allem meinen Lehrern Prem Pal Singh Rawat und Prof. Johannes Sauter. Ich danke allen Mitarbeitern des Instituts für Hypnoseforschung und Hypnosetherapie in München, besonders dessen Leitern Gudrun und Erhard Freitag. Brigitte Gollong sei Dank für Ihre Mithilfe beim Erstellen der Endfassung des Buches.

Peter Orzechowski

Umschlaggestaltung: Robert Griesbeck, München
Lektorat: Bücherwerkstatt Peter Bramböck, München
Satz: Filmsatz Schröter GmbH, München
Druck und Bindung: Franz Spiegel Buch GmbH, Ulm
Printed in Germany
ISBN 3-89114-032-0

Inhalt

Vorwort

»Der Körper bedient sich vieler Werkzeuge,
aber des Körpers und seiner Teile bedient
sich die Seele, und die Seele wiederum
ist ein Werkzeug Gottes.«
Plutarch (Oberpriester in Delphi)

»Alles, was wir sind, ist das Ergebnis dessen,
was wir gedacht haben: Es gründet sich auf
unsere Gedanken, es besteht aus unseren Gedanken.«
Gautama Buddha (Erleuchteter und Religionsgründer)

»Also gut, dann laß uns 'ne Münze werfen!«
Tom Sawyer (Amerikaner und kein *Esoteriker)*

Wie leicht tut sich ein Lexikon, das das Thema dieses Buches mit »ORAKEL, von (lat.) oraculum = Weissagung« abtun kann. Auf 800 Seiten haben wir eine etwas genauere Definition versucht, die aber sicherlich nicht endgültig und vollständig sein kann. Auch das haben wir von den Orakeln gelernt.

Esoterisches und Okkultes sind Themen dieser Zeit, obwohl drohende Kriege, Zerstörung der Umwelt und fragwürdige Kernkraftwerke *reale* Bedrohungen darstellen, die andere Bewältigungsstrategien erfordern. Kann das eine das andere überhaupt berühren? Es kann, denn nur Menschen, die sich selbst erkennen, bewußter werden und sich weiterentwickeln, können sich *realen* Themen überhaupt stellen. Die Inflation der Orakel oder Weisheitsspiele ist allerdings gewaltig geworden – sowohl quantitativ als auch qualitativ. Einfache Übertragungen aus alten, meist ungesicherten Texten stellen das Gros der Orakelbücher dar, und die, die sich um Details und Hintergründe bemühen, sind meist ebenso rigide wie eindimensional – sie lassen dem interessierten Laien angesichts des bombastisch gezeichneten Panoramas eines »spirituellen Weges« fast keine Chance. Doch Orakel sind nicht eindimensional, waren es auch nie. Die Psychologie, die sich allmählich von den strengen Diagnose- und Therapiedogmen der Nachkriegszeit zu lösen beginnt, hat die Chance der »Spiele des Unbewußten« erkannt und verwendet ähnliche Techniken, wie sie unsere Vorfahren vor 2000 Jahren benutzten – oder ›primitive‹ Naturvölker heute noch praktizieren. Freies Assoziieren dient nicht ausschließlich mehr der Diagnose, die Gestalttherapie verwendet wieder das Prinzip der »Gesamtheit« (einer geistig-seelisch-körperlichen), nach dem sich ein Mensch sowohl ausdrücken als auch selbst erfahren kann, und Imagination sowie gesteuerte Traumreisen finden auf derselben Ebene statt wie Orakel – man findet über einen »Vermittler« (ein Bild, ein Symbol, eine erdachte Geschichte oder einen Klang) das kleine Schlupfloch zum Unbewußten, das man so eben auch *bewußt* passieren kann. Diese Form der Therapie bedeutet eine Chance, mehr zu erreichen, als den Menschen nur »funktionstüchtig« zu machen, das heißt, sein Verhalten einem *grundsätzlich gestörten* Massenverhalten wieder anzugleichen, damit er »nicht mehr auffällt«. Die Psychologie will und *muß* sich auch um ein generelles Welt- und Menschenbild bemühen, denn nur wenn jeder Therapeut für sich eine Bewußtseinsstufe erreicht hat, von der er weiß, daß sie *gut und richtig* ist, kann er auch anderen helfen, sie zu erreichen.

Verschüttetes, Sperren und Bremsen aus unserem Unbewußten freizulegen und zu erkennen, ist aber gleichzeitig Chance und Aufgabe für jeden von uns, die er in großem Maße auch selber wahrnehmen kann. Vor allem sollte man sich dabei von der *Ernsthaftigkeit* befreien, dieser in ehrfürchtigem Flüstern präsentierten eigenen Wichtigkeit vor dem »Altar der Seele« – in uns hineinzuschauen ist spannend, erlösend und lustvoll. Und wenn Sie in der Laune sind, mit Orakeln zu ›spielen‹, *dann tun Sie das*; man kann mit Tarotkarten auch Canasta spielen. Wenn Sie sich auf die Karten erst einmal eingelassen haben, werden Sie letzteres zwar nicht mehr tun, aber das Orakel verlangt es nicht! Es besitzt keine eigene Ernsthaftigkeit, nur die, die Sie hineinlegen.

In den altindischen Veden kann man lesen, daß es »zum Wesen des denkenden ICH gehört, *zu wissen*« – aber nicht, wie wir es vielleicht verstehen könnten, als Folge eines Lernprozesses. Das WISSEN – als potentielle Möglichkeit – ist bereits in uns vorhanden. Und da alle ICHs, die Summe aller denkenden und spirituellen Personen, zu einer geistigen Welt oder Dimension gehören, kann man auf den Gedanken kommen, diese gemeinsame Kraft als Superwissensquelle, als ein Überbewußtsein zu verstehen. Wer sich mit derart abstrakten Vorstellungen schwertut, muß auf eine klassische Methode zurückgreifen und sie personifizieren; dann heißt diese Dimension eines allumfassenden und allwissenden Geistes – Gott.

Orakel sind Chancen, uns, andere sowie Zusammenhänge zu erkennen und besser zu verstehen. Doch man kann auch im ›praktischen‹ Leben mit ihnen umgehen. Sie können Rat geben, Auswege aufzeigen und Anstöße geben. Obwohl ich das schon einige Zeit lang weiß, ist es dennoch immer wieder faszinierend, zu beobachten, wie ES-WIR funktionier(t)en.

Bei der Arbeit an diesem Buch erlebten wir solch ein Phänomen. Wir hatten uns mit unseren beiden Verlegern getroffen, um den Buchtitel zu formulieren. Eine gute Stunde verging mit Vorschlägen und Diskussionen, und obwohl es an brauchbaren Ideen nicht mangelte, hatte keiner der Vorschläge den ›Biß‹ oder die überzeugende Eindeutigkeit, die wir uns vorstellten. Das war wirklich harte ›Kopfarbeit‹ – bis uns einfiel, daß wir diese Suche eigentlich auch entsprechend dem Thema des Buches behandeln könnten. Was liegt schließlich näher, ein Buch, das sich mit Orakeln beschäftigt, über ein solches zu benennen? Also schnitten wir sechzehn Pappkarten aus und schrieben auf jede ein Wort oder eine Formulierung, die allen gemeinsam in diesem Zusammenhang ›passend‹ erschien, etwa »Hilfe«, »Weisheit«, »Das Unbewußte« oder »Die Kraft«. Schließlich wurden die Karten gemischt, jeder hob den Stapel dreimal ab, und am Ende lagen zwei Kartenstöße vor uns auf dem Tisch. Die Spannung war, gerade für die Verleger, nicht gering, denn wir hatten uns darauf geeinigt, daß wir uns der Entscheidung des Orakels *unwiderruflich* unterwerfen würden – und die Gefahr, einen gewaltigen Mißgriff zu tun, war groß. Wir deckten die beiden obersten Karten auf: »Die Kraft« – »Die Rätsel«! Der Titel war sofort allen klar – DIE KRAFT DER RÄTSEL. Und je länger wir diese Formulierung betrachteten, desto besser, aussagekräftiger und treffender wurde sie. Aber, und das könnten Sie auch einwenden, war es nicht absolut beliebig, *was* wir nun tatsächlich gezogen haben; hätte nicht jede andere Kombination den gleichen Zweck erfüllt, und waren wir nur so begeistert von dieser Zusammensetzung, weil es ein Orakel war und so schön geheimnisvoll? Diese Idee hatte auch einer der Verleger – aber die anschließend gezogenen weiteren Kombinationen belehrten ihn eines Besseren. *Keine* Kombination, selbst absichtlich gelegte, traf die Idee dieses Buches auch nur annähernd so klar und genau.

Ob Sie sich nun dem Gebiet der Orakel von der esoterischen oder von der pragmatischen Seite her nähern, ob Sie Problemlösungen oder einen tieferen Einblick in Ihr Inneres suchen, ist nicht so wichtig. Nur eines sollten Sie sich vornehmen, wenn Sie tatsächlich mit Orakeln arbeiten, seien es die Tarotkarten, das I Ging, die Geomantie, Zahlen oder Runen: Sie müssen sich *auf sie einlassen*!

Viel Spaß dabei.

1. TEIL

Orakel –
Gespräche mit der Seele

Von Robert Griesbeck

Die Geschichte der Orakel

Die Vorstellung von unseren Urahnen ist und muß spekulativ sein. Ich meine nicht die Vorfahren, die den 1. Weltkrieg erlebt haben, auch nicht die Minnesänger des Mittelalters oder die ersten Metallschmelzer der Bronzezeit, sondern die Menschen, die am Anfang des Zeitalters standen, das immer noch das unsere ist, denn obwohl wir uns (stolz oder angsterfüllt) als Mitglieder des Atomzeitalters verstehen, leben wir immer noch im Quartiär, einer Periode in der Geschichte dieser Erde, die vor 600000 Jahren ihren Anfang nahm. Durch vier Eiszeiten kämpfte sich der spätgeborene Mensch hindurch, vollauf damit beschäftigt, am Leben zu bleiben, bis die letzte und noch heute herrschende Warmzeit anbrach, die ihn nach dem harten Klima, nach ewigem Schnee und Gletscherfeldern endlich in eine hoffnungsvolle Zukunft entließ, in milde Sommer und erträgliche Winter, in eine üppige Vegetation, die ausreichende Nahrung bedeutete und eine höhere Überlebenschance. Was den Menschen damals umgab, ihn gefährdete und ihn am Leben hielt, können wir heute recht genau nachvollziehen. Vögel, Rehe, Wildpferde, Rentiere, Bisons, Wollnashörner, Mammuts und Höhlenbären konnte er jagen, wenn sie nicht gerade ihn jagten, die Pflanzen hatte er nach endlosen Schwierigkeiten endlich in eßbare und giftige unterscheiden gelernt, Holz diente ihm gleichermaßen als Werkzeug wie als Brennstoff, Wasser fand er oder sammelte es beim Regen. Er konnte also seine einzigen beiden Bedürfnisse – Wärme und Nahrung – ohne größere Schwierigkeiten befriedigen. Wir können aus Werkzeug- und Waffenfunden auf seinen Steinzeitalltag schließen, aus Skeletten läßt sich seine äußere Erscheinung nachvollziehen, doch sein Bild von sich und seiner Umwelt läßt sich auch aus den aufregendsten Höhlenzeichnungen nicht ablesen, auch nicht, ob und wie er sich einen Lebenszusammenhang vorstellte. Aber eines liegt auf der Hand: Der Mensch der Steinzeit konnte Funktionen und Zusammenhänge erkennen. Das half ihm, Werkzeuge herzustellen, Feuer zu entfachen und zu bewahren; er lebte voll und ganz in der Natur, sie war sein Feind ebenso wie sie ihn nährte, und er konnte mit winzigen Schritten in sie eindringen und sie zu seinem Nutzen verwenden. Sie zu beobachten war lebensnotwendig für ihn, ihre Veränderungen zu erkennen und richtig zu deuten, Anzeichen und Vorboten mit ihren Folgen zu verbinden und sein Leben danach einzurichten.

Die Natur war für den Menschen der Steinzeit die einzige und übergroße Macht, der er völlig ausgeliefert war, aber er lernte es langsam, ihre Sprache zu verstehen. Blitz und Donner waren Vorboten des Regens, wolkenlose Sonnenuntergänge verhießen kalte Nächte, und ein feuchter Sommermorgen ließ eine bessere Pilzernte erwarten als ein trockener. Hatte der Mond einen Hof, war für den nächsten Tag Regen zu erwarten, worauf auch manche Tiere, zum Beispiel tieffliegende Vögel, hinwiesen, während etwa tanzende Mücken oder eine blutrote Abendsonne eher auf das Gegenteil deuteten. Diese Zeichen lesen zu können, nach und nach in die Sprache der Natur einzudringen und sich rechtzeitig auf kommende Entwicklungen einzustellen, war ein wichtiger Schritt auf dem Weg zum bewußten Menschen. Unverzichtbar und lebensnotwendig wurde diese Fähigkeit erst, als sich der Mensch vom Jäger und Sammler, vom ziellosen Nomaden, der der Nahrung nur folgte, weiterentwickelte zum seßhaften Bauern, der das Land kultivierte und manche Tiere domestizierte. Jetzt mußte er den Rhythmus der Natur erkennen und sich danach richten, mußte die beste Zeit zur Aussaat und zur Ernte kennen und aus den verschiedensten Anzeichen schließen, ob der nächste Tag Schnee, Regen oder Sonne brachte.

Die dafür notwendige aufmerksame Naturbeobachtung mußte über kurz oder lang zwangsläufig dazu führen, daß der Mensch bestimmte Perioden und immer wiederkehrende Konstellationen auf der Erde und am Himmel erkannte. Nicht nur der Wechsel der Tage, der längere und höhere Sonnenstand im Sommer und die kürzeren Wintertage, der Wechsel der Jahreszeiten, sondern auch die Vorgänge am Sternenhimmel wurden als feste Muster erkannt, die sich immer wieder, gleichmäßig und daher *vorhersehbar* wiederholten. Um 3000 v. Chr. beobachteten aufmerksame Menschen überall auf unserer Erde den Lauf der Gestirne, fertigten Karten und Umlauftabellen an und konnten sogar

Sonnen- und Mondfinsternisse vorhersagen, die Chaldäer in Mesopotamien ebenso wie die Inkas und Azteken in Mittelamerika, die Chinesen oder die Inder. Und den Menschen wurde immer mehr bewußt, daß sie in einer harten, aber harmonischen Umwelt lebten, deren Gesetze und Zeichen man erkennen und danach leben konnte.

Und Zeichen gab es mehr als genug. Den Bauern sagten nicht nur Wolken, Morgen- und Abendsonne, Wind und Temperatur etwas über das künftige Wetter, sie zogen auch scheinbar völlig unpassende und in keinem logischen Zusammenhang stehende Erscheinungen zur Wetterprognose heran, zum Beispiel, wie etwa der Rauch eines Feuers aufstieg, das Geräusch einer Quelle oder die Flugbahn eines Vogels. Es genügte, Zeichen oder Omen zu erkennen und seine Botschaft zu verstehen. Der Umgang damit war passiv, man ›empfing‹ sie einfach von einer ›höheren Stelle‹, wie Befehle oder Warnungen. Doch wer ließ sich eigentlich dazu herab, diese ›ungehobelten‹ Menschen der Steinzeit so fürsorglich mit Prophezeiungen zu versorgen? Um das zu verstehen, ist es an der Zeit, den Gottesbegriff einzuführen. Das Erwachen der Menschheit fand nämlich nicht nur am Tage statt.

Die Realität der seh- und begreifbaren Ereignisse hatte einen ergänzenden und sehr wichtigen Gegenpart, den der Nacht, des Schlafs und der Träume. Und diese Träume waren damals – anders als heute – ebenso Realität wie Herbstgewitter, Waldbrände oder Mißernte. Die Themen des Tages waren die Jagd, die Feldarbeit, die Suche nach Zuflucht vor Kälte und Gefahr, die Sippe, die Fortpflanzung, das Überleben (wobei die Reihenfolge beliebig ist). Ob das alles auch die Themen der Träume bildete, wissen wir nicht, aber wir kennen die Bilder und Symbole der Nacht: der Träumer selbst und die Mitglieder seiner Sippe, Pflanzen und Tiere, Berge, Wälder, Seen, Wind und Regen, Blitz und Donner, die Sonne und ein unzählbares Meer von Lichtpunkten am Nachthimmel. All diese Bilder verändern sich jedoch im Traum, halten sich nicht mehr an die bekannten Gesetze des Wachzustandes. Nachdem wir von Artemidoros (er lebte im 2. Jahrhundert nach Christus und war prominenter Traumdeuter) wissen, daß die Menschen damals, ohne Flugzeuge zu kennen, schon Flugträume hatten, können wir diese guten Gewissens auch einem Steinzeitmenschen unterstellen. Wie verhält sich ein Mensch, dem im Traum solche Wunder widerfahren? Er konnte sie nicht benennen, sie kaum seinen Mitmenschen mitteilen, sie nicht relativieren. Schlimmer noch, erschienen doch im Traum oft längst Verstorbene, unterhielten sich mit ihm, gaben Ratschläge und Warnungen. Wie ging ein Steinzeitmensch mit solchen Unmöglichkeiten um?

Er ging nicht um – er ließ umgehen. Er ließ den Willen dieser übergroßen Macht geschehen, die ihm Tag und Nacht seine Abhängigkeit und ihre Stärke bewies. Wie einem schwachen Kind, das gegen einen Schwergewichtsboxer antritt, blieb ihm nur übrig, auszuweichen, sich zu ducken, Distanz zu halten, den Gegner gut zu beobachten und immer im Auge zu behalten, jedes Angriffszeichen frühzeitig zu erkennen, richtig zu deuten und schnell zu reagieren. Die Lehren der Nacht waren für ihn ebenso wichtig wie die Anforderungen, die der Tag an ihn stellte. Schlaf und Traum konnte er (im Unterschied zu uns heute) nicht voneinander trennen; die Wanderungen, die er im Traum unternahm, fanden für ihn tatsächlich statt. Er wußte zwar, daß er die Schlafstätte nicht verlassen hatte – also mußte etwas anderes ihn verlassen haben und nach all diesen seltsamen und wohl auch beängstigenden Erlebnissen zu ihm zurückgekehrt sein. Um einen Namen dafür mußte er sich noch nicht kümmern. Es sollte später einmal die ›Seele‹ heißen.

Ob er in seinen geträumten Jagderlebnissen Gefahren, Beute oder gar den eigenen Tod vorhersah, ob Jagdzauber, Beschwörungsmagie und Träume damals schon eine Verbindung eingegangen sind – darüber können wir nur spekulieren. ›Primitive‹ Jagdvölker Afrikas, die von Anthropologen gern als Beispiel für steinzeitliche Lebensform herangezogen werden, belegen etwa das Berühren der Schlafmatte eines abwesenden Jägers mit einem Tabu. Seine Seele kann sich sonst dort nicht ausruhen, was zum Tod des Jägers führen würde.

Schlaf und Tod waren noch eng miteinander verbunden. Was unterschied einen Schlafenden von einem Toten? Irgend etwas hatte ihn verlassen – ob und wann es zurückkam, war unsicher. Aber die Hoffnung existierte; warum hätten die Menschen sonst in jedem

Hügel- und Steingrab ein Seelenloch gelassen? Faustgroße Öffnungen, die alle in die Richtung der aufgehenden Sonne wiesen – zum Ein- und Ausschlüpfen der Seele.

Die Träume gebaren die Mythen, die eigentlichen Urerzählungen, die ein Volk und damit jeden einzelnen in ein Ordnungssystem einfügten. Ohne es wäre ein gerade erwachender Geist dem Chaos und Wahnsinn preisgegeben gewesen.

Bei den Ägyptern war um 3000 vor Christus aus den Mythen schon eine Religion geworden. *Ka*, die Seele, war das zweite Ich des Menschen, und sie nutzte den Schlaf, um auf Wanderschaft zu gehen. Die Erlebnisse, Begegnungen mit Göttern und mögliche Nachrichten an das mit dem Körper schlummernde Ich waren so real wie die Erlebnisse, Begegnungen und Nachrichten des Tages. Man deutete die Traumbilder unmittelbar, sie bedurften keiner Interpretation.

Durch den Traum entstand das Bild der ›Seele‹, durch ihre nächtlichen Wanderungen und Begegnungen mit mächtigen Symbolfiguren entstanden die Mythen: Götter der Sonne, des Feuers, des Wassers, der Blitze in Menschen- oder Tiergestalt. Die Symbolsprache all dieser Mythen ist auf der ganzen Welt die gleiche – in Indien wie Ägypten oder Polynesien. Und es mußten nicht erst ›Götter als Astronauten‹ die Erde besuchen, um diese Symbole auf allen Kontinenten bekannt zu machen – die Bilder des Tages vermochten das durch ihre Verwandlung in den Träumen viel leichter.

So hat der Traum über die Mythen auch die Religionen erschaffen, die die Bilder und Gestalten der Nacht organisierten und verwalteten. Eine neue Institution war dafür nötig: Gott. Ein übermächtiges Wesen war gefunden, man hatte ihm eine Geschichte zugeordnet, ein paar ebenso mächtige Vasallen zur Seite gestellt, die ihre jeweiligen Spezialgebiete zu bearbeiten hatten, etwa das Wetter, die Ernte, die Jagd oder Haus und Heim. Vergleiche mit aktuellen Ministerressorts drängen sich auf.

Die frühe Sehnsucht nach einer Weltordnung hat diese sauber getrennten göttlichen Zuständigkeitsbereiche entstehen lassen, und das erscheint auch logisch, war doch die Natur selbst auch ›in Ordnung‹, hatte ihre Harmonie und ihren Rhythmus und ließ dem Menschen keine andere Wahl, als sich selber auch als Teil dieser Ordnung und Harmonie zu verstehen.

Damit nähern wir uns schon rapide der Geburtsstunde des Orakels. Lange Zeit konnte man die Zeichen der Natur und ihrer göttlichen Lenker bestenfalls als Omen verstehen, als mehr oder weniger zufällige Äußerung oder Antwort ohne Frage. Ein Omen war bloßes Vorzeichen, das der Mensch als göttliches Geschenk präsentiert bekam, ohne sich um sein Zustandekommen kümmern zu müssen – es zu erkennen und richtig zu deuten reichte aus. Das Orakel dagegen setzte die Frage voraus, die aktive Beschäftigung mit den Göttern und das Beharren auf einer Antwort. Die ersten Orakel waren den gewohnten Äußerungen der Natur ähnlich, sie zeugten mehr von der Ungeduld des Fragers (weit und breit kein Vogel, aus dessen Flug man etwas ablesen könnte!) als von der Absicht, eine Sprache zu entwickeln, in der man sich direkt mit den zuständigen Gottheiten unterhalten konnte. Waren also, um im Beispiel zu bleiben, keine passenden Vögel in Sicht, schoß man stellvertretend für sie einen Pfeil ab und las das Wetter aus seiner Flugbahn ab. Auch die bloße Betrachtung eines schwelenden Feuers wurde zum Orakel, wenn das Feuer an einer bestimmten Stelle – etwa genau im Hütteneingang – entfacht wurde und man beobachtete, ob der Rauch hinaus- oder hineinzog, eine Schicksalsfrage, die in abgewandelter Form noch heute in Großbritannien Aufschluß über das baldige Verlassen des Elternhauses gibt: Das noch unverheiratete Mädchen stellt sich mit dem Rücken zur Haustür und wirft seinen Pantoffel über die Schulter. Bleibt er mit der Spitze in Richtung Elternhaus liegen, so heißt es, noch ein Jahr Aussteuer zu nähen und auf den Mann des Lebens zu warten – zeigt er aber hinaus in die weite Welt . . .

Die Geschichte der Orakel ist so bunt und spannend wie jede andere Geschichte menschlicher Kreativität, sei es die Malerei, Musik oder Dichtung. Auf jedem Kontinent, in jeder Kultur entstanden unzählige Orakeltechniken und -methoden, um hinter das zu kommen, was die einen die Bestimmung nannten, die anderen ihre Zukunft.

Afrika ist ein klassisches Orakel-Land, zum einen, weil es den letzten Kontinent darstellt, auf dem die Menschen noch einigermaßen im Einklang mit der Natur leben (können und müssen), zum anderen, weil die Tradition der animistischen Religion (die Vorstellung von der Beseelung der ganzen Natur) auch durch vehementeste Versuche der westlichen Theoriekirchen nicht gebrochen werden konnte. Hauptsächlich in Zentralafrika wird bis heute das Leben durch Befragung des Orakels gesteuert, sei es bei Krankheiten, bevorstehender Verehelichung, Verbrechen und der Suche nach dem Schuldigen oder zur Vorausschau auf Ernte oder Jagd.

Eine große Tradition hat das Orakel in Afrika als Instrument zur Verbrechensbekämpfung, etwa bei Mord, Diebstahl oder der Untreue einer Frau: Den Täter faßte man üblicherweise mit Hilfe des Orakels. Sehr genau wurde dort auch schon zwischen intuitiven und deduktiven Orakeln unterschieden, wobei bei den ersteren der Medizinmann beim Herumschnüffeln im Kreis von Verdächtigen den wahren Schuldigen ›erriecht‹, weniger wahrscheinlich an seinem tatsächlich unterschiedlichen Geruch, sondern einfach durch die Tatsache, daß der Medizinmann ein scharfer Beobachter und der Täter, der sich dieser Autorität völlig ausgeliefert fühlt, kaum zu großen Verstellungskünsten fähig ist.

Uns interessieren hier aber nur die deduktiven Orakel, die Tatbestände mittels einer bestimmten Technik aufdecken und nicht durch die Inspiration des Fragenden. Afrikanische Diebsucher etwa bedienen sich der verschiedensten Orakeltechniken, z. B. des Rutenorakels, bei dem der Medizinmann ähnlich den europäischen Rutengängern mit einem abgebrochenen Zweig den Kreis der Verdächtigen abschreitet, bis ihm der Ausschlag der Rute schließlich den Täter zeigt. In Ruanda läßt man im Kreis der Verdächtigen ein Holzrohr rotieren; auf wen es schließlich zeigt, den hat das Orakel als Täter ausersehen. Die *Nankanse* lassen Angeschuldigte ein Stück Holz spalten; gleitet die Axt ab oder bleibt sie stecken, muß sich der solchermaßen Ertappte der nächsten Prüfung unterziehen, spaltet er es mit einem Schlag, ist er unschuldig. Bei den *Bende* kleben zwei befeuchtete Hölzer zusammen, wenn der Name eines Verdächtigen fällt. Die *Ambo* reiben ein heißes Messer auf der Hand des möglichen Täters; bleibt die Klinge an der Hand haften, gibt das nicht nur Brandblasen, sondern bedeutet auch: schuldig. In *Akwapim* kommt es beim Topfhebeorakel auf die Kraft und Geschicklichkeit des Angeklagten an, die sich bei schlechtem Gewissen und Aufregung etwas mindern dürften. Ein schwerer Fetischtopf wird außen mit Öl eingerieben und in die Glut gestellt. Kann der Angeklagte ihn trotzdem hochheben, so ist der Verdacht von ihm genommen.

Hunderte von ähnlichen Orakeln dienen in Afrika zur Bestimmung von Übeltätern, aber ganz so schnell ist die Schuldfrage dann doch nicht geklärt. Hat das Orakel erst einmal einen Verdächtigen aus der Menge herausgepickt, folgt nicht sofort die Strafe, sondern – quasi als letzte Sicherung – das *Ordal*, das Gottesgericht. Das spektakulärste dürfte wohl das Giftordal sein, bei dem der Verdächtige Gift zu sich nehmen muß und – Sie werden es schon ahnen – bei tatsächlicher Schuld auch daran stirbt. Jedenfalls ist das Gegenteil schwer nachzuweisen. Tatsächlich wird diese gröbste Form der Orakeljustiz meist nur noch mit schwächenden, aber berauschenden Giften durchgeführt, wie es etwa die *Otando* mit der *mbundu*-Wurzel praktizieren. Bei der meist niedrigen Dosierung täte es aber auch ein Plazebo, denn das schlechte Gewissen reicht meist völlig aus, um beim anschließenden Test der völligen Körperbeherrschung durchzufallen. Das Sudanvolk der *Zande* praktiziert dieses Giftorakel tagtäglich und auch bei banalen Fragen und Problemen. Allerdings verschonen sie schon seit längerem Menschen und nehmen mit Hühnern vorlieb. Das Gift wird aus einer Schlingpflanze gewonnen und entspricht in seiner Zusammensetzung dem Strychnin. Die *Zande* verlassen sich bedingungslos auf die Entscheidungen des Giftorakels, das, wenn es auf Anordnung eines Prinzen eingeholt wird, sogar Gesetzeskraft hat. Kein wichtiges Unternehmen wird ohne die Befragung des *benge* begonnen, bei allen entscheidenden Punkten im Leben, allen Rechtsstreitigkeiten, allen gesellschaftlich wichtigen Gelegenheiten wird es vorher befragt. Reichtum in dieser Gesellschaft ist ohne Gift und Hühner nicht möglich, denn ohne sie bleibt ein Mann (und nur Männern ist es gestattet, das Giftorakel zu befragen) so gut wie handlungsunfähig.

Jeden Morgen versammeln sich die Befrager am Rand des Buschs und beginnen mit der Zeremonie. Der Bediener des Orakels, der sich mindestens vier Tage lang von allem Unreinen ferngehalten hat (das sind Sex, das Verzehren von Elefantenfleisch, Fischgerichten, Hanfrauchen), rührt das Gift mit dem Wasser an und nimmt das erste Huhn entgegen. Ihm gegenüber setzt sich der Fragesteller nieder. Das Gift wird dem Huhn in den geöffneten Schnabel geträufelt, und sofort beginnt der Fragesteller, mit dem Orakel – das heißt, mit dem Gift im Inneren des Huhns – zu reden. Er stellt ihm eine Frage, etwa nach der Treue seiner Frau, nach der Ursache für ein Unglück oder dem besten Termin für eine weite Reise. Und jedesmal endet er mit demselben Schlußsatz: »Ist das der Fall, Giftorakel, so töte das Huhn.« Oder: »Ist das der Fall, Giftorakel, so schone das Huhn.« Danach hebt der Bediener des Orakels das Huhn hoch und schüttelt es etwas, während der Frager weiterredet und das Gift im Inneren des Huhns um eine Antwort bittet. Nach etwa zwei Minuten weiß man, wie der Urteilsspruch lauten wird. Hat sich das Huhn erholt, wird Bast um ein Bein gebunden, damit es an diesem Tag nicht mehr als Orakel dienen muß, im anderen Fall schneidet man einen Flügel als Beweisstück ab und bedeckt den Kadaver mit Gras. Damit ist jedoch noch keine klare Entscheidung getroffen, denn die *Zande* sichern sich grundsätzlich durch ein zweites Giftorakel ab. Bei dieser Probe wird die Frage umgekehrt formuliert, das heißt, wenn das erste Huhn starb und damit die Ehefrau untreu war, muß das zweite nun am Leben bleiben, um den Verdacht zur Gewißheit werden zu lassen. Bleibt das zweite am Leben, liegt ein gültiges Urteil vor: Die Frau war tatsächlich untreu. Stirbt es, ist das Urteil widersprüchlich und damit ungültig.

Der bedeutende englische Sozialanthropologe E. E. Evans-Pritchard, der lange Zeit unter den *Zande* lebte, befragte viele Stammesmitglieder gerade zu dieser Orakelpraxis sehr ausführlich. Sie waren sich anscheinend völlig darüber im klaren, daß *benge* ein Gift ist und Hühner auf Vergiften üblicherweise mit dem Tod reagieren; trotzdem hatte das Giftorakel für sie eine Ähnlichkeit mit einer Zufallsentscheidung, etwa eine Münze zu werfen. Rein physikalische Ursachen und

Reaktionen waren für sie während einer solchen Séance ausgeschaltet, und es war für sie unvorstellbar, einem Huhn etwa abends *benge* einzugeben, zu sagen: »Wenn du stirbst, ist meine Frau untreu«, und das Ergebnis zu akzeptieren. Erst die Séance machte das Orakel, und das Gift war dann nicht mehr nur Gift, ebenso wie das Huhn nicht einfach nur ein Huhn war – sie waren beide Teile eines Rituals geworden und verhielten sich nicht mehr wie Huhn und Gift im Normalzustand, sondern unterlagen den Regeln der Séance. Der *Zande* weiß nicht, was geschehen würde, wenn er selber dieses Gift zu sich nähme, er interessiert sich nicht dafür, und niemand ist je so töricht gewesen, gutes *benge* für derlei sinnlose Experimente zu vergeuden. Gutes Orakelgift wird durch die Abstinenz eines Mannes und die Kenntnis der Tradition wirksam und funktioniert nur unter den Bedingungen der Séance.

Die *Zande* verfügen jedoch auch über nicht ganz so spektakuläre Orakel, etwa das Termiten-Orakel, *dakpa* genannt, das Giftorakel des armen Mannes. In zwei Gänge eines Termitenhügels wird je ein kleiner Zweig gesteckt. Der eine steht für »Ja«, der andere für »Nein«. Am nächsten Tag kommt man wieder, um zu sehen, welchen der beiden Zweige die Termiten gefressen haben. Tierschützer werden sich über diese Orakelpraxis freuen und sicherlich anregen, sie im Sudan zum Monopol zu erheben. Zu früh gefreut – in allen wichtigen Angelegenheiten muß das Termiten-Orakel von einem Giftorakel bestätigt werden. Nicht zuletzt deshalb sind die *Zande* als die besten Hühnerzüchter Zentralafrikas berühmt.

Ein anderes *Zande*-Orakel ist das *mapingo*. Es dient hauptsächlich als Orakel für Frauen und Kinder. Von einem Maniokstamm werden drei Holzstücke abgeschnitten und auf den Boden gelegt, zwei dicht nebeneinander, das dritte in die Fuge dazwischen. Dann redet man die Stöckchen an, gibt ihnen quasi einen Bedingungssatz: »Es wird mir besser gehen, ich werde gesund werden, du bleibst liegen – ich bleibe krank, ich werde leiden, du fällst auseinander.« Das Orakel gibt seine Antwort dadurch, daß der Aufbau der drei Stöckchen während der Nacht unverändert bleibt oder daß er zusammenfällt.

Ein Orakel, das in ganz Afrika in leicht veränderter Form verbreitet ist, nennt sich Reibebrett-Orakel. Irgendwann schnitzt sich jeder Afrikaner einmal sein Reibebrett. Die Größe spielt keine Rolle, es kann in die Tasche passen oder als Tisch in der Ecke stehen – die Form ist immer die gleiche. Das Unterteil (der weibliche Teil) ist oval mit zwei Füßen und einem Griff an der Unterseite und das Oberteil (der männliche Teil) ein Deckel mit derselben Grundfläche und einem Griff daran. Die Handhabung ist denkbar einfach: Man stellt das Unterteil auf den Boden, zerdrückt etwas Pflanzensaft darauf und setzt das Oberteil auf, führt es mit Daumen und Zeigefinger hin und her und fängt mit dem Orakelfragen an. Die Antworten gibt das Brett dadurch, daß es entweder leicht gleitet oder aber so fest auf seiner Unterlage haftet, daß es durch Schieben nicht mehr zu bewegen ist. Auch dieses Orakel, wie das Termiten- und Holzstäbchenorakel, ist ein untergeordnetes, quasi Schnellorakel, das bei wichtigen Entscheidungen noch durch ein Giftorakel bestätigt werden muß.

Zwei wichtige Fragen beschäftigten, wie fast überall auf der Welt, auch die Afrikaner ausgiebig: die der Kinderlegitimität und die ihrer Lebensfähigkeit. Moses und viele deutsche Märchenfiguren verdanken diesem Gottesgericht schließlich ihr Leben. Es geht ums »Ins-Wasser-Werfen«. Wie bei den Kelten, wurden uneheliche Kinder auch in Afrika vom Fluß verschlungen, eheliche schwammen obenauf. Diese Probe wurde mit zunehmendem Humanismus bald auf Gegenstände beschränkt, etwa auf Tontafeln mit dem Namen der Testperson darauf, die Denkweise hatte sich jedoch geändert. Nach der Maxime »Das Reine stößt das Unreine von sich« war das, was oben schwamm, der Übeltäter. So praktizierte man es in Indien mit Namenskugeln, in Nordafrika mit zerknülltem Papier, auf das man den Namen des möglichen Übeltäters geschrieben hatte, und bei den Slowenen und Kroaten mit Holzkohle. Den Gipfel dieser Logik erklommen die Inquisitoren der katholischen Kirche, als sie mögliche Hexen gefesselt ins Wasser warfen. Die Unschuldigen ertranken, die, die oben schwammen, wurden anschließend verbrannt.

Um in Afrika zu bleiben: Auch bei der Frage, ob kleine später auch mal kräftige große Neger werden würden, waren die Sitten zwischen Nil und Sambesi nicht gerade die zartesten. In *Kebbi* wurde das Problem so gelöst, daß man das Neugeborene eine Nacht lang an das Ufer eines krokodilreichen Flusses legte. Die *Madagassen* legten Kinder, die an unglücklichen Tagen zur Welt kamen, vor den Eingang zum Rinderkral. Wenn sie von der darübergetriebenen Herde nicht zertreten wurden, hatten sie ihre Lebensfähigkeit genügend unter Beweis gestellt. Andere Stämme wählten dafür Schlangen oder Hyänen. All diese Praktiken hatten eines gemein: Tausende von Kindern mußten unter Orakeln leiden, deren Sinn und Hintergrund sie vorher nicht einmal erlernen durften.

Hart waren jedoch nie die Orakel, sondern nur die Zeiten respektive die Menschen, die sie ausführten. Weil die Lepra in Afrika gefürchteter war als Leoparden und Giftschlangen, mußte sich jeder, der im Verdacht stand, Lepra zu übertragen, dem Kalebassenorakel unterziehen. Er mußte sich vor eine Wasserkalebasse hocken, auf deren Grund zwei Grasbüschel über Kreuz gelegt waren. Der Orakelbediener zog, über den Rücken des Verdächtigen greifend, die Grasbüschel unter dessen Kinn durch, wobei es für den Hockenden galt, das Gleichgewicht zu halten. Falls nicht, hatte er mit dem Ausschluß aus der Stammesgemeinschaft zu rechnen – und das war praktisch ein Todesurteil.

Die Eingeweideschau war über den ganzen Erdball verbreitet und stand für eine Verbindung von Opfer und Orakel. Das Tier, das einem Gott, Geist oder Ahnen gewidmet war, wurde nach der feierlichen Darbringung untersucht, die Antwort der Obrigkeit sozusagen gleich in Empfang genommen. Die Auslegungen allein der Hühneropfer in Afrika füllen Bände: Bei den *Mankanya* gilt eine helle Farbe der inneren Organe als günstiges Zeichen, die *Khassonke* überprüfen die Treue ihrer Frauen am Zustand der Hoden des Opfertiers, im *Senegal* gilt leichtfließendes Blut als aufmunternde Geste des Orakels, die *Tombo* machen ihre Zukunft von der Farbe der Leber abhängig, während die *Agni* peinlich genau darauf achten, daß die beiden Hoden auch von genau gleicher Färbung sind. Das Eingeweide-Orakel zählt wohl zu den ältesten der Menschheitsgeschichte und ist deshalb so wichtig, weil aus ihm zum einen direkt die Götter sprachen, zum anderen bestimmte Organe gleichsam zum Mikrokosmos wurden, der für den Lesenden ein Abbild seiner eigenen Umwelt darstellte. In ihm konnte er sich nun forschend und vorausblickend bewegen, konnte Leberverästelungen wie Handlinien lesen und nicht nur eine bestimmte, vorher abgesprochene Frage beantworten, sondern ganze Entwicklungen ablesen – eine neue Dimension der Orakel!

Um 2000 v. Chr. wurde die Leberschau in Mesopotamien betrieben, und die Vorstellung kann man gut mit einer Schauoperation eines Universitätsprofessors vor versammelten Fünft-Semester-Studenten vergleichen. Zu jener Zeit gab es schon tönerne Lebermodelle mit eingravierten Schicksalsunterteilungen, Linien, die die verschiedenen Bedeutungszentren trennten, und mit unzähligen Punkten, von denen jeder einzelne bedeutungsschwanger war – von der Frühgeburt der Königin bis hin zum Einfall barbarischer Horden aus dem Westen. In Afrika galt die blutreiche Leber sowieso als der Sitz des Lebens, aber man findet zu dieser Zeit die Leberschau überall auf der Erde – in Kleinasien, Hellas und Rom, bei den kimbrischen Priesterinnen, in Persien, Indien, Japan und bei den Malaien, sogar in Mittelamerika.

Ebenso verbreitet war die Knochenschau. Opfertiere werden entbeint und ihre Knochen, vorzugsweise Brustbeine, Schulterknochen und Kniescheiben, kurz im Feuer geröstet, um sodann ›gelesen‹ zu werden. In dieser Tradition finden wir Indianer, Mongolen, Tibetaner, Griechen, Germanen, Afrikaner, Japaner, Chinesen und Araber. Ebenso las man im Verhalten von Opfertieren, im Geruch ihrer verbrannten Haare, im Geräusch des Opferfeuers und in den Eiern, die man extra für ein Opfer zerbrach.

Aber schließlich kann man nicht nur in Tiereingeweiden lesen – Menschen sind dafür auch geeignet, wie etwa beim Leopardbund der *Kpelle* oder in Nordliberia, wo bei Menschenorakeln aus deren Eingeweiden gelesen wird, jedoch – das nur zum ›Trost‹ – ausschließlich bei Krönungsfeierlichkeiten! Danach wurde das Fleisch, gemischt mit Hunde- und Rinderfleisch, gegessen und sollte Kraft für künftige Kriegszüge verleihen. Vor Reisen begnügte man sich damit, aus Rindereingeweiden zu lesen. Gar so grausam sind die Berichte aus den Menschenfresserlandstrichen in der Regel jedoch nicht. Als hauptsächliche Motivation für solche Leichenöffnungen dient immer mehr die nachträgliche Feststellung der Todesursache beziehungsweise der Verdacht auf Zauberei – kein Unterschied also zu den ersten Leichenöffnungen in Europa, die nur deshalb so spektakulär verliefen, weil das Sezieren des menschlichen Leichnams mit einem – europäischen – Tabu belegt war.

Nach dieser Flut von Möglichkeiten kann man zu dem Schluß kommen, daß es ziemlich egal ist, *was* man liest; es kommt nur darauf an, *wie* man es tut. Und doch bleibt es spannend, herauszufinden, womit unsere Vorfahren ihr Schicksal zu ergründen suchten, denn wir werden sehen, daß darin die Wurzeln zu alldem liegen, was mehr ist als Arbeit, Sexualität, Schlaf und Essen – unsere sogenannten »Grundbedürfnisse«. Alles, was darüber hinausgeht, macht ja wohl dieses unser »Menschsein« aus. Jede Form von Unterhaltung wurzelt im Orakel, hat ihren Ursprung in dem Versuch, auf *spielerische* Weise hinter die Pläne der Vorsehung zu kommen. Schach entstand als rituelles Orakelspiel, alle Kartenspiele haben sich aus den ersten Urbildern entwickelt, die alle möglichen Menschentypen und Lebenssituationen enthielten und durch Kombination die Zukunft preisgaben, Hahnenkämpfe waren in Siam übliche Gottesurteile, usw. usw.

Es scheint so, als ob alle großen Orakelmethoden, die sich schließlich zu den bekanntesten Spielen der Menschheitsgeschichte weiterentwikkelten, ihren Ursprung in Afrika haben. Das Pendeln zum Beispiel betrieben schon die *Kaonde* mit einem an eine Angel gebundenen Horn, das Würfeln mit Knöcheln fast alle afrikanischen Stämme, und auch das Auszählen, die Geomantie, ist in leicht abgeänderter Form auf jedem Kontinent der Erde anzutreffen. Diese Orakelform ist schon deshalb interessant, weil sie eine Abstraktion der vorhergegangenen einfachen Ja-oder-Nein-Entscheidungen bedeutete. Erstmalig tauchten die Zahlen als eigenständige Symbole im Orakel auf. Sie gaben nicht Antworten, sondern jede Zahl hatte auch einen ihr eigenen Charakter – gut, schlecht, schnell, langsam, aggressiv oder friedlich.

Zwei Möglichkeiten gab es in Afrika, einen Zahlenwert für ein Orakel zu ermitteln: das Würfeln und das Auszählen. Beim letzteren schütteten sich die *Taita* etwa Steinchen oder Bohnen auf die Hand und zählten sie nach – die gerade oder ungerade Zahl entschied. Viel höher entwickelt ist diese Schicksalsschau schon bei den *Pare*. Sie nehmen aus einer Kalebasse mit 139 Kernen eine Handvoll und ordnen sie jeweils in Fünfergruppen. Ein Rest von 4 bejaht die vorher gestellte Frage, ein Rest von 1 verneint sie. Die 3 sagt außerdem die Geburt eines Mädchens, die 4 die eines Knaben voraus. 1 bedeutet Lebensschwäche, 5 (also kein Rest) den Tod. Fragt ein kranker Mann, so sagt ihm eine 4 Genesung voraus, bei einer Frau steht dafür die 3, die wiederum für einen Mann Zauberei als Ursache seiner Krankheit bedeutet. Die Vielfalt dieser afrikanischen Auszählorakel ist Legende, und über die Jahrhunderte wurden die Methoden so sehr verfeinert, daß auf der einen Seite höchst genaue und komplizierte Auslegungen und Ratschläge bei der Orakelfrage möglich wurden, andererseits sich damals daraus Spiele entwickelten, die, wie das nordafrikanische Kala, noch heute unverändert auf der ganzen Welt gespielt werden.

Wie sich noch zeigen wird, hat jedes Spiel (ob Karten- oder Brettspiel) seinen Ursprung in einer religiösen Kulthandlung. Sich zweckfrei zu unterhalten war vor 2000 Jahren ebenso undenkbar wie heute die Wiedereinführung des Tauschhandels. Sportliche Wettbewerbe waren zwar üblich, doch stand dabei nie die Sportart als Selbstzweck im Vordergrund, sondern es galt, sich so zu trainieren, daß man jeder Bedrohung möglichst gut gewachsen war. Und Spiel war immer zuerst Zwiesprache mit den toten Ahnen, Geistern oder Göttern. Der Unterhaltungswert war, wenn überhaupt, nur sekundär.

Heute ist es umgekehrt, aber die alten Wurzeln lassen sich nicht verleugnen. Angenehmer für die Betroffenen ist es allemal, im 20. Jahrhundert zu leben, denn ein Schwert- oder Feuerschlucker kann wenigstens noch auf Freiwilligkeit verweisen – vor einigen hundert Jahren hätte er als möglicher Verdächtiger in Zentralafrika zum Beispiel an einer rotglühenden Sense lecken müssen. Die *Nyamwesi* legten möglichen Verbrechern glühende Hacken auf die Köpfe, bei den *Pimbwe* war die Axt nicht nur glühend, sondern auch vergiftet, und die *Makonde* mußten das Eisen gar aus dem Feuer nehmen und solange lecken, bis es wieder kalt war – für uns nicht einmal mehr als sensationelle Zirkusattraktion vorstellbar. Je wichtiger man die Götter nahm, desto spektakulärer hatten die Prüfungen zu sein. Die *Somal* verlangten von einem Krieger, der in Verruf geraten war, entweder 10 Sekunden lang oder 8 Meter weit mit einem glühenden Eisen zu laufen, eine Lanzenspitze mit der bloßen Hand aus dem Feuer zu holen und zum Abschluß über ein Seil zu springen, ohne dabei die glühenden Kohlen aus seiner Hand fallen zu lassen.

Bei manchen Orakeln hat man allerdings den Eindruck, daß der sie Ausführende das Ergebnis ganz offensichtlich beeinflussen kann. So etwa beim Steinorakel im Westsudan, das für plötzlich Erkrankte befragt wird. Der Medizinmann nimmt vier Kiesel in die linke Hand, schlägt dann mit der rechten so kräftig darunter, daß alle in die Luft fliegen, und versucht sie wieder aufzufangen. Fängt er zwei, wird der Kranke gesund, bei nur einem bereiten sich die Angehörigen schon auf die Totenzeremonie vor. Bei einem Volk, das so unbedingt von und mit den Vorhersagen seiner Götter und Ahnen lebt, steht es außer Zweifel, daß der Schicksalsspruch auch zutreffen wird. Der Kranke stirbt schließlich am Orakel.

Eine andere Möglichkeit des Wurforakels ist es, mit verschiedenen Gegenständen zu arbeiten, wie es etwa die *Bantu* in Kamerun tun. Steinchen, Früchte, Samen, Tierzähne, Kristalle u. a. werden aus einem Korb in die Luft geworfen, und aus der Lage der einzelnen Symbole zum Frager entschlüsselt sich die Antwort. Ein Salzbrocken bedeutet etwa Glück, Kohle Unglück, ein Tierzahn Kraft, Bananenkerne Fruchtbarkeit usw. Auch hier wieder ein Thema, das wir 2000 Jahre später noch in ganz Mitteleuropa als »Glücksgreifen« antreffen.

Das chinesische Fädenziehen, das früher auf Jahrmärkten beliebter war als die langweiligen Losbuden, ist kaum mehr als kultische Handlung zu erkennen, obwohl dem Schicksal auch hierbei die Entscheidung überlassen wird – nur erwarten wir jetzt einen handfesten Gewinn und keinen Ratschlag für unser Leben. Die Kulthandlung hat sich der Zeit angepaßt. Die Priester der *Agni* praktizierten das »Lederriemenorakel« jedenfalls noch ohne Hauptgewinn. An acht dünnen Lederschnüren waren acht verschiedene Symbole für Zustände oder Befindlichkeiten befestigt. Es waren das: ein Leguanzahn, eine Stange des Zwerghirschs, ein Schildkrötplättchen, eine Schuppentierkralle, ein Stück flaches Eisen, ein Stück rundes Eisen, der Fuß einer jungen Hirschkuh und ein Pantherzahn. Die Schnüre wurden gemischt, die Enden auf den Boden gelegt und schließlich drei davon gezogen. Aus der Vielzahl der Kombinationsmöglichkeiten ergab sich eine sehr komplizierte und detaillierte Aussagemöglichkeit. So bedeutete es zum Beispiel, daß ein schwer beleidigter Geist eine Krankheit verursacht hatte, wenn man die Stange des Hirsches, das Schildkrötplättchen und das flache Eisen zog. Der Pantherzahn zusammen mit der Schuppentierkralle und dem runden Stück Eisen stellte baldige Genesung in Aussicht. Man sieht, die Konzepte verfeinerten sich immer mehr, aus dem einfachen Ja und Nein wurde eine vielschichtige Auswahlmöglichkeit, die dem erfahrenen Orakelbediener erlaubte, klare Aussagen zu treffen. So war auch die Bedeutung des Symbols nicht bei jeder Frage gleich – der Pantherzahn zeigte bei einer Krankheit Widerstandskraft an, bei der Jagd rief er zur Wachsamkeit, bei einer bevorstehenden Geburt war er gar ein besonders böses Vorzeichen.

Die Symbole wurden abstrakter, die Antworten vielschichtiger, und schließlich verzichtete man ganz auf die offensichtliche Verbindung von Symbol und Antwort. Man konnte den Tigerzahn, der für Kraft stand, einfach durch eine Zahl ersetzen. Jetzt war die Drei die Stärke. Auf dieses einfache System ließen sich nun die alten Orakel neu aufpropfen. Man brauchte keine verschiedenen Formen und Materialien mehr, um Verschiedenes auszudrücken; das hatte die Zahl übernommen. So entwickelten sich das hebräische Loswerfen, die Pfeilspitzenorakel der Assyrer, das kaukasische Körnerauszählen, das germanische Zweigwerfen und – das Würfeln.

Die *Hethiter* kannten schon im 13. Jahrhundert v. Chr. eine Unzahl von Orakeln, von denen uns die meisten nach diesem ausführlichen Afrika-Exkurs schon bekannt vorkommen. Auch sie befragten das

Orakel stets nur bei konkreten Anlässen, hielten es also entweder für schädlich oder für unpassend, diese übersinnliche Verbindung zur allgemeinen Zukunftsschau oder Wahrsagerei zu verwenden. Zwei Hauptthemen verlangten die Befragung des Orakels: den Ausgang einer geplanten Handlung zu ermitteln (etwa einer weiten Reise oder eines bevorstehenden Feldzugs) und die Ursachen göttlichen Zorns zu erforschen (wenn zum Beispiel im Tempel wichtiges Kultgerät zerbrochen wurde). Das Orakel bedeutete für sie eine künstlich herbeigeführte Willensäußerung der zuständigen Gottheit. Eine wichtige Erweiterung der Orakeltechnik muß man den äußerst pragmatischen Hethitern noch zuschreiben: Sie konnten Tatbestände durch Orakel ermitteln, sie konnten unliebsame Omen durch Orakel auch wieder aus der Welt schaffen, das heißt, sie gingen schon sehr geschickt mit den Möglichkeiten der Beeinflussung um. Für einen Menschen jener Zeit bedeutete es tatsächlich reale Gefahr, wenn ihm im Traum etwa eine Schlange erschien oder ein tönerner Kulttopf zerbrach. Die moderne Psychologie kennt die Wirkungen der »self-fulfilling prophecies« (der sich selbst erfüllenden Prophezeiungen), und die Hethiter waren bereits schlau genug, sich diese Technik in beiden Richtungen zunutze zu machen. Bei bösen Anzeichen, für das Leben des Königs etwa, wurden zunächst die Omen mittels Orakel überprüft; blieben sie tatsächlich schlecht und zeigten eine Bedrohung an, so wurden sie mit anderen Orakeln wieder beseitigt. Die bei jeder Geburt anwesenden Priester achteten ebenso genau auf böse Vorzeichen und konnten diese – schon um die Frau nicht in Panik zu versetzen – wegorakeln, indem sie zuerst feststellten, welcher Gott gerade zürnte, um ihm dann reiche Opfer zur Versöhnung anzubieten. Das Gefühl des völligen Ausgeliefertseins an eine höhere Macht verstanden die Hethiter also zu dämpfen. Man kann sich aber fragen, welch seltsames Weltbild die Menschen jener Zeit wohl haben mußten: Auf der einen Seite verstanden sie die Orakel als objektive Mittel, um die Wahrheit von den Göttern zu erfahren, auf der anderen Seite versuchten sie, durch Orakel die Götter zu bestechen und zu einer Änderung ihrer Pläne zu bewegen. Das festgelegte Schicksal gehörte bei den Hethitern also nicht zum Glaubensdogma. Die Omen zeigten nur Absichten der Götter an, und das Orakel konnte die Absicht bestätigen; trotzdem konnte man mit weiteren Orakeln die Götter wenigstens bitten (obwohl die Hethiter das mehr als Aufforderung verstanden), das geplante Schicksal leicht zu verändern. Das Kommunikationssystem »Orakel« hatte sich eindeutig verbessert, die Verbindung klappte jetzt nach beiden Seiten. Man konnte nicht nur hören, sondern auch gehört werden – und manchmal auch *erhört*.

Wie in den meisten Kulturen der vorchristlichen Zeit, spielte auch bei den Hethitern die magische Behandlung in der Medizin eine große Rolle. Die dazugehörige Diagnose stellte meist das Orakel. Zusätzlich verriet es auch oft die angemessene Behandlungsmethode und Arznei. So ergab sich nach längerer Krankheit des Königs Hattusili III. der aufschlußreiche Spruch, daß der König deshalb noch immer nicht geheilt werden konnte, weil die Gottheit Arusna zornig war, nicht – wie andere Gottheiten – zu seinem Fall befragt worden zu sein. Der Zorn Arusnas verhinderte also ebenso eine Diagnose wie auch die richtige Behandlung. Erst nachdem die eifersüchtige Gottheit versöhnt werden konnte, gab sie auch die geeignete Behandlung preis, und der König genas wieder.

Das uns nun schon bekannte Eingeweidelesen betrieben die Hethiter leidenschaftlich und mit großem wissenschaftlichem Eifer. Man las das KUŠ-Orakel vorzugsweise im Hurri-Vogel, und die hethitische Akademie der Wissenschaften muß wohl eingehende Schulungen darüber abgehalten haben, denn es sind noch drei Modelle von Hurri-Lebern erhalten, die, von zahlreichen Kreuz- und Querlinien durchzogen, das Organ in etwa 50 Felder aufteilen, die mit Deutungen wie Finger, Mund, Scham, Weg, Thron, Ort, Palast und anderen versehen sind. Daneben existierten aber auch Schlangenorakel, Pestorakel, Traumorakel, Öl-Orakel und Vorhersagen aus dem Verhalten von Tieren. Auch die Astrologie fand bereits Eingang in die Schicksalsberechnung dieses Volkes, das auf die Stunde genau Mondfinsternisse voraussagen konnte.

Diese astrologische Vorzeichenbeobachtung verdankten die Hethiter allerdings hauptsächlich ihren Nachbarn, den Hurrtern, die ihnen neben dem Kult des Mondgottes auch eine Liste von anderen zu beachtenden Omina überließen:
– Mondfinsternisse,
– Mondzeichen (wie Höfe oder Mondhörner),
– Sonnenzeichen,
– Verschiedene Sternzeichen,
– Körperhaltungen beim Orakelbefrager,
– Medizinische Vorzeichen beim Befrager,
– Mißgeburten,
– Erdbeben,
– Physiognomische Zeichen (Gesichtsausdruck, Erscheinungsbild),
– Nach dem Monat, in dem die Geburt erfolgt,
– Kalender-Vorzeichen,
– Gewitter-Omen.

Mit derartigen Einteilungen und mit der Abstraktion in Übermittlung und Antwort ist die Entwicklung der Orakel eigentlich abgeschlossen. Vom passiven Beobachten und Hinnehmen göttlicher Äußerungen haben sie sich über Jahrtausende zu komplizierten Systemen von Dialogen mit dem ›Übersinnlichen‹ weiterentwickelt. Das Grundthema ist überall das gleiche, aber jede Kultur und jedes Volk hat seine eigene Variation dazu geschaffen.

Die Perser konzentrierten sich fast ausschließlich auf die astrologische Vorausschau. Deshalb mußte ihnen auch ein kleiner, bis dato nicht erspähter Stern auffallen, der um das Jahr 0 der christlichen Zeitrechnung nachts zu beobachten war. Ein Omen sicherlich, aber was es bedeuten sollte, darüber war man sich in Persien nicht ganz im klaren. Nach aufwendigen astrologischen Berechnungen wies er auf ein Ereignis im nicht fernen Galiläa, und drei Hofastrologen machten sich auf den Weg, um das Mirakel aus nächster Nähe zu bestaunen. Sie fanden einen gerade geborenen Säugling, von dem sie nicht ahnen konnten, daß seine Lehre ihnen einmal das Leben schwer machen würde, und dazu Hunderttausenden von Magiern, Sternkundigen,

Heilern, Oraklern und weisen alten Frauen – sonst hätten sie ihm sicher nicht so reiche Geschenke gemacht.

In Ägypten vertraute man neben der Astrologie auch der Zukunftsdeutung durch die Träume. Dazu schliefen Ratsuchende in der Göttin Isis geweihten Tempeln und besprachen am nächsten Morgen ihre nächtlichen Erlebnisse mit den Priestern. Die ägyptischen Traumdeuter verstanden es sehr wohl, Träume mit Rücksicht auf die persönlichen Eigenheiten und Umstände des Träumers zu deuten. Im *Hieratischen Traumbuch* werden grundsätzlich die Träume von guten (Horus-) Menschen und bösen (Seth-) Menschen unterschieden. Zusätzlich hat der Deuter die Lebensumstände, den körperlichen Typ und den Charakter des Träumers zu berücksichtigen. Neben der Vorstellung, daß Träume, die berichtet werden, Krankheiten verschwinden lassen, sahen die Ägypter im Traum zuallererst eine Prophezeiung.

Die Sphinx von Gizeh hält eine Steintafel zwischen ihren Pranken, auf der folgende Vorstellung verewigt ist:

Gott hat die Arzneien geschaffen, um die Krankheiten zu heilen, den Wein, um die Traurigkeit zu vertreiben, und die Träume, um den Träumenden zu leiten, der die Zukunft nicht kennt.

Ein Orakel ganz besonderer Art ist das sogenannte *Chaldäische Orakel*, ein heiliges Buch, das Julianus dem Jüngeren zugeschrieben wird. 200 n. Chr. hatte die Chaldäer so etwas wie eine religiöse Sehnsucht ergriffen; die neuen Gott- und Weltvorstellungen waren ihnen zu pragmatisch, und sie wandten sich zurück zu den Wurzeln des Isis-Kults der Ägypter und den persischen Mithras-Mysterien. Da kam dieses Buch gerade recht, das der Verfasser angeblich mit göttlicher Inspiration geschrieben hatte. Die *Chaldäischen Orakel* gelten als eines der wichtigsten Produkte der Spätantike und zeigen ein vollständiges und durchdachtes System der Seele, ihres Aufstiegs und Falls. Sehr logisch, ja fast mathematisch wird das Prinzip der Seelenwanderung erklärt, das sich in zusammenfassenden – daher dürftigen – Worten folgendermaßen erklärt: Gott stellt sich als die abstrakteste Form überhaupt dar, als ein Punkt im endlosen Kosmos. Davon geht die Seele aus, wird gleichsam abgeschickt als Strahl. Auf ihrem Weg zum Menschen passiert sie 7 Planeten, deren jeweilige Eigenschaften sie übernimmt, »steigt die siebensprossige Leiter herab« und wird dadurch zweidimensional, erhält zur Länge auch eine Breite, wird Fläche. Beim Eindringen in den Menschen erhält sie ihre dritte Dimension, wird Körper. Viele Strophen des Orakels setzen sich erstaunlich genau und praktisch mit der Schutzhülle der Seele, möglichen Gefahren einer Verletzung und der Art ihrer Fortbewegung auseinander. Man unterscheidet zwischen einem freiwilligen Abstieg der Seele (er dient dem Heil der Welt und ihrer eigenen Bewährung) oder einem unfreiwilligen (dann wird sie mit Gewalt nach unten gezogen, zum Schlechteren, und dieser Abstieg ist eine Strafe). Die Grundaussage dieser Orakel ist jedoch, daß die Seele bei der Berührung mit der Materie (wenn sie in den Menschen eindringt) ihre göttliche Abstammung vergißt. Sie wird »trunken«, wie es Julianus ausdrückte, und verfällt den menschlichen Gelüsten, dem Materiellen. Vornehmste Aufgabe jedes Menschen ist daher, sich auf die Göttlichkeit seiner Seele zu besinnen; dann kann sie auch – durch Fasten und Meditieren – den Körper wieder verlassen und zu Gott zurückkehren, um sich Weisungen und Rat für die Menschen zu holen. Und das stellt dann die ›wahren‹ Orakel dar, bei denen sich jeder Mensch göttliche Ratschläge direkt holen kann.

Mit die spannendste Orakeltechnik kommt aus China. Man verkündete keine Weissagungen aus dem Mund von inspirierten Personen, man würfelte nicht und zog keine Lose; auf das ganze mühsame Übersetzungsgeschäft, aus Symbolen oder abstrakten Äußerungen verständliche Formeln abzuleiten, konnte man getrost verzichten: Das Orakel antwortete schriftlich! Und das ging auch nur in China, denn in ihrer Form ist die chinesische Schrift einzigartig, sie erinnert an zufällige Kratzer oder zarte Sprünge auf Porzellan, und genauso sprach auch das Orakel. Man bohrte einen Orakelknochen – meist verwendete man dazu Rinder- oder Schafknochen, aber auch Schildkrötenpanzer – an einer bestimmten Stelle an und erhitzte sie über offenem Feuer. Schon bald zeigten sich feine Risse und Sprünge auf dem Knochen, die die Priester ›lasen‹. Die chinesischen Schriftzeichen zählten zu jener Zeit (man schrieb das Jahr 1300 v. Chr., Shang-Dynastie) schon mehr als

4000, so daß man sich leicht vorstellen kann, daß jeder Sprung, jede noch so aberwitzige Form eine Wortentsprechung hatte. Über 95000 dieser Knochenorakel wurden inzwischen gefunden, alle datiert, zusammen mit der jeweilig gestellten Orakelfrage. Man bewahrte sie wohl deshalb auf, um später auch die Zuverlässigkeit der Weissagungen nachprüfen zu können.

Durch diese klare und von jedem ›nachlesbare‹ Orakelentscheidung war den Priestern der Shang-Dynastie auch das verwehrt, was man ihren Kollegen in der europäischen Antike so oft vorwirft – die Manipulation des Orakels und damit die Einflußnahme auf politische Entscheidungen. Sie zeichneten sich – anders als ihre Kollegen in Mittelamerika und Europa – weder durch besondere hellseherische Gaben noch durch besondere Gelehrsamkeit aus, sie konnten nur gut lesen.

Das Glaubenssystem der Shang war allerdings bedeutend einfacher als alle anderen zu jener Zeit – einfach nicht in der Vorstellung, die sie von ihren Göttern hatten, und einfach waren auch nicht die Mythen von der Entstehung der Erde und ihrer Bewohner, sondern einfach war der Umgang mit dem Göttlichen! Jeder konnte – ohne Vermittlung durch einen Priester – direkt und mit einem simplen Knochen Kontakt zu seinen Ahnen, den Naturgöttern oder dem höchsten Gott Ti aufnehmen. Eine sympathische Vorstellung der Shang war auch, daß es das Böse nicht gab, weder Dämonen noch Oberteufel. Ahnen und Götter hatten menschliche Züge, und widerfuhr einem Chinesen jener Zeit ein Mißgeschick, ein Unfall oder gar ein früher Tod, so hatte sich einfach einer aus dem Geisterreich über ihn geärgert – wie menschlich!

Das antike Griechenland hat für Europäer wohl die größte und anschaulichste Orakeltradition. Sie ist auch am leichtesten nachvollziehbar, weil die Art, göttliche Weissagungen zu erlangen, unserem Weltbild am nächsten kommt. Der reine Animismus der Naturvölker wurde zusehends personifiziert – auf der einen Seite durch Götter mit fest umrissenen Spezialaufgaben, zum anderen durch die Priester, die, wie man gerade bei den griechischen Orakeln oft unterstellt, mehr

Philosophen und Psychologen waren als ekstatische Propheten, einige offensichtliche Schwindler dazugerechnet, um das Bild abzurunden.

Ein Orakel, dessen Technik uns an die härtesten psychologischen Encountermethoden von heute erinnert, war das Totenorakel von *Ephyra*. Der Ratsuchende wurde von einem Priester in ein weitverzweigtes unterirdisches Netz von Gängen und Räumen eingelassen, das er 29 Tage lang nicht mehr verlassen durfte. Verständlich, daß dieses Orakel nicht wegen Kleinigkeiten bemüht wurde. Jeder Orakelbefrager bewohnte für sich allein ein kleines Zimmer und ernährte sich von Bohnen, Muscheln und Schweinefleisch – seit altersher die klassischen Totengerichte. Außerdem scheint man im Untergrund größere Mengen Haschisch konsumiert zu haben – bei der Ausgrabung 1960 fand man noch Säcke voll damit –, um so in einem tagelang dauernden Tempelschlaf durch unmittelbaren Kontakt mit den göttlichen Kräften Träume und Offenbarungen zu empfangen. Zum Ritus gehörten auch tägliche Waschungen – heiße Bäder und eiskalte Abschreckungen –, bis der Priester den Orakelbefrager schließlich abholte. Zusammen schritt man durch einen Korridor, nicht ohne vorher einen Abwehrstein über die Schulter geworfen zu haben, der alles mögliche Unheil bannen sollte. Der nächste Raum war noch kleiner, gerade groß genug, um sich darin auf den Boden zu kauern, und dort wartete der Ratsuchende wieder – oft tagelang – in beklemmender Totenstille. Man kann sich gut vorstellen, wie er zwischen Halluzinationen und schwerem, unruhigem Schlaf auf das Ende wartete. Dann endlich, als ihn wohl jedes Gefühl für Zeit, Orientierung und ›Realität‹ schon verlassen hatte, kam der große Tag. Der Priester führte ihn in ein endlos scheinendes Labyrinth von kleinen Kammern, die alle mit eisenbeschlagenen Türen voneinander getrennt waren. Hinter der letzten Tür lag der Zugang zur Behausung des Totengottes Hades. Schließlich erreichte man ihn, einen größeren Raum mit einem quadratmetergroßen Loch im Steinboden. In dieses sollte der Frager das mitgebrachte Opferblut (von einer Ziege oder einem Rind) gießen, damit sich die Seelen der Verstorbenen daran laben konnten. Dadurch erlangten sie ihr Bewußtsein wieder und konnten die Fragen ihres Nachkommen beantworten. Kaum noch Herr seiner Sinne, mußte der erschöpfte Orakelbefrager dann miterleben, wie sich kreischend und quietschend ein riesiger Topf von der Decke des Raums senkte, aus dem eine menschliche Stimme ihm endlich die ersehnte Weissagung verkündete. Dann stand er wieder im Tageslicht, benommen und oft am Rande des Wahnsinns – nach 29 Tagen in der Unterwelt.

Bei der Ausgrabung dieses wohl spektakulärsten Orakels der griechischen Antike ist man auch auf die trickreiche Maschinerie gestoßen, die die Verstorbenen erscheinen ließ. Man fand den Bronzekessel und bei ihm einige Zahnräder, aus denen die Archäologen den damaligen Hebemechanismus recht genau rekonstruieren konnten. Nach 29-tägigen Recherchen bei dem immer mehr im Psychostreß versinkenden Klienten konnten die Priester sicherlich recht genaue Vorstellungen von dem zu befragenden Ahnen und der passendsten Antwort bekommen.

Solche und ähnlich ausgefeilte Techniken erklären, warum man heute gerade die griechischen Orakelpriester wenn nicht gerade für Heuchler und Betrüger, so doch gewiß für abgebrühte Opportunisten hält. Doch auch ein Grundphänomen aller Weissagungen war damals schon bekannt. Der griechische Dramatiker Euripides charakterisierte es, daß nur die zutreffenden Voraussagen in Erinnerung bleiben würden – die falschen gerieten ganz von selbst in Vergessenheit. Eine gerade bei den Griechen mit ihrer Liebe zum Logos, der reinen Vernunft, sehr beliebte Form der Offenbarung war die zweischneidige, die man nicht etwa auslegen konnte, wie man mochte, sondern die eine doppelte, in sich verstrickte und scheinbar unauflösbare Offenbarung darstellte. Sie hatte also zwei mögliche Ausgänge, die vom ›richtigen‹ Verhalten der Hauptperson abhingen – eine Form von intellektuellem Spielchen also, das den arabischen Rätseln vergleichbar ist, etwa dem vom bösen Wesir, der einem Unschuldigen die großzügige Wahl läßt, sein Geschick durch die Antwort auf eine verzwickte Frage zu bestimmen: »Wenn du die Wahrheit sagst, werde ich dich köpfen, wenn du lügst, werde ich dich hängen.« Der so in die Enge Getriebene verfiel zu guter Letzt noch auf die einzige Möglichkeit, sich aus dieser tödlichen

Wahl zu befreien; er prophezeite dem Wesir, daß dieser ihn hängen werde. Da mußte ihn der Wesir wohl oder übel freilassen.

Schwerer erging es da Herakles bei Sophokles, als ihm das Orakel weissagte:

»Wenn nach seinem Abschied drei Monde und ein Jahr verstrichen,
Sei ihm der Tod bestimmt zu dieser Frist,
Wofern er aber dem Geschick entrinne,
Ein leidlos Dasein für des Lebens Rest.«

Das älteste griechische Orakel ist das des Zeus in Dodona. Der Sage zufolge flogen zwei schwarze Tauben aus Ägypten los, um in Libyen und Griechenland Orakelstätten zu gründen. Das libysche wurde das Amun-Orakel, während sich die andere Taube auf eine große griechische Eiche setzte, um zu verkünden, daß dort ein Orakel des Zeus entstehen solle. Soweit die Sage. An diesem Platz hatte man jedenfalls schon seit Urzeiten die heilige Eiche verehrt, später an derselben Stelle die Erdgöttin Ge und im 13. Jahrhundert v. Chr. schließlich Zeus.

Seine Weissagungen übermittelte der Chef des Olymps weisen Frauen durch das Blätterrauschen der heiligen Eiche, allerdings meist nur ein einfaches »Ja« oder »Nein«. So mußten die Fragesteller ihre gut formulierten Anliegen auf kleine Bleiplättchen schreiben, die dann zusammengefaltet mit einer Nummer versehen und der lauschenden Prophetin gereicht wurden. Eines nach dem anderen nahm sie in die Hand, horchte auf Zeus' Antwort und gab das Plättchen an einen Assistenten weiter, der die Antwort daraufschrieb und sie dem Frager zustellte. Mit diesem System konnte man buchstäblich am Fließband orakeln, und das war auch bald nötig, denn von überall her strömten die Menschen mit ihren kleinen und großen Sorgen. So machte die Erkundung der Zukunft Spaß: schnell, billig und ohne größere Unannehmlichkeiten, verglichen etwa mit dem Totenorakel von Ephyra.

Das Horchen wie in Dodona war als Orakeltechnik auch im germanischen Kulturkreis verbreitet. In ländlichen Gebieten gibt es noch heute das Kreuzweg-Horchen, das man zu Beginn eines neuen Jahres abhält. Von Mitternacht bis um eins bleibt man still und bewegungslos an einer Wegkreuzung stehen, an der vier Felder von vier verschiedenen Besitzern aneinandertreffen. Hält man das durch, ohne zu erschrecken, so kann man alles erlauschen, was das nächste Jahr bringen wird. Andernfalls holt einen allerdings der Teufel. In Skandinavien existiert noch eine andere Form des Horch-Orakels. Ein Ehepaar klettert in einer Winternacht auf sein Hausdach und setzt sich, Rücken an Rücken, auf den Giebel. Die Geräusche und die Richtung, aus der sie kommen, zeigen dann den Ablauf des nächsten Jahres an. Vogelgekrächze bedeutet etwa Unheil, Zank und Streit, Pferdewiehern eine gute Ernte und das Knirschen von Eisschollen oder fallende Eiszapfen einen harten Sommer.

Dodona war aber nicht nur mit einer heiligen Eiche ausgerüstet. Es gab dort außerdem Gongs, die im Wind schwangen und deren Tönen man Antworten entnehmen konnte, sowie eine wunderbare Konstruktion, die *Korkyräische Peitsche* – die Bronzestatue eines Knaben, der in der Hand eine Peitsche hielt, an der statt Riemen Ketten befestigt waren. Sie hingen in einen Bronzekessel, und schon der leichteste Windstoß schleifte die Kettenglieder an der Kesselwand hin und her.

Ein Orakel, das sich erst so richtig entwickelte, als die übrigen der Alten Welt bereits vom Niedergang bedroht waren, war Klaros. Zu Beginn unserer Zeitrechnung galt es als bedeutendstes Orakel Kleinasiens. 18 n. Chr. besuchte der nicht ganz unbekannte Konsul Germanicus das Heiligtum, um es nach seiner Zukunft zu befragen. Das hätte er besser nicht getan. Anders als bei den üblichen Ja/Nein-Orakeln oder denen, die sich auf ausgesucht undeutliche Sprüche spezialisiert hatten, liebte man hier die klare Sprache. Der Seher von Klaros eröffnete dem erst 33jährigen Germanicus, daß er nur noch ein Jahr zu leben habe. Obwohl der junge Feldherr hohnlachend erwiderte, daß er kein Wort von dem Unsinn glaube (er war im Moment Anhänger der Anti-Orakelpartei geworden), so fiel doch auf, daß er seitdem nur noch Vergnügungsreisen und keine Feldzüge mehr unternahm. Er starb im Krankenbett – ein Jahr, nachdem er das Orakel von Klaros befragt hatte. Man munkelte zwar, daß seine Frau ihn vergiftet hätte – aber tot ist tot.

Delphi gilt als das berühmteste Orakel der Welt (für uns Europäer wenigstens), hauptsächlich wohl deshalb, weil es den Höhepunkt der antiken Beutelschneiderei, des griechischen Massentourismus und der wertvollsten Ansammlung von Opfergaben, Statuen und Prachtarchitektur darstellte. Der siebte Tag jedes Monats war Orakeltag, die Stadt platzte aus den Nähten. Privatleute und Regierungsdelegationen reisten mit ihren Anliegen meist von weit her an, um die Weissagung der Pythia entgegenzunehmen. Ein Tag im Monat, neun Monate lang (der Rest war Winterpause) – man machte sich rar in Delphi, und das kam anscheinend gut an. Am Morgen des großen Tages geleiteten zwei Priester die verschleierte Pythia zur heiligen Quelle Kastalia, deren Wasser als prophetisch galt, wo sie sich einer rituellen Ganzkörperwaschung unterzog. Dazu sprach ein Priester das Gebet:

»O ihr delphischen Diener Apolls,
kommt zu Kastalias Silberquell,
vom reinen Tau bespült,
tretet zum Tempel.
Vernehmet in Andacht die Zunge des Heils,
Daß ihr Wort des Heils
Den Befragern des Gottes
In der eigenen Sprache verkündet.«

Dabei lenkte ihn der Anblick der nackten Pythia sicher nicht über Gebühr ab, denn das Mindestalter für die Wahrsagerinnen war 50. Das hatte man gesetzlich vorgeschrieben, nachdem eine frühere, 20jährige Pythia einmal von unzufriedenen Befragern vergewaltigt worden war. Von einer zweiten magischen Quelle trank die Pythia und begab sich dann mit Dienern, Unter- und Oberpriestern in den Apollotempel. Auf dem Hestia-Altar lag eine junge Ziege, die der Oberpriester mit kaltem Wasser besprengte. Die Ziege zitterte, wurde geschlachtet und verbrannt. Der aufsteigende Rauch war das Zeichen für die vielhundertköpfige Schar der Wartenden: Das Orakel ist geöffnet! (Hätte sich die Ziege nicht geschüttelt, wäre sie am Leben geblieben und das Orakel um einen Monat verschoben worden.) Auf das brennende Opfer wurde nun allerlei Berauschendes gelegt, etwa Laudanum, Bilsenkraut und Weihrauch. Die Pythia sog tief den Rauch ein, und sobald sie zu taumeln begann, packten sie zwei Priester und trugen sie in das Adyton, das Allerheiligste des Tempels – die Zelle, in der sie nun weissagen sollte. Den Ansturm der Wartenden regelte man (wie es sich in Orakeltempeln gehört) durch Losen. Nur die Lyder hatten Vortrittsrecht auf Lebenszeit, vergleichbar den heutigen Privatpatienten, denn ihr gütiger und verständnisvoller König Krösus hatte dieses Recht einstmals en bloc für sich und alle seine Untertanen gekauft.

Vor der Befragung hatte jeder Ratsuchende auf dem großen Altar vor dem Apollon-Tempel einen Honigkuchen zu opfern, aber keinen selbstgebackenen und mitgebrachten! Die Priester verkauften die Opferkuchen zu Hauptsaisonpreisen und machten damit das Spektakel auch zu einem finanziellen Erfolg. Der einzige, der sich zu jener Zeit jemals getraut hat, gegen diese Geschäftemacherei aufzumucken, war ausgerechnet der Fabeldichter Äsop. Doch die Priester konnten mit seiner Kritik leben – Äsop nicht: Man praktizierte ihm eine goldene Schale aus dem Tempelschatz in sein Reisegepäck, verbreitete die Nachricht, der Apollon-Tempel sei beraubt worden, fand die Schale bei dem Fabeldichter, verurteilte ihn zum Tode und stürzte ihn vom Hyampischen Felsen. Besser und kürzer hätte auch er sich die Geschichte nicht ausdenken können.

Vor dem endgültigen Eintritt ins Heiligtum galt es noch ein Lamm oder eine Ziege zu opfern, dann war der Weg frei. Im Adyton saß die Weissagerin, durch einen Vorhang den Blicken der Eintretenden entzogen, und erwartete die Fragen. Nun wäre noch die Sache mit dem Dreifuß zu klären, den sich die meisten als Kochtopfaufhängung oder normalen Stuhl vorstellen. In Wirklichkeit saß die Pythia – schon halb weggetreten – in einer Metallschüssel, die auf einem dreibeinigen Metallgerüst stand. Um sie davor zu bewahren, herunterzufallen, waren zwei Bügel angebracht, durch die sie ihre Beine stecken konnte, war ihr Zustand doch eher ein labiler. Auch die Geschichte von der Erdspalte, aus der ein betörendes und Halluzinationen erzeugendes Gas ausströmte, ist wohl nur Legende – zum Benebeln genügte vollauf die Räucherschale im Adyton. So saß Pythia auf dem Dreifuß, in der einen Hand einen Lorbeerzweig, in der anderen einen Wollfaden, dessen Ende um einen Stein gewickelt war, den Omphalos. Nach der Sage war dieser Stein der Nabel der Welt, den Zeus von zwei Adlern hatte einfliegen lassen, damit er der Pythia die Verbindung zu den verborgenen Kräften der Natur erleichtere.

Die Frage wurde mündlich vorgetragen, die Antwort bekam man ebenfalls mündlich, meist in einer klaren Sprache; die Vorstellung von unverständlichen und verwirrenden Reimen kommt wohl daher, daß es (wie bei jedem guten Volksfest) einige Poeten gab, die vor dem Heiligtum warteten und den Weissagungen ihrer Klienten literarisch den letzten Schliff gaben. Gegen einen kleinen Obolus, versteht sich.

Nachdem die Römer im Vergleich mit den Griechen ein eher ärmliches Orakelwesen ihr eigen nannten, waren sie besonders stolz auf einen Steintrog im Keller des Jupitertempels auf dem Kapitol. Er enthielt die *Sibyllinischen Schicksalsbücher*. Und was dort geschrieben stand, war so hochexplosiv, daß Einblick nur bei Krieg, Hungersnot, Pest und dem nahen Untergang der Welt erlaubt war, und das auch nur 15 Männern, die dafür eigens vom Senat bestimmt wurden. Auf unerlaubtem Lesen der Sibyllinischen Schriften stand die Todesstrafe. Woher stammte dieses Geheimmaterial?

Sibyllen waren medial veranlagte Frauen, die, von Zeit zu Zeit wie von einer göttlichen Kraft in Besitz genommen (man könnte auch besessen sagen), böse Vorahnungen und Weissagungen hervorsprudelten, die oft erst nach Jahrzehnten eintreffen sollten. Deshalb war es auch nicht möglich, einen bestimmten Orakeltermin anzusetzen oder sie auf Fragen antworten zu lassen. Die Entstehung der Sibyllen geht auf die mythologische Figur der Kassandra zurück, die vom Gott der Weissagung, Apollon, die Gabe der Zukunftsschau vermacht bekam. Als er aber dafür mit ihr ins Bett gehen wollte, verweigerte sie sich ihm, und Apollon belegte sie mit einem Fluch: Sie sollte fortan nur noch Unheil und Katastrophen prophezeien, und niemand sollte ihr glauben. Auf diese Tradition der Kassandrarufe stützten sich die Sibyllen, wandernde Prophetinnen, deren Weissagungen aufgeschrieben und gesammelt wurden und eben jene Bücher ergaben, in denen nur

15 ausgesuchte Römer zu Notzeiten lesen durften. Tragischerweise verbrannte dieses Manuskript jedoch 83 v. Chr.; von diesem Ende hatte wohl nichts darin gestanden, sonst hätte man die Bücher sicher vervielfältigt. Wenn die Römer mit ihren Orakeln weniger schlampig umgegangen wären, so wäre wenigstens Julius Cäsar viel Ärger erspart geblieben, hätte er auf seinen Eingeweideschauer Spurinna Vestricius gehört. Der hatte nämlich bei der rituellen Zerteilung eines geopferten weißen Stiers kein Herz in ihm gefunden. Er warnte Cäsar, daß Rat und Leben in Gefahr seien, denn beide gingen vom Herzen aus. Aber der forsche Diktator des Römischen Reiches schlug die Prophezeiung in den Wind und lag am nächsten Tag auf der Treppe vor dem Kapitol – mit dreiundzwanzig Messerstichen im Körper.

Im Römischen Reich kümmerten sich die *Auguren* um die Vorhersagen und Deutungen der göttlichen Pläne. Ihre Orakeltechnik war jedoch einigermaßen simpel und rückschrittlich; sie beobachteten hauptsächlich Omen und führten keine aktiv herbei. In seinem Zeremoniengewand mit Purpursaum stand der Augur auf einem der Hügel Roms, blickte nach Süden und zeigte mit seinem Krummstab zuerst die Himmelsrichtung an, aus der er ›lesen‹ wollte. Die übliche Omenbetrachtung beschränkte sich auf Vögel, ihren Flug, ihr Aussehen und ihre Anzahl. Doch nicht jeder Vogel fand vor den gestrengen Augen der Divinationsmeister Beachtung. Adler und Geier galten als die klassischen Übermittler göttlicher Botschaften. Kreisten sie links vom Auguren, wurde das als günstiges Zeichen gewertet, Vögel zur Rechten galten als Unglücksboten. Eulen, Raben und Krähen wurden nicht nach ihrem Flug, sondern nach ihren Stimmen beurteilt. Überhaupt war fast jedes römische Tier geeignet, wißbegierigen Schicksalsfragern Auskunft über die Zukunft zu überbringen. Heilige Hühner, die das Vorrecht hatten, im Tempel zu leben, wurden täglich von ratsuchenden Menschen beobachtet. Aus der Art, wie sie ihre Körner aufpickten, glaubte man sein Schicksal ableiten zu können. Aber auch das Erscheinen und Verhalten von Spinnen, Käfern, Ameisen, Mäusen und Schlangen gab oft Aufschluß über bevorstehende Ereignisse. Die Eingeweideschau, die wir schon von den Hethitern kennen, wurde ebenfalls praktiziert, aber bei weitem nicht so ausführlich und hingebungsvoll, wie sich überhaupt der Eindruck ergibt, daß die Römer Orakel mehr als lästige Pflicht auffaßten. Es war ihnen offensichtlich lieber, ganz opportunistisch – wie es zu ihrem Weltbild paßte – den Göttern reichlich zu opfern, um sie bei Laune zu halten und ansonsten keinen großen Wert auf Kontakt mit der Chefetage zu legen.

Die Auguren wurden schließlich von den *Haruspizes* abgelöst, die die Zukunft nicht nur aus den Eingeweiden von Tieren, sondern auch aus den Blitzen lesen wollten. Sie verfaßten sogar eigene Blitzbücher, in denen säuberlich verzeichnet jede Blitzform, -größe, -färbung und Himmelsrichtung mit der jeweiligen Bedeutung stand. Sie unterteilten den Nachthimmel in 16 quadratische Felder und ordneten jedem Feld eine bestimmte Gottheit zu. Blitze aus dem Osten bedeuteten generell Glück, Westblitze Unglück, Nordwestblitze waren katastrophal! *Wie* der Blitz einschlug, *wo* er einschlug und *wen* er erschlug – auch das waren wichtige Omina für die Haruspizes. Schließlich mußten sie nach jedem Gewitter die Blitzschäden beheben. Sie reinigten die Einschlagstelle, begruben alles Zerstörte und beseitigten jede noch so kleine Spur. Danach wurde der Bezirk eingezäunt und dem Blitzeschleuderer Jupiter geweiht. Ob die Römer mit der Zeit wegen der vielen Blitzgärten in akute Platznot gerieten oder es einfach schick fanden, sich nur noch auf die Logik zu verlassen – die Blitzbeobachter und mit ihnen alle gewerbsmäßigen Vorzeichendeuter starben aus. Den letzten Haruspex rief ausgerechnet Papst Innozenz I. zu Hilfe, als Alarich gen Rom rückte, und bat ihn, die Stadt durch herbeigezauberte Blitze zu schützen. Das war immerhin 408 n. Chr.

Die Germanen schließlich arbeiteten ebenfalls mit den klassischen Orakeltechniken des Eingeweidelesens (wobei sie allerdings auch ganz vorzüglich aus menschlichen Innereien lesen konnten), der Vogelschau und dem Bestimmen der Zukunft aus dem Gewieher heiliger Pferde, die ausschließlich für Prophezeiungen aufgezogen wurden. Die Lostechnik hatten sie verfeinert und mit ihrem mythologischen Gedankengebäude verbunden. Sie warfen Runenstäbe, das heißt, von fruchttragenden Bäumen wurden sechzehn Zweige abgeschnitten und in jeden eine Rune eingeritzt. Diese Stäbchen warf dann entweder der Hausvater oder ein Priester auf ein weißes Tuch, betete zum Himmel und hob mit abgewandtem Gesicht drei Stäbe auf. Aus der Kombination dieser Runen ließ sich der Wille der Götter entnehmen. Die Skythen, die am Schwarzmeer und an der Donau ansässig waren, weissagten nach einem System, das an das chinesische I Ging erinnert. Herodot schrieb darüber: »Viele Seher gibt es bei den Skythen. Sie weissagen mit Hilfe vieler Weidenruten. Wenn sie große Bündel von Weidenruten geholt haben, legen sie sie auf die Erde und legen sie auseinander. Sie legen eine Rute neben die andere und sagen Zaubersprüche her. Unter solchen Sprüchen sammeln sie die Ruten wieder ein und legen sie erneut aus. Diese Art der Weissagung ist von den Vätern übernommen. Die Enarees, die Mannweiber, sagen, Aphrodite habe ihnen die Gabe der Weissagung verliehen; sie wahrsagen jedenfalls mit dem Stück des Lindenbaums. Wenn einer die Rinde in drei Stücke zerschnitten hat, wickelt er sie um seine Finger und gibt, während er sie wieder ablöst, das Orakel.«

Etwa ein Jahrtausend lang blieben all diese Orakeltechniken weitgehend erhalten, die sich in allen Kulturen und Kontinenten zu klaren und festen Systemen entwickelt hatten. In Nordeuropa brachte schließlich im 13. Jahrhundert der Einfluß der orientalischen Magie und Mantik wieder Bewegung in das Prophezeiungswesen. Man übernahm recht wahllos und beliebig das arabische Geheimwissen und strickte es einfach mit dem vorhandenen eigenen zusammen. Die Kirche, die bis dahin das Orakelwesen stillschweigend geduldet hatte, fühlte sich nun zu einem Gegenangriff herausgefordert. Vierhundert Jahre lang wütete die Inquisition in Europa und entledigte sich nicht nur Tausender von ›Hexen‹, sondern brachte auch Wahrsager, Traumdeuter, Rutengänger und Medien mit ihren ›schlagenden‹ Argumenten zum Schweigen. Die Sprüche der drei großen Propheten Jesaja, Jeremia und Ezechiel sowie die der zwölf ›kleinen‹ Propheten sollten nach dem Willen des Christentums jetzt und für alle Zukunft die alleingültigen Orakel sein. Aber waren sie schließlich nicht alle Propheten gewesen: Moses, Jesus, Mohammed . . .? Nur gefestigte Christen, die die Orakel

›rein wissenschaftlich‹ bearbeiteten, durften in jener Zeit die Beschäftigung mit dem Übersinnlichen offen eingestehen. In Wirklichkeit war der Glaube an die Vorherbestimmung allen Daseins und an die Möglichkeit, darüber etwas zu erfahren, meist fester als der an die katholische Kirche. Unter wissenschaftlichem Deckmantel entstanden damals Tausende von okkulten Abhandlungen, die die besten und wichtigsten Quellen für die Geschichte des Orakelwesens in Europa und Nordafrika darstellen. Agrippa von Nettesheim etwa, der große Naturphilosoph, Okkultist, Heilpraktiker und Alchimist, sammelte in seinen *Magischen Werken* die Essenz der damals bekannten Orakeltechniken und des über-sinnlichen Wissens. Durch die Erfindung der Buchdrukkerkunst verbreiteten sich die ägyptische Geheimlehre, die jüdische Kabbala und die Ideen des griechischen Neuplatonismus in Windeseile auf dem Kontinent, wurden verarbeitet, ›be‹arbeitet, mit neuen Ideen versehen, wieder verbreitet – und so ergab sich ein Kreislauf, der das Alte besser verstehen half und gleichzeitig unaufhörlich Neues schuf. Schließlich war die Mitte unseres Jahrtausends auch das Zeitalter der Aufbrüche und Entdeckungen, in jeder Beziehung. Man entdeckte Amerika und trug gleichzeitig Amulette zum Ablenken von Flintenkugeln bei sich.

Noch im 18. Jahrhundert gehörten zu den beliebtesten Büchern okkulte Bestimmungswerke, in denen man etwa nachlesen konnte: »starcke Adern am hals bemercken einen thörichten und bösen Menschen.« Oder daß unzeitiges Schlagen einer Uhr der Vorbote eines nahenden Todes bedeutet. Diese Bücher waren Unterhaltung und Belehrung in einem; man las sie zum Nervenkitzel ebenso wie als Lexikon und Handbuch zur Übersetzung von auffälligen Vorgängen. Im Zeitalter der Aufklärung schließlich nahm die Beschäftigung mit allem Übersinnlichen weiter zu, nur hatte sich der Zugang verändert. Nun mußte alles wissenschaftlich erklärt werden; unter dieser Voraussetzung ließ man auch Vampire, Hexensalben und Beschwörungen weiterhin gelten.

Im 19. Jahrhundert verkamen Orakel vollends zur Jahrmarktsbelustigung. Man ließ sie vorzugsweise von Zigeunern und fahrendem Volk ausüben oder ›spielte‹ sie abends zuhause – zum Zeitvertreib und zur Belustigung. Doch das war nur ein Aspekt, denn die Menschen hatten Sinn und Hintergründe der Prozeduren und Symbole vergessen – sie verstanden zwar ebensowenig das Wesen des elektrischen Stroms oder eines Magnetfeldes, aber sie konnten die praktische Nutzanwendung beobachten.

Erst im 20. Jahrhundert entdeckte man »die Leidenschaft der Seele« wieder, welche Dinge verwandeln und Materie beeinflussen konnte. Die Psychologie nahm sich ebendieser »Seele« an, alte Erfahrungen und Techniken flossen in sie ein. Die Psychosomatik erkennt Zusammenhänge von seelischen und körperlichen Zuständen an und versucht, die Balance wiederherzustellen. Die Idee der »self-fulfilling prophecies« meint nichts anderes, als daß die Seele so stark und dominant ist, daß sie Orakeln oder Vorhersagen folgt und die Realität in derem Sinne verändert. Traumanalyse, willkürlich herbeigeführte »Traumreisen«, Suggestion und Hypnose gehören inzwischen zum alltäglichen Handwerkszeug der Therapeuten. Wie stark wir selber aber noch von den antiken Vorstellungen geprägt sind, sehen wir fast jeden Tag anhand scheinbarer Banalitäten – wie etwa der Aversion, unter einer Leiter hindurchzugehen. In fast allen Kulturen galt und gilt das als unheilbringend. Mit einer Leiter soll der ägyptische Gott Osiris zum Himmel hinaufgestiegen sein, ebenso der altpersische Gott Mithra. So wurde es für Menschen zum Tabu, unter diesen »Himmelsleitern« durchzugehen, um die Götter nicht zu erzürnen. Auch verschüttetes Salz ist mehr als nur ein Mißgeschick. Salz gehörte früher mit zum Wertvollsten, was man besaß. Deshalb eignete es sich besonders als Opfergabe, denn bei den Göttern sparte man nicht. Man bestrich Opfertieren den Kopf mit Salz, und keine Vermählung fand ohne den Salzbrocken statt, der vom Ehepaar sorgsam aufbewahrt wurde. Kein Wunder also, daß das Verstreuen von Salz als schlechtes Omen galt – man beleidigte damit die Götter und gefährdete durch diese Unachtsamkeit sein eigenes Wohlergehen.

Wir gehen heute also nur unbewußt mit den Möglichkeiten des Orakelns und Bestimmens um, berauben uns damit seiner Chancen und reagieren lediglich auf negative Omen, deren Bedeutungen sich unauslöschlich eingeprägt haben. Der zerbrochene Spiegel, die schwarze Katze und Freitag der 13. – schlechte Omen, die, wenn wir sie wahrnehmen, unsere ›Realität‹ stören können. Aktiv zu werden fällt uns jedoch nicht ein. Rat und Aufklärung zu suchen, eine Brücke zum Unterbewußtsein zu schlagen und auf unsere eigenen Wahrheiten zu hören – *das* macht die Chance der Orakel eigentlich erst aus.

Volksorakel, die Ruinen großer Gedankengebäude

Nachdem dieses Buch auch ein ›Arbeitsbuch‹ sein soll, mit dem Sie sich ebendiese Chance wieder erarbeiten können, hier zum Anfang einige der noch gebräuchlichen Volksorakel, die allesamt mit Spielen in Zusammenhang stehen, denn Spiele sind etwas zutiefst Mystisches – weil sie so überflüssig sind. Das Los-Werfen hat sicherlich jeder schon einmal in seinem Leben praktiziert. Fußballschiedsrichter tun es jedenfalls jeden Samstag durch den Wurf einer Münze. Damit wird die Platzverteilung entschieden, die nicht gerade unwichtig ist, denn das Team, das zuerst gegen die Sonne spielt, kann daraus wichtige Vorteile ziehen. Los-Werfen mit Würfeln erweitert die Palette der möglichen Antworten – aus Ja und Nein werden bei einem Würfel immerhin sechs mögliche Aussagen, bei zweien sind es schon elf, wenn man die Augen addiert. Diese so trügerisch als einfache kleine numerierte Holzkuben erscheinenden Würfel sind und waren schon für das Glück oder das Unglück von Hunderttausenden verantwortlich. Nie glaubte man die zufällige Natur des Schicksals besser und eindeutiger zu erkennen als beim Würfeln. Schließlich ergaben Tausende von PSI-Experimenten eine derartige Vorherrschaft dieser für die Betroffenen peinlichen Wahrscheinlichkeitsverteilung, daß auch den größten Mystikern angst und bange wurde. In Wirklichkeit, und das weiß jeder gute Backgammon-Spieler und jeder ›professionelle‹ Würfler, schaut die Sache ganz anders aus. Würfe haben einen Rhythmus, jedenfalls innerhalb eines Spiels. Die Gesamtbetrachtung aller Kombinationen gibt zwar grundsätzlich der Wahrscheinlichkeitsrechnung recht, doch was dazwischen passiert, straft die Naturwissenschaft Lügen. Da ›riecht‹ jeder konzentrierte Würfler sichere Zahlen, sagt Paschs im voraus an und trifft genau die Kombination, die ihn vor der scheinbar sicheren Niederlage rettet. Aber dazu bedarf es großer Konzentration, denn auch das kennt jeder Profiwürfler: Ohne Ziel geworfen, bleibt der Würfel kraftlos und eben in seinem Wahrscheinlichkeitsrahmen, erst eine zielgerichtete Energie befreit ihn davon.

Seit Tausenden von Jahren dienen die Würfel der Vorhersage, und unzählige Varianten und Methoden sind bekannt, den Wurf zu ›lesen‹. Dennoch gibt es zwei absolute und immer wiederkehrende Regeln, die dabei zu beachten sind: Zum einen müssen es drei *gleiche* Würfel sein, zum anderen wirft man sie in völliger Stille und Konzentration, möglichst bei ruhigem Wetter und kühler Temperatur, also tunlichst am Abend. Die Methode, auf die ich mich hier beschränken will und die am gebräuchlichsten ist, sieht folgendermaßen aus: Man zeichnet mit Kreide auf einen Holztisch einen Kreis von 40 bis 50 Zentimetern Durchmesser und wirft dann die Würfel für die Person, die nach ihrem Schicksal fragt. Natürlich können Sie in Ermangelung eines rustikalen Bauerntischs auch auf Papier oder Karton Kreise ziehen, aber unterschätzen Sie das ›Ritual‹ nicht – das Orakel will gepflegt und ernstgenommen werden. Dazu gehört auch, daß man ihm Zeit und ein angenehmes Umfeld gönnt.

Werfen Sie mit der Hand, mit der Sie üblicherweise schreiben. Würfel, die den Kreis beim Wurf verlassen, werden bei der Auszählung nicht berücksichtigt. Fällt ein Würfel auf den Boden, so weist das auf eine turbulente und nicht gerade störungsfreie nahe Zukunft hin, die von Streit und Auseinandersetzungen überschattet ist. Rollen alle Würfel aus dem Kreis, so sollte man den Wurf wiederholen; weigern sie sich ein zweites Mal, im Inneren liegen zu bleiben, so verschiebt man das Orakel besser auf einen anderen Tag.

Im allgemeinen sollte man nicht würfeln, ohne sich vorher über die Frage im klaren zu sein und diese auch möglichst exakt formuliert haben. Haben sich dann wenigstens zwei Würfel im Kreis versammelt (ihre Summe sollte nicht kleiner als 3 sein, ansonsten empfiehlt es sich, den Wurf zu wiederholen), so kann man daran gehen, dem Wert die Bedeutung zuzuordnen. Hier die gebräuchlichsten Deutungen:

3 – Ein gutes Omen. Ein Wunsch geht überraschend in Erfüllung.

4 – Enttäuschung. Die Vorstellung stimmt nicht mit den eigenen Zielen überein.

5 – Ein Fremder bringt Glück und Freude. Erfüllung von außen.
6 – Materieller Verlust, der jedoch geistigen oder spirituellen Gewinn mit sich bringen kann.
7 – Üble Nachrede bringt Ärger und Aufregung.
8 – Eine geplante Aktion ist noch nicht genügend durchdacht und kann zu Ungerechtigkeiten führen.
9 – Erfolg, sowohl in Geschäften als auch in Herzensangelegenheiten. Bei Streit kann man Aufklärung und Versöhnung erwarten.
10 – Häusliche Zufriedenheit und mögliche berufliche Erfolge und Aufstieg.
11 – Jemand erkrankt, nicht unbedingt ein Familienangehöriger oder enger Freund.
12 – Eine Nachricht trifft ein und verlangt nach Antwort. Holen Sie sich aber erst Rat in dieser Sache, bevor Sie eine Entscheidung treffen.
13 – Kummer, möglicherweise länger andauernd, vielleicht sogar lebenslang.
14 – Ein Fremder wird in Ihr Leben treten und ein enger und echter Freund werden.
15 – Versuchung, sich an einer üblen und ungerechten Sache zu beteiligen.
16 – Eine Reise. Fahren Sie, denn sie wird angenehm verlaufen und profitabel enden.
17 – Ein Fremder wird ein Geschäft oder eine Aktivität vorschlagen. Sein Vorschlag ist ehrlich gemeint und solide.
18 – Ein sehr gutes Omen: Glück, Aufstieg, Profit.

Zu bemerken ist noch, daß äußerste Vorsicht geboten ist (geschäftlich wie privat), wenn bei einem Orakelwurf zwei Würfel aufeinander zu liegen kommen.

Das System läßt sich noch variieren, um Vorhersagen genauer und ausführlicher zu machen. Dafür teilen Sie den Kreidekreis mit sechs Linien, die alle durch seinen Mittelpunkt laufen, in zwölf gleichgroße Segmente und numerieren diese gegen den Uhrzeigersinn von 1 bis 12. Diese zwölf Unterteilungen repräsentieren folgende Themen:

1 – Prophezeiungen für das nächste Jahr.
2 – Geldangelegenheiten.
3 – Reisen.
4 – Häusliche Angelegenheiten.
5 – Aktuelle Pläne.
6 – Gesundheit.
7 – Heirat.
8 – Tod und Erbe.
9 – Psyche und aktueller Geisteszustand.
10 – Arbeit und Beruf.
11 – Freunde.
12 – Feinde.

Natürlich sollten Sie auch bei dieser Unterteilung zuerst die allgemeine Nachricht (Gesamtsumme) ermitteln, doch dann wenden Sie Ihre Aufmerksamkeit den Würfeln in den einzelnen Segmenten zu. Liegen zwei oder gar alle drei in einem Segment, so verstärkt das die Aussagekraft der Nachricht enorm und bedarf meist keiner Erklärung mehr. Im allgemeinen liegt aber nur ein Würfel in einem Segment; deshalb hier noch die Bedeutungen der Zahlen 1–6 beim Felderwürfeln:

1 – Was immer der Würfel zu dieser Angelegenheit sagt – suchen Sie nach Hinweisen für den Erfolg.
2 – Der Erfolg hängt davon ab, gute Beziehungen beständig zu erhalten.
3 – Der Erfolg tritt sicher ein.
4 – Die Dinge entwickeln sich schlecht, jedenfalls die, auf die sich dieses Segment bezieht.
5 – Die Hinweise und Voraussetzungen sind gut.
6 – Das Problem, nach dem Sie gefragt haben, wird sich auflösen und damit einen positiven Effekt auf das Thema dieses Kreissegments ausüben.

In diesem Rahmen können Sie die allgemeine Nachricht der drei Würfel mit den speziellen Nachrichten aus den verschiedenen Kreissegmenten kombinieren. Lassen Sie Ihrer Intuition Raum, um Beziehungen und Verbindungen herzustellen, und haften Sie nicht zu sehr an den Worten – assoziieren Sie vielmehr frei zu den Bildern und Begriffen, die Ihnen der Würfel zeigt.

Dieses Volksorakel hat sicherlich ebensoviel Tiefe wie ein Zeitungshoroskop. Seine Chance liegt darin, daß die Ergebnisse zum Denken anregen können oder, falls man nicht allein orakelt, zu einer Diskussion. Über den Anstoß einer ›fremden‹ Aussage zu einem persönlichen Problem erhält man die Chance, aus den eingefahrenen Denk- und Kombinationsgleisen auszubrechen, ein Problem einmal von einer anderen Warte aus zu betrachten.

Nachdem wir alle nicht mehr in einer mystischen Welt leben, sondern sie als einen Gesamtzusammenhang begreifen und uns als einen *abhängigen* Teil von ihm, können wir uns auf derart feste Aussagen wie die der Würfeldeutung nicht mehr einlassen. Wir können aber trotzdem damit arbeiten, wenn wir einen *persönlichen* Rahmen festlegen, etwa der Art, daß wir zu einem bestimmten aktuellen Problem sechs verschiedene Lösungsmöglichkeiten festlegen und mit Nummern versehen. Schon durch diese Vorauswahl stecken wir unseren eigenen Rahmen ab, denn manchen ist es einfach nicht gegeben, Schwierigkeiten mit Gewalt aus dem Weg zu räumen, andere wiederum können nicht intellektuell damit umgehen und sie ›auflösen‹. Unsere Lösungsangebote liegen also hier im Rahmen unserer eigenen Möglichkeiten – wenn manche auch unangenehmer und schwerer sind als andere. Zum Problem einer sehr gespannten Beziehung zu einem Arbeitskollegen ließen sich etwa diese sechs Lösungsangebote vorstellen:

1 – Ich werde ihn morgen auf mein Unbehagen mit ihm ansprechen, ihm mitteilen, daß ich unter seinem Verhalten leide, und ihn zu einer Stellungnahme zwingen.
2 – Ich werde das Klima weiterhin, so gut es geht, ignorieren. Vielleicht bilde ich mir alles nur ein, und es löst sich von selbst.
3 – Ich werde ihn überraschen und einfach für den Abend zum Essen einladen. Mal sehen, was passiert.
4 – Ich werde mich stärker an andere Kollegen anschließen.
5 – Ich werde gegen ihn beim Chef intrigieren.

6 – Ich werde mich um eine neue Stellung bemühen, vielleicht sogar auf einen neuen Beruf umsatteln.

Derart gewinnen Sie eine eindeutige und passende Aussage zu Ihrem Problem und, was das Beste daran ist, werden sich mit Sicherheit danach richten, denn zu tief ist die Vorstellung in uns verwurzelt, daß es Unglück bringt, sich gegen ›geweissagte‹ Entscheidungen zu stellen. Orakel muß man – wenn man sich schon darauf einläßt – ernstnehmen und sie erfüllen. Aus dieser Vorstellung, daß sich das Schicksal gegen uns wendet, wenn wir uns nicht nach seiner offenbarten Weisung richten, resultiert auch der Spruch: »Spielschulden sind Ehrenschulden.« Wenn man es nirgends mit der Schuldenrückzahlung so genau nimmt – in diesem Fall wird man äußerst korrekt handeln, nicht etwa, weil man um sein Ansehen als ernsthafter Spieler fürchtet, sondern aus Angst, das ›Glück‹ (nichts anderes als das Schicksal) könnte sich deswegen gegen einen wenden. Das wird es nämlich auch tatsächlich tun, und zwar in unserer Wahrnehmung. Mit dem äußerst miesen Gefühl im Hinterkopf, jetzt einfach kein Glück mehr haben ›zu dürfen‹, werden wir entsprechend schlecht und unkonzentriert spielen. Selbst wenn wir gewinnen, werden wir die Gewinne als armselig betrachten, bei kleinen Verlusten diese jedoch als enorm bezeichnen.

Ist also alles nur ein Problem der Wahrnehmung und zwanghaften Erfüllung geweissagter Geschehnisse? Nein, denn so kann höchstens die *Ausführung* eines Orakels vonstatten gehen – mit der Botschaft als solcher hat es nichts zu tun. Schließlich tragen wir alles Wissen schon in uns und kennen bereits auch die besten Lösungen für unsere Probleme – sie sind uns eben nur nicht *bewußt*, weil wir Ängste, Sachzwänge und eingefahrene Verhaltensweisen als Blockade davorgeschoben haben. Die Chance, diese Hindernisse zu umgehen und wenigstens einen kurzen Blick in unser Unterbewußtsein zu tun, das ist das eigentliche Orakel.

Mit Orakeln umzugehen, läßt sich auch äußerst lustvoll und angenehm gestalten. Jeder wohl kennt den dauernden Druck des Unerledigten, egal, ob es sich dabei um unklare Beziehungen handelt, aufgeschobene Arztbesuche, unaufgeräumte Zimmer oder längst fällige

Briefe. Wirklich ›vergessen‹ können wir all das nicht, es sammelt sich in unserem unbewußten Speicher und gärt dort vor sich hin, denn das Unterbewußtsein ist kein Abfallkübel, sondern versteht sich (in dieser Beziehung) mehr als Durchgangsstation. Um nicht zuviel Ballast zu sammeln, hat sich in meiner Familie folgendes System entwickelt: Wir schreiben jeden Sonntagabend sechs Vorschläge auf einen Zettel. Drei davon sind unangenehme, aber schon lange anstehende Pflichten – etwa ein Zahnarztbesuch, die Steuererklärung oder die Kellerentrümplung. Die drei anderen sind angenehme, aber ebenfalls dringend nötige Aktivitäten – etwa, abends mal zum Schwimmen zu gehen, ein Essen mit einem bestimmten Freund oder ein Theaterbesuch. Wenn jeder seine sechs Themen aufgeschrieben hat, wird gewürfelt, und Sie können sicher sein: Das Thema, das sich der Würfel ausgesucht hat, wird in der nächsten Woche auch wirklich erledigt, denn Ernsthaftigkeit und kreativer Umgang mit dem Schicksal schließen sich beim Orakeln nicht aus.

Dieses ist die *eine* Chance, die der scheinbaren Fremdbestimmung in seinem eigenen Handeln – das Orakel spricht nicht, sondern wählt nur eine Möglichkeit aus, die man vorher selber formuliert hat. In seinem Roman *Der Würfler* hat der amerikanische Schriftsteller Luke Rhinehart diese Idee bis zur Perfektion ausgebaut zu einem Leben, das ausschließlich vom Würfeln bestimmt wird. Er erzählt die Geschichte eines saturierten und gelangweilten New Yorker Psychiaters, der die Oberflächlichkeit seiner Umgebung, die Fragwürdigkeit seiner Arbeit und seine innere Leere eines Tages spontan und sehr erfolgreich zu bekämpfen beginnt. Bei einer besonders langweiligen psychoanalytischen Sitzung läßt er den Würfel darüber entscheiden, ob er weiter geduldig zuhört, einschläft, den Patienten unterbricht und ihm *seine* Geschichte erzählt – oder einfach aufsteht und den Raum verläßt. Der Würfel rät ihm das letztere, und das ist der Beginn eines neuen Lebens. Von diesem Augenblick an läßt sich der Psychiater ausschließlich durch den Würfel bestimmen, formuliert für jedes anstehende Ereignis mehrere Reaktionsmöglichkeiten und erfüllt bedingungslos den Willen des Orakels. Natürlich kommt es ständig zu Konfrontationen und Schwierigkeiten mit seiner Umwelt, die ihn nun plötzlich nicht mehr ›berechnen‹ kann – sein Verhalten hängt nicht mehr von eingefahrenen Verhaltensregeln ab, sondern vom ›Zufall‹. Der Psychiater verliert seine Familie, seine Freunde und seine Arbeit, aber der Zwang, sich ganz dem Würfel zu unterwerfen, ist stärker: Er kann nicht mehr in das durch Normen bestimmte Leben zurückkehren. Schließlich stürzt er ganz Amerika in einen Taumel des Würfelns, Millionen von braven US-Bürgern bestimmen ihre Handlungen nur noch mittels zweier weißer Elfenbeinwürfel, die jeder ständig bei sich trägt und befragt. Eine unterhaltsame Parabel zu der Vorstellung vom »Spiel des Lebens« – wenn auch eine sehr amerikanische.

Im Rahmen der eigenen und selber vorstellbaren Möglichkeiten kann jeder selbst Orakelspiele erfinden und sich nach ihnen richten. Die Grenze erreichen wir jedoch da, wo wir eigene Schwächen und Lebenszusammenhänge nicht erkennen können oder wo die Lösungsmöglichkeiten außerhalb unserer Vorstellung liegen. Dann können uns die »Großen Orakel« weiterhelfen, Denk- und Wertsysteme, die einen eigenen Mikrokosmos darstellen, in dem wir uns abbilden und bestimmen können. Doch davon später.

Ein weiteres Spiel, das aus Nordafrika zu uns gelangt ist und sich ebenfalls gut als Orakelspiel eignet, ist das Domino. Legen Sie einen vollständigen Satz Dominosteine (28 Stück) verdeckt auf den Tisch, mischen Sie die Steine durch kräftiges Durcheinanderschieben mit beiden Händen und decken Sie schließlich den ersten Stein auf. Sie ›lesen‹ ihn, drehen ihn wieder um und mischen ihn unter die anderen. Dann können Sie einen zweiten Stein aufdecken – lesen – umdrehen – mischen, danach einen dritten Stein. Damit ist das Domino-Orakel aber auch schon beendet, denn mehr als drei Steine sollte man nie an einem Tag aufdecken – die Steine ›ermüden‹ sonst und können sich zu recht unerfreulichen Aussagen hinreißen lassen. Merken Sie sich sowohl die Bedeutung der aufgedeckten Steine als auch ihre Reihenfolge; daraus läßt sich mit folgender Tabelle die Gesamtbedeutung ablesen.

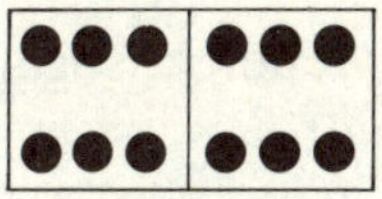

Erfolg auf der ganzen Linie.

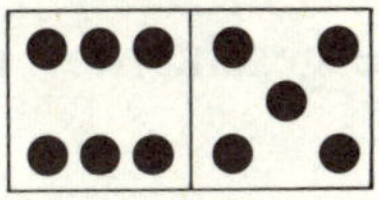

Wohltätige Werke.

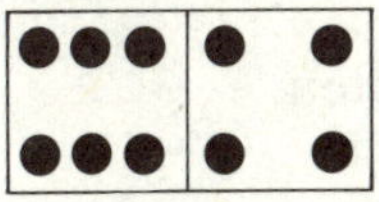

Streit oder Prozeß, der wahrscheinlich schlecht für Sie ausgeht.

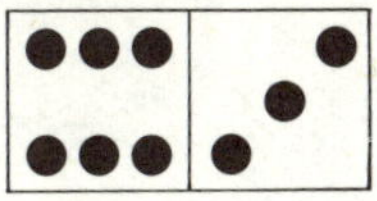

Kurze Reise mit vorteilhaftem Ausgang.

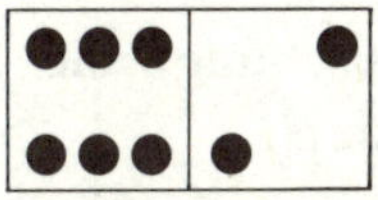

Sie werden in Kürze ein nützliches Geschenk erhalten.

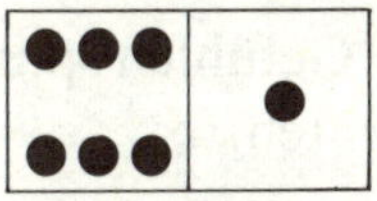

Sie erkennen und beseitigen die Wurzel all Ihrer Schwierigkeiten.

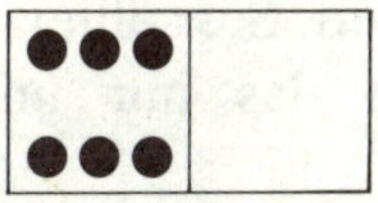

Hüten Sie sich vor demjenigen, den Sie als Ihren besten Freund betrachten.

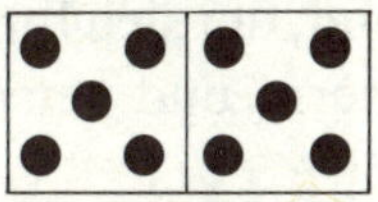

Ein Umzug. Das neue Haus, die neue Wohnung, läßt Glück und Zufriedenheit erwarten.

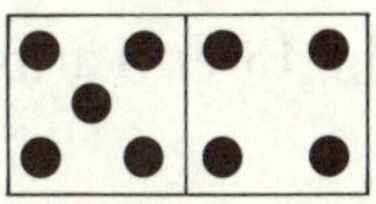

Sie können außerplanmäßige Einnahmen erwarten. Verwenden Sie das Geld weise und versuchen Sie nicht, damit neues Geld zu verdienen.

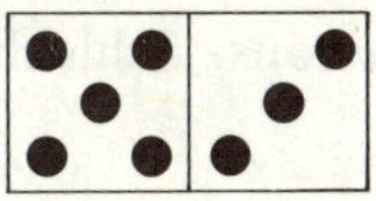

Ein hilfreicher Besuch.

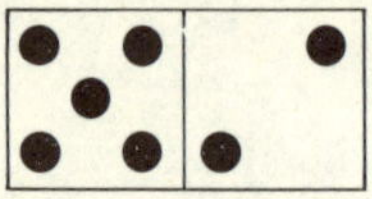

Nachwuchs wird zum Thema, vielleicht sogar in der eigenen Familie/Partnerschaft.

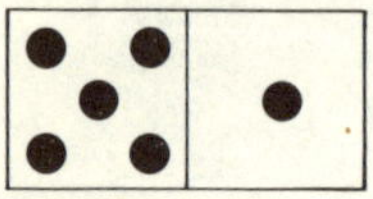

Eine leidenschaftliche Liebesgeschichte mit unglücklichem Ausgang.

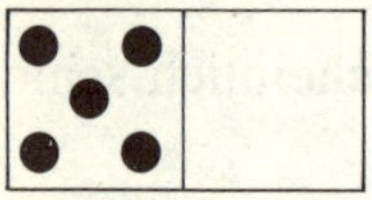

Helfen Sie einem Freund in Nöten.

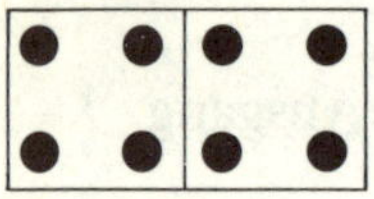

Ein Fremder lädt Sie ein.

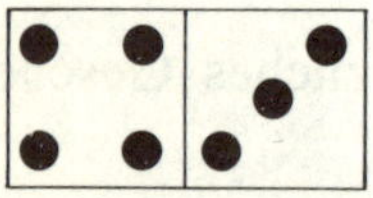

Keine Angst vor der Enttäuschung, die Sie gerade erwarten, es kommt anders.

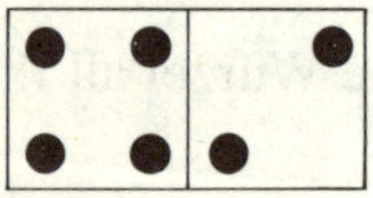

Ein Mensch, der nur mit Ihren Gefühlen spielen wird, hat soeben ihr Leben betreten.

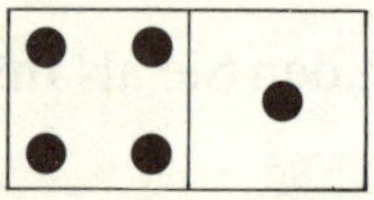

Erinnern Sie sich an eine Schuld. Sie sollten sie jetzt begleichen, auch wenn das nur unter Schwierigkeiten möglich ist.

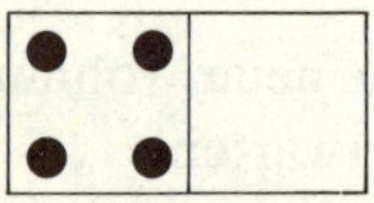

Versuchen Sie, sich einem Freund, der sich Ihnen entfremdet hat, wieder zu nähern, und versöhnen Sie sich mit ihm.

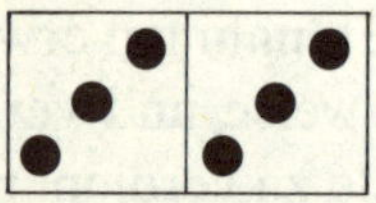

Sie bekommen Konkurrenz in Ihrer Partnerschaft.

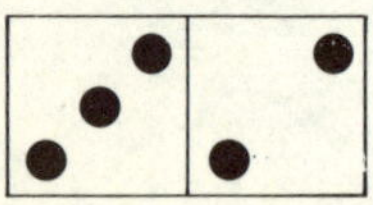

Fordern Sie Ihr Glück nicht heraus. Schlechte Karten für die nächsten Tage.

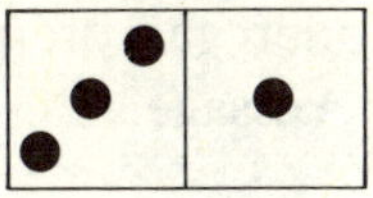

Überraschende und äußerst aufschlußreiche Neuigkeiten.

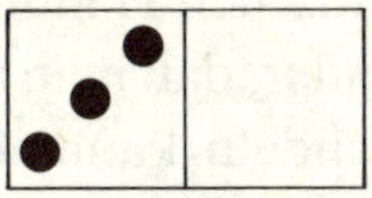

Ihre Eifersucht quält Sie und bringt eine Partnerschaft in Gefahr.

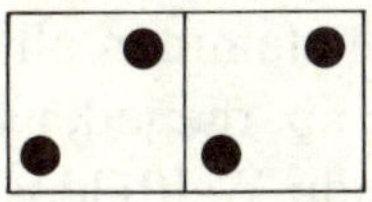

Glück in der Liebe; sogar eine Hochzeit kann erwartet werden.

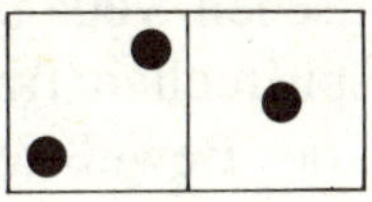

Schon in der nächsten Zukunft droht Verlust von Geld und Vermögen.

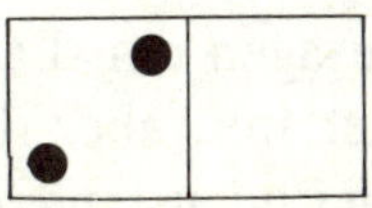

Sie lernen jemanden kennen, mit dem sich eine glückliche und stabile Beziehung entwickelt.

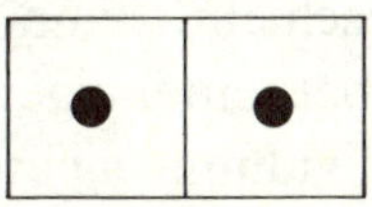

Keine Hektik! Eine klare Entscheidung steht an und sollte gut durchdacht werden.

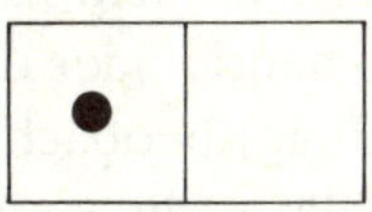

Ein Fremder tritt auf und könnte nützlich sein.

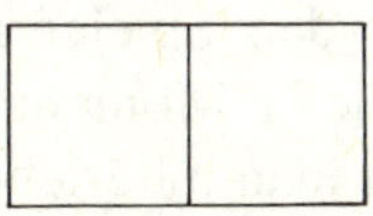

Böses Omen: Verlust, Enttäuschung, Unglück.

Sollten Sie an einem Tag denselben Stein zwei- oder gar dreimal ziehen, so untermauert das nur die Dringlichkeit der Aussage.

Wenn wir uns daran erinnern, daß alle Spiele aus kultischen Handlungen und Orakeln entstanden sind, nimmt es nicht wunder, daß man alle auch wieder zu Weissagungstechniken zurückverwandeln kann. Ein Spiel, das seinen Ursprung in den altindischen Veden hat, nennt sich »Dshyan Chaupar«, das Spiel des Wissens; von ihm stammen all die wohlbekannten Leiter- und Rutschbahnwürfelspiele ab, die jeder von uns in seiner Kindheit gespielt hat. Das gesamte Hindu-Weltbild ist in diesem Spiel enthalten, verbunden mit den theoretischen Vedanta-, Bhakti-, Shamkya- und Yoga-Strömungen. In allen spirituellen Traditionen wurde immer wieder versucht, die Zustände des Bewußtseins und die Stufen der inneren Reise eines Menschen in spielerischer Form niederzulegen. In diesem indischen Spiel wird sozusagen ein ›Lageplan‹ der Seele entworfen, auf dem sich die Spieler frei, aber dem ›Zufall‹ unterworfen bewegen können. Ziel ist es, den Endzustand, das »kosmische Bewußtsein«, zu erlangen. *Wie* das geschieht, kann für jeden Mitspieler die Chance beinhalten, sich selber bei seiner eigenen Entwicklung zu beobachten – er sieht sich als Individuum agieren, aufsteigen und fallen, wenn er einen Bewußtseinszustand nicht mehr halten kann. Wie beim I Ging, den Runen, der Geomantie oder dem Tarot kann der Spieler die »Synchronizität« (C. G. Jung) beobachten und entdecken, daß die Entscheidungen des Zufalls nicht sinnlos zufällig sind, sondern daß der karmische Würfel den Spieler mit auffallender Beharrlichkeit durch Stationen führt, die im Moment für ihn besonders wichtig und zutreffend sind. So kann man miterleben, wie man aufsteigt, welche Wege man nimmt und an welchen Stationen man immer wieder scheitert, aber man kann auch ablesen, wie sich diese ›Problemzonen‹ bewältigen lassen. Sinnentleert ist es zu den bekannten Brettwürfelspielen geworden, die als einzige Botschaft das Siegen bewahrt haben – ausgerechnet das aber war in seiner Urform nie ein Ziel.

Analog kann man sich vorstellen, daß all die vielen »Volksorakel«

früher einmal mit großem theoretischem Hintergrund praktiziert wurden, von dem aber nichts mehr in Erinnerung geblieben ist. Auf allen Kontinenten haben die Gerüste dieser Ganzheitssysteme überdauert, sind als »Bräuche« erhalten geblieben. In England ritzt man etwa zu *Halloween*, der Nacht vor Allerheiligen, bestimmte persönliche Erkennungszeichen in Steine und wirft diese in ein offenes Feuer. Am nächsten Morgen sucht sich jeder wieder seinen Stein heraus. Ist dieser unbeschädigt, so wertet man das als gutes Zeichen für das nächste Jahr, ist er jedoch beschädigt, gesprungen oder gar nicht mehr auffindbar, so gilt das als schlechtes Vorzeichen.

»Was bringt das nächste Jahr?« war schon immer die wichtigste Orakelfrage. Da einst der Großteil der Menschen eng mit der Naur zusammenlebte und sogar von ihr abhängig war, bedeutete »das nächste Jahr« meist zugleich: »Wie wird das Wetter das nächste Jahr über?« Hunderte von entsprechenden Bauernorakeln sind überliefert, darunter zum Beispiel eines aus Bayern, bei dem man in der Christnacht aus einer großen geschälten Zwiebel zwölf Schüsselchen auslöst, diese auf zwölf mit den Monatsnamen beschriebene Zettel stellt und in jede Zwiebelschale etwas Salz streut. Am nächsten Morgen kann man dann ablesen, wie das Wetter wird. Ist das Salz im Januar etwas naß geworden, so wird sich dieser Monat entsprechend gestalten, ist es in einer Schale trocken, so wird der dazugehörige Monat ebenfalls warm und trocken. Einen wirklichen Wetterkalender erstellten die Bauern früher aus der Beobachtung des Wetters vom 25. Dezember bis zum 5. Januar. Jeder dieser zwölf Tage entsprach einem Monat im folgenden Jahr, und bei genauer Beobachtung konnte man das Wetter sogar in verschiedenen Wochen bestimmen. So entsprach etwa die Nacht des 5. Januar der letzten Dezemberwoche des Jahres.

Das Wetter war nicht das einzige, was man per Orakel erforschen wollte und konnte. Speziell für junge Frauen war es viel wichtiger, zu erfahren, wann sie verheiratet würden und ob ihr Bräutigam arm oder reich, hübsch oder häßlich, treu oder gar ein Hurenbock, Saufaus oder Betrüger sein würde. In der Alpenregion zum Beispiel zogen die heiratsfähigen Mädchen in der Silvesternacht Scheite aus den Feuerholzstößen. Das Holzstück wurde dann einer genauen Prüfung unterzogen, da man aus seiner Gestalt das Aussehen des künftigen Ehemannes ersehen konnte. War das Stück stabil und gerade gewachsen, so durfte man einen gutaussehenden, ehrlichen und fleißigen Mann erwarten. Was krumme, morsche oder zerbrochene Holzscheite bedeuteten, läßt sich unschwer erraten.

Standen mehrere Bewerber zur Auswahl, so ließ sich die Eheschließung wie folgt voraussagen. Man schrieb die Namen aller möglichen Kandidaten auf kleine Zettel, höhlte ein frisches Brot aus und formte Kugeln, die jeweils mit einem zerknüllten Zettel gefüllt wurden. Dann warf man alle Kugeln in einen Wasserbottich und beobachtete, wie sie sich langsam auflösten. Diejenige Kugel, die zuerst zerfiel, gab so den Namen des zukünftigen Bräutigams preis.

Aber auch die ›feinen Leute‹, Bürger und Adelige, waren sehr an ihrer Zukunft interessiert. Bei den Töchtern dieser Stände war es Brauch, die künftigen Ehemänner mit Hilfe von drei silbernen dünnen Schalen herauszufinden, in denen jeweils eine Kerze brannte und die man ebenfalls in einem Wasserbottich schwimmen ließ. Man ließ die Schalen vorsichtig zu Wasser, wobei die eine die Braut, die zweite den Bräutigam und die dritte den Priester symbolisierte, der das Paar trauen sollte. Schwammen die Schalen nach einiger Zeit zusammen und berührten sich, so bedeutete das eine baldige Hochzeit, trafen sich nur die Schalen der beiden Liebenden, so sollte ihrem Glück der Segen der Kirche fehlen. Trafen sich das Mädchen und der Pfarrer, so mußte das wohl bedeuten, daß diese beiden heirateten. Wie man sich bei diesem Problem aus der Schlinge zog, weiß keiner mehr genau.

Wenn sich die Mädchen vor Liebhabern und potentiellen Ehemännern nicht retten konnten, griffen sie zu folgendem probatem Mittel, um zu erfahren, wer der Mann ihres Lebens sein würde. Sie schnitten vor dem Schlafengehen aus Papier einen achtzackigen Stern aus und schrieben auf sieben Ecken die Vornamen ihrer verschiedenen Liebhaber, die achte Ecke blieb leer. Dann legten sie sich ins Bett, schoben den Stern unters Kopfkissen und ›überschliefen‹ die ganze Sache erst einmal. Am nächsten Morgen griffen sie, ohne hinzusehen, unter das

Kissen und rissen vom Stern eine Ecke ab. Der Name, den sie dann in der Hand hielten, offenbarte ihnen den zukünftigen Partner; erwischten sie die leere Ecke, so war mit freudlosen Tagen zu rechnen. Man blieb ledig und steuerte auf ein Leben als alte Jungfrau zu.

Für Mädchen, die weder einen Liebhaber noch überhaupt einen Mann besonders ins Auge gefaßt hatten, gab es immerhin die Möglichkeit, eine Kleinigkeit über den Zukünftigen zu erfahren. In der Neujahrsnacht schrieben sie über einer Zimmertür mit Kreide das Alphabet auf den Türstock. Dann drehten sie sich dreimal um sich selbst und tippten (bei geschlossenen Augen wohlgemerkt) mit dem rechten Zeigefinger an den Türstock. Mit dem Buchstaben, auf den man gedeutet hatte, würde der Vorname des Ehemannes beginnen.

Für ganz einfache Antworten, eben nur Ja oder Nein, empfiehlt sich ein Wurforakel, das in leicht abgeänderter Form in ganz Nordeuropa bekannt ist. Man wirft fünf Kieselsteine, Brotkügelchen oder Münzen auf den Tisch. Wenn man durch Verschieben eines dieser Gegenstände die Form eines Kreuzes erschaffen kann, so beantwortet sich die vorher gestellte Frage mit ja.

Ein ähnliches Orakel hat der amerikanische Fotograf und Anthropologe Sam F. Bucca in Tasmanien erlebt. Unter den fast schon ausgerotteten Ureinwohnern, die von der britischen Kolonialmacht an den Alkoholkonsum gewöhnt wurden, hat sich folgende Technik für einfache Ja-oder-Nein-Antworten entwickelt: Zwei Männer setzen sich gegenüber – der eine, der das Orakel befragen will, der andere, der als unbewußter Antworter fungiert. Dieser legt sich vor Beginn des Orakels auf eine Antwort fest, die er dem anderen jedoch nicht verrät. Man stellt vor jeden ein gut gefülltes Wasserglas Schnaps, und die Befragung beginnt. Der Frager nimmt einen Schluck aus seinem Glas und schüttet anschließend ein bißchen davon in das Glas des anderen. Dann trinkt der Antworter und gießt ebenfalls etwas aus seinem Glas in das des anderen. So macht man weiter, bis einer der beiden vor einem leeren Glas sitzt. Hat der Antwortende zuerst ausgetrunken, so stimmt seine Vorhersage, die er dann dem Frager mitteilt, andersherum stimmt das Gegenteil seiner vorher festgelegten Antwort. Nebenbei: Mit Weißen spielen die Ureinwohner dieses Orakel so, daß sie als Frager dem werten Touristen am Schluß eröffnen, daß sie danach gefragt hätten, wer denn nun den Schnaps zahlen müßte. Wie nicht anders zu erwarten, sieht das Orakel dafür in der Regel die Fremden vor.

Ein klassisches Orakel, um auf einfache Antworten, nämlich ja oder nein, tot oder lebendig, Mann oder Frau, gut oder böse zu kommen, mit denen sich die meisten Fragen ausreichend beantworten lassen, ist das Pendeln. Das Prinzip ist uralt und hat sich im Grunde nie verändert, auch wenn inzwischen über hundert genormte und für spezielle Aufgaben gefertigte Pendel zu beziehen sind, vom Universalmessingpendel zum füll- und kombinierbaren Geländependel. Grundsätzlich handelt es sich um einen leichten Faden, an dem ein schwerer Gegenstand hängt. Will man sich selber eine Frage auspendeln, so hält man das eine Ende des Fadens (der etwa 30 Zentimeter lang sein sollte) fest zwischen Daumen und Zeigefinger der rechten Hand (sofern man Rechtshänder ist). Das Pendelgewicht läßt man einen bis zwei Zentimeter über der gestreckten linken Handfläche zur Ruhe kommen und konzentriert sich dann völlig auf die Frage. Nach einiger Zeit wird das Pendel beginnen, sich zu bewegen und damit zu antworten, oder es bleibt bewegungslos stehen und verweigert die Antwort. Ob eine kreisende Bewegung ja bedeutet (was üblich ist) und Hin- und Herschwingen nein, muß jeder anhand einer Testfrage, deren Antwort er kennt, erst ausprobieren. Sofern man bei sich selber und um Antworten, die das eigene Wohl betreffen, pendelt, ist die Vorstellung von der Brücke zum eigenen Wissen leicht. Man wird sich zwar bemühen, dem Pendel aktiv keine Bewegung zu übermitteln, aber das Wissen um die Frage und gleichzeitig um die gefürchtete Antwort verleiten geradezu zur minimalen, oft auch unbewußten Manipulation.

Anders sieht es aus, wenn Fremde pendeln, die nicht einmal die gestellte Frage kennen. Dann kommt es auf den Bewußtseinszustand des Pendlers an. Manche Menschen haben in dieser Beziehung eine starke Sensibilität und können nicht nur die klassischen Fragen nach Geschlecht des zu erwartenden Kindes, Tod und baldiger Heirat zufriedenstellend beantworten, sondern benutzen Pendel als Diagnose-

Instrumente, wobei sie das Pendel über dem Körper eines Kranken ›suchen‹ lassen, bis es an bestimmten neuralgischen Punkten ausschlägt, die dann in der ärztlichen Diagnose meist als Krankheitsherde festgestellt werden. Inwieweit hier Scharlatanerie, gute Beobachtungsgabe und ärztliches Grundwissen zusammenspielen, ist nicht unser Thema. Als Volksorakel hat die Radiästhesie (so lautet der eindrucksvolle Fachausdruck dafür) jedenfalls einen festen Platz unter allen bekannten Techniken und Methoden der Zukunfts- und Zustandsbestimmung.

Zu den einfachen Ja/Nein-Bestimmungen gehört auch das Losen. Wer das kürzere Streichholz zieht, muß zum Zigarettenholen gehen – das ist die Losform, die wohl jeder kennt. Karl May hat dazu eine schöne Manipulationstechnik erdacht, die er einem seiner Helden im Wilden Westen andichtete. Man nimmt grundsätzlich zwei gleichlange Hölzer in die Hand und knipst das, das der andere gerade ziehen will, schnell mit dem Daumennagel ab. Auf diese Weise wird er immer »den Kürzeren ziehen«. So, wie alle diese Volksorakel sinnentleerte Formen alter mystischer Gesamtheitssysteme sind, ist zum Beispiel auch das Stäbchenorakel eine Verballhornung des germanischen Runenwerfens. Man bemalt drei flache Stäbchen (dazu eignen sich besonders Stiele von Speiseeis) auf der einen Seite weiß, auf der anderen schwarz. Dann schüttelt man sie in einem Topf durcheinander und denkt dabei an die Frage, die man dem Orakel stellen möchte. Liegen wenigstens zwei Stäbchen mit der weißen Seite nach oben, so ist die Frage mit ja beantwortet und man kann überdies Glück und Gesundheit erwarten. Sieht man wenigstens zwei schwarze Flächen, so gilt das Gegenteil. Die meisten Frager werden sich schnell dazu entschließen, nichts von solchen Orakeln zu halten.

Losen kann man, wann und worüber man will, erst recht, wenn es nur darum geht, wer Zigaretten holt. Für wichtige Entscheidungen waren früher, vor allem bei der ländlichen Bevölkerung, bestimmte Tage vorgesehen, »Lostage«, an denen die Konstellationen für bestimmte Fragen gut waren und die dem Frager auch eine bestimmte Kraft verliehen. Nachdem die Bauern im Frühjahr, Sommer und

Herbst einzig die Arbeit im Kopf hatten, blieben für derartige Unterhaltungen nur die Tage von Anfang Dezember bis Ende Februar übrig – einer ausgenommen, der berühmt-berüchtigte 30. April, dessen Nacht man die Walpurgis- oder Hexennacht nennt. Sie war die Nacht für Liebesorakel aller Art; Frauen und Mädchen schwärmten durch die Dörfer und Wälder, kümmerten sich um die Zukunft und genossen das Gefühl der Andersartigkeit und Freiheit, während sich die Männer versammelten und bei alkoholischen Getränken das Fehlen ihrer mystischen Adern feierten.

Eine Form des Orakelns, die schon gewaltig in den finsteren Tiefen des Okkultismus beheimatet ist, stellt die Nekromantie dar, die Zukunftsdeutung mit Hilfe längst Verstorbener. Spiritistische Séancen, bei denen über ein Medium Kontakt mit toten Freunden und Verwandten aufgenommen wird, sind dazu allerdings nicht nötig. Mit dem Hilfsmittel einer Planchette etwa, einer Weiterentwicklung des afrikanischen Reibebretts, lassen sich auch von Amateuren Nachrichten aus dem Jenseits empfangen. Dieses kleine dreieckige Holzbrett steht auf drei Laufrädern und besitzt eine Bohrung in der Mitte, durch die sich ein Bleistift führen läßt. Man stellt die Planchette auf ein großes Stück Papier, alle Teilnehmer legen ihren rechten Zeigefinger auf das Orakelbrettchen und konzentrieren sich auf die Frage und die angerufene Person. Schon bald wird sich das Schreibbrett leicht bewegen (der schwächere Finger gibt nach) und eine Botschaft auf das Papier schreiben. Die klassische Art der Nachrichtenübermittlung aus dem Reich der Toten bedient sich allerdings einer sogenannten *Ouija*-Tafel. Auf diesem oft schön gefertigten und reich verzierten Edelholzbrett sind alle Buchstaben, die Zahlen 1 bis 9 und einige Sonderzeichen aufgemalt, wie etwa »Ja«, »Nein«, »Unentschieden«, »Nachricht« oder »Ende«. Alle Beteiligten legen ihre rechten Zeigefinger auf ein umgestülptes Trinkglas oder eine Planchette ohne Bleistift und überlassen es der Energie des Verstorbenen, das Anzeigegerät von Buchstaben zu Buchstaben zu bewegen, um seine Nachricht zu übermitteln.

Diese etwas fragwürdige Orakelmethode ist sicherlich nicht jedermanns Sache. Wesentlich lustvoller und im Endeffekt auch anregender in dem Sinn, sich über sich selber Gedanken zu machen und die eigene Situation einmal aus anderer Warte zu betrachten, ist das Greifen oder Orakelhaschen. Die verschiedensten Methoden dafür sind aus aller Welt bekannt, das Prinzip ist aber immer dasselbe: Man bestimmt Symbole und greift blind nach einem oder mehreren. Die Deutung und Verbindung (wenn man mehrere gegriffen hat) ist vorgeschrieben, man kann aber auch die eigene Kreativität und den Instinkt über die Auslegung entscheiden lassen. Im Rheinland war folgende Variante sehr beliebt: Man legte sieben Suppenteller verkehrt herum auf einen Tisch und versteckte unter jedem Teller ein Symbol – ein Geldstück, einen Ring, einen Stein, ein Stück Brot, einen Schlüssel, ein Holzstück und ein paar ausgerissene Haare. Dann führte man den Frager an den Tisch, verband ihm die Augen, drehte ihn und ließ ihn einen Teller berühren. Darunter fand er seine allernächste Zukunft: Der Ring zum Beispiel bedeutete baldige Vermählung, der Schlüssel Umzug oder Gründung eines eigenen Hausstandes, das Brot Glück und Zufriedenheit, der Stein Schwierigkeiten und Kampf, das Geldstück Reichtum, die Haare Krankheit, das Holzstück Erfolg und Wachstum. In anderen Landstrichen formte man Symbole aus Teig und buk sie, oder man stellte ein Symbol an jede Ecke eines Tisches und führte den Frager solange um diesen herum, bis er an eine Ecke stieß.

Die Kombinationen und Techniken sind zahllos, aber gerade das Greiforakel eignet sich gut als Gesellschaftsspiel, das mehr vermitteln kann als bloße Unterhaltung. Wählen Sie dreimal so viele Symbole aus, als Personen mitmachen, und zeichnen oder notieren Sie sie einfach auf Zettel. Sie können natürlich auch aufwendiger arbeiten, etwa so, daß Sie von jedem Mitspieler drei Gegenstände fordern, die für ihn sehr wichtig, charakteristisch und aussagekräftig sind – etwa die Brieftasche, ein Schuh, Schlüssel, Schmuck oder Kosmetik. Nachdem man sich auf ein Thema geeinigt hat, greift jeder nacheinander mit geschlossenen Augen einen Gegenstand, ›sein‹ Orakel. Die Erklärung sollten Sie gemeinsam bestimmen, aber auch darauf achten, was zum Beispiel der Schlüssel dieser bestimmten Person für Sie bedeutet – nicht das Symbol des Schlüssels allgemein.

Etwas ist über die Zeiten gleich geblieben: Man spielt diese Orakel hauptsächlich an den Feiertagen, mit denen das alte Jahr zu Ende geht. Der Wunsch, das neue Jahr zu bestimmen, Hinweise und Themen dafür zu finden, ist eben immer noch ungebrochen stark. Ob man aus dem Tee- oder Kaffeesatz liest oder Bleigießen veranstaltet – Überreste unserer magischen Vergangenheit findet man überall, wenn man nur die Augen aufmacht. Es ist wohl überflüssig, hier alle Formen und ihre möglichen Bedeutungen anzugeben, die etwa beim Bleigießen vorkommen können – zum einen beschneidet man damit die eigene Phantasie, zum anderen ›weiß‹ jeder noch immer instinktiv um die Bedeutung der Symbole, genauso, wie wir noch wissen, daß es Glück bringt, ein Hufeisen oder ein vierblättriges Kleeblatt zu finden, einen Schornsteinfeger am Ärmel zu zupfen, auf Holz zu klopfen oder morgens dreimal im Bett zu niesen.

2. TEIL

Die Seelenpunkte der Geomantie

Von Robert Griesbeck

Geschichte und Technik der Geomantie

Wesentlich komplizierter und tiefgründiger geht es dagegen bei jener Orakeltechnik zu, die mehr ist als all diese zu meist armseligen Resten verkümmerten »Volksorakel« – der GEOMANTIE. In diesem Wort steckt sowohl »die Erde« als auch »das Wahrsagen«, und das erklärt auch seinen Ursprung, denn früher bediente man sich bei dieser Zukunfts- und Innenschau des Mediums Erde. Die ersten Geomanten bohrten mit Fingern oder Stöcken in schneller Folge Punkte in den Boden, um diese anschließend auszuzählen und zu lesen. Die Wurzeln dieser Kunst sind weitverzweigt und lassen keinen eindeutigen Entstehungsort erkennen. In Ninive war die Geomantie vor 3000 Jahren ebenso bekannt wie in Afrika und Südeuropa. Die Frauen der slawischen Rügener malten Striche in Asche; war deren Summe gerade, so galt das als gutes Zeichen. Die arabische Sandwissenschaft *'ilm al raml* beschäftigte jahrhundertelang die gelehrtesten Köpfe Nordafrikas, obwohl sie im Islam offiziell verboten war. Bei schriftlosen Völkern, wie etwa den Bewohnern von Madagaskar, war das wahllose Greifen nach Kernen oder Steinen üblich, die dann ebenfalls ausgezählt wurden. In Ostafrika zählte man »Gut« und »Böse« nach der gleichen Methode aus wie beim chinesischen Schafgarbenorakel, dem I Ging.

Agrippa von Nettesheim, sicherlich der bedeutendste Naturphilosoph, Arzt, Alchimist und Okkultist des 16. Jahrhunderts, beschrieb die Geomantie in seinem Werk *De occulta philosophia sive de magia*: »Es soll dabei, wie sie [die ersten Lehrer der Geomantie; d. Autor] glaubten, die Hand des Punktirenden hauptsächlich durch Erdgeister geleitet und bewegt werden, weßhalb sonst auch hierauf bezügliche Zauberformeln nebst anderen magischen Gebräuchen zur Anziehung dieser Geister vorausgeschickt wurden. Andererseits ist es die Seele des Punktirenden, welche, wenn ihr Verlangen sich zu einem hohen Grade steigert, das Loos lenkt. Alles Loosen folgt nemlich der Leitung der Seele, und es findet dabei ein nothwendiger Zug zu dem Statt, was die Seele verlangt. Diese letztere Ansicht und das entsprechende Verfahren ist weit wahrer und reiner, und es ist deßhalb von keiner

Wichtigkeit, wo und wie die Punkte gemacht werden. Es hat übrigens diese Kunst dieselbe Wurzel, wie die der astrologischen Fragen, welche gleichfalls nicht anders einen Werth erlangen können, als durch ein standhaftes und außerordentlich starkes Verlangen des Fragenden.«

Bis zum Mittelalter schrieb man die Erkenntnisse und Nachrichten aus dieser Orakeltechnik einer Verbindung mit den Erdgeistern zu. Man rief sie quasi zu Hilfe und erfuhr von ihnen nötige Aufklärung, Hinweise und Warnungen. Zum etwa gleichzeitigen Entstehen all dieser im Kern ähnlichen Orakel waren sicher keine Götter nötig, die als Astronauten unsere Erde besuchten, sondern es ist einfach logisch, daß Menschen, die sehr aufmerksam die Natur im Allgemeinen und die Erde im Besonderen beobachteten, auf die Idee kommen mußten, diese lebensspendende Oberfläche nicht nur passiv zu betrachten, sondern sie auch zu befragen – vorsichtig und mit dem gebührenden Respekt, denn immerhin repräsentierte sie eine gewaltige Macht, doch bei wichtigen und zukunftsentscheidenden Fragen wagte man es schon, den Rat »der Mutter« einzuholen.

Ob man nun Löcher in den frischen Ackerboden bohrt oder mit einem modernen Kugelschreiber Striche oder Punkte auf ein Blatt Papier setzt – der Ablauf des geomantischen Orakels hat sich nicht wesentlich verändert, das Auszählen und Bewerten schon eher. Hier beschränken sich die wenigen uns erhalten gebliebenen Manuskripte auf recht direkte und handfeste Deutungen – man konnte etwa erfahren, ob die geplante Reise glücklich und erfolgreich enden oder die nächste Ernte verhagelt würde.

Solche klaren und einfachen Antworten – die auch nie reine Themaverfehlungen sein konnten – laufen unter dem Begriff »Volksorakel«. Damit wird das »Volk« nicht abgewertet, denn um tiefer in die tatsächlich möglichen Erklärungen und Aufklärungen eines Orakels eindringen zu können, muß man sich ausgiebig mit seinem esoterischen Hintergrund vertraut machen. Nachdem die Zeiten der Erdgeister vorbei sind, befinden wir uns heute in der Rolle eines Kindes, dem man gerade Christkind, Nikolaus und Osterhasen zugleich ausgeredet hat und das nun ganz verzweifelt darüber nachdenkt, woher es denn in

Zukunft diesen aufregenden Nervenkitzel und die Schokoladenostereier nehmen soll. Es kann sich zwar neue Feste, aber keine neuen Mythen erschaffen. Auch für uns ist der Weg zu neuen Mythen und Ersatzgöttern nur prickelnde Zeitverschwendung, denn die Wahrheit – das Wort klingt bombastischer, als es wirklich ist – liegt ganz einfach in uns. Wir *besitzen* sie, das erleben wir jede Nacht im Traum, wenn das Unbewußte in uns dringende Nachrichten sendet, die allerdings nur die wenigsten als solche wahrnehmen und gar übersetzen können. Also ist ein Orakel nur ein Medium, um mit unserem Unbewußten kommunizieren zu können, ein Trick, das »klare« Bewußtsein zur Seite zu drängen und unsere eigenen, sorgsam versteckten und verpackten Weisheiten auftauchen zu lassen. Und so ist es eben kein Zufall, wenn jemand viermal hintereinander zwölf Punkte auf sein Papier klopft oder vier unterschiedliche Zahlen – er hat beschlossen, diese Wahl seinem Unbewußten zu überlassen, das sich über die äußerst simple Technik des Orakels formuliert.

Zur Technik der Geomantie. Legen Sie sich ein großes Stück Papier zurecht und wählen Sie einen passenden Stift, mit dem man schnell schreiben beziehungsweise stricheln oder punktieren kann. Füllfederhalter eignen sich dazu nicht besonders; am besten punktieren Sie mit einem weichen Bleistift, mit Farbkreide oder einem Filzschreiber. Als Rechtshänder nehmen Sie den Stift in die rechte Hand (Linkshänder machen es umgekehrt) und stricheln oder punktieren *von rechts nach links* vier Reihen untereinander – schnell und ohne dabei mitzuzählen. Beim Auszählen ergibt eine gerade Summe zwei Punkte, eine ungerade einen.

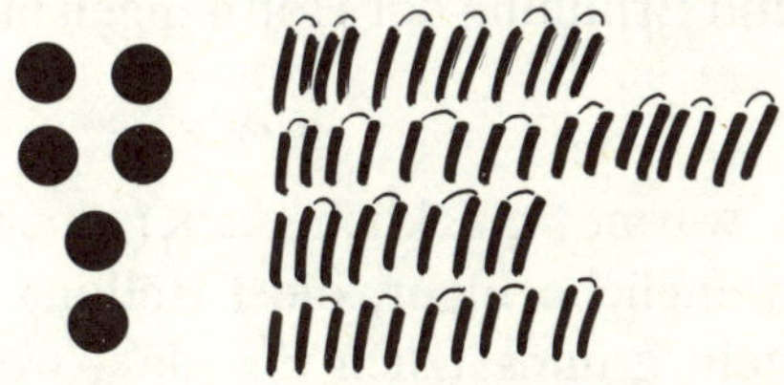

In diesem Fall heißt die Figur »Groß Glück«, das erste geomantische Zeichen.

Dieses ist quasi die Urzelle der geomantischen Unternehmung, auf ihr baut sich die ganze weitere Ableitung auf; deshalb sollte man beim ersten Punktieren auch die nötige Sorgfalt wahren. Absichtlich herbeigeführte ›Wunschfiguren‹ haben den Nachteil, daß der Punktierende ganz genau von seinem Selbstbetrug weiß und sich die weitere Arbeit eigentlich sparen kann.

Konzentrieren Sie sich beim Punktieren völlig auf Ihr Thema, auf die Frage oder die Grundstimmung, die Sie zu diesem Orakel verleitet hat. Atmen Sie etwa eine Minute lang kräftig und schnell aus und ein – das verhindert jede noch so kleine ›ungewollte‹ Berechnung – und lassen Sie dann den Griffel flitzen. Was Sie schließlich erhalten, ist eine der sechzehn geomantischen Figuren, die Ihnen Antwort, Rat oder vielleicht eine neue und hilfreiche Betrachtungsweise zu Ihrer Frage geben kann. Auf den folgenden Seiten können Sie die Kurzcharakteristika aller Figuren nachschlagen.

Kurzcharakteristika der 16 geomantischen Figuren

GROSS GLÜCK

● ● Eine positive, warme, aktive und glückliche Figur, die eben dieses
● ● »große Glück« aus sich selbst heraus schöpft. Bei Fragen eine
● absolute Bejahung; Pläne lassen sich ohne großen Aufwand und
● eigenes Zutun verwirklichen. »Groß Glück« prophezeit Freude, geschäftlichen Gewinn, Geschenke, Glück in Liebe und Partnerschaft, Prozeßgewinn, Beförderung und das Erreichen der gesteckten Ziele. Eine rundherum positive Figur, die auf einen glücklichen Ausgang aller Unternehmungen und Erfüllung der Hoffnungen hindeutet.

KLEIN GLÜCK

● Eine positive, warme, glückliche, aber doch bescheidene und
● nicht überschwengliche Figur, die Erfüllung ohne große Mühe
● ● anzeigt. Sie steht grundsätzlich für »Ja«, wenn das Thema für
● ● diese Figur nicht zu anspruchsvoll ist. »Klein Glück« prophezeit Zufriedenheit in Liebe und Partnerschaft, Freundschaften, kleine Gewinne und Erfolge, glückliches und friedliches Zusammensein. Eine

Figur, die zwar Erfüllung auf der materiellen Ebene anzeigt und Pläne gelingen läßt – die Erfolge stellen sich jedoch erst nach und nach ein. Sie taugt nicht für überschwengliche Ideen, eher für das »Glück des kleinen Mannes«.

DER WEG

● Eine zweischneidige Figur, die nicht grundsätzlich wertet, son-
● dern eher die Notwendigkeit einer Entscheidung anzeigt. Sie
● steht für kein bestimmtes Gefühl, verneint und bejaht nicht; der
● Weg des Schicksals kennt eben kein Gut und Böse, Oben und Unten, Richtig oder Falsch. Der »Weg« steht für »Ja«, wenn der Fragende sein Thema wirklich bearbeitet hat und sich um Klarheit bemüht. Diese Figur prophezeit keine Gewinne, aber wenigstens auch keine größeren Verluste, kleine Erfolge, Krankheiten, von denen man leicht und schnell wieder genesen wird, üble Nachrede, von der man sich wieder befreien kann – alles nach dem Motto: »Es könnte schlimmer sein.« Der Weg, die Geradlinigkeit sind die Themen; sie gilt es zu finden.

DAS VOLK

● ● Eine äußerst schwankende Figur, die Extreme anzeigt. Im mate-
● ● riellen Bereich bejaht sie die Frage, im emotionellen verneint sie
● ● sie. Das »Volk« steht für hohe Gewinne, die allerdings auch mit
● ● viel Arbeit verbunden sind, für gute Geschäfte und lange, erfolgreiche Reisen, auf der anderen Seite aber für Schwierigkeiten in der Partnerschaft, Zank und Ärger und viele unerfüllte »Lebenswünsche« – also dafür, nicht nur zu *haben*, sondern auch zu *sein*. Außerdem spricht es eine deutliche Warnung aus: Die eigene Flüchtigkeit wird immer mehr zum Problem, Konzentration ist angesagt.

DER ERWERB

● ●
●
● ●
●

Eine positive, kraftvolle, konzentrierte und sichere Figur. Bei allen von einem selber beeinflußbaren Themen antwortet sie mit einem klaren »JA« auf Ihre Frage. Der »Erwerb« steht für Erfolge, die nicht dem Glück, sondern harter Arbeit entspringen, für Aufrichtigkeit, Vernunft, Wirtschaftlichkeit und Organisationstalent. Die Figur prophezeit Fortschritte. Langsam und folgerichtig aufeinander aufbauend, entwickelt man sich im Beruf weiter, schafft Aufstieg und Vermehrung des eigenen Vermögens. In Liebe und Partnerschaft steht sie für Stabilität und Treue. Der »Erwerb« ist aber auch ein Hinweis darauf, wieder mehr Spontaneität zuzulassen und neue Sichtweisen wenigstens auszuprobieren.

DIE FREUDE

●
● ●
● ●
● ●

Eine positive, energische, glückliche und lebendige Figur, die Vernunft, Interesse und Wahrheitssuche mit starken Gefühlen verbindet. Einfach gestellte Fragen bejaht sie grundsätzlich und ohne Einschränkung. Die »Freude« prophezeit Vermögen und Erfolg im Beruf und in Geschäften ebenso wie glückliche Lieben und Freundschaften. Eine Furcht verschwindet plötzlich, eine Hoffnung erfüllt sich. Diese Figur zeigt ständig Fortschritte an, jedoch nur auf dem Weg, den ihre eigenen Energien zulassen, und das sind Stärke, Dynamik und unerschütterlicher Optimismus.

DAS MÄDCHEN

●
● ●
●
●

Eine einseitige und verletzliche Figur mit schwacher Energie. »JA« antwortet sie nur auf Fragen, die sich im weitesten Sinne auf den Genuß beziehen, also Essen und Trinken, Lieben und Flirten, Reisen und Erholung. Alle anderen Themen, vor allem ernsthafte und lebensbestimmende, verneint dieses Zeichen, In Beruf, Arbeit und in allen Geldangelegenheiten deutet diese Figur auf mangelnde Lust und Überzeugung, Pflichterfüllung aus Gewohnheit und mäßiges Interesse. Das »Mädchen« prophezeit die Erfüllung kleiner Pläne, treue Partner, Unterhaltung und Geselligkeit.

DER VERLUST

● Eine schwierige, aber letztlich vor allem im zwischenmensch-
● ● lichen Bereich doch positive Figur. Auf Fragen, die sich auf
● Materielles beziehen, antwortet sie mit einem klaren »NEIN«.
● ● Der »Verlust« steht für Schwierigkeiten im Umgang mit der Berufswelt, dem Erfolg und Erwerb, eben der »männlichen« Seite des Spiels des Lebens, und er zeigt auch gleichzeitig die Gründe für dieses Unvermögen an: Leichtsinn, Eitelkeit und ein übersteigertes Selbstbewußtsein. Auf der anderen Seite steht der »Verlust« für einen glücklichen Umgang mit allem Nichtmateriellen. Er prophezeit glückliche und heitere Entspannung mit Freunden, Lust und Erfüllung am Leben und in der Liebe.

DIE VERBINDUNG

● ● Eine schwache Figur, die wenig Bewegung und Energie anzeigt,
● dafür aber Ruhe und Ausgeglichenheit. Sie bedeutet ein klares
● »NEIN« bei allen Entscheidungen, die Einsatz und Energie erfor-
● ● dern. Ihr Hauptthema ist die Angst vor Extremen und dem »Sich-Einlassen«; der Weg, den sie anzeigt, ist der Kompromiß, der weniger Gefahr mit weniger Zufriedenheit erkauft. Sie prophezeit Ausgleich und Harmonie, Zuverlässigkeit und eine Form von Standhaftigkeit, die eher an eine Fesselung erinnert als an innere Stärke. Gleichzeitig ist sie aber auch das Zeichen der Versöhnung und Vereinigung – man geht ohne Hintergedanken auf den anderen zu.

DER WEISSKOPF

● ● Eine schwankende, ausgelassene und energische Figur, die auf
● ● die Chance und Notwendigkeit, sich auszudrücken, hinweist; ob
● Sie es mit Gebärden, Worten, Schrift, Bildern oder Taten tun, ist
● ● nebensächlich. Eine Meldung Ihrerseits ist jetzt jedenfalls dringend nötig. Der »Weißkopf« prophezeit Gewinne in Glücksspielen, kluge und liebevolle Partner, langwährende, aber nicht gefährliche Krankheiten und ein herzliches Familienleben. Ein lang zurückliegendes Versprechen erfüllt sich endlich und unerwartet.

DER KNABE

●   Eine energische, aktive, aggressive und wechselhafte Figur, die
●   die Energie des Kämpfers abbildet, der in unserer heutigen
● ● Gesellschaft seine Rolle verloren hat und zum Arbeitstier gewor-
●   den ist. »JA« antwortet diese Figur auf alle Fragen, die Einsatz und Arbeit verlangen, »NEIN«, wenn die passende Behandlung des Themas »Denken« oder »Fühlen« verlangt. Der »Knabe« prophezeit Vorteile in Geschäften, kleine Gewinne, erfreuliche Nachrichten, aber auch Unruhe, Streit und Handgreiflichkeiten, meist (wie sollte es bei diesem Zeichen auch anders sein) eines Mannes wegen.

DER ROTKOPF

● ● Eine negative Figur, die nicht etwa bösartig ist, sondern wegen
●   der angezeigten Schwäche gefährlich werden kann. Früher emp-
● ● fahl man, gleich noch einmal zu punktieren, um »das Böse« mit
● ● Gutem wieder auszugleichen. Aber das sollten Sie lieber lassen, denn der »Rotkopf« ist eine Chance, deutet auf eine unbemerkte oder vielleicht verdrängte Unterlassung oder Unfähigkeit hin, die gerade jetzt aktuell werden kann und, wenn man weiterhin die Augen davor verschließt, sogar zu einer echten Bedrohung. Die Figur deutet auf Verluste auf allen Ebenen hin, die jedoch vermieden werden können, wenn man rechtzeitig und aufmerksam reagiert. Dafür sollte diese Figur als Warnung dienen.

DAS GEFÄNGNIS

●   Eine statische und begrenzte Figur, die gefesselte Energie
● ● anzeigt: Lähmung im Angesicht der Schlange, möglicherweise
● ● einer eingebildeten. Sie kann weder mit »JA« noch mit »NEIN«
●   antworten, denn ihr Hauptthema ist die eigene Unklarheit. Doch auch das ist meistens eine Antwort. Selbst wenn sie Geldverlust, Schulden, Streit, Betrug und Schaden aller Art bedeutet, so ist ihr tieferer Sinn doch das Gefängnis, das man in sich selbst trägt und das zur Handlungsunfähigkeit führt. Diese Figur versteht sich als Hinweis, daß weder die anderen Menschen noch die Umstände beengen und

begrenzen, sondern das eigene Mißtrauen und Unvermögen, sich zu öffnen und auf andere wirklich einzulassen.

DIE TRAUER

● ● Eine negative und lähmende Figur von starker Energie. Auf klare
● ● Fragen antwortet sie ebenso klar mit »NEIN«. Eigentlich liegt
● ● dieser negativen und selbstzerstörerischen Energie jedoch ein
● Mißverständnis zugrunde: die Vorstellung nämlich, die anderen Menschen, das Schicksal, die Zeit oder die Umstände hätten nichts anderes im Sinn, als der eigenen Person zu schaden, sie zu demütigen oder zu vernichten. Dieses Mißtrauen führt zu Distanz, zu Isolation und schließlich zum Vergraben im eigenen, selbstzugefügten Schmerz. Die »Trauer« prophezeit Traurigkeit, Geiz, Angst, Heimlichkeit, Neid und Boshaftigkeit, aber nicht unbedingt von außen, sondern viel wahrscheinlicher aus einem selbst heraus. Sie ist eine Aufforderung, sich ehrlicher zu betrachten und Depressionen nicht mit Magenverstimmungen zu verwechseln.

DER DRACHENKOPF

● ● Eine positive, glückliche, aktive und beständige Figur von gewal-
● tiger Energie. Auf einfache Fragen antwortet sie »JA« – aller-
● dings mit mehreren Ausrufezeichen!!! Alles, was Körper, Geist
● und Wille schaffen können, wird hier geschaffen werden, und zwar, ohne auch nur im geringsten auf günstige Zufälle zu hoffen. Der »Drachenkopf« ist die unbändige Durchsetzungsenergie des hemmungslosen Optimisten, dem nichts zu schwer ist. Nur eines fällt ihm nicht leicht: die Leichtigkeit. Diese Figur prophezeit viel Arbeit, die sich aber auch lohnt, Erfolg im Beruf, feste und aufregende Beziehungen, starke Freundschaften und rasantes Tempo.

DER DRACHENSCHWANZ

● Eine negative und gefährliche Figur von gewaltiger Energie.
● Agrippa von Nettesheim beschrieb sie »als das gerade Gegenteil
● vom Drachenkopf«, womit sie eigentlich ausreichend erklärt sein
● ● sollte. Auf einfache Fragen antwortet sie natürlich mit »NEIN«!!!

Die Geomantie hat sich über das einfache und aktuelle Abfragen hinaus weiterentwickelt. Eine der spannendsten und lehrreichsten Möglichkeiten, mit Orakeln ›umzugehen‹, ist der Geomantische Spiegel. Diese Aufteilung verschiedener Figuren in die zwölf astrologischen Häuser kann Ihnen einen Zustandsbericht Ihres momentanen Selbst geben. Sie können so eine Landkarte Ihres Lebens und Erlebens zeichnen, auf der Sie sich bewegen können, Zusammenhänge und Widerstände entdecken ebenso wie Lösungsmöglichkeiten und praktische Ratschläge.

Für diese etwas umfangreichere Unternehmung sollten Sie sich aber ausreichend Zeit nehmen – und vor allem die richtige Zeit! Eine Bestandsaufnahme dieser Größenordnung verlangt nach Ruhe, Konzentration und dem oft wiederholten, aber unerläßlichen »Sich-Einlassen«. Ziehen Sie sich zurück, und wenn es schon nicht möglich ist, allein in der Wohnung oder im Haus zu sein, dann sorgen Sie wenigstens dafür, eine gute Stunde lang allein in einem Zimmer bleiben zu können. Konzentrieren Sie sich nicht auf bestimmte aktuelle Fragen oder Probleme, sondern reduzieren Sie sich ganz auf Ihre Person, stellen Sie sich nichts anderes vor als *sich selbst*. Wenn Sie glauben, in der richtigen Stimmung zu sein, wenn konzentrierte Ruhe in Ihnen eingekehrt ist, dann fangen Sie an zu punktieren. Nach der ersten Figur wiederholen Sie das vierreihige Punktieren noch dreimal, so daß Sie schließlich vier Figuren erhalten, die sich die »Geomantischen Mütter« nennen. In unserem Beispiel:

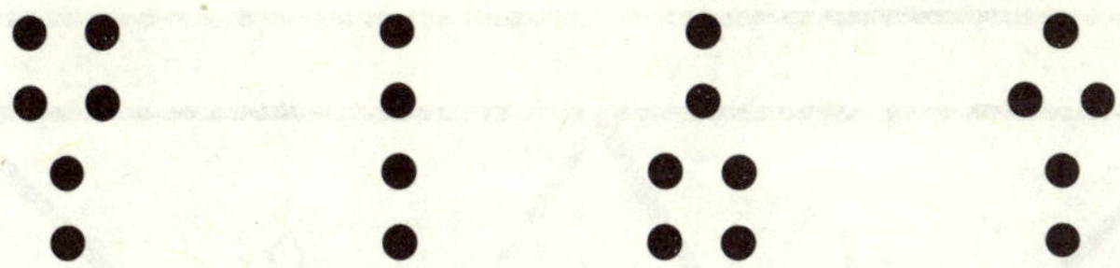

Groß Glück Der Weg Klein Glück Das Mädchen

Diese vier Figuren bilden bereits die ganze Nachricht, die Sie Ihrem Unterbewußtsein entreißen konnten. Der Rest ergibt sich durch Berechnung. Aber keine Angst, Sie kommen dabei ohne Taschenrechner und Logarithmentafel aus. Aus den vier Müttern zieht man zuerst die vier Töchter. Die *erste Querreihe* aller Mütter ergibt, untereinander geschrieben, die erste Tochter, die zweite Querreihe aller Mütter die zweite Tochter, die dritte Querreihe die dritte und die vierte schließlich die vierte Tochter. Dazu diese Grafik, die unser Beispiel fortsetzt:

MÜTTER TÖCHTER

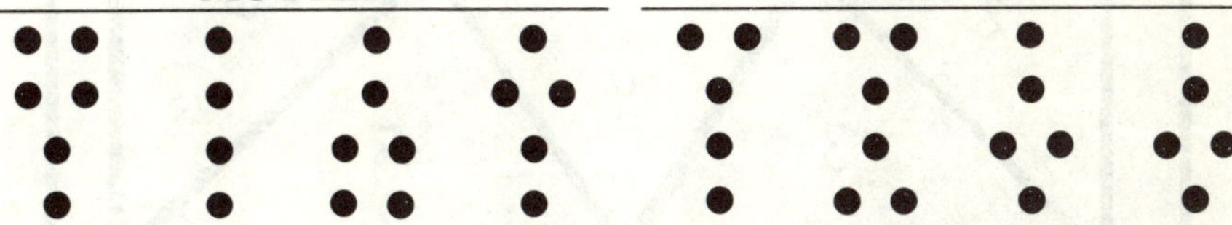

Groß Glück	Der Weg	Klein Glück	Das Mädchen	Der Drachenkopf	Die Verbindung	Der Knabe	Der Knabe

Aber noch fehlen uns vier Figuren, denn am Ende sollen sich ja alle in den astrologischen Spiegel einpassen, der aus zwölf Häusern besteht. Dazu tragen wir die schon bekannten Figuren erst einmal ein. Das erste Haus ist hier dicker eingetragen, die nächsten folgen gegen den Uhrzeigersinn.

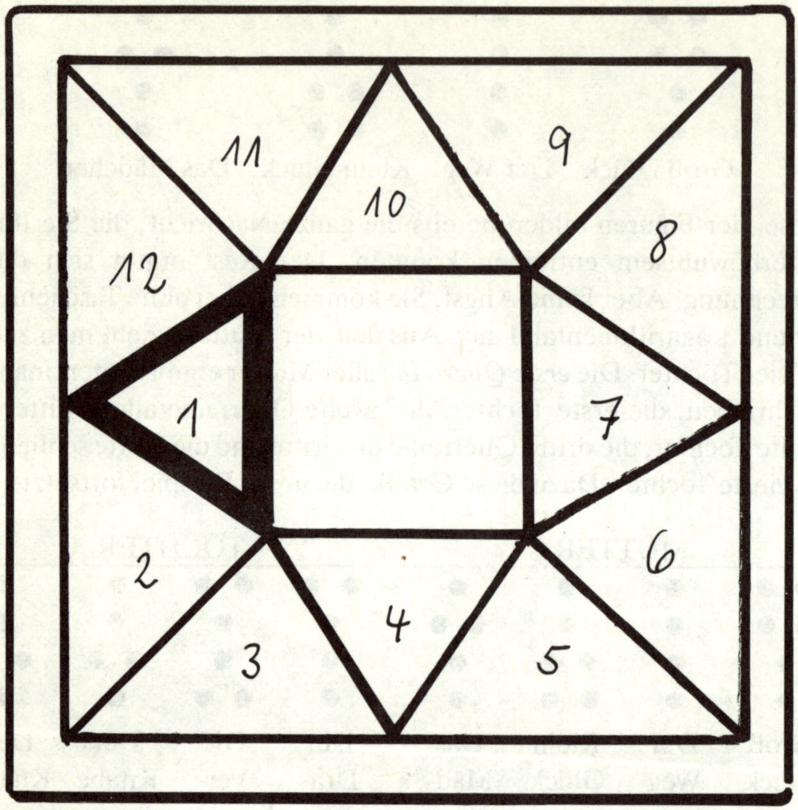

Unsere schon vorhandenen Figuren verteilen sich wie folgt:
die 1. Mutter ins 1. Haus,
die 1. Tochter ins 2. Haus,
die 2. Mutter ins 10. Haus,
die 2. Tochter ins 11. Haus,
die 3. Mutter ins 7. Haus,
die 3. Tochter ins 8. Haus,
die 4. Mutter ins 4. Haus,
die 4. Tochter ins 5. Haus.

Es fehlen also noch das 3., 6., 9. und 12. Haus, und um diese zu errechnen, bedarf es noch geringer Aufmerksamkeit. Das 3. Haus zieht man aus den Figuren des 7. und 11. Hauses, und zwar, indem man diese nebeneinanderstellt und (wie bei den Töchtern aus den Müttern) die Querreihen zusammenzählt. Ist die Summe gerade, schreibt man zwei Punkte, ist sie ungerade, einen. Für unser Beispiel heißt das:

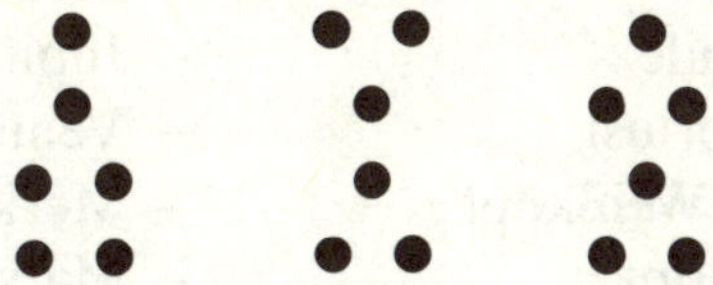

7. Haus + 11. Haus = 3. Haus

Nach demselben System errechnet man die restlichen Häuser, und zwar das 6. Haus aus dem 2. und 10. Haus, das 9. Haus aus dem 1. und 5. Haus und endlich das 12. Haus aus dem 4. und 8. Haus.

Nun sind alle Häuser ausgefüllt. Astrologisch Bewanderte können noch die Tierkreiszeichen und Planeten verteilen; das ist für unsere Art der Auslegung zwar nicht wesentlich, der Vollständigkeit halber sei aber auch diese Technik noch geschildert. Zum 1. Haus kommt das Tierkreiszeichen, das der darin stehenden Figur entspricht. Welches das ist, können Sie nachfolgender Tabelle entnehmen:

Groß Glück	– Löwe ♌	Die Verbindung	– Jungfrau ♍
Klein Glück	– Löwe ♌	Der Weißkopf	– Zwillinge ♊
Der Weg	– Krebs ♋	Der Knabe	– Widder ♈
Das Volk	– Krebs ♋	Der Rotkopf	– Skorpion ♏
Der Erwerb	– Fische ♓	Das Gefängnis	– Steinbock ♑
Die Freude	– Schütze ♐	Die Trauer	– Wassermann ♒
Das Mädchen	– Stier ♉	Der Drachenkopf	– Steinbock ♑
Der Verlust	– Waage ♎	Der Drachenschwanz	– Skorpion ♏

In unserem Beispiel sitzt im 1. Haus das »Große Glück«, also der Löwe. Die restlichen Tierkreiszeichen verteilen sich in ihrer üblichen Reihenfolge über die Häuser 2 bis 12 – also Jungfrau im 2. Haus, Waage im 3. Haus, dann Skorpion, Schütze, Steinbock, Wassermann, Fische, Widder, Stier, Zwillinge und Krebs schließlich in Haus 12.

Da jeder geomantischen Figur auch ein Planet zugeordnet ist, lassen sich diese zu guter Letzt ebenfalls noch eintragen – und sei es nur, um die Optik abzurunden:

Groß Glück, Klein Glück – Sonne ☉
Der Weg, das Volk – Mond ☾
Der Erwerb, die Freude – Jupiter ♃
Das Mädchen, der Verlust – Venus ♀
Die Verbindung, der Weißkopf – Merkur ☿
Der Knabe, der Rotkopf – Mars ♂
Das Gefängnis, die Trauer – Saturn ♄
Der Drachenkopf, der Drachenschwanz – sind keinem Planeten zugeordnet, sondern folgen ihrer eigenen Natur.

Unser vollständig eingetragenes Beispiel schaut nun also so aus:

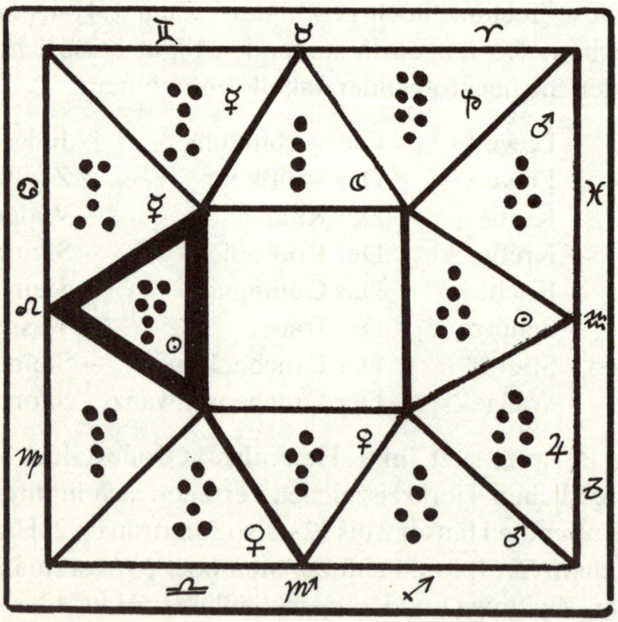

Zu guter Letzt zählen Sie alle Punkte der Figuren in den zwölf Häusern zusammen und teilen die Summe durch zwölf. Der Rest gibt Ihnen das Haus an, *das sich mit Ihrem aktuellen Problem befaßt und in dem Sie die Antwort darauf suchen können*. Bleibt kein Rest, das heißt, die Zahl ist glatt durch zwölf teilbar, so ist Ihr Haus das zwölfte. Zwar sind alle Figuren wichtig und aussagekräftig, doch dieser »Anzeiger« handelt das aktuelle Thema kurz und prägnant ab. Er bringt die Nachricht quasi als Schlagzeile. In unserem Beispiel ist die Gesamtsumme 66; geteilt durch zwölf, bleibt ein Rest von sechs – der Anzeiger deutet also auf das 6. Haus. Und nun kann ich auch zugeben, daß dieses Beispiel nicht aus den Fingern gesogen ist. Ich hatte nämlich als Thema für diese geomantische Befragung die Entstehung und den Fortschritt des Manuskriptes für dieses Buch gewählt. Die Antwort in Kurzform: Freude im 6. Haus, dem Haus der Arbeit.

Auf den folgenden gut hundert Seiten können Sie das Wesen und die Eigenschaften der verschiedenen Figuren in allen zwölf Häusern nachlesen. Diese Formulierungen sind in einem Zeitraum von über vier Jahren entstanden – in praktischer Arbeit mit Freunden wie Fremden, die sich von mir *ihren* Geomantischen Spiegel auslegen ließen.

Die geomantischen Figuren in den zwölf Häusern

Die Erklärungen auf den folgenden Seiten sind jeweils mit Kopfzeilen versehen, die den Charakter jeder Figur verdeutlichen sollen. So bedeutet etwa der Planet Merkur beim »Weißkopf« keine astrologische Zuordnung, sondern eine nähere Beschreibung seiner speziellen Energie, nämlich einer sehr schwankenden, unsteten und oft richtungslosen. Deshalb ist ihm als Metall auch das Quecksilber zugeordnet, das Mercurius, das hektisch seine glitzernden Perlen in alle Himmelsrichtungen verspritzt. Seit den Anfängen der Menschheit, als man Ordnung ins *gesamte* Weltsystem mit seinen mineralischen, pflanzlichen, tierischen und menschlichen Erscheinungsformen bringen wollte, versuchten Philosophen und Wissenschaftler Beziehungen und Verwandtschaften unter den verschiedensten Stoffen zu entdecken oder herzustellen. Die Charaktere der genannten Planeten, Elemente, Metalle, Steine, Pflanzen, Himmelsrichtungen und Körperteile entsprechen denen der jeweiligen geomantischen Figuren. Die Kräfte, die als cardinal, fix oder gering angegeben sind, entsprechen der *Potenz* der jeweiligen Figur, und da jede Kraft nach außen *oder* innen gerichtet sein kann, bedeutet das Minuszeichen in diesem Fall eine gegen sich selbst gerichtete Kraft, die im äußersten Fall auch selbstzerstörerisch wirken kann. Die Zuordnung von Wochentag und Tageszeit stammt von Agrippa von Nettesheim und beschreibt die Höhepunkte der jeweiligen Potenz. Für fortgeschrittene Geomantiker empfiehlt es sich, wenn sie sich mit einer bestimmten Figur identifizieren, auch an dem passenden Termin zu punktieren – der »Knabe« zum Beispiel an einem Dienstag mittag.

1. HAUS

Dieses Haus hat das Thema »Ich bin«. Es bezieht sich ganz auf die Person des Fragenden und spiegelt dessen Persönlichkeit wider. Dieses Ego-Haus spricht vom Auftreten, der äußeren Erscheinung ebenso wie von der Grundstimmung und dem Ich-Gefühl des Betreffenden. Hier zeigt sich, wie ›man‹ auf andere zugeht und seine Aufgaben erfüllt. Charakter und Temperament lassen sich daraus ablesen, ebenso eine allgemeine Linie des Lebens. Zusammen mit dem 7. Haus, dem der Partnerschaft, bildet es eine ICH-DU-Achse.

GROSS GLÜCK

1. Haus

Körperteil: Herz und Rücken
Pflanze: Lotus, Lorbeer
Wochentag: Sonntag
Himmelsrichtung: Nord
Tageszeit: Mittag

Metall: Gold
Stein: Rubin
Element: Feuer
Kraft: fix +
Planet: Sonne

Das ist mit Sicherheit *Ihr* Haus. »Ich bin« ist entweder überhaupt kein Thema (weil es für Sie viel zu selbstverständlich ist) oder aber das Hauptthema Ihres Lebens, weil Ihre Selbstdarstellung ausschließlich und vollständig alles andere und jeden anderen überstrahlt. Die Gefahr dabei ist, daß Sie andere Menschen und andere Gedanken oft zu gering schätzen, sich selten in Gedankengänge und Vorstellungen hineinversetzen können, die nicht Ihre sind, und Teamarbeit nur akzeptieren, wenn es ›Ihr‹ Team ist. Ihre Ansprüche sind hoch, aber auch Ihre Leistungen – wenn Sie sich ganz und gar auf Ihre Fähigkeiten verlassen und ohne Zweifel und Beschränkung das tun, was Sie am besten können: bedingungslos geben und nehmen, ohne Hintergedanken, aber auch ohne jede Bescheidenheit. Krankheit, Angst und Depression sind für Sie einfach keine Themen, und solange Sie diese glückliche Naivität bewahren können, werden Sie damit auch nie Probleme haben.

KLEIN GLÜCK

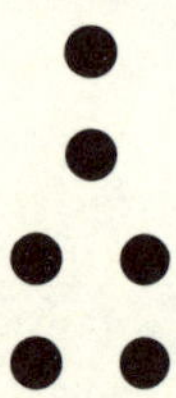

1. Haus

Körperteil: Bauch und Magen
Pflanze: Efeu, Eisenkraut
Wochentag: Sonntag
Himmelsrichtung: Süd
Tageszeit: Vormittag

Metall: Gold
Stein: Heliotrop
Element: Luft
Kraft: fix –
Planet: Sonne

Das Thema Ihrer Persönlichkeit ist »Zufriedenheit«. Sie wissen, daß Sie – in bescheidenem Rahmen – immer Glück, Sicherheit und Erfolg haben werden. Das ist auch das Geheimnis Ihrer Zufriedenheit – die auf Realität und offensichtlich Machbares reduzierten Ansprüche, denen Sie und Ihre Umwelt immer genügen werden können. Doch so würden Sie ohne jeden Einfluß von außen leben, und das schaffen nicht einmal Sie, der Sie doch Meister im Ausschließen sind. Wenn Sie Ihre bescheidene Zufriedenheit verlieren, verlieren Sie auch einen guten Teil Ihrer Stärke – sie *sehen* plötzlich Beschwerlichkeiten, Mißerfolge und unerfüllte Hoffnungen, denen Sie mit Ihrer stärksten Charaktereigenschaft nun auf einmal nicht mehr entgegentreten können, denn beharrliches Aussitzen und Überwinden durch Abwarten hilft nur, wenn man die Augen nie ganz aufmacht.

DER WEG

●
●
●
●

1. Haus

Körperteil: Brust und Lunge	*Metall:* Silber
Pflanze: Palme, Ölbaum	*Stein:* Perle
Wochentag: Montag	*Element:* Wasser
Himmelsrichtung: West	*Kraft:* cardinal +
Tageszeit: Abend	*Planet:* Mond

Sie leiden unter der eigenen Vorstellung, sei es die, mittelmäßig zu sein, schwach oder glücklos – aber Sie kennen auch den Weg heraus. Die Richtung des Weges ist unerheblich. Es kommt nur darauf an, *ihn zu gehen*, nicht zweifelnd und ängstlich und bei jedem vermeintlichen Rückschlag in eine andere Richtung blickend, sondern konsequent und bis zum Ende. Darin liegt Ihre Kraft: Sie kennen den Weg, doch aus verschiedenen Gründen gehen Sie ihn nicht. Manchmal ist es schlicht und einfach Faulheit. Aber auch das ist Ihnen bewußt, denn Sie beobachten sich sehr genau und kritisch. Akzeptieren Sie daher einfach, daß Sie *auch* faul und genußsüchtig sind, und haben Sie deswegen kein schlechtes Gewissen, sonst vernichten Sie die Energie, die Sie so dringend brauchen, um weiterzugehen. Sie sind der geborene Kurzstreckenläufer, doch mit etwas Training und weniger Selbstzweifeln können Sie zum Marathonläufer werden.

DAS VOLK

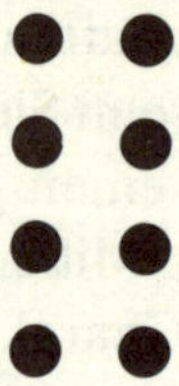

1. Haus

Körperteil: Magen, Leber, Milz und Nieren
Pflanze: Ysop
Wochentag: Montag
Himmelsrichtung: West
Tageszeit: Abend

Metall: Silber
Stein: Kristall
Element: Wasser
Kraft: cardinal –
Planet: Mond

Sie sollten akzeptieren, daß der Panzer, den Sie sich zum Schutz vor allzu großen Verletzungen und Enttäuschungen angelegt haben, mehr hindert, als er schützt. Sie lassen sich nicht »berühren«, nicht von Ärger und Unglück, aber ebensowenig von Glück und Erfolg – alles ist »nicht so wichtig«. Wie wichtig es wirklich ist und wie wichtig Sie es so gerne nehmen würden, zeigt jedoch schon die lange Liste der unerfüllten Wünsche, die Sie bei jeder Gelegenheit aus dem Ärmel zaubern. Die Arbeit, die Sie beendet haben, erscheint Ihnen »ganz brauchbar«; im Stillen haben Sie jedoch das Gefühl, daß sie Fehler und kleine Unreinheiten enthält, die man mit einem zusammengekniffenen Auge jedoch kaum erkennt. Die Arbeit ist aber gut, und die Fehler hätten Sie leicht korrigieren können, wenn Sie nicht insgeheim Angst vor wirklichem »Erfolg« hätten. Konzentration ist das Werkzeug, das den Panzer knackt.

DER ERWERB

1. Haus

Körperteil: Füße
Pflanze: Veilchen, Lavendel
Wochentag: Donnerstag
Himmelsrichtung: Ost
Tageszeit: Abend

Metall: Zinn
Stein: Saphir
Element: Wasser
Kraft: gering +
Planet: Jupiter

Sie begreifen sich hauptsächlich als »denkendes Wesen«. Das schadet kaum, es sei denn, Sie nähmen diese Vorstellung zum Vorwand, sich vor allem Neuen, Unerfreulichen und Bedrängenden zu drücken. Der klare Verstand, den Sie zweifellos haben und der Ihre gesamten

Aktivitäten bestimmt, kann leicht zum Sicherheitsdenken führen und jegliche Kreativität und Spontaneität unterdrücken. Ansonsten erarbeiten Sie Ihre Erfolge zäh und bestimmt – mit Aufrichtigkeit, Wirtschaftlichkeit und Konzentration, nicht nur im Beruf, sondern auch an sich selbst. Sie entwickeln sich mit kleinen Schritten, stetig und erfolgreich, und für Sie müßte es kein Glück geben, denn die Wahrscheinlichkeitsrechnung genügt Ihnen vollauf. Selbst dieses Buch lesen Sie nur durch und fliegen nicht damit.

DIE FREUDE

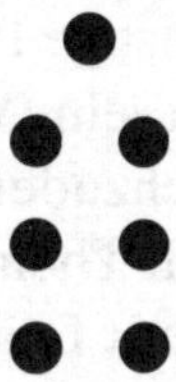

1. Haus

Körperteil: Phallus, Lenden	*Metall:* Zinn
Pflanze: Minze, Muskat	*Stein:* Smaragd
Wochentag: Donnerstag	*Element:* Luft
Himmelsrichtung: Ost	*Kraft:* gering –
Tageszeit: Vormittag	*Planet:* Jupiter

Ihr wesentlichster Zug ist ein nie verlöschender Optimismus, der alle Menschen in Ihrer Umgebung entweder rasend machen oder aber mitreißen kann. Dabei ist es kein ›naiver‹ Glücksglaube, denn Sie haben die Verbindung von Vernunft und Gefühl hergestellt, Sie leben im Kopf *und* im Bauch und sind sich dieser Kraft durchaus bewußt. Aber es scheint für Sie noch eine dritte Energie zu geben; jedenfalls begeben Sie sich auf die Suche nach ihr. Und auch dabei, wie bei all Ihren Unternehmungen, erleben Sie keine Enttäuschungen, machen nur Erfahrungen. Sie sind neugierig, tolerant und können andere so nehmen, wie sie sind, auch wenn Sie sie nicht verstehen. Ihre Fröhlichkeit kommt aus Ihrer Vielseitigkeit – Sie können geben, nehmen und auch »sein lassen«.

DAS MÄDCHEN

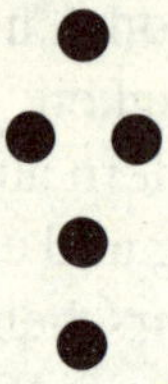

1. Haus

Körperteil: Hals, Kehle
Pflanze: Feige, Birnbaum
Wochentag: Freitag
Himmelsrichtung: West
Tageszeit: Nacht

Metall: Kupfer
Stein: Koralle
Element: Luft
Kraft: fix +
Planet: Venus

Obwohl Sie sich vielleicht noch nie darüber Gedanken gemacht haben: Die Gewohnheit ist keine Energie. Ihr einziges Ziel ist nämlich Ihre eigene Erhaltung, ohne Richtung, Ziel und vor allem ohne Veränderung. Nur sich selbst zu erhalten und das Leben mehr als lästige Pflicht denn als Chance zu sehen, scheint Ihre Grundstimmung zu sein. Voran geht es zweifellos – nur wohin? Über sich selber nachzudenken, Struktur und Sinn im eigenen Selbst zu entdecken, ist kein Thema für Sie. Sie beschreiten ausgetretene Wege, solche, die man mit Lust und Überzeugung meist meidet. Trotzdem sind Sie nicht deprimiert, geraten selten aus dem Gleichgewicht und erholen sich gern und gut. Doch wovon? Sie vermissen die Extreme; Sie ahnen die Befriedigung größerer Anstrengungen und träumen vom Fliegen – aber Angst macht Ihre Flügel schwer.

DER VERLUST

1. Haus

Körperteil: Nieren und Blase
Pflanze: Baldrian, Thymian
Wochentag: Freitag
Himmelsrichtung: Süd
Tageszeit: Morgen

Metall: Kupfer
Stein: Karneol
Element: Feuer
Kraft: cardinal –
Planet: Venus

Sie sind sich Ihrer selbst sehr sicher, und der Name dieser Figur steht hier nicht als Parabel, sondern allenfalls als Warnung. Das Leben bedeutet für Sie nichts als ein großes Spiel, an dem Sie möglichst auf einem komfortablen Platz teilnehmen möchten und es natürlich – gewinnen. Tatsächlich scheinen Sie auch jedes Mal auf der Gewinnerseite zu stehen, weil Sie den Weg dorthin für Außenstehende nicht gewahr werden lassen. In Wirklichkeit stellen sich die Erfolge erst nach einer Menge von Schwierigkeiten ein, aber wie Sie mit denen umgehen, hilft oft schon, sie aus dem Wege zu räumen: sehr selbstbewußt und fast erstaunt über die Anmaßung des Schicksals, oft aber auch leichtfertig und eitel. Jedenfalls verlieren Sie über all der heiteren und unbeschwerten Selbstdarstellung nie den persönlichen Erfolg aus dem Auge.

DIE VERBINDUNG

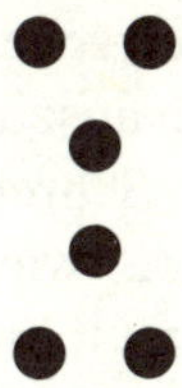

1. Haus

Körperteil: Unterbauch und Eingeweide
Pflanze: Petersilie, Majoran
Wochentag: Mittwoch
Himmelsrichtung: Ost
Tageszeit: Nacht
Metall: Quecksilber
Stein: Topas
Element: Luft
Kraft: gering +
Planet: Merkur

Sie leben hauptsächlich durch Ihren Verstand und betonen das auch. Die Energie, die aus Ihrem Kopf kommt, nennen Sie Klugheit, die Energie aus dem Bauch vergessen Sie allerdings oft und gern. Klug, wie Sie sind, wissen Sie aber, daß es Gefühle gibt. Nur beim rechten Einlassen mit anderen gibt es Probleme. Zuviel, was sich nicht be»denken« läßt, macht Ihnen Angst, und obwohl Sie andere Menschen mögen, freundlich und ohne Hintergedanken auf sie zugehen, handeln Sie eher liebenswürdig als liebevoll. Harmonie ist nämlich Ihr größter Wunsch, und alles, was extrem und überschäumend auftritt – seien es Liebe, Haß, Fröhlichkeit oder Trauer –, kommt Ihnen suspekt vor. Sie sind großzügig und loyal, doch überlegen Sie einmal, ob das nicht eher daher rührt, daß Sie Ihr gutes Bild vor anderen bewahren wollen. Eine Verbindung kann auch ein Kompromiß sein, aber Gefühle sind keine Tarifverträge, die sich auf einen akzeptablen Mittelwert aushandeln lassen.

DER WEISSKOPF

1. Haus

Körperteil: Hände, Arme und Schultern
Pflanze: Haselnuß
Wochentag: Mittwoch
Himmelsrichtung: West
Tageszeit: Morgen

Metall: Quecksilber
Stein: Achat
Element: Erde
Kraft: gering –
Planet: Merkur

Sie sind Werbefernsehen, eine Kristallkugel, ein Versandhauskatalog und ein Blumenfenster – doch vor allem: Sie *sind*! Sie beherrschen und lieben alle Formen, in denen Menschen gelernt haben, sich auszudrükken, ob in Gesten, Reden, Gesang, Geschrei, Malerei oder Schreiben – Sie tun es hingebungsvoll und unentwegt. Ebenso groß wie Ihre Bandbreite ist auch Ihre Sprunghaftigkeit, aber wer Ihnen Oberflächlichkeit unterstellt, nur weil Sie manchmal zu schnell und zu viel reden, verkennt Sie. Ihre Tiefe vesteckt sich unter launigen Sprüchen, und manche merken es erst viel zu spät, wenn Sie vom Spaß zum Ernst übergehen. Sie lieben das Schöne und Teuere – nicht um seines Wertes willen, sondern wegen seiner Perfektion. Sie können viel ertragen, nur keine Langeweile und kein Mittelmaß.

DER KNABE

1. Haus

Körperteil: Kopf, Augen, Ohren
Pflanze: Knoblauch, Meerrettich
Wochentag: Dienstag
Himmelsrichtung: Ost
Tageszeit: Mittag

Metall: Eisen
Stein: Diamant
Element: Feuer
Kraft: cardinal +
Planet: Mars

Das, was Sie »sind«, bestimmen Sie fast ausschließlich über das, was Sie »tun«. Und Sie tun eine Menge; man könnte Sie Neudeutsch als den typischen »Macher« bezeichnen. »Wollen«, »Denken« und »Fühlen« sind Ihnen zwar keine unbekannten Begriffe, doch wirklich frei und in Ihrem Element sind Sie nur bei einer Arbeit, bei energischer Aktivität – dem Ersatz für den Kampf. Denn eigentlich sind Sie der Kämpfer der

Vergangenheit, der Streiter für Gedanken, die andere für Sie gedacht haben, die Sie aber immerhin überprüft und akzeptiert haben. Ihr cholerisches Temperament läßt Sie schnell, zuverlässig und mit Hingabe arbeiten, doch der Rest des Kämpfers sucht und findet oft genug den Streit. Sie weichen nie aus, können aber ebenso schnell vergessen und vergeben, wie Sie anklagen und angreifen.

DER ROTKOPF

1. Haus

Körperteil: Geschlechtsteile	*Metall:* Eisen
Pflanze: Nießwurz, Sturmhut	*Stein:* Blutstein
Wochentag: Dienstag	*Element:* Feuer
Himmelsrichtung: Süd	*Kraft:* fix –
Tageszeit: Nachmittag	*Planet:* Mars

Sie leiden, mehr als an allem anderen, an sich selbst. Ihr Vertrauen zu sich ist schwach und wird um so stärker gespielt, je mehr Sie den anderen als vermeintlich »Überlegeneren« ansehen. Sie suchen eher tausend Vorwände, warum andere Ihnen Sympathie entgegenbringen, als daß Sie glauben, um Ihrer selbst willen akzeptiert und geliebt zu werden. Dieses Mißtrauen verhindert oft eine leichte und partnerschaftliche Beziehung zu anderen Menschen – Sie be-nutzen sie und gehen überhaupt nur solche Beziehungen ein, die für Sie nützlich sind. Zweifel und Grübeln verhindern spontanes Zugehen auf andere ebenso wie das unvoreingenommene Einlassen auf Situationen. Sie nennen diese Distanz »kritisch« und glauben, daß sie Ihnen schon oft Enttäuschungen erspart hat. In Wirklichkeit enttäuscht Sie gerade diese Haltung laufend.

DAS GEFÄNGNIS

1. Haus

Körperteil: Knie
Pflanze: Raute, Kümmel
Wochentag: Samstag
Himmelsrichtung: Nord
Tageszeit: Nacht

Metall: Blei
Stein: Onyx
Element: Erde
Kraft: cardinal – –
Planet: Saturn

Gefangen – ja, aber nicht im »Gefängnis« des Schicksals, sondern in dem der eigenen Vorstellung. Sie tragen das Gefängnis in sich selbst. Und nur, weil Sie sich so gut bewachen, werden andere das Gefühl haben, Ihnen mißtrauen zu müssen, das Fehlen jeder spontanen und auch einmal einer »gesellschaftsunüblichen« Reaktion als permanente Taktik verstehen. Doch selbst die beste Bewachung kann nicht lückenlos sein, das wissen Sie selber am besten. In diesen Momenten mißtrauen Sie sich plötzlich und glauben, daß diese seltenen Ausbrüche von einer dunklen und zerstörerischen Seite kommen – die Sie in sich tragen. Die Angst, sich zu öffnen und möglicherweise dabei von anderen mißverstanden zu werden, ist größer als die Qual, die man sich zufügt. Ein Gefängnis – auch ein selbsterrichtetes – kann jedoch nicht wirklich schützen. Es kann nur beengen.

DIE TRAUER

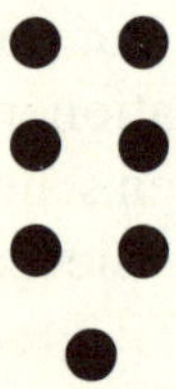

1. Haus

Körperteil: Ober- und Unterschenkel
Pflanze: Mohn, Alant
Wochentag: Samstag
Himmelsrichtung: Nord
Tageszeit: Morgen

Metall: Blei
Stein: Magnetstein
Element: Erde
Kraft: fix –
Planet: Saturn

Agrippa von Nettesheim schrieb zur »Trauer« im 1. Haus: Sie »kürzt zwar das Leben nicht ab, belastet es aber mit vielen Widerwärtigkeiten; sie bezeichnet ferner einen gut gearteten Menschen, der jedoch in allen seinen Geschäften langsam, ein Sonderling und Melancholiker, der selten lacht, und vor Allem sehr geizig ist.« Heute nennt man die

»Trauer« ganz einfach »Depression« – und hat sie damit mehr gefesselt als ihr Hoffnung gemacht. Diese tiefe Traurigkeit, die Sie oft nicht benennen können, begleitet Sie auf Schritt und Tritt. Sie schauen ihr aber nie voll ins Gesicht, sondern versuchen sie ›wegzuvergnügen‹. Je schneller, wilder und ausgelassener das geschieht, desto fester schlagen sich ihre Zähne in den Hinterkopf. Aber auch das Gegenteil haben Sie schon erlebt: Wenn Sie sich auf sie einlassen, schrumpft sie. Je länger Sie sie betrachten, desto mehr läßt die Bedrohung nach, und Ihre Gefühle werden klarer. Und Klarheit ist das Ende der »Trauer«.

DER DRACHENKOPF

1. Haus

Körperteil: Knie	*Metall:* –
Pflanze: –	*Stein:* –
Wochentag: –	*Element:* Erde
Himmelsrichtung: Nord	*Kraft:* cardinal +
Tageszeit: Nacht	*Planet:* –

Sie »sind«! Aber nicht so einfach und quasi wie geschenkt, wie das »Groß Glück« im 1. Haus lebt, sondern durch eine gewaltige Energie, die es Ihnen ermöglicht hat, Ihre eigene Mitte zu erobern. Diese Kraft, die Sie besitzen, hat Ihnen geholfen, beim dauernden Anrennen gegen andere Menschen, Umstände, Aufgaben und sich selbst nie den Atem zu verlieren, und weil es eine ruhige und keine hektische Kraft ist, erneuert sie sich auch immer wieder. So konnten Sie auch Ihr Zentrum finden, in dem es sich sehr entspannt leben läßt. Zu der theoretischen Gewißheit, daß ›man‹ alles erkämpfen und erreichen kann, kommt bei Ihnen die Sicherheit, daß *Sie* alles erreichen und erkämpfen können, und Sie verwenden Ihre Kraft nicht nur darauf, draußen zu kämpfen, sondern Sie arbeiten mit derselben Energie an sich selbst und entwickeln sich stetig weiter.

DER DRACHENSCHWANZ

1. Haus

Körperteil: Gesamter Unterkörper
Pflanze: –
Wochentag: –
Himmelsrichtung: West
Tageszeit: Abend

Metall: –
Stein: –
Element: Wasser
Kraft: fix –
Planet: –

Bei Agrippa von Nettesheim bedeutet der Drachenschwanz »das gerade Gegenteil von dem Drachenkopf«, und das war seine einzige Bemerkung zu dieser Figur, obwohl er sonst nicht gerade einsilbig auslegte. Die Energie des »Drachenschwanzes« ist allerdings ebenso gewaltig wie die seines Gegenparts, und der Unterschied, wie sie angewandt wird, oft nur gering – das Ergebnis jedoch immer ein völlig anderes! Diese Figur äußert sich meist in einer konsequenten Selbstzerstörung, die alles, was sie anfängt, mit soviel Negativität auflädt, daß das Endergebnis zwangsläufig aus Mißerfolg und Enttäuschung bestehen muß. Die Schuld daran fällt an das Schicksal oder das eigene Unvermögen; dadurch lädt sich der Drachenschwanz wieder auf, das Spiel geht weiter, und er kämpft um die nächste Enttäuschung. Sein Drama ist, daß er als »Drachenschwanz« nicht wissen kann, daß es einen Kopf gibt, während der »Drachenkopf« nur nach hinten blicken muß, um den Schwanz zu erkennen.

2. HAUS

Ein materielles Haus, dessen Antworten sich auf unseren Wohlstand beziehen. Unter der Formel »Ich besitze« lassen sich jedoch nicht nur unsere Aussichten auf Gewinn oder Verlust, auf Glück oder Unglück bei geschäftlichen Unternehmungen und Spekulationen zusammenfassen; das Haus meint unter »Vermögen« nicht nur das Haben, sondern auch das Können, nämlich Talente, Erbanlagen und Traditionen, in denen wir stecken und die unser Handeln bestimmen. Wir können hier erkennen, wie wir mit *allen* unseren Werten umgehen, auch mit der eigenen Zufriedenheit. Zusammen mit dem 10. Haus, dem der Karriere und der Lebensziele, bildet es eine »WERT-Achse«.

GROSS GLÜCK

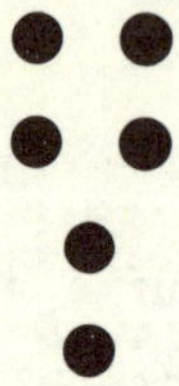

2. Haus

Körperteil: Herz und Rücken	*Metall:* Gold
Pflanze: Lotus, Lorbeer	*Stein:* Rubin
Wochentag: Sonntag	*Element:* Feuer
Himmelsrichtung: Nord	*Kraft:* fix +
Tageszeit: Mittag	*Planet:* Sonne

Etwas zu besitzen ist für Sie keine besondere Affäre; gleich, ob es wenig, viel oder Überfluß bedeutet – Sie werden es immer als selbstverständlich ansehen und auch keinen Gedanken darauf verschwenden, wie Sie eigentlich dazu gekommen sind. Doch keine Sorge: ›Wenig‹ werden Sie nie besitzen müssen, denn selbst wenn es objektiv so wäre, würden Sie sich trotzdem ›reich‹ fühlen. Man darf sich glücklich schätzen, Sie als Geschäftspartner zu haben, denn Ihre große Stärke liegt nicht einmal darin, daß Sie hart arbeiten oder ein gutes Gespür haben, sondern Sie sind sich einfach völlig sicher, »daß es klappt«. Und das ist der einfachste und sicherste Weg zum Erfolg. Aber sie ›haben‹ nicht nur im Sinn von materieller Sicherheit; auch Ihre Fähigkeiten und Fertigkeiten sind großzügig angelegt oder, wie andere es vielleicht sehen, Ihnen einfach zugefallen, und Sie lassen sie nicht verkümmern.

KLEIN GLÜCK

2. Haus

Körperteil: Bauch und Magen	*Metall:* Gold
Pflanze: Efeu, Eisenkraut	*Stein:* Heliotrop
Wochentag: Sonntag	*Element:* Luft
Himmelsrichtung: Süd	*Kraft:* fix –
Tageszeit: Vormittag	*Planet:* Sonne

Dieses materielle Haus birgt keine großen Probleme für Sie. Besitz, Gewinn und Erfolg bedeuten eine Selbstverständlichkeit. Sie erwarten zwar nicht, daß Ihnen alles einfach zufällt, aber Sie wissen, daß Sie immer ohne große Mühe gut vorankommen werden. Weil Sie keine großen Ansprüche stellen, sind Ihnen auch immer wieder Erfolgserlebnisse sicher. In dieser Zufriedenheit liegt auch Ihr Geheimnis, das man oft etwas abwertend als »das Glück des kleinen Mannes« bezeichnet – doch nachdem es für die Größe eines Erfolges kein objektives Kriterium gibt, zählt schließlich nur, wie der einzelne *seinen* Erfolg bewertet. Mit dem anderen ›Vermögen‹, das aus Fähigkeiten, Erbanlagen und Traditionen besteht, gehen Sie ähnlich um: Sie freuen sich an Ihren Talenten und neiden keine anderen, weil Sie diese nicht als größere und bessere sehen.

DER WEG

●
●
●
●

2. Haus

Körperteil: Brust und Lunge	*Metall:* Silber
Pflanze: Palme, Ölbaum	*Stein:* Perle
Wochentag: Montag	*Element:* Wasser
Himmelsrichtung: West	*Kraft:* cardinal +
Tageszeit: Abend	*Planet:* Mond

Sie werden auch in materieller Hinsicht nie ganz zufrieden sein, solange Sie den Weg nur sehen, ihn aber nicht konsequent beschreiten. Ihr Thema: »Es könnte schlechter sein«, ist zwar nicht defätistisch, aber auch nicht gerade aufmunternd. Sie werden nur kleinere Erfolge, aber auch keine größeren Schulden aufweisen, solange Sie vor jedes Ihrer Ergebnisse immer noch ein kleines Wort setzen müssen, sei es »ganz« gut oder »eigentlich« nicht besonders. Für Menschen, die sich nicht viel vom Leben erwarten, mag diese Einstellung brauchbar sein, aber es gibt keine Menschen, die sich nicht mehr vom Leben erwarten. Gerade die Angst vor der Mittelmäßigkeit bringt Sie dazu, ›Mittelmäßiges‹ abzuliefern; auf der anderen Seite haben Sie auch Angst vor dem Großen und Perfekten, weil Sie argwöhnen, daß die immer steigenden Ansprüche Sie schließlich erschlagen könnten. Ein praktischer Weg aus diesem Dilemma ist es, seine Konzentration zu üben und Fertiggestelltes, das Sie nicht völlig überzeugt, wieder wegzuwerfen und neu zu beginnen.

DAS VOLK

2. Haus

Körperteil: Magen, Leber, Milz und Nieren
Pflanze: Ysop
Wochentag: Montag
Himmelsrichtung: West
Tageszeit: Abend

Metall: Silber
Stein: Kristall
Element: Wasser
Kraft: cardinal –
Planet: Mond

Materielles, Besitz, Wohlstand und Vermögen sind Ihnen nicht wichtig. Diese im Prinzip lobenswerte Einstellung ist jedoch in Wirklichkeit nur vorgeschoben, weil sich in Ihrer Erfahrung gezeigt hat, daß es besser ist, nichts *zu* wichtig zu nehmen. Dieser Selbstschutz, der zwar Unglück und Enttäuschung etwas leichter erscheinen läßt, dafür aber Glück und Erfolg auch die volle Befriedigung nimmt, dieses »Nichts-ganz-wichtig-Nehmen« verhindert auch, daß Sie jemals wirklich besitzen können. Aus Angst vor einem möglichen Verlust wollen Sie sich gar nicht erst auf etwas einlassen, sei es ein Beruf, ein Talent oder eine Idee. Im Treibenlassen liegt Sicherheit, aber auch die lähmende Langeweile, die einen faden Geschmack auf der Zunge hinterlassen kann. Wenn der Geschmack zu stark wird, werden Sie handeln müssen.

DER ERWERB

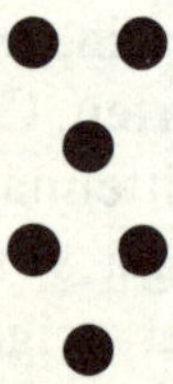

2. Haus

Körperteil: Füße
Pflanze: Veilchen, Lavendel
Wochentag: Donnerstag
Himmelsrichtung: Ost
Tageszeit: Abend

Metall: Zinn
Stein: Saphir
Element: Wasser
Kraft: gering +
Planet: Jupiter

Im materiellen Haus fühlen Sie sich wohl, denn hier kann sich Ihr größtes Talent ohne Störung austoben. Bei geschäftlichen Unternehmungen rechnen Sie den Faktor Glück überhaupt nicht ein und verlassen sich ausschließlich auf Ihre Vernunft und Konzentration, auf Ihr Organisationstalent und Ihre Aufrichtigkeit. Vermögen und wirtschaftliche Erfolge versuchen Sie nie mit Blitzaktionen zu gewinnen, sondern setzen auf gemächliche und folgerichtige Fortschritte, die Sie in klassischer Manier aufbauen. Sie sind das, was man den »geradlinigen Aufsteiger« nennt – als Angestellter wie als Unternehmer. Spontaneität fehlt Ihnen völlig, aber die ist bei dem Thema »Ich besitze« auch nicht unbedingt nötig. Es geht auch anders – und das beweisen Sie täglich.

DIE FREUDE

2. Haus

Körperteil: Phallus, Lenden
Pflanze: Minze, Muskat
Wochentag: Donnerstag
Himmelsrichtung: Ost
Tageszeit: Vormittag

Metall: Zinn
Stein: Smaragd
Element: Luft
Kraft: gering –
Planet: Jupiter

Die »Freude« meint auch die Freude am Besitz. Jede Arbeit, jedes Geschäft, jede Aktivität beginnen Sie positiv, und Ihre Vorstellung zwingt die Realität meist in die Knie. Weil Sie Gefühle und Vernunft als gleichermaßen wichtig und notwendig verstehen und beide auch gut verbinden können, bewahren Sie sich vor der Eingleisigkeit, die echte Fortschritte so oft verhindert. Aus diesem Grund fällt es Ihnen auch besonders leicht, sich in andere Menschen hineinzuversetzen, sie zu motivieren und mitzureißen, und diese Fähigkeit macht Sie zum idealen Teamarbeiter. Aber auch Ihr geistiges und kreatives Vermögen pflegen Sie; Sie entdecken und entwickeln Ihre Talente.

DAS MÄDCHEN

2. Haus

Körperteil: Hals, Kehle
Pflanze: Feige, Birnbaum
Wochentag: Freitag
Himmelsrichtung: West
Tageszeit: Nacht

Metall: Kupfer
Stein: Koralle
Element: Luft
Kraft: fix +
Planet: Venus

Nach Agrippa von Nettesheim verleiht das »Mädchen« im 2. Haus »weder Reichtum, noch vermindert es die Armut«. Das materielle

Haus ist also so gut wie unbewohnt, Besitz, Gewinn und Wohlstand sind keine ›Themen‹ – nicht, weil Sie nicht daran interessiert wären, sondern weil Ihnen der Weg dorthin als zu steil und nicht gemäß erscheint. Sie sehen das Leben allgemein mehr als lästige Pflicht an, derer man sich ohne großen Aufwand und so gut wie eben möglich entledigen sollte. Deshalb haben Sie auch kein großes Interesse daran, irgendwelche Anstrengungen dafür zu unternehmen. Die Gewohnheit, deren Sicherheit Sie gern suchen, ist auch nicht gerade hilfreich, zu Anstrengungen zu motivieren oder neue Ziele zu suchen. Das Vermögen Ihrer Talente und Anlagen verwalten Sie ebenfalls sehr zurückhaltend. Die meisten verdrängen Sie oder spielen sie absichtlich herunter, nur um mit ihnen nicht ›erfolgreich‹ arbeiten zu müssen.

DER VERLUST

2. Haus

Körperteil: Nieren und Blase
Pflanze: Baldrian, Thymian
Wochentag: Freitag
Himmelsrichtung: Süd
Tageszeit: Morgen

Metall: Kupfer
Stein: Karneol
Element: Feuer
Kraft: cardinal –
Planet: Venus

Im materiellen Haus scheint die Bedeutung des »Verlusts« ganz klar auf der Hand zu liegen. Letztlich ist dieses Haus jedoch ein positives »Besitzhaus«, denn der Erfolg und der Wohlstand stellen sich zwar nicht leicht und schnell ein, dafür aber um so sicherer. Erst nach einem Berg von Schwierigkeiten zwar und unter großer Anstrengung – aber zum Schluß stellt sich stets der Erfolg ein. Menschen mit dieser Konstellation werden zwar angeben, daß sie ein Leben lang in finanziellen Schwierigkeiten und Unsicherheit gelebt haben; von außen betrachtet haben sie jedoch weit über dem Durchschnitt gelebt. Das Haben entspricht dem Können: Der Verlust in diesem Haus zeigt an, daß die Talente meist völlig unpassend für die jeweilige Arbeit oder Lebenssituation sind, jedoch so geschickt kombiniert werden, daß am Ende stets der Erfolg steht – erreicht allerdings auf ungewöhnlichem Weg.

DIE VERBINDUNG

2. Haus

Körperteil: Unterbauch und Eingeweide
Pflanze: Petersilie, Majoran
Wochentag: Mittwoch
Himmelsrichtung: Ost
Tageszeit: Nacht

Metall: Quecksilber
Stein: Topas
Element: Luft
Kraft: gering +
Planet: Merkur

Bei Ihnen steht der sichere Besitz im Vordergrund und wird auch ohne große Schwierigkeiten erreicht. Sie bewegen sich ganz automatisch zwischen ›Wohlstand‹ und ›Armut‹. Keines der Extreme zieht Sie besonders an, Sie begreifen Besitz als etwas ganz Normales und Alltägliches – als selbstverständliche Lebensgrundlage. Weil Sie so emotionslos darüber denken, wird es Ihnen auch nie Schwierigkeiten bereiten, finanziell gesichert zu leben. Leider sehen Sie Ihre Talente und Fähigkeiten als etwas ebenso Selbstverständliches und Banales an und bringen sich damit um den größten Reiz: etwas Schönes in sich zu erkennen, es zu vervollkommnen und anderes Schönes daraus zu schaffen.

DER WEISSKOPF

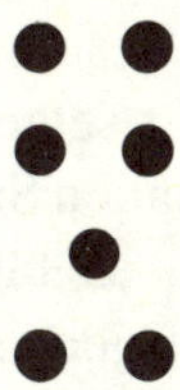

2. Haus

Körperteil: Hände, Arme und Schultern
Pflanze: Haselnuß
Wochentag: Mittwoch
Himmelsrichtung: West
Tageszeit: Morgen

Metall: Quecksilber
Stein: Achat
Element: Erde
Kraft: gering –
Planet: Merkur

Das Geld rinnt Ihnen buchstäblich durch die Finger. Der größte Genuß, den Sie an Materiellem haben, sind das Einnehmen und das Ausgeben – das »Haben« interessiert Sie nicht im geringsten. Ihre Großzügigkeit ist ehrlich und ohne Berechnung, denn was man mit dem Geld *tut*, ist Ihnen wichtig, nicht was man mit ihm tun könnte. Verdienen werden Sie dieses Geld allerdings meist auf ausgefallene und spektakuläre Weise. Agrippa von Nettesheim verheißt dem »Weißkopf«: »Im zweiten Hause verschafft er Gewinn aus Taschenspielen und anderen geringen Künsten.« So sind Sie zwar nicht gerade professioneller Falschspieler oder Bankräuber, werden allerdings auch nie als Beamter oder Bankkaufmann Karriere machen. Ihre stetige Sehnsucht, sich auszudrücken, läßt Sie entweder zum brillanten Professor für Theaterwissenschaften oder zum überzeugenden Straßenverkäufer werden.

DER KNABE

2. Haus

Körperteil: Kopf, Augen, Ohren
Pflanze: Knoblauch, Meerrettich
Wochentag: Dienstag
Himmelsrichtung: Ost
Tageszeit: Mittag

Metall: Eisen
Stein: Diamant
Element: Feuer
Kraft: cardinal +
Planet: Mars

Sie werden wunschlos glücklich sein – in materieller Hinsicht. Zum einen bedeutet Ihnen Besitz recht wenig, zum andern sind Sie ein dermaßen überzeugtes Arbeitstier, daß Sie überhaupt nicht erst in finanzielle Schwierigkeiten kommen *können*. Freude an manchen schönen und äußerst wertvollen Sachen kommt dagegen leicht bei Ihnen auf. Dann erwacht ein kindlicher und unbeugsamer Besitzwille – Sie wollen ein bestimmtes Stück einfach haben, und dafür setzen Sie Himmel und Hölle in Bewegung. Ihr inneres ›Vermögen‹ haben Sie nur zu einem Zweck: um damit zu arbeiten! Sie benutzen es täglich, verfeinern und beobachten es ständig und freuen sich über jede Gabe und Fähigkeit, die Sie an sich entdecken. Dieser gute Umgang mit sich selber gibt Ihnen auch die nötige Kraft, das zu tun, was Sie am liebsten tun: nämlich dauernd irgend etwas tun!

DER ROTKOPF

2. Haus

Körperteil: Geschlechtsteile	*Metall:* Eisen
Pflanze: Nießwurz, Sturmhut	*Stein:* Blutstein
Wochentag: Dienstag	*Element:* Feuer
Himmelsrichtung: Süd	*Kraft:* fix –
Tageszeit: Nachmittag	*Planet:* Mars

Der »Rotkopf« im 2. Haus bedeutet große Schwierigkeiten im Materiellen. Nicht, daß es nur Armut wäre – sie ist allerdings auch gut möglich; hauptsächlich ist es aber die vollständige Unzufriedenheit mit dem *Eigenen*, seien es Besitz, Stellung, Chancen oder Glück. Das Gefühl des ständigen Betrogenseins, auch wenn es sich ganz objektiv um ein gutes Geschäft gehandelt hat, wird den »Rotkopf« nie verlassen, und er wird zwar immer gut leben, aber es nie genießen können, weil er viel zu viel Zeit damit verbringt, über die Ungerechtigkeit des Lebens und das größere Glück der anderen zu lamentieren. Seine Fähigkeiten und Talente verwaltet der »Rotkopf« recht selbstbewußt. Er versucht aber kaum, sie zu verfeinern und zu erweitern, denn sein Bewußtsein sagt ihm: »Eine Steigerung ist nicht mehr möglich.« Dadurch vergibt er viele Chancen und stößt sensiblere Naturen gewaltig vor den Kopf.

DAS GEFÄNGNIS

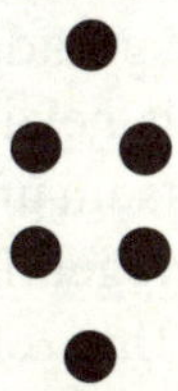

2. Haus

Körperteil: Knie	*Metall:* Blei
Pflanze: Raute, Kümmel	*Stein:* Onyx
Wochentag: Samstag	*Element:* Erde
Himmelsrichtung: Nord	*Kraft:* cardinal – –
Tageszeit: Nacht	*Planet:* Saturn

Sie sind der Erfinder des Notgroschens, wenn nicht gar der des Not-Not-Notgroschens. Schweizer Banken sind nicht zuletzt wegen Ihnen entstanden. Das Zentrum einer absoluten Sicherheit brauchen Sie: mündelsichere Wertpapiere oder einen perfekt vergrabenen Schatz, sonst fühlen Sie sich gejagt und dem Bankrott nahe. Weil Sie keinem anderen trauen und auch auf andere meist einen etwas undurchsichtigen Eindruck machen, wird es mit Ihnen nie klare Besitzverhältnisse und eindeutige Abmachungen geben. Die Angst vor Mißerfolgen und Verlusten sitzt tief und ist auch berechtigt – Hilfe von anderen haben Sie nämlich kaum zu erwarten. Ihre eigenen Fähigkeiten und Talente behandeln Sie mißtrauisch und stiefmütterlich. Sie haben zwar Lust, sich damit zu zeigen und zu profilieren, aber gleichzeitig denken Sie daran, daß andere Ihnen nicht genug Verständnis und Lob entgegenbringen oder Ihre Talente sogar mißbrauchen könnten.

DIE TRAUER

2. Haus

Körperteil: Ober- und Unterschenkel
Pflanze: Mohn, Alant
Wochentag: Samstag
Himmelsrichtung: Nord
Tageszeit: Morgen

Metall: Blei
Stein: Magnetstein
Element: Erde
Kraft: fix –
Planet: Saturn

Ob Sie etwas besitzen, wissen Sie wahrscheinlich nie ganz genau, denn bis Sie sich darüber klar geworden sind, was und wieviel es wohl gerade ist, hat es sich schon wieder geändert. Von anderen werden Sie wegen Ihrer langsamen und zögernden Art wohl selten als vermögend oder erfolgreich eingestuft; in Wirklichkeit haben Sie oft kleine Reichtümer angehäuft, gewonnen aus Sparsamkeit. Sie gehen nicht gerade verschwenderisch damit um, von vielen werden Sie sogar als geizig verschrien. Aber die Angst vor dem Verlust, dem Ausgeliefertsein und der Armut hat Sie hart gemacht – in Geschäften und Geldangelegenheiten. Die inneren Reichtümer übersehen Sie geflissentlich, Ihre einzige Sehnsucht gilt einer Art friedlichen Glücks, dem Sie bei Ihrer Handlungsweise nie begegnen werden. Tiefe Depressionen kann auch ein strammes Vermögenspolster nicht auslöschen.

DER DRACHENKOPF

2. Haus

Körperteil: Knie
Pflanze: –
Wochentag: –
Himmelsrichtung: Nord
Tageszeit: Nacht

Metall: –
Stein: –
Element: Erde
Kraft: cardinal +
Planet: –

Der »Drachenkopf« in diesem materiellen Haus verspricht nicht nur Wohlstand, sondern sogar Reichtum. Durch die scheinbar nie versiegende Energie dieser Figur richten sich seine Interessen nach allen Seiten, sind überall gleich erfolgreich und einträglich. Sie ver»brauchen« Ihr Vermögen allerdings ständig, als wäre es der im Überfluß benötigte Brennstoff für Ihren ständig unter Hochdruck stehenden Heizkessel. Ebenso ver- und gebrauchen Sie Ihre Fähigkeiten und Talente: schnell, schonungslos und ohne Rücksicht auf ein mögliches Ausbrennen. Ideen und Kreativität sind Ihnen immer wieder aufs Neue sicher. Das »Haben« und »Besitzen« ist für Sie nötig und selbstverständlich – immer ist es Mittel, nie der Zweck oder das Ziel.

DER DRACHENSCHWANZ

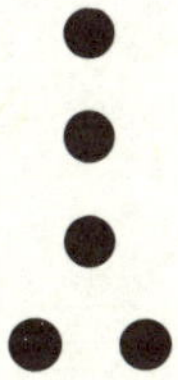

2. Haus

Körperteil: gesamter Unterkörper
Pflanze: –
Wochentag: –
Himmelsrichtung: West
Tageszeit: Abend

Metall: –
Stein: –
Element: Wasser
Kraft: fix –
Planet: –

Vor lauter möglichen todsicheren Geschäften und vergrabenen Schätzen finden Sie nie zu einem sicheren und beständigen Weg, materiellen Wohlstand zu mehren. Nicht daß er Ihnen egal wäre. Reichtum ist sogar ein großes Thema in Ihrem Leben, aber Sie gehen zu verbissen auf Ihr Ziel los, als daß sie es auch wirklich erreichen könnten. Häufige Enttäuschungen und Mißverständnisse führen zu ständigen und plötzlichen Kehrtwendungen – Sie geben Geschäfte auf, bevor sie sich rentieren, wechseln die Arbeitsplätze aus einer schnellen Laune heraus. Mit derselben heftigen Energie trennen Sie sich auch wieder von Ihrem Besitz, aber nicht aus Großzügigkeit, sondern als herrische und aufmerksamkeitsheischende Geste. Die Talente und Fähigkeiten überfordern Sie sehr oft, es geht Ihnen nie schnell und perfekt genug – und schließlich wenden Sie sich von Ihrem eigenen inneren Vermögen wieder ab, bevor es sich völlig entfalten konnte.

3. HAUS

Der Verstand erwacht. Dieses Haus hat das Thema: »Ich denke« – es zeigt also, wie man erfaßt, vergleicht, auswertet und zu logischen Schlüssen kommt. Es ist ein intellektuelles Haus, in dem wir erkennen können, wie wir lernen, verarbeiten, reden, »über«reden, wo unsere Schwächen und Stärken liegen und was uns möglicherweise daran hindert, unseren Verstand uneingeschränkt zu benutzen. Dieses Haus ist stark mit dem 9. verbunden, dem Glaubenshaus, und bildet zusammen mit ihm eine »DENK-Achse«.

GROSS GLÜCK

3. Haus

Körperteil: Herz und Rücken	*Metall:* Gold
Pflanze: Lotus, Lorbeer	*Stein:* Rubin
Wochentag: Sonntag	*Element:* Feuer
Himmelsrichtung: Nord	*Kraft:* fix +
Tageszeit: Mittag	*Planet:* Sonne

Denken fällt Ihnen weder besonders leicht noch schwer – Sie gehen davon aus, daß Sie damit nie Schwierigkeiten haben werden. So einfach ist das. Sie erfassen Zusammenhänge entweder sofort und vollständig oder gar nicht. Über Kleinigkeiten nachzudenken lohnt sich Ihrer Meinung nach nicht. Akribische geistige Leistung ist nicht Ihre Sache, ebenso wie Denken um des Denkens willen. Philosophie, Lyrik und Denksportaufgaben scheiden also als Abendunterhaltung aus, und am Schachspiel reizt Sie weder Taktik noch Strategie – Sie wollen nur gewinnen. Und erwarten das auch! Alle Möglichkeiten, die Denken auch in konkrete Taten und Formen übersetzen können, faszinieren Sie jedoch, Sie sind das beste Bindeglied zwischen Theorie und Praxis, Sie können übersetzen, planen und anwenden. Für spontane Ideen und unkonventionelle Umsetzungen sind Sie aber sicherlich nicht geeignet. Ihre Kraft ist gleichmäßig und beständig.

KLEIN GLÜCK

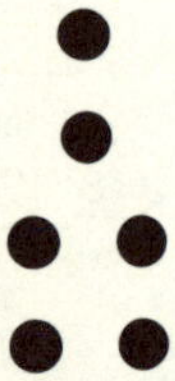

3. Haus

Körperteil: Bauch und Magen	*Metall:* Gold
Pflanze: Efeu, Eisenkraut	*Stein:* Heliotrop
Wochentag: Sonntag	*Element:* Luft
Himmelsrichtung: Süd	*Kraft:* fix –
Tageszeit: Vormittag	*Planet:* Sonne

Sie könnten die Idee des »positiven Denkens« entwickelt haben. Ihren wachen und sehr pragmatischen Verstand verschwenden Sie nie auf unangenehme, bedrohliche oder scheinbar nebensächliche Themen – nicht etwa aus Angst, plötzlich mit erschreckenden Ergebnissen konfrontiert zu sein, nein, Sie betrachten es schlicht als Zeitvergeudung, sich über anderes als Schönes und Erfolgverheißendes Gedanken zu machen. Sie lernen und verarbeiten schnell und präzise; Ihre Schlußfolgerungen und Kommentare sind schlicht, knapp und äußerst treffend. Für Regierungssprecher sollte diese Figur im 3. Haus, dem des Verstandes, Vorschrift sein. Der Kraft und Macht des Verstandes räumen Sie aber in Ihrer Vorstellung nicht den ersten Platz ein, der Intellekt hat sich die obere Stufe einträchtig mit dem »Wissen« und dem »Fühlen« zu teilen.

DER WEG

3. Haus

Körperteil: Brust und Lunge	*Metall:* Silber
Pflanze: Palme, Ölbaum	*Stein:* Perle
Wochentag: Montag	*Element:* Wasser
Himmelsrichtung: West	*Kraft:* cardinal +
Tageszeit: Abend	*Planet:* Mond

Denken ist für Sie ein großes Problem. Sie verwechseln es ständig mit Glauben, Fühlen oder Hoffen. Dabei denken Sie für Ihr Leben gern – man könnte es fast als Hobby bezeichnen, auch wenn es bei zu schneller Drehung unter der Gehirnschale oft zum Grübeln wird. Sie bewundern insgeheim »den Verstand«, auch wenn Sie das nach außen nie zugeben. Zwei Tatsachen hindern Sie daran, so zu denken, wie Sie gerne möchten: Nervosität und Negativität. Die eine läßt Sie immer wieder den roten Faden, die klare Linie, ja sogar das Thema verlieren, die andere treibt Sie in Selbstzweifel und läßt alle Gedanken zu äußerst brüchigen und kurzlebigen Schmetterlingen werden. Konzentration kann man üben und lernen. Daraus entsteht schließlich die Klarheit: Man sieht den Weg und kann ihn gehen – das Thema Ihrer Figur!

DAS VOLK

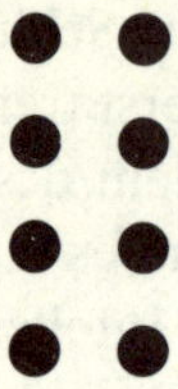

3. Haus

Körperteil: Magen, Leber, Milz und Nieren
Pflanze: Ysop
Wochentag: Montag
Himmelsrichtung: West
Tageszeit: Abend

Metall: Silber
Stein: Kristall
Element: Wasser
Kraft: cardinal –
Planet: Mond

Sie weigern sich rundheraus, über »Sinnfragen« nachzudenken. Im Rahmen des Alltäglichen ist Ihnen geistige Auseinandersetzung weder fremd noch unangenehm, doch sie muß einem kurzfristigen und realen Zweck dienen, sonst sprechen Sie ihr jede Existenzberechtigung ab. Sich Ihre eigenen Gedanken zu machen ist Ihnen oft zu unbequem oder gar gefährlich; nachdem Sie sowieso nichts zu wichtig nehmen, lassen Sie sich auch bei Überlegungen und Standpunkten gern etwas treiben. Daß man alles irgendwie verstehen kann, heißt ja noch nicht, daß man eine besonders verständnisvolle Person ist – man hat nur keine Lust, Partei zu ergreifen und etwas eben *nicht* zu verstehen. Erkennen, Schlüsse-Ziehen, Verarbeiten und Lernen machen zwar keine Schwierigkeiten, die Frage jedoch, *warum* man das alles tun soll, ist für diese Figur meist das größte Problem.

DER ERWERB

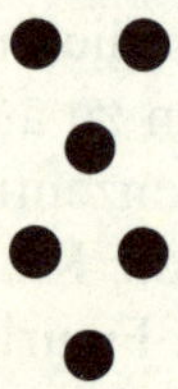

3. Haus

Körperteil: Füße
Pflanze: Veilchen, Lavendel
Wochentag: Donnerstag
Himmelsrichtung: Ost
Tageszeit: Abend

Metall: Zinn
Stein: Saphir
Element: Wasser
Kraft: gering +
Planet: Jupiter

Sie nennen »Denken« grundsätzlich »Folgern«. Das Verstandeshaus ist in klassisch-konservativer Manier eingerichtet: erfassen, vergleichen, auswerten und logische Schlüsse ziehen. Wildes, zweckfreies und gegen den Strich gebürstetes Denken lehnen Sie ab oder erlauben ihm gerade noch die Existenzberechtigung einer Varieténummer. So sind

Sie also ein guter Denker, das heißt ein erfolgreicher. Spontaneität, Jux und Nonsens haben für Sie im Kopf nichts zu suchen – schließlich gibt Nonsens ja »keinen Sinn«, wofür dann also wertvolle Rechnerzeit vergeuden?! Dieses ›gerade‹ Denken schränkt Sie manchmal ein, denn nicht alle Anlässe für eine Verstandestätigkeit sind Probleme, die sich durch den klassischen Frontalangriff lösen lassen. Lassen Sie beim Denken etwas locker, assoziieren Sie frei zu Problemstellungen, versuchen Sie einmal, ein Denkergebnis in Reimform zu fassen – und geben Sie der Intuition auch mal eine Chance.

DIE FREUDE

3. Haus

Körperteil: Phallus, Lenden	*Metall:* Zinn
Pflanze: Minze, Muskat	*Stein:* Smaragd
Wochentag: Donnerstag	*Element:* Luft
Himmelsrichtung: Ost	*Kraft:* gering –
Tageszeit: Vormittag	*Planet:* Jupiter

Sie haben das Glück, daß Kopf und Bauch in Eintracht miteinander leben. Die »Freude« im Verstandeshaus zeigt auch Spaß am Denken an, eine wunderbare Verbindung, für die nur strenge pragmatische Denker nichts übrig haben. Denken und Fühlen sind für diese Figur aufregende Möglichkeiten, immer weiter zu kommen, weiter auf der Suche nach etwas Großem und Endgültigem. Doch denkt man nicht schnell und schlampig. Bei aller Freude am freien Spiel des Verstandes erhebt die »Freude« einen absoluten Perfektionsanspruch. Nur das Perfekte ist auch wahr. Beim Lernen, Verarbeiten, Reden und »Über«reden tut sich dieses Zeichen besonders leicht. Wenn es mit eigenen, oft unkonventionellen Gedanken auf andere Menschen zugeht, wird ihm immer Interesse und Aufgeschlossenheit begegnen, denn nie macht es den Eindruck, zur Profilierung oder aus Besserwisserei unterdrücken zu wollen.

DAS MÄDCHEN

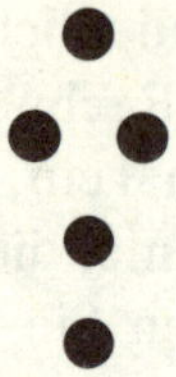

3. Haus

Körperteil: Hals, Kehle
Pflanze: Feige, Birnbaum
Wochentag: Freitag
Himmelsrichtung: West
Tageszeit: Nacht

Metall: Kupfer
Stein: Koralle
Element: Luft
Kraft: fix +
Planet: Venus

Denken: ja, aber mehr als lästige Pflicht denn als spannende Entdekkungsreise und Kopfabenteuer. Das Lernen fällt leicht, aber nur das Naheliegendste wird gelernt, denn die Lust am Lernen ist sehr gering. Wozu auch, Wissen bringt nur Sorgen – das ist das Grundthema dieser Figur im Haus des Verstandes. Feste Denkmodelle und Vorstellungen sind sehr erwünscht, ja, man klammert sich sogar an liebgewordene Dogmen, weil sie Sicherheit bedeuten und andererseits Wechsel und Neuorientierung für dauernden Kampf und Auseinandersetzung stehen. Weiterdenken findet nur unter Anleitung statt, und auch dann gilt das Interesse mehr demjenigen, der neue Gedanken ins Spiel bringt, als den Gedanken selbst. Dabei steht der eigenständigen Entwicklung nichts im Wege, doch um die Scheuklappen abzulegen muß man sich erinnern, daß man kein Ackergaul ist und Hände hat.

DER VERLUST

3. Haus

Körperteil: Nieren und Blase
Pflanze: Baldrian, Thymian
Wochentag: Freitag
Himmelsrichtung: Süd
Tageszeit: Morgen

Metall: Kupfer
Stein: Karneol
Element: Feuer
Kraft: cardinal –
Planet: Venus

Bluffen und Denken gehen hier oft Hand in Hand. Die Schönheit einer Formulierung wiegt im allgemeinen einen schiefen Gedankengang auf. Alle Anlagen sind jedoch vorhanden, nur das Interesse für Klarheit und Genauigkeit ist sehr schwach. Das starke Interesse für alles Neue und Aufregende, zusammen mit der Fähigkeit, sich und seine Gedanken souverän darzustellen, und ein unerschütterliches Selbstbewußtsein ergeben eine brisante Mischung, die es dieser Figur jederzeit erlaubt, mit ihrem Verstand zu brillieren oder wenigstens einen solchen Eindruck hervorzurufen. In diesem Haus zeigt der »Verlust« an, daß man *schlau* ist und sich so anderen gegenüber verhält, seine Verstandeskräfte jedenfalls aufs Beste zum eigenen Vorteil konzentrieren kann. Diese Figur lernt gern, nur nicht von anderen. Deshalb finden sich unter diesem Zeichen auch die meisten Autodidakten.

DIE VERBINDUNG

3. Haus

Körperteil: Unterbauch und Eingeweide
Pflanze: Petersilie, Majoran
Wochentag: Mittwoch
Himmelsrichtung: Ost
Tageszeit: Nacht

Metall: Quecksilber
Stein: Topas
Element: Luft
Kraft: gering +
Planet: Merkur

Das Haus der »Verbindung«. Die einzige Energie, auf die sie sich beruft, ist die des klaren Verstandes, der Ratio. Obwohl es das Haus wäre, in dem sie sich völlig ungestört und mit höchster Energie ausleben könnte, macht ihr ein hemmender Charakterzug einen Strich durch die Rechnung: das Verlangen nach Ausgleich und Harmonie, der starke Drang nach Kompromissen. Ihre Angst vor Extremen schlägt sich auch im Denken nieder, sie mißtraut extremen geistigen Höhenflügen und gewagten Kombinationen. Im alltäglichen und wissenschaftlichen Bereich ist dieses Haus aber optimal besetzt: Man findet die beste und klarste Lösung schnell und auf geradem Weg. Das Erfassen, Vergleichen und Auswerten fallen ebenso leicht wie das Ziehen von logischen Schlüssen. Die Grenze des Denkens stellt für die »Verbindung« aber der Übergang vom Zweck zum Sinn dar, auf Sinnfragen kann und mag sie sich nicht einlassen.

DER WEISSKOPF

3. Haus

Körperteil: Hände, Arme und Schultern
Pflanze: Haselnuß
Wochentag: Mittwoch
Himmelsrichtung: West
Tageszeit: Morgen

Metall: Quecksilber
Stein: Achat
Element: Erde
Kraft: gering –
Planet: Merkur

Natürlich kann er denken, der »Weißkopf«, und tut es manchmal auch, bevor er spricht. Leider spricht er meist so schnell, daß die Zeit für eine genaue Analyse zu kurz ist. Mit schnellen, überraschenden Problemlösungen besticht er aber immer wieder, und wenn er dabei auf einen zähen und genauen Partner trifft, der sein spontanes Gedankengebäude langsam, aber stetig zerpflückt, so gibt er ihm zwar am Schluß in der Sache recht, ist jedoch trotzdem überzeugt, daß *seine* geniale Lösung zwar falsch, aber tausendmal schöner war. Nimmt er seine Gedanken tatsächlich einmal ernst und handelt es sich um ein bedeutsames Thema, so kann das jeder Außenstehende sofort erkennen – er verstummt nämlich. Außerdem trennt er nicht zwischen praktischem, also zweckgebundenem Denken und der Beschäftigung mit Sinn- und Schicksalsfragen. Das gibt ihm die Chance auf immerwährende Weiterentwicklung.

DER KNABE

3. Haus

Körperteil: Kopf, Augen, Ohren
Pflanze: Knoblauch, Meerrettich
Wochentag: Dienstag
Himmelsrichtung: Ost
Tageszeit: Mittag

Metall: Eisen
Stein: Diamant
Element: Feuer
Kraft: cardinal +
Planet: Mars

Der »Knabe« denkt, wie er arbeitet – Schritt auf Schritt aufbauend und ausdauernd. Alles Sprunghafte und Überflüssige ist ihm fremd und zuwider. Die Kraft des Denkens setzt er grundsätzlich nur da ein, wo er Widerstände mit bewährten Techniken oder Gewalt nicht überwinden kann. Er ähnelt Thor, der Loki nie ruft oder um Hilfe bittet, in ausweglosen Situationen aber schon mal seine Ratschläge annimmt und nach ihnen handelt. Trotzdem mißtraut er dem Brudergott Verstand und verachtet ihn sogar. Schach spielt er gern, aber hauptsächlich des Kampfes wegen und nicht wegen einer schönen Kombination; vor die Wahl gestellt, wird er lieber schlecht gewinnen als schön verlieren. Gedanken über seine Position in dieser Welt, über geistige Grenzen oder gar eine Weiterentwicklung seines Bewußtseins wird er zwar gern im Kreis von anderen mitdiskutieren, für sich selbst stellt er sich solche Fragen jedoch nie.

DER ROTKOPF

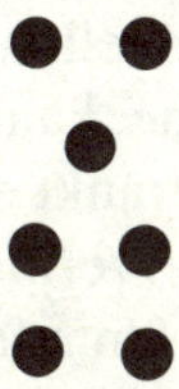

3. Haus

Körperteil: Geschlechtsteile	*Metall:* Eisen
Pflanze: Nießwurz, Sturmhut	*Stein:* Blutstein
Wochentag: Dienstag	*Element:* Feuer
Himmelsrichtung: Süd	*Kraft:* fix –
Tageszeit: Nachmittag	*Planet:* Mars

Er betreibt das »wilde Denken« mit Vorliebe vor anderen, die ihm signalisieren, daß sie damit nichts anfangen können, sogar Angst davor haben. Er traut seinem Verstand und seinen Gedankengängen nur sehr selten, glaubt deshalb auch immer, in die Offensive gehen und den vermeintlichen Gegner ›niederdenken‹ zu müssen. Spricht jemand über Geist oder Verstandeskräfte, so glaubt er sich im stillen angegriffen und setzt sich sofort und überraschend zur Wehr. Das Zweifeln am eigenen Können ist oft so stark, daß die selbstformulierten »self-fulfilling prophecies« tatsächlich zu Unkonzentriertheit und Ungenauigkeit im Denken führen. Die Lust, über die Erweiterung des eigenen Bewußtseins und *den Sinn* nachzudenken und zu spekulieren, ist besonders stark. Seine Vorstellungen dazu sind zwar gigantisch, aber meist nur auf Macht und selten auf Liebe ausgerichtet.

DAS GEFÄNGNIS

3. Haus

Körperteil: Knie	*Metall:* Blei
Pflanze: Raute, Kümmel	*Stein:* Onyx
Wochentag: Samstag	*Element:* Erde
Himmelsrichtung: Nord	*Kraft:* cardinal – –
Tageszeit: Nacht	*Planet:* Saturn

»Die Gedanken sind frei« – alles kann ein Mensch mit dieser Figur im 3. Haus akzeptieren, nur das nicht. Er glaubt zwar nicht, daß ihn seine *eigenen* Gedanken unterdrücken und beengen können, aber anderen unterstellt er das. Die Eltern, die Schule, die öffentliche Meinung, die Presse und seine Mitmenschen – sie alle, so glaubt er, sind daran schuld, daß er »nicht frei denken kann«. Unter dieser Vorstellung und unter dem dauernden Druck, »von außen bestimmt zu sein«, kann sein Verstand nicht kreativ und entspannt arbeiten. Also beschränkt er sich aufs Nötigste, erledigt seine intellektuellen Pflichten zur (vermeintlichen) Zufriedenheit der anderen – und leidet. Eine kleine Unaufmerksamkeit von ihm kann genügen, und er läßt die strammgezogenen Zügel seines Denkens los; die Fesseln lösen sich, und die Gedanken beginnen zu fliegen. Der Verstand erwacht zum zweiten Mal.

DIE TRAUER

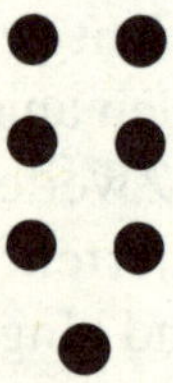

3. Haus

Körperteil: Ober- und Unterschenkel	*Metall:* Blei
Pflanze: Mohn, Alant	*Stein:* Magnetstein
Wochentag: Samstag	*Element:* Erde
Himmelsrichtung: Nord	*Kraft:* fix –
Tageszeit: Morgen	*Planet:* Saturn

Melancholiker denken langsam und in Kreisen. Meistens verwünschen sie diese Geistestätigkeit, weil sie ungerufen zu ihnen tritt und sie plagt. Die »Trauer« im 3. Haus nennt Denken auch meistens Grübeln, und es ist ihr nicht so sehr ein Problem, klar und schnell denken zu können, sondern den Kopf endlich wieder zum Schweigen zu bringen. Hier lauert oft der Verstand wie eine giftige Schlange unter der Schädeldecke und kann allein schon durch seine Drohung, sich bald wieder zu bewegen, Verzweiflung auslösen. Nachdem hier das Hauptthema die Verdrängung ist, wird sich auf diese Weise der Druck nie lösen. Erst eigenes Akzeptieren bringt Entspannung. Die Angst verschwindet, und die bedrohlichen Gedankengespenster lösen sich in Rauch auf.

DER DRACHENKOPF

3. Haus

Körperteil: Knie	*Metall:* –
Pflanze: –	*Stein:* –
Wochentag: –	*Element:* Erde
Himmelsrichtung: Nord	*Kraft:* cardinal +
Tageszeit: Nacht	*Planet:* –

»Dragons head« wäre ein treffender Spitzname für den Zentralcomputer der amerikanischen Streitkräfte. Zwar verfolgt er keine derart aberwitzigen Ziele, doch was das gigantische Potential betrifft, das gleichzeitig erfaßt, auswertet und seine Schlüsse daraus zieht, ist der »Drachenkopf« im 3. Haus diesem System durchaus ebenbürtig. Er ist ein Arbeitsdenker – hart, konzentriert und von erschreckender Ausdauer. Probleme, die er einmal angefangen hat zu ›bearbeiten‹, greift er immer wieder auf, wenn er sie nicht auf Anhieb lösen kann. Unfertiges, Unerledigtes und Ungelöstes ist für ihn nicht tragbar, und hätte er nicht obendrein einen guten Instinkt, so würde er sich vielleicht sogar daran machen, ein Perpetuum mobile zu erdenken. Aber das wäre sein Tod.

DER DRACHENSCHWANZ

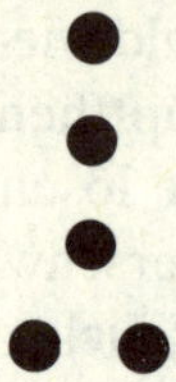

3. Haus

Körperteil: gesamter Unterkörper
Pflanze: –
Wochentag: –
Himmelsrichtung: West
Tageszeit: Abend

Metall: –
Stein: –
Element: Wasser
Kraft: fix –
Planet: –

Sein Verstand ist früh erwacht. Er hat ihn gepflegt, trainiert und ihn im Sinne von »schlagkräftig« ausgebildet. Die Energie und die Präzision seiner Geisteskräfte sind enorm, und doch reiht sich ein Desaster ans andere. Warum? Nur eine einzige winzige Information oder Grundvoraussetzung ist fast jedesmal falsch, ungenau oder mißverstanden. Darauf baut sich ein gewaltiges Gedankengebäude auf, in sich richtig und oft geradezu genial in seinen Ableitungen und Ergebnissen. Nur leider falsch. Oft sind seine Lösungen sogar richtig in dem Sinne, daß man sie nur noch umdrehen oder das richtige Problem für sie finden muß nach der Maxime: Wir haben die richtigen Antworten – nur zu welchen Fragen sie gehören, wissen wir nicht!

4. HAUS

In diesem Haus kann man wirklich zuhause sein. Seine Kurzformel lautet: »Ich bin geborgen«, und es spricht sowohl von dem Gefühl, das wir haben, wenn wir in uns selbst geborgen sind, als auch von unserer Kindheit. Es deutet auch die Beziehung zu unseren Eltern, denn es ist gleichzeitig dem Erbe und Vermächtnis (in vielerlei Sinn) gewidmet. Es steht auch für alles Verborgene, für geistige wie materielle Schätze, die man heben kann. Die Achse heißt hier »WOHER – WOHIN«, und den Gegenpol bildet das 10. Haus, das der Lebensziele.

GROSS GLÜCK

4. Haus

Körperteil: Herz und Rücken	*Metall:* Gold
Pflanze: Lotus, Lorbeer	*Stein:* Rubin
Wochentag: Sonntag	*Element:* Feuer
Himmelsrichtung: Nord	*Kraft:* fix +
Tageszeit: Mittag	*Planet:* Sonne

Geborgenheit ist kein Problem. Dieses Zeichen hat und fühlt sie immer und in jeder Umgebung, denn es ist so stark und in sich selbst zuhause, daß es keine Situation aus dem Gleichgewicht bringen kann. Sein Zentrum und das Ruhen darin hat es sich aber nicht erarbeitet, sondern als glückliche Gabe mitbekommen. Zerrissen, heimatlos oder einsam zu sein ist nie ein Thema. Vielleicht resultiert dieses starke Geborgenheitsgefühl und das Wissen, wo man hingehört, auch zu einem guten Teil aus der Kindheit, die sich in einer warmherzigen und immer ›vorhandenen‹ Familie abgespielt hat. Ein starker Vater bedeutete Zentrum und Sicherheit, von der aus man sich gefahrlos umsehen und selbst entdecken konnte. Dieses Erbe pflegt und erhält man, ist Ruhepunkt und Stütze der eigenen Familie und jeder Gemeinschaft. So, wie man bewahren kann, kann man auch Neues entdecken, sichern und anderen zur Verfügung stellen.

KLEIN GLÜCK

4. Haus

Körperteil: Bauch und Magen	*Metall:* Gold
Pflanze: Efeu, Eisenkraut	*Stein:* Heliotrop
Wochentag: Sonntag	*Element:* Luft
Himmelsrichtung: Süd	*Kraft:* fix –
Tageszeit: Vormittag	*Planet:* Sonne

Sie lieben und leben Ihr Zuhause, das »Heim« ist ein starkes Thema in Ihrem Leben. Es gibt Ihnen die Kraft und Sicherheit, die andere so an Ihnen schätzen. Der Name der Figur ist das klare Thema dieses Hauses: »das kleine Glück« oder das Glück des kleinen Mannes. Das Klischee vom bürgerlichen Heim, der festen Kleinfamilie – Sie leben es, aber Sie kommen dabei nie in Zweifel, haben keine Ausbruchsphantasien und kennen keinen Neid auf andere Partnerschaftsformen oder Lebensweisen. Ihre Kindheit verlief ruhig und unter dem Schutz bemühter, aber schwacher Eltern, die eigene Wünsche und Vorstellungen immer zugunsten der Kinder zurückstellten. Deshalb fällt es Ihnen auch recht schwer, geistige und ideelle ›Vermächtnisse‹ zu heben – besonders Ihr Vater hat sie nie eindeutig genug formuliert.

DER WEG

4. Haus

Körperteil: Brust und Lunge	*Metall:* Silber
Pflanze: Palme, Ölbaum	*Stein:* Perle
Wochentag: Montag	*Element:* Wasser
Himmelsrichtung: West	*Kraft:* cardinal +
Tageszeit: Abend	*Planet:* Mond

Zuhause zu sein ist ein Problem – nie fühlt man sich richtig geborgen, obwohl man für andere die Verkörperung dieses Gefühls darstellt. Das mag an den Ansprüchen liegen, die weit über alle übliche Erwartung hinausgehen, aber auch an der Erinnerung an die eigene Kindheit, die zwar von bemühten und aufmunternden Eltern bestimmt war, aber nie wirkliche Geborgenheit vermitteln konnte. Erst sehr viel später wird dieser Figur klar, wieviel sie damals einfach nicht ›gesehen‹ hat, wieviel unter Gesten und Symbolen an Wärme und Zuneigung versteckt war. Außerdem wird sie erkennen, was der Grund für ihre dauernde unterschwellige Unzufriedenheit war: die Kluft zwischen den eigenen hohen Ansprüchen und der Nachlässigkeit, mit der man damit umging. Die eigene Negativität, die so viel nicht zugelassen oder gehemmt hat, wird erkannt und durch Konzentration und Ruhe ausgeschaltet.

DAS VOLK

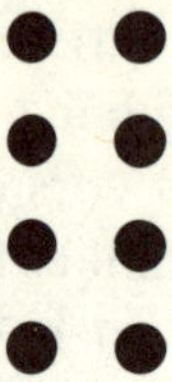

4. Haus

Körperteil: Magen, Leber, Milz und Nieren
Pflanze: Ysop
Wochentag: Montag
Himmelsrichtung: West
Tageszeit: Abend

Metall: Silber
Stein: Kristall
Element: Wasser
Kraft: cardinal –
Planet: Mond

Aus Angst, es zu verlieren, besteht man hier darauf, dem »Zuhause« keine besondere Wichtigkeit zuzugestehen. Das Gegenteil ist wahr. Das Gefühl der Geborgenheit braucht dieses Zeichen am meisten, um leben zu können und neue Energien aufzutanken. Aber die bekannte Haltung, daß »nichts eigentlich wichtig ist«, hindert es daran, sich wirklich auf ein Zuhause einzulassen. In der Kindheit schon gibt es das Thema des »Verlierens«, und seitdem hat es sich immer mehr festgefressen. Man hat die Eltern als schwach erlebt oder die Trennung von ihnen als zu stark, oder ein Elternteil ist früh gestorben und hat die Geborgenheit zerrissen. Das Vermächtnis der Eltern kann man entweder nicht erkennen, oder man lehnt es absichtlich ab. Ebenso verfährt man auch später, wenn man wichtige Gedanken und Lehren aus Trotz oder purer Nachlässigkeit ablehnt.

DER ERWERB

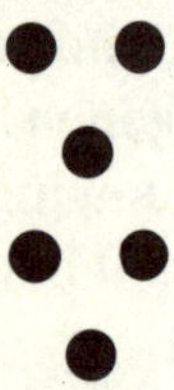

4. Haus

Körperteil: Füße
Pflanze: Veilchen, Lavendel
Wochentag: Donnerstag
Himmelsrichtung: Ost
Tageszeit: Abend

Metall: Zinn
Stein: Saphir
Element: Wasser
Kraft: gering +
Planet: Jupiter

Obwohl diese Figur stark vom klaren Verstand bestimmt ist, braucht sie das Gefühl der Geborgenheit wie die Luft zum Atmen. Das Zuhause ist das Zentrum und die Kraftquelle all seiner Unternehmungen, und es investiert seinen geistigen wie materiellen Erwerb wieder in diese Insel der Geborgenheit. Früher unterstellte man diesem Zeichen eine Kindheit unter reichen, aber geizigen Eltern, was nicht mehr heißen sollte, als daß man im Elternhaus sehr vorsichtig und sparsam mit seinen Gefühlen umging. Wärme und Zärtlichkeit zu entdecken und aus dieser Kraft zu schöpfen, mußte der »Erwerb« selber lernen, und das tat er, wie es seine Art ist: durch Aufrichtigkeit und Konzentration, in langsamer und stetiger Entwicklung. So fällt es ihm auch leicht, die Vermächtnisse seiner Eltern zu verstehen und zu bewahren, und weder geistige noch materielle Schätze werden ihm je aus purer Nachlässigkeit abhanden kommen.

DIE FREUDE

4. Haus

Körperteil: Phallus, Lenden	*Metall:* Zinn
Pflanze: Minze, Muskat	*Stein:* Smaragd
Wochentag: Donnerstag	*Element:* Luft
Himmelsrichtung: Ost	*Kraft:* gering –
Tageszeit: Vormittag	*Planet:* Jupiter

Die Kindheit bestand für diese Figur nur aus Erfahrungen, nie aus Enttäuschungen, obwohl andere das sicherlich nicht so sehen würden, nicht zuletzt ihre Eltern. An den Eltern hängt die »Freude«, sie vergöttert sie buchstäblich und hält bedingungslos zu ihnen, obwohl weder Vater noch Mutter besondere Anstalten gemacht hatten, als Vorbilder oder Autoritäten zu wirken. Alles, was sie bildeten, war ein sicherer Rahmen, in dem sich ihr Kind umsehen konnte. Geborgenheit war also ein Gefühl, das dieses Zeichen aus sich selbst entwickelt hat; um so besser weiß es um die Notwendigkeit. Geborgenheit kann die »Freude« auch anderen bieten, sie schenkt sie reichlich und ohne irgendwelche Konditionen damit zu verbinden. Das »Erbe der Väter«, die geistigen und materiellen Vermächtnisse, schätzt und behütet sie und entdeckt auch laufend an sich selbst Züge und Wesensverwandtheiten mit den Vorfahren.

DAS MÄDCHEN

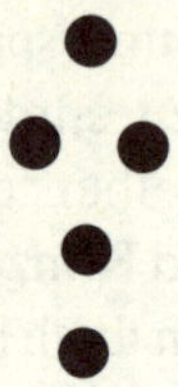

4. Haus

Körperteil: Hals, Kehle	*Metall:* Kupfer
Pflanze: Feige, Birnbaum	*Stein:* Koralle
Wochentag: Freitag	*Element:* Luft
Himmelsrichtung: West	*Kraft:* fix +
Tageszeit: Nacht	*Planet:* Venus

Geborgenheit gehört zu den wichtigsten Themen im Leben dieses Zeichens. Alles Warme, Beschützende und Zärtliche erkennt und besetzt es sofort, und sollte es kühlere Situationen antreffen, dann zwingt es die geliebte (oder die am wenigsten spröde) Person einfach dazu, für wärmere Temperaturen zu sorgen. Geborgenheit muß für dieses Zeichen immer von anderen ausgehen; selber fühlt es sich nicht dazu in der Lage, ein »Zuhause« zu schaffen, weder für andere noch für sich. Das Verborgene, das auch in diesem Haus wohnt, reizt das Zeichen, und es fällt ihm nicht einmal schwer, von der Oberfläche auf den Grund zu gelangen. Die Erkenntnisse, die es dabei gewinnt, teilt es großzügig mit Freunden wie Fremden. Nur bei sich selbst ist es fest davon überzeugt, daß *eigene* Erkenntnisse nicht helfen können. Es erwartet die Hilfe der anderen.

DER VERLUST

4. Haus

Körperteil: Nieren und Blase	*Metall:* Kupfer
Pflanze: Baldrian, Thymian	*Stein:* Karneol
Wochentag: Freitag	*Element:* Feuer
Himmelsrichtung: Süd	*Kraft:* cardinal –
Tageszeit: Morgen	*Planet:* Venus

Sein Zuhause ist der Ruhepol, die Sicherheit und der Sinn all seiner akrobatischen Aktivitäten. Der »Verlust« schützt das Zentrum seiner Geborgenheit sehr umsichtig. So offen und gesellig er auch nach außen ist – in das wahre Refugium eingelassen zu werden stellt eine außerordentliche Achtungs- und Sympathiebezeugung dar. Man traut sie ihm eigentlich nicht zu, diese kuschelige Geborgenheit, die er so sehr braucht und auch so gut herstellen kann, erscheint er doch gewöhnlich als heiterer Vabanque-Spieler und Schlitzohr. Ohne die Kraft seines Nestes könnte er jedoch nicht so gut und überzeugend spielen. Seine Eltern nimmt er nicht ganz für voll, aber er verteidigt sie und steht zu ihnen, denn schließlich bedeuten sie für ihn ebenfalls Geborgenheit – jedenfalls die Erinnerung daran. Und da er nie vergißt, was ein anderer für ihn getan hat, ›ehrt‹ er die Eltern auch – und mit ihnen ihr Vermächtnis.

DIE VERBINDUNG

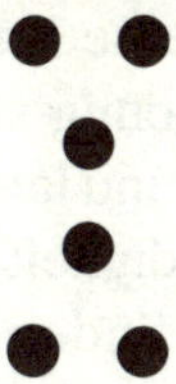

4. Haus

Körperteil: Unterbauch und Eingeweide
Pflanze: Petersilie, Majoran
Wochentag: Mittwoch
Himmelsrichtung: Ost
Tageszeit: Nacht

Metall: Quecksilber
Stein: Topas
Element: Luft
Kraft: gering +
Planet: Merkur

»Mein Zuhause ist, wohin ich meinen Kopf zum Schlafen lege« – diese platte Liedpoesie nimmt die »Verbindung« gern für sich in Anspruch. Es macht ihr sogar Angst, wenn sie an sich selbst etwas wie Sehnsucht nach Geborgenheit entdeckt. Dieses Gefühl hält sie für hinderlich und gefährlich, denn sie verwechselt Beständigkeit mit Erstarrung. Die Distanz, die sie überall sucht und verbreitet, war auch ein wichtiges Thema ihrer Kindheit. Sie ließ sich von ihren Eltern in Wünschen und Taten nie beengen; gleichzeitig – und das war der Preis dafür – konnten sich in der Familie aber auch keine wirkliche Nähe und Geborgenheit entwickeln. Die Angst vor extremen Gefühlen hindert die »Verbindung« daran, sich auf Wärme einzulassen, genauso wie sie pure Nüchternheit abstößt. Sie sucht die Harmonie und das Gleichmaß.

DER WEISSKOPF

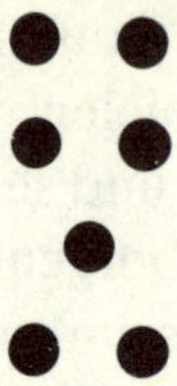

4. Haus

Körperteil: Hände, Arme und Schultern
Pflanze: Haselnuß
Wochentag: Mittwoch
Himmelsrichtung:. West
Tageszeit: Morgen

Metall: Quecksilber
Stein: Achat
Element: Erde
Kraft: gering –
Planet: Merkur

Die Eltern sind dem »Weißkopf« trotz all seiner fiebrigen Aktivität und Unstetigkeit ein fester und ruhender Pol geblieben. In seiner Kindheit betrachtete er sie meist nicht so, da hinderten sie mehr seine Entdekkerfreude und konnten seine Neugierde nicht schnell genug stillen. Geborgenheit empfand er (in der Erinnerung) meist lästig und langweilig. Erst später erkannte er die Chancen und die Notwendigkeit eines Zentrums, und nachdem er sein inneres Zentrum kaum finden wird, braucht er um so dringender ein äußerliches. Das Zuhause ist für ihn aber auch eine Bühne, auf der er sich hemmungslos und exzessiv austoben kann. Da kann er alle Rollen spielen, den Perfektionsanspruch bezüglich Essen, Trinken und Wohnen ausleben und nächtelang mit Freunden plaudern – auch wenn diese dabei recht wenig zu Wort kommen werden.

DER KNABE

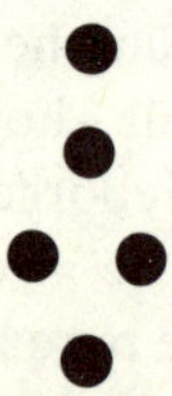

4. Haus

Körperteil: Kopf, Augen, Ohren
Pflanze: Knoblauch, Meerrettich
Wochentag: Dienstag
Himmelsrichtung: Ost
Tageszeit: Mittag

Metall: Eisen
Stein: Diamant
Element: Feuer
Kraft: cardinal +
Planet: Mars

Geborgenheit ist für den »Knaben« nicht überflüssig, aber er nimmt sie kaum wahr, so ausgiebig ist er ständig in hektische Aktivitäten verwikkelt. Auch wenn er sein Zuhause kennt, wird er es meistens mit einer Spielhölle, seinem Büro, einem Lagerschuppen oder einem Hotel verwechseln. In seiner Kindheit konnten die Eltern bestenfalls einen

Platz bereitstellen, wo er schlafen konnte – mehr nimmt dieses Zeichen an Fürsorge kaum an. Trotzdem ist das Verhältnis zu seinen Eltern entspannt. Der »Knabe« erfüllt Normen und Erwartungen in dieser Beziehung, er denkt an Fest- und Feiertage, pendelt sich auf einen Besuchsrhythmus ein und unterrichtet seine Eltern über alle Neuigkeiten. Er bleibt damit jedoch nur an der Oberfläche, und mehr hält er auch nicht aus – Gefühle, besonders zärtliche, jagen ihm meist einen gehörigen Schrecken ein. Materielles Erbe wie geistiges Vermächtnis nimmt er aber fast ehrfürchtig an und ›bewahrt‹ es.

DER ROTKOPF

4. Haus

Körperteil: Geschlechtsteile
Pflanze: Nießwurz, Sturmhut
Wochentag: Dienstag
Himmelsrichtung: Süd
Tageszeit: Nachmittag

Metall: Eisen
Stein: Blutstein
Element: Feuer
Kraft: fix –
Planet: Mars

Der »Rotkopf« liebt sein Zuhause und verteidigt es mit allen Mitteln – auch wenn es gar nicht angegriffen wird. Sein heftiges Naturell unterstellt oft schon der harmlosesten Bemerkung einen Einbruch in sein heiligstes Zentrum. Ansonsten stellt das Gefühl der Geborgenheit kein Thema für dieses Zeichen dar. Es glaubt einfach nicht, daß Fremde ihm wohlgesonnen sein können, es akzeptieren, so wie es ist, und daß es ihnen ganz vertrauen darf. Deshalb wird es sich in keiner Umgebung sicher und geborgen fühlen, außer in den eigenen vier Wänden. Zu einem Elternteil baut dieses Zeichen mit der Zeit eine äußerst enge, fast mystische Beziehung auf und wird ihn bei allen Lebensfragen stets um Rat bitten. Um so stärker vernachlässigt es den anderen. Das »Erbe«, vor allem das geistige Vermächtnis, bedeutet ihm sehr viel und es stürzt sich geradezu darauf, will es fassen, erkennen und halten. Doch je stärker es zupackt, desto leichter schlüpft es ihm durch die Finger.

DAS GEFÄNGNIS

4. Haus

Körperteil: Knie
Pflanze: Raute, Kümmel
Wochentag: Samstag
Himmelsrichtung: Nord
Tageszeit: Nacht

Metall: Blei
Stein: Onyx
Element: Erde
Kraft: cardinal – –
Planet: Saturn

Sein Zuhause als Gefängnis zu bezeichnen wäre wirklich übertrieben, obwohl es anderen so erscheinen kann, die es dort besuchen, was selten genug vorkommt. Dieses Zeichen kommt kaum auf die Idee, jemanden in sein Refugium einzuladen. So, wie es mit einfachem Essen und kargen sozialen Kontakten zufrieden ist, genügt ihm auch ein bescheidenes Heim. Ansprüche stellt es, und das betont es auch ausgiebig, bei Äußerlichkeiten keine. »Geborgen« fühlt sich dieses Zeichen jedoch nicht in seinen vier Wänden, schon deshalb nicht, weil man sich dort selber sehr beengt und unter Druck setzt. Die Kindheit empfindet das »Gefängnis« meist als harte Prüfung und als dauernden Kampf, bei dem die eigenen Kräfte stets ohnmächtig angesichts der übermächtigen Autorität der Eltern erlebt werden. Erst spät geht der Knopf auf; man kann die Eltern verstehen und ihr »Erbe« annehmen.

DIE TRAUER

4. Haus

Körperteil: Ober- und Unterschenkel
Pflanze: Mohn, Alant
Wochentag: Samstag
Himmelsrichtung: Nord
Tageszeit: Morgen

Metall: Blei
Stein: Magnetstein
Element: Erde
Kraft: fix –
Planet: Saturn

Ein Zuhause wird dieser Figur nur in den seltensten Fällen genügen. Sie braucht die Menge und die Auswahl, aber keines ihrer Domizile bietet ihr wirklich Geborgenheit. Für diese freien und exzentrischen Denker liegt das Zuhause im eigenen Kopf, sagt die »Trauer« und fällt gleich darauf in tiefe Depression, weil sie sich selbst mal wieder kein

Wort glauben kann. Sogar seinen Eltern hat dieses Zeichen beigebracht, daß es Gefühle für überflüssig und störend hält, wenn sie nur im Zusammenhang mit Schutz und Aufzucht des eigenen Nachwuchses stehen. So könnte es jedenfalls ein Vertreter dieses Zeichens formuliert haben. Die geistigen und materiellen Schätze, die es von seinen Eltern »erben« könnte, betrachtet dieses Zeichen spöttisch und abwertend – an allen Werten, die ihm einfach zufallen, zeigt es sich nicht interessiert.

DER DRACHENKOPF

4. Haus

Körperteil: Knie	*Metall:* –
Pflanze: –	*Stein:* –
Wochentag: –	*Element:* Erde
Himmelsrichtung: Nord	*Kraft:* cardinal +
Tageszeit: Nacht	*Planet:* –

Zuhause ist der »Drachenkopf« in seiner Burg, die er selbst geplant, erbaut und eingerichtet hat. In dieses Zentrum steckt er alles, um daraus Ruhe, Kraft und Ideen zu schöpfen, aber auch, um andere teilhaben zu lassen. Er führt ein offenes Haus und stellt seinen Besitz auch Freunden und Bekannten zur Verfügung. Einen Notlogiergast wird er immer bei sich wohnen haben. Diesen Umgang mit dem Zuhause, der Geborgenheit und der Fähigkeit, leicht geben zu können, mußte er sich allerdings erst aneignen, denn seine Eltern haben ihm diese Einstellung zum Heim und zur Großzügigkeit nicht vermittelt. Trotzdem erinnert er sich an eine glückliche Kindheit und sucht das materielle wie das ideelle Vermächtnis zu bewahren und zu stärken.

DER DRACHENSCHWANZ

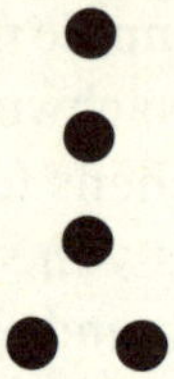

4. Haus

Körperteil: gesamter Unterkörper
Pflanze: –
Wochentag: –
Himmelsrichtung: West
Tageszeit: Abend

Metall: –
Stein: –
Element: Wasser
Kraft: fix –
Planet: –

Die Negativität dieses Zeichens läßt zwar ein Zuhause im Sinne von eigenen vier Wänden zu, aber kein Gefühl der Geborgenheit. Mit derselben Kraft, mit der es gewöhnlich Unheil anrichtet, wehrt es sich gegen alles, was langweilig und bieder erscheinen könnte. Dabei ist der größte Wunsch des »Drachenschwanzes«, endlich Glück und Frieden zu finden, aber sein Anspruch, sich nach außen als exotische/r Lebefrau/mann zeigen zu müssen, verhindert das. Sein selbstentwickeltes Bild von sich und für andere läßt also seine wahre Erfüllung nicht zu. Doch auch wo er sich geistig zuhause fühlt, bestimmt er für und über andere. So muß er als ewiger Fremder durch sein eigenes fremdes Leben gehen.

5. HAUS

Alles, was wir mögen und was wir lieben, steckt in diesem Haus. Sein Thema ist: »Ich spiele«. Daher besitzt es auch nicht die tiefe und verzehrende Liebe des 7. Hauses, sondern mag das Leichte und Angenehme, die Flirts, Unterhaltungen, Liebhabereien und Freizeitvergnügungen. Hier können wir sehen, wie wir damit umgehen und warum so und nicht anders. Zu diesem Haus gehören aber auch das Glücksspiel und die Kunst in allen ihren »Spiel«-Arten. Außerdem kann es Aufschluß über Botschaften geben, die wir entweder selber nicht entschlüsseln können oder die wir als solche noch gar nicht wahrgenommen haben. Zusammen mit dem 11. Haus bildet es die »ICH-WIR-Achse«.

GROSS GLÜCK

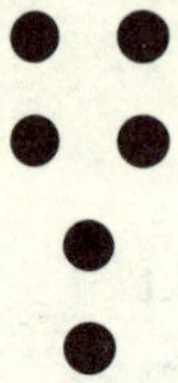

5. Haus

Körperteil: Herz und Rücken — *Metall:* Gold
Pflanze: Lotus, Lorbeer — *Stein:* Rubin
Wochentag: Sonntag — *Element:* Feuer
Himmelsrichtung: Nord — *Kraft:* fix +
Tageszeit: Mittag — *Planet:* Sonne

Liebhabereien sind ein zu schwacher Ausdruck für das, was dieses Zeichen im 5. Haus treibt. Wenn andere als Hobby Modellschiffe basteln, so baut es Einbäume in Steinzeitmanier und umrudert damit Afrika. Es hat wahrscheinlich maßgeblich zu solchen neuen Sportarten wie Drachensegeln, Eismotocross und Unterwasserrugby beigetragen. Wenn man sammelt, dann keine Briefmarken oder Bieruntersetzer, sondern Oldtimer, handziselierte Feuerwaffen oder Marmorplastiken. Heftige und spannende Flirts gehören zu seinem Repertoire, aber nicht um sich zu bestätigen, sondern weil es »Schönes« in jeder Beziehung sammelt – am liebsten schöne Gefühle. Es hat die Gabe, andere im richtigen Blickwinkel zu betrachten, so daß sie schön werden, mindestens aber interessant und unterhaltsam.

KLEIN GLÜCK

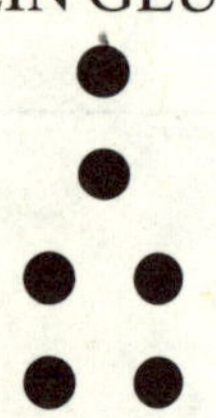

5. Haus

Körperteil: Bauch und Magen — *Metall:* Gold
Pflanze: Efeu, Eisenkraut — *Stein:* Heliotrop
Wochentag: Sonntag — *Element:* Luft
Himmelsrichtung: Süd — *Kraft:* fix –
Tageszeit: Vormittag — *Planet:* Sonne

Liebhabereien versehen Sie leicht mit dem Etikett des Überflüssigen. Ein schlechtes Gewissen, daß ›erwachsene‹ Menschen Unterhaltungen und Tätigkeiten ohne praktischen Wert betreiben, hindert Sie daran, sich bei allen Freizeitvergnügungen entspannt und freudig darauf einzulassen. Einen gewissen praktischen Wert müssen all diese Liebhabereien schon für Sie haben, und sei es nur Entspannung (damit man wieder besser arbeiten kann) oder Körpertraining (um Krankheiten vorzubeugen). Das Leichte und Angenehme um seiner selbst willen können und wollen Sie nicht leben. Kunst betrachten und erleben Sie gern, solange sie nichts von Ihnen fordert – also rein dekorativ ist und nicht zu eigenen Aktionen oder zum Weiterdenken herausfordert. Sie flirten vorsichtig, immer bemüht, den anderen zu zeigen, daß Sie auch noch etwas Ernstes in Ihrem Leben haben. Da macht Flirten natürlich wenig Spaß.

DER WEG

5. Haus

Körperteil: Brust und Lunge	*Metall:* Silber
Pflanze: Palme, Ölbaum	*Stein:* Perle
Wochentag: Montag	*Element:* Wasser
Himmelsrichtung: West	*Kraft:* cardinal +
Tageszeit: Abend	*Planet:* Mond

Fast alles im Leben ist Spiel – das hat diese Figur erkannt. Sie weiß es instinktiv, ohne sich lange und theoretisch damit beschäftigt zu haben. Schöneres gibt es nicht: Arbeit wird zum Spiel, Liebe, Freizeit und der Umgang mit Gedanken und Gefühlen. Spiel bedeutet gleichzeitig die größte Entspannung und die wichtigste Form der Kreativität. Am liebsten sind dem »Weg« geistige und schöpferische Spiele, Kombinationsrätsel und Denksportaufgaben, sie sind fast die einzige Sportart, die er gelten läßt, denn Spiele mit körperlichem Einsatz ermüden und langweilen ihn schnell. Doch so gern er auch spielt, er ist nie ein guter Spieler und selten der Gewinner. Zu viel Spaß liegt für ihn darin, sich auf den anderen als Gegner zu stürzen und ihn konzentriert zu ›schlagen‹. Für alle darstellenden Künste hat er eine natürliche und naive Begabung, und Außenstehende bewundern ihn wegen seines sorglosen Umgangs mit allem Schöpferischen. Kunst ist eben auch nur Spiel!

DAS VOLK

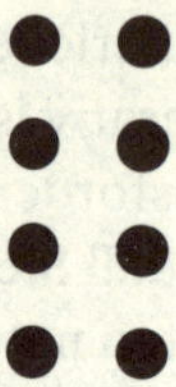

5. Haus

Körperteil: Magen, Leber, Milz und Nieren
Pflanze: Ysop
Wochentag: Montag
Himmelsrichtung: West
Tageszeit: Abend

Metall: Silber
Stein: Kristall
Element: Wasser
Kraft: cardinal –
Planet: Mond

Flirts sind für dieses Zeichen die schönste Entspannung. Deshalb ist es doppelt tragisch, wenn sich herausstellt, daß der andere mehr darin gesehen oder erwartet hat, als das »Volk« bereit und fähig ist, zu geben. Schließlich lebt es ganz nach seinem Grundsatz, »nichts wirklich wichtig zu nehmen« und sich auf nichts ganz einzulassen – der Prototyp des Poussierstengels also. Das Leichte und Angenehme liebt er, aber nur, weil es zu nichts verpflichtet, nicht weil seine Art ebenso unbeschwert wäre. »Spiele« sind deshalb ein wichtiges Thema in seinem Leben, aber er sucht dabei nur die Unterhaltung – Glücksspiele machen ihm Angst, weil er stark an materiellem Besitz hängt. Unverkrampft kann er nicht um Geld spielen, aber es dauert lange, bis er einsieht, daß er davon wirklich die Finger lassen sollte. Es gehört zu seinen unerfüllten Wünschen, sich in irgendeiner Spielart der bildenden Kunst ausdrükken zu können. Er scheitert daran, daß er sich zu schnell mit ersten Erfolgen zufriedengibt.

DER ERWERB

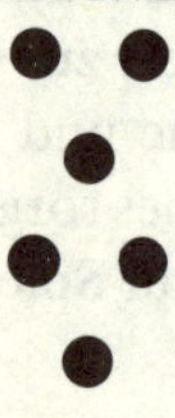

5. Haus

Körperteil: Füße
Pflanze: Veilchen, Lavendel
Wochentag: Donnerstag
Himmelsrichtung: Ost
Tageszeit: Abend

Metall: Zinn
Stein: Saphir
Element: Wasser
Kraft: gering +
Planet: Jupiter

Zum Spielen ist der »Erwerb« meist zu geradlinig und vernünftig. Wenigstens Glücksspiele wird er völlig meiden; Unterhaltungen aber, die für ihn ein spielerisches Abbild der Wirklichkeit darstellen oder ihm den Eindruck vermitteln, daran sein Organisationstalent üben zu können, begeistern ihn. So wird er wie ein Besessener Monopoly spielen, ebenso alle Strategiespiele wie Schach, Mühle, Dame etc. Dabei befindet er sich völlig im Gleichgewicht von Ernst (um zu gewinnen) und Leichtigkeit (um dabei auch genießen zu können). Bei körperlichen Spielen kann er sich für alle Mannschaftssportarten begeistern, denn dort helfen ihm sein Organisationstalent, seine Übersicht und die Konzentration auf ein Ziel. Nur eines wird er wohl nie werden – ein guter Torhüter!

DIE FREUDE

5. Haus

Körperteil: Phallus, Lenden	*Metall:* Zinn
Pflanze: Minze, Muskat	*Stein:* Smaragd
Wochentag: Donnerstag	*Element:* Luft
Himmelsrichtung: Ost	*Kraft:* gering –
Tageszeit: Vormittag	*Planet:* Jupiter

Spiel und Arbeit kann diese Figur ebenso schlecht voneinander trennen wie Ernst und Spaß, Gut und Böse, Richtig und Falsch – ganz einfach, weil sie die Eindeutigkeit solcher Wertungen nicht zuläßt. Was man jedoch landläufig unter Spielen versteht, macht ihr jedenfalls großes Vergnügen, und sie begeistert sich für alle körperlichen, geistigen und Glücksspiele. Nur wenn es dabei um Geld geht, läßt sie die Finger davon. Sie spielt, sammelt und flirtet gern, weil für sie das eine mit dem anderen zu tun hat, und wenn sie einer Neueroberung nach einer langen Nacht erklärt, daß sie jetzt in ihre Flirtsammlung aufgenommen ist, kann und wird ihr das keiner übelnehmen. Die Leichtigkeit, die sie ausstrahlt, wirkt auf andere Menschen und hilft ihnen, selber ein bißchen ›aufzumachen‹ und die Maske beiseitezulegen. An der Kunst liebt sie hauptsächlich das Leichte sowie Heitere und hält alle sozialkritischen und politischen Künstler für »Miesepeter«.

DAS MÄDCHEN

5. Haus

Körperteil: Hals, Kehle	*Metall:* Kupfer
Pflanze: Feige, Birnbaum	*Stein:* Koralle
Wochentag: Freitag	*Element:* Luft
Himmelsrichtung: West	*Kraft:* fix +
Tageszeit: Nacht	*Planet:* Venus

Liebe ist *sein* Thema, aber nicht gleich so ernsthaft – Liebeleien und Flirts sind mindestens genauso schön. In alles Leichte und Angenehme kann dieses Zeichen tauchen; darin wird es munter, glücklich und spürt das ewige Leben in sich. Für die Chance eines Tête-à-Têtes läßt es sich die erfolgversprechendsten Geschäfte entgehen, und mit einem Lachen kann man sein Herz erstmal für eine Nacht erobern, jedenfalls nicht mit dafür üblicherweise zur Schau getragenen Statussymbolen. Mit schönen Gefühlen spielen – das ist sein Metier; alle anderen Spiele betrachtet es etwas skeptisch. Solange sie dauern, sind sie angenehm, aber zu erdachten Spielen gehören nun einmal Regeln und am Ende Gewinner und Verlierer. Das kann dieses Zeichen nicht ertragen. Deshalb ist seine größte Angst auch die, daß einer seiner »Spielpartner« einmal ernst macht.

DER VERLUST

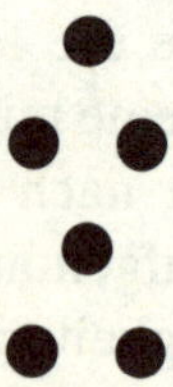

5. Haus

Körperteil: Nieren und Blase	*Metall:* Kupfer
Pflanze: Baldrian, Thymian	*Stein:* Karneol
Wochentag: Freitag	*Element:* Feuer
Himmelsrichtung: Süd	*Kraft:* cardinal –
Tageszeit: Morgen	*Planet:* Venus

Der »Verlust« ist ein Gewinner! Das verwundert wenig, wenn man sein enormes Selbstbewußtsein betrachtet. Außerdem gibt es ja nicht nur objektive Gewinner – man kann sich schließlich auch nach einem Verlust wie ein Sieger fühlen. Und darstellen, das kann er ausgezeichnet. Trotzdem ist ein Mensch mit dieser Figur im 5. Haus ein nicht zu unterschätzender Pokergegner. Das Leichte und Heitere, das er so liebt, findet er beim Spielen, und er spielt einfach alles! Schach, Tennis, Flipper, Roulette – alles mit derselben Leidenschaft und Begeisterung. Und er will gewinnen! Er will der Beste sein, aber niemanden damit verletzen. Deshalb ist er auch ein beliebter Gegner und guter Gewinner. Eine Portion Berechnung, die bis zur Falschheit gehen kann, prädestiniert ihn zum Glücksspieler, aber gegen Verbissenheit setzt er heiteren Gleichmut. Und außerdem spielt er – das Leben.

DIE VERBINDUNG

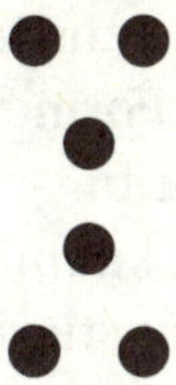

5. Haus

Körperteil: Unterbauch und Eingeweide
Pflanze: Petersilie, Majoran
Wochentag: Mittwoch
Himmelsrichtung: Ost
Tageszeit: Nacht

Metall: Quecksilber
Stein: Topas
Element: Luft
Kraft: gering +
Planet: Merkur

Die »Verbindung« zählt all das zu ihren Liebhabereien, Unterhaltungen und Hobbys, was »Stil« hat. Diese willkürliche Klassifizierung nimmt sie allerdings selber vor und richtet sich nicht nach den Trends geschickter Verkaufsstrategen. Qualität muß es haben und exklusiv muß es sein, dann ist ein Spiel oder Hobby akzeptiert. Man spielt hier aber nicht zur Unterhaltung oder zum Zeitvertreib. Dieses Zeichen sieht auch Freizeitvergnügungen als ernsthafte Aufgaben an, denen man sich voll und ganz widmet und bei denen man das Beste leistet. Flirts und Glücksspielen haftet für die »Verbindung« zuviel Unseriosität an. Deshalb versucht sie sich nur mit mäßigem Interesse in beiden Konkurrenzen. Dieses Haus ist außerdem den unklaren Botschaften gewidmet. Für andere Menschen kann dieses Zeichen sehr wohl als »Bewußtmacher« dienen, nur bei sich selber versagt es. Man nimmt die Botschaft einfach nicht wahr.

DER WEISSKOPF

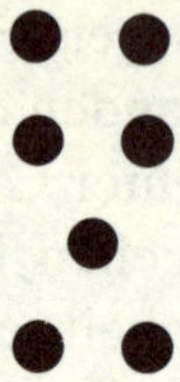

5. Haus

Körperteil: Hände, Arme und Schultern
Pflanze: Haselnuß
Wochentag: Mittwoch
Himmelsrichtung: West
Tageszeit: Morgen

Metall: Quecksilber
Stein: Achat
Element: Erde
Kraft: gering –
Planet: Merkur

Das Leichte, das Heitere, der Ausdruck und die Selbstdarstellung – das sind die großen Themen dieses Zeichens. Wie es sich dabei ausdrückt, ist ihm ziemlich egal, denn der »Weißkopf« beherrscht alle Formen. Ob er malt, musiziert, tanzt, singt, spricht oder Sport treibt – seine Bandbreite ist enorm. Sein Interesse ebenfalls. Man wird kaum einen Vertreter dieser Figur finden, der nicht schon jede Form künstlerischer Darstellung wenigstens einmal ausprobiert hat. Spiele, bei denen es um Gewinnen und Verlieren geht und nicht um Darstellung, liegen ihr nicht besonders. Sie hat Angst vor dem Verlieren und ist durch ihre Verlustangst (die auch das Geld mit einschließt) ein denkbar schlechter Glücksspieler. Flirten ist für sie die angenehmere Seite der Liebe mit dem Anspruch und der Freiheit, sich einem unbekannten Wesen darzustellen, alle Register ziehen zu können und zur Not auch wieder in Beliebigkeit und Distanz flüchten zu können.

DER KNABE

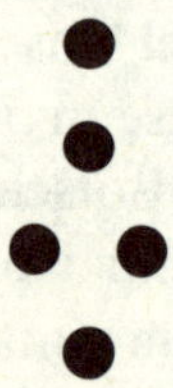

5. Haus

Körperteil: Kopf, Augen, Ohren
Pflanze: Knoblauch, Meerrettich
Wochentag: Dienstag
Himmelsrichtung: Ost
Tageszeit: Mittag

Metall: Eisen
Stein: Diamant
Element: Feuer
Kraft: cardinal +
Planet: Mars

Seine Liebhabereien und Hobbys mögen vielen Menschen recht ausgefallen vorkommen, aber wenn man bedenkt, daß diese Figur früher einmal der Kämpfer war und sich nur durch zivilisatorischen Zwang zum Arbeiter entwickelt hat, wird man ihn besser verstehen. An sportlichen Aktivitäten zieht ihn alles magisch an, was Geschwindigkeit und Körperkontakt bedeutet. Wenn er begeisterter Sportfischer, Motocross-Fahrer und Rugbyspieler ist, so heißt das nur, daß der Jäger und Krieger in ihm noch lebt. Bei Brett-, Karten- und Kombinationsspielen wird er sehr ungehalten reagieren, wenn er nicht ständig gewinnt. Schließlich wird er einfach die Regeln nicht mehr akzeptieren. Der Kunst mißtraut er im allgemeinen, er hält sie für elitär und aufgeblasen, bis auf die Musik: Mit lauter und rhythmischer Musik kann man ihn begeistern.

DER ROTKOPF

5. Haus

Körperteil: Geschlechtsteile	*Metall:* Eisen
Pflanze: Nießwurz, Sturmhut	*Stein:* Blutstein
Wochentag: Dienstag	*Element:* Feuer
Himmelsrichtung: Süd	*Kraft:* fix –
Tageszeit: Nachmittag	*Planet:* Mars

Der »Rotkopf« ist ein Heißsporn, denn seine Farbe kommt vom Feuer und nicht vom Rost. Daraus erklären sich auch seine Liebhabereien und Hobbys. Sie müssen ausgefallen, schnell und gefährlich sein wie Mädchenkämpfe auf Rollschuhen oder Skifliegen. Dieses Zeichen glaubt, daß es »viel tun« muß, um von anderen akzeptiert oder besser noch bewundert zu werden, und flüchtet sich mit seinem schwachen Selbstvertrauen meist in die gefährlichsten und spektakulärsten Sportarten. Es ist ein angenehmer Spielpartner, solange es gewinnt. Da der »Rotkopf« alles Geheimnisvolle liebt und unbedingt ein Magier werden will, versucht er aus allen möglichen Vorfällen Botschaften abzuleiten und diese zu entschlüsseln. Nachdem er sich so bemüht und krampfhaft darauf stürzt, wird er die wahren Botschaften überhören.

DAS GEFÄNGNIS

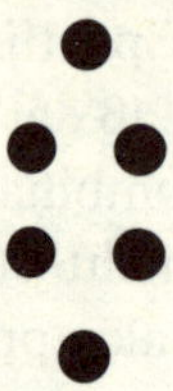

5. Haus

Körperteil: Knie
Pflanze: Raute, Kümmel
Wochentag: Samstag
Himmelsrichtung: Nord
Tageszeit: Nacht
Metall: Blei
Stein: Onyx
Element: Erde
Kraft: cardinal – –
Planet: Saturn

Liebhabereien und Hobbys gönnt man sich kaum. Dieses Zeichen sieht alles Leichte und Heitere als unseriös und Zeitverschwendung an. Zurückgezogen und introvertiert läßt es nur »relevante« Unterhaltungen gelten, alles, was der Weiterbildung dient oder im weitesten Sinne Arbeit darstellt. Spaß verstehen oder gar selber haben, fällt dem »Gefängnis« schwer. Es ist zwar dankbar für jede Freude, die man ihm macht, aber der Mangel an eigener Spontaneität hindert es daran, mitzumachen. Wieder taucht das Dauerthema auf: der Druck, den sich dieses Zeichen selber macht (den es aber den anderen unterstellt) und der es daran hindert, einfach loszulassen und sich ohne Angst vor möglicher Blamage zu amüsieren. Kunst läßt dieses Zeichen im allgemeinen kalt. Nur bei tragischen symphonischen Werken kann es schon mal die Fassung verlieren.

DIE TRAUER

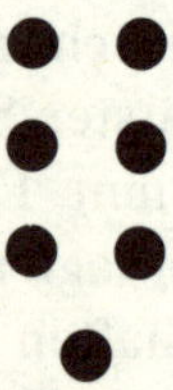

5. Haus

Körperteil: Ober- und Unterschenkel
Pflanze: Mohn, Alant
Wochentag: Samstag
Himmelsrichtung: Nord
Tageszeit: Morgen
Metall: Blei
Stein: Magnetstein
Element: Erde
Kraft: fix –
Planet: Saturn

Gefährliche Hobbys zeichnen diese Figur aus. Fallschirmspringen, Segelfliegen und durch Eiskanäle zu jagen zählt es zu den entspannendsten Freizeitvergnügen. Was »Spiele« betrifft, so liebt die »Trauer« alle schnellen Kampfspiele wie Tennis, Eishockey und Fußball – vornehmlich amerikanischen. Ihr Drang zum ›Niedermetzeln‹ macht selbst eine einfache Partie Mensch-ärgere-dich-nicht zu einem bleibenden Erlebnis. Das Leichte und Heitere hat jedoch bei diesem Zeichen immer einen fiebrigen Beiklang. Es stürzt sich oft nur deshalb so vehement in die extravagantesten Zerstreuungen, weil es der tiefen Traurigkeit und Leere, die es so oft spürt und nicht benennen kann, entfliehen will.

DER DRACHENKOPF

5. Haus

Körperteil: Knie
Pflanze: –
Wochentag: –
Himmelsrichtung: Nord
Tageszeit: Nacht

Metall: –
Stein: –
Element: Erde
Kraft: cardinal +
Planet: –

Ausgerechnet Spiele! Dieses Zeichen, das so positiv und energiegeladen ist und nicht ganz zu unrecht von sich behauptet, *alles* zu können – hier kommt es ins Schleudern! Denn die Leichtigkeit des Spielens ist ihm nicht gegeben. Es hat sich schon immer alles erarbeiten müssen, nie ist ihm etwas geschenkt worden. Nur beim Spiel versagt die unermüdliche Anstrengung. Mit Gewalt etwas leicht nehmen, das geht eben nicht. Es bleiben dem »Drachenkopf« jedoch genügend Freizeitvergnügungen, die Sinn machen und seine unerschöpfliche Energie fordern. So wird er sich als Wanderer, Jogger, Bergsteiger, Skiläufer oder Höhlenforscher seine Zeit vertreiben. Die bildende Kunst, so meint er, hat ihm nicht viel zu sagen – ihr fehlt die Qualität der Ernsthaftigkeit.

DER DRACHENSCHWANZ

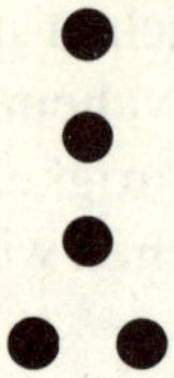

5. Haus

Körperteil: gesamter Unterkörper
Pflanze: –
Wochentag: –
Himmelsrichtung: West
Tageszeit: Abend

Metall: –
Stein: –
Element: Wasser
Kraft: fix –
Planet: –

Die gewaltige Energie dieses Zeichens entlädt sich auch beim Spielen. Nachdem der »Drachenschwanz« glaubt, erkannt zu haben, daß es im ganzen Leben wie im Spiel *ausschließlich* um Macht geht, wird er auch nur Machtspielchen spielen. Dazu bedarf es keiner neuen Spielregeln, denn man kann Monopoly wie Tennis so oder so spielen. Unzufriedenheit, ja Haß steigen in ihm jedoch auf, wenn er beobachten muß, daß er gegen andere verliert, die kaum Energie investieren. Er zweifelt dann an der »Gerechtigkeit« des Schicksals (ein guter Witz) und stürzt sich um so verbissener in die nächste Partie. Da wendet sich dann sogar die Wahrscheinlichkeitsrechnung mit Grausen.

6. HAUS

Das Haus der Arbeit, der Routine und der täglichen Selbstverwirklichung. Sein Thema ist ganz klar: »Ich arbeite« – mit mir und an mir. Hier läßt sich erkennen, wo unsere beruflichen Stärken und Schwächen liegen, warum wir gerade in diesem Beruf arbeiten (oder vielleicht sogar im falschen) und *wie* wir mit der Arbeit umgehen: nachlässig oder hingebungsvoll, diszipliniert oder sprunghaft. Wir erkennen hier, ob wir uns leicht oder schwer in eine Gemeinschaft einfügen, den Grad der sozialen Integration und unser Selbstwertgefühl bei der Arbeit. Doch das 6. Haus kann auch Krankheiten und Heilmittel dagegen anzeigen. Zusammen mit dem 12. Haus, dem der Sehnsüchte, Ängste und Erfahrungen, bildet es eine »SOZIALE Achse«.

GROSS GLÜCK

6. Haus

Körperteil: Herz und Rücken
Pflanze: Lotus, Lorbeer
Wochentag: Sonntag
Himmelsrichtung: Nord
Tageszeit: Mittag

Metall: Gold
Stein: Rubin
Element: Feuer
Kraft: fix +
Planet: Sonne

Für das »Große Glück« ist die Arbeit keine tägliche Routine, sondern Selbstverwirklichung. Eigentlich ist es auf kein bestimmtes Feld festgelegt, auf dem es seine Aktivitäten entfalten kann, aber immer wieder wird es ihm passieren, daß seine Aktivitäten und Initiativen, die es ohne Hintergedanken entwickelt hat, bewundernd aufgenommen werden und ihm beruflich weiterhelfen. Als Angestellter steigt diese Figur scheinbar mühelos die Karriereleiter hinauf, oft genug überspringt sie dabei sogar ein paar Sprossen auf einmal. Dafür ist sie zwar dankbar, aber nicht sehr davon überrascht. Ganz zuhause fühlt sie sich jedoch beim Entwickeln und Realisieren eigener Ideen und Geschäfte. Selbst der Aufbau und Besitz von Konzernen macht ihr keine Angst, das Selbstvertrauen dazu hat sie allemal. Beide Rollen stehen ihr gleich gut: Chef wie Angestellter. Beim letzteren muß ihr Vorgesetzter aber mindestens dasselbe Zeichen haben, sonst könnte er sehr leicht an den wahren Machtverhältnissen verzweifeln.

KLEIN GLÜCK

6. Haus

Körperteil: Bauch und Magen
Pflanze: Efeu, Eisenkraut
Wochentag: Sonntag
Himmelsrichtung: Süd
Tageszeit: Vormittag

Metall: Gold
Stein: Heliotrop
Element: Luft
Kraft: fix –
Planet: Sonne

Sie sind zufrieden mit Ihrer Arbeit, mit Ihrem Verdienst und mit Ihrem Weiterkommen. Routine stört Sie nicht besonders, Sie nehmen sie einfach nicht als solche wahr und stellen sich auch völlig stur gegen alle, die versuchen, Sie zu Aufstiegsversuchen und beruflichen Höchstleistungen zu überreden. Sie kommen ohne Mühe gut voran. Der Grund dafür liegt in Ihrer Zufriedenheit, die Sie vor allem Neid, Karrieristentum und beruflicher Berechnung schützt. Gleichzeitig ›schützt‹ diese Zufriedenheit aber auch vor spannenden neuen Aufgaben, wirklicher Selbstbestätigung und Aufstieg in dem Sinn, sich einem selbsterdachten Ziel zu nähern. Sie betrachten Arbeit einfach als Selbstverständlichkeit. Andere und für Ihr Gefühl aufgesetzte Bedeutungen sind Ihnen fremd, sowohl die der Selbstverwirklichung wie die des notwendigen Übels. Allzu kritische Sehweisen sind Ihnen fremd.

DER WEG

●
●
●
●

6. Haus

Körperteil: Brust und Lunge	*Metall:* Silber
Pflanze: Palme, Ölbaum	*Stein:* Perle
Wochentag: Montag	*Element:* Wasser
Himmelsrichtung: West	*Kraft:* cardinal +
Tageszeit: Abend	*Planet:* Mond

Dieses Zeichen zeigt nicht gerade Ehrfucht vor der Arbeit an. Das bekommen vor allem Lehrer, Vorgesetzte und Mitarbeiter zu spüren. Dabei liebt dieses Zeichen die Arbeit als fortwährende Möglichkeit, sich selbst zu bestätigen und eigene Ideen zu verwirklichen. Ihm fehlt nur die Ernsthaftigkeit, die die Gesellschaft gemeinhin dabei fordert. Der »Weg« kann hart, schnell und konzentriert arbeiten und ist dabei in einem Rausch der guten Laune, vor allem, wenn er mit Gleichgesinnten und gleichermaßen Begeisterten zusammen ist. Ebenso extrem kann er aber auf die peinlichste Weise alles verpfuschen oder quengelig und zäh arbeiten, wenn das Thema oder die Mitarbeiter ihm nicht passen. Diese Eigenschaft, die von Außenstehenden oft als Sprunghaftigkeit verstanden wird, stellt ein echtes Problem für ihn dar, denn er kann seine eigene Erscheinung dann nicht ausstehen und ist doch unfähig, sie zu ändern – bis er den Mut findet, nur noch das zu machen, was er akzeptiert, und das dann gut.

DAS VOLK

6. Haus

Körperteil: Magen, Leber, Milz und Nieren
Pflanze: Ysop
Wochentag: Montag
Himmelsrichtung: West
Tageszeit: Abend

Metall: Silber
Stein: Kristall
Element: Wasser
Kraft: cardinal –
Planet: Mond

Das ganze Leben scheint hier angefüllt mit harter Arbeit zu sein, auch wenn man objektiv genauso viel oder meist weniger als der Durchschnitt arbeitet. Unter diesem Zeichen kann man noch richtig unter der Arbeit stöhnen, und dieses Verhalten ist es, das den täglichen Broterwerb oft zur Qual macht. »Im Schweiße eures Angesichts sollt ihr das tägliche Brot essen« – diesen Satz hat das »Volk« im 6. Haus total verinnerlicht. Man jammert darüber und gleichzeitig ist man stolz darauf. Kein Wunder, daß bei dieser Einstellung kaum noch Energie für eine Weiterentwicklung im Beruf oder für eine Neuorientierung bleibt. Oft arbeitet man in kreativen Berufen, die man aber mit Monotonie und Routine anfüllt – um darüber jammern zu können. Krankheitsanfällig ist dieses Zeichen besonders im Unterleib, an den Gelenken und Gefäßen. Da man an Heilung durch Augenauswischen glaubt, geht man viel zu spät zum Arzt und behält damit chronische und wirklich hinderliche Leiden.

DER ERWERB

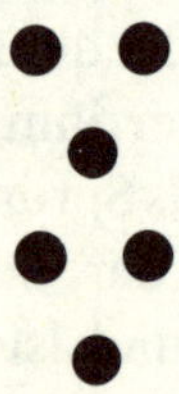

6. Haus

Körperteil: Füße
Pflanze: Veilchen, Lavendel
Wochentag: Donnerstag
Himmelsrichtung: Ost
Tageszeit: Abend

Metall: Zinn
Stein: Saphir
Element: Wasser
Kraft: gering +
Planet: Jupiter

Das Haus der Arbeit ist sein Erfolgshaus, obwohl der »Erwerb« in jungen Jahren sicherlich nicht damit rechnet. Dafür scheint ihm seine Entwicklung zu zäh und ziellos zu sein. Darüber können sich andere nur wundern, aber sie besitzen eben nicht seine Ansprüche. Seine Erfolge verdankt er nie dem Glück (das für ihn bei der Arbeit nicht existiert), sondern Konzentration, vernünftiger Planung und seinem sprichwörtlichen Organisationstalent. Er macht laufend Fortschritte, baut Stein auf Stein, setzt Schritt auf Schritt – gemächlich und folgerichtig. Den roten Faden verliert er nie, auch wenn er sich selber deshalb häufig tadelt. Anspruch und Wirklichkeit stimmen kaum miteinander überein, jedenfalls *sein* Anspruch und *seine* Wirklichkeit nicht. Ohne Menschen kann er nicht arbeiten, ob für sie oder mit ihnen. Isolierte oder theoretische Arbeit ermüdet ihn und macht ihn auf die Dauer aggressiv.

DIE FREUDE

6. Haus

Körperteil: Phallus, Lenden	*Metall:* Zinn
Pflanze: Minze, Muskat	*Stein:* Smaragd
Wochentag: Donnerstag	*Element:* Luft
Himmelsrichtung: Ost	*Kraft:* gering –
Tageszeit: Vormittag	*Planet:* Jupiter

An die Arbeit geht man mit ernsthafter Leichtigkeit heran. Man schätzt sie zwar keineswegs gering, aber der Sinn des Lebens kann sie wohl nicht sein, soviel ahnt man schon früh. Alle Unternehmungen beginnt dieses Zeichen mit sehr viel Energie und positiver Grundstimmung. So gelingt es ihm tatsächlich, oft genug das Steuer vor vielen herannahenden Mißerfolgen und Einbrüchen allein mit der Kraft seines Positivismus herumzureißen. Diese Ausstrahlung reißt andere mit sich. Deshalb sollte sich die »Freude« stets Berufe aussuchen, in denen sie anderen helfen, sie motivieren oder leiten kann. Ihr Selbstwertgefühl bedeutet kein Problem. Sie hat es einfach, dazu braucht sie keine Bestätigung aus der Arbeit. Die wird ihr aber in hohem Maße entgegengebracht und etwas kokett, aber immer dankbar aufgenommen.

DAS MÄDCHEN

6. Haus

Körperteil: Hals, Kehle
Pflanze: Feige, Birnbaum
Wochentag: Freitag
Himmelsrichtung: West
Tageszeit: Nacht

Metall: Kupfer
Stein: Koralle
Element: Luft
Kraft: fix +
Planet: Venus

Zwei Gründe gibt es für die Arbeit: wenn ein anderer sie klar und deutlich vorschreibt oder um sich damit in das Herz dieses anderen zu schleichen. Als Notwendigkeit, Aufgabe, Herausforderung oder gar als Weg zur Selbstverwirklichung kann diese Figur die Arbeit jedoch nicht betrachten. Zu stark ist die Hinwendung »zum anderen«, als daß man auf den Gedanken kommen könnte, auch *für* sich und *an* sich zu arbeiten. *Wenn* diese Figur aber arbeitet – also mit und für die richtigen Menschen –, wird sie das hingebungsvoll und diszipliniert tun. In solchen Situationen wächst ihre Energie weit über die der kreativsten und erfahrensten Mitarbeiter hinaus, denn sie bedankt sich so dafür, mit ihnen zusammenarbeiten zu können. Extrem ist auch ihre Beziehung zu Teamwork: Entweder sie akzeptiert eine Gemeinschaft nicht (und kündigt am ersten Tag wieder) oder sie wird sie lieben. Dann wird aus der Gemeinschaft schon nach kurzer Zeit *ihre* Gemeinschaft.

DER VERLUST

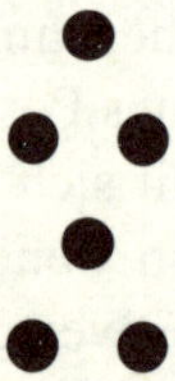

6. Haus

Körperteil: Nieren und Blase
Pflanze: Baldrian, Thymian
Wochentag: Freitag
Himmelsrichtung: Süd
Tageszeit: Morgen

Metall: Kupfer
Stein: Karneol
Element: Feuer
Kraft: cardinal –
Planet: Venus

Die Arbeit fällt diesem Zeichen nicht leicht, oder besser: sie zu einem glücklichen und befriedigenden Ende zu bringen. Leicht geht sie ihm nie von der Hand, es stellen sich immer Schwierigkeiten ein, die die meisten anderen verzweifeln ließen. Der »Verlust« ver-zweifelt nicht. Er ist so sehr von sich überzeugt (und so wenig von der Ernsthaftigkeit all seiner Unternehmungen), daß er den Dingen einfach durch sein stoisches Selbstbewußtsein einen Wandel zum Besseren aufzwingt. Er greift selten ein, delegiert gern und behält so den Überblick. Manche Mitarbeiter oder Kollegen halten ihn schlicht für überflüssig; tatsächlich stellen sich die Erfolge nicht zuletzt wegen seiner positiven Sturheit ein. So leichtfertig er auch in und mit der Arbeit umgeht, echte Mißerfolge werden ihm nie begegnen. Daß die Arbeit sein Selbstwertgefühl hebt, wird er für einen Witz halten – dazu ist sie bei ihm nicht nötig, zur Selbstverwirklichung aber allemal.

DIE VERBINDUNG

6. Haus

Körperteil: Unterbauch und Eingeweide
Pflanze: Petersilie, Majoran
Wochentag: Mittwoch
Himmelsrichtung: Ost
Tageszeit: Nacht

Metall: Quecksilber
Stein: Topas
Element: Luft
Kraft: gering +
Planet: Merkur

Dieses Haus ist für die »Verbindung» kein Thema. Man arbeitet selbstverständlich viel, schnell und gut und macht sich darüber weder großes Kopfzerbrechen, noch zieht man sich daraus die Selbstbestätigung. Dieses Zeichen wird nie längere Zeit im falschen Beruf arbeiten. Entweder kündigt es sofort, wenn es diesen Eindruck hat, oder es macht diese Arbeit zur »richtigen«. In ein Team wird es sich verhältnismäßig leicht einfügen, aber auf den Arbeitszusammenhang bestehen. Näheren Kontakten weicht es aus. Die Arbeit an sich selbst bleibt für die »Verbindung« meist eine unbekannte Größe. Diese Schwerfälligkeit, oft gar Ablehnung, sich mit der eigenen Psyche zu beschäftigen, ist mit ein Grund für ihre hohe Krankheitsanfälligkeit. Wege zur Heilung dürfen sich nicht auf die Behandlung der physischen Reaktionen allein beschränken, sondern müssen gerade bei diesem Zeichen nach Hintergründen und Auslösern in der Psyche forschen.

DER WEISSKOPF

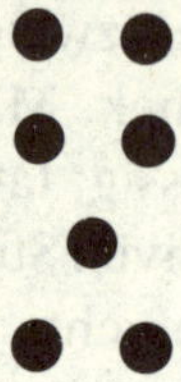

6. Haus

Körperteil: Hände, Arme und Schultern
Pflanze: Haselnuß
Wochentag: Mittwoch
Himmelsrichtung: West
Tageszeit: Morgen

Metall: Quecksilber
Stein: Achat
Element: Erde
Kraft: gering –
Planet: Merkur

Die Aussagen über die Arbeit sind gewaltig. Dieses Zeichen stellt sich als völlig ausgelastet, wenn nicht gar überlastet dar. Man hastet, malocht, rackert, werkelt und schuftet, und je stärker man diese »Überarbeit« betont, desto mehr wundern sich Kollegen, Untergebene und Chefs über die offensichtliche Diskrepanz zwischen Aussage und Wirklichkeit. Denn der »Weißkopf« arbeitet nicht gern. Das Drumherum, das er dabei zwangsläufig entwickelt, nimmt ihn zwar voll in Anspruch, aber es ist nicht die eigentliche Arbeit. Kein nicht-künstlerischer Beruf ist für ihn völlig zufriedenstellend, weil seine Darstellungskunst weder als Zahnarzt, Buchhalter oder Briefträger honoriert wird. Doch selbst im Idealberuf, etwa als Vertreter oder Schauspieler, wird er sehr schnell feststellen, daß die Darstellung als solche nicht alles ist. Es gibt überall mehr Training, Konzentration und Routine, als er sich vorstellen kann – und erträgt.

DER KNABE

6. Haus

Körperteil: Kopf, Augen, Ohren
Pflanze: Knoblauch, Meerrettich
Wochentag: Dienstag
Himmelsrichtung: Ost
Tageszeit: Mittag

Metall: Eisen
Stein: Diamant
Element: Feuer
Kraft: cardinal +
Planet: Mars

Sein Ausdrucksmittel ist das »TUN«, nicht Denken, Fühlen oder Wollen. Die direkte Aktion ist für den »Knaben« die beste und einzig denkbare. In der Arbeit tut er sich damit natürlich leicht, wenn es auch einige Kanten gibt, an denen vorzugsweise er hängenbleibt. Er versteht sich als Schnelldenker (weil er das Metier nicht sehr liebt) und fällt deshalb oft vorschnelle und überstürzte Entscheidungen. In seiner Ungeduld, eine Arbeit möglichst schnell abzuschließen, vergißt er gern unwichtige Details wie die Radmuttern festzuziehen oder den Netzstecker zu ziehen, bevor er am Fernseher herumbastelt. Für dieses Zeichen werden genaugenommen all die kleingedruckten Sicherheitshinweise angebracht – und ausgerechnet sie liest er nicht. Da ihm die Arbeit aber echte Freude und Befriedigung bringt, wird er trotz des ungestümen Vorgehens meist gute Ergebnisse zustandebringen.

DER ROTKOPF

6. Haus

Körperteil: Geschlechtsteile	*Metall:* Eisen
Pflanze: Nießwurz, Sturmhut	*Stein:* Blutstein
Wochentag: Dienstag	*Element:* Feuer
Himmelsrichtung: Süd	*Kraft:* fix –
Tageszeit: Nachmittag	*Planet:* Mars

Das Gefühl, Macht ungehemmt auszuleben, ist für dieses Zeichen wichtiger als seine Entwicklung oder der materielle Gewinn bei der Arbeit. Der »Rotkopf« wird seine Beschäftigungen jedoch nie als »Arbeit« bezeichnen, bestenfalls als Aufgabe, Projekt oder Herausforderung. Routine und Gleichmaß (das er »stupide« nennt) sind für ihn keine Möglichkeit des Gelderwerbs – und schon lange nicht zur Selbstverwirklichung. Er, der sich nicht sehr vertraut und an sich leidet, muß um so stärker auftrumpfen, je bedrohlicher und überlegener er die anderen empfindet. Im Berufsleben kann das manchmal die Hölle bedeuten, vor allem für seine Kollegen und Mitarbeiter. Das Thema all dieser Querelen und Kämpfe ist immer dasselbe: Macht. Und schließlich wird der »Rotkopf« sie auch erlangen, denn seine Energie und Ausdauer auf diesem Schlachtfeld sind viel zu überlegen. Diese Konstellation steht für den Aufstieg durch Intrigen, für einen klassischen Opportunisten, der Menschen be-nutzt, wo er kann.

DAS GEFÄNGNIS

6. Haus

Körperteil: Knie	*Metall:* Blei
Pflanze: Raute, Kümmel	*Stein:* Onyx
Wochentag: Samstag	*Element:* Erde
Himmelsrichtung: Nord	*Kraft:* cardinal – –
Tageszeit: Nacht	*Planet:* Saturn

Auf dieses Haus kapriziert sich das »Gefängnis« hauptsächlich, weil es annimmt, dort nicht mit Gefühlen belästigt zu werden. Dieses Zeichen ist ehrgeizig und diszipliniert. Wenn es allein arbeitet, hat es kaum Probleme. Zusammen mit anderen wird es von der Angst heimgesucht, daß Kollegen und Mitarbeiter es mißbrauchen oder verletzen könnten. Es zieht sich noch weiter zurück, und seine Unfähigkeit, sich zu öffnen, läßt es oft als verschwiegen oder hinterlistig erscheinen. Weil das »Gefängnis« sich auch im Arbeitszusammenhang niemandem mitteilt, werden ihm üblicherweise die schlechtesten Eigenschaften und Beweggründe unterstellt. Sein Selbstwertgefühl baut dieses Zeichen allerdings ausschließlich über berufliche Erfolge auf. Als kalter, aber loyaler Einzelgänger fällt es ihm nicht schwer, zur Spitze aufzurücken.

DIE TRAUER

6. Haus

Körperteil: Ober- und Unterschenkel	*Metall:* Blei
Pflanze: Mohn, Alant	*Stein:* Magnetstein
Wochentag: Samstag	*Element:* Erde
Himmelsrichtung: Nord	*Kraft:* fix –
Tageszeit: Morgen	*Planet:* Saturn

Als klarer und genauer Denker braucht dieses Zeichen die Arbeit als Möglichkeit, seine Ideen praktisch umzusetzen. Die »Trauer« arbeitet hartnäckig, aber langsam und sollte sich auf geistige und organisatorische Aufgaben beschränken. Als Handwerker oder Techniker könnte sie zuviel Schaden anrichten. Trotz seiner geistigen Klarheit kann dieses Zeichen auch aberwitzige Ideen entwickeln, die es hartnäckig ausarbeitet und anbietet, obwohl ihm klar sein müßte, daß seine Höhenflüge einmal mehr nicht realisierbar sind. In eine Arbeitsgemeinschaft kann sich dieses Zeichen gut einfügen, wenn man von ihm nicht erwartet, Witze zu erzählen oder Geburtstagsspenden zu entrichten. Private Beziehungen im Berufsleben lehnt es stark ab und reagiert äußerst grob auf alle Versuche, den klaren Sinn der Arbeit durch Gefühle und Privates zu verwässern.

DER DRACHENKOPF

6. Haus

Körperteil: Knie
Pflanze: –
Wochentag: –
Himmelsrichtung: Nord
Tageszeit: Nacht

Metall: –
Stein: –
Element: Erde
Kraft: cardinal +
Planet: –

»Alles, was ich bin, bin ich durch Arbeit« ist das Thema dieser Figur. Für den »Drachenkopf« ist die Arbeit tatsächlich Erfahrung, Freude und Selbstverwirklichung. Mit seiner gewaltigen Energie stürzt er sich auf jede Aufgabe, egal, wie sie lautet. Hauptsache, sie fordert ihn heraus! Der »Drachenkopf« kann in jedem Beruf glücklich werden, weil er erkannt hat, daß nur zählt, *wie* man etwas macht, nicht *was*. Natürlich ist es nicht leicht, mit einem solchen Energiebündel zusammenzuarbeiten, aber Kollegen und Mitarbeiter erkennen schnell, daß sich der »Drachenkopf« nicht auf ihre Kosten profilieren will. Im Gegenteil, er reißt sie oft zu ungeahnten Höhen mit.

DER DRACHENSCHWANZ

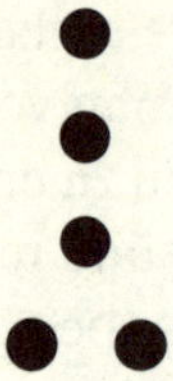

6. Haus

Körperteil: gesamter Unterkörper
Pflanze: –
Wochentag: –
Himmelsrichtung: West
Tageszeit: Abend

Metall: –
Stein: –
Element: Wasser
Kraft: fix –
Planet: –

Im Haus der Arbeit hätte dieses Zeichen die größte Chance, seine selbstzerstörerische Seite und den immer gleichen Umgang mit an ihn gestellten Aufgaben zu erkennen – und zu ändern. Doch sein Bedürfnis, Fehler erst einmal bei den anderen zu suchen, hindert es daran. Die Grundeinstellung: »Der Schreiner ist schuld, daß ich mich an dem Stuhl gestoßen habe«, zieht sich durch seine gesamte Existenz und wirkt sich oft gerade in der Arbeit verheerend aus. Bei noch so milder Kritik reagiert es heftig, ist nachtragend und zu großem Haß fähig, speziell Menschen gegenüber, die es gut mit ihm meinen und ihm nicht nach dem Munde reden. Die gewaltige Energie, die der »Drachenschwanz« in die Arbeit investiert, steht aber kaum für ebensolche Qualität, denn *eine* Kleinigkeit wird immer übersehen, und daran scheitert dann das gute Endergebnis. Von diesem Zeichen lassen sich gut Projekte übernehmen, die kurz vor dem Erfolg aufgegeben wurden.

7. HAUS

»Ich liebe«, das ist das Thema dieses Hauses. Es ist auf das »Du« gerichtet, auf einen Partner. Wie eng unsere Beziehungen sind, wie wir damit umgehen und ob wir überhaupt »beziehungsfähig« sind, das zeigt uns dieses Haus, egal, ob es sich um Partnerschaft oder Ehe handelt. Aber auch besonders starke und wichtige soziale Beziehungen oder Arbeitsgemeinschaften schlagen sich in diesem Haus nieder. Zu allen Vereinigungen gehört jedoch die Trennung, und so befragt man das 7. Haus sowohl bei Streit, Trennung oder Scheidung als auch bei gerichtlichen Klagen und Prozessen. Zusammen mit dem 1. Haus bildet es eine Gemeinschaft, die »ICH-DU-Achse«.

GROSS GLÜCK

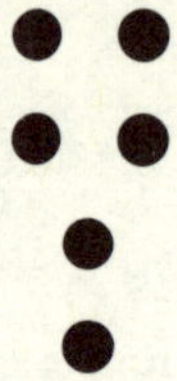

7. Haus

Körperteil: Herz und Rücken
Pflanze: Lotus, Lorbeer
Wochentag: Sonntag
Himmelsrichtung: Nord
Tageszeit: Mittag

Metall: Gold
Stein: Rubin
Element: Feuer
Kraft: fix +
Planet: Sonne

Sie sind der »Traumpartner«, obwohl Sie immer dem anderen sagen werden, wieviel Glück Sie mit ihm gehabt haben. Aber vielleicht gerade deshalb. Sie lieben aus ganzem Herzen, immer und ohne nachzulassen. Ehe bzw. Partnerschaft fällt Ihnen leicht, weil Sie nie das Gefühl haben, etwas für den anderen aufgeben zu müssen. Das tun Sie auch tatsächlich nicht – der Partner hat sich eben damit abzufinden, aber schließlich wird er auch reich dafür belohnt. Aber auch alle anderen Partner, seien es Freunde oder Arbeitskollegen, haben mit Ihnen das große Los gezogen. Sollte es Streit oder gar Prozesse geben, so sind Sie gewöhnlich nicht der Auslöser, immer aber der Gewinner.

KLEIN GLÜCK

7. Haus

Körperteil: Bauch und Magen
Pflanze: Efeu, Eisenkraut
Wochentag: Sonntag
Himmelsrichtung: Süd
Tageszeit: Vormittag

Metall: Gold
Stein: Heliotrop
Element: Luft
Kraft: fix –
Planet: Sonne

Liebe hält Sie nur noch fester auf der Erde, obwohl Sie schon gehört haben, daß sie eine Himmelsmacht sein soll. Das Auflodern der Gefühle ist Ihnen fremd, Sie erfreuen sich mehr an der Harmonie, an friedlichem und glücklichem Zusammensein. »Trautes Heim, Glück allein« ist das Thema Ihrer Partnerschaft. Darin liegt aber auch eine Gefahr: Sie sehen den friedlichen Zusammenhalt oft als wichtiger an als die Person des Partners selbst. Hauptsache, »es« funktioniert. Anspruchsvolle Partner fühlen diese leichte Distanz und werden darum kämpfen, Ihnen näher zu kommen – vielleicht näher, als es Ihnen lieb ist. Für eine wirkliche Entwicklung sind Sie jedoch zu starr; wird die Beziehung zu schwierig und unharmonisch, ziehen Sie die Trennung einer Auseinandersetzung vor. Nicht, daß Sie nicht dazu bereit wären, aber Sie können einfach nicht streiten.

DER WEG

●
●
●
●

7. Haus

Körperteil: Brust und Lunge	*Metall:* Silber
Pflanze: Palme, Ölbaum	*Stein:* Perle
Wochentag: Montag	*Element:* Wasser
Himmelsrichtung: West	*Kraft:* cardinal +
Tageszeit: Abend	*Planet:* Mond

Romantik: In diesem Wort läßt sich das Hauptthema für den »Weg« im Haus der Liebe zusammenfassen. Er liebt es, stundenlang auf regennassen Straßen zu stehen und zu einem erleuchteten Fenster zu starren, dabei in schönen Gedanken und Phantasien davonzufliegen. Das 20. Jahrhundert ist sicherlich das unpassendste für ihn. Das weiß er und das erklärt auch seine Vorliebe für alles Klassische. Er liebt die großen Gesten, das Drama und die überschwengliche Wiederversöhnung, nichts langweilt ihn mehr als knappe buchhalterische Liebesbeteuerungen. Er hat auch keine »Beziehungsprobleme«, sondern richtigen Liebeskummer. Obwohl er jeden seiner Partner fest und leidenschaftlich an sich bindet, ist er eigentlich nicht sehr »beziehungsfähig«; eigene Nervosität und Unzufriedenheit führen immer wieder zu Szenen, Vorwürfen und Unterstellungen, die den Partner oft so stark unter Druck setzen, daß er sich dann tatsächlich einem anderen zuwendet. Diese Untreue beklagt der »Weg« bitterlich, leidet ausgiebig und mit einem wilden Gefühl glück-/schmerzhafter Bestätigung. Bei einer Trennung geht er, kurz bevor der andere gegangen wäre – diese Befriedigung braucht er.

DAS VOLK

7. Haus

Körperteil: Magen, Leber, Milz und Nieren
Pflanze: Ysop
Wochentag: Montag
Himmelsrichtung: West
Tageszeit: Abend

Metall: Silber
Stein: Kristall
Element: Wasser
Kraft: cardinal –
Planet: Mond

»Erheuchelte und falsche Liebe« zeigte dieses Haus bei Agrippa von Nettesheim an, und hier richtet die Grundhaltung des Zeichens natürlich auch das meiste Unheil an, diese »eigentlich ist nichts ganz wichtig«-Vorstellung. Manchmal kann man sich damit einigermaßen vor Verletzungen schützen, in der Liebe wird man sich nur selbst treffen. Man signalisiert dem Partner weniger, als man tatsächlich für ihn empfindet, und reagiert ungläubig oder sogar zornig darauf, wenn sich dieser damit begnügt, selber nicht mehr Gefühl in die Beziehung investiert oder sich nach einer anderen umsieht. Weil man extremen Gefühlsschwankungen unterworfen ist, wird es stets ein Problem sein, die Partnerschaft zu erhalten, denn oft weiß man gar nicht, was man will. Unklare Gefühle können zum Dauerzustand werden. Ansatzpunkte zur Flucht aus dem Ritual und der Routine sind jedoch vorhanden – damit kann man sich weiterentwickeln und Klarheit schaffen.

DER ERWERB

7. Haus

Körperteil: Füße
Pflanze: Veilchen, Lavendel
Wochentag: Donnerstag
Himmelsrichtung: Ost
Tageszeit: Abend

Metall: Zinn
Stein: Saphir
Element: Wasser
Kraft: gering +
Planet: Jupiter

Eines kann dieses Zeichen nicht: spontan entflammen und stetig weiterbrennen. Dabei kennt es die Hals-über-Kopf-Liebe genau, nur erlischt sie ebenso schnell wieder, wie sie gekommen war. Die haltbaren Partnerschaften entwickeln sich stets anders. Man lernt sich kennen, findet sich nicht gerade unsympathisch, trifft sich ab und zu wieder, bis nach einer langsamen und stetigen Entwicklung aus Sympathie Liebe geworden ist. Auch wenn es dem Partner anders dabei geht: so empfindet es jedenfalls dieses Zeichen, und es weiß gleichzeitig, daß nur so für es eine starke Beziehung entstehen kann. Es wird zäh an dieser Beziehung hängen und sie auch dann noch verteidigen, wenn sie für alle offensichtlich ›gestorben‹ ist. Durch eine Trennung quält es sich meist jahrelang, denn seine Schwerfälligkeit und sein Sicherheitsdenken streiten mit seinen Gefühlen.

DIE FREUDE

7. Haus

Körperteil: Phallus, Lenden
Pflanze: Minze, Muskat
Wochentag: Donnerstag
Himmelsrichtung: Ost
Tageszeit: Vormittag

Metall: Zinn
Stein: Smaragd
Element: Luft
Kraft: gering –
Planet: Jupiter

»Freude« und Liebe sollten wohl keine Schwierigkeiten miteinander haben. Das eine bringt das andere hervor – denkt man. Aber dieses Zeichen, so aktiv und positiv es auch ist, tut sich in Liebe und Partnerschaft hart. Seine Ziele sind hochgesteckt, und es erwartet viel, vor allem von seinem Partner, der sich bald mit der Unmöglichkeit abfinden wird, dem Idealbild der »Freude« jemals gerecht werden zu können. Höchste Ansprüche hat dieses Zeichen in jeder Art von Partnerschaft. Weil es damit aber auch in schöner Regelmäßigkeit auf die Nase fällt, kommt ihm die Grundeinstellung, »nichts als Enttäuschung, alles als Erfahrung« zu nehmen, sehr entgegen. Hier zeigen sich die wahren Meister der Trennung. Sie erledigen die Sache kurz und schmerzhaft – und sehen sich auch gleich schon nach dem nächsten Objekt ihrer Liebesansprüche um.

DAS MÄDCHEN

7. Haus

Körperteil: Hals, Kehle	*Metall:* Kupfer
Pflanze: Feige, Birnbaum	*Stein:* Koralle
Wochentag: Freitag	*Element:* Luft
Himmelsrichtung: West	*Kraft:* fix +
Tageszeit: Nacht	*Planet:* Venus

Das Haus der Liebe – stark und ausdauernd und vielleicht sogar *Ihr* Haus, gäbe es da nicht noch das 5. Haus, das der Liebeleien, der leichteren und lustigeren Gefühlspirouetten. Dennoch ist die Liebe ein Hauptthema des »Mädchens«, auch wenn Stärke bei ihm nicht mit Dauerhaftigkeit gleichzusetzen ist. Manchmal ist das Gefühl so stark, daß dieses Zeichen darin zu versinken glaubt, keines rationalen Gedankens mehr fähig – und das vor allem, wenn der Partner diese Liebe nicht zur Kenntnis nimmt oder sie zurückweist. Erholung in der Ehe ist jedenfalls nicht die Traumvorstellung dieses Zeichens, eher schon die »Wilde Ehe«, sogar mit Trauschein, aber eben mit der Intensität eines prickelnden Verhältnisses. Kommt es zur Trennung, wird diese die ersten zwei Jahre lang nicht wahrgenommen; die nächsten zwei Jahre versucht man, sie wieder aufzuheben, und die restliche Zeit verfolgt man den ehemaligen Partner mit aufmerksamen Nadelstichen.

DER VERLUST

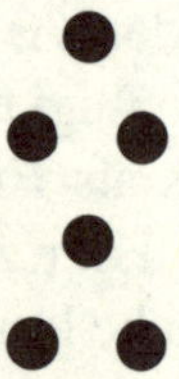

7. Haus

Körperteil: Nieren und Blase	*Metall:* Kupfer
Pflanze: Baldrian, Thymian	*Stein:* Karneol
Wochentag: Freitag	*Element:* Feuer
Himmelsrichtung: Süd	*Kraft:* cardinal –
Tageszeit: Morgen	*Planet:* Venus

So leichtfertig und eitel diese Figur auch oft erscheint, so stark und ehrlich ist sie in ihrer Beziehung. Schließlich steht der Partner ja für die andere Hälfte der »Geborgenheit«, die dem »Verlust« so viel bedeutet. Er hat deshalb auch eine etwas andere Vorstellung von Liebe: mehr Sicherheit als Zärtlichkeit. Er entbrennt nicht spontan und lichterloh, sondern wirbt berechnend um den anderen, wenn er ihn als möglichen Nestgefährten eingeschätzt hat. Diese Art der Liebeserklärung ist sicherlich nicht jedermanns Sache. Die selbstbewußte Beständigkeit dieses Zeichens läßt aber kaum eine Flucht zu. Über seine Gefühle zu sprechen fällt ihm schwer. Wenn, dann kann er das nur sehr verschlüsselt und karg, denn darin ist er sehr verletzbar. Zur Liebe gehören auch der Streit und die Trennung. Das sind leise Themen in seinem Leben. Entweder er kann noch »retten«, sonst rettet er sich – schnell, lautlos und für immer.

DIE VERBINDUNG

7. Haus

Körperteil: Unterbauch und Eingeweide
Pflanze: Petersilie, Majoran
Wochentag: Mittwoch
Himmelsrichtung: Ost
Tageszeit: Nacht

Metall: Quecksilber
Stein: Topas
Element: Luft
Kraft: gering +
Planet: Merkur

»Ich liebe.« Das Thema dieses Hauses macht der »Verbindung« Kopfzerbrechen. Und genau das ist ihr Dilemma, denn ausgerechnet den Kopf benutzt sie dafür, der doch bekanntlich denkbar ungeeignet für Gefühlsstürme ist. Deshalb steckt auch immer ein kleines bißchen Notwendigkeit darin, wenn sich dieses Zeichen auf eine Partnerschaft einläßt. Beziehungsfähig ist es allerdings in hohem Maß, denn seine klare Analyse aller Situationen bewahrt es vor Ungerechtigkeiten und schützt den Partner davor, ausgenützt oder verletzt zu werden. Angst vor der Ehe kennt es nicht; es sieht sie als Zweckgemeinschaft, die man jederzeit wieder auflösen kann. Nur wenn sie extremen Gefühlsausbrüchen gegenübersteht, kann die »Verbindung« Amok laufen – zum Schutz der eigenen, schwer erkämpften Ausgeglichenheit. Meist wird sie bei Unstimmigkeiten und Streit jedoch einen Kompromiß finden.

DER WEISSKOPF

7. Haus

Körperteil: Hände, Arme und Schultern
Pflanze: Haselnuß
Wochentag: Mittwoch
Himmelsrichtung: West
Tageszeit: Morgen

Metall: Quecksilber
Stein: Achat
Element: Erde
Kraft: gering –
Planet: Merkur

Wenn man die Liebe als leicht, angenehm und ohne großen Tiefgang erleben will, ist man bei diesem Zeichen bestens bedient. Mehr will der »Weißkopf« nämlich nicht. Mehr ist ihm aber auch nicht möglich, denn seine Fähigkeiten beschränken sich auf die Darstellung von Gefühlen, nicht auf das Fühlen selbst. Seine Beziehungen sind jedoch nicht weniger fest und tragfähig als andere, vor allem, wenn er einen Menschen als Partner gefunden hat, der seine wilde und hektische Ausdrucksvielfalt zu schätzen weiß und mit ihm aufbricht, die Welt zu sehen und zu erobern. An der Oberfläche bietet er alles, darunter immerhin noch soviel, daß auch ein anspruchsvoller Partner für soviel Fröhlichkeit und Trubel leicht auf etwas mehr Tiefgang verzichten kann. Kommt es allerdings zur Trennung, wird sein hektisches Temperament meist unerträglich. Aber er überhäuft nicht nur den anderen mit Vorwürfen – er denkt auch an sich.

DER KNABE

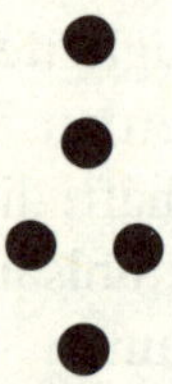

7. Haus

Körperteil: Kopf, Augen, Ohren
Pflanze: Knoblauch, Meerrettich
Wochentag: Dienstag
Himmelsrichtung: Ost
Tageszeit: Mittag

Metall: Eisen
Stein: Diamant
Element: Feuer
Kraft: cardinal +
Planet: Mars

Sex behandelt der »Knabe« seinem Zeichen gemäß: Er tut »es«, spricht aber nicht darüber. Da er sehr begeisterungsfähig ist, wird er sich fast immer Hals über Kopf verlieben. Dann wird aus seinem sowieso schon nicht geringen Tempo echte Raserei, die andere zwar in Panik versetzen kann, ihn selber aber glücklich macht. Klarheit gehört bei ihm ebenfalls zur Liebe. Er braucht einfache Tatsachen, die er akzeptieren und nach denen er sich richten kann. Mit Gefühlen zu spielen findet er abstoßend und reagiert aggressiv auf jedes Anzeichen von Koketterie oder Ausweichen. Je fester und eindeutiger eine Beziehung wird, desto wohler ist ihm dabei, und er tut auch alles dafür, sie harmonisch zu gestalten. Er arbeitet für seine Liebe und erwartet das gleiche auch vom anderen. Das Wichtigste bei einem geliebten Partner ist ihm der gegenseitige Respekt. Bei zu sensiblen oder ausweichenden Naturen wird er diese Anerkennung nicht finden – und selber nicht geben können.

DER ROTKOPF

7. Haus

Körperteil: Geschlechtsteile	*Metall:* Eisen
Pflanze: Nießwurz, Sturmhut	*Stein:* Blutstein
Wochentag: Dienstag	*Element:* Feuer
Himmelsrichtung: Süd	*Kraft:* fix –
Tageszeit: Nachmittag	*Planet:* Mars

Dieses Haus bedeutet Ruhe und Entspannung für den »Rotkopf« – hauptsächlich von ihm selbst und seiner unruhigen Energie, die ihn oft an sich selber leiden läßt. Aber die Liebe gibt ihm Sicherheit. Dem Partner, dem er vertraut, kann er sich rückhaltlos öffnen und ihm alles geben, mehr, als man sich vorstellen kann. Wenn jemand spontan eine Niere oder seine Lebensversicherung als Spende anbietet, ist es mit Sicherheit ein »Rotkopf«. Die Stärke und Ausschließlichkeit, die dieses Zeichen in die Partnerschaft einbringt, können auch schwierig werden. Zuviel bedrängt oft den anderen, und der eiserne »Partnergriff« ist nicht jedermanns Sache. Aber das ist sein Prinzip: alles oder nichts. Eifersucht ist eines seiner herausragendsten Charaktermerkmale – nicht die stille, selbstzerfleischende, unter der man selber leidet, sondern exzessive Raserei. Vorsicht ist geboten.

DAS GEFÄNGNIS

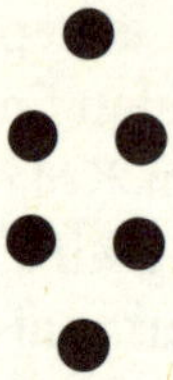

7. Haus

Körperteil: Knie
Pflanze: Raute, Kümmel
Wochentag: Samstag
Himmelsrichtung: Nord
Tageszeit: Nacht

Metall: Blei
Stein: Onyx
Element: Erde
Kraft: cardinal – –
Planet: Saturn

Unkompliziertes Gleichmaß liebt dieses Zeichen, denn das signalisiert ihm Sicherheit und Bestand. Für die Liebe ist diese Einstellung allerdings nicht recht ausreichend, höchstens für ein schlechtes Boulevardstück über eine Ehefarce. Seine Beziehung zum Partner ist sehr eng, denn nur der kommt für ihn in Frage, der genügend Einfühlungsvermögen hat, diesem scheuen, introvertierten Zeichen die Möglichkeit zu geben, sich zu öffnen. Trennung fällt dem »Gefängnis« schwer. Auch wenn es einsieht, daß die Beziehung nicht mehr tragbar ist, macht ihm die nötige Veränderung doch soviel Angst, daß es lieber jahrelang öde und freudlose Situationen erträgt, als zur rechten Zeit einen klaren Schlußstrich zu ziehen.

DIE TRAUER

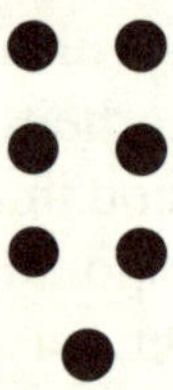

7. Haus

Körperteil: Ober- und Unterschenkel
Pflanze: Mohn, Alant
Wochentag: Samstag
Himmelsrichtung: Nord
Tageszeit: Morgen

Metall: Blei
Stein: Magnetstein
Element: Erde
Kraft: fix –
Planet: Saturn

Die Liebe kann für das Zeichen der »Trauer« eine wirkliche Arznei gegen ihre melancholische Grundstimmung sein. Wer diese Figur im 7. Haus hat, verliebt sich gern, schnell und häufig. Sein launisches, ja streitsüchtiges Naturell sorgt aber dafür, daß ihn nie zuviele Partner auf einmal bedrängen. Zeigen wird er seine Liebe jedoch nur in den seltensten Fällen, denn das öffentliche Zurschaustellen von Gefühlen ist ihm peinlich und seiner Meinung nach nur schlechten Schauspielern eigen. Er wirkt sogar gleichgültig und kühl mit seiner sorgfältigen Gefühlskontrolle. Nur unter vier Augen kann er seine Liebe zeigen, doch oft stülpt er auch darüber noch eloquente Theoriekappen, die ihm jederzeit einen Rückzug ermöglichen. Einmal mehr ißt die Angst die Seele auf.

DER DRACHENKOPF

7. Haus

Körperteil: Knie	*Metall:* –
Pflanze: –	*Stein:* –
Wochentag: –	*Element:* Erde
Himmelsrichtung: Nord	*Kraft:* cardinal +
Tageszeit: Nacht	*Planet:* –

Auch die Liebe erkämpft und erarbeitet sich der »Drachenkopf«. Wenn er einen Menschen so ins Herz geschlossen hat, daß er mit ihm zusammenleben will, stellt er sich dieser Aufgabe in bewährter Arbeitsmanier. Er wird nicht ruhen, bis der Partner von der Notwendigkeit einer Beziehung ebenso überzeugt ist wie er. Und wenn derartig viel Energie im Fundament steckt, kann man sicher sein, daß die Beziehung fest und längere Zeit darauf stehen wird. Nachdem dieser Figur nichts zugefallen ist, sie also alle Fehler und Schwächen kennt und sich selber einmal ›herausarbeiten‹ mußte, wird sie auch stets Verständnis und Nachsicht für den Partner haben.

DER DRACHENSCHWANZ

7. Haus

Körperteil: gesamter Unterkörper	*Metall:* –
Pflanze: –	*Stein:* –
Wochentag: –	*Element:* Wasser
Himmelsrichtung: West	*Kraft:* fix –
Tageszeit: Abend	*Planet:* –

In der Liebe ist er mißtrauisch, der »Drachenschwanz«, zuviele Enttäuschungen haben ihn »vorsichtig gemacht« (so wird *er* es formulieren). In Wirklichkeit ist er bei möglichen Partnern von der ersten Sekunde an mißtrauisch und von einer manchmal geradezu beleidigenden Zurückhaltung. Der Sex reizt dieses Zeichen ungemein, aber mit den (gewöhnlich) dazugehörenden Gefühlen kann es wenig anfangen und schlecht umgehen. Beziehung, Partnerschaft und Ehe sind für den »Drachenschwanz« hinterhältige Fallen und perfide Fesselungsversuche. Auf der einen Seite wirft er dem Partner vor, er benutze die Liebe als Druckmittel oder Lebensversicherung, auf der anderen Seite hat dieses Zeichen selber einen fast steinzeitlichen Besitzanspruch und klammert extrem. Diese Figur ist die eifersüchtigste überhaupt, und nicht zuletzt aus diesem Grund gehören Streit und Trennung bei ihr zur Tagesordnung.

8. HAUS

Es stand früher ausschließlich für den Tod. Aber der Tod ist ohne die Geburt nicht denkbar, und aus diesem Kreislauf des Sterbens und Werdens kommt das Thema: »Ich ergründe.« Es gibt wirklich genug zu ergründen in einem Leben, und mit die wichtigsten Erfahrungen und Erlebnisse haben mit Leben und Tod zu tun und somit auch mit Sexualität. Lust, Liebesleben und Liebesfähigkeit wohnen in diesem Haus ebenso wie die Schwarze und die Weiße Magie. Es kann uns Wege aufzeigen, Probleme zu lösen und uns durch Bewußtwerdung zu heilen.

GROSS GLÜCK

8. Haus

Körperteil: Herz und Rücken
Pflanze: Lotus, Lorbeer
Wochentag: Sonntag
Himmelsrichtung: Nord
Tageszeit: Mittag

Metall: Gold
Stein: Rubin
Element: Feuer
Kraft: fix +
Planet: Sonne

Die Tiefen, in die Sie steigen, um sie zu ergründen, machen Ihnen keine Angst. Sie bedeuten Ihnen nur eine Aufgabe, so natürlich und selbstverständlich wie Ihr Verhältnis zu den Themen dieses Hauses, dem Tod und der Sexualität. Sie haben die besten Aussichten, eines ruhigen und natürlichen Todes zu sterben, denn Sie beschäftigen sich mit dem Gedanken daran und weichen ihm nicht aus (obwohl man natürlich amokfahrende Automobilisten und karrieresüchtige Militärs nie unterschätzen sollte). Sex macht Ihnen einfach Spaß. Sie lieben die Lust, die Erregung und das Sichverlieren in einem geliebten Partner. Und dabei denken Sie nie nur an sich. Das ist Ihre Art der Weißen Magie, und Sie praktizieren sie auf die beste Weise: nie aus Berechnung und immer mit einem Lachen.

KLEIN GLÜCK

8. Haus

Körperteil: Bauch und Magen
Pflanze: Efeu, Eisenkraut
Wochentag: Sonntag
Himmelsrichtung: Süd
Tageszeit: Vormittag

Metall: Gold
Stein: Heliotrop
Element: Luft
Kraft: fix −
Planet: Sonne

»Ergründen« läßt sich hier wenig. Nicht, weil Angst oder entgegengesetzte Vorstellungen das verhindern würden – Themen, die über das praktische Alltagsleben hinausgehen, existieren für diese Figur einfach nicht. Der Tod, der Kreislauf des Werdens und Vergehens und die eigene Bestimmung haben keinen Zutritt zu Ihrer Gedankenwelt. Der Sex schon eher. Obwohl Sie sich bestimmte moralische Verhaltensweisen aus der jeweils herrschenden Volksmeinung zu eigen gemacht haben, macht Ihnen Sex uneingeschränkt Spaß, vielleicht auch, weil er manchmal so praktische und erstrebenswerte Nebenwirkungen zeitigt. Kindersegen kommt aber nicht aus Überzeugung; manche Menschen schlampen einfach bei allen Verhütungspraktiken, und dazu gehören Sie. Magie lehnen Sie in jeder Form ab. Sie hoffen zwar, daß es sie sowieso nicht gibt, aber sicherheitshalber ignorieren Sie alle Ereignisse, die Sie eines Besseren belehren könnten.

DER WEG

●
●
●
●

8. Haus

Körperteil: Brust und Lunge	*Metall:* Silber
Pflanze: Palme, Ölbaum	*Stein:* Perle
Wochentag: Montag	*Element:* Wasser
Himmelsrichtung: West	*Kraft:* cardinal +
Tageszeit: Abend	*Planet:* Mond

Dieses Zeichen hält alle Erfahrungen und Erlebnisse für wichtig und einzigartig. Ergründen ist ein Wesenszug von ihm, seine Neugierde ist sprichwörtlich. Diese Konstellation zeigt auch eine starke Beschäftigung mit dem Tod, dem Wechsel, dem Werden und Vergehen und seinem Rhythmus an. Angst wird hier zur Faszination, und das Selbstbewußtsein, »den letzten Dingen« auf den Grund zu gehen, ist übergroß. Zur Sexualität hat dieses Zeichen ein gespaltenes Verhältnis. Sie gefällt ihm auf der einen Seite über alle Maßen, macht ihm jedoch auch Angst, denn hier zeigt sich, daß ausgerechnet der »Weg«, der das ganze Leben als Spiel begreift, sich meist nicht spielerisch auslebt, sich nicht loslassen kann und sich verkrampft. Er kann Heiler sein, indem er anderen zur Bewußtwerdung verhilft, und wenn er sich der Magie zuwendet, wird er zweifellos als Weißmagier enden.

DAS VOLK

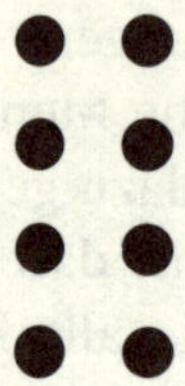

8. Haus

Körperteil: Magen, Leber, Milz und Nieren
Pflanze: Ysop
Wochentag: Montag
Himmelsrichtung: West
Tageszeit: Abend

Metall: Silber
Stein: Kristall
Element: Wasser
Kraft: cardinal –
Planet: Mond

Die eigene Sexualität betrachtet man üblicherweise kaum. Man läßt sie lieber geschehen und freut sich, wenn man Lust ohne Komplikationen und Schuldgefühle erleben kann. Dieses Zeichen bleibt eher in der Defensive, nimmt, was ihm angeboten wird, und fragt nicht nach mehr – aus Angst, zurückgewiesen zu werden. Bei starken und ideenreichen Partnern fühlt es sich wohl. Es macht liebend gern alles mit, hütet sich aber, selber die Initiative zu ergreifen. So verhält es sich auch bei Gedanken und Fragen nach den »letzten Dingen«. Reißt man es mit, ist das »Volk« interessiert und neugierig, aber nur in den vermeintlichen Grenzen des oder der anderen. Mit dem Tod beschäftigt es sich auf eine sehr pragmatische und rationale Weise. Im Inneren verspürt es bei diesem Thema jedoch immer ein starkes Zittern, das es aber nie vor anderen zugeben wird. Die Schwarze Magie zieht es magisch an, aber eigene Schwäche und Unkonzentriertheit schützen wiederum vor tieferen Erfahrungen damit.

DER ERWERB

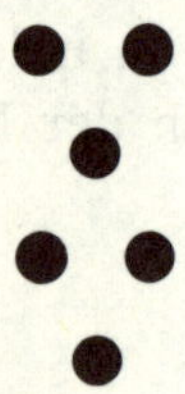

8. Haus

Körperteil: Füße
Pflanze: Veilchen, Lavendel
Wochentag: Donnerstag
Himmelsrichtung: Ost
Tageszeit: Abend

Metall: Zinn
Stein: Saphir
Element: Wasser
Kraft: gering +
Planet: Jupiter

Sexuelle Tabus und Verhaltensmoden sind diesem Zeichen völlig fremd. Der »Erwerb« holt sich Lust und Befriedigung, wie und wo es ihm gerade gefällt. So sehr er auch auf anderen Gebieten Spontaneität vermissen läßt, hier ist er voll davon. Das letzte, woran er dabei denkt, ist, »Kinder zu bekommen«, nicht etwa, weil er keine Kinder leiden kann, sondern weil er den Zusammenhang von Sex und Fortpflanzung nur intellektuell kennt – verinnerlicht hat er ihn nie. Spaß haben und sich und den Partner zu befriedigen ist alles, was er will. Und dafür bekommt er oft mehr, als er sich erträumt hat. Aber er ergründet nicht nur die Tiefen der Lust, er läßt sich auch auf den Tod ein. Er versucht, eine möglichst genaue und vollständige Vorstellung vom eigenen Vergehen zu bekommen, und scheut sich dabei nicht, in den verschiedensten Religionen und Philosophien zu kramen, ohne sich aber auf eine einzulassen.

DIE FREUDE

8. Haus

Körperteil: Phallus, Lenden	*Metall:* Zinn
Pflanze: Minze, Muskat	*Stein:* Smaragd
Wochentag: Donnerstag	*Element:* Luft
Himmelsrichtung: Ost	*Kraft:* gering –
Tageszeit: Vormittag	*Planet:* Jupiter

Leben und Tod, Werden und Vergehen, Sinn oder Spielerei des Zufalls – das sind Themen, für die sich die »Freude« begeistern kann und die sie ihr ganzes Leben verfolgen werden. Nachdem bei ihr Kopf und Bauch gleich gut funktionieren und sie vor allem in der Lage ist, beide gleichzeitig entscheiden zu lassen, hat sie den ängstlichen Theoretikern und blumigen Romantikern viel voraus. Die einzige Angst, die sie vor dem Tod hat, ist, bevor es soweit ist, nicht genug über ihn diskutiert und nachgedacht zu haben. Genauso ›ergründet‹ sie auch die Sexualität – die eigene und die ihrer Partner. Das ist oft ein weiterer Grund für schwierige Beziehungen. Die »Freude« kann sich auf Sex nicht einfach einlassen und ihren Spaß daran haben. Ihre Ansprüche sind oft viel zu hoch für Normalverbraucher und in dieser Beziehung auch ungerecht, denn beim Sex mißt sie mit zweierlei Maß. Bei den eigenen Aktivitäten ist sie weit weniger anspruchsvoll.

DAS MÄDCHEN

8. Haus

Körperteil: Hals, Kehle
Pflanze: Feige, Birnbaum
Wochentag: Freitag
Himmelsrichtung: West
Tageszeit: Nacht

Metall: Kupfer
Stein: Koralle
Element: Luft
Kraft: fix +
Planet: Venus

Erfahrungen sammeln und Erlebnisse verwerten kann man nicht, wenn man nur in eine Richtung schaut. Das tut aber dieses Zeichen mit einer erstaunlichen Ausschließlichkeit. Es liebt die Sicherheit und die vertraute Geborgenheit ausgetretener Denk- und Verhaltenswege und weicht nur zum Schein davon ab, nämlich wenn ein geliebter Partner das fordert oder wenn das »Mädchen« glaubt, ihn damit erobern zu können. Die Gewohnheit paßt nur zum Alltag und der Routine, nicht zur Beschäftigung mit dem Tod, dem Vergehen und dem Sich-damit-Einrichten. Anders beim Sex. Körperliche Befriedigung, Lust und Liebe zu schenken gehören zum wohlig-weichen Idealgefühl – man holt es sich, so oft man kann, frei nach dem Thema: »If you can't be with the one you love – love the one you're with!«

DER VERLUST

8. Haus

Körperteil: Nieren und Blase
Pflanze: Baldrian, Thymian
Wochentag: Freitag
Himmelsrichtung: Süd
Tageszeit: Morgen

Metall: Kupfer
Stein: Karneol
Element: Feuer
Kraft: cardinal –
Planet: Venus

Obwohl er gern laut polternd über alle Wendungen nach innen herzieht und vor den letzten Dingen »lieber ordentlich die ersten« abhandeln will, hat der »Verlust« zum Tod, zum Werden und Vergehen und seinem Kreislauf eine feste und ganz aus ihm selbst gewachsene Vorstellung. Er flieht nicht und kann echten Trost spenden. Zur Sexualität hat er ebenfalls eine feste Meinung, mit der er nicht hinter dem Berg hält, aber Worte und Taten differieren ganz erheblich. Sex erscheint ihm immer etwas dubios, Lust, Erregung und Befriedigung genießt er, wenn nicht soviel Nähe damit verbunden ist. Deshalb träumt er oft von einem anonymen Partner, mit dem man zwar Spaß haben könnte, der dafür aber nicht in sein allerheiligstes Zuhause einbrechen müßte. Doch schließlich gibt es diese reale Möglichkeit ja auch.

DIE VERBINDUNG

8. Haus

Körperteil: Unterbauch und Eingeweide
Pflanze: Petersilie, Majoran
Wochentag: Mittwoch
Himmelsrichtung: Ost
Tageszeit: Nacht

Metall: Quecksilber
Stein: Topas
Element: Luft
Kraft: gering +
Planet: Merkur

Mit dem Tod setzt sich die »Verbindung« recht abstrakt auseinander. Sie vermeidet das Thema zwar nicht, kann jedoch nur seine klinischen und physischen Aspekte besprechen und bedenken. Alle Gefühle zum Sterben und Vergehen, seien es Angst oder Sehnsucht, kann sie nicht nachvollziehen und sie traut anderen meist nicht, die das von sich behaupten. In der Sexualität ist sie großzügig. Sie denkt mindestens ebenso an den Partner wie an sich und erwartet wenig. Daß sie dann doch reich beschenkt wird, bringt sie oft genug zum Staunen, aber hier kann sie wenigstens annehmen. Tabus kennt sie keine. Sie probiert alles aus, was zwei (oder mehrere) Menschen miteinander tun können, und ist schockiert, wenn sie wegen einer gerade nicht der Moral der Zeit entsprechenden Sexpraktik abgelehnt wird. Schließlich gibt es für den ganz vom Verstand bestimmten Menschen keine Moral, die über zwei einfache Größen hinausgeht: andere nicht zu verletzen oder zu töten.

DER WEISSKOPF

8. Haus

Körperteil: Hände, Arme und Schultern
Pflanze: Haselnuß
Wochentag: Mittwoch
Himmelsrichtung: West
Tageszeit: Morgen

Metall: Quecksilber
Stein: Achat
Element: Erde
Kraft: gering –
Planet: Merkur

Mit dem Ergründen tut sich diese Figur offensichtlich schwer. Die »letzten Dinge« sind ihm zu tragisch und passen überhaupt nicht zu ihrem Ausdrucksdrang. Aber die Oberflächlichkeit, die ihr andere gern vorwerfen, ist nicht die Grenze ihrer Möglichkeiten. Sie kann wohl »tiefer gründen«, aber ihre Gedanken und Ergebnisse nicht mit anderen teilen. Nur sehr selten trifft der »Weißkopf« auf Menschen, denen er rückhaltlos vertraut und sein Innerstes öffnet. Die Angst vor Verletzungen oder Mißverständnissen hindert ihn daran, Themen zu behandeln, die nicht zu seiner fröhlichen Unbeschwertheit passen. Sexualität ist allerdings kein Thema, das ihn behindert. Er genießt sie hingebungsvoll, hier kann er sogar sich selbst hingeben. Im Bett wird er seinen Partner immer glücklich machen.

DER KNABE

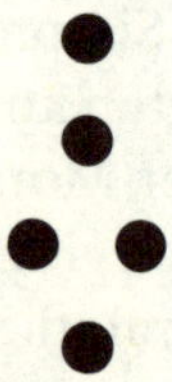

8. Haus

Körperteil: Kopf, Augen, Ohren
Pflanze: Knoblauch, Meerrettich
Wochentag: Dienstag
Himmelsrichtung: Ost
Tageszeit: Mittag

Metall: Eisen
Stein: Diamant
Element: Feuer
Kraft: cardinal +
Planet: Mars

›Unpraktische‹ Gedanken oder solche, die sich nicht schnell und direkt umsetzen lassen, sind dem »Knaben« unheimlich. Er ahnt zwar, daß es noch mehr gibt als Arbeit, Freizeit und Vergnügen, aber es entspricht nicht seiner Natur, sich mit »ungelegten Eiern« zu beschäftigen. Das ist der Tod für ihn. Dieses Zeichen besteht auf seinem unkomplizierten Charakter. Deshalb denkt es über Sex auch nicht nach, sondern stürzt sich gleich ins Bett. Spaß haben und sich austoben, seine eigene Energie und die des Partners zu spüren ist für den »Knaben« genug. Er wird nehmen und bestimmen, geradlinig, aber auch phantasievoll – und selbst wenn er sich hingibt, tut er das aktiv. Er hat keine Beziehung zum Übersinnlichen, weder zur Weißen noch zur Schwarzen Magie, aber er ist auch kein Snob. Er liebt Zauberer.

DER ROTKOPF

8. Haus

Körperteil: Geschlechtsteile	*Metall:* Eisen
Pflanze: Nießwurz, Sturmhut	*Stein:* Blutstein
Wochentag: Dienstag	*Element:* Feuer
Himmelsrichtung: Süd	*Kraft:* fix –
Tageszeit: Nachmittag	*Planet:* Mars

Das Nicht-Alltägliche, das Außergewöhnliche und Geheimnisvolle ziehen den »Rotkopf« magisch an, natürlich auch die Themen dieses Hauses: Tod, Werden und Vergehen und mögliche frühere Leben. Er stürzt sich geradezu in diese Vorstellungen, um zu »wissen«, aber hauptsächlich, um zu beherrschen. Spontan wählt er den Weg der Schwarzen Magie, denn Macht bedeutet ihm alles. Er sieht diese Kraft nicht als Möglichkeit, die eigene Bewußtheit zu steigern, sondern schielt nach dem selbstsüchtigen Vorteil und der Macht über andere. Der »Rotkopf« ist sexy. Charme und hemmungslose Phantasie machen eine Liebesnacht mit ihm zu einem wirklichen Erlebnis. Er kennt keine Tabus und liebt das Ausgefallene. Wer es mit ihm nicht aufnehmen kann, wird leicht an ihm verbrennen, doch was für ein wunderbares Feuer!

DAS GEFÄNGNIS

8. Haus

Körperteil: Knie
Pflanze: Raute, Kümmel
Wochentag: Samstag
Himmelsrichtung: Nord
Tageszeit: Nacht

Metall: Blei
Stein: Onyx
Element: Erde
Kraft: cardinal – –
Planet: Saturn

Auf der Suche ist dieses Zeichen schon, nur sind ihm der Tod, der Kreislauf des Werdens und Vergehens und die Möglichkeit früherer und späterer Leben kein Problem – es wird sich mehr mit den praktischen Auswirkungen beschäftigen, also höchstens an einem ESP-Empfangsapparat arbeiten und dabei schon die Weltpatente verplanen. Auf einer anderen Schiene fährt sein Zug jedenfalls nicht. Beim Sex erweist es sich als geradlinig. Ausgefallenes und Exotisches kommen ihm nicht in den Sinn. Verlangt es der Partner, macht es zwar mit, aber eigentlich nur, weil es vor keiner Aufgabe zurückschreckt.

DIE TRAUER

8. Haus

Körperteil: Ober- und Unterschenkel
Pflanze: Mohn, Alant
Wochentag: Samstag
Himmelsrichtung: Nord
Tageszeit: Morgen

Metall: Blei
Stein: Magnetstein
Element: Erde
Kraft: fix –
Planet: Saturn

Hier fühlt sich die »Trauer« am wohlsten, denn »Ergründen« ist ein Dauerthema ihres Lebens. Die »Trauer« stellt einen geistig unabhängigen Menschen dar, einen klaren und freien Denker, der mit großer Freude die Aufregung betrachtet, die seine unorthodoxen Gedanken manchmal verursachen. So handelt man in diesem Zeichen den Tod ab – die Sexualität aber lebt man! Im Bett ist dieses Zeichen phantasievoll und erfinderisch. Es hat den meisten Spaß mit Partnern, die sich entspannen und es die ganze Arbeit machen lassen. Die Nähe und Klarheit, die es in der Liebe oft vermissen lassen – beim Sex sind sie da.

DER DRACHENKOPF

8. Haus

Körperteil: Knie	*Metall:* –
Pflanze: –	*Stein:* –
Wochentag: –	*Element:* Erde
Himmelsrichtung: Nord	*Kraft:* cardinal +
Tageszeit: Nacht	*Planet:* –

Auf die wahren Gründe zu stoßen, über Geburt und Tod, Sinn oder Zufall zu sinnieren – dazu fehlt dem »Drachenkopf« die Zeit, solange er noch soviel konkrete Arbeit an sich und um sich sieht. Aber das Thema ist vorgemerkt. Er flieht nicht vor ihm, aber er legt die Reihenfolge fest. Sex ist für ihn auch Arbeit, aber um keine Mißverständnisse aufkommen zu lassen: Arbeit befriedigt ihn ja und macht ihn glücklich. Ein besonders ausgefallener Liebhaber ist er zwar nicht, aber seine ehrliche und geradlinige Leidenschaft entschädigt für fehlende Exotik.

DER DRACHENSCHWANZ

8. Haus

Körperteil: gesamter Unterkörper	*Metall:* –
Pflanze: –	*Stein:* –
Wochentag: –	*Element:* Wasser
Himmelsrichtung: West	*Kraft:* fix –
Tageszeit: Abend	*Planet:* –

Die Sexualität ist für den »Drachenschwanz« der stärkste aller Triebe und seine dauernde und als einzige voll erfüllte Leidenschaft. Er ist *der* Verführer (obwohl »verführen« angesichts seiner Technik zu romantisch klingt) und hat eine hemmungslose Phantasie. Hier reißt er mit seiner enormen Energie auch den unerfahrensten Partner mit und zeigt ihm das Innere des Vulkans. Aber er betrachtet Sex auch als Ausdruck von Macht und ist bereit, sie rücksichtslos auszuüben. Macht verbindet er auch mit dem anderen Thema dieses Hauses. Er will den Tod besiegen und fühlt sich deshalb von allen Aspekten der Schwarzen Magie angezogen. An Bewußtwerdung und der Einsicht in Zusammenhänge ist er nicht interessiert – alles, was er will, ist absolute Kontrolle.

9. HAUS

Dieses Haus verheißt eine Erweiterung unseres Horizonts durch innere wie äußere Reisen. Es läßt sich mit den Worten »Ich glaube« überschreiben und handelt von der Sinnsuche. Es führt eine neue moralische Größe ein, die man je nach Geschmack als höheres Denken, Gottesbegriff oder universales Gerechtigkeitsempfinden bezeichnen kann. Wir akzeptieren jetzt unser Unterbewußtes und arbeiten mit ihm. So handelt dieses Haus auch von den Träumen und allem, was mit zu den Möglichkeiten der Weissagung zählt. Aber es verleugnet den klaren Verstand nicht und bildet zusammen mit dem 3. Haus die »DENK-Achse«.

GROSS GLÜCK

● ●
● ●
●
●

9. Haus

Körperteil: Herz und Rücken	*Metall:* Gold
Pflanze: Lotus, Lorbeer	*Stein:* Rubin
Wochentag: Sonntag	*Element:* Feuer
Himmelsrichtung: Nord	*Kraft:* fix +
Tageszeit: Mittag	*Planet:* Sonne

Die Sinnsuche ist bei Ihnen kein großes Thema. Ihre zufriedene Ruhe und Ausgeglichenheit sind kein Stachel, der den Geist zur Suche nach neuen Horizonten anspornt. Sie sind im klassischen Sinn religiös, glauben an ein höheres Wesen, an die Erlösung von der Erbsünde, an die freie Willensentscheidung oder was in Ihrer Generation sonst gerade Dogma ist. Aber wie es auch jeweils heißen mag, grundsätzlich halten Sie einen solchen »Lebensüberbau« für wichtig und bestehen darauf, daß alle sich ihm unterwerfen, und sei es nur, um ihre eigenen Leben zu disziplinieren. Sie sind einer der Milliarden Inquisitoren, die »wirklich immer nur das Beste« wollten. Aber Sie hören auch auf Ihr Unterbewußtsein. Träume deuten Sie nicht lange – Sie erkennen das Thema, die Richtung, und verhalten sich danach.

KLEIN GLÜCK

●
●
● ●
● ●

9. Haus

Körperteil: Bauch und Magen	*Metall:* Gold
Pflanze: Efeu, Eisenkraut	*Stein:* Heliotrop
Wochentag: Sonntag	*Element:* Luft
Himmelsrichtung: Süd	*Kraft:* fix –
Tageszeit: Vormittag	*Planet:* Sonne

Sie sind ein religiöser Mensch, aber Ihre Begeisterung richtet sich ausschließlich auf die Form, sei es die Zeremonie, die Sicherheit im Zusammenschluß Gleichgesinnter oder die zu Formeln geronnenen Maximen dieser Religion. Das Wesen dieses angenommenen Glaubens zu ergründen fällt Ihnen kaum ein, tiefer in sich einzudringen macht Ihnen sogar Angst. Sie verteufeln alle, die Ihrer Meinung nach solche »höchst gefährlichen« Versuche unternehmen, als leichtfertige Vabanque-

Spieler mit ihrer Seele. Genauso, wie Sie innere Reisen ablehnen, unternehmen Sie äußere nur auf zarten Druck Ihrer Familie oder Freunde. Urlaub ist verordnete Normalität, aber fremde Länder, Menschen und Lebensformen zu erleben reizt Sie nicht im geringsten. Das Unterbewußte halten Sie für eine Erfindung karrieresüchtiger Blender. Sie hören nicht auf Träume und eigene Fingerzeige, die Sie auch bei auffälligster Wiederholung stets als Zufälle abtun. Dieses Buch haben Sie sich sicherlich nicht selber gekauft.

DER WEG

9. Haus

Körperteil: Brust und Lunge	*Metall:* Silber
Pflanze: Palme, Ölbaum	*Stein:* Perle
Wochentag: Montag	*Element:* Wasser
Himmelsrichtung: West	*Kraft:* cardinal +
Tageszeit: Abend	*Planet:* Mond

Sein Haus! Schließlich ist das Thema seiner Figur der »Weg«, wie man ihn sucht, wie man ihn findet und wie man ihn geht. Hier treibt ihn die Kraft, aus der ›Mittelmäßigkeit‹ zu entkommen, nicht die Augen vor ihr zu verschließen, sondern zu neuen Horizonten aufzubrechen. Die inneren Reisen zieht er bei weitem den äußeren vor. Schon früh hat er moralische Größen für sich festgelegt und bemüht sich, stets danach zu handeln. Nur plötzlich auftauchende Negativität, Nervosität und eine seltsame innere Zerrissenheit bringen ihn immer wieder vom Weg ab, aber er weiß, daß er ihn gehen wird. Seine unbewußten Nachrichten – Bilder, Eingebungen und Träume – beobachtet er sehr aufmerksam, versucht sie zu entschlüsseln und läßt sich von seinen eigenen Entdekkungen leiten. Für ihn ist die Zwiesprache mit dem Unterbewußtsein eine Selbstverständlichkeit. Er kennt auch seine dunkle Seite und versucht, die Angst vor ihr abzustreifen und sie zu leben.

DAS VOLK

9. Haus

Körperteil: Magen, Leber, Milz und Nieren
Pflanze: Ysop
Wochentag: Montag
Himmelsrichtung: West
Tageszeit: Abend

Metall: Silber
Stein: Kristall
Element: Wasser
Kraft: cardinal –
Planet: Mond

Innere Reisen unternimmt dieses Zeichen im 9. Haus zuhauf, allerdings ohne Ziel und Absicht, denn sein Zug, sich treiben zu lassen, kommt ihm hier hilfreich entgegen. Man kann diese Reisen und Phantasien auch wirklich genießen, nur wird man nie Konsequenzen daraus ziehen oder ihnen gar eine lebensverändernde Energie zugestehen. Spektakuläre Gedankengebäude und Erlebnisse sind wichtiger als die »Sinnsuche«, obwohl sich beides nicht ausschließen muß. Die tiefverwurzelte Angst vor dem »Ende der Reise« verhindert jedoch das Sich-Einlassen auf ein Ziel, ebenso das Mißtrauen vor absoluten Wahrheiten. Mit Träumen oder allen Formen der Weissagung und des Selbsterkennens zu arbeiten wird praktiziert und akzeptiert, solange man dabei nicht auf wirklich existentielle persönliche Probleme stößt; dann wird man nämlich blitzschnell wieder zum zynischen Rationalisten.

DER ERWERB

9. Haus

Körperteil: Füße
Pflanze: Veilchen, Lavendel
Wochentag: Donnerstag
Himmelsrichtung: Ost
Tageszeit: Abend

Metall: Zinn
Stein: Saphir
Element: Wasser
Kraft: gering +
Planet: Jupiter

Zu intriganten Institutionen verkommene Religionen meidet der »Erwerb«. In diesem Zusammenhang würde er auch nie das Wort »glauben« verwenden, das für ihn mehr heißt als nur nachbeten. Er glaubt aber, etwa an moralische Größen, die er selber überprüft und ausprobiert hat, und, in Vertretung für den Gottesbegriff, an ein universales Gerechtigkeitsempfinden. Bei Nachrichten aus seinem Unterbewußtsein tut er sich schwer. Er versucht, sie auf klassische Lexikonmanier zu entschlüsseln, und merkt bald, wie fadenscheinig diese Erklärungen sind. Aber dem eigenen freien Assoziieren mißtraut er, zu spontanem Erfassen ist er meist nicht in der Lage. Daran hindert ihn dieselbe Schwerfälligkeit, die ihn in anderen Bereichen des Lebens so sicher und beständig führt.

DIE FREUDE

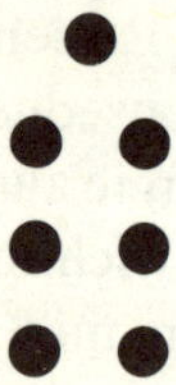

9. Haus

Körperteil: Phallus, Lenden	*Metall:* Zinn
Pflanze: Minze, Muskat	*Stein:* Smaragd
Wochentag: Donnerstag	*Element:* Luft
Himmelsrichtung: Ost	*Kraft:* gering –
Tageszeit: Vormittag	*Planet:* Jupiter

Reisen, ja! Weit müssen sie sein, möglichst zu den letzten weißen Flecken auf der Landkarte, und strapaziös, denn Sandliegen, Sonnenbaden und Faulenzen interessiert die »Freude« nicht im mindesten. Das mag für Erholungssuchende nötig sein, aber nicht für sie. Schließlich fährt sie nicht weg, weil sie Urlaub hat, sondern nimmt sich ein paar Monate frei, weil sie *reisen* will. Bei den »inneren Reisen« tut sie sich schon schwerer. Sie ist zwar keine Pragmatikerin, für die Sinnsuche gleich nach Senilität kommt, doch sie begibt sich sehr wohl auf die Suche nach einer Formel für das Leben und ihres im Besonderen. Aber eines bringt sie einfach nicht fertig: zu *glauben*. Das bedeutet für sie völlige Aufgabe eines kritischen und sich immer weiter entwickelnden Geistes – für ihre Vorstellung: die Lähmung.

DAS MÄDCHEN

9. Haus

Körperteil: Hals, Kehle — *Metall:* Kupfer
Pflanze: Feige, Birnbaum — *Stein:* Koralle
Wochentag: Freitag — *Element:* Luft
Himmelsrichtung: West — *Kraft:* fix +
Tageszeit: Nacht — *Planet:* Venus

Das »Mädchen« zieht im 9. Haus die Erholung der Erweiterung des Horizonts vor. Beides kann man mit Reisen bewerkstelligen, mit äußeren wie inneren. Die äußeren Reisen nennt es Urlaub und begeistert sich an der Annehmlichkeit luxuriöser Umgebung und des unschlagbaren Trios Sonne, Sand und Meer. Es tut nicht so, sondern es kann sich wirklich erholen und in geeigneter Umgebung (und mit dem richtigen Partner natürlich) seine Batterien in kürzester Zeit bis zum Platzen aufladen. Auch innere Reisen findet das »Mädchen« spannend und erholsam. Einsichten und neue Werte wird es dabei jedoch nur zusammen mit anderen finden – mit Menschen, die es liebt, denen es vertraut und die ihm helfen, diese neuen Erfahrungen zu benennen und zu relativieren.

DER VERLUST

9. Haus

Körperteil: Nieren und Blase — *Metall:* Kupfer
Pflanze: Baldrian, Thymian — *Stein:* Karneol
Wochentag: Freitag — *Element:* Feuer
Himmelsrichtung: Süd — *Kraft:* cardinal –
Tageszeit: Morgen — *Planet:* Venus

Die »Sinnsuche« hat der »Verlust« irgendwann schon abgehandelt. Er weiß nicht mehr genau wann, auch nicht, was dabei eigentlich herausgekommen ist, und vielleicht hat er bei der Gelegenheit gemeint, er lüge sich in die Tasche – aber mehr ist einfach nicht drin. Das Wort »glauben« erschreckt ihn zutiefst, und um sich zu rechtfertigen, steckt er es in die tiefe Tasche scheinheiliger christlicher Traditionen. Zu neuen Horizonten bricht er nur in äußeren Reisen auf. Dann ist er dynamisch, verwegen und nicht zu bremsen. Solange noch *ein* Abenteuer drin sein könnte, wird er immer noch hinter den nächsten Berg schauen. Das große Spiel findet bei ihm nicht im Kopf statt, auch nicht im Bauch, sondern außerhalb seines Körpers. Schließlich will er es ja *sehen*!

DIE VERBINDUNG

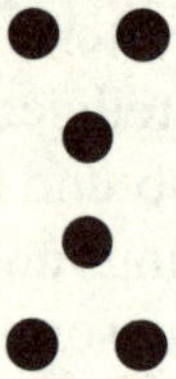

9. Haus

Körperteil: Unterbauch und Eingeweide
Pflanze: Petersilie, Majoran
Wochentag: Mittwoch
Himmelsrichtung: Ost
Tageszeit: Nacht

Metall: Quecksilber
Stein: Topas
Element: Luft
Kraft: gering +
Planet: Merkur

Sinnsuche kann bei diesem Zeichen zum Hobby werden. Es besitzt die Fähigkeit, intellektuell in allen möglichen Philosophien und Denkmodellen herumzuwandern, ihren Aufbau nachzuvollziehen und eigene Gedanken dazu zu entwickeln. Nur eines wird die »Verbindung« nie tun – sich tatsächlich auf irgendeines davon einlassen und es leben, denn dazu müßte sie einem Begriff näherrücken, den sie zutiefst verabscheut und leugnet, dem »Glauben«. Glauben heißt für sie immer noch nicht wissen, und das ist für dieses Zeichen die schrecklichste Vorstellung von allen. Die Klarheit des eigenen Verstandes einzutauchen für die fragwürdige Sicherheit eines ausgetretenen Kreuzwegs, so erscheint ihr dieses Angebot. Zuzugeben, daß Gottesbegriff und höheres Denken nur Bezeichnungen für die gleiche Sache sind, wird ihr nie in den Sinn kommen.

DER WEISSKOPF

9. Haus

Körperteil: Hände, Arme und Schultern
Pflanze: Haselnuß
Wochentag: Mittwoch
Himmelsrichtung: West
Tageszeit: Morgen

Metall: Quecksilber
Stein: Achat
Element: Erde
Kraft: gering –
Planet: Merkur

Erweiterung des Horizonts ist für den »Weißkopf« unverzichtbarer Bestandteil seines Lebens. Er wird unzählige innere wie äußere Reisen unternehmen, nicht um offensichtlich »den Sinn« zu finden, sondern um sein Instrumentarium zu vergrößern. Der größte (und nach außen hin einzige) Anreiz dafür ist, Spaß dabei zu haben. Den findet er auch reichlich, denn in jeder Situation ist er fähig, *alles* aufzunehmen und zu verarbeiten. Neue moralische Größen wird er dabei entdecken und konsequent danach handeln. Er wird seine Entdeckungen »höheres Denken« oder »universales Gerechtigkeitsempfinden« nennen, nur nie »Gottesbegriff«. Das Thema dieses Hauses umgeht er nämlich zwanghaft. »Glauben« ist für ihn mit soviel hölzerner und lustfeindlicher Erinnerung verbunden, daß er seine eigene Weiterentwicklung nie auf diese Weise besorgen möchte.

DER KNABE

9. Haus

Körperteil: Kopf, Augen, Ohren
Pflanze: Knoblauch, Meerrettich
Wochentag: Dienstag
Himmelsrichtung: Ost
Tageszeit: Mittag

Metall: Eisen
Stein: Diamant
Element: Feuer
Kraft: cardinal +
Planet: Mars

Sein cholerisches und unkompliziertes Wesen sträubt sich gegen »bedeutungsschwangere Tiefe«, wie er eine Sinnsuche oder den Aufbruch zu neuen Horizonten bezeichnen würde. Die eigene Entdeckung neuer moralischer Größen liegt ihm fern. Er ist lieber ein klassischer Kirchgänger, der das Ritual der allwöchentlichen Glaubensbezeugung problemlos abspulen kann, ohne sich besonders davon ergreifen zu lassen. Tradition gehört zu seinem Selbstverständnis, und so ist er ein ebenso guter Zeuge Jehovas, Katholik, Muslim oder orthodoxer Jude, denn das Wert- und Gedankengebäude muß er nicht nachvollziehen – er wohnt einfach darin. Nachrichten und Hinweise aus dem Unterbewußtsein nimmt er zwar entgegen, aber er traut und vertraut sich zu wenig, um Konsequenzen daraus zu ziehen. Damit zu spielen macht ihm aber einen Heidenspaß.

DER ROTKOPF

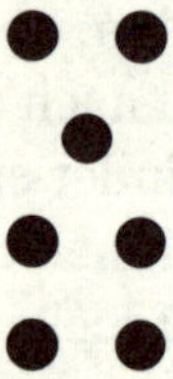

9. Haus

Körperteil: Geschlechtsteile	*Metall:* Eisen
Pflanze: Nießwurz, Sturmhut	*Stein:* Blutstein
Wochentag: Dienstag	*Element:* Feuer
Himmelsrichtung: Süd	*Kraft:* fix –
Tageszeit: Nachmittag	*Planet:* Mars

Aufzubrechen ist für diese Figur nicht nötig, denn sie ist permanent auf Reisen – auf inneren wie äußeren. Seine heftige und nervöse Energie läßt den »Rotkopf« nie zur Ruhe kommen. Er reist zwar nicht ziellos, aber ohne Endstation. »Glauben« fällt ihm nicht schwer, und er bekennt sich ohne Angst zu diesem Wort. Höheres Denken bedeutet ihm eine Möglichkeit, die eigene Kraft zu vergrößern, neue moralische Größen langweilen ihn. Der Gottesbegriff wird immer mehr mit ihm selber als mit anderen Personen, Gedanken oder Philosophien zu tun haben. Er vermutet den »Sinn« in sich selbst. Daher auch die Bemühung und der starke Kontakt zum eigenen Unterbewußtsein. Er nimmt seine Träume ernst, versucht sie zu erinnern und ihre Botschaften zu entschlüsseln. In allen Möglichkeiten der Weissagung ist er bewandert und übt sie leidenschaftlich aus. Die Ergebnisse beschäftigen ihn lange und ändern sein Leben oft dramatisch.

DAS GEFÄNGNIS

9. Haus

Körperteil: Knie
Pflanze: Raute, Kümmel
Wochentag: Samstag
Himmelsrichtung: Nord
Tageszeit: Nacht

Metall: Blei
Stein: Onyx
Element: Erde
Kraft: cardinal – –
Planet: Saturn

Mit dem Glauben tut sich dieses Zeichen leicht, jedenfalls soweit es die traditionelle Kirche betrifft. Sie ist schließlich eine Institution, die seiner eigenen Verfassung sehr ähnelt – sie versteht sich als Schutz und bedeutet in Wirklichkeit nur ein Gefängnis. Ausgerechnet der Religion mißtraut dieses Zeichen also nicht. Selber auf die Sinnsuche zu gehen fällt ihm nicht ein, dazu sieht es keine praktische Veranlassung. Nicht anders geht es ihm mit seinem Unterbewußtsein. Es betrachtet dessen Äußerungen nicht als Teil seiner selbst. Andererseits geht es gern in Psychotherapien, weil es das als ebenso natürliche ›Reparaturarbeit‹ ansieht, wie es etwa der vierteljährliche Zahnarztbesuch ist.

DIE TRAUER

9. Haus

Körperteil: Ober- und Unterschenkel
Pflanze: Mohn, Alant
Wochentag: Samstag
Himmelsrichtung: Nord
Tageszeit: Morgen

Metall: Blei
Stein: Magnetstein
Element: Erde
Kraft: fix –
Planet: Saturn

Wenn Sie nicht gerade von einer Depression gelähmt sind, werden Sie ständig Ihren Horizont erweitern. Dieses Zeichen ersetzt zwar »Ich glaube« durch »Ich will es wissen«, aber auf die Sinnsuche macht es sich mit derselben Hingabe. Ein wichtiges Thema ist für die »Trauer« ihre starke Abneigung gegen jede Form von Ungerechtigkeit und Unfreiheit – bei sich wie bei anderen. So wird der Gottesbegriff klar als universales Gerechtigkeitsempfinden definiert, und die Freiheit steht als höchstes Gut auf dem Altar ihrer Sehnsucht. Zur eigenen Psyche hat diese Figur wenig Zugang. Sie leidet zwar ausgiebig, aber sie kann sich nur theoretisch damit auseinandersetzen und auch nichts auf einer anderen Ebene annehmen. Gegen Belehrungen ist sie eben immun; sogar von sich selbst will sie sich nichts sagen lassen.

DER DRACHENKOPF

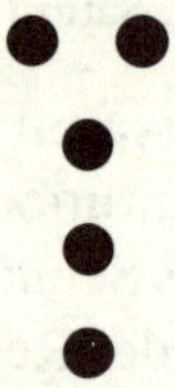

9. Haus

Körperteil: Knie
Pflanze: –
Wochentag: –
Himmelsrichtung: Nord
Tageszeit: Nacht

Metall: –
Stein: –
Element: Erde
Kraft: cardinal +
Planet: –

Neue Horizonte, Lehren und Einsichten durch innere wie äußere Reisen – danach strebt der »Drachenkopf« mit der ihm eigenen Energie. Er, der zeit seines Lebens immer auf dem Weg war, sucht den »Sinn« nicht als Ganzes, als krönenden Abschluß und Weltformel, sondern sucht in jedem Mosaiksteinchen seinen Sinn. Ein Verantwortungsgefühl für andere, auch völlig Fremde, und der Drang nach absoluter Gerechtigkeit und Freiheit ergeben sein Gottesbild: Gott als Idee, nicht als Person. Er erkennt und anerkennt sein Unterbewußtsein, weiß um dessen Fähigkeiten und kann sie mit der Klarheit seines Verstandes verbinden. Er wird sich davon leiten lassen und somit auch anderen Rat und Hilfe sein.

DER DRACHENSCHWANZ

9. Haus

Körperteil: gesamter Unterkörper
Pflanze: –
Wochentag: –
Himmelsrichtung: West
Tageszeit: Abend

Metall: –
Stein: –
Element: Wasser
Kraft: fix –
Planet: –

Innere und äußere Reisen unternimmt er nicht, um Erfahrung und Aufklärung zu erlangen. Er hat auch kein Interesse daran, nach irgendeinem »Sinn« zu suchen – Aufregung und Unterhaltung beim

»Unterwegssein« sind ihm Ziel genug. Seine Intuitionen sind meist richtig, aber sie führen ihn nicht zur Erkenntnis, sondern ausschließlich zu spannenden Erlebnissen. Neue moralische Größen einzuführen fällt ihm nicht ein; schließlich hat er die alten noch nicht akzeptiert. Zu seinem Unterbewußtsein hat er ein ängstliches Vertrauen. Sein starkes Interesse an allem »Über«sinnlichen läßt ihn Träume als wichtige Meldungen zu unerledigten Themen verstehen, nur wird er sich, wie bei Weissagungen, nie auf die angebotenen Lösungen einlassen.

10. HAUS

Von Ämtern, Würden und Geschäften handelt das 10. Haus, allerdings anders, als es das 2. tut, denn hier geht es nicht ausschließlich um den materiellen Gewinn bei unseren Unternehmungen, sondern wie wir uns dabei verhalten – um die moralische Seite also. Das Thema »Ich erstrebe« behandelt deshalb nicht nur Karriere, Anerkennung und unser Bild in der Öffentlichkeit, sondern unsere Lebensziele, von denen ein Titel oder eine Position sicher nur ein Teil sein kann. Je älter wir werden, je mehr Häuser wir durchlaufen haben, desto stärker haben sich auch unsere Wertvorstellungen verändert. Trotzdem bildet das Materielle mit dem Ideellen eine Einheit; zusammen mit dem 2. Haus wird das 10. zur »WERT-Achse«.

GROSS GLÜCK

10. Haus

Körperteil: Herz und Rücken
Pflanze: Lotus, Lorbeer
Wochentag: Sonntag
Himmelsrichtung: Nord
Tageszeit: Mittag

Metall: Gold
Stein: Rubin
Element: Feuer
Kraft: fix +
Planet: Sonne

Das, was Sie an Materiellem erstrebt haben, hat sich zu Ihrer Zufriedenheit erfüllt. Das »Erstreben« hat aber noch andere Inhalte, und zur Anerkennung im Wettbewerb mit anderen ist ein höheres Lebensziel getreten. Sie entdecken ideelle Werte zwar später als andere, weil Sie aus Ihrer selbstbewußten Ruhe meist auf einen allgemeinen Idealzustand schließen. Ungerechtigkeit am eigenen Körper können Sie leicht und souverän beheben, der Blick für die Situation anderer muß sich erst noch schärfen. Wenn man Sie stark genug darauf hinweist und Sie Unrecht oder unmenschliche Zustände erst einmal erkannt haben, wehren Sie sich für andere, aber mit derselben Kraft und Hingabe wie für sich selbst. Revolutionsführer sind Sie nicht, eher Begründer von Bürgerinitiativen und gleichzeitig ihr Motor und ihre moralische Instanz. Weder Sie noch andere zweifeln je an ihrer moralischen Integrität. Deshalb können Sie auch derartige Unvereinbarkeiten unter einen Hut bringen wie Ideelles und Materielles.

KLEIN GLÜCK

10. Haus

Körperteil: Bauch und Magen
Pflanze: Efeu, Eisenkraut
Wochentag: Sonntag
Himmelsrichtung: Süd
Tageszeit: Vormittag

Metall: Gold
Stein: Heliotrop
Element: Luft
Kraft: fix –
Planet: Sonne

Öffentliche Anerkennung ist in dieser Konstellation kein Thema. Man legt keinen Wert auf jedwede Form der Eigenpräsentation, und wäre man nicht schon unbekannt, so würde man sich sofort ein Pseudonym zulegen und in der Einsamkeit untertauchen. Ämter und Würden können zwar erreicht werden – meist ohne starkes Engagement, sondern mehr durch die Eigendynamik des Systems –, aber man füllt sie hauptsächlich inhaltlich aus und repräsentiert nicht. Erstrebenswert ist allerdings die Harmonie: in der Familie, der Arbeitsgemeinschaft, auch die soziale und politische. Dafür kann sich diese Figur einsetzen, wenn sie wirkliche Unterdrückung und Mißverhältnisse erkannt hat. Sie besitzt klare Wertvorstellungen, und um andere Menschen oder gar ein ganzes Volk glücklich zu machen, sind das nicht einmal die schlechtesten.

DER WEG

10. Haus

Körperteil: Brust und Lunge
Pflanze: Palme, Ölbaum
Wochentag: Montag
Himmelsrichtung: West
Tageszeit: Abend

Metall: Silber
Stein: Perle
Element: Wasser
Kraft: cardinal +
Planet: Mond

Öffentlichkeit wird hier oft als unangenehm empfunden. Man kann schlecht in ihr leben und weigert sich rundheraus, sich vor ihr zu produzieren. Die Kraft dieser Figur wirkt im 10. Haus eher im Verborgenen, dort aber um so wirkungsvoller. Die Darstellung erfolgt als Erdenkender und Erfinder, nie als Interpret. Erstrebt wird eher eine Position des ruhenden Pols, um den sich alles dreht, ohne selber auffälliger Mittelpunkt zu sein. Die ideellen Vorstellungen des »Weges« sind utopisch, romantisch und hochfliegend. Er betrachtet es als peinlichen Kompromiß, wenn er sich in der Realität nur derjenigen Gruppe zuwenden kann, die er als die noch am wenigsten verachtenswerte bezeichnet. Von seinen eigenen Vorstellungen ist sie aber noch immer meilenweit entfernt.

DAS VOLK

10. Haus

Körperteil: Magen, Leber, Milz und Nieren
Pflanze: Ysop
Wochentag: Montag
Himmelsrichtung: West
Tageszeit: Abend

Metall: Silber
Stein: Kristall
Element: Wasser
Kraft: cardinal –
Planet: Mond

Das Drama bei der Selbstdarstellung in der Öffentlichkeit liegt in zwei unvereinbaren Wesenszügen dieses Zeichens: zum einen in dem starken Drang nach Anerkennung, Bekanntheit, ja »Berühmtheit«, zum anderen im Unvermögen, diese Rolle tatsächlich auszufüllen. Andere werden wegen dieser Öffentlichkeit sogar angegriffen und verlacht; das macht den eigenen Standpunkt natürlich noch unklarer. Die offensichtliche Unvereinbarkeit von Wollen und Können macht dieses Haus zur Ruine. Gänzlich unbewohnbar bliebe es, wenn mit »Ich erstrebe« nur die Anerkennung und unser Bild in der Öffentlichkeit gemeint wären. Es geht hier aber auch um die Lebensziele, die sich wie unsere Wertvorstellungen im Laufe der Zeit geändert haben und prägnanter geworden sind. Und hier kann dieses Zeichen endlich Klarheit aufweisen. Die Ziele und Vorstellungen sind schlicht, aber wahr, und, was das Wichtigste ist, dazu kann das »Volk« endlich fest und bedingungslos stehen.

DER ERWERB

10. Haus

Körperteil: Füße
Pflanze: Veilchen, Lavendel
Wochentag: Donnerstag
Himmelsrichtung: Ost
Tageszeit: Abend

Metall: Zinn
Stein: Saphir
Element: Wasser
Kraft: gering +
Planet: Jupiter

Sie sind weder Karrieristen noch ungewollte Aufsteiger, die plötzlich und unerwartet in der Öffentlichkeit stehen – und trotzdem kennt man sie. Dieses Zeichen stellt sich quasi wie nebenbei dar, und jeder nimmt die Person wahr und prägt sie sich ein. Oder besser: *sie* prägt sich ein. Ihre Rolle in der Öffentlichkeit spielen Sie souverän und gern, aber nur, weil Sie wirklich keine Rolle spielen, sondern sich selbst. Was die Lebensziele angeht, so ist das erste und wichtigste immer das eigene Wohlergehen, ein großes und ehrliches Ziel, das, wenn es erreicht wird, auch für die anderen nur Gutes bringt. Denn nur aus diesem Gefühl der eigenen Sicherheit und Sorglosigkeit heraus kann der »Erwerb« auch für andere Gutes tun. Das Ideelle wirkt sich einfach aus – es ist nicht geplant und baut auf keinen humanistischen Vorstellungen auf. Das Gute verteilt sich, weil Gutes erschaffen wurde.

DIE FREUDE

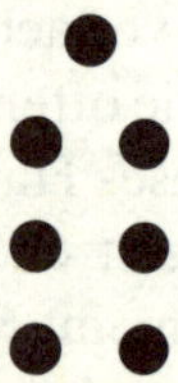

10. Haus

Körperteil: Phallus, Lenden	*Metall:* Zinn
Pflanze: Minze, Muskat	*Stein:* Smaragd
Wochentag: Donnerstag	*Element:* Luft
Himmelsrichtung: Ost	*Kraft:* gering –
Tageszeit: Vormittag	*Planet:* Jupiter

Es ist ganz einfach, was die »Freude« erstrebt: die Spitze – nicht im Sinn einer gesellschaftlichen Position zwar, sondern eher als Perfektion des eigenen Ich. Ämter und Würden fallen ihr sowieso zu. Daran ist sie aber nicht sehr interessiert, denn die dadurch geforderten Aktivitäten erschöpfen sich in Organisation und Erhaltung. Die »Freude« sucht jedoch das Neue, die Aufgabe und Herausforderung. Bei allen Unternehmungen geht sie moralisch vor; sie setzt den Erfolg nicht höher an als den Weg. Es ist ihr meist wichtiger, *wie* sie etwas erreicht, als der schnelle und banale Erfolg. Und nachdem sie als Lebensziel »die Spitze« versteht, weiß sie auch, daß sich dieses Ziel nicht erreichen läßt, und gibt schmunzelnd zu, daß diese Schutzbehauptung ihr das Wichtigste sichert: lebenslange Aktivität und Suche.

DAS MÄDCHEN

10. Haus

Körperteil: Hals, Kehle
Pflanze: Feige, Birnbaum
Wochentag: Freitag
Himmelsrichtung: West
Tageszeit: Nacht

Metall: Kupfer
Stein: Koralle
Element: Luft
Kraft: fix +
Planet: Venus

Große Pläne gibt es nicht. Die kleineren erfüllen sich aber stets zur Zufriedenheit. So werden keine Ämter und Würden angestrebt, die spektakuläre Auftritte in der Öffentlichkeit bedingen. Lebensziele sind klar definiert. Zufriedenheit ist eines der wichtigsten. Zweifel, Unrecht und Mißstände werden für dieses Ziel erbarmungslos aus dem Bewußtsein ausgeblendet. Man läßt es sich gutgehen und gesteht dieses Recht auch allen anderen zu. Dieses Zeichen steht dafür, daß sich Lebensziele und -vorstellungen kaum jemals ändern. Das schafft auf der einen Seite vertraute Sicherheit, aus der heraus man andere Menschen glücklich machen kann, auf der anderen Seite beschränkt es stark. Die Richtung steht für das Ziel.

DER VERLUST

10. Haus

Körperteil: Nieren und Blase
Pflanze: Baldrian, Thymian
Wochentag: Freitag
Himmelsrichtung: Süd
Tageszeit: Morgen

Metall: Kupfer
Stein: Karneol
Element: Feuer
Kraft: cardinal –
Planet: Venus

Das Bild in der Öffentlichkeit ist wichtig, Karriere und Anerkennung werden erstrebt. All das steht dieser Figur auch offen, sie wird ihre Ziele relativ leicht erreichen und ihren Platz erfolgreich ausfüllen. Gleichzeitig steht ihr aber auch nur die Oberfläche zu. Das spürt sie und wendet sich recht eitel und leichtfertig von der Tiefe ab. Der Fuchs und seine Trauben. Das Materielle und das Ideelle sollten in diesem Haus verschmelzen. Gegen diese Forderung setzt sich der »Verlust« allerdings mit Zynismus zur Wehr. Je stärker er kämpft, desto klarer wird ihm, wie leicht er eintauchen könnte, wenn dieses Schlachtschiff an Selbstbewußtsein ihn nicht daran hindern würde. Trotzig beruft er sich immer wieder auf seine nie veränderten Wertvorstellungen und hat plötzlich ganz vergessen, daß er früher einmal das Leben nur als einziges großes Spiel verstanden hatte.

DIE VERBINDUNG

10. Haus

Körperteil: Unterbauch und Eingeweide
Pflanze: Petersilie, Majoran
Wochentag: Mittwoch
Himmelsrichtung: Ost
Tageszeit: Nacht

Metall: Quecksilber
Stein: Topas
Element: Luft
Kraft: gering +
Planet: Merkur

Ämter, Würden und Geschäfte sind in diesem Haus reichlich und positiv besetzt. Eine Spielwiese liebt dieses Zeichen ganz besonders: die der Politik, der Verwaltung und der Vorstandsetagen-Wirtschaft. Ihre große Fähigkeit, Kompromisse zu schließen, prädestiniert sie nämlich geradezu zu dieser ungenauen Darstellungsform, bei der Profil und Standpunkte eher hinderlich sind. Allerdings geht es hier mehr darum, wie man mit seinen Zielen umgeht und sie erreicht, und das geschieht in der klassischen Aufsteigermanier: durch Klugheit und Liebenswürdigkeit. Distanz, Ausgleich, Harmonie und Kompromißbereitschaft – das sind die Stärken der »Verbindung«, und bei diesem Instrumentarium wird sofort klar, daß damit keine ideellen Ziele erreicht werden können. Die Karriere bleibt Selbstzweck.

DER WEISSKOPF

10. Haus

Körperteil: Hände, Arme und Schultern
Pflanze: Haselnuß
Wochentag: Mittwoch
Himmelsrichtung: West
Tageszeit: Morgen

Metall: Quecksilber
Stein: Achat
Element: Erde
Kraft: gering –
Planet: Merkur

Von Ämtern und Würden hält der »Weißkopf« nicht viel. Fröhliche und entspannte Energie vermißt er bei solchen Positionen zu sehr. Karriere ist also kein Ziel für ihn, Anerkennung (vor allem öffentliche) dafür um so mehr. Er kann den Part des »Rampenlichtreflektors« auch brillant spielen – und es macht ihm Spaß. *Wie* er zu seinen Rollen in der Öffentlichkeit kommt, ist allerdings die andere Frage. Seine Unfähigkeit, zu schweigen, bringt ihn oft in Zugzwang, und dann spricht er meist die falschen Sätze. Insgesamt legt man ihm dieses Verhalten als intrigant aus und bewertet so auch seinen Aufstieg. Er selber sieht das allerdings anders. Er weiß zwar, daß er manchmal besser den Mund gehalten hätte; das jedoch mit Absicht oder gar aus Berechnung getan zu haben, weist er weit von sich.

DER KNABE

10. Haus

Körperteil: Kopf, Augen, Ohren
Pflanze: Knoblauch, Meerrettich
Wochentag: Dienstag
Himmelsrichtung: Ost
Tageszeit: Mittag

Metall: Eisen
Stein: Diamant
Element: Feuer
Kraft: cardinal +
Planet: Mars

Die Energie des »Knaben« ist stark und vor allem sehr zielgerichtet. So führt er Vorsätze (auch wenn es sich nicht gerade um die berühmten »guten« handelt) gnadenlos aus, oft mit soviel plumper Durchsetzungskraft, daß andere, die ihn noch leicht stoppen oder behindern könnten, wie gelähmt danebenstehen und nur noch zuschauen können. »Erstreben« ist ein wichtiges Thema für ihn; er nennt es allerdings lieber

»Wollen«, denn seiner Meinung nach sind einfache Worte stärker und treffsicherer. Sein starkes Ego und der Führungsinstinkt treiben ihn zu immer neuen Taten bei steigenden Einsätzen, und zum Erreichen der Spitze wird ihm das Wohlergehen anderer Menschen oft gleichgültig. Um sein Ziel zu erreichen, kann er rücksichtslos handeln, aber nie falsch und hinterlistig. Bei der in diesem Haus angestrebten Einheit von Materiellem und Ideellem überwiegt beim »Knaben« eindeutig das Materielle

DER ROTKOPF

10. Haus

Körperteil: Geschlechtsteile
Pflanze: Nießwurz, Sturmhut
Wochentag: Dienstag
Himmelsrichtung: Süd
Tageszeit: Nachmittag

Metall: Eisen
Stein: Blutstein
Element: Feuer
Kraft: fix –
Planet: Mars

Ämter, Würden und seine Darstellung in der Öffentlichkeit sind dem »Rotkopf« wichtig. Wie er sie erreicht und erstrebt, ist zweitrangig – für ihn zählt nur das Ergebnis. Er wird jeden Weg gehen, nur nicht den einer klassisch aufgebauten Karriere. Seine heftige und nervöse Energie wird um so hinderlicher, je näher er einem Ziel kommt. Der »Rotkopf« hat die Tendenz, Projekte kurz vor dem Erfolg aufzugeben, um mit neuen, »erfolgversprechenderen« wieder anzufangen. Erstrebenswert erscheint ihm, ganz einfach Macht zu haben und auszuüben, und so hat er auf einer anderen Ebene das Thema dieses Hauses verinnerlicht, nämlich die Verbindung von Materiellem und Ideellem. Beides ist ihm gleich wichtig, auch wenn sich seine Wertvorstellungen nie ändern werden.

DAS GEFÄNGNIS

10. Haus

Körperteil: Knie
Pflanze: Raute, Kümmel
Wochentag: Samstag
Himmelsrichtung: Nord
Tageszeit: Nacht

Metall: Blei
Stein: Onyx
Element: Erde
Kraft: cardinal – –
Planet: Saturn

Zu Ämtern und Würden kommt dieses Zeichen schnell und leicht. In der Öffentlichkeit wird es jedoch selten auftreten. Das »Gefängnis« ist zu introvertiert und ängstlich und sieht keinen praktischen Nutzen in solcher Präsentation. *Daß* dieses Zeichen meist an die Spitze gelangt, ist klar, aber *wie*, kann hinterher keiner mehr sagen. Die Unauffälligkeit, mit der sich sein stetiger Aufstieg vollzieht, ist gleichzeitig der beste Schutz gegen Rivalen. Die Lebensziele sind einfach und klar – in seinem Bereich der Beste zu werden und zu bleiben. Dabei findet keine Verbindung zwischen Materiellem und Ideellem statt, es geht ganz klar und ausschließlich um den Erfolg! Moralische oder soziale Hintergründe werden nur von schmeichelnden Grabrednern oder Journalisten daraufgesetzt.

DIE TRAUER

10. Haus

Körperteil: Ober- und Unterschenkel
Pflanze: Mohn, Alant
Wochentag: Samstag
Himmelsrichtung: Nord
Tageszeit: Morgen

Metall: Blei
Stein: Magnetstein
Element: Erde
Kraft: fix –
Planet: Saturn

Die »Trauer« wird zwar Anerkennung als kompetent und intelligent finden, aber keinen Aufstieg in Ämter und Würden damit verbinden können. Der klare Kopf allein genügt nicht zum Karrieremachen, wenigstens dann nicht, wenn andere Menschen über die Laufbahn zu entscheiden haben. Als Figur der Öffentlichkeit schadet der »Trauer« ihre gleichgültige und kühle Ausstrahlung, die das Publikum gerade noch einem Wissenschaftler zugesteht. Öffentliche Anerkennung und Rampenlicht erstrebt dieses Zeichen jedoch nicht, und das ist sein Glück. Eine Definition seiner Lebensziele jedoch fällt ihm leicht. Seine höchsten Werte sind Freiheit und Gerechtigkeit. Diese ideellen Ziele kann die Figur mit ihren materiellen verbinden – und lebt sie auch.

DER DRACHENKOPF

10. Haus

Körperteil: Knie
Pflanze: –
Wochentag: –
Himmelsrichtung: Nord
Tageszeit: Nacht

Metall: –
Stein: –
Element: Erde
Kraft: cardinal +
Planet: –

Der »Drachenkopf« wird alles erreichen – was er erreichen will! Seine Ziele waren noch nie nur materiell; schon immer hatte er sie mit einer Idee verbunden, sonst hätte er seine Energie nie darauf gerichtet. Er wird keine Position in der Öffentlichkeit einnehmen – nicht aus Scheu oder Verachtung, sondern aus dem Wissen, daß man nur etwas wirklich ›bewegen‹ kann, wenn man im Hintergrund bleibt. Er ist gewöhnlich die Macht hinter dem Thron. So strebt er in diesem Haus nicht nach verschiedenen Werten und Zielen, sondern schlicht nach Vollkommenheit. Und die kann er auch erreichen.

DER DRACHENSCHWANZ

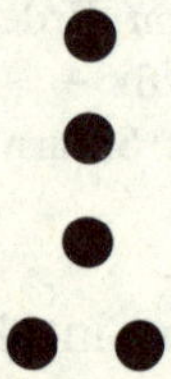

10. Haus

Körperteil: gesamter Unterkörper
Pflanze: –
Wochentag: –
Himmelsrichtung: West
Tageszeit: Abend

Metall: –
Stein: –
Element: Wasser
Kraft: fix –
Planet: –

In Ämter und Würden kämpft sich dieses Zeichen erfolgreich. Wer ist schließlich schon fähig, diese Zeitbombe auf Rädern aufzuhalten? Einzig seine ähnlichste und spiegelverkehrte Natur, der »Drachenkopf«. Die Öffentlichkeit wird den »Drachenschwanz« lieben (und fürchten), denn er garantiert skandalöse Auftritte, Interviewgemetzel und unerwartete Reaktionen. Er ist eben ein hemmungsloser Entertainer – ein Glücksfall für jeden mutigen Fernsehsender. Aufstieg und Karriere sind ihm sicher, nur wie?! Intrigen, absichtliche Falschmeldungen und opportunistische ›Freundschaften‹ sind klassische Mittel für ihn, dem Ziel näher zu kommen. Als Strategielektüre bevorzugt er Machiavelli, Marquis de Sade und »Mein Kampf«. In der Rolle eines Agent provocateur fühlt er sich ebenso wohl wie als Finanzvollstreckungsbeamter.

11. HAUS

Um die engen Freunde und unsere Beziehung zu ihnen geht es in diesem Haus. Das Thema lautet ganz schlicht »Meine Freunde« und meint nicht nur nahestehende Einzelpersonen, sondern auch Vorbilder und Ideale, Wahlverwandtschaften und Gruppen mit einer Gesinnung, zu der wir uns hingezogen fühlen. In diesem Haus können wir auch unseren Gemeinschaftsgeist erkennen: ob wir Freundschaften nur »haben« oder auch pflegen, ob wir besser geben oder nehmen können. Zusammen mit dem 5. Haus, das für alles steht, was wir gern haben, bildet das 11. Haus die »ICH-WIR-Achse«.

GROSS GLÜCK

11. Haus

Körperteil: Herz und Rücken	*Metall:* Gold
Pflanze: Lotus, Lorbeer	*Stein:* Rubin
Wochentag: Sonntag	*Element:* Feuer
Himmelsrichtung: Nord	*Kraft:* fix +
Tageszeit: Mittag	*Planet:* Sonne

Ebenso fest, wie Sie sich selbst sehen und sind, verstehen Sie auch Ihre Freundschaften. In der Beziehung sind Sie aber streng konservativ. Sie unterscheiden flüchtige Bekannte, Bekannte, Freunde und gute Freunde. Die Entwicklung und Festigung einer Beziehung ist Ihnen wichtig, und dafür muß man sich Ihrer Meinung nach Zeit lassen. Sie können Freundschaften aber nicht nur wachsen lassen, sondern Sie pflegen sie auch, und keiner Ihrer Freunde wird Ihnen vorwerfen können, daß er Sie öfter anruft als Sie ihn. Es macht Ihnen nicht die geringsten Probleme, Ihre Freunde um Hilfe oder Rat zu bitten und diese auch anzunehmen. Das ist selbstverständlich, genauso selbstverständlich, wie Sie zeigen, daß Sie für Freunde, Wahlverwandtschaften und Menschen Ihrer Gesinnung immer da sind. Sie können ebenso leicht und unbeschwert geben wie nehmen.

KLEIN GLÜCK

11. Haus

Körperteil: Bauch und Magen	*Metall:* Gold
Pflanze: Efeu, Eisenkraut	*Stein:* Heliotrop
Wochentag: Sonntag	*Element:* Luft
Himmelsrichtung: Süd	*Kraft:* fix –
Tageszeit: Vormittag	*Planet:* Sonne

Bei Vorbildern und Idealen findet man hier sicher die klassischen: Albert Schweitzer und alle ›friedlichen‹ Revolutionäre. Auch zu Gruppen, die edle Ziele auf gemäßigte Weise verfolgen, fühlt man sich hingezogen. Feste Freundschaften sind ein unverzichtbarer Teil des Lebens. Das »Kleine Glück« im 11. Haus steht für ihren »Besitz«, aber es pflegt sie nicht gerade liebevoll. Die gleiche Selbstverständlichkeit, sich harmonisch zu unterhalten und füreinander da zu sein, erwartet es auch von anderen. In Krisen allerdings wendet es sich nie an die Freunde und reagiert auch karg und ablehnend, falls diese es bei eigenen existentiellen Schwierigkeiten bei ihm versuchen sollten. Dieses Zeichen vertritt den »Gemeinschaftsgeist«, den es als festes Bollwerk gegen unverständliche Ideen und ihre Träger versteht. Clubs, Männerbünde und Vereine sind aus dieser Energie entstanden und werden zum größten Teil von Menschen mit dieser Einstellung bevölkert.

DER WEG

11. Haus

Körperteil: Brust und Lunge
Pflanze: Palme, Ölbaum
Wochentag: Montag
Himmelsrichtung: West
Tageszeit: Abend

Metall: Silber
Stein: Perle
Element: Wasser
Kraft: cardinal +
Planet: Mond

Freundschaften sind diesem Zeichen das tägliche Brot. Sie fallen ihm so leicht und ruhig zu, daß er oft selber ganz verwundert ist. Obwohl er ihre Kraft und Schönheit bewundert und von ihrer Wichtigkeit überzeugt ist, kann er sie nur begrenzt pflegen. Die Schuld daran tragen seine Nervosität, Unruhe und plötzlich erwachende Unzufriedenheit, die ihn Lösungen eher bei sich selber und nicht bei anderen suchen lassen. Eindeutigkeit läßt er auch bei Vorbildern und Idealen vermissen. Ideen und Handlungen dieser geistigen Entwicklungshelfer kann er zwar oft begeistert aufnehmen; nachdem aber keine Theorie und vor allem kein Leben dieser Gedankenträger je perfekt waren, wendet er sich meist schnell wieder von seinem Vorbild ab, enttäuscht von der Unvollkommenheit seines Ideals.

DAS VOLK

11. Haus

Körperteil: Magen, Leber, Milz und Nieren
Pflanze: Ysop
Wochentag: Montag
Himmelsrichtung: West
Tageszeit: Abend

Metall: Silber
Stein: Kristall
Element: Wasser
Kraft: cardinal –
Planet: Mond

Freundschaft besteht hauptsächlich aus der Initiative der anderen, so sieht diese Figur zwischenmenschliche Bindungen. Von sich aus wird sie selten Freundschaften aufbauen, daran arbeiten und sie pflegen. Und die Erfahrung ihres Lebens scheint ihr rechtzugeben, daß diese Anstrengungen überflüssig sind, denn die meisten Freunde ertragen dieses offensichtliche Mißverhältnis von Geben und Nehmen und vor allem, *wer* gibt und nimmt, nicht und ziehen sich zurück – für das »Volk« eine Bestätigung so geliebter Spruchweisheiten wie: »Freunde in der Not gehen 1000 auf ein Lot.« Man unterstellt hier den anderen nur opportunistische Beweggründe und ist es doch in Wirklichkeit selber, der nach der ›Zweckmäßigkeit‹ lebt und handelt. Der Gemeinschaftsgeist ist unterentwickelt. Er lebt nur scheinbar auf, wenn sich die Ziele der Gemeinschaft über eine kurze Strecke mit den eigenen decken.

DER ERWERB

11. Haus

Körperteil: Füße
Pflanze: Veilchen, Lavendel
Wochentag: Donnerstag
Himmelsrichtung: Ost
Tageszeit: Abend

Metall: Zinn
Stein: Saphir
Element: Wasser
Kraft: gering +
Planet: Jupiter

Freunde sind ein Schatz, und Schätze fallen einem meist nicht einfach zu, sondern man muß sich dafür einsetzen und anstrengen. Das ist jedenfalls die Ansicht dieses Zeichens im 11. Haus. Es kümmert sich wohl wie kein anderes um seine Freunde, hält eisern Kontakt und nimmt es auch nicht übel, wenn man den Eindruck haben könnte, die Beziehung wäre nur einseitig. Aber nicht nur Einzelpersonen versteht es als Freunde, sondern auch Wahlverwandtschaften und Gruppen mit einer Gesinnung, zu der es sich hingezogen fühlt. In ihre Mitte bringt es sich vollständig ein als Person und Arbeiter für die gemeinsame Sache. Da ist es egal, ob es sich um Bürgerinitiativen für Umweltschutz oder Kaninchenzüchtervereine handelt – alle, denen es seine Freundschaft und Solidarität versichert hat, profitieren gleichermaßen von seinen Qualitäten.

DIE FREUDE

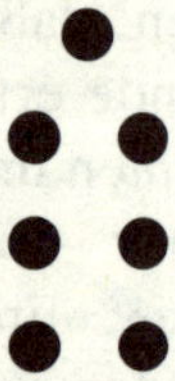

11. Haus

Körperteil: Phallus, Lenden	*Metall:* Zinn
Pflanze: Minze, Muskat	*Stein:* Smaragd
Wochentag: Donnerstag	*Element:* Luft
Himmelsrichtung: Ost	*Kraft:* gering –
Tageszeit: Vormittag	*Planet:* Jupiter

So kritisch die »Freude« auch ihren Partnern in Liebesverhältnissen gegenübersteht, so großzügig und aufopfernd gestaltet sie ihre Freundschaften. Das einzige, was sie bei Freunden noch lernen muß, ist, von ihnen auch zu nehmen, denn geben kann sie reichlich, und sie tut es, ohne auf Erwiderung zu schielen. Beständigkeit ist ein starker Zug in diesem 11. Haus. Nicht ganz so beständig ist das Verhalten dieser Figur in Bezug auf Vorbilder und Ideale. Schnell entbrannt für außergewöhnliche Menschen und ihre Taten oder Gedankengänge, mißt sie diese laufend mit dem Perfektionsmaßband – bis früher oder später jeder wieder in die Mittelmäßigkeit zurücksinkt. In ihren Augen jedenfalls. Nur wenn sie einen dieser Menschen persönlich kennenlernt, hat er eine Chance, zu bestehen; dann wird er nämlich ihr Freund und damit nicht mehr angreifbar.

DAS MÄDCHEN

11. Haus

Körperteil: Hals, Kehle	*Metall:* Kupfer
Pflanze: Feige, Birnbaum	*Stein:* Koralle
Wochentag: Freitag	*Element:* Luft
Himmelsrichtung: West	*Kraft:* fix +
Tageszeit: Nacht	*Planet:* Venus

Es gibt nur Freunde und keine Feinde. Der Rest der Menschheit wird großzügig übersehen. Muß man sich trotzdem dazu äußern, nennt man das Verhältnis zu diesen »Nichtfreunden« neutral. Nur wichtige und enge Beziehungen zu haben heißt aber nicht, daß man sie wahllos und beliebig sucht. Freunde sind für das »Mädchen« ein Lebenselixier, und nichts macht es glücklicher als ein neuer Freund. Vorbilder und Ideale sind zu entfernt und theoretisch. Sind sie aber doch so wichtig für die eigene Persönlichkeit, daß man ihnen ›Neutralität‹ nicht antun kann, nimmt man sie ganz konsequent in den Kreis der Freunde auf. Man entwickelt auf Distanz ein sehr persönliches und emotionales Verhältnis zu ihnen. Die größte Stärke aber ist die Fähigkeit dieses Zeichens, beides gleich gut zu können: Geben und Nehmen.

DER VERLUST

11. Haus

Körperteil: Nieren und Blase	*Metall:* Kupfer
Pflanze: Baldrian, Thymian	*Stein:* Karneol
Wochentag: Freitag	*Element:* Feuer
Himmelsrichtung: Süd	*Kraft:* cardinal –
Tageszeit: Morgen	*Planet:* Venus

Gute Freunde gehören zum Leben wie ein guter Wein. Und der »Verlust« liebt guten Wein ebenso wie gutes Essen. Genauso wie er mit kulinarischen Köstlichkeiten umgeht, ›genießt‹ er auch seine Freunde. Sie sind ihm wichtig, um sich wohlzufühlen, erfüllen ihre Pflichten bei Spiel und Unterhaltung, aber eine Distanz bleibt. So, wie er sich nicht öffnet, weil er die Nähe und Tiefe fürchtet, so erwartet er auch von seinen Freunden Zurückhaltung. Keiner muß sich *ihm* unterwerfen, aber dem gemeinsamen (angenommenen) Ziel müssen sich alle beugen: heiter und leicht zu genießen. Vorbilder bewahrt er sehr still und gut versteckt in sich auf. Er geniert sich zu zeigen, daß andere ihn wirklich beeindrucken konnten. Aus demselben Grund gibt er auch, schnell und großzügig, bloß damit der andere nicht vor ihm gibt. Denn nehmen kann er nicht.

DIE VERBINDUNG

11. Haus

Körperteil: Unterbauch und Eingeweide
Pflanze: Petersilie, Majoran
Wochentag: Mittwoch
Himmelsrichtung: Ost
Tageszeit: Nacht

Metall: Quecksilber
Stein: Topas
Element: Luft
Kraft: gering +
Planet: Merkur

Für Freunde ist dieses Zeichen dankbar. Es nimmt sie nicht als etwas Selbstverständliches, sondern sieht all die Menschen, die durch einen Glücksfall in sein Leben treten und zu ihm halten, als wirkliche Geschenke an. Zu ihnen verhält sich die »Verbindung« solidarisch und großzügig. Sie gibt ohne alle Hintergedanken – hier ist sie einmal nicht auf Ausgleich bedacht – und reagiert erst grob, wenn sie sich betrogen fühlt. Dann bricht sie auf einen Schlag alle Brücken ab, egal, ob der Grund ein wenig fundierter Verdacht war oder Realität. Beim ersten Anzeichen von Illoyalität gibt sie eine Freundschaft auf, und auch wenn sich alles als Mißverständnis erweist, ist sie meist nicht mehr fähig, den alten Zustand wiederherzustellen. Vorbilder und Ideale bewundert sie (wenn sie welche findet, die ihren Ansprüchen genügen) und zweifelt auch nie an ihnen, denn sie verehrt nur die Taten und Gedanken dieser Menschen – nie sucht sie die Person hinter der Idee.

DER WEISSKOPF

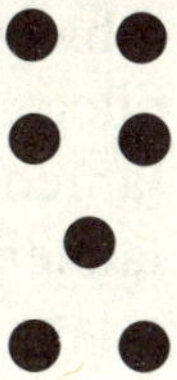

11. Haus

Körperteil: Hände, Arme und Schultern
Pflanze: Haselnuß
Wochentag: Mittwoch
Himmelsrichtung: West
Tageszeit: Morgen

Metall: Quecksilber
Stein: Achat
Element: Erde
Kraft: gering –
Planet: Merkur

Die Kerze braucht einen Spiegel, um ihr Licht zu sehen. Ebenso braucht der »Weißkopf« Publikum, um seine Unterhaltungsqualitäten überprüfen zu können. Freunde sind ihm in erster Linie wohlgesonnenes Publikum, dem er gern und ausgiebig seine Künste präsentiert. Aber er braucht auch Freunde, um zusammen mit ihnen genießen zu können – ein Konzert, ein gutes Essen und Reisen. So eigennützig diese Definition klingen mag, so ist das Verhältnis dieses Zeichens zu seinen Freunden wenigstens klar und ehrlich – und ebenso wird er auch mit ihnen umgehen. Er gehört zu den Menschen, die anderen die Wahrheit sagen, und sei es nur, daß man Mundgeruch hat oder ein besonders scheußliches Kleidungsstück trägt. Vorbilder sind für ihn hauptsächlich Künstler – auch Lebenskünstler –, aber er betrachtet sie nicht als Ideale. Dazu ist er zu selbstbewußt.

DER KNABE

11. Haus

Körperteil: Kopf, Augen, Ohren
Pflanze: Knoblauch, Meerrettich
Wochentag: Dienstag
Himmelsrichtung: Ost
Tageszeit: Mittag

Metall: Eisen
Stein: Diamant
Element: Feuer
Kraft: cardinal +
Planet: Mars

Dieses Zeichen ist redlich und unkompliziert. Das hilft, die *richtigen* Freunde zu finden. Denn ungenaue und pragmatische Beziehungen kann der »Knabe« nicht eingehen. Er wird von einer Freundschaft vielleicht nicht so viel »Tiefe« verlangen, aber ihr genügend Festigkeit geben, damit sie diese Bezeichnung auch wirklich verdient. Ideale und

Wahlverwandtschaften kennt dieses Zeichen kaum, denn es kann seine Feundschaft nicht an abstrakte Darstellungen vergeben. Obwohl der »Knabe« seine Freundschaften im klassischen Sinn nicht pflegt, ist er stur wie ein Elefant (er vergißt nie) und wird sich nach Jahren ohne schlechtes Gewissen bei einem Freund melden, mit ihm plaudern und ihm das Gefühl geben, man hätte sich nur ein paar Tage lang nicht gesehen. In diesem Sinne ist er zuverlässig. Einen Termin exakt einhalten kann er allerdings nicht.

DER ROTKOPF

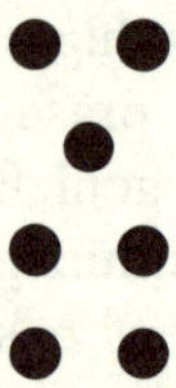

11. Haus

Körperteil: Geschlechtsteile	*Metall:* Eisen
Pflanze: Nießwurz, Sturmhut	*Stein:* Blutstein
Wochentag: Dienstag	*Element:* Feuer
Himmelsrichtung: Süd	*Kraft:* fix –
Tageszeit: Nachmittag	*Planet:* Mars

Es dauert lange, bis der »Rotkopf« einen anderen wirklich als Freund betrachten kann – zuviel Angst vor Verletzung hindert ihn, den Panzer zu öffnen. Hat er endlich Vertrauen gefaßt, wird er den Freund *ganz* in Beschlag nehmen. Er wird ihm seine Ahnungen und Probleme vorlegen, ihn zu allen Themen seines Lebens um Rat fragen und seinen Freund schützen. Leicht ist es allerdings nicht, mit einem »Rotkopf« befreundet zu sein, denn er ist leicht erregbar und explodiert oft schon bei Kleinigkeiten. Aus einer belanglosen Unterhaltung wird schnell eine leidenschaftliche Diskussion, und hat der »Rotkopf« dann das Gefühl, seinen Standpunkt nicht ausreichend darstellen zu können oder nicht verstanden zu werden, geht er schnell in die Luft. Auch körperliche Gewalt läßt sich dann nicht ausschließen.

DAS GEFÄNGNIS

11. Haus

Körperteil: Knie
Pflanze: Raute, Kümmel
Wochentag: Samstag
Himmelsrichtung: Nord
Tageszeit: Nacht
Metall: Blei
Stein: Onyx
Element: Erde
Kraft: cardinal – –
Planet: Saturn

Freunde müssen für dieses Zeichen konservativ und strapazierfähig sein. Spontan geht das »Gefängnis« keine Freundschaften ein, ebensowenig wie es Liebe auf den ersten Blick kennt. Über eine längere Bewährungszeit hinweg kann es jedoch schon zu festen Bindungen kommen, ohne die das Zeichen gänzlich in Isolation und Arbeit ertrinken würde. Und so schwer und träge diese Kontakte auch sein können – nur so kann es zur Einsicht kommen, daß der Kerker selbstgewählt und Flucht immer möglich ist. Was diesem Zeichen leicht fällt, ist, etwas richtig »anzunehmen«, und das ist – auch unter Freunden – oft schwerer als zu geben.

DIE TRAUER

11. Haus

Körperteil: Ober- und Unterschenkel
Pflanze: Mohn, Alant
Wochentag: Samstag
Himmelsrichtung: Nord
Tageszeit: Morgen
Metall: Blei
Stein: Magnetstein
Element: Erde
Kraft: fix –
Planet: Saturn

Die »Trauer« schließt Freundschaften so schnell und leicht, daß ihr Fremde unterstellen, sie sei nur an der Quantität und nicht an der Qualität interessiert. Es ist für dieses Zeichen aber unmöglich, seine Zuneigung auf nur eine Person zu beschränken. Ein häufiger Wechsel seiner Partner sagt aber nichts über seine Ernsthaftigkeit aus, sondern nur über schnell wechselnde Interessen und ein enormes Tempo bei der Kontaktaufnahme. Üblicherweise pflegt dieses Zeichen seine Freundschaften nicht; es erwartet das umgekehrt allerdings auch nicht. Sollte jemand jedoch hartnäckig und (seinem Empfinden nach) besitzergreifend hinter ihm her sein, wird es sich brüsk und sehr bestimmt abwenden. Sein Freiheitsdrang kann schon mal zur Paranoia werden.

DER DRACHENKOPF

11. Haus

Körperteil: Knie	*Metall:* –
Pflanze: –	*Stein:* –
Wochentag: –	*Element:* Erde
Himmelsrichtung: Nord	*Kraft:* cardinal +
Tageszeit: Nacht	*Planet:* –

Alles, was ihm fehlt, sind etwas Wärme und Leichtigkeit, denn die lassen sich nicht ›erarbeiten‹. Das weiß der »Drachenkopf«, und deshalb geht er ohne große Probleme mit diesem Mangel um. Seine Freunde verhalten sich genauso. Sie kennen und akzeptieren sein Handikap – andernfalls bleiben sie halt nur Bekannte. Für die Freude, die ihm seine Freunde schenken, ist dieses Zeichen besonders dankbar. Man sieht Zuwendung und Aufmerksamkeit nicht als Selbstverständlichkeit an, sondern ist sich jedesmal wieder aufs Neue des Glückes bewußt, von anderen um seiner selbst willen akzeptiert und geliebt zu werden. Geben und nehmen kann dieser »Drachenkopf« gleich gut, und diese Ausgeglichenheit macht die Freundschaft mit ihm zu einer harmonischen Beziehung ohne Ende.

DER DRACHENSCHWANZ

11. Haus

Körperteil: gesamter Unterkörper	*Metall:* –
Pflanze: –	*Stein:* –
Wochentag: –	*Element:* Wasser
Himmelsrichtung: West	*Kraft:* fix –
Tageszeit: Abend	*Planet:* –

Der absolute Glaube dieses Zeichens an die Macht bestimmt auch seine Beziehung zu Freunden. Der »Drachenschwanz« wird sich nur mit Menschen umgeben, die seiner Karriere und seinen Zielen förderlich sein könnten. Um sie buhlt er aber nicht, sondern erwirbt ihre ›Freundschaft‹ draufgängerisch. Nur die wenigsten sind in der Lage, seine Hintergründe zu erkennen und sich gegen diese herrische und heftige Inbesitznahme zu wehren. Trotzdem begegnet er den schließlich gewonnenen wichtigen Freunden nicht etwa entgegenkommend oder gar devot, nein, er wird sich mit besonderer Hingabe auf Diskussionen mit ihnen einlassen, bei denen gegensätzliche Standpunkte Spannung garantieren. Nichts bereitet dem »Drachenschwanz« mehr Vergnügen, als ein Gespräch zu einem Streit hochzukochen, und da schützt auch Freundschaft nicht mehr vor schlagenden Argumenten. Um sich durchzusetzen, greift er sogar zu körperlicher Gewalt.

12. HAUS

»Ich ersehne.« Die Sehnsucht nach endgültiger Erfahrung und Erlösung kann in diesem Haus übermächtig werden. Sie kann Ausdruck starker und nie benannter Ängste sein und zu Isolation, Flucht in die Droge oder psychischer Erkrankung führen. Wir stehen dem Verborgenen und Unerklärlichen gegenüber und müssen uns entscheiden, ob wir es ignorieren wollen und können, uns weiter davor fürchten oder uns auf den Weg übersinnlicher und mystischer Erfahrungen begeben wollen. Aber auch die Erlösung von der Sehnsucht bedeutet Arbeit, und so bildet das 7. Haus, das der Arbeit, zusammen mit dem letzten die »SOZIALE Achse«.

GROSS GLÜCK

12. Haus

Körperteil: Herz und Rücken	*Metall:* Gold
Pflanze: Lotus, Lorbeer	*Stein:* Rubin
Wochentag: Sonntag	*Element:* Feuer
Himmelsrichtung: Nord	*Kraft:* fix +
Tageszeit: Mittag	*Planet:* Sonne

In diesem Haus tun Sie sich schwer, denn »ersehnen« gehört zu den am wenigsten gebrauchten Worten Ihres Repertoires. Daß Ihnen hier etwas fehlt, vielleicht sogar der wesentliche Abschluß Ihrer Entwicklung, ist Ihnen dumpf bewußt. Doch aus dem goldenen Käfig mit den offenen Türen auszusteigen ist nicht nur schwer, es ist unmenschlich, übermenschlich. Gerade darum geht es aber in diesem Haus – um den Schritt über den Menschen hinaus, vielleicht aus Angst oder Unzufriedenheit – aber die kennen Sie nicht. Ihr Weg ist ein anderer.

KLEIN GLÜCK

12. Haus

Körperteil: Bauch und Magen	*Metall:* Gold
Pflanze: Efeu, Eisenkraut	*Stein:* Heliotrop
Wochentag: Sonntag	*Element:* Luft
Himmelsrichtung: Süd	*Kraft:* fix –
Tageszeit: Vormittag	*Planet:* Sonne

Nach langer Zeit kann die Sehnsucht nach endgültiger Erfahrung und Erlösung übermächtig werden, gerade bei der harmonischen und vor allen Extremen fliehenden Grundstimmung des »Kleinen Glücks«. Der zähe Kampf, das Verborgene und Unerklärliche aus seinem Leben herauszuhalten, hat zu guter Letzt die Energien so erschöpft, daß sich radikal neue Wege aufzwingen. Einer kann in die psychische Erkrankung führen – die alte Basis hält nicht mehr, und die Angst, eine neue zu erforschen und zu betreten, ist so groß, daß man sich lieber fallen läßt. Der andere Weg ist ebenfalls angelegt: eine Hinwendung nach innen, der Versuch, auf anderen Ebenen der Wahrnehmung zu wandern – und so kann sich dieses Zeichen auch endlich erfüllen.

DER WEG

12. Haus

Körperteil: Brust und Lunge
Pflanze: Palme, Ölbaum
Wochentag: Montag
Himmelsrichtung: West
Tageszeit: Abend

Metall: Silber
Stein: Perle
Element: Wasser
Kraft: cardinal +
Planet: Mond

Die Sehnsucht nach Erfahrung und Erlösung ist bei dieser Figur sehr groß. Gewohnt, ständig an sich und »endgültigen Gedanken« zu zweifeln, weiß sie aber, daß diese letzte Offenbarung ihr wahrscheinlich nicht vergönnt sein wird. Und wenn doch, wird sie sie nicht erkennen, mißtraut sie ihr gleich. Sich durch geistige und seelische Experimente anzunähern oder den Weg bewußtseinserweiternder Drogen zu wählen, entspricht dem »Weg« – zum einen zur aufregenden Befriedigung seiner nimmersatten Neugierde, zum anderen, weil er sich davon spielerischen Spaß verspricht. Eines weiß er sicher: Trocken und ernst kann die Erleuchtung nicht sein. Dafür ist sie zu wichtig. Von drohendem Unheil ist der »Weg« immer umgeben, so redet er sich ein. Da passiert dann natürlich auch jede Menge, und er hat das befriedigende Gefühl, daß seine bösen Erwartungen meist eintreffen. Bestätigung hat eben ihren Preis.

DAS VOLK

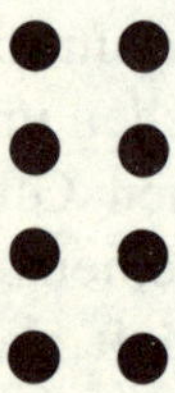

12. Haus

Körperteil: Magen, Leber, Milz und Nieren
Pflanze: Ysop
Wochentag: Montag
Himmelsrichtung: West
Tageszeit: Abend

Metall: Silber
Stein: Kristall
Element: Wasser
Kraft: cardinal –
Planet: Mond

Flucht in die Droge und psychische Erkrankung drohen diesem Zeichen nicht, wenn es in die Sehnsucht nach endgültiger Erfahrung und Erlösung eintritt. Es hat schon zu viele Mauern aufgebaut, um diese Sehnsucht noch spüren zu können. Aber so, wie die einen sich weiter vor dem Verborgenen fürchten und die anderen darauf zugehen, so wird das »Volk« es ignorieren. Das führt zwangsläufig zur Isolation, aber damit kann dieses Zeichen umgehen. Sein Leben lang hat man hier gelernt, *in sich* den ganzen Kosmos aufzubauen, Facetten zu sammeln und verschiedene Leben in sich auszuprobieren. Isolation wird hier als Konzentration verstanden, und zum ersten Mal kann sich dieses Zeichen ohne Ablenkung voll auf ein Thema einlassen. Es wird es nur an und für sich betrachten, untersuchen und variieren, bis es seine Sehnsucht befriedigt hat. Das ist eben sein Weg.

DER ERWERB

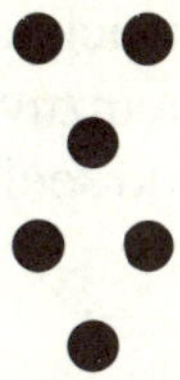

12. Haus

Körperteil: Füße	*Metall:* Zinn
Pflanze: Veilchen, Lavendel	*Stein:* Saphir
Wochentag: Donnerstag	*Element:* Wasser
Himmelsrichtung: Ost	*Kraft:* gering +
Tageszeit: Abend	*Planet:* Jupiter

Mit starken und unbenennbaren Ängsten hat dieses Zeichen schon früh aufgeräumt, einfach dadurch, daß es sie zugelassen hat. Der Weg ist also frei für die endgültige Erfahrung und Erlösung, und so dramatisch sich das vielleicht für andere anhören kann, so leicht und pragmatisch geht der »Erwerb« damit um. Er flüchtet weder in Isolation, Drogen oder Psychosen, sondern stürzt sich mit freudiger Energie auf die Aufgabe, *mehr* zu erfahren. Sehnsucht ist für ihn kein Antrieb, der nie erlöst werden darf und damit zum Selbstzweck wird – Sehnsucht ist dafür da, um gestillt zu werden. Sein Bewußtsein zu erweitern und auch übersinnliche Erfahrungen zu machen ängstigt ihn nicht; was ihm wirklich Sorge bereiten würde, wäre, neue Horizonte auszulassen, nur weil die alten so vertraut und sicher scheinen.

DIE FREUDE

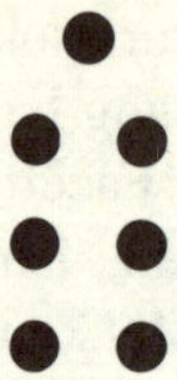

12. Haus

Körperteil: Phallus, Lenden	*Metall:* Zinn
Pflanze: Minze, Muskat	*Stein:* Smaragd
Wochentag: Donnerstag	*Element:* Luft
Himmelsrichtung: Ost	*Kraft:* gering –
Tageszeit: Vormittag	*Planet:* Jupiter

»Sehnsucht nach Wahrheit« wird dieses Zeichen umformulieren in »Sehnsucht nach dem Weg zur Wahrheit«. Es ist der Weg, nicht das Ziel. Was dieses Zeichen am meisten auszeichnet, ist eben nicht für Endgültiges geeignet. Die »Freude« ist neugierig und tolerant, schaut sich alles einmal an, urteilt nicht vorschnell sowie meist zurückhaltend und ist bemüht, sich in jede fremde Vorstellungswelt hineinzuversetzen. So kann sie laufend Fortschritte machen – geistige und seelische. Aber endgültige Erfahrung? Nein, danke!

DAS MÄDCHEN

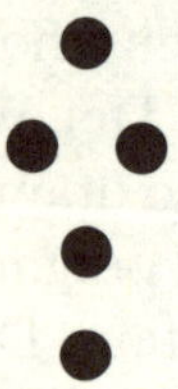

12. Haus

Körperteil: Hals, Kehle	*Metall:* Kupfer
Pflanze: Feige, Birnbaum	*Stein:* Koralle
Wochentag: Freitag	*Element:* Luft
Himmelsrichtung: West	*Kraft:* fix +
Tageszeit: Nacht	*Planet:* Venus

Die Sehnsucht stillt das »Mädchen« schon in diesem Leben, und zwar jeden Tag die Sehnsucht nach Wärme, Geborgenheit, Liebe und Anerkennung. Darüber hinaus gibt es keine Erfahrung oder gar Erlösung. Nicht, daß man sie nicht erkennen könnte – sie existiert wirklich nicht. Das macht das Zeichen stark und ehrlich und erspart ihm gleichzeitig Qual und endlose Suche. Die gleiche Sicherheit bewahrt es auch vor Depression, Flucht in Drogen und Selbstzerfleischung. Übersinnliche und mystische Erfahrung ist gar nicht nötig – man hat, ganz ungewollt, eine Ebene übersprungen. Wer das mit »dumm, aber glücklich« übersetzt, hat wenig verstanden oder viel zu beneiden. »Wahr und glücklich« muß es richtig heißen.

DER VERLUST

12. Haus

Körperteil: Nieren und Blase
Pflanze: Baldrian, Thymian
Wochentag: Freitag
Himmelsrichtung: Süd
Tageszeit: Morgen

Metall: Kupfer
Stein: Karneol
Element: Feuer
Kraft: cardinal –
Planet: Venus

Agrippa von Nettesheim nannte den »Verlust« eine »schwierige, letztendlich doch positive Figur«. Und im letzten Haus erlöst er sich auch. Das Thema »Ich ersehne« macht ihm Angst. Die Sehnsucht nach endgültiger Erfahrung ist zwar stark, aber die Kraft der Sturheit ebenfalls. Doch diese Strenge ist gleichzeitig die Chance, denn sie verhindert alle anderen Auswege. Der selbstbewußten Spielernatur, die sich selber nicht verleugnen darf, steht weder der Weg in die Droge offen noch der in die Isolation oder psychische Erkrankung. Der »Verlust« ist weder dumm noch dumpf genug, davor zu fliehen. So zwingt ihn sein starkes Selbstbewußtsein auf den Weg.

DIE VERBINDUNG

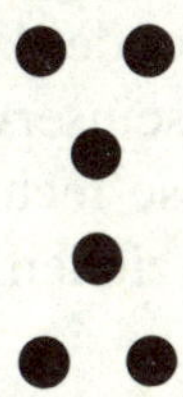

12. Haus

Körperteil: Unterbauch und Eingeweide
Pflanze: Petersilie, Majoran
Wochentag: Mittwoch
Himmelsrichtung: Ost
Tageszeit: Nacht

Metall: Quecksilber
Stein: Topas
Element: Luft
Kraft: gering +
Planet: Merkur

Die endgültige Erfahrung und Erlösung vollzieht sich bei der »Verbindung« auf ganz besondere Weise. Ihr scharfer Verstand hindert sie daran, auf die Suche nach etwas zu gehen, das sie mit eben diesem Verstand nicht messen und begreifen kann. Die Sehnsucht nach einer letzten und alles erklärenden Stufe ist zwar vorhanden, gleichzeitig aber auch das Wissen um die Unmöglichkeit, sie zu betreten. In dieser Klarheit wird sich das Zeichen seiner selbst bewußt und beginnt, den stets vergötterten eigenen Verstand neu zu sehen. Es kann die Gedanken, die es an endgültiger Erfahrung hindern, nicht vergessen, aber es ist mit ihrer Hilfe zwar nicht klug, aber klar geworden.

DER WEISSKOPF

12. Haus

Körperteil: Hände, Arme und Schultern
Pflanze: Haselnuß
Wochentag: Mittwoch
Himmelsrichtung: West
Tageszeit: Morgen

Metall: Quecksilber
Stein: Achat
Element: Erde
Kraft: gering –
Planet: Merkur

Die Sehnsucht nach endgültiger und erlösender Erfahrung ist tief. Gesucht wird dieser »geistige Reichtum« aber nicht zur eigenen Sicherheit oder als Lebenshilfe; der absolute Ästhet und Bewunderer alles Perfekten hofft auf die Begegnung mit dem Gipfel der Schönheit, und die kann er auch in Gedanken und Wertmaßstäben finden. Seine Suche ist jedoch recht einsam, denn anderen teilt er sich auf diesem Weg nicht mit und kann auch keine Hilfe von außen annehmen. Auf jeden Fall stellt er sich die Erlösung der Sehnsucht fröhlich und nicht bedeutungsschwer oder kontemplativ vor – einfach als nie mehr endendes kosmisches Lachen. In Drogen oder andere Mittel zur Bewußtseinserweiterung wird er (seinem Gefühl nach) nie *fliehen*, sondern diese Techniken und Möglichkeiten ausnutzen und die besten Teile daraus ziehen.

DER KNABE

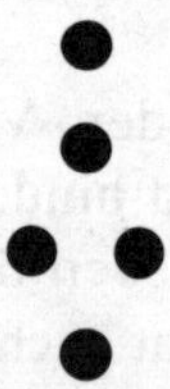

12. Haus

Körperteil: Kopf, Augen, Ohren
Pflanze: Knoblauch, Meerrettich
Wochentag: Dienstag
Himmelsrichtung: Ost
Tageszeit: Mittag

Metall: Eisen
Stein: Diamant
Element: Feuer
Kraft: cardinal +
Planet: Mars

Dieses energische, geradlinige und unkomplizierte Zeichen wird im 12. Haus zum Mystiker. Vielleicht ist das gar nicht so verwunderlich, wenn man seine Abstammung bedenkt. Früher war der »Knabe« der

Krieger, der Ritter, der gegen das Unrecht kämpfte, aber gleichzeitig für eine größere und transzendentale Aufgabe: der Sucher und Bewahrer des heiligen Grals. Und hier geht er wieder auf die Suche, mit all seinen Talenten und Fähigkeiten, kraftvoll, energisch und selbstbewußt. Alle Diesseitigkeit, auf die er sich so gut versteht, ist von ihm abgefallen, und er stürzt sich begierig auf das Thema seiner Sehnsucht: Endgültigkeit. Er wird tiefer eindringen, als ihm das jeder, der ihn zu kennen glaubte, zugetraut hätte, und er wird den anderen an seinen Erfahrungen bereitwillig Anteil haben lassen. Aber man wird von diesem Zeichen nichts annehmen.

DER ROTKOPF

12. Haus

Körperteil: Geschlechtsteile
Pflanze: Nießwurz, Sturmhut
Wochentag: Dienstag
Himmelsrichtung: Süd
Tageszeit: Nachmittag

Metall: Eisen
Stein: Blutstein
Element: Feuer
Kraft: fix –
Planet: Mars

An diesem Haus beißt sich der »Rotkopf« die Zähne aus. Er ist ganz durchdrungen von der Sehnsucht nach endgültiger und erlösender Erfahrung und ist auf dem Weg dorthin schon durch alle Gedankengebäude und Philosophien gestreift. Sein Mißtrauen und seine Angst vor aller Vergänglichkeit sind aber dadurch nur um so größer geworden. Hier trifft er nun auf die Droge, und der starke Reiz, die sie auf ihn ausübt, läßt ihn nicht nur mit ihr Erfahrungen sammeln, sondern er beginnt, damit zu experimentieren. Ihre Kraft kann er nicht beherrschen, und er kann von Glück sagen, wenn es ihm wenigstens gelingt, ihr wieder zu entfliehen. Erlösung findet er nur im Sich-Aufgeben.

DAS GEFÄNGNIS

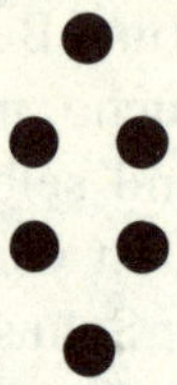

12. Haus

Körperteil: Knie
Pflanze: Raute, Kümmel
Wochentag: Samstag
Himmelsrichtung: Nord
Tageszeit: Nacht

Metall: Blei
Stein: Onyx
Element: Erde
Kraft: cardinal – –
Planet: Saturn

Dieses Zeichen ist am Ende stets der Gewinner, und das 12. Haus ist das Ende. Hier findet es endlich eine endgültige Erlösung und die Möglichkeit, auszubrechen. Das »Gefängnis« ist schließlich sein eigenes Thema, und nach aller betriebsamer und konsequenter Anstrengung in Beruf und Karriere kommt es hier zur Ruhe. Es erkennt, daß es diese hektischen Aktivitäten nur entwickelt hat, um sich selber nicht betrachten zu müssen. Der dauernde Druck läßt nach, wenn man feststellt, daß das Gefängnis von einem selber errichtet wurde. Man erkennt, daß es nur beengt und nicht einmal schützt, also reißt man es endgültig nieder. Die Kraft, die dann entsteht, ist sehr stark und konzentriert – sie kann für jahrelanges Gefangensein entschädigen! Sie werden nie mehr rückfällig werden.

DIE TRAUER

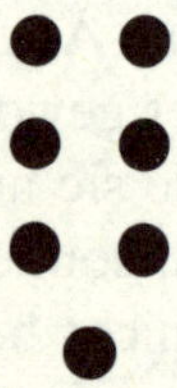

12. Haus

Körperteil: Ober- und Unterschenkel
Pflanze: Mohn, Alant
Wochentag: Samstag
Himmelsrichtung: Nord
Tageszeit: Morgen

Metall: Blei
Stein: Magnetstein
Element: Erde
Kraft: fix –
Planet: Saturn

Die tiefe Traurigkeit, die in diesem Zeichen steckt und die sich oft überhaupt nicht bannen läßt, ist das Hauptthema. Sie begleitet die »Trauer« auf Schritt und Tritt, und sie ist auch der Grund für die Flucht in immer neue, extravagante Zerstreuungen und Vergnügen. Früher empfahl man, bei dieser Figur gleich noch einmal zu punktieren, um »das Böse vielleicht mit dem Guten ausgleichen zu können«, aber die

»Trauer« muß nur ihren Gegenpol finden, um Sinn zu machen, und sich nicht durch wilden Erlebnishunger verdrängen lassen. Die Sehnsucht nach dieser erlösenden Erfahrung wird hier übermächtig – ein kleiner Sprung genügt, die Depression zu beenden.

DER DRACHENKOPF

12. Haus

Körperteil: Knie
Pflanze: –
Wochentag: –
Himmelsrichtung: Nord
Tageszeit: Nacht

Metall: –
Stein: –
Element: Erde
Kraft: cardinal +
Planet: –

Die Sehnsucht nach endgültiger Erfahrung wird für den »Drachenkopf« übermächtig, doch nur *ein* Weg dorthin ist für ihn möglich. Er wird ihn sich erarbeiten. Andere Irrwege und Gefahren, die in diesem Haus drohen, zieht er nicht einmal am Rande in Betracht. Es ist für ihn unmöglich, in Isolation oder Depression zu verfallen, ebenso wie Drogen ihm nicht gefährlich werden können. Die Erlösung von der Sehnsucht bedeutet also Arbeit – nichts kann er besser, intensiver und lustvoller –, und schließlich wird er sogar noch lernen, loszulassen. Das ist seine letzte Lektion: Wärme und Leichtigkeit fallen ihm zu, weil er sich nicht mehr um sie bemüht. Jetzt ist er völlig glücklich.

DER DRACHENSCHWANZ

12. Haus

Körperteil: gesamter Unterkörper
Pflanze: –
Wochentag: –
Himmelsrichtung: West
Tageszeit: Abend

Metall: –
Stein: –
Element: Wasser
Kraft: fix –
Planet: –

Kein Wunder, daß sich in diesem Zeichen eine gehörige Portion Sehnsucht angesammelt hat, denn schließlich ist sich der »Drachenschwanz« sicher, daß für alle Enttäuschungen und Mißerfolge nur das Schicksal oder das Unvermögen anderer die Schuld tragen. Nichts ersehnt er mehr, als diesen unhaltbaren Zustand zu beenden. Er ist überzeugt, daß gerade ihm Erlösung zusteht. Er sucht nicht danach, bittet nicht darum, sondern er erwartet sie einfach! Dabei müßte er sich nur betrachten, um festzustellen, daß er der Teil eines Drachens ist. Wenn er das akzeptiert, kann er auch mit der ganzen Energie dieses Tieres arbeiten. Und manchmal genügt sogar eine einfache Drehung – und man ist der Drachenkopf.

3. TEIL

Die Botschaft der Runen

Von Robert Griesbeck

Runen, die verdrängten Wurzeln

All die Orakelformen und -methoden, derer wir uns heute in Mitteleuropa bedienen und die durch den esoterischen ›Boom‹ der letzten Jahre in unser Bewußtsein zurückgefunden haben, haben ihre Wurzeln in Afrika oder Asien. Ihre gewisse Exotik und der Anspruch, daß Geheimnisse aus der Ferne geheimnisvoller sind als die aus unserer Mitte, sind sicherlich Gründe dafür, warum viele ihr ›Heil‹ in fremden Wegen nach Innen suchen. *Unsere* Wurzeln dagegen, die der deutschsprachigen Leser jedenfalls, sind blockiert von Angst und Scham, und wie das Wort »Heil« im letzten Satz jeden kurz ansprang, so geht es uns auch mit den RUNEN.

Eine der ersten Assoziationen ist meist die Hakenkreuz-Rune, ein Zeichen der Gewaltherrschaft, ein Symbol für absoluten psychischen Druck, mit dem man versuchte, jedes Gefühl von Liebe, Leichtigkeit und Mit-Leiden aus den Herzen eines ganzen Volkes zu vertreiben. Der Grund dafür, warum es uns Angst macht und wir es weder sehen noch zeichnen können, ist, daß es für millionenfache Greueltaten und Morde steht – es symbolisiert inzwischen *das Böse*.

Wenn wir uns einfach weigern, Hakenkreuze zu sehen, können wir damit zwar die Erinnerung an das Nazi-Regime verdrängen, aber nicht verarbeiten, und gleichzeitig vermeiden wir es, aus diesem dunkelsten Kapitel unserer Geschichte zu lernen. Bei einem Flohmarktbesuch entdeckte ich einen Stand mit Militaria aus der NS-Zeit. Auf allen Orden und Abzeichen hatte man säuberlich die vier äußeren Winkelekken der Hakenkreuze mit Leukoplast abgeklebt und diese damit in ein anderes Symbol zurückgeführt – ins Kreuz. Aber auch unter dem Zeichen des Kreuzes, wie unter dem des Halbmonds, der Rose oder des Sterns, wurde Unrecht zu Recht und Millionen von Menschen abgeschlachtet. Das zeigt: Weder Symbole noch ihre Wurzeln können gut oder schlecht sein, und wenn man sich von mißbrauchten abwendet, wird man dadurch nicht gut – nur blockiert.

Daß Symbole nie zufällig gewählt und verwendet werden, liegt auf der Hand. Traditionell oder intuitiv setzt eine Gruppe stets dasjenige

Zeichen für ihre Ziele ein, das diese am besten symbolisiert und die meiste ›Kraft‹ entwickelt, sie zu erreichen. Schon 1933 beschrieb der Psychoanalytiker Wilhelm Reich die Wirkung des Hakenkreuzes auf das unbewußte Gefühlsleben seiner Betrachter: »Die Hakenkreuze enthüllen sich uns als die Darstellung zweier ineinander geschlungener menschlicher Gestalten, schematisiert, aber deutlich als solche erkennbar. Die Hakenkreuze stellen einen Geschlechtsakt dar. Es ist also anzunehmen, daß dieses Symbol auf tiefe Schichten des Organismus einen großen Reiz ausübt, der um so stärker ausfallen muß, je unbefriedigter, sexuell sehnsüchtiger der Betreffende ist. Wird das Symbol noch dazu als Sinnbild von Ehrenhaftigkeit und Treue präsentiert, so trägt es auch den abwehrenden Bestrebungen des moralischen Ichs Rechnung und kann um so leichter akzeptiert werden.«

Wenn Indienbesucher heute schockiert vor buddhistischen Tempeln stehen und dort haufenweise Hakenkreuze entdecken (allein im klassischen Fußabdruck Buddhas lassen sich sieben davon erkennen), so sollte ihnen das über den Schreck hinaus und die bange Frage »War Buddha Nazi?« mehr zu denken geben. Das Hakenkreuz – oder Sonnenrad – war seit altersher ein großes Zeichen, nicht von den Nazis exportiert, sondern von den Indogermanen. Vor etwa 5000 Jahren verbreitete sich dieser Sprachstamm von seiner osteuropäischen Heimat aus über Europa und Asien und nahm seine Ursymbole mit nach Friesland und Schweden, Portugal und Rumänien, Weißrußland und Slowenien, Irland und Kurdistan, sogar nach Kaschmir und Indien. Das Hakenkreuz verstand man als Darstellung der vier Grundkräfte, der Jahreszeiten, der Himmelsrichtungen – eben jener absoluten Weltsicht, die die Viererteilung als erstes Gesetz in sich trägt. Weil aber alle vier Segmente (egal, ob es sich um Feuer, Wasser, Luft und Erde oder Frühling, Sommer, Herbst und Winter handelt) nie statisch, sondern immer in Bewegung sind, setzte man Haken an das stehende Kreuz, um damit das Rad und die immerwährende Bewegung anzudeuten. Die Hakenkreuz-Rune galt auch als das zweite Zeichen des Thor. Neben seinem bekannten Hammer ritzte man gewöhnlich auch sie ein, die »Savastika«.

Wenn wir uns also vergegenwärtigen, daß Flucht vor den eigenen Wurzeln und Symbolen unnötig, ja sogar blockierend ist, dann können wir als dritten und wichtigsten Grund, sich ihnen wieder zuzuwenden, akzeptieren, daß wir uns mit ihnen leichter tun als mit allen anderen Mythen und Symbolen dieser Welt. Wir kennen uns einfach besser aus mit den eigenen Wurzeln; sie und ihre Zeichen sind uns spontan und intuitiv vertraut, Assoziationen fallen leichter, Bilder tauchen aus der Abstraktion auf.

Auf die Frage, wie die Runen entstanden sind, gibt es zwei Antworten. Die eine ist relativ unbefriedigend, denn sie gibt uns nur karge und unvollständige geschichtlich-wissenschaftliche Erklärungen. Aus dem zweiten Jahrtausend vor Christus sind uns Felsenzeichnungen erhalten geblieben, sogenannte »hällristningar«, in denen bereits das Bild eines Gegenstandes mit einem alphabetischen Wert verbunden ist. Solche Runensteine kann man noch heute in Deutschland und Skandinavien sehen. Wie sich daraus die Runen entwickelten, ist letztlich ungeklärt: ob ein Einfluß aus Norditalien 200 v. Chr. die ersten 16 Zeichen prägte und komplettierte oder ob die Entwicklung selbständig im indogermanischen Sprachstamm erfolgte, der zu jener Zeit die Gegend zwischen Nord- und Ostsee bevölkerte. Eines ist jedenfalls unbestritten, nämlich daß Runen immer mehr waren als nur Zeichen, mit denen man sich ausdrücken konnte, Skelette der Sprache eben. Jede Rune hatte zu ihrem Lautwert im Alphabet noch eine magische Bedeutung. Runen wurden in Kult- und Gebrauchsgegenstände eingeritzt und, um ihre Kraft und Wirksamkeit noch zu erhöhen, mit Blut bestrichen. Wegen dieser Eigenschaften wurden sie auch nie zu einer reinen Gebrauchsschrift. Im 8. Jahrhundert nach Christus waren die Runen so gut wie ausgestorben. Nur im Norden – in Schweden, Norwegen und Dänemark – konnten sie sich auch nach der Christianisierung noch einige hundert Jahre lang halten. In Dalekarlien sollen sie sogar noch bis 1880 verwendet worden sein.

Sie zu erforschen fiel den Nachkommen erst spät ein. Zu Beginn des 17. Jahrhunderts machte sich erstmals der schwedische Gelehrte Ole Worm daran, diese geheimnisvolle Schrift wissenschaftlich zu untersuchen. Man fand vergleichbare Runenschriften bei den Angelsachsen, bei den Türken, Slawen und Ungarn. Aber mit der Zeit mußte man einsehen, daß es zwar Schriften gibt, die ein Forscher lesen kann, die er aber auch nach jahrelanger Arbeit immer noch nicht versteht. Aus den Runen die Geschichte und Mythologie der Germanen abzulesen fällt doppelt schwer, denn anders als bei Griechen und Römern traten hier die Dichter erst auf, als die Götter schon zu verblassen begannen. Die Christianisierung dauerte bei den standhaften Germanen etwa bis zum Jahre 1000, und die alten Götter konnten sich wohl noch ein- bis zweihundert Jahre länger im Bewußtsein der Menschen halten. Erst 1220 entstand die *Snorraedda*, nach ihrem Verfasser, dem isländischen Dichter und Historiker Snorri Sturluson, benannt. Das zweite Buch der Götter, die *Liederedda*, die aus der Zeit zwischen 900 und 1100 stammt, wurde erst 1643 von dem isländischen Bischof Brynjolf entdeckt. Sie gilt als die weitaus wichtigere – als *die* Edda schlechthin. Die Hälfte ihrer mehr als dreißig Gedichte handelt von Ereignissen in der Götterwelt. Das wichtigste von allen ist die *Völuspa*, »Der Seherin Weissagung«, die den germanischen Mythos der Weltschöpfung beschreibt und mit dem Untergang, der »Götterdämmerung«, endet.

Damit sind wir bei der zweiten Möglichkeit, wie man sich den Runen nähern kann, wie man eine Antwort auf die Frage nach ihrer Entstehung bekommt. Dazu, und außerdem, weil es auch sonst wissenswert und spannend ist, muß man die ›Story‹ lesen, die Geschichte der germanischen Götter, der Entstehung der Welt und ihres Untergangs. Wenn man überhaupt eine Schöpfungsgeschichte als seine eigene verstehen kann, dann ist es für uns die germanische, denn die christliche wurde uns aufgepfropft. Sie entstand aus Wurzeln, die uns, wenn nicht fremd, so doch ziemlich fern sind, und wurde von Menschen geschrieben und bearbeitet, die von der Natur und dem Klima ihrer Breiten geprägt waren. Wir Nordeuropäer erleben das Meer als gewaltige und bedrohliche Wasserebene im Gegensatz zu den friedlichen und warmen Stränden des Mittelmeers, und unsere schneidend frostigen Winter, verregneten Frühjahre und nebligen Herbste prägen die Menschen eben anders, als es die Natur im südlichen Europa tut. Die

Vorstellungen unserer Vorfahren, auch wenn uns mehr als 60 Generationen von ihnen trennen, wurden aber von ebendieser Natur und ihren Äußerungen bestimmt. Es ist wichtig, den eigenen Wurzeln nachzuspüren und aus ihnen die Kraft zur Selbstfindung und Weiterentwicklung zu schöpfen, denn jedes Orakel spiegelt nur *die* Kultur wieder, in der es seinen Ursprung hat. Lesen Sie also Ihren eigenen Schöpfungsmythos und vergleichen Sie ihn mit der Bibel. An Spannung und Ideenreichtum sind beide sicherlich ebenbürtig, aber vielleicht finden Sie in der altgermanischen Vorstellung einige Aspekte, die ihnen vertrauter vorkommen oder bestimmte Saiten zum Schwingen bringen.

Am Anfang war nicht das Wort, sondern waren zwei Länder (oder Zustände), die man *Niflheim* und *Muspelheim* nannte. Im Norden lag Niflheim (Nebelheim), das Land des Eises, der kalten Nebel und der Finsternis, im Süden Muspelheim, das Land des Feuers, voller Glut und Funken. Dazwischen gähnte die unendlich tiefe und geheimnisvolle Kluft *Ginnungagap*, in der germanischen Vorstellung das Reich der Götting *Hel* (Hölle, das Verhüllende). Aus Niflheim ergossen sich kalte Ströme in diesen Abgrund, aus Muspelheim legte sich giftiger Nebel als Reif darüber, und aus diesen Gegensätzen entstand das Leben: Funken, die auf das Eis fielen, schufen den zweigeschlechtlichen Riesen *Ymir*, den ersten Frostriesen und das erste Lebewesen auf dieser Erde. Die Riesen waren noch vor den Göttern auf der Welt, und die Runen erzählen von dieser Vorzeitstimmung:

»Urzeit war es, da Ymir hauste:
nicht war Sand noch See, noch Salzwogen,
nicht Erde unten noch oben Himmel,
Gähnung grundlos und Gras nirgends.«

Als der Riese schlief und schwitzte, entstanden unter seinem linken Arm ein Mann und eine Frau, und als sich seine beiden Füße berührten, erzeugte er seinen eigenen Sohn. So wurde er der Stammvater aller Eisriesen, der späteren Feinde der Götter. Nach einiger Zeit taute aus dem Eis eine Kuh, *Audumla*, und sie leckte weiter an den salzigen Eisblöcken, bis nach drei Tagen *Buri* freigelegt war, ein Mann von göttlicher Erscheinung. Die Götter waren also »schon gewesen«, sie konnten nicht entstehen, sie mußten nur geweckt werden. Dieser erste Gott konnte sich ungeschlechtlich fortpflanzen – das mußte er wohl auch in Ermangelung einer Frau – und erschuf aus sich selbst seinen Sohn *Bor*. Der wiederum verband die zwei Ursippen und zeugte mit der Riesin *Bestla* drei Söhne: *Odin, Vili* und *Ve*. Ob sie die Abel-und-Kain-Vorlage gekannt hatten oder nicht, sie erschlugen jedenfalls den Riesen Ymir, und in dessen Blut ertranken alle bis dato lebenden Riesen, mit Ausnahme des Riesen *Bergelmir*.

Die Riesen, die älter als die Götter sind, stehen in ihrem Wesen dem Chaos näher, ihr ganzes Denken und Handeln ist immer auf Vernichtung der Götterwerke gerichtet. Sie erscheinen als zwar menschenähnliche, aber grobe und ungestaltene Kreaturen mit übernatürlichen Kräften, die nur eines im Kopf haben – Zerstörung. Sie stehen für die Naturkräfte und fühlen sich nun, da die Götter aufgetreten sind und Ordnung ins All bringen wollen, verdrängt. Der Kampf zwischen Chaos und Ordnung, zwischen »Gut« und »Böse« beginnt.

Aus dem Fleisch des getöteten Riesen Ymir wird die Erde, aus seinem Blut das Meer, aus seinen Knochen die Berge, aus seinen Haaren die Pflanzen, aus seinem Schädel der Himmel, aus seinem Gehirn die Wolken und aus seinen Augenbrauen fertigen die Götter schließlich *Midgard*, das Land der Menschen. Nur die Sonne wurde nicht ›erschaffen‹, doch sie braucht die Hilfe der Götter, um segensreich wirken zu können. Sie führen Regeln ein, prägen den Begriff der Zeit und ordnen den Lauf der Gestirne.

> »Sie benannten die Nacht, Neumond und Vollmond,
> Morgen und Abend, Mittag und Vesper,
> die Zeiten all zur Zählung der Jahre.«

Aber noch fehlen die Menschen. Da spaziert eines Tages Odin mit seinen Brüdern am Meeresufer entlang und erblickt zwei Bäume – die Esche *Ask* und die Ulme *Embla*. Aus diesen beiden erschaffen die Götter die Menschen und statten sie mit den Sinnen, dem Verstand und der Seele aus. So erklärt sich die tiefe Verehrung der Germanen für

Bäume: Sie sind die Ureltern des Menschengeschlechts, und deshalb sagt man ihnen eine gewaltige Kraft nach, derer man teilhaftig werden kann, wenn man Stücke aus ihrem Holz mit Runen versieht und damit nach dem Schicksal fragt. Viele Runen erinnern frappierend an Baumformen oder bestimmte charakteristische Wuchsarten.

Und wieder tritt ein wichtiger Baum auf: die Weltesche *Yggdrasil*. Unter ihr ist der heiligste Platz der Götter, an dem sie sich jeden Tag einmal treffen, um Gericht zu halten. Die drei Wurzeln dieses Lebensbaumes verbinden Hel, die Göttin der Unterwelt, die Menschen und die Frostriesen. Mit ihren Ästen ragt sie in den Himmel hinein und bildet so Skelett und Anzeiger des Universums. Um das damalige Weltbild besser zu verstehen, das durch die Götter schon sehr verfeinert worden war, nun eine Zwischenbeschreibung der neun Bereiche dieser Welt. Drei davon liegen unter der Erde. Das ist einmal das *Niflheim*, wo Kälte und Todesdunkel herrschen, dann *Niflhel*, wohin die durch Alter und Krankheit gestorbenen Menschen gehen, und schließlich *Schwarzalfenheim*, der Wohnsitz der Zwerge. Diese kleingewachsenen Naturgeister, die nur in der Dunkelheit leben können (Tageslicht verwandelt sie zu Stein), arbeiten als Bergmänner und Schmiede und horten enorme Schätze unter der Erde. Sie sind nicht einfach böse, sondern launisch und unberechenbar wie die zügellose Natur. Sie können Fruchtbarkeit ebenso wie Verderben säen. Ihre Fähigkeiten als Gold- und Waffenschmiede machen sich die Götter gern zunutze: Odin trägt einen Zwergenring, den *Draupnir*, der aus eigener Kraft immer neue Ringe hervorbringen kann, und Thor hat den Schwarzalben seinen Donnerhammer *Mjöllnir* zu verdanken.

Die drei Länder der Erde sind Midgard, wo die Menschen leben (alles, was außerhalb dieses Landes liegt, nennen sie *Utgard* und können damit nicht in Verbindung treten, bis sie einst sterben), *Jötunheim*, das Land der Frostriesen, und schließlich *Vanenheim*, die Heimat der älteren nordischen Götter, der Vanen. Der Himmel teilt sich ein in Muspelheim, das Land der Feuerriesen, *Lichtalfenheim*, wo die segenspendenden guten Elementargeister leben, und schließlich *Asgard*, das Land der *Asen*, wie sich die germanischen Götter nennen.

Dort leben sie in ihren Schlössern am höchsten Gipfel der Welt, vergleichbar dem griechischen Olymp, überragt nur von dem Wipfel der gewaltigen Weltesche Yggdrasil. Dieses Bild ist kein Zufall, denn der germanische Mensch sah die Götter weder als unfehlbar noch als unsterblich an. Folglich wurden sie von etwas überragt – dem Symbol des Schicksals, der Weltesche, die den Kosmos durchwächst, durchdringt und verbindet. Weder die Götter noch die Menschen kennen das Schicksal, beide stehen im Bann fester Regeln und Gebote. Wer dieses Schicksal kennt und täglich neu ›produziert‹, sind die *Nornen*, drei germanische Schicksalsschwestern, die das Leben der Menschen und Götter bestimmen. Aber so einfach, daß *sie* dann eben die höchste und absolute Kraft im Universum darstellen, ist die Angelegenheit leider doch nicht – sie sind nur Werkzeuge dieser letzten und nicht personifizierbaren Vorstellung der Germanen – des Schicksals. Tag für Tag schneiden sie Runen in einen Stab und geben damit Nachrichten an die vorherbestimmten Bewohner dieses Universums weiter. *Urd* kennt die Vergangenheit, *Verdandi* die Gegenwart und *Skuld* schließlich die Zukunft. Und hier treffen wir unser Thema zum ersten Mal wieder – die Runen als Zeichen der Vorherbestimmung. Wie diese magischen Zeichen zu den Menschen kamen, beschreibt die Geschichte von Odins Selbstopferung:

»Ich weiß, daß ich hing am windbewegten Baum,
neun Nächte lang,
verwundet vom Ger, geweiht dem Odin,
ich selber mir selber,
an jenem Baum, von dem Menschen nicht wissen,
aus welcher Wurzel er wächst.
Sie spendeten mir nicht Brot und Trank zur Labung;
nieder neigte ich mich,
nahm auf die Stäbe, nahm sie stöhnend auf,
dann stürzte ich herab.
Zu wachsen begann ich und wohl zu gedeihen,
weise ward ich da;

ein Wort fand mir das andere Wort,
ein Werk das andere Werk.
Runen sollst du lernen und rätliche Stäbe,
Stäbe gar stark, Zeichen zauberkräftig,
wie sie zog der Zauberherr, wie sie wirkten Weihgötter,
wie sie ritzte des Rates Fürst.«

Diese Parabel spricht davon, daß man das Runenwissen nur unter Mühen erreichen kann und daß die »Buchstaben« (Buchen-Stäbe) nicht nur zur Nachrichtenübermittlung oder als Gedächtnisstütze zu verwenden sind, sondern daß sie zauberkräftige Zeichen sind, deren rechter Gebrauch Macht und Wissen verleiht, aber auch nur positiven und schöpferischen Wesen zusteht. Selbst Odin, der oberste der Götter, hängt vom Speer getroffen an der Weltesche, geplagt von Hunger, Durst, Kälte und Schmerzen. Dem Tode nahe, löst sich sein Geist vom Irdischen und ist imstande, die Runenstäbe als Zaubermittel zu erkennen und »aufzunehmen«. Nun ist er an geheimem Wissen allen Wesen überlegen und wird zum Herr der Runen, gleichzeitig zum Lehrmeister für die Menschen in dieser Disziplin.

Odin, den die Westgermanen *Wodan* (*Wotan* oder *Wuotan*) nannten, ist der Allvater und Herr der Welt. Die Römer verglichen ihn mit Merkur, obwohl er eher Zeus entspricht, aber aus verständlichen Gründen ließ man zu keiner Zeit eine Parallele zu seinem ›Obergott‹ zu. Er ist Herr des himmlischen *Walhall*, des größten und vornehmsten Saals von Asgard, in den die siegreichen Krieger nach ihrem Tod auf dem Schlachtfeld aufgenommen werden.

Thor, oder *Donar* bei den Westgermanen, ist der Gott des Donners und Blitzes. Er gilt aber mehr als der bäuerliche Krieger, der mit den Elementen kämpft und über Regen und Ernte regiert. Die Römer setzten ihn mit Herkules gleich, dessen Keule seinem Donnerhammer entsprach. Dieser Hammer stammt – als Bild – wohl noch aus der Steinzeit und vereint das Werkzeug mit der fürchterlichen Waffe. Dieser von Zwergen geschmiedete Hammer *Mjöllnir* wird in Thors Hand zum Zermalmer, der nie ein Ziel verfehlt und wie ein Bumerang immer wieder in seine Hand zurückkehrt. Gerade die einfachen Leute verehrten diesen Gott oft stärker als den Allvater Odin/Wodan, denn er befruchtete mit seinen Gewittern die Erde und schützte die Ernte. Man meißelte Thors Hammer auf Runensteine, um die Felder zu weihen, und behängte sich mit kleinen silbernen Hammer-Amuletten, um sich der eigenen Kraft zu versichern. Wie stark dieser Gott vom Volk verehrt wurde, zeigt schon, daß man ihm einen Tag, den Donnerstag, geweiht hatte, der noch bis ins 17. Jahrhundert als Feiertag galt. Man heiratete ausschließlich an Donnerstagen, denn Thor segnete traditionell die Ehe mit seinem Hammer. Mit dem Wurf des Hammers steckte Thor die Grenzen der Felder ab, und die Strecke, die ein geschleuderter Hammer zurücklegte, galt noch lange Zeit als gebräuchliches Längenmaß. Der Thor geweihte Baum ist die Eiche, und es war nicht nur die heilige »Donareiche«, die der (heute ebenfalls heilige) Bonifatius 724 bei Geismar fällte – ganze Eichenhaine waren diesem Gott geweiht und wurden andächtig verehrt.

Von den anderen germanischen Göttern sollte man noch *Baldur* und *Loki* erwähnen. Der erstere war der Sohn von Odin und Frigg, der wir unseren Freitag verdanken, und galt als Inkarnation des Guten, als Gott des Lichts, der Reinheit und Schönheit. Loki dagegen war eine zwielichtige Göttergestalt, intelligent zwar, aber verschlagen (der Prototyp des Intellektuellen zu germanischer Frühzeit). Er half den Göttern ebenso oft, wie er sie betrog, doch wandten sie sich immer wieder an ihn, wenn sie Probleme aus eigener Kraft nicht mehr lösen konnten. Am Gegensatz dieser beiden Prototypen von Gut und Böse scheiterte letztlich die Welt der Götter und der Menschen. Aber vorher mußten sich die Götter erst einmal eine Verfehlung zuschulden kommen lassen. Es war Zeit für die »Erbsünde« als christliche Parallele.

Der Anlaß war architektonische Überheblichkeit. Die Götter von Asgard waren mit ihren Schlössern und Burgen nicht mehr zufrieden und wünschten sich eine gewaltige Zentralburg, ein Monstrum, an dem alle zusammen hätten jahrelang arbeiten müssen. Da erbot sich ein nordischer Riese, ihnen zu helfen, und prahlte damit, daß er den ganzen Bau allein (nur mit seinem Pferd) bis zum Beginn des Sommers fertigstellen könne. Die Götter verhöhnten ihn und wetteten dagegen, bis sie ihm schließlich die Sonne, den Mond und die Liebesgöttin *Freyja* versprachen, wenn der Bau tatsächlich am vorbestimmten Termin fertig wäre. Mit der Hilfe des Zauberpferdes *Svadilfari* ging die Arbeit jedoch so erstaunlich schnell voran, daß den Göttern angst und bange wurde. Schon hatte der Riesenbaumeister die Arbeit fast beendet, da wandten sich die Herren von Asgard in ihrer Not an Loki und baten ihn um Rat. Und Loki half ihnen und brachte damit zum ersten Mal die Moral der Götter in Verruf. Er verwandelte sich in eine gutaussehende weiße Stute und lockte so den Zauberhengst Svadilfari von der Arbeit fort. Der Riese konnte den Termin nicht mehr einhalten und beschwerte sich grimmig, denn er hatte den Trick durchschaut. Diesen Betrug hätte man vielleicht wiedergutmachen können, aber der aufgebrachte Thor erschlug den Riesen mit seinem Hammer. Das war der Anfang vom Ende.

Neid, Zwietracht, Mißtrauen und Haß waren nun bei den Göttern eingekehrt. Sogar der gute Baldur wurde jede Nacht von bösen Träumen und Vorahnungen seines nahenden Todes geplagt. Da nahm seine besorgte Mutter jedem Menschen und jeder Kreatur einen Eid ab, ihren Sohn nicht zu töten; sogar Feuer und Wasser, Steine und Erde mußten schwören, ihrem Sohn kein Leid zuzufügen. Nur eine Pflanze, die auf Bäumen schmarotzende Mistel, hielt man nicht für wert, vereidigt zu werden. Es kommt, wie es kommen muß: Bei einer Feier zu Baldurs nunmehriger Unverletzlichkeit machen sich die Götter einen Spaß und schießen auf ihn – jetzt kann ihm ja nichts mehr passieren. Und wirklich werden alle Pfeile, Speere und Äxte abgelenkt oder prallen an dem unverwundbaren Gott ab. Loki schneidet einen Mistelzweig ab und überredet den blinden Gott *Hödur*, Baldurs Bruder, zum Spaß damit auf ihn zu werfen. Er lenkt den Zweig schließlich so genau, daß er Baldur trifft und durchbohrt. So stirbt der Gott des Lichts, und den Göttern wird klar, daß nun das Böse unter ihnen weilt, aber auch, daß sie selbst sich mitschuldig gemacht haben. Die Zeit der Götter läuft ab, es kommt zum letzten Kampf – nicht mehr des Guten gegen das Böse, sondern unter gescheiterten Verwaltern eines Schicksals, dem sie sich nicht widersetzen konnten, das auch ihren eigenen Untergang vorhergesagt hat. So kommt es nach einem Winter von drei Jahren (einer Eiszeit) zum Gefecht zwischen Göttern auf der einen Seite und den Riesen, Loki und Ungeheuern wie der Mitgardschlange und dem Fenriswolf auf der anderen. Wie es zum Ende eines Dramas gehört, bleibt am Schluß keiner am Leben – selbst Thor, der mit letzter Kraft die Mitgardschlange erschlagen hat, wird von ihrem giftigen Atem gestreift und stirbt. Das ist das Ende, das den Asen als »Götterdämmerung« vorhergesagt worden war. Ihr Schicksal hat sich erfüllt. Das der Menschen aber auch, denn nun bricht die Hölle los:

> »Die Sonne wird schwarz, das Land sinkt ins Meer,
> vom Himmel stürzen die heiteren Sterne.
> Rauch und Feuer rasen umher,
> den Himmel verdeckt die heiße Lohe.«

Der Weltuntergang ist da. Die Esche Yggdrasil erbebt, Lebendes und Lebloses versinkt in einem Flammenmeer, Qualm und Asche bedekken die Erde, die Sonne verfinstert sich – die Götter sind tot.

Doch der germanische Schöpfungs- und Untergangsmythos endet nicht ohne Hoffnung. Nach Jahrhunderten, die sich nicht genau errechnen lassen, endet die große Götter- und Weltdämmerung – man meint also nicht das Ende der Welt, sondern einen langwährenden Zustand des »Dämmerns«, des Lebens unter bedrückenden und unfreien Zuständen. Doch irgendwann soll eine neue Erde hervorsteigen, grün und heiter und befreit von der Schuld der Götter und Vorfahren. Das ist dann die Welt Baldurs, des schuldlos ermordeten Gottes des Lichts. Und auch neue Menschen werden diese Erde bevölkern. Man kennt sogar schon ihre Namen: *Lif* und *Lifthrasir*, ein Paar, das die Götterdämmerung überlebt hat und zu den neuen Stammeltern der Menschen werden wird. Sie – so sagt es die Schicksalsoffenbarung – werden eines Tages im Gras die alten Runen des Odin wiederfinden.

Das ist der mythologische Hintergrund der Menschen, die vor mehr als 3000 Jahren Runen in Stein und Holz ritzten und sie mit derselben

Selbstverständlichkeit befragten, wie sie es sich von ihren Göttern vorstellten. »Gut« und »Böse« waren keine absoluten Größen, sondern waren menschlich und ließen sich über Baldur und Loki verstehen, über deren Leben, Taten und über die Vorbestimmung ihrer Wege. Grundsätzlich müssen die Menschen damals eine positivere, aber auch härtere Vorstellung vom Leben gehabt haben: Der Mensch muß leiden, sein Schicksal er-tragen und vor allem voll und ganz für sein eigenes Tun Verantwortung tragen. Da konnte man sich auch nicht auf die Vorbestimmung herausreden.

Wie die Germanen nun praktisch mit den Runen umgegangen sind, läßt sich aus ein paar Textstellen erkennen:

»Weißt du, wie du ritzen sollst?
Weißt du, wie du raten sollst?
Weißt du, wie du färben sollst?
Weißt du, wie du fragen sollst?
Weißt du, wie du wünschen sollst?
Weißt du, wie du weihen sollst?
Weißt du, wie du schicken sollst?
Weißt du, wie du schlachten sollst?«

Die ersten vier Zeilen sprechen vom Orakel mit den Runen, die letzten vier vom Opfer. Beides war also, wenigstens anfänglich, stark miteinander verbunden. Durch das Werfen der Losstäbe stellte man meist nur den besten Zeitpunkt für ein Opfer fest, das sich dann – als Tier- oder Menschenopfer – erfüllen mußte. Tacitus berichtete schockiert von Menschenopfern, und Strabo schilderte sogar recht ausführlich, wie bei den Kimbern weißgekleidete alte Priesterinnen die Kriegsgefangenen mit Kränzen schmückten, zu einem großen Kupferkessel führten und ihnen die Köpfe an den Rand drückten. Dann schnitten sie ihnen die Kehlen durch und weissagten aus dem im Kessel zusammengelaufenen Blut. Diese Priesterinnen bildeten jedoch eine absolute Ausnahme, denn die Germanen hatten eigentlich keine Priesterkaste wie die Kelten – jeder konnte opfern, ebenso wie jeder die Runen befragte.

Aber es existierte noch eine andere Vorstellung von den Runen –

eine, die wir heute vielleicht mit den Tierkreiszeichen verbinden. Die 16 »großen« Runen standen auch für Prototypen, für vereinfachte Charakter- und Verhaltensmuster. Zu allen Zeiten hat der denkende Mensch sich und die anderen zwar als selbständige Individuen verstanden, aber auch Muster und Ähnlichkeiten erkannt, die es ihm erlaubten, Menschen in Verhaltensgruppen einzuordnen. Das konnte nach ihrer körperlichen Erscheinung geschehen, ihrem Ausdruck oder ihrem psychischen Zustand, genauso, wie Jahrhunderte später die Menschen nach ihrer Konstitution in leptosome, pyknische und athletische (Kretschmersche Typenlehre) oder ihrem Temperament nach in cholerische, sanguinische, phlegmatische und melancholische eingeteilt wurden. Die Schematisierung der vielfältigen menschlichen Zustände und Erscheinungsweisen hat bis heute nicht nachgelassen. So unterteilt etwa die Körpertherapie in »Kollabierte«, »Komprimierte«, »Rigide«, »Trianguläre« und »Fragmentierte«. Alexander und Leslie Lowen, Mitbegründer der Bioenergetik nach Wilhelm Reich, teilen die menschliche Vielfalt gar in sieben Typen ein: orale, masochistische, hysterische, phallisch-narzistische, passiv-feminine, schizoide und schizophrene. Die Germanen teilten, wie gesagt, die Vielfalt der Charaktere in ihre 16 »großen« Runen ein, die nordische Runenreihe, die die einfache und klare Urform aller später daraus entstandenen Alphabete darstellt. Um den Weg zu diesen »Urrunen« zu finden, muß man sich erst mit der Idee beschäftigen, die Menschen überhaupt dazu brachte, ein System von Mitteilungszeichen zu entwickeln.

Die einfache »Ab-Bildung«, die in jeder Kultur anzutreffen ist, konnte nicht mehr mitteilen als die Realität, die auf der Zeichnung zu erkennen war. Ein Bär blieb eben als Aussage ein Bär; hatte er einen Speer im Körper stecken, so war es ein gejagter Bär oder die Aufforderung, ihn zu jagen – eine sehr eindimensionale Nachricht also, mit der man nur konkret Abbildbares verständlich machen konnte. Immer schon wurden aber bestimmten Objekten auch abstrakte Fähigkeiten zugeordnet – der Sonne etwa Kraft, Wärme und ewige Wiederauferstehung. Das konnten die Zeichen also auch noch ausdrücken. Um aber längere und komplizierte Gedankengänge zu formulieren, mußte man erst Ordnung schaffen, die Welt, ihre Kräfte und Zusammenhänge unterteilen und in ein möglichst einfaches und klares System zur Wiedererkennung bringen. Die Zahl der Unterscheidung ist 4 – sie gibt Richtungen an, scheidet Zustände und Jahreszeiten. Das einfache System der Trennung nach JA und NEIN, HELL und DUNKEL, LEBEN oder TOD, GUT oder BÖSE läßt sich als 1 oder 0 schreiben – erst die 4 analysiert, gliedert und ordnet die Welt und die Sprache. Diese Gliederung ist nicht willkürlich entstanden, sondern aus aufmerksamer Naturbeobachtung. Der Mond zeigt sich in vier Phasen – er nimmt zu, erscheint als volle Scheibe, nimmt als Sichel wieder ab und schrumpft, bevor er wieder wachsen kann, zum Neumond zusammen. Die Richtungen auf einer Ebene hat man nach dem Menschen, der sie anzeigen kann, unterteilt. Er kann mit den Armen links und rechts anzeigen, blickt nach vorn und weiß um sein »Hinter-Sich«. Hätte man die Richtungen in 3, 5 oder 7 unterteilt, hätte der Mensch als genaues Anzeigeinstrument versagt.

Diesem Viererprinzip folgten viele Unterscheidungen, die sich zwanglos ergaben und die man nicht in ein Schema pressen mußte, um die 4 zu rechtfertigen. Man unterschied die vier Grundelemente Feuer, Wasser, Luft und Erde, die vier Jahreszeiten, die vier Temperamente und die vier Geschmacksrichtungen (salzig, süß, sauer und bitter) und baute das Vierersystem schließlich zur Perfektion aus. Jeder Lebensbereich ließ sich als Quartett darstellen: Leib, Seele, Geist und Wille – Freiheit, Reinheit, Wahrheit, Einheit – fest, flüssig, gasförmig und folgerichtig (als früh geahntes, doch spät formuliertes Kind der Chemie) »das Plasma« – Punkt, Linie, Fläche, Raum. Auf diesem Grundsatz baut auch die germanische Runenreihe auf. Die kurze nordische Reihe zählt 16 Zeichen – also vier mal vier. Man nennt sie wie alle ähnlich gestalteten Runenalphabete FUTHARK (FUTHORK), weil ihre ersten sechs Zeichen stets dieses Wort bilden. Die gemeingermanischen Runen sind um zweimal vier Runen erweitert; sie enthalten zwar die »Großen« Runen, sind aber eher die Komplettierung und Ausweitung eines grundsätzlich in sich ›fertigen‹ Systems. Diese erweiterte Runenreihe werden wir zum Orakeln verwenden.

Nordische Runen:

ᚠ	ᚢ	ᚦ	ᚬ	ᚱ	ᚴ	ᚼ	ᚾ
FAR	UR	THORN	OS	RATH	KAUN	HAGAL	NOTH

ᛁ	ᛅ	ᛋ	ᛏ	ᛒ	ᛚ	ᛘ	ᛦ
IS	AR	SOL	TYR	BAR	LAF	MAN	YR

Um acht gemeingermanische Runen erweiterte Reihe:

ᚠ	ᚢ	ᚦ	ᚬ	ᚱ	ᚴ	ᚷ	ᚹ
FAR	UR	THORN	OS	RATH	KAUN	GIBUR	WONNE

ᚼ	ᚾ	ᛁ	ᛃ	ᛅ	ᛈ	ᛇ	ᛋ
HAGAL	NOTH	IS	JER	AR	PER	EOL	SOL

ᛏ	ᛒ	ᛖ	ᛚ	ᛘ	ᛜ	ᛞ	ᛦ
TYR	BAR	EH	LAF	MAN	ING	DAG	YR

Ob wohl sich diese Reihen wie Alphabete lesen, besteht doch ein gravierender Unterschied zu unseren heutigen Buchstaben. Jede Rune hatte sowohl einen Lautwert als auch darüber hinaus eine individuelle magische Bedeutung, einen Sinnwert. Im Runenritual warf man Buchenstäbe, auf denen die Runen eingeritzt waren, und mußte sie zum Deuten wieder auf»lesen«. Schon in diesem kargen Satz hat sich viel aus unserer Sprachgeschichte und -entwicklung aufgeschlossen, und Sie werden unzählige weitere erstaunliche Entdeckungen machen, wenn Sie sich auf die Urzeichen unserer Sprachgeschichte einlassen.

Die eigene Sprache wiederzuentdecken und selber Zusammenhänge herzustellen, die in vielen Worten und Kombinationen fast bis zur Unkenntlichkeit abgeschliffen sind, gehört mit zu den spannendsten Entdeckungen, die wir heute noch machen können. Die weißen Flekken auf der Landkarte liegen nicht mehr in exotischen Fernen, sondern in uns und unserer Geschichte. Runen gehören zu unseren nordeuropäischen Wurzeln und können, wenn wir uns auf sie einlassen, einen Bogen schlagen, der uns einer Gedanken- und Gefühlswelt näherbringt, die fast 3000 Jahre zurückliegt, in der wir uns manchmal geradezu unheimlich vertraut fühlen werden.

Die Befragung der Runen

Bevor Sie aber nun Erfahrungen mit den geheimnisvollen Symbolen der Germanen machen, brauchen Sie erst einmal Runensteine oder -stäbe, es sei denn, Sie haben Sie mit diesem Buch bereits mitgekauft. Der einfachste Weg ist sicher, die vierundzwanzig Zeichen auf kleine Kartonrechtecke aufzumalen, aber wie alles, was stark wirkt, verlangen auch die Runen, daß man sich um sie bemüht und sich auf sie einläßt. Runen sollten in Stein, gebrannten Ton oder Holz geritzt sein – erst dann lassen sie sich richtig ›greifen‹ und können ihre volle Kraft entfalten. Gehen Sie zum Beispiel öfter an Seen oder Flüssen spazieren, dann sollten Sie anfangen, vom Wasser glattpolierte Kiesel zu sammeln. Sie sollten flach und länglich sein, alle ungefähr von derselben Größe, etwa so groß wie Ihr letztes Daumenglied. Schon bei dieser konzentrierten Suche werden Sie Energie entwickeln, die sich auf die Runensteine übertragen wird und die sie Ihnen wieder zurückgeben werden, denn Energie kann in diesem Kosmos nicht verloren gehen.

Haben Sie sich endlich für vierundzwanzig der schönsten und gleichförmigsten Steine entschieden, so ritzen Sie (mit einem Stahlstichel oder einer stabilen Messerklinge, aber auch profane Schraubenzieher sind zugelassen) auf einer Seite die Runenzeichen ein. Ziehen Sie die Kerben anschließend mit roter oder schwarzer Lackfarbe nach.

Sollten Sie zu den Hobbytöpfern gehören oder sonstigen Zugang zu Ton haben, dann können Sie aus einer ausgewalzten Tonplatte vierundzwanzig Plättchen schneiden und die Runenzeichen einritzen. Nach dem Brennen versäubern und alle Grate und Kanten glatt schleifen.

Schließlich gibt es noch die klassische Möglichkeit, Runen in Holzstäbe zu schneiden. Dafür eignen sich fast alle Holzsorten, wobei noch einmal gesagt werden muß, daß den Germanen Bäume heilig waren – schließlich entstanden die ersten Menschen aus einer Esche und einer Ulme. Aber auch Eichen- und Buchenholz eignet sich für die Herstellung von Runenstäben. Wenn Sie mehrere daumendicke und geradegewachsene Äste gesammelt haben, entfernen Sie die Rinde und schnitzen oder hobeln sie flach. Zerschneiden Sie die Äste in etwa 5 Zentimeter lange Stücke und schnitzen Sie die Runenzeichen hinein.

Welches Material Sie auch immer verwenden – komplettieren Sie Ihr Runenset schließlich mit einem weichen Beutel aus Stoff oder Leder, in dem alle Runen immer zusammen aufbewahrt werden sollten und der groß genug ist, daß Sie Ihre Hand hineinstecken und darin herumwühlen können.

Bevor Sie das erstemal mit den Runen ›arbeiten‹, sollten Sie sie ganz persönlich und ohne Vorinformation kennenlernen. Sie können sich diesen magischen Zeichen ganz intuitiv nähern. Legen Sie alle vor sich auf dem Tisch aus und betrachten Sie sie einfach. Assoziieren Sie zu den Formen und Symbolen, erkennen Sie Ähnlichkeiten und Zusammenhänge, suchen Sie ›sympathische‹ Runen und spielen Sie einfach ganz unbefangen mit ihnen. Dann packen Sie sie wieder weg.

Um die Runen zu ›befragen‹, sollten Sie gewisse Vorbereitungen treffen. Sehen Sie zu, daß Sie allein sind. Wenigstens sollten Sie sich allein in einem Zimmer aufhalten, oder Sie suchen sich in der Natur einen ungestörten Platz. Zuhause öffnen Sie das Fenster und schalten jede Stör- oder Geräuschquelle – wie Radio, Fernseher, Waschmaschine, Homecomputer – aus. Die beste Zeit zum Befragen der Runen ist nach Sonnenuntergang, nach einem reinigenden Regen, überhaupt bei kühler frischer Luft.

Wollen Sie den Runen eine bestimmte Frage stellen, so konzentrieren Sie sich voll und ganz darauf; achten Sie vor allem darauf, *wie Sie die Frage formulieren*. Sie können Ihre Aufnahmebereitschaft mit einer Atemgymnastik erhöhen. Schieben Sie die rechte Hand in den Beutel und mischen Sie die Runen. Versuchen Sie, *alle* dabei mindestens einmal zu berühren. Werden Sie ganz eins mit Ihrer Frage oder Ihrem Anliegen, bis Sie merken, daß Ihre Finger sich für eine Rune entschieden haben. Ziehen Sie sie heraus und legen Sie sie vor sich auf den Tisch. Betrachten Sie das Zeichen einfach, und wenn Sie noch keine Kenntnis über seine Natur besitzen, dann lassen Sie Bilder und Verbindungen dazu entstehen, assoziieren Sie frei und genieren Sie sich nicht vor den scheinbar absonderlichsten Phantasien. Schließlich fällt jedem von uns zu jedem Zeichen eine Unmenge von Details, Verbindungen und Erinnerungen ein, denn jede Rune ist tagtäglich in unserer normalen Umwelt zu finden: die SOL-Rune ᛋ zum Beispiel als Zeichen für Hochspannung, aber auch für »Vorsicht Glatteis!« oder »S-Kurve«, HAGAL ᛡ bei »Schneefall«, TYR ᛏ als Hinweis, Richtungspfeil und Schreibmaschinentaste, IS ᛁ natürlich als einfachste und klarste Form aller Zeichen für Geradlinigkeit, für alles aufrecht Stehende, *das* Freudsche Phallussymbol, YR ᛦ als Friedenszeichen und Symbol der Rüstungsgegner, wenn man es in einen Kreis setzt (allein kann es genausogut für einen Düsenjäger stehen), AR ᛅ das Andreaskreuz, MAN ᛘ etwa als Holzträger oder Struktur in Fachwerkhäusern. Wenn Sie Ihre spontanen Gedanken zu der Rune beendet und gesammelt haben, schlagen Sie die entsprechende Seite dieses Buches auf und lesen Sie nach. Die Wortreihen am Ende jeder Runenbesprechung sind als Meditationskette gedacht. Lassen Sie sich von ihnen anstoßen, in Ihrem Kopf herumzuspazieren, folgen Sie den Begriffen und versuchen Sie, eine Landkarte des jeweiligen Themas entstehen zu lassen.

Sie können die Runen allerdings auch ganz allgemein befragen. Dann handelt es sich meist darum, wo Sie gerade jetzt Ihre Position auf dem Weg der Selbstverwirklichung und Entwicklung einnehmen, wo Sie stehen! Das Orakel kann Ihnen diese Position verraten, es kann Ihnen ebenso die Hindernisse und Schwierigkeiten klar machen, die Sie begrenzen, und Ihnen Wege um oder über diese Barrieren zeigen. Runenlesen ist wie jedes Orakel eine Form der Selbstmitteilung, bei der sowohl Medium als auch Erklärung nur Vehikel sind – das Wichtigste findet in Ihrem Kopf statt! Ein spontanes Gefühl, ein undeutliches Bild wird greifbar, läßt sich ausdrücken und gibt Ihnen schließlich Klarheit. Das Thema ist genannt und erkannt. Es kann sich jetzt nicht mehr tarnen oder unter fremdem Namen verstecken. Allein das wäre schon Berechtigung genug, aber wenn Sie länger mit Runen arbeiten, werden Sie merken, daß da noch etwas mehr ist als praktische Selbsthilfe und Urpsychologie – doch um das abzubilden, sind die Schriftzeichen nicht gemacht; das wußten auch die Germanen ganz gut, denn »runa« heißt auch »Geheimnis«.

Sie können die Runen auch für andere befragen. Entweder ein Freund wünscht Ihre Hilfe oder etwas Klarheit bei einem Problem und schildert Ihnen das Thema, oder Sie ergreifen quasi für ihn die Initiative und befragen das Orakel an seiner Stelle. Seien Sie vorsichtig mit der Auslegung! Geben Sie nur die groben Grundinformationen an den anderen weiter und hüten Sie sich davor, ihm den Schritt zwischen *seiner* Wirklichkeit und der der Runen abzunehmen. Menschen, die immer nur fragen, »was das bedeutet«, sollte man mit der Rune alleinlassen – entweder sie können tatsächlich nur fertige Rezepte von außen annehmen oder sie bringen soviel Interesse an sich selbst auf, daß sie sich auch auf schwere Themen einlassen und die Rune als Anstoß und Wegweiser verstehen.

FAR »Das Vatervieh«

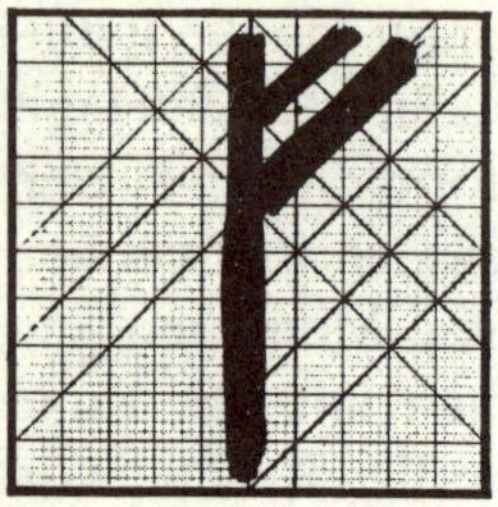

In dieser Rune treffen sich zwei Energien: die des Vaters, des Schöpfers und Beschützers, und die des Viehs, des männlichen Urtyps, der alle Männergruppen überlebt hat und immer noch ein Haufen Muskeln mit großem Phallus geblieben ist. Diese reine, animalische Kraft schließt zwar Geist und Seele nicht aus, ihr Ziel ist aber gleichzeitig ihr Weg, und der heißt »tun«. Also bleibt für Besinnliches und Kontemplatives keine Zeit. Wenn man Einsichten am Wegrand erspähen sollte, ist man schon längst wieder Kilometer weitergaloppiert, bevor man rechte Lust darauf bekommen konnte, sich diesen einen Gedanken mal näher anzuschauen. Die Energie des jagenden und springenden Bocks trägt Sie weiter, schnell und sicher, und die einzige Gefahr, die sich dieser ›Dynamo‹ vorstellen kann, ist, umzufallen, wenn er stehen bliebe. Das ist das erste Thema dieser Rune: Man fällt nicht unbedingt um, wenn man stehen bleibt. Die Angst davor, anzuhalten und seine Umgebung scharf und deutlich wahrzunehmen, ist unbegründet, sie gerinnt nicht zwangsläufig zu langweiliger Mittelmäßigkeit – auch nicht für ein schnaubendes und stampfendes Vatervieh. Das Vieh in dieser Figur ist heute der »Macher« – welches Geschlecht er auch immer hat –, der unermüdliche Umtreiber, Ideenentwickler und Energiebolzen. Seinen Jagd- und Sextrieb hat er meist ganz auf Arbeit und Karriere gerichtet, doch trotz seiner enormen Geschwindigkeit und Energie fällt es ihm schwer, seinen Ehrgeiz zu befriedigen. Kaum ist ein Ziel erreicht, taucht schon das nächste, viel wichtigere und verlockendere, am Horizont auf. Das Vieh sucht dauernd Nahrung und achtet dabei gar nicht auf den Hunger – es jagt und weidet nicht, um satt zu werden, sondern weil es darin seinen Lebensinhalt sieht. Diese Rune empfiehlt, *anzuhalten und sich umzusehen*, die vorwärtsgaloppierende Energie zu bremsen und in der eigenen Mitte zu versammeln und sie auf das Thema der Nahrung zu richten. Was ›braucht‹ man, was sucht man an materieller Nahrung? Ist es Vermögen oder Besitz? Besitz als Ausdruck und Produkt der gewaltigen Energie, mit der Sie durchs Leben preschen, oder Vermögen als Ansammlung von Fähigkeiten und Einsichten, aus der heraus sich effektiver und zielgerichteter arbeiten läßt. Aber es gibt auch geistige Nahrung, die sich mit dieser schnellen und hektischen Kraft schwerer finden läßt als materielle. Für die Erfüllung dieses Wunsches steht die Figur des »Vaters«, ohne den das Vatervieh eben nur ein Tier wäre. Der eigene Vater erinnert an die Abstammung, an seine Wurzeln, Fähigkeiten wie Hindernisse, die uns als Anlage mitgegeben worden sind. Also genügt es nicht, nur stehenzubleiben; das Vatervieh muß sich auch *umsehen und zurückblicken* – und das fällt ihm, nachdem es als Richtung nur »der Nase nach« gelten läßt, sicher am schwersten. Neben dem eigenen Vater, der als Symbol für Schutz und Stabilität steht, gibt es allerdings noch einen anderen – den Gedanken des Vaters: die Suche nach dem Göttlichen, den Drang, sein Bewußtsein zu erweitern und höhere Stufen zu erreichen. Am Ende all dieser Anstrengungen steht die Erfüllung, und wie man mit dem Erreichten umgeht, ist das zweite Thema dieser Rune: Erhalten und Konservieren um seiner selbst willen bedeutet Stagnation, die Erfüllung wird starr und wertlos, wenn sie nicht auch für andere erreicht und mit anderen geteilt wird. »Sich erfüllen« heißt, *sich mit Liebe zu füllen*, und das tut man auch und hauptsächlich für andere.

VATER | VIEH
Ideal | Energie
Besitz — ERFÜLLUNG — Nahrung

UR »Der Stier am Quell«

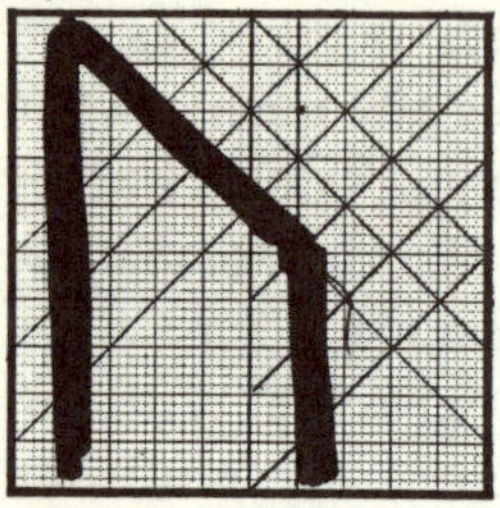

Schon wenn man die einfache Zeichnung betrachtet, kann man das Grundgefühl dieser Rune erspüren: eine stabil im Boden verankerte Figur, stehend und ›be-ständig‹, kraftvoll durch die gewaltige Schulter- und Nackenpartie. Picasso verwandte für seine Stierzeichnungen kaum mehr Striche. UR ist der Auerochse, der Ur-Vater all unserer inzwischen zahmen und domestizierten Kühe, Stiere und Ochsen. Der Auerochse war natürlich kein Ochse, also kein kastriertes Rind; er stand noch für die reine Kraft, die ebenso Ruhe und Beständigkeit wie katastrophale Angriffswut im Kampfstil einer Lokomotive versprach. Wie sich die Rinder verändert haben, so haben auch wir unsere wilden und chaotischen Energien domestiziert und kanalisiert. Vor 2000 Jahren sah man die Rune noch als angriffslustigen, mit tief geducktem Kopf und gesenkten Hörnern drohenden Stier (nach rechts blickend), heute sehen wir darin das Abbild eines friedlich und aufrecht stehenden Rinds (nach links blickend). Gleichzeitig spiegelt sie auch die Haltung des in der Erde verwurzelten und aus der Erde schöpfenden Bauern wider, die »Ackerstellung«, die doppelt Kontakt mit dem Boden zeigt und für ruhige Kraft, Beständigkeit und Erdgebundenheit steht. Diese Rune zeigt feste Prinzipien und einen starken Willen an, der darauf gerichtet ist, Materielles und Ideelles miteinander zu verbinden. In dieser Haltung verbindet sie die eigene Kraft mit der Urkraft der Erde. Das Thema dieser Rune ist die Berührung mit den Anfängen, den Wurzeln – das Entdecken des Urquells. In dieser Quelle kann man sich betrachten und man kann aus ihr trinken, aber beides löst Heilung nicht einfach aus, sondern man muß sich dafür erst *selber aufgeben*. UR ist Beendigung eines Zustands und Neubeginn, es bedeutet Transformation durch Nachlassen. Die Kraft, die manchmal schon nicht mehr spürbar ist, weil sie so permanent und beständig scheint, oft mehr Erstarrung und Krampf ist als freilaufende Energie, sie kann nur wirken, wenn sie sich in totaler Entspannung auflöst. Das völlige Loslassen, das oft wie ein Verlust erscheint, ist die Chance für einen Neubeginn, für eine weitere Stufe auf dem Weg zur Erkenntnis. Dieser Weg ist jedoch keine einfache Gerade. Deshalb kann der nächste Schritt auch ins Dunkel führen, scheinbar zurück – aber es gibt keine richtige Richtung! Ein ›Ende‹ ist angesagt und wird oft als Schicksalsschlag verstanden; die tatsächliche Chance liegt aber darin, *aus dem scheinbaren Verlust einen Neubeginn wachsen zu lassen.*

STIER — URQUELL
|
Kraft — Unendlichkeit
|
Aufgeben —ERKENNTNIS— Heilung

THORN »Thor am Tor«

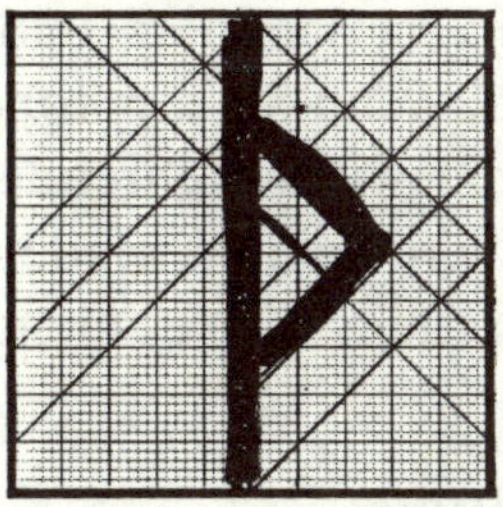

In dieser Rune regiert Thor, der Gott des Donners und Blitzes, mit seinem gewaltigen Zauberhammer Mjöllnir. Die Kraft hinter diesem Zeichen ist also enorm, aber auch impulsiv und ohne Planung, wie Thor eben, aus dessen ehrfurchtsgebietender Gestalt in der germanischen Göttersage später der »thumbe Thor« wurde, der starke, aber mit geringen Verstandeskräften ausgestattete Törichte. Die Elementargewalt, die dieses Zeichen darstellt, lebt in uns, und je größer sie ist, desto schwerer und gefährlicher ist es, mit ihr umzugehen. Gleichzeitig mit dem Hammer des Donnerers ist THORN aber auch das Symbol für den Torweg, für eine sehr exponierte Stelle, die sich nicht passieren läßt wie jede andere. Man muß es sich gut überlegen, bevor man durch ein Tor schreitet, nicht nur, weil man meistens nicht weiß, was dahinter wartet, sondern weil man oft genug nie wieder zurückkehren wird. In sein altes Leben etwa. Also treffen sich hier zwei gegensätzliche Energien – die wild-dynamische des Hammerschleuderers und die kontemplative eines verheißungsvollen oder beängstigenden Torwegs. Diese Situation stellt die Ankunft an einer Grenze dar, und Sie sollten *stehen bleiben und sich sammeln*, bis Sie die Gewißheit haben, daß Sie tatsächlichRätsel lösen und hinter die Oberfläche der materiellen Welt blicken wollen. Aber auch in banaleren Situationen, bei denen Sie spontan von Ihrer Kraft und Ihrem Durchsetzungsvermögen Gebrauch machen würden, mahnt Sie diese Rune zur *Beherrschung*. Dieser Ort und diese Zeit sind beide nicht zum Reagieren bestimmt. Es ist nicht der richtige Moment, Entscheidungen zu fällen, Sie können nicht mehr tun, als zu warten – aber nicht (und das würde dem wilden Thor-Naturell stark zuwiderlaufen), um »abzuwarten«, etwa bis sich eine Situation von selbst geklärt hat oder die Gefahr vorbei ist, sondern um die Vergangenheit vorüberziehen zu lassen, sich die Gesamtheit all Ihrer Erlebnisse und Reaktionen wieder in Erinnerung zu rufen – und sie dann *alle zusammen loszulassen, um weitergehen zu können*. Denn Sie sollten nicht schneller weitergehen, als Sie sich selber folgen können. Bevor Sie die Arbeit beginnen, die in Ihrem Inneren wie außerhalb ansteht, müssen Sie sich erst sammeln und orientieren. Sie können allerdings auch umkehren, wenn Sie am Torweg angekommen sind, ohne die Angst, eine nie wiederkehrende Chance vergeben zu haben – denn der Torweg wird immer wieder auftauchen, und auch wenn Sie ihn jetzt durchschreiten, wird es nicht der letzte gewesen sein, dem Sie begegnen werden.

THOR | TORWEG
|
Gewalt | Grenze
|
Beherrschung — WEG — Sammlung

OS »Eine Botschaft ins Gefängnis«

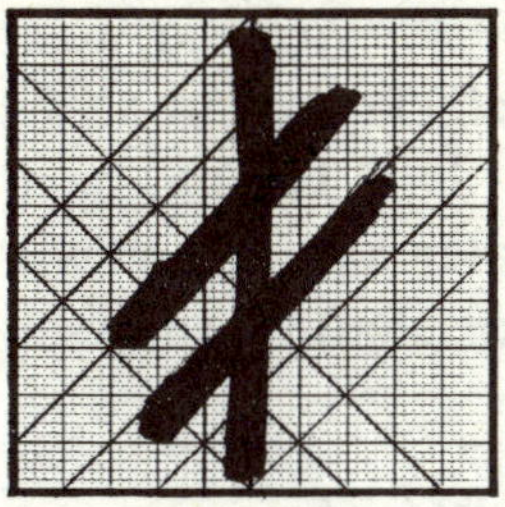

Diese Rune zeigt eine erstarrte Haltung an, eine Situation, in der Sie sich wie gefesselt fühlen, handlungsunfähig, mit gestutzten Flügeln. Mit Gewalt entkommen Sie diesem Zwang nicht, aber auch Abwarten bringt keine Lösung – diese Fessel wird sich nicht von selber lösen. Die altgermanische Losung der OS-Rune lautet: »Deine Geisteskraft macht dich frei« – und nur so können Sie sich wieder befreien: *Jetzt ist es Zeit, sich auf Ihre Verstandeskräfte zu verlassen*. Klären Sie zuerst, *was* Sie eigentlich fesselt oder behindert. Sind es äußere Umstände, in deren Umklammerung Sie sich nach und nach, scheibchenweise und kaum merklich begeben haben? Zur Entfesselung genügt die Feststellung allein nicht, es muß Ihnen schon ein besonderer Trick einfallen. Auf jeden Fall sollten Sie es mit Reden versuchen, denn diese Rune deutet nicht nur auf den Geist, sondern auch auf die Kraft der Sprache hin. Loki, der Listenreiche, der den Schlüssel des Wissens besitzt, ist auch in überreichem Maße mit geschliffener Sprache und magischer Redekunst ausgestattet. Er konnte durch die Macht seiner Worte die Realität verändern. Das sollten Sie jedoch nicht versuchen, denn so werden Sie keine Klarheit finden.

Diese Rune zeigt jedoch auch eine »Botschaft« an, und egal, ob Sie diese Nachricht nun von einem höheren Wesen oder aus den Tiefen Ihres eigenen Unbewußten empfangen – wichtig ist, *daß Sie die Botschaft wahrnehmen und als solche verstehen*. Entschlüsseln können Sie sie immer noch, ohne Eile und Zwang; jetzt haben Sie wenigstens die beruhigende Gewißheit, daß dies Gefühl der Erstarrung und Fesselung kein Alptraum ist, sondern ein aktuelles Thema in Ihrem Leben. Wer auch immer Ihnen dazu eine Botschaft schickt – mit der Kraft des Geistes können Sie sie verstehen und Ihr Gefängnis sprengen. Versuchen Sie, Ihre Situation klar zu erkennen, dann *betrachten Sie dieses Bild aus einer anderen Perspektive*. Probieren Sie mehrere Sichtweisen aus, stellen Sie sich vor, wie Ihre Eltern Sie in diesem Moment sehen würden,

Ihr Partner, ein Freund, ein Feind, ein Fremder oder ein Gott. Befreiung ist nur durch den Geist möglich, denn diese Rune ist die der Asen, der altgermanischen Götter, deren größte Macht die *Klarheit* war, auch wenn sie wußten, daß sie alle nur Gefangene des Schicksals waren.

Diese Rune ist auch als Warnung zu verstehen. Das Thema, nach dem Sie gefragt haben, ist ernster, als Sie angenommen hatten, und will geklärt werden. Aber Sie kennen auch schon die Botschaft. Sie müssen sich nur noch aufmerksam genug zuhören.

GEFÄNGNIS — Geist — Sprache — KLARHEIT — Empfangen — Signal — BOTSCHAFT

RATH »Der Ruf zum Aufbruch«

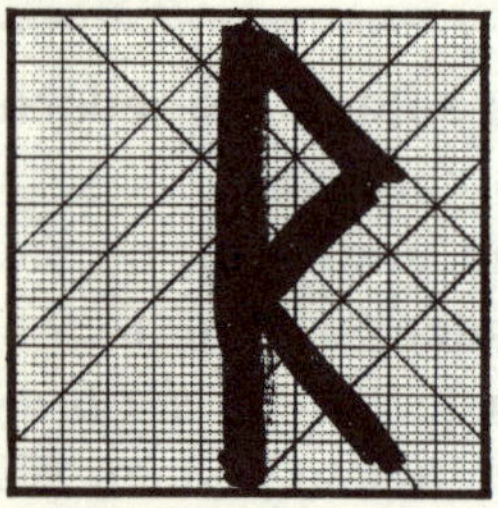

Sie sind eingeschlafen und haben es gar nicht gemerkt. Diese Rune zeigt Ihnen an, daß es an der Zeit ist, eine Reise zu unternehmen. Der Ruf bringt die Reise, die Reise den Rat. Sie dachten, Sie wären schon am Ziel, aber weit gefehlt: Sie sind nur vor lauter Zerrissenheit erstarrt und haben Stillstand mit der kraftvollen Ruhe verwechselt, die aus unserer eigenen Mitte kommen kann, wenn wir sie zulassen. Warum wollen Sie sich nicht mehr bewegen? Sie können Ihrer eigenen Entwicklung vertrauen – sie wird keine Fehler machen, solange sie sich überhaupt noch bewegen darf. Also raffen Sie sich auf aus der Lethargie und bewegen Sie irgend etwas. Es muß nicht gleich der Ausstieg aus Ihrem gewohnten Leben sein; eine kleine Veränderung bringt genug Bewegung, um weiterzuwachsen. Reisen sind schön; sie entheben uns der üblichen und eingefahrenen Verhaltensmuster, lassen uns neuen Menschen und Ideen begegnen und schaffen die Möglichkeit, uns mit der alten Umgebung und den Menschen darin wieder zu versöhnen und sie anders wahrzunehmen – wenn wir wieder zurückkommen. Die Aufforderung zu einer Reise schließt auch eine ins eigene Innere nicht aus. Die Seele kann sich bei dieser Reise auf Probleme einstimmen, deren vielerlei Gesichter uns bisher immer daran gehindert haben, eindeutig zu ihnen Stellung zu beziehen. Auf diesen Reisen lassen sich alle Aspekte besser kennenlernen und möglicherweise am Schluß zusammenfügen. Auch das ist die Aufforderung dieser Rune: ein Problem als ein zerbrochenes Thema unseres Lebens zu betrachten, es vorsichtig und behutsam wieder zusammenzusetzen und es durch diese Wiedervereinigung gleichzeitig zu lösen.

Aber es ist nicht so, daß es unwichtig wäre, *wie* wir uns bewegen, denn das Ritterliche in dieser Rune bringt gleichzeitig eine moralische Größe ins Spiel. Weg und Ziel sind nicht so wichtig, die Art und Weise, wie wir uns dem Ziel nähern, um so mehr. Wir dürfen uns nicht ausschließlich auf die eigene Kraft verlassen, das tun, *was geht*, um weiterzukommen, und im Stolz, das ›rechte‹ Ziel erkannt zu haben, auf alle Spielregeln verzichten. Wir müssen uns bei jedem Schritt fragen, *ob wir recht (und nicht nur richtig) gehandelt haben*. Nur die Entwicklung und dauernde Überprüfung einer eigenen Moral können am Schluß zur Versöhnung führen. Dazu gehört auch, andere anzunehmen, sie nicht mit der eigenen Meßlatte zu beurteilen und Einigung mit ihnen zuzulassen. Diese Rune bringt Versöhnung durch Öffnen und Sprechen mit dem anderen, aber nur, wenn dabei der andere und nicht die Versöhnung im Vordergrund steht.

STILLSTAND — RUF
Zerrissenheit — Bewegung
Einstimmung — VERSÖHNUNG — Moral

KAUN »Die Kraft der Klarheit«

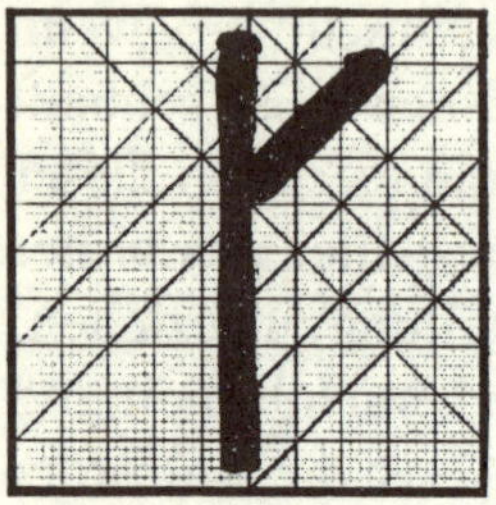

Diese Rune steht für eine unverhoffte, plötzliche Öffnung in Ihrem Leben. Die Dinge, die gestern noch verschwommen oder gar problematisch waren, sind heute licht, klar und wenn noch nicht gelöst, so doch wenigstens zu benennen und deutlich zu erkennen. Gleichzeitig mit der Öffnung hat auch Ihr Selbstvertrauen zugenommen oder, besser gesagt, Sie haben sich ihrer wirklichen Stärken und Fähigkeiten erinnert, die groß genug sind, die Probleme zu lösen. KAUN ist der Vertreiber der Dunkelheit, in Ihrem Denken wie im Gefühlsleben. Obwohl sich die Realität nicht verändert hat, haben Sie Ihre Sicht der Dinge verändert. Dadurch sind Sie jetzt frei für neue Erfahrungen; die Potenz und Kraft, die in Ihnen wohnen, geben Ihnen die Sicherheit, daraus etwas Neues und Besseres zu machen.

Das neue Licht, in dem Sie jetzt viele schon erledigt geglaubte Zusammenhänge sehen, hilft Ihnen auch, Bewegung in starre und verfahrene zwischenmenschliche Beziehungen zu bringen. In Ihrer momentanen Stimmung sind Sie fähig, sich anderen zu öffnen ohne Angst davor, mißverstanden oder zurückgewiesen zu werden. Sie geben damit dem anderen Menschen Vertrauen und verschaffen ihm die Möglichkeit, seinerseits loszulassen, ohne sich dabei unter Zwang zu fühlen.

Wenn Sie Ihre jetzige Situation dennoch anders sehen und über dieses verklärende Licht nur den Kopf schütteln können, dürfen Sie trotzdem der Rune vertrauen. *Sie haben im Moment die Fähigkeit, ALLES aufzuklären.* Denken Sie an Möglichkeiten, an die Sie noch nie geglaubt haben, und suchen Sie nach Möglichkeiten, an die Sie noch nie gedacht hatten. Wenden Sie sie ohne Zögern an, denn jetzt gelingt Ihnen alles. Die Klarheit, die in Ihnen aufgetaucht ist, kann, gepaart mit etwas Konzentration, jeden Gedanken in die Tat umsetzen.

Diese Rune deutet allerdings auch auf Erkrankungen hin. Das ist ihr anderer Aspekt. Die Gerade, von der sich ein Ast abgespalten hat, zeigt, daß sich irgendwo in Ihrem Körper ein Herd oder eine Störquelle gebildet hat. Beobachten Sie sich daraufhin aufmerksam und erledigen Sie längst fällige Untersuchungen und Arztbesuche – die Rune KAUN ist eine aktuelle Mahnung dazu. Falls Sie schon krank darniederliegen oder unter langwierigeren chronischen Beschwerden leiden, zeigt diese Rune Besserung an – aber nur, wenn Sie Ihre Vorstellung von der Krankheit (und ihren Auswirkungen auf sich) überdenken und revidieren. Sie werden feststellen, daß man die Behandlungsmethode in den Hintergrund rücken kann, wenn Sie Ihre Lebensweise der Krankheit gemäß umstellen. Jetzt ist die beste Zeit dazu: Sie wissen intuitiv, *wie* Sie leben sollten, und haben gleichzeitig die Kraft, einen einschneidenden Wechsel durchzustehen.

ÖFFNUNG — FÄHIGKEIT

Klarheit — ERFOLG — Möglichkeit

GIBUR »Frei-Gabe«

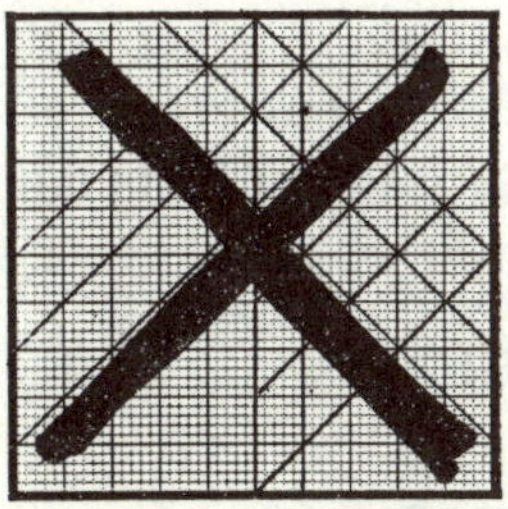

Diese Rune sieht man als Malkreuz noch an manchen norddeutschen Grenzsteinen. Das »Mal« bedeutete das sichtbare Zeichen einer Grenze; Zäune und Hecken waren zur Umgrenzung des Eigentums nicht mehr nötig. Der Grenzverlauf war vom Auge des Betrachters nachzuvollziehen – der Rest war Vertrauen. Grenzsteinumsetzungen sind erst im Mittelalter als Gaunerstückchen bekannt geworden. Zu Zeiten der Germanen und Wikinger war ein solches Verbrechen unvorstellbar. Schließlich stellten die »Male« (wie die Rune GIBUR) und vor allem das Land, das sie umgab, Geschenke der Häuptlinge an treue Vasallen dar. Die Götter vergaben andere Male: Zeichen, Flecken und körperliche Absonderlichkeiten, die darauf hinwiesen, daß diese Menschen von Göttern ›gezeichnet‹

worden waren. Das Muttermal tragen wir heute noch fast stolz, denn es ist meist kurz nach der Geburt aufgetreten und verbindet uns offen mit der Mutter. Obwohl heute vielfach jede Abweichung von der Vorstellung eines perfekten Körpers mit Diät oder Messer beseitigt wird, läßt sich kaum jemand sein Muttermal entfernen.

Wie all diese Zeichen und Geschenke von Göttern und Menschen, ist auch die Rune GIBUR Zeichen und Geschenk, nämlich das der Partnerschaft. Wenn Sie also in dieser Richtung gefragt haben, ist die Antwort klar: Sie werden eine Partnerschaft eingehen. Gleichzeitig warnt die Rune aber vor zuviel Nähe. Freiheit ist ihr Anliegen, Vereinigung ihr Thema. Das bringt den größten Teil aller Probleme eines Eheberaters auf einen kurzen Nenner: Beziehungen müssen Freiheit lassen, um Gemeinsamkeit zu versprechen; man braucht Abstand, um Nähe zu finden. Unter Partnerschaft ist jedoch nicht nur die eines Liebesverhältnisses gemeint. Das Geschenk dieser Rune enthebt Sie der völligen Eigenverantwortung, und die Gabe von GIBUR schenkt Ihnen die Freiheit dazu.

Hatten Sie beim Runenziehen kein festes Thema im Kopf, so weist Sie GIBUR darauf hin, daß sich die Partnerschaft mit sich selbst erfüllen wird. Sie werden Einklang finden, die Zeit der Zerrissenheit ist vorbei. So, wie sich die beiden Linien in der Rune kreuzen, fügen sich Ihr bewußtes und unbewußtes Ich zusammen, stützen und ergänzen sich. Jeder Teil ist gleichberechtigt, hat eine feste Basis in der Erde der Realität und wächst in die Hoffnung des Himmels hinaus.

VEREINIGUNG GABE
| |
Partner — FREIHEIT — Geschenk

WONNE »Freude, schöner Götterfunken«

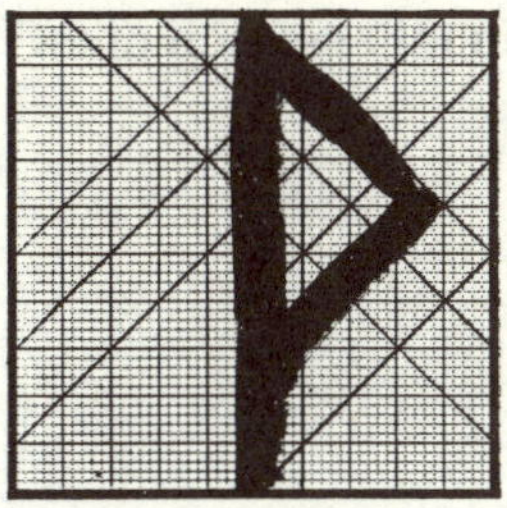

Mit dieser Rune dürfen Sie glücklich sein, aber Sie haben es wahrscheinlich schon vorher gewußt, daß Sie keine Prüfung erwartet, sondern ein Augenblick der Wonne. Dieses völlig in sich geschlossene Zeichen, das die Einheit von Kopf, Herz und Bauch anzeigt, steht fest auf seiner Basis. Es hat Erdkraft und steigt ans Licht. WONNE ist ein Wanen-(Vanen-)Zeichen, ein Siegel des nordischen Göttergeschlechts, das noch vor den Asengöttern auf der Welt war und dessen Vertreter als Spender von Reichtum, Fruchtbarkeit und Glück galten. Sie lebten in der Vor-Midgardzeit, die man wohl als paradiesisch verstehen kann. Sie besaßen die Gabe der Zukunftsschau und verfügten über den Vanenzauber »seidr«, dessen Kraft die dionysische Ekstase ausmachte. Immer eitel Sonnenschein, das kann wohl nicht lange gut gehen – nach den Erfahrungen der unterschiedlichsten Schöpfungsmythen jedenfalls. Sie haben aber gerade einen Zipfel dieses vollständigen Glücks zu fassen bekommen – halten Sie ihn fest und lassen Sie auch andere an dieser Wonne teilhaben.

Wenn Sie nach einem bestimmten Thema gefragt haben, so teilt Ihnen die Rune WONNE mit, daß jetzt die Zeit der ängstlichen Warterei und des ermüdenden Kampfes vorbei ist. Das Problem hat sich in ›Wohlgefallen‹ aufgelöst; es ist zwar nicht beendet oder behandelt, aber es hat sich mit soviel Licht angefüllt, daß man es nur noch liebevoll betrachten kann. Und dieses Licht bringt neue Energie mit sich, Energie, die Sie in Ihrem jetzigen Zustand zur Verbesserung von unbefriedigenden Zuständen und zur Heilung von pessimistischen und erschöpften Menschen verwenden können.

Ganz allgemein gezogen, gibt diese Rune ein Bild Ihres jetzigen Seelenzustands wieder. Sie können eine Phase erhöhten Wohlbefindens verzeichnen, alle Blockaden scheinen wie aufgelöst, und die Klarheit, die Sie auf einmal in sich spüren, drängt Sie geradezu, neue Ideen und Projekte anzugehen. Aber – die Wiederherstellung der

Harmonie war ein Geschenk, Sie haben sie nicht ›erarbeitet‹! Vergessen Sie das nicht, wenn Sie die WONNE wieder verlassen. Sie können sie nur erreichen, wenn Sie nichts dazu tun – greifen läßt sie sich nicht!

WONNE —— FREUDE

LICHT

HAGAL »Zerstörung macht ganz«

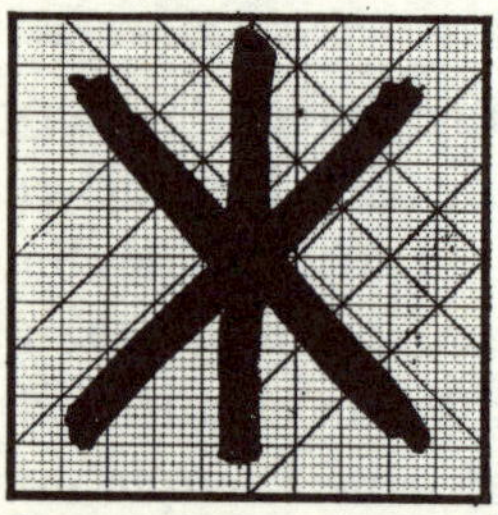

Diese Rune ist das Zeichen der Elementargewalt, einer ebenso zerstörerischen wie schöpferischen Naturkraft. Kleinigkeiten und milde Veränderungen sind nicht zu erwarten, wenn Sie dieses Zeichen ziehen. Zu den Zeiten, als Runen noch ›gelebt‹ wurden, symbolisierte HAGAL den Hagel, die stärkste und zerstörerischste aller Naturgewalten. Thors Blitz konnte Bäume spalten und Feuer entfachen, Stürme und Springfluten ließen Schiffe kentern, und der Schnee begrub das ganze Land unter seiner lähmenden, kalten Decke. Aber der Hagel zerstörte Ernten, erschlug Mensch und Tier und ramponierte die Hütten und Paläste mit solcher Energie und Geschwindigkeit, daß man ihm nicht einmal einen verantwortlichen Gott weihen wollte. Gerade noch den Riesen schrieb man solche Urgewalt (und Perfidie) zu. Hagel- wie Schneekristalle sind aber gleichzeitig von einzigartiger Perfektion. Das hatten schon die Germanen erkannt und von dieser absoluten Harmonie auf eine Instanz geschlossen, die über den Göttern stehen mußte, die den Hagel auf die Erde warf, wie sie selber die Runen auf den Boden streuten.

Wenn Sie also diese Rune ziehen, können Sie sicher sein, daß in Ihrem Leben und in Ihrer Umgebung ein Paukenschlag zu erwarten ist. HAGAL bedeutet nicht einfach Vernichtung, sondern elementare Veränderung und völlige Auflösung Ihrer Pläne. Sie müssen sich nicht damit plagen, wie Sie diese Kraft aufhalten oder umstimmen können – es sind Ereignisse zu erwarten, die völlig außerhalb Ihres Einflusses liegen. Bereiten Sie sich darauf vor, um den Schock zu dämpfen, aber verbinden Sie radikale Veränderungen auch nicht gleich mit schlechten Nachrichten, denn diese Macht kennt keine moralischen Kriterien – sie entlädt sich ganz einfach und stellt den Betroffenen vor völlig neue Konstellationen.

Auf der anderen Seite steht HAGAL für »Kristall«, also für Ausgewogenheit und Harmonie. Wie läßt sich eine Elementargewalt mit dieser heiligen Perfektion zusammenbringen? Kein Problem – beide sind »tadellos«, also von absoluter Reinheit und völligem Gleichgewicht. Dieses Gleichgewicht ist die Vorbedingung zur Ganzheit, die sich auch aus einer völligen Zerstörung herstellt – zwei Wege, von denen keiner ›besser‹ ist; nur einfacher empfindet man es, ohne solche Katastrophen *ganz* zu werden.

Zur Krankheit befragt, kündigt diese Rune keine plötzlichen Schrekken an, sondern weist nur darauf hin, daß der Auslöser der Erkrankung im Ungleichgewicht des Körpers und seiner Funktionen liegt. Das klingt zwar simpel, aber die Lösung ist nicht, Drogen gegen die Krankheit zu nehmen, sondern *gegen die Krankheit zu leben*. Wieder »ganz« zu werden ist auch hier das Thema.

ELEMENTAR-GEWALT		WEISHEIT
|		|
Zerstörung	– GANZHEIT –	Harmonie

NOTH »Notnacht«

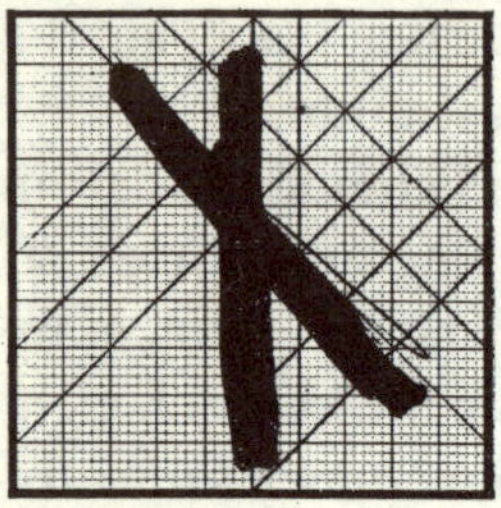

Bei allen Bemühungen, alte und oft sehr grobeindeutige Bestimmungen auf eine »So-als-Auch«-Weise umzuschreiben – die NOTH-Rune bedeutet wirklich Unheil. Aber Sie haben sie nun einmal gezogen und müssen damit umgehen. Wie gehen wir eigentlich mit offenbartem Unheil um? Als erstes ändern wir unseren recht peripheren Glauben an die Vorherbestimmbarkeit in überlegenen Materialismus und wenden uns neuen Offenbarungspraktiken zu. Dann lesen wir not(h)gedrungen weiter. Also, was tun bei NOTH? Alles, was dieses Zeichen signalisiert, ist Ablehnung, nämlich die großen »N«s: Nein, Not, Nacht. Auf jeden Fall stehen wir vor einer höheren Gewalt, die uns erbarmungslos ihre kalte Interessenlosigkeit vorführt und von uns vollen Einsatz und absolute Konzentration verlangt, wollen wir das Schlimmste noch abwenden. NOTH verweist auf das kühle Schicksal, das sich noch nie um Humanismus geschert hat und uns jetzt Zwang auferlegt. Es muß nicht »Tod« als Ende unserer Tage bedeuten, aber ein Ende zeigt es allemal an: das unseres beschaulichen und eingespielten Dahinvegetierens, dessen ruhige Sicherheit nun plötzlich in Frage gestellt ist. Auf NOTH läßt sich nicht mit freundlichen Gedanken, guten Vorsätzen und eifrigem Gerede reagieren – es verlangt Taten!

Haben Sie zu einem bestimmten Thema gefragt, dann können Sie sicher sein, daß diese Frage Ihr Schicksal bestimmen wird. Können Sie noch reagieren, so tun Sie das schnell und unkonventionell, denn es ist »Noth am Mann«; müssen Sie die Entscheidung dem Schicksal oder anderen Menschen überlassen, so wappnen Sie sich gegen das Schlimmste. Alle Fragen, die mit einem einfachen Ja oder Nein zu beantworten sind, können Sie getrost als abgelehnt verstehen. Haben Sie allgemein gefragt, so zeigt diese Rune dunkle Seiten in Ihnen auf, weist darauf hin, daß Sie allzulange mit der gnädigen Verzeihung des Schicksals gerechnet haben, sich wie ein eitriger Backenzahn in der aberwitzigen Sicherheit, »es wird schon nichts passieren«, gewiegt haben. *Jetzt ist es an der Zeit, Schmerzen zu ertragen, um größere zu vermeiden.* Wenn es dieser Zwang schafft, in Ihnen Konzentration und Kraft zusammenzufassen, können Sie nach einer dunklen Zeit einen großen Schritt nach vorn machen. Die Sätze, daß »Rückschläge die besten Lehrmeister« sind und man aus Fehlern lernen kann, gehen zwar leicht über die Lippen – in der Zeit der NOTH klingen sie aber wie Hohn. Nehmen Sie trotzdem all Ihre Kraft zusammen – Sie werden sich durchbeißen und von der Not zur Notwendigkeit gelangen.

NOT | EINSICHT
Zwang — NOTWENDIGKEIT — Änderung

IS »Durch Isolation zum Ich«

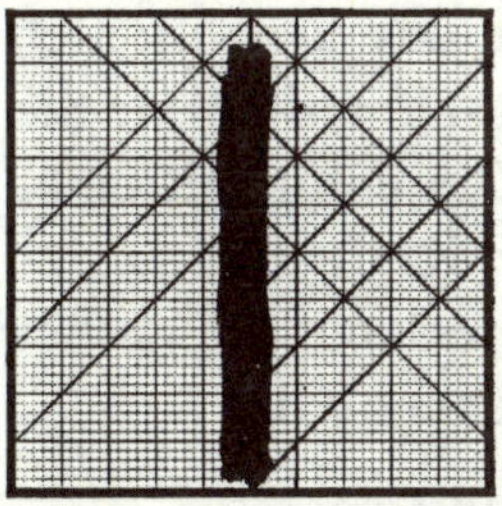

Nichts ist einfacher, als einen geraden Strich zu machen. Die Germanen müssen das auch gewußt haben – IS ist eins (1) und steht für ICH. Ich ganz allein, ohne Umfeld, ohne Familie, Freunde, Partner, ja ohne Verpflichtungen, Arbeit und Feinde – ohne Außenwelt. IS ist die perfekte Isolation.

Haben Sie nach etwas Bestimmtem gefragt, so ist die Antwort einfach: Sie liegt einzig und allein bei Ihnen selbst! *Nur Sie können die Antwort geben*, und Ihnen ist es aufgetragen, den Weitergang der Geschichte zu bestimmen. Wundern Sie sich nicht, wenn die Frage ganz offensichtlich wenig mit Ihrer eigenen Reaktion zu tun hat; in Wirklichkeit sind Ihre Vorstellungen und Bedürfnisse schon ganz klar vorformuliert, und Sie warten nur auf die Zustimmung oder Ablehnung des anderen – aber nur, um sich mit Ihrer Version durchzusetzen!

Fragen Sie allerdings ganz allgemein, so bedeutet diese Rune, daß Sie sich im Eis eingeschlossen haben – Sie sind erstarrt vor Schreck oder Unentschlossenheit. IS ist auch das Eis, und wenn man sich als derart geradlinige Figur darauf begibt, kann man sicher sein, auszurutschen und sich dabei den Hals zu brechen. Die Passivität, in der Sie sich jetzt befinden, muß die Vorstufe zu einer neuen und ungemein lebendigeren Bewegung sein, als Sie sie jemals vollbracht haben. Aber wie den Bann brechen, wie die Erstarrung abschütteln? Die Antwort lautet wieder: Nur durch Sie allein, nur durch Ihr eigenes Ich, denn das, was Sie behindert, ist gleichzeitig das, was behindert wird. *Sie haben sich selber erstarren lassen!* Hilfe von außen können Sie vergessen, denn dazu müßten Sie erst um Hilfe bitten. Das ist Isolierten und Erstarrten aber unmöglich. Sie können sich nur selber helfen. Erkennen Sie Ihren Stillstand als eine fern verwandte Form der Standfestigkeit (optisch jedenfalls kaum zu unterscheiden) und versuchen Sie, auf diese Basis überzuwechseln. Um von dort aus Ihr ICH wieder zu erreichen, bedarf es eines starken Willens. Aber was bleibt Ihnen auf diesem einsamen Außenposten anderes übrig, als Willensstärke zu entwickeln? Manches, aber das sollten Sie gar nicht erst ins Auge fassen. Verstehen Sie diese Isolation als Chance; spielen Sie das Spiel mit, das da heißt: »Ich werde wollen können!«, und tauen Sie das Eis langsam auf. Wenn Sie die wärmeren Gefilde wieder erreichen, werden Sie dafür mit einer Erfahrung belohnt worden sein, die Ihnen ewige Kraft und ewiges Lächeln schenkt. Die Wiedergeburt aus dem Eis verlangt ein großes Opfer der ›Persönlichkeit‹ – doch sie verleiht ein starkes ICH.

EIS | | STANDHAFTIGKEIT
| | |
Stillstand — ICH — Willen

JER »Der Zyklus«

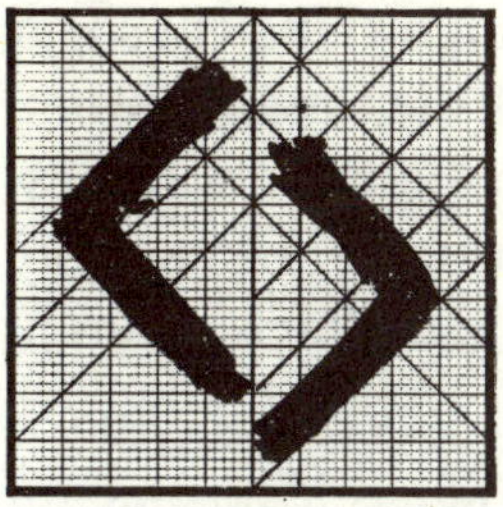

Dies ist die einzige Rune, die unfertig oder gebrochen aussieht, aber gerade sie steht für die endlose Gerade der Zeit, die die Götter in Zyklen einteilten, als sie daran gingen, Ordnung ins Urchaos zu bringen. Nachdem sie der Sonne ihren Platz gegeben, die Planeten auf ihre Bahnen gelenkt hatten und auch der Mond versorgt war, damit Ebbe und Flut ebenso wie die weibliche Fruchtbarkeit ihren Rhythmus gefunden hatten, gingen sie daran, die Zeit für die Menschen einzuteilen, in Stunden, Tage (in denen sich die meisten Götter abbilden ließen), Monate, Jahreszeiten und Jahre. Insofern ist diese Rune klar, denn ihre wichtigste Aussage liegt nicht in der Form der beiden Winkelstäbe, sondern es ist der Raum dazwischen, den sie anzeigt. Sie ist die Rune der Zeit. Zwischen den beiden Winkeln, die in entgegengesetzte Richtungen zeigen, liegt die Zeit, man kann sie nicht abbilden, nur ihre Abwesenheit erkennen. Sie hat Sicherheit und Beständigkeit ins Chaos gebracht, und deswegen versteht man JER als eine Rune der Ermutigung. Sie ist der Wortstamm für unser »Jahr« und damit ein Grund zum Feiern, denn Jubiläen brauchen eine bestimmte Anzahl von Jahren: der Jahrestag der Geburt ebenso wie ein Hochzeitstag oder ein Arbeitsjubiläum. Welchen Jahrestag feiern Sie gerade, daß Sie diese Rune gezogen haben?

Haben Sie dabei eine konkrete Frage im Auge gehabt, dann versichert Ihnen die Rune ein gutes Gelingen. Sie werden jeden Plan und jede Bemühung, die Sie jetzt anpacken wollen, zu einem erfolgreichen Ende führen. Sie müssen sich dabei aber dem Zyklus unterwerfen. Das heißt nicht mehr, als daß die Zeit der Ernte zwar sicher kommt, *jetzt aber die Zeit der Aussaat ist.* Sie können Wachstum und Reife nicht beschleunigen, Sie müssen sich *unterwerfen*, und das scheint für viele besonders schwer zu sein. Es ist jedoch kein Zeichen der Schwäche, sich der Natur zu unterwerfen; es wäre eher ein Zeichen der Dummheit, natürliche Zyklen zu ignorieren.

Haben Sie ganz allgemein gefragt, will die Rune JER Sie an die Tugend der Geduld erinnern. Der Prozeß Ihrer eigenen Entwicklung scheint ins Stocken gekommen zu sein, Sie befürchten vielleicht sogar Stillstand und Erstarrung. Aber jetzt festigen sich all die Eindrücke und Erfahrungen der letzten Zeit in Ihnen, prägen sich ein wie ein Jahresring. Man kann nicht wachsen und gleichzeitig verarbeiten. Denken Sie an die Bäume, die im Winter den Saft verlieren und dadurch in ihrem Stamm das Zeichen eines neuen Jahres bilden.

ZEIT GEDULD

Zyklus — ERFOLG — Gunst

AR »Der Arbeitsarier«

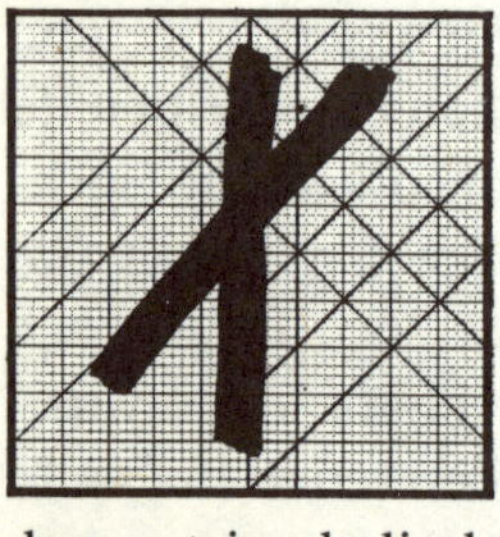

Diese Rune ist ein Zeichen der Kleinarbeit – nicht so spektakulär wie andere, aber meist hilfreicher, weil sich ihre Botschaft leichter verwirklichen läßt. Das Reizwort »Arier« im Titel ist aus dem Stamm der Rune gewachsen und beschreibt ursprünglich die Veränderung in der Vorherrschaft der Geschlechter, die sich aus der matriarchalischen Kultur in eine Männergesellschaft entwickelte. Arier (im Sanskrit »die Edlen«) sind ein indoiranischer Zweig der Indogermanen, die sich im Verhalten eher als geruhsame Laissez-faire-Typen präsentierten, was dem nationalsozialistischen Geschichtsbewußtsein natürlich Hohn spricht. Natürlich ist Ar auch der Adler, König der Lüfte und beliebtes Wappentier, doch abgesehen von dessen martialischem Auftreten (teutscher Blick und Sturzkampfflieger) ist er doch ein sehr gemütlicher und familienfreundlicher Vogel.

Wenn Sie die Rune AR erhalten, deuten sich auf jeden Fall keine eingreifenden Änderungen an, im Gegenteil, sie unterstützt noch Ihr Anliegen, Ihren Alltag und Ihre Bestrebungen weiterzuführen – ausdauernd und geduldig. *Geduld* ist ein Schlüsselwort dieser Rune; es ist jetzt nicht an der Zeit für Wechsel, Hektik oder Eingreifen in das Geschehen. Unterwerfen Sie sich dem Schicksal auf weiblich-mütterliche Art. Versuchen Sie »mitzuschwingen« und vermeiden Sie alle Klippen, die Kampf oder Herausforderung versprechen. Das ist keine Feigheit, sondern das Gebot der Stunde.

Haben Sie nach einem bestimmten Thema gefragt, so behandeln Sie dieses weiter wie gewohnt – allerdings konsequent und folgerichtig. Ausdauer ist der Rat, den Ihnen diese Rune geben kann. Bei allen bedrohlichen Situationen können Sie auf Ihre abwehrende Kraft vertrauen. Sie sind jetzt für eine kurze Zeit aus dem Kampfgeschehen entlassen, das Schicksal hat eine weiße Fahne für Sie aufgepflanzt – nicht als Zeichen der Kapitulation, sondern um Sie vor allen Angriffen und Gefährdungen zu bewahren.

Die abwehrende Kraft dieser Rune wurde auch beim Runenzauber und der Runenmagie verwendet. Sie konnte andere, bedrohliche Konstellationen bannen und wurde häufig als »Schutzrune« in Wegsteine oder Hausgiebel eingeritzt. Mit ihr schützte man das »friedliche Heim« und den Alltag, die Arbeit und die Ernte. Eine Kleinbürgerrune vielleicht, aber lieber ein zufriedener Bauer als ein unter der Siegrune johlender Schlächter.

ARBEIT — MIT-SCHWINGEN

Ausdauer — ENTWICKLUNG — Geduld

PER »Die Einweihung«

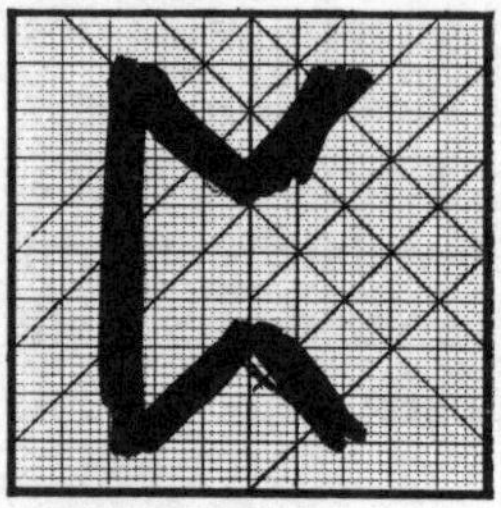

Zu dieser Rune gibt es am allerwenigsten von allen zu sagen. Sie sollten sie sich aber am allerlängsten anschauen und darüber meditieren. PER ist ein Mysterienzeichen. Die Zeit der Einweihung ist gekommen. Sie werden Menschen begegnen, die Ihnen plötzlich neue Wege und Einsichten vermitteln können – aber nicht, weil sie Magier sind, sondern weil *Sie selber sich zu einer Quelle der Klarheit entwickelt haben*. Diese Menschen helfen Ihnen nur, hineinzublicken, Ihre Einweihung vorzunehmen. PER ist eine Geheimrune über die sich nicht reden, sondern nur raunen läßt. Das germanische RUNA bedeutete nicht nur Runenzeichen, sondern auch das geheimnisvolle, eindringliche und leise Reden, das wir heute unter »raunen« verstehen. Der Wortstamm findet sich auch in der »Alraune« wieder, der Mandragorawurzel, die durch ihre menschenähnliche Gestalt schon seit Jahrtausenden die Phantasie der Menschen anregte und noch bis heute als magisches Amulett Verwendung findet. Und die magische Kraft dieser Raunen ist allgegenwärtig, ebenso wie sich ihre Zeichen überall auf der Welt finden lassen:

»Auf den Schild sind sie geritzt, der steht vor der schimmernden Göttin,
auf Arwakers Ohr und Alswinns Huf,
auf das Rad, das sich dreht unter des Donnerers Wagen,
auf Sleipnirs Zähne und die Zunge Bragis,
auf des Schlittens Kufen und den Schnabel des Adlers,
auf des Bären Pranke und die Pfoten des Wolfs,
auf blutige Schwinge und der Brücke Stoß,
auf der Heilbringerin Hand und der Helferin Spur,
auf Glas und auf Gold und auf gutes Kleinod,
in den Wein und ins Bier und auf gewohnten Sitz,
auf Gugnirs Spitze und auf Granis Brust,
auf der Norne Nagel und der Nachteule Schnabel.«

EOL »Selbst-Los«

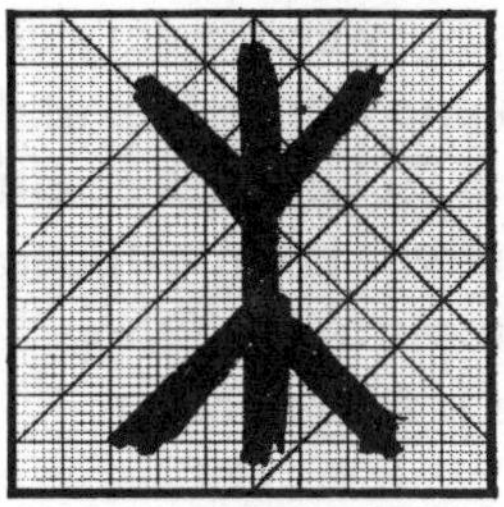

Jede Rune ist ein Los, denn »Los« bedeutet nicht mehr, als am Schicksal einen Anteil zu haben. Das Schicksal selbst bezeichnen wir als »LOS«, und die Anteilscheine, die man wie bei jeder besseren Lotterie ziehen kann, sind unsere Runen. Mit EOL haben Sie das Selbst-Los gezogen, und diese Verbindung ist mehr als nur ein freundliches Wortspiel. Abgesehen davon sind hier, in diesen Urgründen unserer Sprache und Kultur, Spiele mit Begriffen und Bedeutungen mehr als nur eine Suche nach griffigen Schlagzeilen. *Ur-Bedeutungen und Ur-Verbindungen werden klar*, und wir erkennen ebenso unsere Wurzeln wie aktuelle und persönliche Zusammenhänge.

Das Selbst-Los ist das Ego, und es setzt sich zusammen aus der Lebensrune MAN, die unser Menschsein widerspiegelt, und der Todesrune YR, die das Ende und drohende Irrwege anzeigt. Klarheit und Ganzheit sind die Themen dieses Zeichens. Der Weg dorthin verlangt, daß wir uns ›füllen‹, um uns zu erfüllen, aber nicht als Selbstzweck, sonst würden wir EGO-istisch handeln, und die Erfüllung wäre nur ein Vorwand. Eigennützige Selbstverwirklichung ist ein Widerspruch; das Ziel ist nur zu erreichen, wenn wir SELBST-LOS handeln. Und je mehr wir uns auf unser EGO konzentrieren, um es zu erfüllen, desto weiter werden wir uns davon entfernen. Sich selbst zu finden verlangt als einzige Aufgabe *kein zielgerechtes Vorgehen*, denn das Ziel kennen wir erst, wenn wir es erreicht haben. Die Rune zeigt uns auch, wie wir uns bei dieser schwierigsten und größten Lebensaufgabe zu verhalten haben: Wir müssen unser SELBST LOS-lassen.

Haben Sie zu einem bestimmten Thema gefragt, wirft Sie EOL immer wieder auf Sie selbst zurück. Es zeigt Ihnen, daß diese Frage nur Ablenkung bedeutet, daß Ausgangspunkt und Ziel immer *Sie* sind. Lassen Sie los, bereiten Sie sich auf Veränderungen vor und lassen Sie sich treiben. Das Einzige, das Sie »tun« können, ist, sich zu öffnen und Erfahrungen zuzulassen.

Ist Ihnen die Rune einfach zugefallen, dann akzeptieren Sie, daß nun eine Zeit des Nicht-Tuns gekommen ist, des Sich-Zurückziehens aus der Welt der Arbeit, Projekte und Unterhaltungen. Sie werden auf sich selbst zurückgeworfen, Sie sollten sich beobachten und erforschen und vielleicht mit Ihrem Alter ego einen Dialog beginnen. Schließlich ist ein Gespräch die kreativste Form von Erfahrung, und wer könnte Ihnen mehr zu Ihrer Person sagen als dieses angenommene vertraute Doppelwesen, das in Ihnen wohnt und Sie besser kennt als jeder andere.

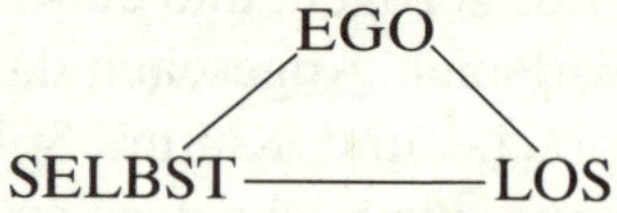

SOL »Die Sonne wird siegen«

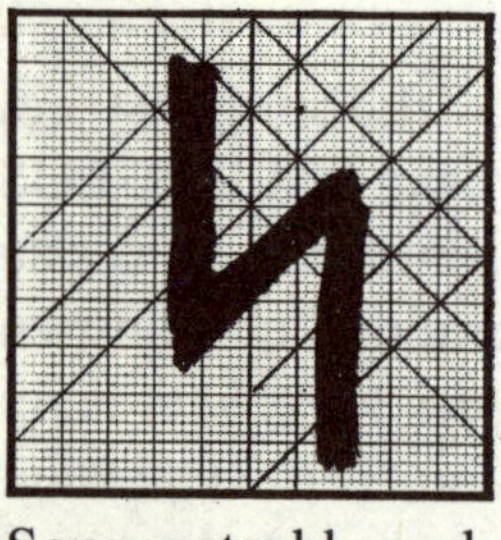

Diese Rune steht für reine und geradlinige Energie, für Lebenskraft und Sonne und für den Sieg. Daher kommt sie uns auch so bekannt vor. Verdoppelt bildet sie die sogenannte »SS-Rune«. Das Böse hatte sich des Symbols der Sonne bemächtigt und hoffte, unter diesem Zeichen zum Licht aufzusteigen. Diese Rune ist ein Sonnenstrahl, und der – die Germanen unterschätzten die Kraft des Lichts nicht – kann wie ein Blitz wirken. Dieses Zeichen erfüllt seinen Zweck wie vor 2000 Jahren: Es warnt vor Energie, die nicht jeder zu jeder Zeit beherrschen kann – heute steht es für Hochspannung.

Haben Sie diese Rune zu einer bestimmten Frage gezogen, so rät sie Ihnen zweierlei: zum einen, daß Sie Ihre Kraft nicht ausschließlich geradlinig wie ein Rammbock einsetzen sollten (das meint die Blitzform, die trotz vieler Kursabweichungen nichts von ihrer Durchschlagskraft verliert). Sie sollten also flexibel reagieren, Sturheit bringt Sie hier nicht ans Ziel. Zum anderen empfiehlt sie nicht unbedingt Angriff, sondern gibt Ihnen den Rat, sich dem Problem kühl und kaltblütig zu nähern, die Chancen auf Erfolg oder Lösung abzuwägen und – bei unsicherer Lage lieber den Rückzug anzutreten. Das hätte man von dieser dynamischen Rune eigentlich nicht erwartet! Aber die Sonne verfügt über genügend Selbstbewußtsein und muß ihre Energie nicht unnütz verschleudern. Sie hat noch nie andere Planeten angegriffen – höchstens unvorsichtige Menschen mit Sonnenbrand gestraft.

Befragten Sie die Rune ganz allgemein, so gibt sie Ihnen einen Hinweis auf das Ziel – die Ganzheit und Erfüllung. Der Wege dahin kennt sie zwei: den aktiven, der ihre schnelle, alles durchdringende Energie braucht und den Sie beschreiten sollten, wenn Sie den »edlen Kampf« lieben, bei dem niemand verletzt oder gedemütigt wird. Dafür können Sie sich bei ihr aufladen, und wenn Sie diese Rune gezogen haben, sind Sie offen für ihre Lebenskraft. Nehmen Sie sie auf, saugen Sie sich voll damit und strahlen Sie sie wieder aus. Dann werden Sie sehen, daß Ihr Ziel schon erreicht worden ist – die Ganzheit steckte bereits in Ihnen. Sie war nur verborgen und brauchte Licht, um klar und sichtbar, *um Ihnen bewußt zu werden*.

Der passive Weg, der nicht weniger Energie und Aufmerksamkeit verlangt, führt tief in Sie selber hinein. Sie können mit Hilfe der alles durchdringenden Strahlen Ihre eigene Mitte finden und dort – wieder eine Sonne entdecken. Meditieren Sie über Ihr Ziel und erreichen Sie es, ohne irgend etwas dafür zu tun. Mit dieser Energie läßt sich jedes (lohnende) Ziel erreichen, ohne selber aktiv zu werden und zu handeln. Die Sonne im eigenen Inneren strahlt weiter und läßt in anderen Menschen wieder Sonnen entstehen. Diese Art von Kettenreaktion ist die friedlichste, aber politisch sicherlich unbequemste Art der Energiegewinnung.

ENERGIE | ENERGIE

Lebenskampf — GANZHEIT — Ruhe

TYR »Das Ziel ist der Schuß«

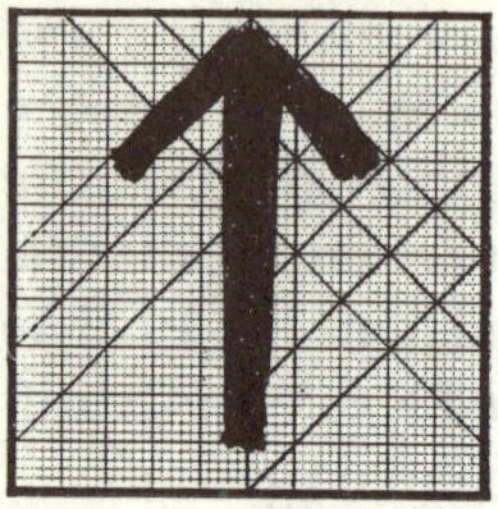

Diese Rune malten sich die germanischen Krieger (vornehmlich mit Blut) auf ihre Schilde und riefen bei dieser Runen- und Siegesmagie dreimal den alten Gott Tiu oder Tyr an, der einst den obersten Platz in der nordischen Götterwelt eingenommen hatte, später von Odin verdrängt wurde, aber unverändert bei allen kriegerischen Auseinandersetzungen als Koryphäe angesehen und angebetet wurde. Dieser Pfeil oder Speer ist eindeutig kein friedlich-liebevolles Zeichen – der kriegerische Charakter ist zu offensichtlich. Die Losung, von der sich gut vorstellen läßt, daß man damit Horden schwerbewaffneter Germanen in den Tod schicken konnte, lautete: »Fürchte nicht den Tod, er kann dich nicht töten!« Dieses Zeichen ist jedoch nicht nur Waffe, sondern auch Richtung und Ziel. Wir sehen die Rune heute noch als häufigstes Hinweiszeichen, sei es im Straßenverkehr, im Lift, oder, wie ich gerade, als Taste auf der Schreibmaschine. Immer bezeichnet es den Weg – und gleichzeitig *das Ziel*. So versteht sich auch diese Rune, und dieser Gedanke zieht sich durch alle Philosophien und Religionen unserer Erde, sei es der Buddhismus, der Islam oder die Gnosis.

Auf eine direkte Frage läßt sich dieses Zeichen als Stärkung verstehen. Zur Lösung Ihres Problems werden Sie zum ›Krieger‹ werden müssen, der seinen Willen durch die Tat stärkt, der als höchste und wichtigste Eigenschaft die des Gewahrseins versteht, der absoluten Präsenz, Wachheit und Aufmerksamkeit. Es gibt nur *einen* Weg für Sie, und man kann ihn nur auf *eine* Weise begehen! Seien Sie sich darüber klar und versuchen Sie keine ›Probeschüsse‹! Denken Sie nicht an Auswirkungen wie Verletzung oder Tod – *Ihr Schuß hat eine andere Qualität!* Man verlangt von Ihnen jetzt Geradlinigkeit und einen Zustand des ›Wachseins‹, der alle fünf Sinne öffnet – und den sechsten noch dazu.

Haben Sie die Rune »nur so« gezogen, dann haben Sie eine Ent- und

Unterscheidung zu treffen. Etwas in Ihrem Leben muß scheiden, damit Sie sich schneller und freier weiterentwickeln können. Meist ist es ein Teil Ihrer selbst, der schon seit einiger Zeit abgestorben ist und den Sie nur noch als hemmenden Ballast mit sich herumtragen. Geben Sie ihn leichten Herzens auf, denn es gibt auf dem Weg eines Kriegers keine Rückversicherungen und kein Notgepäck. Machen Sie sich auf die Reise – aber nur mit dem Allernötigsten!

ZIEL | WILLE
| |
Schuß — GEWAHRSEIN — Tat

BAR »Am Busen der Mutter«

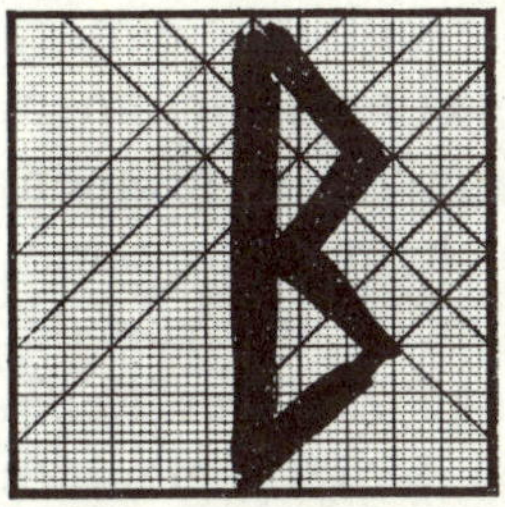

Die Assoziationen zu dieser Rune sind klar und für jeden nachvollziehbar: Busen, Gebären, Geborgenheit, *die Mutter*. Und tatsächlich steht BAR für die weibliche Kraft, die Fruchtbarkeit, den Weg der Großen Mutter. Den Germanen waren die Kräfte des Schöpferischen sehr wohl bewußt, sie schätzten sie ebenso hoch ein wie die ihrer Speere und Schwerter. Aber nicht nur dieses Zeichen trägt ›das Weibliche‹ in sich – *jede* Rune ist zweigeschlechtlich, verbindet die schnelle, aggressive Stärke des Männlichen mit der ausdauernden, schöpferischen Kraft des Weiblichen. Selbst in der kriegerischen TYR-Rune, die noch dazu als Phallussymbol zu verstehen ist, steckt die ›Mutterkraft‹ – etwa zum Schutz der Familie und des Hauses, dessen Querschnitt (Zentralbalken und Dachgiebel) genau dieses Zeichen abbildet. Der Baum, der der BAR-Rune zugeordnet ist, die Birke, galt als heiliges weibliches Gewächs und war Medium vieler Fruchtbarkeitsriten.

Haben Sie diese Rune zu einer bestimmten Frage gezogen, so heißt die Antwort nicht direkt, daß Sie demnächst Nachwuchs erwarten dürfen. Sie werden ganz einfach mit der mütterlichen und weiblichen Kraft konfrontiert – und die steckt in Männern wie Frauen. Das Zeichen empfiehlt Ihnen, tief in den Gegenstand Ihrer Frage einzudringen, seine Aspekte sorgfältig und behutsam zu erforschen und die Lösung ›reifen‹ zu lassen. Schnelle Entscheidungen und hartes Vorgehen sind nicht anzuraten. Bei Krankheiten sollten Sie vorsichtig Ihr Körpergefühl erforschen und die Besserung durch liebevolles Zuwenden zu sich selbst reifen lassen. Bei allen Problemen, die Ihnen den Eindruck vermitteln, schnell handeln zu müssen, gibt die BAR-Rune den entgegengesetzten Rat: Bäumen Sie sich nicht gegen die Situation oder andere Menschen auf, sondern fließen Sie mit. Erreichen Sie die Lösung durch das Einswerden mit den Sie umgebenden Energien.

Haben Sie ganz allgemein gefragt, so zeigt BAR an, daß eine Zeit der Fruchtbarkeit bevorsteht. Sie werden ein ›Kind‹ gebären – ein geistiges, eine neue Situation, eine neue Ebene Ihres Bewußtseins entdekken. Aber die weibliche Energie ist nicht passiv, sie läßt nicht einfach geschehen – Sie müssen schon etwas dazutun. Man verlangt von Ihnen, tief in die Dinge einzudringen, um die Ihre Gedanken im Moment gerade kreisen (Kreißsaal der Gedanken). Es hat keine Eile damit, denn eine Geburt ist eine langwierige Angelegenheit, und von der Empfängnis bis zur Niederkunft vergeht eine lange Zeit der *Reife*. Diese Rune steht auch für Wiederholungen schon erledigt geglaubter Themen und sie verlangt die Geduld und den Fleiß, durch unbequeme Situationen und Vorstellungen noch einmal hindurchzugehen, um sie endgültig zu verarbeiten.

FRUCHT-
BARKEIT   GEBORGEN-
HEIT

Mutter — GEBURT — Wachstum

EH »An der Brücke«

Die EH-Rune erinnert stark an die LAF-Rune, die sich hier mit ihrem eigenen Spiegelbild vereinigt hat. Und tatsächlich steht dieses Zeichen für die dynamische Fortsetzung von LAF, dem Meer der Liebe, das Sie zum Treibenlassen und Erspüren der Wasserenergie eingeladen hat. EH ist eine Brücke. Aber wozu braucht man überhaupt Brücken? Wohl nur, weil eine Hemmung oder Barriere anders nicht zu überwinden ist oder es einen großen Umweg erfordern würde, sie zu umgehen. Jetzt ist es an der Zeit, weiterzugehen, sich weiterzuentwickeln. Aber Sie können das Wasser erst über-brücken, nachdem Sie gelernt haben, mit ihm umzugehen, und sich seine Kraft angeeignet haben. Christus konnte auf dem Wasser wandeln und wollte damit wohl zeigen, daß auch das Tiefe und Unbewußte tragen kann, wenn man eins mit ihm geworden ist. *Sie* sollten aber einen Übergang dafür benutzen, denn das Überbrücken zeigt einen deutlichen Fortschritt an, eine Veränderung. Brücken lassen sich allerdings auch abbrechen. Empfehlenswert ist das aber immer erst dann, wenn man sie vorher überschritten und ausprobiert hat. Ist man erst auf der anderen Seite, so kann man den Übergang auch getrost stehen lassen, selbst wenn man weiß, daß man ihn nie wieder benutzen wird.

Haben Sie zu einem bestimmten Thema gefragt, dann gibt Ihnen die EH-Rune den Rat, angebotene Übergänge auch zu benutzen. Die Zeit ist reif für eine Veränderung. Diese kann äußerlicher Natur sein wie eine Reise, ein Umzug oder eine neue berufliche Aktivität. Sie kann aber auch in Ihrem Inneren stattfinden, denn allmähliche Entwicklungen werden meist erst an besonders prägnanten Stellen der Reise deutlich, etwa, wenn man langsam erarbeitete Verhaltensweisen nicht mehr absichtlich, sondern spontan durchführt. Dann haben Sie eine Brücke überschritten.

Ganz allgemein gefragt, tröstet und beruhigt Sie diese Rune. Auch wenn Sie eine Zeitlang das Gefühl gehabt haben, stehengeblieben zu sein – das Wachstum ist noch nicht beendet. Die Pause war nötig, um die alten Eindrücke tief einsickern zu lassen und zu verarbeiten. Sie machen gerade den nächsten Schritt!

NEULAND | WACHSTUM

Brücke — FORTSCHRITT — Veränderung

LAF »Das Meer der Liebe«

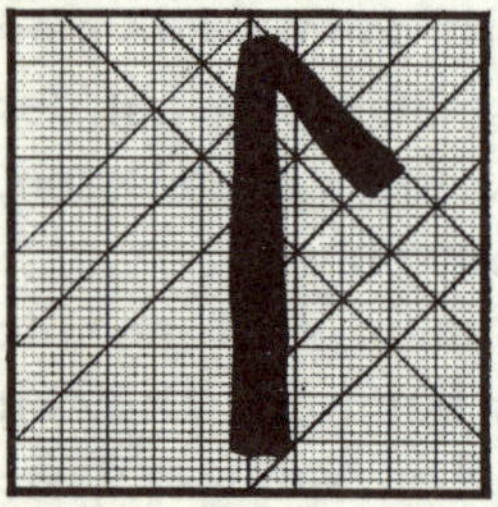

Dies ist die zweite Rune mit stark ausgeprägter weiblicher Energie. Nach BAR, der fruchtbaren Mutter, trägt LAF das gezeugte Kind im »Frucht-Wasser«. Wasser ist *das* weibliche Element, die Inkarnation des Mütterlichen. Es hat unglaubliche Kraft, aber greift nicht an. Es ist das Sinnbild der sanften Beständigkeit, mit der sich alles erreichen läßt. Wasser zeigt den Lebenskreislauf an, von der Geburt an der Quelle über die langsame Entwicklung als schnelle Bäche, Flüsse, Tümpel und Seen, bis es sich irgendwann im Meer findet, ruhiger geworden ist, dem (vorläufigen) Ende zustrebt. Es steigt in den Himmel auf, regnet ab und sammelt sich unterirdisch, im Schoß von Mutter Erde, um an einer Quelle wiedergeboren zu werden. Diese alles durchdringende Kraft, gegen die sich andere Energien recht armselig ausnehmen, ist die Antwort auf Ihre Frage. Man kann in diesem Wasser treiben und man kann sich daran laben. Es ist kein Zufall, daß das englische »love« (Liebe) wie LAF klingt. Tatsächlich ist diese Rune der Stamm für wichtige Worte: Licht, Leib, Leben und Liebe.

Haben Sie nach einem speziellen Thema gefragt, so gibt Ihnen LAF auf jeden Fall den Rat, *nichts zu unternehmen*. Das heißt nicht, daß Sie passiv und abwartend bleiben sollen, aber versuchen Sie, das Problem nicht zu ›bekämpfen‹, sondern in es einzudringen. Lassen Sie Ihr Bewußtsein sanft und vollständig in die Frage einsickern. Stellen Sie sich vor, daß *Sie jetzt Wasser sind*, und benehmen Sie sich wie eine Flüssigkeit. Entdecken Sie neue Spalten und Höhlen in Ihrem Thema, füllen Sie es ganz aus und bewegen Sie sich in ihm. Erforschen Sie es, ohne es zu bewerten oder verstehen zu wollen. Der Mond, der dem Wasser zugeordnet ist, versucht auch nicht zu differenzieren (wie die Sonne), sondern stellt immer Einheit und Durchdringung her.

Allgemein gefragt, zeigt diese Rune eine Zeit der Neuordnung und kontemplativen Ruhe an. Betrachten Sie Ihr Leben, Ihre aktuelle Situation, Ihre Beziehungen und sich selbst – nicht kritisch-distanziert, sondern intuitiv und als Gesamtheit. Lassen Sie Ruhe einkehren, meditieren Sie über das Wasser und versammeln Sie sich still in Ihrer Mitte. Sich treiben zu lassen ist die Chance dieser Rune. Das bringt neue Kraft und gleichzeitig plötzliche spontane Erkenntnis – Klarheit, ohne daß man sich hart darum bemüht hätte. Es ist nicht der Weg des Kriegers, aber man erreicht dasselbe Ziel – nur von der anderen Seite.

WASSER LICHT
| |
Treiben — LIEBE — Leben

MAN »Sei Mensch«

Der erste Blick bei dieser Rune täuscht: Es ist kein Mann, der seine Arme gen Himmel streckt, sondern ein Mensch, obwohl MAN natürlich der Wortstamm für alles Männliche ist. Aber in Männergesellschaften denkt man eben »Mann = Mensch«. Das englische »man« zeigt es deutlich: »all men are created equal . . .« (alle Menschen sind gleich erschaffen/der Anfang der amerikanischen Unabhängigkeitserklärung) – Frauen nennt man »women«, aber für Menschen und Männer gibt es nur *ein* Wort: MAN. Die Germanen waren eben auch eine Männergesellschaft, und doch läßt dieses Wort »MAN« mehr entdecken als rein maskuline Züge – MANNUS war der Urahn und Stammesvater ihres Volkes und somit mehr der Anfang einer Spezies als eines Geschlechts. MAN deutet auch auf die Hand – manuell –, und damit erklärt sich die Rune ganz: Der Mensch soll sich erfüllen; die Hand ist das Symbol für die Tat, und mit ihr kann er sowohl aktiv wie passiv agieren: geben und empfangen.

Auf eine direkte Frage antwortet die Rune mit der Empfehlung eben dieser Menschlichkeit. Besinnen Sie sich auf Rücksicht und Mäßigung, bescheiden Sie sich mit einer Lösung, die alle Beteiligten Menschen bleiben läßt. Es sind weder Kampf noch Unterwerfung gefragt – Sie sollen nur die menschliche Ebene suchen und sie dem anderen anbieten. Wenn Sie glauben, »hand-eln« zu müssen, dann mit offenen Händen, Händen, die weder schlagen noch anklagen oder zurückstoßen. Vergessen Sie den Spruch, nach dem »Geben seliger ist denn Nehmen«; richtig anzunehmen ist meist nur schwieriger, aber nicht schlechter oder unmenschlicher. Lernen Sie etwas anzunehmen – MAN gibt es Ihnen gern.

Haben Sie die Rune ohne eine klare Frage gezogen, dann weist sie Sie auf eine sehr banale und gleichzeitig großartige Tatsache hin: »Ich bin ein Mensch.« Im Kampf um Selbstverwirklichung und im Streben nach Vollkommenheit sollten Sie das nie vergessen.

Die Haltung des Menschen in dieser Rune drückt aber zusätzlich noch zweierlei aus: Abwehr und Aufnahme. Er streckt seine Arme gen Himmel, gegen die Hemisphäre, von der er unverständliche und oft beängstigende Mitteilungen erwartet. Er kann sie aufnehmen, sammeln, zusammenfügen und aus ihnen lernen – aber wenn sie ihn zu stark bedrängen, ihn zu sehr in emotionelle Verwirrung stürzen, sollte er sie besser abwehren. Die Stellung läßt beides zu: Sie sind ein Empfänger, der aufnehmen und verweigern kann. Die zweite Empfehlung der MAN-Rune lautet: Seien Sie offen für Urteile und Hinweise von außen. Nehmen Sie sie an und unterstellen Sie dem anderen nicht weniger als mitmenschliches Interesse an Ihrer Person.

HAND | | GEDANKEN
Herz — MENSCHLICHKEIT — Maß

ING »Die fruchtbare Ordnung«

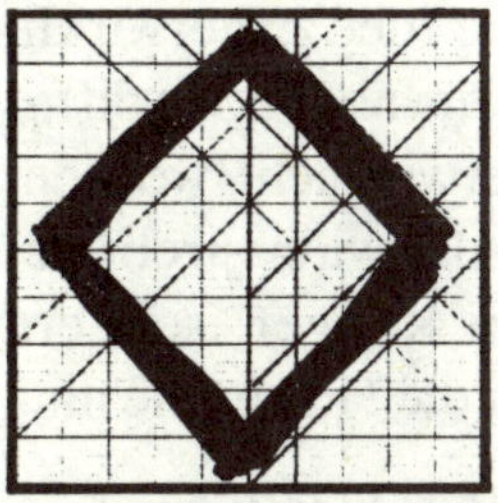

Das Symbol dieser Rune ist eindeutig. Sie zeigt die Vagina, den weiblichen Schoß, der das Prinzip der Fruchtbarkeit verkörpert. So arbeitet dieses Zeichen auch ganz mit der weiblichen Energie, der ausgleichenden, wachsenden und harmonischen Kraft zur Verwirklichung. ING wird vom Mond regiert, und dieser zeigt auch zugleich den zweiten Aspekt der Rune an: Ordnung und Unterteilung. Bei den Naturvölkern entstand die Einteilung der Zeit unter anderem aus der Beobachtung der Planeten. Der Mond hat vier Phasen: der zunehmende Mond, der Vollmond, der abnehmende Mond und der Neumond. Nach dem Ur-Prinzip von Ja und Nein, Sein oder Nichtsein, 1 oder 0 (auf dem nebenbei jedes Computersystem aufgebaut ist) folgte das differenzierende Prinzip des Zerlegens und Ordnens. Dafür steht die 4, die die Ordnung der vier Jahreszeiten, der vier Himmelsrichtungen, der vier Grundelemente (Feuer, Wasser, Luft und Erde), der vier Temperamente, vier Geschmacksrichtungen usw. usf. entstehen ließ. ING ist auch das Zeichen dieser Vierteilung, eine perfekte Raute, die mit vier Pfeilen in alle Richtungen weist. Auch die germanischen Runen bauen auf der 4 auf: die kurze Reihe der nordischen Runen besteht aus (4 × 4) 16, die gemeingermanischen Runen zählen zweimal 4 mehr, also 24, und die anglofriesischen nochmal 4 mehr. Durch 4 sind jedenfalls alle Runenreihen teilbar. Die 16 war bis vor kurzem im angelsächsischen Gebiet der klassische Teiler für Währung, Maße und Gewichte, bis das Dezimalsystem (das nicht auf Ordnung, sondern nur auf Unterscheidung aufgebaut ist) auch diese alte Wurzel verschüttete. In der englischen Sprache finden wir ING als häufige Nachsilbe, die erst die Tätigkeit in die Worte bringt. »go« ist entweder die Aufforderung zum Gehen oder es zeigt die Möglichkeit an – erst bei »going« beginnt das Wort zu leben und erfüllt seinen Sinn. Die deutsche Endung UNG arbeitet ähnlich: Sie macht aus der Vorstellung, »sich zu drehen«, die Drehung. ING befruchtet die Idee und gibt den Anstoß zu ihrer Verwirklichung.

Ob Sie die Runen zu einem bestimmten Thema oder ganz allgemein befragt haben – ING gibt Ihnen die Energie, um Ihre Idee zu verwirklichen. Projekte, die Sie schon lange im Kopf hatten, die aber noch diffus schienen, nehmen nun Gestalt an und wollen verwirklicht werden. Machen Sie daraus aber keine Hau-Ruck-Aktion – das widerstrebt der Energie, die Sie gerade leitet. Sie sind jetzt kein Krieger, sondern fließendes Wasser. Sie arbeiten intuitiv und streben die Harmonie an.

IDEE — BEFRUCHTUNG

| |

Ordnung — VOLLENDUNG — Verwirklichung

DAG »Der Tag bricht an«

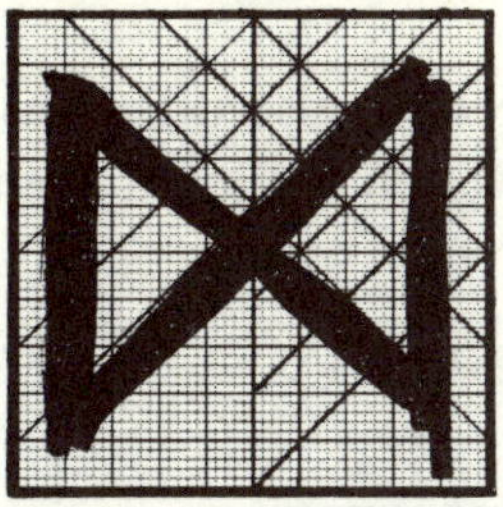

Dieses Zeichen ähnelt sehr der Rune EH, der Brücke, aber es zeigt ganz andere Transformationswege an. Konnte man die Brücke noch mit einfachen Schritten begehen, um über eine Schlucht oder tiefes Wasser zu gelangen, so wird bei DAG das Hindernis nicht *über*wunden, sondern man geht durch die Barriere hindurch! Ein Weg ist der Durchbruch, und er verlangt die Energie des Kriegers, eruptive Kraft, um gegen die Mauer anzustürmen, sie niederzureißen und auszubrechen. Das Hindernis ist auch ein anderes als bei der Brücke. Hier ist es eine Behinderung oder Begrenzung, die man sich meist selber aufgebaut hat und die mit der Zeit immer kompakter und höher geworden ist. DAG bietet aber noch eine zweite Möglichkeit an, dieses Hindernis zu überwinden. Es gibt einen Durchbruch ohne Gewalt. Die linke aufrechte Linie dieser Rune, die den Menschen *vor* der Transformation symbolisiert, bewegt sich in einer vollständigen Drehung nach vorn und bildet (als Körper gesehen) zwei Spitze auf Spitze stehende Pyramidenkegel. Dort, wo sich die Spitzen berühren, ist die Person auf einen Punkt reduziert. Jetzt kann sie den Widerstand ohne Anstrengung überwinden und sich auf der anderen Seite wieder aufrichten. Dann hat sich allerdings auch der Mensch völlig verändert – das Unterste ist zuoberst gekehrt, seine Vorstellungen und Wahrnehmungen sind auf den Kopf gestellt.

Damit bricht der neue Tag an (der Wortstamm der Rune weist darauf hin), und obwohl der Wechsel von Dunkelheit und Licht alltäglich ist, hat dieses Licht für Sie eine besondere Bedeutung: *Zu lange* haben Sie in der Dunkelheit gewartet und auf diesen Augenblick gehofft.

Wenn Sie nach einem bestimmten Thema gefragt haben, dann weist Sie DAG darauf hin, daß dieses Thema einen Wendepunkt in Ihrem Leben bedeuten kann. Sie müssen sich nicht darauf einlassen, aber wenn man schon einen dieser seltenen Punkte im Leben erreicht, der die Chance auf völlige Veränderung im Sinne von Erkenntnis verspricht, dann sollte man sich Mut machen und ihn nutzen. Stehen Veränderungen in Partnerschaft oder Beruf an, so zögern Sie nicht – die DAG-Rune verspricht Gelingen und Erfolg.

Wenn Ihnen diese Rune einfach zugefallen ist, Sie sie also nicht aus einer besonderen Absicht gezogen haben, dann wissen Sie jetzt: *Der Tag ist gekommen!*

DREHUNG | ANGRIFF
Durchdringung — ERLÖSUNG — Durchbruch

YR »Drohende Irr-Wege«

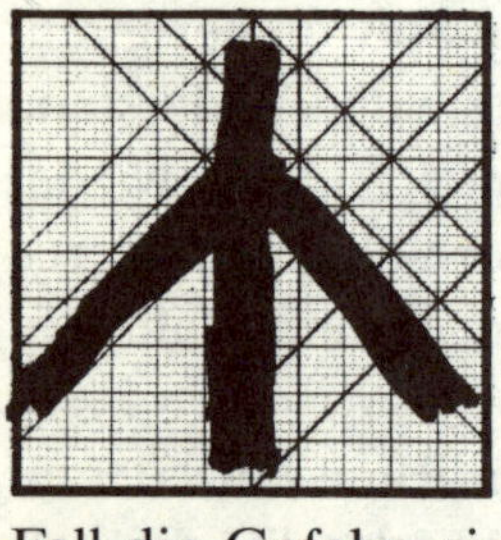

YR ist die letzte der »nordischen Runen«. Sie stellt den Menschen, der noch in der MAN-Rune erwartungsvoll nach oben ins Licht geblickt hatte, auf den Kopf. Früher verstand man unter der MAN-Rune einfach die Lebensrune, und YR galt für den Tod. Sie bedeutet tatsächlich einen radikalen Rückzug – auf jeden Fall die Gefahr, sich zu ›verlaufen‹. Man sollte sie also als Warnung verstehen, nach der alten Runenlosung: »Bedenke das Ende.« Unser Ende sollte uns immer gewahr sein, wir sollten jede Sekunde so leben, als ob es unsere letzte wäre. Eine modernere Schlagzeile dafür lautet: »Dies ist der erste Tag vom Rest meines Lebens.« Das Thema heißt Transformation – völlige Umgestaltung des Daseins oder Bewußtseins.

Haben Sie zu einem bestimmten Thema gefragt, so können Sie sicher sein, daß es sich um ein *großes* in Ihrem Leben handelt. Entweder ist es jetzt an der Zeit, daß sich die Wege trennen, oder die Frage stellt Sie vor extreme Alternativen. Doch überall, wo sich mehrere Möglichkeiten und Wege anbieten, besteht die Gefahr, sich zu verlaufen. Sie besitzen jedoch einen »Lebenskompaß«, die Intuition. Verlassen Sie sich gerade jetzt voll und ganz auf ihn und folgen Sie der Richtung, die seine Nadel anzeigt, denn andere Gründe, pragmatische oder aus der Angst geborene, führen in die Irre. Sie werden aus Ihrer alten Haut schlüpfen müssen, um den richtigen Weg weitergehen zu können, doch diese Haut war nur bis jetzt passend und richtig. YR spricht auch von Besitz und Erwerb. Wenn Sie eine dementsprechende Frage gestellt haben, können Sie reichen Gewinns sicher sein. Sonst aber meint sie anderen und größeren Gewinn – die Herstellung einer persönlichen Einheit nämlich, in der sich all die kleinen Puzzlestückchen Ihrer Entwicklung nun plötzlich zu einem klaren und vollständigen Bild zusammenfügen lassen.

Haben Sie die Runen ganz allgemein befragt, so lauschen Sie dem Klang der Rune. YR ist die Vorsilbe der Verblendung, des Scheins. Laufen Sie nicht in die IRre, denn auch wenn Irrtümer meist leicht zu korrigieren sind, *hier* kostet es Sie mehr als nur Zeit und Anstrengung – hier können Sie den Zieleinlauf verpassen! Man verlangt von Ihnen eine Entscheidung und gleichzeitig absoluten Gehorsam sich selbst gegenüber, dieser Entscheidung treu zu bleiben. YR war die Rune des »Narren«, und die weitere Entwicklung über »Irre« bis zu den heutigen Geisteskranken ist klar. An einem wichtigen Punkt der Entwicklung (und mag das schon in der frühesten Kindheit gewesen sein), sich im Weg geirrt zu haben, kann lebenslanges verzweifeltes Suchen und Umherirren im Labyrinth der Seele bedeuten. Die größte Chance, sich davor zu bewahren, bedeutet es, wenn man rechtzeitig auf eine kritische Weggabelung hingewiesen wird. Das ist hier passiert.

BEWUSSTSEIN | DASEIN
| |
Rückzug — TRENNUNG — Rückzug

Runenspiele

Sie können noch viel mehr mit den Runen unternehmen, als sich nur eine für eine bestimmte Frage oder für Ihre Gesamtsituation zu ziehen. Solange Sie sich den Zeichen und ihren Spielregeln unterwerfen, ist Ihrer Phantasie keine Grenze gesetzt. Nur eines dürfen Sie nie: eine Rune nicht akzeptieren und sich statt ihr eine andere ziehen! Eine weitere als Ergänzung oder als Weiterführung eines Gedankengangs – das bleibt Ihnen unbenommen. Es gibt aber noch einige Legesysteme oder Runenspiele, mit denen man bestimmte Fragen und Probleme besser eingrenzen kann. So zum Beispiel den *»Hammer des Thor«*, für den Sie alle Runenplättchen oder -stäbe verkehrt herum auf eine Tischplatte oder ein ausgebreitetes weißes Tuch legen und sorgfältig mischen, indem Sie die Runen mit beiden Händen durcheinanderschieben. Wählen Sie nun eine aus, die für Sie »das Problem« darstellen soll, und legen Sie sie vor sich. Wählen Sie eine zweite, die den Auslöser dieses Problems symbolisieren soll (man kann sie auch als Voraussetzung, Vorbedingung oder Basis Ihrer Frage verstehen). Legen Sie sie links neben das Problem. Als dritte und letzte wählen Sie nun eine Rune, die für die Lösung stehen soll. Ihr Platz ist auf der rechten Seite. Dann drehen Sie alle drei Runen um. Und nun werden Sie mit einem Problem konfrontiert, das nur bei diesen Legesystemen auftreten kann: Es ist nämlich möglich, daß eine oder mehrere Runen verkehrt herum liegen, also auf dem Kopf stehen. Beim einfachen Ziehen ist dies bedeutungslos, denn da ziehen Sie nur das Zeichen und nicht seine Umgebung und wie es sich darin verhält. Hier aber können sich Bedeutungen sehr wohl verändern, wenn eine Rune auf dem Kopf steht. Normalerweise steht dann auch die Aussage der Rune auf dem Kopf. Um Ihnen die Deutung zu erleichtern, hier eine Stichwortliste der Bedeutungen »verkehrter« Runen:

 FAR — Enttäuschung; etwas wird vernichtet oder mit falscher Energie betrieben.

UR Blindheit; man versucht, mit den Ohren zu sehen und mit den Augen zu hören, man »über«sieht etwas.

THORN Man bewegt sich zu schnell für die Situation, man ist schon dabei, an einer wichtigen Wegkreuzung falsch abzubiegen.

RATH Zerrissenheit wird zum Bruch, in Beziehungen ist Vorsicht angesagt, Ihr dunkles Wesen will blind vernichten. Überlegen Sie gut, bevor Sie handeln oder sprechen.

KAUN Unklarheit; Sie vermischen Phantasie und Realität und bringen sich dadurch um den Erfolg. Außerdem tut man in diesem Zustand leicht anderen Unrecht und verletzt sie.

WONNE Krise; eine Prüfung ist angesagt, die Dinge geraten wenigstens nicht so schnell, wie erhofft, in Fluß und werden von der eigenen Ungeduld nur noch mehr gefährdet.

PER Erschöpfung; es sieht nach dem Ende des Weges aus, aber es ist nur das Ende Ihrer Kondition – Sie können ihn weitergehen, doch jetzt ist eine gute Zeit, nachzudenken, ob es wirklich der Ihre ist.

TYR Ende; trauern Sie nicht einem notwendigen Ende nach, sondern ziehen Sie einen klaren und heiteren Schlußstrich. Nur die Unklarheit und mangelnde Aufmerksamkeit lassen Sie jetzt leiden.

BAR Wachstumsstörungen; etwas hemmt Sie und greift in den Prozeß Ihrer Entwicklung ein. Wenn Sie es selber sind, lassen Sie los und vertrauen Sie sich; wenn es andere versuchen, öffnen Sie sich – wirklich Hilfreiches wird Sie dann tragen, Hemmendes erreicht Sie gar nicht.

 EH — Zu schnelle Bewegung kann keinen Fortschritt bringen. Das Wachstum ist sinnlos, wenn Sie seine Stationen nicht wahrnehmen können.

 LAF — Bärenliebe erstickt, Klammern macht das Herz nicht voll – nur schwer und eng.

Wundern Sie sich nicht, daß hier nur elf »gestürzte« Runen besprochen werden; die übrigen verändern entweder beim Umdrehen ihre Gestalt nicht oder werden zu einer anderen Rune.

Grundsätzlich können Sie bei einer Rune, die auf dem Kopf steht, die normale Erklärung gelten lassen; es besteht allerdings die Gefahr, daß sich die negativen Aspekte und Energien jedes dieser Zeichen stärker in den Vordergrund schieben.

Doch zurück zum »Hammer des Thor«. Sie haben Ihre drei Runen umgedreht und können nun die Meinung des Runenorakels zu Ihrem Problem, zum Auslöser des Problems und zur Lösung desselben erkennen. Außerdem sehen Sie, wie *das Orakel* Ihr Problem beschreibt.

Zur Illustration ziehe ich drei Runen zu einem Problem, das mir gerade sehr zu schaffen macht, nämlich die termingerechte Fertigstellung dieses Runentextes. Irgendwie habe ich mich verfahren, verzettelt; jedenfalls ist der Abgabetermin schon um eine Woche verstrichen (mein freundlicher Verleger hat mich zwar sanft, aber deutlich daran erinnert), und das passiert mir üblicherweise nicht so oft. Was also ist passiert? Ich drehe die drei Runen um. Es sind

ING FAR TYR (auf dem Kopf)

Das Problem beschreibt die mittlere Rune sehr klar: Ich betreibe meine Arbeit mit der falschen Energie. Nicht das *Was* ist verkehrt, sondern das *Wie*, der Umgang mit der Materie, die mir eigentlich vertraut ist, bei der es mir aber von Seite zu Seite schwerer fällt, sie zu Papier zu bringen. Die »Macher«-Energie von FAR ist auf den Kopf gestellt!

Die linke Rune zeigt den Grund, den Auslöser der Schwierigkeiten, die Voraussetzung an. ING, die Rune der fruchtbaren Vollendung, der Verwirklichung von Ideen und Projekten, soll also der Grund für meine Schwierigkeiten sein? Ja, denn ING verspricht Verwirklichung nicht generell, sondern mit der richtigen Energie – nämlich der des Wassers, fließend und intuitiv. Die habe ich tatsächlich mehr und mehr beiseite gelassen, mich ganz auf mein »Wissen« zurückgezogen und ausschließlich mit dem Kopf gearbeitet, zusätzlich zu jeder Frage immer mehr Bücher und Quellen herangezogen, bis die Ansammlung von Informationen einfach zu groß wurde, um noch mit ihr umgehen zu können. Die Basis meines Problems ist mir klar und damit eigentlich auch schon die Lösung; aber wir wollen schnell noch sehen, was die Runen dazu sagen.

Ganz rechts liegt TYR auf dem Kopf. Sie zeigt ein Ende an – hoffentlich das meines Problems, auf jeden Fall aber das Ende meines kopflastigen Umgangs mit den germanischen Zeichen. Ich werde mich auf meine wahren Stärken besinnen und intuitiv mit ihnen umgehen, sie auch Ihnen auf diese Weise näherbringen. Außerdem rate ich Ihnen zu demselben Umgang damit. Erklärungen können nur Anhaltspunkte sein und allgemeine Strömungen verdeutlichen; was Ihnen die Runen letztlich zu sagen haben, müssen Sie schon ›empfinden‹.

Auf diese Weise können Sie spielerisch die Runen um Rat fragen. Eigentlich öffnen Sie so nur ein Fenster zu Ihrem eigenen Inneren, können darin Unordnung und Mißverhältnisse erkennen und erhalten die Chance, den Kurs zu ändern, bevor Sie sich gröber verfahren.

Ein aufregendes Runenspiel ist der *»Baum«*. In dieser Anordnung können Sie Ihre Situation auf verschiedenen Ebenen ›fotografieren‹, Sie erhalten quasi eine Momentaufnahme Ihres derzeitigen Zustands mit Ausblick auf die nähere Zukunft. Legen Sie wieder alle 24 Runen vor sich auf den Tisch mit den Zeichen nach unten und mischen Sie sie langsam und ausgiebig mit beiden Händen. Dann ziehen Sie die erste

Rune für Ihren Kopf (Geist, Verstand) und legen sie als oberste Ihres »Baumes« unaufgedeckt vor sich (Platz 1 auf der Skizze). Die zweite Rune steht für das Herz (Emotionen und Gefühle) und kommt auf Platz 2. Die dritte Rune ziehen Sie sich für Ihr Unbewußtes (für Ahnungen und diffuse Ziele, für die Seele, für das, was *Sie persönlich* mit Ihrem tiefsten Inneren verbinden) und geben damit dem Stamm des »ICH-Baums« die Basis und seine Wurzeln. Nun ziehen Sie noch eine Rune für Ihre Vergangenheit und eine für die Zukunft. Der linke Ast wird das, was hinter Ihnen liegt (4 auf der Skizze), der rechte das, was Sie vor sich haben (5). Nun drehen Sie die Runen um.

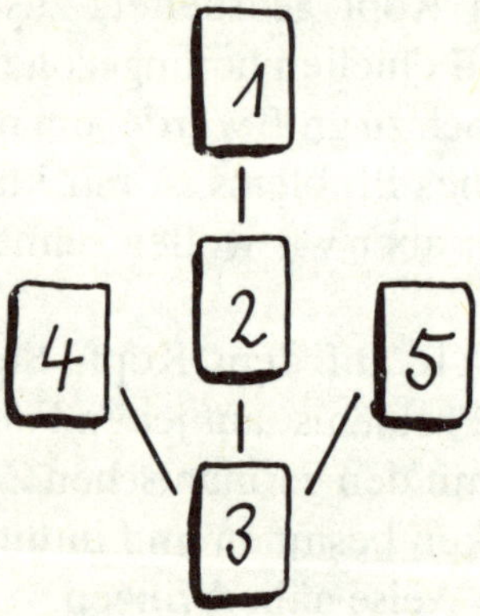

Dazu das Beispiel einer befreundeten Dame, die diesen Lebensbaum in einer für sie sehr schwierigen Phase des Lebens legte:

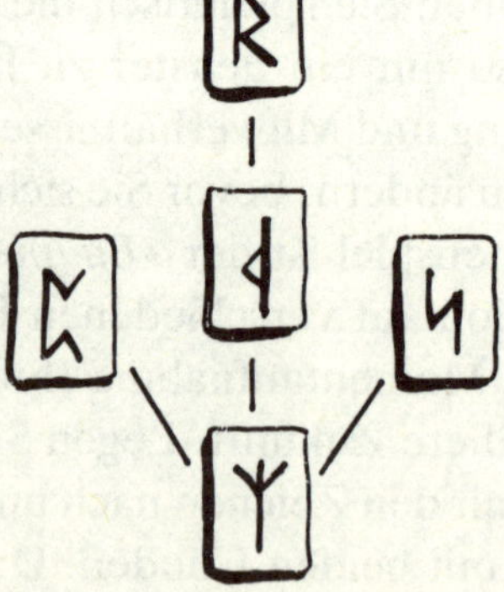

Und so lautete die Ausdeutung der Dame (im Originalton): »Ich muß zuerst die beiden links und rechts anschauen. Die Rune, die für meine Vergangenheit liegt, kenne ich, aber ich vergeß immer den Namen (PER, die Einweihung, die Mysterienrune – d. Autor). Ich weiß nur, daß sie für etwas Absolutes steht, und ich bin erschrocken, denn wenn sowas schon erledigt ist, was kann da noch in der Zukunft sein? Diese SIG- oder SOL-Rune mag ich nicht besonders. Ihre Energie ist zu stark, zu aggressiv, paßt einfach nicht zu mir. Die RATH-Rune für meinen Kopf ist mir klar, die ziehe ich sowieso dauernd. Meine Gedanken sind sprunghaft, irgendwie denke ich immer durcheinander, rundrum im Kopf. Das muß einfach anders werden, aber ich weiß, daß ich das allein mit dem Kopf nicht schaffen kann, also mein Verstand kann meinen Verstand nicht zur Ruhe bringen, das geht nur wenn ich insgesamt ruhiger werde. Aber das ist halt einfach die ganze Situation jetzt. Die umgedrehte THORN-Rune für meine Gefühle verstehe ich jedenfalls als Durcheinander der Gefühle, denn richtig herum ist sie ja soviel wie Stillstehen und Konzentrieren, also auch eine Klarheit bekommen. Also Kopf kaputt, Bauch kaputt! (lacht). Nur die ganz unten, die mag ich gern. Der Mensch, der die Arme zum Himmel ausstreckt. Hier schaut's aus, als ob ich mir selbst die Arme entgegenstrecke – ja, das ist jetzt, glaub' ich, die einzige Kraft, die ich noch habe, und wichtig ist sie auch. Ich glaub', ohne sie würde ich einfach auseinanderfallen. Seitdem ich ein bißchen auf mich achte, geht's mir sowieso schon besser, ich spür' jedenfalls, was alles nicht stimmt – obwohl es noch sehr unklar ist. Also, den RATH im Kopf, den könnt' ich gut gebrauchen. Und das offene Tor im Bauch, ich glaub', das stimmt auch, weil ich da wirklich offen bin. Nicht weil ich jetzt so entspannt wäre, sondern weil es mich da richtig zerrissen hat. Der Bauch ist nur noch ein Loch. Diese nach oben gestreckten Arme beruhigen mich wirklich. Sie bringen auch die beiden Runen am Rand zusammen – also die Blitzenergie, das Angreifen, das brauch' ich wahrscheinlich tatsächlich. Ich habe immer Angst davor gehabt, vor so einer Art von Härte und Sich-Durchsetzen, aber es muß wohl sein. Wie wenn man endlich doch zum Zahnarzt geht, weil der Zahn so wehtut. Ich muß mich jetzt einfach rausreißen aus dem ganzen Durcheinander, ich habe keine Lust mehr, mich nur noch selber fertigzumachen. Und die schöne Rune in der Vergangenheit, das hab ich einfach mal begriffen, oder so klar bin schon mal gewesen, das heißt doch nicht, daß ich es nie mehr werden kann.«

Bei der Betrachtung dieses Lebensbaums kann man tatsächlich ganz in sich eintauchen und Bilder und Verbindungen an die Oberfläche schwemmen, die eine momentane Situation klarer machen. Sich ein solches Selbstporträt anzuschauen bringt die Chance, Masken und Verstellungen fallen zu lassen und sich einfach zu erforschen, abzutasten und sich als Einheit – auch wenn sie gerade zerrissen oder beschädigt sein sollte – anzusehen und anzunehmen.

Menschen, die häufig mit Runen arbeiten, sollten anfangen, ein »Runentagebuch« zu führen, alle gezogenen Konstellationen eintragen, Gedanken und Assoziationen dazu notieren und so das Bild und das Verständnis von sich stärker zu erleben und in dieser Sammlung mehr Klarheit zu gewinnen.

Eine andere Art, Runen zu legen, ist der *»Schlangenweg«*. Man nimmt wieder von den umgedrehten und gut gemischten Runen eine nach der anderen, während dessen man sich völlig auf ihr jeweiliges Thema konzentriert. Die erste Rune steht für die Vergangenheit, die zweite für die Gegenwart, die dritte für die Zukunft, die vierte für das, was zu tun ist, die fünfte für die Energie, die sich dafür hilfreich anbietet, die sechste für Hoffnungen und Befürchtungen und die siebte schließlich für das Ergebnis. Gelegt werden sie nach folgendem System:

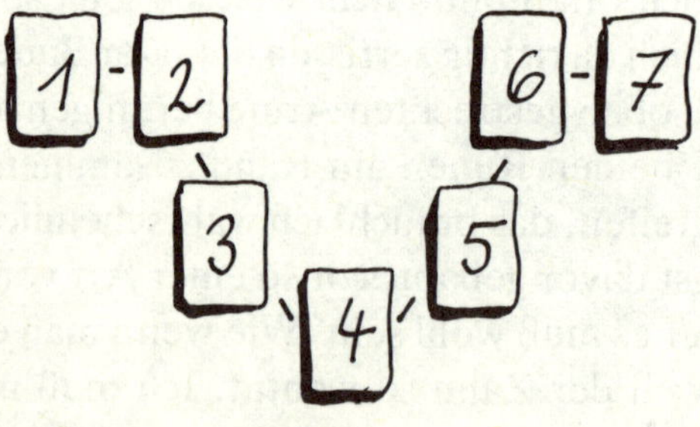

Versuchen Sie sich langsam und gemächlich ›ein Bild‹ zu machen, assoziieren Sie frei zu den Zeichen und ihren Bedeutungen, die Sie gar nicht alle bis ins letzte Detail kennen müssen. Lassen Sie Verbindungen zu, so haarsträubend und unlogisch sie auch sein mögen – es kommt Ihnen jetzt mit Sicherheit nichts Falsches, Unpassendes oder Unwichtiges in den Sinn. Wenn Sie sich auf die Runen einlassen und damit auf sich selber, werden sie (Sie) auch sprechen.

Das letzte Einzelspiel, das Sie aber auch für einen anderen legen können, ist das *»Runengericht«*. Die Runen halten quasi über Sie Gericht, und Sie nehmen innerhalb der Regeln, denen Sie sich bei jeder Runensitzung unterwerfen, dieses Urteil auch an. Der Auslöser für die ›Gerichtsverhandlung‹ sollte ein Thema sein, das Ihnen wichtig genug ist, um dafür diese wichtige Energie aufzuwenden, und gleichzeitig so unklar, daß Sie *bewußt* weder damit umgehen noch es lösen können. Es kann ein persönliches, zwischenmenschliches oder berufliches Problem sein, aber auch nur eine Ahnung, ein Verdacht, der Sie mehr, als es normal wäre, beschäftigt. Stecken Sie Ihre Hand in den Runenbeutel und spielen Sie mit den Steinen, versuchen Sie, alle wenigstens einmal zu berühren, und konzentrieren Sie sich auf eine möglichst klare Formulierung Ihres Themas. Ziehen Sie nun eine Rune, die ausdrükken soll, was dafür spricht, die Ihre Hoffnungen in dieser Angelegenheit symbolisiert – Ihren Verteidiger. Dann konzentrieren Sie sich ganz auf den gegensätzlichen Aspekt: auf Ihre Befürchtungen und was gegen die Überlegung, das Vorhaben oder den Plan spricht, den Sie zu diesem Thema haben – Ihren Ankläger. Der Verteidiger liegt links, der Ankläger rechts, und dazwischen sollte noch Platz für das Urteil sein. Um es zu finden, zählen Sie einfach die beiden Runenwerte zusammen und haben, sollte die Zahl unter 24 liegen, die Nummer Ihrer Urteilsurne. Liegt die Summe beider Runen über 24, so ziehen Sie solange 16 davon ab, bis sich das Ergebnis wieder innerhalb der Menge der Orakelrunen befindet.

Verteidiger YR (24)　Urteil HAGAL (9)　Ankläger FAR (1)

Verteidiger (YR-24) addiert sich mit dem Ankläger (FAR-1) zu 25. Da es keine Rune mit der Nummer 25 gibt, ziehen Sie 16 ab und erhalten das Urteil: 9 = HAGAL.

Hier eine Liste der durchnumerierten Orakelrunen:

1 FAR	9 HAGAL	17 TYR
2 UR	10 NOTH	18 BAR
3 THORN	11 IS	19 EH
4 OS	12 JER	20 LAF
5 RATH	13 AR	21 MAN
6 KAUN	14 PER	22 ING
7 GIBUR	15 EOL	23 DAG
8 WONNE	16 SOL	24 YR

Runen lassen sich nicht nur alleine legen. Sie können über die Kraft dieser Zeichen auch Probleme mit anderen oder in Ihrer Partnerschaft erkennen, Situationen klarstellen und sich und dem Partner Chancen sichtbar werden lassen, wie sich Spannungen und Mißverständnisse bereinigen lassen und woher sie überhaupt kommen. Ein Partnerspiel, das keinen besonderen Anlaß braucht, sondern einfach die »Grundstimmung« einer Beziehung widerspiegelt, ist das folgende. Bei diesem Spiel sollten Sie einander gegenüber Platz nehmen. Sie mischen zusammen mit dem Partner die umgedrehten Runen auf dem Tisch. Dann wählt jeder eine Rune, die symbolisieren soll, wie »er selbst sich sieht«. Anschließend nimmt jeder eine zweite, »wie er den anderen sieht«. Zum Schluß zieht einer noch eine Rune für das, »was der Beziehung Kraft gibt, was uns verbindet«, der andere dagegen eine Rune mit dem Sinn: »Hindernis in der Beziehung, das, was uns trennt.« Schließlich deckt man die Runen auf. So ist das Legeschema:

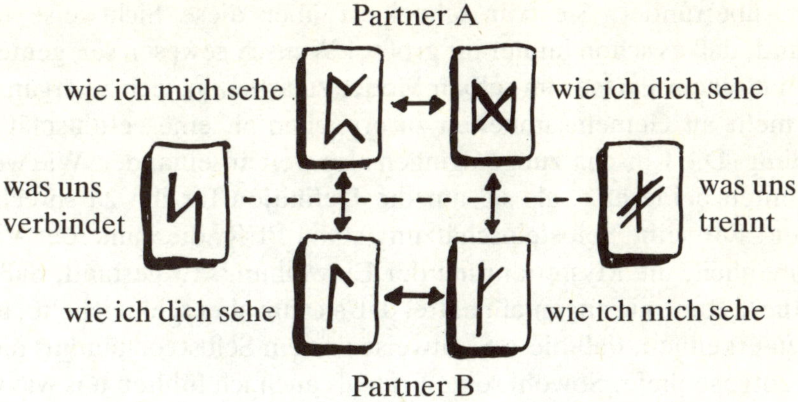

Ein recht erfolgreiches junges Ehepaar – er Designer und Werbegrafiker, sie Malerin, die langsam Zugang zum Beruf ihres Mannes fand und plötzlich auch in der »kommerziellen Kunst« sehr erfolgreich wurde – traf sich mit mir, und wir unterhielten uns über ihre Partnerrunen, die im oberen Schema abgebildet sind. Verbindendes und Trennendes konnten beide sehr gut akzeptieren und in Worte fassen. Die Beziehung war sehr stark auf Arbeit und geistiges Harmonieren aufgebaut, die Kraft der SOL-Rune symbolisierte den Zusammenhalt über die kreative Selbstverwirklichung jedes einzelnen. OS wurde mit Stillstand und Erstarrung der Beziehung auf emotionaler Ebene gedeutet, ein Problem, das beiden sehr wohl bewußt war. Sie wollten sich aber nicht damit begnügen, diese Verarmung wäre einfach aus »Arbeitsüberlastung« entstanden oder »weil halt alles mit der Zeit nachläßt«, und stürzten sich auf die gegenseitigen Charakterisierungen durch den Partner. Die Frau hatte sich selbst mit KAUN, der Kraft der Klarheit und Konzentration und der Öffnung für neue Sichtweisen, definiert, ihr Mann hatte sie mit DAG bezeichnet, dem Durchbruch, einer sehr starken und dynamischen Veränderung also. Das gleiche Thema also, nur verschieden vorgetragen. Im Gespräch stellte sich heraus, daß er ihre Veränderung als zu rabiat, »aufgesetzt« und gegen sich gerichtet verstand. Ihr war ja ein tatsächlicher »Durchbruch« gelungen, sie war in seine Arbeitssphäre eingedrungen und hatte ihn dort in kurzer Zeit schon überrundet. Sie war schockiert über diese Sichtweise und gestand, daß es schon immer ihr größter Wunsch gewesen sei, gemeinsam mit einem Partner im selben Metier zu arbeiten, sich zu ergänzen und mehr an Gemeinsamkeiten zu erreichen als eine gefühlsmäßige Bindung. Die Einschätzungen gingen also weit auseinander. Wie weit, erkannten beide erst, als sie auf die Definition für ihn zu sprechen kamen. Für seine Selbsteinschätzung stand PER, die Rune der Vollkommenheit, die Mysterienrune der Einweihung. Er gestand, daß er sich diese Rune nie angemaßt hätte, daß sie ihm aber schmeichelte, und gab zu erkennen, daß diese Sichtweise seinem Selbstverständnis nicht sehr entgegenliefe. Sowohl seine Frau als auch ich fühlten uns wie vor den Kopf gestoßen, denn die Vorstellung, »die PER-Rune stünde einem selbst wirklich zu«, ist etwa dem Unfehlbarkeitsdogma des Papstes vergleichbar, also völlig abgehoben und abwegig. Je näher man dieser absoluten Rune kommt, desto eher meidet man sie nämlich. Die Frau hatte ihren Mann mit der Rune LAF charakterisiert, also mit einer weiblichen Energie, die auf eine sehr liebevolle und sanfte Beständigkeit hinweist, aber in ihrer Beschreibung auch für Gefühlsschwankungen, Selbstüberschätzung und »Weich-lich-keit« steht. Die Positionen waren klarer geworden. Das erste Mißverständnis, das des Eindringens in seine Arbeitssphäre, konnte recht schnell verstanden und bereinigt werden. Das zweite aber, das seiner extremen Selbstüberschätzung und Abgehobenheit, nahmen die beiden mit, doch es war wenigstens als Thema klar geworden, man hatte es erkannt und ausgesprochen.

Ein Partnerspiel, das bei einem konkret erkannten Problem Klärung bringen kann, ist der *»Runendialog«*. Man definiert die Frage möglichst genau, und der erste zieht dazu eine Rune aus dem Beutel. Über sie kann man sich unterhalten, Assoziationen und Vorstellungen austauschen. Der andere stellt schließlich seine Gegenposition dar, indem er seinerseits eine Rune zieht. Die Spannung aus diesen beiden Zeichen kann das Problem in neue Richtungen lenken, kann Zusatzinformationen geben oder bisher unerkannte Aspekte auftauchen lassen. Zu jedem neuen Wendepunkt in der ›Aufklärungsarbeit‹ wird abwechselnd wieder eine Rune gezogen, bis die Wurzel des Problems langsam klar geworden ist, man auf Symbolsteine verzichten und zum offenen Gespräch übergehen kann, oder bis – der Runenbeutel leer ist.

Das letzte Runenspiel, das man sowohl allein wie zu zweit spielen kann, ist der *»Weg des Lebens«*. Wenn Sie schon etwas Erfahrung mit Runen haben, werden Sie sicher *Ihr* Zeichen gefunden haben. Suchen Sie diese Rune heraus und legen Sie sie als einzige aufgedeckt auf den Tisch. Die anderen mischen Sie mit beiden Händen ausgiebig und formen solange ein Rechteck (sechs Runen breit, vier Runen hoch), bis Sie das Gefühl haben, daß jetzt jeder Stein an seinem richtigen Platz liegt. Der Ablauf dieser Verrichtung ist ganz und gar Ihrer Intuition überlassen, auch, wo sich innerhalb dieser Anordnung Ihre Schicksalsrune befindet. Dann konzentrieren Sie sich auf den zweiten Eckpfeiler und wählen eine andere Rune, die Sie aufdecken. Das Schema könnte etwa so aussehen:

Nun liegen zwei aufgedeckte Runen vor Ihnen, zwischen denen der Weg Ihres Lebens verlaufen wird. Welche die Start- und welche die Zielrune sein soll, ist nicht festgelegt, das entscheiden *Sie*. Decken Sie nun nach und nach Verbindungssteine zwischen den Eckpositionen auf, suchen Sie Ihren Weg. Mehr als sieben weitere Runen dürfen aber nicht als ›Brücke‹ aufgedeckt werden. Versenken Sie sich anschließend in die verschiedenen Energien, die Sie auf Ihrer Reise gekreuzt haben, und entscheiden Sie schließlich, in welcher Richtung Sie den Weg beschreiten wollen – ob Ihre Schicksalsrune tatsächlich Endpunkt der Wanderung wird oder ob das neue Ziel verlockender erscheint.

Sie können diese Reise auch zu zweit unternehmen. Dabei werden Sie sich höchstwahrscheinlich begegnen, überschneiden oder gar eine bestimmte Strecke des Weges zusammen gehen. Entwickeln Sie die Auslegung gemeinsam und achten Sie besonders auf Stellen, an denen Sie sich begegnen und wieder trennen.

Bei diesem Zu-zweit-Gehen lassen sich oft zwei Runen erkennen, die eine Beziehung beschreiben oder bestimmen. Diese beiden Zeichen kann man »zusammenbinden«; die germanische Form der *Binderune* bezeichnet eine Bedeutungserweiterung, die durch die Zusammenfügung zweier Aspekte geschieht. Jeder Aspekt wirkt auf den anderen ein; beide ergeben zusammen eine viel genauere Definition eines Zustands, als es viele Worte oft können. Ein solches »Runenbild« kann etwa aus DAG ᛞ und FAR ᚠ entstehen und so aussehen: . Eine Kurzcharakteristik dieser Binderune könnte lauten: »Feuer schlägt durch die Mauer.« Die Energie des Durchbruchs und der Transformation ist in diesem Fall eine aggressive; der so Erlösung erlangen will, kämpft sich ans Licht, schießt mit einer Kanone auf die Mauer, die er selber aufgebaut hat. Je stärker er sich jedoch öffnen will, desto stärker wird er sich verschließen. Dieser Kampf kostet viel Energie, und wenn der neue Tag dann endlich doch angebrochen ist, kann es sein, daß der Kämpfer inmitten eines rauchenden Trümmerfeldes steht.

Solche Binderunen können Sie nicht nur für Partnerschaften zusammensetzen. Auch für sich selber findet man mindestens zwei Aspekte, die die Extreme und die Spannung unserer Person symbolisieren – ob Sie nun die beiden Runen Ihres Vor- und Nachnamens zusammenbinden oder spontan zwei Zeichen finden, die die wichtigsten Züge Ihrer Person am deutlichsten ausdrücken. Ihre »Schicksalsrune« setzt sich meist auch aus zwei vorherrschenden Runen zusammen; ist es tatsächlich nur eine, so kann man auch diese binden, in diesem Fall verstärken oder verdoppeln, was die Existenz der Doppelzeichen wie etwa FAR-FAR erklärt.

FAR-FAR
Fürst und Vater zugleich, die Energie des pulsierenden Stoßes.

FAR-UR
Tier aus Kraft und Geist, glücklicher Ehrgeiz.

FAR-THORN
Schöpferische Energie wird zu Gewalt.

FAR-OS
Unbewegliches Feuer.

FAR-RATH
Nimm den Rat der Alten an.

FAR-KAUN
Doppelte Potenz übertrifft das Ziel.

FAR-GIBUR
Die Kraft der Vereinigung.

FAR-WONNE
Das Licht des Feuers verbrennt nichts.

FAR-HAGAL
Feuerhagel.

FAR-NOTH
Tödlicher Ehrgeiz.

FAR-IS
Einsame Insel der Kraft.

FAR-JER
Bremse die Ungeduld des Feuers.

FAR-AR
Das Arbeitstier.

FAR-PER
Der Weg des Feuers.

FAR-EOL
Der Kampf um selbstlosen Ehrgeiz.

FAR-SOL
Der Blitz bringt das Feuer, aber auch den Regen.

FAR-TYR
Das Ziel erscheint erst nach dem Schuß.

FAR-BAR
Die Einheit, die glückliche Verbindung.

FAR-EH
Die Brücke zum Schloß des Fürsten.

FAR-LAF
Liebe aus Ehrgeiz bringt Leid.

FAR-MAN
Das Herz der Macht, die Evolution.

FAR-ING
Fruchtbare Energie.

FAR-DAG
Feuer schlägt durch die Mauer.

FAR-YR
Falsche Energie, ein fürchterlicher Irrweg.

UR-UR
Die Kraft der Erkenntnis.

UR-THORN
Das Tor mitten auf dem Acker.

UR-OS
Vor dem Angriff erstarrt der Stier.

UR-RATH
Kraft wird zu Recht, Widerstand zur Pflicht.

UR-KAUN
Absolute Potenz.

UR-GIBUR
Die Weidezäune sind niedergerissen.

UR-WONNE
Licht der Erkenntnis.

UR-HAGAL
Der Hammer schlägt zu.

UR-NOTH
Angst vor dem Nachlassen der Vitalität.

UR-IS
Stier aus Eisen, Fetisch der Kraft.

UR-JER
Glückliches Annehmen der Natur.

UR-AR
Der Ochse im Joch.

UR-PER
Der Weg der stillen Kraft.

UR-EOL
Rückzug vor dem Schwächeren.

UR-SOL
Die Energie der geraden Furche.

UR-TYR
Ein Urtier greift an.

UR-BAR
Land und Leben werden urbar.

UR-EH
Veränderung durch stille Kraft.

UR-LAF
Starke Liebe.

UR-MAN
Die Wurzeln erkennen und nützen.

UR-ING
Fruchtbarkeit als Selbstzweck.

UR-DAG
Energie von der Stärke des Urknalls.

UR-YR
Scheuklappen halten geradlinigen Kurs.

THORN-THORN
Das Tor wird niedergerissen, um hindurchzukommen.

THORN-OS
Erstarrung im Moment der Transformation.

THORN-RATH
Rettung durch Zulassen.

THORN-KAUN
Königliche Kraft.

THORN-GIBUR
Freiheit durch Stillstand.

THORN-WONNE
Tor des Lichts.

THORN-HAGAL
Elementare Zerstörung.

THORN-NOTH
Der Durchgang ist verwehrt.

THORN-IS
Sich selbst im Wege stehen.

THORN-JER
Geduldiges Suchen.

THORN-AR
Die friedliche Pause bringt den Sinn der Arbeit.

THORN-PER
Der Weg des Zulassens.

THORN-EOL
Klarheit aus der Nicht-Bewegung.

THORN-SOL
Der Verlierer gewinnt den Kampf gegen sich selbst.

THORN-TYR
Ein Pfeil fliegt durch das offene Tor.

THORN-BAR
Die Reife.

THORN-EH
Die Wahl des Weges bringt Erstarrung.

THORN-LAF
Liebe wächst beim ruhigen Betrachten.

THORN-MAN
Der Mensch entdeckt sein Herz.

THORN-ING
Ende der Fruchtbarkeit.

THORN-DAG
Das Beste nimmt man mit.

THORN-YR
Rückzug vor dem entscheidenden Schritt.

OS-OS
Erstarrung bringt Klarheit.

OS-RATH
Das rettende Signal.

OS-KAUN
Vertrauen auf eigene Fähigkeiten.

OS-GIBUR
Die Botschaft liegt in dir selbst.

OS-WONNE
Der Leuchtturm.

OS-HAGAL
Klarheit durch Zerstörung.

OS-NOTH
Eine Nachricht verhallt ungehört.

OS-IS
Erstarrung.

OS-JER
Signale werden erst durch Wiederholung zur Nachricht.

OS-AR
Ein Zeichen: Der Adler zieht Kreise.

OS-PER
Der Weg der Klarheit.

OS-EOL
Eine Nachricht: Sie haben in der Lotterie das große Selbst-Los gewonnen.

OS-SOL
Der eingefrorene Blitz.

OS-TYR
Gewahrsein bringt Klarheit, der Pfeil steht im Flug still.

OS-BAR
Mutter Baum: stillstehen und wachsen.

OS-EH
Die eigenen Gedanken tragen mich über die Brücke.

OS-LAF
Die Botschaft ist nur ganz leise zu sehen, aber in großen Buchstaben zu hören.

OS-MAN
Das gläserne Herz.

OS-ING
Die Frucht des Warnschildes: Klarheit.

OS-DAG
Der neue Tag bringt eine Nachricht: Es ist ein neuer Tag.

OS-YR
Mißverständnisse führen zur Erstarrung: Scheintod.

RATH-RATH
Rettung durch den Weg des Ritters.

RATH-KAUN
Recht und Kraft, ein königlicher Weg.

RATH-GIBUR
Das Mal der Versöhnung schenkt Freiheit.

RATH-WONNE
Die stärkste Säure greift an: Alles löst sich in Wohlgefallen auf.

RATH-HAGAL
Rettung durch Zerstörung.

RATH-NOTH
Die lange Nacht der Ratlosigkeit.

RATH-IS
»Ich will ein Ritter sein«, gefangen auf der Insel der Versöhnung.

RATH-JER
Geduld vor dem Stoß kann ihn ersparen.

RATH-AR
Frieden.

RATH-PER
Der Weg des Rechts.

RATH-EOL
Ritterliche Tugenden.

RATH-SOL
Der Lebenskampf ist ausgebrochen, wer fängt ihn wieder ein?

RATH-TYR
Gewahrsein bringt Recht, ein Schuß die Rettung.

RATH-BAR
Die Königinmutter, Busen im Kettenpanzer.

RATH-EH
Auf dieser weiten Reise kommt man über viele Brücken; die richtige kann schon die erste gewesen sein.

RATH-LAF
Liebe gibt Auftrieb, sogar in voller Rüstung kann man damit im Wasser treiben.

RATH-MAN
Das »Herz am rechten Fleck« macht alle Panzer überflüssig.

RATH-ING
Die Versöhnung trägt Früchte.

RATH-DAG
Im vollen Galopp gegen die Mauer des Unbewußten.

RATH-YR
Der verblendete Ritter, ein falscher Rat.

KAUN-KAUN
Die Potenz bringt Erfolg: neue Potenz.

KAUN-GIBUR
Fähigkeit zur Partnerschaft.

KAUN-WONNE
Königliches Licht.

KAUN-HAGAL
Die Kraft der Elementargewalt in deiner Hand – und jetzt?

KAUN-NOTH
Einsicht in die Vergänglichkeit.

KAUN-IS
»Ich will können!«

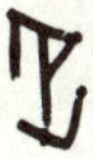
KAUN-JER
Fähigkeit ist die Einsicht in den Zyklus des Erfolgs.

KAUN-AR
Kraft und Ausdauer, der Arbeiterkönig.

KAUN-PER
Der Weg des Könnens.

KAUN-EOL
Die Kraft, die sich in sich selbst zurückzieht.

KAUN-SOL
Der Blitz schlägt in die Sonne.

KAUN-TYR
Konzentration macht die Fähigkeit zur Gewißheit und den Schuß überflüssig.

KAUN-BAR
Die Kraft des Gebärens.

KAUN-EH
Mit festen Schritten über den roten Teppich gehen.

KAUN-LAF
Liebesfähigkeit.

KAUN-MAN
Das Herz ist das Maß der Könige.

KAUN-ING
Geistige Ordnung bringt Kraft und Vollendung.

KAUN-DAG
Nur ein Stein fehlt in der Mauer, aber man kann den neuen Tag sehen.

KAUN-YR
Rückzug der Kraft, die Potenz trennt sich vom Erfolg.

GIBUR-GIBUR
Größte Freiheit aus der engsten Vereinigung.

GIBUR-WONNE
Ein Freudenmal.

GIBUR-HAGAL
Freiheit durch Zerstörung.

GIBUR-NOTH
Notwendige Einsichten trennen Beschaulichkeit vom Schmerz.

GIBUR-IS
Isolation kann Freiheit sein, wenn »ICH« mir genug bin.

GIBUR-JER
Geduldiges Knüpfen.

GIBUR-AR
Das stille Glück.

GIBUR-PER
Der Weg der Partnerschaft.

GIBUR-EOL
Selbstloses Aufgehen im anderen bringt Freiheit.

GIBUR-SOL
Freiheit siegt.

GIBUR-TYR
Das Tier versucht schöne Gedanken zu denken.

GIBUR-BAR
Stange und Bohne, zwei wachsen aneinander.

GIBUR-EH
Die Brücke zum DU.

GIBUR-LAF
Vollendete Liebe.

GIBUR-MAN
Das Herz: ein Mal auf der Stirn des Menschen.

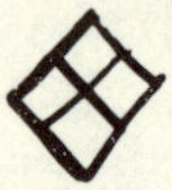

GIBUR-ING
Freiheit ist die Frucht aus dem Schoß des Sich-in-die-Augen-Schauens.

GIBUR-DAG
Von beiden Seiten durch die Mauer gebrochen, der Tunnel für die Nachkommenschaft.

GIBUR-YR
Scheinfreiheit durch Trennung.

WONNE-WONNE
Das Licht der Ekstase.

WONNE-HAGAL
Die Inquisition.

WONNE-NOTH
Kampf der Dualitäten, die Einsicht bringt das Not-Licht.

WONNE-IS
Glücklich in der Einsamkeit.

WONNE-JER
Auch Freude folgt einem Zyklus, die Erkenntnis befreit aber nicht davon.

WONNE-AR
Der Adler trägt einen Ölzweig im Schnabel.

WONNE-PER
Der Weg des Lichts.

WONNE-EOL
Die Kunst, sich selbst »wohlzugefallen«.

WONNE-SOL
Die oberste Grenze der erträglichen Helligkeit.

WONNE-TYR
Die Schönheit der Flugbahn ohne Pfeil.

WONNE-BAR
Mutterfreude.

WONNE-EH
Ein Licht geht auf, die blitzartige Veränderung.

WONNE-LAF
Licht, Leben, Liebe.

WONNE-MAN
Die Macht des »Herz-Maßes« bringt das Licht.

WONNE-ING
Schoß der Wonne.

WONNE-DAG
Grenzenlose Freude hat alle Hindernisse beseitigt.

WONNE-YR
Verblendung.

HAGAL-HAGAL
Die reine Elementargewalt: nicht gut, nicht böse, nur absolut.

HAGAL-NOTH
In der Hagelnacht brennen nur angstvolle Kerzen.

HAGAL-IS
»ICH WILL.«

HAGAL-JER
Die Aussaat der Hagelkörner. Wie wird die Ernte sein?

HAGAL-AR
Größte Kraft kennt keine Ausdauer, aber wer mit dieser Energie »arbeitet«, sollte behutsam und friedliebend sein.

HAGAL-PER
Der Weg der Zerstörung.

HAGAL-EOL
Plötzliches Zurückziehen des Angriffs bringt Klarheit.

HAGAL-SOL
Die Zerstörung, der Lebenskampf als Vernichtungsspiel.

HAGAL-TYR
Angriff aus heiterem Himmel.

HAGAL-BAR
Schaffen und Zerstören lernen die Zusammenarbeit kennen.

HAGAL-EH
Der Kampf auf der Brücke.

HAGAL-LAF
Der Widerspruch: andere treiben und sich selber treiben lassen.

HAGAL-MAN
Der Blitzableiter.

HAGAL-ING
Die Ruhe im Auge des Taifuns gebiert den nächsten Sturm.

HAGAL-DAG
Die Mauer ist gesprengt.

HAGAL-YR
Der verlockende Schein der Macht.

NOTH-NOTH
Not wird zur Notwendigkeit.

NOTH-IS
Starr aus Angst vor dem eigenen Schatten.

NOTH-JER
Nur Geduld bringt das »JA«.

NOTH-AR
Die traurige Pflicht des »Sich-Bescheidens«.

NOTH-PER
Der Weg des Erduldens.

NOTH-EOL
Tief ins Leid zu tauchen bringt Klarheit und Ganzheit.

NOTH-SOL
Licht wie Dunkelheit entstehen aus dir selbst.

NOTH-TYR
Der Schuß im Dunkeln.

NOTH-BAR
In der Gebärmutter.

NOTH-EH
Die Angst vor der baufälligen Brücke läßt die Frage aufkommen, warum man sie überhaupt überqueren soll.

NOTH-LAF
Treiben in der eigenen Unklarheit.

NOTH-MAN
Der Retter.

NOTH-ING
Das absolute Nichts im Schoß der Nacht.

NOTH-DAG
Der Sonnenaufgang bringt nicht den erhofften »neuen Tag«, sondern eine weitere gefürchtete Nacht.

NOTH-YR
Tödliche Irrwege.

IS-IS
Ein Denkmal für den Willen: aus Erz gegossen und zur Verehrung vergraben!

IS-JER
Geduld beim Auftauen! Zu leicht kann alles zerbrechen.

IS-AR
Eiserner Arbeiter, starrer Friede.

IS-PER
Der Weg der Isolation.

IS-EOL
Selbstloses Zurückziehen aus der Gesellschaft bringt Heilung.

IS-SOL
Die Sonne hat nicht viel Unterhaltung.

IS-TYR
Perfekte Selbstversenkung.

IS-BAR
Reifen in der Einsamkeit.

IS-EH
Fortschritt, für wen?

IS-LAF
Liebe macht das ICH stark, der Wille macht es starr.

IS-MAN
Das einsame Herz.

IS-ING
Die Insel der fruchtbaren Vollendung.

IS-DAG
Man kann nicht selber durchbrechen, aber für andere als Rammbock dienen.

IS-YR
Fata Morgana.

JER-JER
Der Zyklus verliert den Sinn, warten aufs Warten.

JER-AR
Eins mit der Natur.

JER-PER
Der Weg des Zulassens.

JER-EOL
Die Verleugnung aller Fort- und Rückschritte.

JER-SOL
Der Sonnenrhythmus.

JER-TYR
Die Geduld des Bogenschützen.

JER-BAR
Das Wachstum.

JER-EH
Veränderung durch Nicht-Tun.

JER-LAF
Die Intuition findet den richtigen Platz zum Einpflanzen.

JER-MAN
Geduldiges Herz.

JER-ING
Kosmische Ordnung.

JER-DAG
Die Zeit zur Transformation; auch Nicht-Bewegen führt zum Durchbruch.

JER-YR
Falsche Zyklen.

AR-AR
Zufriedenheit durch Ausdauer.

AR-PER
Der Weg der Arbeit.

AR-EOL
Aufopfern für andere.

AR-SOL
Der Adler greift an.

AR-TYR
Sich ein neues Ziel zu stecken wird schon zum neuen Ziel.

AR-BAR
Innerer Frieden durch ausdauerndes Wachstum.

AR-EH
Die Brücke, die es zu überschreiten gilt, muß auch noch selbst gebaut werden.

AR-LAF
Die Spannung: Leben und Arbeit scheinen sich nicht vereinbaren zu lassen.

AR-MAN
Das Herz eines Adlers. Menschlichkeit muß manchmal erkämpft werden.

AR-ING
Selbstverwirklichung, die Frucht der Ausdauer.

AR-DAG
Steinmetz am Werk; das Loch in der Mauer ist schöner als die Befreiung.

AR-YR
Scheinfrieden, Rückzug aus der Arbeit.

PER-PER
Der Weg des Wegs.

PER-EOL
Der Weg der Klarheit.

PER-SOL
Der Weg der Energie.

PER-TYR
Der Weg des Gewahrseins.

PER-BAR
Der Weg des Schöpferischen.

PER-EH
Der Weg des Ihn-Beschreitens.

PER-LAF
Der Weg der Liebe.

PER-MAN
Der Weg der Menschlichkeit.

PER-ING
Der Weg der Vollendung.

PER-DAG
Der Weg der Transformation.

PER-YR
Der Weg des Rückzugs.

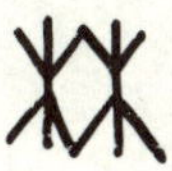
EOL-EOL
Selbstfinden durch Sich-selbst-Loslassen.

EOL-SOL
Die Klarheit des Blitzes, die Ganzheit der Sonne.

EOL-TYR
Gewahrsein.

EOL-BAR
Neues Leben wächst, als Pflege genügt aufmerksames Beobachten.

EOL-EH
Der Schatten geht zuerst über die Brücke.

EOL-LAF
Intuition wird zur Klarheit.

EOL-MAN
Die Macht des selbstlosen Herzens.

EOL-ING
Der Ur-Schoß.

EOL-DAG
Rückwärts durch die Mauer brechen, aus dem neuen Bewußtsein heraus das alte betrachten.

EOL-YR
Scheinbare Selbstlosigkeit wird zur Nebelgranate.

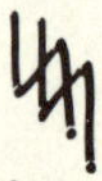
SOL-SOL
Blindwütige Energie.

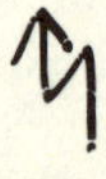
SOL-TYR
Der Blitz wird Schuß und Ziel in einem.

SOL-BAR
Sonnenkraft gibt der Fruchtbarkeit erst ihren Sinn.

SOL-EH
Sieg auf der Brücke der Veränderung.

SOL-LAF
Amors Pfeil.

SOL-MAN
Das Sonnenherz als Maß der Menschlichkeit.

SOL-ING
Die Befruchtung.

SOL-DAG
»Sonnentag«, der neue Tag bringt die Erlösung.

SOL-YR
Irrwitzige Siege im Namen der Sonne.

TYR-TYR
Höchste Konzentration.

TYR-BAR
Das »Wunschkind«, zielgerichtete Fruchtbarkeit.

TYR-EH
Der Pfeil fliegt über die Brücke.

TYR-LAF
Das genaue Zuhören.

TYR-MAN
Das Ziel ist das Herz des anderen.

TYR-ING
Vergewaltigte Ordnung, Vollendung unter Schmerzen.

TYR-DAG
Der Durchbruch war das Wichtigste, nicht nur Mittel zum Zweck.

TYR-YR
Grenzenloses Unheil, Raketensymbol.

BAR-BAR
»Die Große Mutter« – barbarische Barbara.

BAR-EH
Die Brücke der Reife überschreiten.

BAR-LAF
Mutterliebe.

BAR-MAN
Das Paradies.

BAR-ING
Höchste Fruchtbarkeit.

BAR-DAG
Der zarte Durchbruch durch die Mauer. Die Kraft von Pflanzen, Frost und Wind. Und der Zeit.

BAR-YR
»Scheinschwangerschaft«, Rückzug aus fruchtbaren Gefilden, auch aus denen des eigenen Ichs.

EH-EH
Veränderung zum Zweck der Veränderung.

EH-LAF
Die Liebe trägt über die Brücke.

EH-MAN
Der Wächter am Übergang, eine moralische Größe. Um die Brücke zu überqueren, muß er nicht »besiegt« werden – nur akzeptiert.

EH-ING
Die Frucht der Veränderung, der Rück-Blick.

EH-DAG
Widerstand durch zuviele Lösungsmöglichkeiten.

EH-YR
Die Zugbrücke ist eingezogen.

LAF-LAF
Leid durch zuviel scheinbare Liebe, zuviel scheinbares Leid durch Liebe.

LAF-MAN
Menschlichkeit.

LAF-ING
Der Orgasmus.

LAF-DAG
Die Liebe sprengt die Mauer. Unabsichtlich und wie nebenbei, denn dieses Herz ist viel zu voll, um Mauern wahrzunehmen.

LAF-YR
Trennung, falsche und künstliche Gefühle.

MAN-MAN
Das eigene Herz wird zum Maßstab, Mit-Menschlichkeit zur Macht.

MAN-ING
Heimat.

MAN-DAG
Die endgültige Erlösung, der Ausbruch.

MAN-YR
Unmenschlichkeit.

ING-ING
Der zwanghafte Wunsch nach einer von außen bestimmten Verwirklichung bremst das Ich.

ING-DAG
Die Lust des Durchbruchs, die Schönheit der Penetration. Genuß im Gleichgewicht: geben und nehmen können.

ING-YR
Der vergiftete Apfel bei Eva und Schneewittchens Stiefmutter. Die Masken der Schönheitssalons.

DAG-DAG
Das Niederreißen ist wichtiger als das Durchkommen.

DAG-YR
Ausbruch ins Gefängnis.

YR-YR
Der Nebel löst sich auf, der »Rück«-Weg ist wieder zu sehen. Mit dieser Auflösung erlöst sich auch das tragische Yr-Zeichen.

Der germanische Zodiakus und seine Deutung

Runen können nicht nur Nachricht über aktuelle Ereignisse und Befindlichkeiten geben, sondern sind gleichzeitig Träger einer grundsätzlichen Botschaft für jedes Individuum, beschreiben quasi ein »Lebensthema«, etwa wie die Tierkreiszeichen des Zodiakus. Dieser Vorstellung entspricht auch der altgermanische Runensternkreis, der »Tyrkreis«, der mit den 16 großen nordischen Runen arbeitet. Die Zeichen stehen für Prototypen, für vereinfachte Charakter- und Verhaltensmuster. Die folgenden Zeichenauslegungen sollten Sie also nicht bei für Tagesfragen gezogenen Runen lesen, sondern für *Ihre* Lebensrune, die sich aus dem Geburtsdatum errechnen läßt.

Die Germanen rechneten nach einem Sonnenkalender, der das Jahr heute in zwölf Monate und 365 Tage unterteilt. Ihre heilige 16 mußten sie aber unbedingt darin unterbringen, und so teilten sie das Jahr erst einmal an vier markanten Zeitpunkten: der Wintersonnenwende, die gleichzeitig der Beginn eines neuen Jahres war, der Frühlings-Tagundnachtgleiche, der Sommersonnenwende und schließlich der Herbst-Tagundnachtgleiche. Die dazwischenliegenden Zeitabschnitte wurden jeweils wieder durch vier geteilt, so daß sich der berühmte 16er-Zyklus übers Jahr durchhalten ließ. Diese Monate wurden »Male« genannt, und ebenso wie Grenzmale sichtbare Trennzeichen waren, verstand man auch diese Male als Trennungen verschiedener Wachstums- und Veränderungsmerk*male* in der Natur. Die alten Monatsbezeichnungen wie »Heuret« (Heu-machen), »Ernting« (Ernte) oder »Gilbhard« (die Blätter werden gelb) verdeutlichen, daß man keine künstlichen Zyklen einführte, sondern die natürlichen erspürte. Ebenso wie es Jahresmale gab, teilte man auch den Tag in »Tagmale«. Im Norden begann der Tag um Mitternacht (im Gegensatz zu südlichen Ländern, die ihn am Morgen beginnen ließen) und setzte den 16er-Rhythmus im 90-Minuten-Takt fort. Ein Tagmal bedeutete also eineinhalb Stunden. Zur Errechnung Ihrer Lebensrune genügt aber Ihr Geburts*tag*, zu dem Sie in nachfolgender Tabelle die entsprechende Rune finden. Die eingeklammerten Daten beziehen sich auf Schaltjahre.

FAR	ᚠ	22. Julmond – 12. Hartung	22. Dezember – 12. Januar
UR	ᚢ	13. Hartung – 3. Hornung	13. Januar – 3. Februar
THORN	ᚦ	4. Hornung – 25. Hornung	4. Februar – 25. Februar
OS	ᚯ	26. Hornung – 20. (19.) Lenzing	26. Februar – 20. (19.) März
RATH	ᚱ	21. (20.) Lenzing – 12. (11.) Ostermond	21. (20.) März – 12. (11.) April
KAUN	ᚴ	13. (12.) Ostermond – 5. (4.) Wonnemond	13. (12.) April – 5. (4.) Mai
HAGAL	ᛡ	6. (5.) Wonnemond – 28. (27.) Wonnemond	6. (5.) Mai – 28. (27.) Mai
NOTH	ᚾ	29. (28.) Wonnemond – 20. Brachet	29. (28.) Mai – 20. Juni
IS	ᛁ	21. Brachet – 14. Heuret	21. Juni – 14. Juli
AR	ᛅ	15. Heuret – 7. Ernting	15. Juli – 7. August
SOL	ᛋ	8. Ernting – 30. Ernting	8. August – 30. August
TYR	ᛏ	31. Ernting – 22. Scheiding	31. August – 22. September
BAR	ᛒ	23. Scheiding – 15. Gilbhard	23. September – 15. Oktober

LAF	ᛚ	16. Gilbhard – 7. Nebelung	16. Oktober – 7. November
MAN	ᛘ	8. Nebelung – 29. Nebelung	8. November – 29. November
YR	ᛦ	30. Nebelung – 21. Julmond	30. November – 21. Dezember

ᚠ

FAR

Heiliger Baum: Föhre — *Jahreszeit:* Winter
Tier: Eichhörnchen — *Stein:* Amethyst
Planet: Die Mitte des Universums — *Körperteil:* Hand
Farbe: Violett — *Element:* Erde

Wortkette: Fuhrwerk – Fähre – Fahrzeug – Fürst – Vater – fahren – zeugen – wachsen – fassen – vorn – vor – früh – frei – first (erste) – Zeugung – Ewiger Wandel

Arbeit ist ein großes Thema in diesem Zeichen. Man hat sowohl die Fähigkeit als auch den Anspruch, zu ›erschaffen‹, und spannt den Bogen dieses Wortes so weit, daß sich jede Tätigkeit, auch die banalste, als schöpferisches Werk begreift. Ernsthaftigkeit und Beharrlichkeit sind zwei Eigenschaften, die dem Zeichen FAR in großem Maße zueigen sind und die seine Vertreter konzentriert einsetzen, um ihre Ziele zu erreichen. Aber nur selten handelt es sich dabei um wichtige Zielpunkte im Leben, sondern wie beim Bogenschießen nur um willkürlich festgelegte Punkte, an denen sich die Zielgenauigkeit des Schützen messen läßt. Menschen, die im Zeichen von FAR leben, achten mehr darauf, *daß* sie etwas erreichen, als darauf, *was* oder *wie* sie es tun. Die große schöpferische Energie, die diese Rune bewahrt, wird oft genug nur dazu verwendet, den eigenen Ehrgeiz zu befriedigen und das zu erhalten, zu horten und zu verteidigen, was schon erreicht und gewonnen worden ist. Wenn Menschen, die stark unter dem Einfluß von FAR leben, anfangen, sich auf ihr eigenes Wesen zu beziehen, es erforschen und nach Wegen zur Weiterentwicklung suchen, stoßen sie zwangsläufig auf dieses Thema: »Besitz, wie man zu ihm kommt und wie man ihn erhält.« Sie werden die Bedeutung von »Gewinn« einer Prüfung unterziehen und den Sinn von »ver-dienen« – zwar unwillig, aber unaufhaltsam – akzeptieren lernen. Nachdem sie alles Materielle problemlos meistern können, ängstigt sie die Vorstellung, bei einer Reise nach Innen auf die Sicherheit des Be-greif-baren und ihrer Fähigkeiten diesbezüglich verzichten zu müssen. Dieselbe diffuse Angst erschwert ihnen auch den Umgang mit anderen, denen sie oft als reserviert und verschlossen erscheinen. Pure Unterhaltung und Vergnügen ohne ›Gewinn‹ gehören zu den unverständlichen und exotischen Vorgängen, die sie zwar fasziniert beobachten, an denen sie aber kaum teilhaben können. Andere mißverstehen dieses Verhalten als Mißtrauen oder feindliche Verschlossenheit, in Wirklichkeit ist es das Un-Vermögen von FAR, der Nicht-Besitz einer Fähigkeit, die sie erst völlig frei machen würde. Dieser Besitz läßt sich nicht durch handfeste Taten erreichen, sondern nur durch Öffnen und Zulassen. Eine Chance dazu ist die natürliche Autorität dieses Zeichens in allen materiellen Belangen. Setzen Sie das Vater-Sein ein, um anderen damit zu dienen, geben Sie Sicherheit, weil sie gebraucht wird, und nicht, um eigene Fähigkeiten zu betonen, und werden Sie ein Pol der Ruhe und Zuverlässigkeit, ohne dafür Belohnung oder Anerkennung zu erwarten.

Sie haben die Fähigkeit, mit den Händen Großes zu erschaffen. Das Größte wird entstehen, wenn Sie die Hände still halten und es einfach geschehen lassen.

UR

Heiliger Baum: Ulme
Tier: Auerochse
Planet: Fixsterne
Farbe: Ultramarinblau

Jahreszeit: Winter
Stein: Axinit
Körperteil: Unterarm
Element: Wasser

Wortkette: Ur – Ursprung – Urgrund – Aurum (Gold) – Geld – Uhr – Urne – währen – Erde – erden

Das Zeichen der ur-sprünglichen Stärke, die zwar gewaltig sein kann, wie man es eben einem Bison oder Auerochsen zutraut, der mit eingezogenem Kopf, muskulösem Nacken und breiten Schultern einfach dasteht, aber nie explosive oder geschmeidige Kraft meint, ebensowenig wie sie wirr und ziellos wirken kann. Die Dinge sind oft die ganze Realität, der Schein schon die Wirklichkeit, und das Bemühen um die Erfüllung der äußeren Ansprüche braucht meist die ganze

Kraft auf. Das Bestreben nach »dem Schönen, Wahren und Reinen« ist groß. Im Hintergrund steht dabei aber der Gedanke, es zu besitzen, und nicht, sich an seiner Perfektion zu freuen. Die Kraft des Ursprungs wird zur Befriedigung der Ur-bedürfnisse eingesetzt. Darüber hinaus dient sie nur dazu, die eigene Bequemlichkeit immer mehr zu erhöhen, bis aus dem ›Luxus des Lebens‹ Behäbigkeit geworden ist. Das ist die große Gefahr dieses Zeichens: das langsame Erstarren in Vertrautem und Beherrschbarem, sowohl im Materiellen als auch im Geistigen. Doch der Mensch ist kein Ur-Tier, er braucht mehr zur eigenen Befriedigung und Selbstverwirklichung als sichere und bequeme Monotonie. Auf den ›anderen‹ kann man auch hier nicht verzichten, vor allem dieses Zeichen nicht: Es braucht das Lob und die Anerkennung ebenso wie die Unterhaltung mit Freunden und Gleichgesinnten. UR ist ein gastliches und offenes Symbol. Es liebt und pflegt die Herde und kann zugunsten einer Gemeinschaft auch eigene Bedürfnisse einschränken. Menschen unter diesem Zeichen nehmen oft und gern Verantwortung und Arbeit für andere auf sich, meist aber nur, um sich damit deren Anerkennung und Liebe zu sichern. Erst spät begreifen sie das als sinnvolle Lebensaufgabe, welche die Bestätigung einfach aus der Erfüllung erfährt.

Mit dieser Rune sind feste Prinzipien verbunden, die ebenso Kraft wie Begrenzung und einen engen Horizont bedeuten können. Die Weggabelung ist gefährlich schmal und unübersichtlich, und um sich nicht in die Behäbigkeit zu verlaufen, ist es diesem Zeichen angeraten, bescheiden und aufmerksam seine Umgebung zu beobachten.

ᚦ THORN

Heiliger Baum: Eiche
Tier: Storch
Planet: Furor*
Farbe: Eisblau

Jahreszeit: Winter
Stein: Türkis
Körperteil: Oberarm und Schulter
Element: Luft

Wortkette: Tor – Narr – Dorn – Blitz – Tür – Zorn – Schaden – verderben – verdorren – tear (zerreißen) – darben – bedauern – dornig – dürr

* Planet des Chaos und des Unheils – noch nicht entdeckt

Die Ansprüche der Menschen, die unter diesem Zeichen leben, sind hoch. Ihre Ziele sind nicht auf kleine Erfolge oder auf das überschaubare stille Glück gerichtet, sondern streben mitten ins Herz der Sonne. Die Kraft, die diesen Menschen innewohnt, kennen sie meist sehr gut, und auch wenn sie sie überschätzen, reicht sie doch oft genug aus, um ihre hohen Ansprüche damit zu befriedigen. Die stoffliche Welt zu genießen ist *ein* Aspekt, aber bei weitem nicht der wichtigste – sie »im Griff zu haben« erscheint der THORN-Rune selbstverständlich. Aber hier will man sie auch noch erkennen, mit eigenen Vorstellungen durchdringen und verändern. Die »Macht-euch-die-Erde-untertan«-Ideologie ist bei diesem Zeichen stark ausgeprägt. Es zählt vor allem auf die Macht des Geistes, die es verehrt, und bemüht sich deshalb, logisch, folgerichtig und erfinderisch mit seinen Gedanken umzugehen und zu arbeiten. Weil THORN-Menschen die Materie einsetzen und für ihre eigene Zufriedenheit benutzen, lieben sie sie – oder aber dafür, daß Materielles ihnen Freiheit verschaffen kann. Das ist nämlich der stärkste Drang dieses Zeichens: frei zu sein, sein eigener Herr und möglichst keines anderen Herr. Um dieses Ziel zu erreichen, verschleudern diese Menschen ihre Energie manchmal recht wahllos in alle halbwegs erfolgversprechenden Richtungen und vergessen dabei, sich auf ein Ziel zu konzentrieren. Der starke Drang nach Freiheit verlockt oft zu überstürzten und unüberlegten Handlungen, zu Hauruck-Aktionen, die letzten Endes mehr begrenzen als erlösen. Gegen diesen Mangel an Orientierung sollte THORN sein eigenes Zeichen, den Torweg, beachten und die Allegorie des »Wartens im Durchgang« beherzigen. Geduld ist die wichtigste Eigenschaft, die es sich in seinem Leben erkämpfen kann, denn die vielen Spannungen, die er mit sich und seiner Umwelt hat, resultieren fast immer aus seiner quälenden Unruhe.

OS

Heiliger Baum: Esche
Tier: Esel
Planet: Kupido (transplutonischer Planet)
Farbe: Indigo

Jahreszeit: Winter
Stein: Saphir
Körperteil: Augen, Ohren, Zirbeldrüse
Element: Feuer

Wortkette: Osten – Asen – Aas – Asche – Esse – Os (Knochen) – Axt – Ast – ask (fragen) – sprechen – essen

Es ist bestimmt nicht sehr leicht, in und mit diesem Zeichen zu leben. Seine Ziele und Ansprüche sind hoch gesteckt, oft zu hoch für eine realistische Sicht der Lage und der eigenen Möglichkeiten. Dieses »Hoch-in die-Wolken-Greifen« ist jedoch gleichzeitig eine Chance und eine Begabung, aus der Sie auch Nutzen ziehen können. Unrealistische Ziele geben Kraft, fördern unkonventionelles Denken und zeugen von einer großen kreativen Potenz. Sie haben die Möglichkeit, vieles von Ihren Träumen zu verwirklichen; Sie müssen sich nur überlegen, was Sie eigentlich daran hindert. Sind Sie es selber, ist es die eigene innere Einstellung, dann müssen Sie mit einigen der Träume aufräumen, die Sie sich vielleicht nur deshalb ausgesucht haben, weil Sie instinktiv sicher waren, sie nie realisieren zu können. Warum erschafft man sich aber Ziele, von denen man eigentlich unbewußt weiß, daß sie nicht zu erreichen sind? Um sich selbst zu fesseln? Ja, denn manchmal ist die Angst, zu versagen, größer als die Energie, sich dem Leben zu stellen. OS verbindet den Drang zu den Sternen mit der Selbstfesselung des Menschen. Der einzige Weg aus diesem Dilemma ist, zu akzeptieren, daß viel Schatten Ihren Weg kreuzen wird, wenn Sie sich auf die Suche nach viel Licht begeben. Die Angst davor kann Sie fesseln, aber bedenken Sie, daß Frustration wesentlich schlimmer sein kann – dann jedenfalls, wenn Sie glauben, fliegen zu müssen, aber nie die Kraft finden, die Flügel zu öffnen.

Auch äußere Hindernisse verstellen oft den Weg zu den Sternen. Dazu gibt diese Rune Rat. Sie deutet auf Ihre größten Fähigkeiten hin, die des Geistes und des Ausdrucks durch die Sprache. Analysieren Sie Ihre Situation genau und ehrlich und wählen Sie als Ausweg einen, den Sie einem Fremden in ähnlicher Situation ebenfalls empfehlen würden. Verlassen Sie sich auf die Kraft Ihrer Sprache, die es Ihnen ermöglicht, sich anderen präzise mitzuteilen und Ihre Forderungen klar zu formulieren. Das geschriebene Wort hat ebensoviel Kraft, und es kann Ihnen helfen, viele der hohen Ziele zu erreichen, indem Sie sie einfach niederschreiben. Entweder werden sie dadurch klarer und der Weg dorthin sichtbar oder sie erledigen sich allein schon dadurch, einmal ausformuliert worden zu sein.

Ein anderer Aspekt dieser Rune ist der Körper. Menschen in diesem Zeichen neigen oft dazu, ihren Körper zu vernachlässigen, denn sie schätzen ihn gegenüber der klaren Kraft des Geistes zu gering ein. Krankheiten und ›Fehlfunktionen‹ werden Sie ständig daran erinnern, daß dieser Körper nicht nur notwendiges Anhängsel Ihrer Person ist, sondern gleichberechtigter Teil neben Geist und Seele. Erkennen Sie die Botschaften Ihrer ›Hülle‹ rechtzeitig und hören Sie darauf, denn schließlich kann man den Körper nicht überwinden, indem man ihn einfach absterben läßt.

RATH

ᚱ

Heiliger Baum: Rosenstrauch — *Jahreszeit:* Frühling
Tier: Pferd — *Stein:* Turmalin
Planet: Pluto — *Körperteil:* Gehirn
Farbe: Meergrün — *Element:* Erde

Wortkette: Ritus – Ritual – Recht – Reise – Rat – Rätsel – Rede – Route (Weg) – Roß – Reiter – Ritter – reiten – raten – read (lesen)

Die Erfüllung dieser Rune ist klar, der Weg dorthin allerdings hart und nur zu ›erkämpfen‹, nicht zu erdulden oder abzuwarten. Das Ziel ist bei RATH nicht das Ende des Weges oder gar der Weg selbst, sondern die Art und Weise, wie man ihn geht. Die Kraft der Menschen unter diesem Zeichen wurzelt im Seelischen. Zum Gehen brauchen sie aber den Willen, und das bringt oft genug Verwirrung und Unruhe in ihr Leben. Launen und Stimmungsschwankungen sind vertraute Begleiter auf der Reise und erschweren den Umgang mit anderen Menschen. Man weiß um »das Rechte«, und weil man gleichzeitig die eigene Unvollständigkeit erkennt, wachsen die Ansprüche an andere, setzt man sie mit Unruhe und Ungeduld unter Druck. Man will führen und spürt dabei noch Zweifel an der eigenen Position. Also wird die Führung nie geradlinig sein, oft sogar unbeherrscht und grob. Den Ansprüchen der anderen setzt man meist Trotz entgegen, und Kritik ist einem unerträglich.

Der Weg des Ritters ist der einzige Aus-Weg aus dieser angespannten Situation. Der Ritter ist nicht um das Bild bemüht, das sich andere durch sein Verhalten von ihm machen können, sondern nur um sein Verhalten, das er an seinem ritterlichen Ehrenkodex mißt. Heute kann man dafür das harmlosere, aber nicht weniger scharfe Wort »Gewissen« einsetzen. Wer unter der Rune RATH lebt, darf sich nicht einfach auf die eigene Kraft verlassen und tun, »was geht«, um weiterzukommen. Bei jedem Schritt muß er sich fragen, ob er recht und nicht nur richtig gehandelt hat. Einzig die Entwicklung und dauernde Überprüfung der eigenen Moral können am Schluß zur Versöhnung mit diesem

Zeichen führen. Dazu gehört es auch, andere anzunehmen, sie nicht mit der eigenen Meßlatte zu bewerten und Einigung mit ihnen zuzulassen.

Das eigentliche Lebensfeld dieser Rune ist die Kunst, »das Schöne« auch im Lebensstil und im Zusammenleben mit anderen. Von dieser Ebene aus läßt sich das Ziel des Ritters erreichen, vor allem dann, wenn man die eigene Energie nicht gegen andere, sondern gegen die eigene Lethargie einsetzt.

KAUN

ᚴ

Heiliger Baum: Linde
Tier: Kuh
Planet: Neptun
Farbe: Wiesengrün

Jahreszeit: Frühling
Stein: Smaragd
Körperteil: Hals und Kehle
Element: Wasser

Wortkette: Können – Abkömmling – Geschlecht – Gattung – Kunst – queen (Königin) – Gattin – Keim – können – gönnen – keimen – keusch – geil

Die Lebensziele dieser Rune sind »Reinheit und Schönheit« – also ganz aus dem Gefühl und ganz für das Gefühl zu existieren. Schwer wird es diesen Menschen verständlicherweise immer gemacht, denn nur selten kann unsere Umgebung diesen absoluten Vorstellungen gerecht werden. Der Sinn für alles Künstlerische ist hier stark ausgeprägt, aber KAUN-Menschen wollen nicht Gefühle in Bilder oder Worte fassen, Lebenssituationen darstellen oder gar politische Kunstwerke schaffen (das wäre wirklich das letzte, was ihnen einfiele). Sie lieben vielmehr die »L'art pour l'art«, die Kunst um der Kunst willen, also auch alles Dekorative und ›Heile‹. Ihr Leben sehen sie als einziges Kunstwerk, das sich in Perfektion erfüllen soll und nicht von widrigen Umwelteinflüssen gestört werden darf. »Konservativ« bedeutet für Menschen unter diesem Zeichen grundsätzlich nie eine Abwertung oder gar ein Schimpfwort. Sie berufen sich auf Tradition und althergebrachte (sowie erprobte) Verhaltensweisen, ja, sie bestehen sogar darauf. Zu diesem Wollen tritt ein Können, denn diese Rune zeigt Fähigkeiten an, die stark genug sind, um in nahezu allen Bereichen des Lebens zum Erfolg zu führen. Zweierlei hindert das »Können« aber an der Erfüllung: Zum einen erkennt man bestehende Möglichkeiten kaum und traut den eigenen Fähigkeiten zu wenig, zum anderen weist dieses Können, hat man es schließlich doch akzeptiert, weg von den ›eigentlichen‹ Zielen. Es mag Unabhängigkeit, Wohlstand und Freiheit bringen, die reine Schönheit kann es nicht verschaffen. Doch da ist ein Mißverständnis: Dieses Zeichen kann sich erst dann erfüllen, wenn es das *für andere* tut. Erst wenn es der Welt zeigt, wie man liebt, und dem anderen die Schönheit des Lebens präsentiert, wird es sein Glück finden. Und dazu hat es die Kraft. KAUN, das Können, ist gleichzeitig auch das Gönnen. Nur so kann man seinem eigenen hohen Anspruch von Reinheit und Schönheit gerecht werden: indem man sie findet, um sie anderen zu schenken.

HAGAL

Heiliger Baum: Haselnuß
Tier: Hirsch
Planet: Uranus
Farbe: Laubgrün

Jahreszeit: Frühling
Stein: Katzenauge
Körperteil: Herz und Lungen
Element: Luft

Wortkette: Heil – Harmonie – Herz – Himmel – Held – Hagel – Eiskristall – Holz – schützen – bewahren – helfen – heilen – heilig – hehr – hoch

HAGAL ist ein ›ausgewogenes‹ Zeichen: Man kann es drehen, wenden und auf den Kopf stellen, es bleibt immer gleich. Es wirkt ruhig und endgültig, aber man kann auch seine Sicht darauf verändern und entdeckt dann zwei aufeinanderprallende Pfeile. Damit ergeben sich bereits die zwei Hauptaspekte dieser Rune. Seele und Geist sind gleichermaßen ausgeprägt und können sich erbitterte Kämpfe liefern.

Die Annahme sowohl des Unbewußten (was zu intensiver mystischer Erfahrung und Auseinandersetzung führen kann) als auch des klaren, rationalen Denkens führt oft zu schweren Konflikten. Meist rettet sich dieses Zeichen daraus, indem es sich einseitige Einstellungen und extreme Positionen auferlegt und gnadenlos darauf besteht, auch wenn es fühlt, daß die Wahrheit im Loslassen, nicht im Festhalten liegt. Dieser Aspekt von HAGAL bringt Ungleichgewicht, und das »Aus-dem-Tritt-Kommen«, das Fehlen grundlegender Balance, drückt sich oft genug in plötzlichen Erkrankungen aus. Wer nicht auf diese Warnsignale hört, sich nur um so stärker an seine Widersprüchlichkeit klammert und damit letzten Endes gegen sich selbst arbeitet, wird vollends aus dem Gleichgewicht kommen – und umfallen. Diese elementare Kraft bringt auch radikale Veränderung, und das ist ebenfalls im Zeichen HAGAL verborgen: Es steht auch für den Hagel, die überraschendste und zerstörerischste aller Naturgewalten, deren plötzliche und blindwütige Energie *alles* ändert, die Verhältnisse auf den Kopf stellt. Nach einem solchen Zusammenbruch haben Sie die Chance, *richtig* wieder aufzubauen, die Widersprüche aufzulösen und sich selber als Ganzes zu betrachten. »Ganzheit« ist das Ziel und die Erlösung von HAGAL, denn irgendwann hat sich die Energie der beiden aufeinanderprallenden Pfeile erschöpft, und sie können sich in Harmonie vereinigen. Wenn dieser Punkt im Leben erreicht ist und sich der Konflikt von Geist und Seele auflöst, wird man selber Ausgleich und Harmonie, von denen die gesamte Umgebung profitieren kann. Man wird Mittelpunkt und Ruhepol für andere und erfüllt damit dieses Zeichen, das sowohl heilt als auch heiligt.

ᚾ

NOTH

Heiliger Baum: Nußbaum
Tier: Natter
Planet: Saturn
Farbe: Zitronengelb
Jahreszeit: Frühling
Stein: Titanit
Körperteil: Magen, Galle, Leber
Element: Feuer

Wortkette: Not – Neid – Nacht – Abwehr – Nagel – Niete – Naht – Knoten – knüpfen – zwingen – nein – nichts – nieder – nackt

Kein Zeichen ist einfach schlecht und keines einfach gut, manche sind nur leichter zu leben, andere schwerer. NOTH ist schwerer zu leben. Diese Rune stand bei den Germanen für alles Ablehnende und Auferlegte, das das Schicksal für die Menschen überhaupt ersinnen konnte. Doch es kommt der Wahrheit wohl näher, wenn man sich darauf beschränkt, *nur die Sichtweise* der Menschen, die unter NOTH leben, als negativ zu bezeichnen. Alles, was ihnen zustößt, ist gegen sie gerichtet, denn es erfüllt nicht ihre Erwartungen. Diese Vorstellungen vom Leben, von der Entwicklung und den alltäglichen Geschehnissen sind so geartet, daß sie gar nicht eintreten *können* – und besteht doch eine Chance dafür, macht man sie selber zunichte. Unter dieser Rune wird Empfindlichkeit oft zur Selbstquälerei. »Warum immer ich?« ist ein ebenso ungenauer wie lähmender Standardsatz, und die Betonung des eigenen Unglücks läßt oft kein noch so kleines Glück zu. Da ist es nicht mehr mit einem bloßen Wechsel der Betrachtungsweise getan – zu tief hat sich NOTH schon in die eigene Negativität verstrickt. Die harte Gangart dieser Rune verlangt eine ebenso harte und konzentrierte Erwiderung.

Ein Aspekt von NOTH ist der Wunsch, *alles ein bißchen* auszuprobieren. Arbeit etwa soll vielseitig sein und gleichermaßen ablenken wie schnellen Profit bringen. Hier kann man konzentriert ansetzen, denn die Zusammenfassung von Vielheit bringt keine Einheit. NOTH steckt auch in »Notwendigkeit«. Wenn der Leidensdruck erst groß genug geworden ist, wird man diese Notwendigkeit auch akzeptieren und sie erfüllen. Dazu gehört auch das Abwerfen von Ballast – von psychischem Ballast, denn gerade bei diesem Zeichen werden seelische Störungen leicht zu körperlichen Krankheiten, von physischem Ballast wie Übergewicht oder lange beobachteten und nie behandelten Krankheiten, die so leicht wie bei keinem anderen Zeichen chronisch werden, und von konkretem Ballast, der sich meist als Ansammlung von »irgendwann mal Nützlichem« in einer überfüllten Wohnung findet. Wenn wirklich NOTH ist, lassen sich auch Haß und Zwietracht schlichten, denn dann weiß man, daß man nur überleben kann, wenn alle zusammenhalten. So gesehen ist NOTH eine Chance.

IS

Heiliger Baum: Wacholder	*Jahreszeit:* Sommer
Tier: Igel	*Stein:* Topas
Planet: Jupiter	*Körperteil:* Sonnengeflecht
Farbe: Gelb	*Element:* Erde

Wortkette: Ich – Einheit – Einsamkeit – Insel – Magnet – Eisen – Eis – Frost – Ei – ist (sein) – bannen

Diese Rune scheint die Inkarnation der Geradlinigkeit, Standhaftigkeit und Aufrichtigkeit zu sein, sie ist schlicht und somit allumfassend. Menschen, die unter diesem Zeichen leben, vermitteln nach außen hin auch meist einen ähnlichen Eindruck. Doch Geradlinigkeit kann leicht mit Erstarrung verwechselt werden. Zumindest optisch ist dabei kein Unterschied festzustellen. Und tatsächlich wissen die meisten, die wie »eine EINS« dastehen, nicht mehr genau, ob sie noch ihren eigenen Willen in der Gewalt haben oder ob sich der nicht schon längst verselbständigt hat und sie umklammert. IS ist die Rune des Ich und zeigt somit an, daß die Menschen, die unter ihr leben, ganz und gar auf sich selber zurückgeworfen werden. Jede Lösung und jedes Problem liegen voll und ganz in ihrem Ich begründet. Hilfe von außen können und wollen sie nicht annehmen; sie würden ihr jedenfalls immer mißtrauen, und wahrscheinlich hätten sie sogar recht damit. Denn *nur sie selbst* können sich aus der Erstarrung befreien – und das beginnt damit, daß sie sie erst einmal erkennen. Nachdem sie auf jeden Fall eine starke Persönlichkeit sind, werden sie auch recht beeindruckend reagieren. Doch selbst die wildesten Verrenkungen führen nicht zur wahren Erfüllung ihres Zeichens, wenn sie das Aufrechte nicht mit dem Aufrichtigen verbinden. Ihnen ist absolute Ehrlichkeit auferlegt, denn nur wenn sie unbestechlich wahr sind, werden sie sich und andere frei machen können.

Um ein Ziel zu erreichen, besinnen Sie sich einfach auf Ihre Rune: IS = ICH = EINS; nur so werden Ziele erreicht, indem man »eins mit ihnen wird«. Das Wollen allein reicht nicht aus; wenn Sie das Ziel sind, haben Sie es schon erreicht.

AR

Heiliger Baum: Ahorn	*Jahreszeit:* Sommer
Tier: Adler	*Stein:* Bernstein
Planet: Mars	*Körperteil:* Darm
Farbe: Sonnengelb	*Element:* Wasser

Wortkette: Ernte – Jahr – Arbeit – Ehre – Acker – Ar (Flächenmaß) – arbeiten – ernten – achten – erben – artig – ehrlich

Wie bei fast allen Runen, so läßt sich auch hier aus dem Wortstamm viel ableiten. AR steht für »Arbeiter« – Sie verfolgen auf jeden Fall das ›männliche‹ Prinzip des aktiven Eingriffs in die Umwelt. Angst vor Aufgaben und Herausforderungen kennen Sie nicht, sie sind im Gegenteil die nötige Schubkraft, ohne die Sie schon längst in Ihrem Phlegma erstarrt wären. Denn der Hang zu sicheren, eingespielten Arbeiten, Ritualen und Verhaltensweisen ist ziemlich stark bei diesem Zeichen ausgeprägt, und nur die Lust, sich immer wieder aufs Neue zu beweisen und mit Problemen zu ringen, bewahrt vor Monotonie. Dieser Gefahr sind Sie sich meist bewußt, aber Sie wissen auch, daß vieles sich wiederholen und reifen muß, um ›fertig‹ zu werden. Diese Rune steht nämlich auch für »das Jahr«, das Rhythmus, Sicherheit und

Beständigkeit ins Urchaos gebracht hat. Das Thema der Geduld stellt sich bei diesem Zeichen immer wieder. Man mißtraut bei jeder Gelegenheit der eigenen Entwicklung, mißversteht Wartezeiten als Stagnation und nötige Umwege als Fehlschläge. Vertrauen Sie auf den Rhythmus der Natur, die sich nicht nur in Flora und Fauna ausdrückt, sondern auch in Ihnen. Dem Zyklus des Absterbens folgt eine neue Befruchtung, und bis zur Ernte vergeht wiederum eine lange Zeit der Reife. Das ist der einzige Weg für Sie, mit den verschiedensten Aspekten Ihres Lebens umzugehen. Behindern Sie nicht den Drang, aktiv einzugreifen, aber überlegen Sie genau, ob es die richtige Zeit ist, jetzt einzugreifen.

Auf der anderen Seite ist Arbeit nicht alles. Sie haben das starke Bestreben, alles Schöne verstandesmäßig zu zergliedern und so für sich ›greifbar‹ zu machen. Kunst aus dem Bauch und Spontaneität in jeder Form machen Ihnen Angst. Der Weg vom Erfassen zum Erfühlen kann aber auch über logisches Gliedern, Trennen und Neubeziehen führen, immer vorausgesetzt, Ihr Ziel bei dieser Suche ist die Wahrheit und nicht die Macht. Die Verlockung, es mehr der letzteren willen wissen zu wollen, ist gerade bei diesem Zeichen sehr groß. AR braucht Ehre, Ansehen und Ruhm, und wenn es auch nur die dauernde Bestätigung innerhalb einer Beziehung ist. Aber die Grenze zwischen Selbstbewußtsein und Hochmut ist schmal, und diese Rune versteht sich als ständiger Grenzgänger. Der Verstand, dem dieses Zeichen so sehr huldigt, kann immer nur Unvollständiges produzieren, wenn er sich als oberste und einzige Instanz versteht. Auch wenn man die Sonne liebt, sollte man nicht vergessen, daß auch der Mond ihr Licht braucht.

SOL

Heiliger Baum: Weide
Tier: Schwan
Planet: Sonne
Farbe: Orange

Jahreszeit: Sommer
Stein: Opal
Körperteil: Blase und Nieren
Element: Luft

Wortkette: Ziel – Sinn – Seele – Sieg – Sonne – Sommer – Sand – siegen – sühnen – zäh – gesund

Die Energie der Sonne gibt dieser Rune ihre Lebenskraft. Und ebenso wie Sie ihre Wärme und ihr Licht repräsentieren, brauchen Sie auch viel Sonne – von anderen. Daß Sie die bekommen, stellt für Sie eigentlich eine Selbstverständlichkeit dar, und sollte es einmal etwas Beziehungsnebel oder -regen geben, fragen Sie sich erstaunt, was der *andere* wohl wieder hat. Daß Sie damit zu tun haben könnten, kommt Ihnen nicht in den Sinn. Dieses absolute und nie hinterfragte Selbstverständnis des SOL-Menschen wirkt oft etwas naiv. Auf jeden Fall begrenzt er sich unnötig damit, denn Verständnis für die Situation des anderen und Mitleiden bringen auch Einsichten und die Möglichkeit der Weiterentwicklung. Gerade dieses Thema versteht man hier aber als grundsätzlich abgeschlossen. Man *ist* (bereits fertig) und sieht weder eine Notwendigkeit noch eine Verlockung, sich darin zu ändern. Die Ganzheit – ein Symbol dieser Rune – ist jedoch erst der Endzustand von SOL, und die geradlinige Energie, die dieses Zeichen besitzt, muß wirken – es genügt nicht, sie zu *haben* und ruhen zu lassen. So einfach es klingt: Das, was Sie erreichen wollen, sind Sie bereits, und trotzdem liegt noch ein weiter Weg vor Ihnen. Denn erst muß sich dieses Zeichen seiner selbst bewußt werden, sein eigenes Wesen erkennen, um dann nach außen wirken und sich in schöpferischer Weise ausdrücken zu können.

Die Vorliebe für Sonne, Wärme und Helligkeit schließt auch Angst vor der Nacht mit ein. Nachdem man hier ganz aus und für das Geistige lebt, glaubt man, die »dunklen Seiten« ignorieren zu können, die aufbrausende Macht der Gefühle und das nicht be-greif-bare Unbewußte. Doch gerade aus dieser Einseitigkeit entsteht die Gefahr, daß sich die ›Wahrheit‹ von SOL von der Wirklichkeit löst, ja daß man sogar ganz den Kontakt mit der Wirklichkeit verliert und sich isoliert. Die Energie der Sonne ist zu stark, als daß man mit leichter Hand mit ihr umgehen könnte, aber die schnellen und leicht errungenen Siege damit verleiten nur zu leicht zu dem Irrglauben, SOL beherrschen zu können. Achtsamkeit und Konzentration sind angesagt, will man tatsächlich zur ›Ganzheit‹ finden. Setzen Sie die Energie, die Ihnen geschenkt wurde, nur zur Suche nach fruchtbaren Wahrheiten ein und hüten Sie sich davor, glaubwürdige Lügen als Wahrheiten auszugeben. In deren Schatten zu leben wäre auf die Dauer für dieses Zeichen unerträglich.

TYR

ᛏ

Heiliger Baum: Tanne
Tier: Storch
Planet: Polarstern
Farbe: Zinnober

Jahreszeit: Sommer
Stein: Rubin
Körperteil: Geschlechtsteile
Element: Feuer

Wortkette: Ehre – Pflicht – Tier – Tierkreis – Tür – tree (Baum) – Strahl – Pfeil – Turm – deuten – tarnen – treu

In diesem Zeichen wohnt die Krieger-Energie des alten germanischen Urgottes Tyr (oder Tiu), aber Sie verwenden diese Stärke nur im geistigen Bereich. Geist und Wille sind die Figuren, die Sie am leichtesten auf dem Spielbrett des Lebens bewegen können, Ihre Ansprüche sind Einheit und Wahrheit. Was früher noch mit dem Schwert geteilt oder zerschnitten wurde, haben Sie auf die Ebene des Verstandes erhoben. Dort schaffen Sie Klarheit durch Unterscheidung. *Ein* Aspekt Ihres Wesens ist seine zutiefst logische Struktur, mit der Sie erkennen, unterscheiden, zuordnen und Schlüsse ziehen können. Dieses methodische Geschick zahlt sich zwar bei allen wissenschaftlichen Arbeiten aus, kann aber im persönlichen Miteinander auch hemmend wirken. Ordnungsliebe artet leicht in Pedanterie aus, und was man bei der äußerlichen Organisation des Alltags und einer Beziehung noch ertragen kann – wenn er die Gefühle berührt, wird dieser Zug gefährlich. Alle Reaktionen, die nicht in Ihr logisches Konzept passen, lehnen Sie vehement ab, ja, Sie fürchten sich sogar davor. Gefühlsausbrüche sind Ihnen fremd. Bei anderen lähmt Sie diese unbekannte Energie so sehr, daß vertraute und geliebte Menschen innerhalb von Sekunden zu bestaunenswerten, exotischen Zirkusattraktionen werden können. Mit-Fühlen und Mit-Leiden fällt Ihnen schwer, und wenn logische Urteilsschärfe versagt, stehen Sie nackt und bloß da. Es fehlen Ihnen sowohl die Waffe, dagegen zu kämpfen, als auch das Instrument, Gefühle und Unbewußtes zu registrieren. Immer wieder versuchen Sie, mittels der Verstandesgaben Harmonie zu schaffen. Das mag in den Naturwissenschaften noch angehen, aber Sie beschränken sich nicht darauf. Sie wollen hinter Philosophien und Wertsystemen den religiösen *Grund* erkennen, aber mit dieser Voraussetzung und von dieser Richtung her kann man sich der Erkenntnis nicht nähern. Gott zu beweisen oder zu widerlegen haben schon unzählige Menschen unter diesem Zeichen versucht, die ebensogut Nägel mit dem Schraubenzieher hätten eindrehen können. Wenn die Angst zum Sprung ins Ungewisse zu groß ist, bedeutet das nicht, daß diese Angst an sich schlecht ist. Sie können nur versuchen, erkannte Wahrheiten *vorzuleben* und »Sinn« denen nahezubringen, die ihn nur mit dem Verstand begreifen können. So erfüllt sich diese Rune.

BAR

Heiliger Baum: Birke
Tier: Bär
Planet: Venus
Farbe: Scharlachrot

Jahreszeit: Herbst
Stein: Topas
Körperteil: Becken und Gebärmutter
Element: Erde

Wortkette: Paar – Paarung – Fruchtbarkeit – Geburt – Ursprung – Bahre – parents (Eltern) – Brust – Busen – Brunst – tragen – gebären – bar – bloß – nackt

Ihre Kraft ist nicht die schnelle, aggressive des Angriffs, sondern die ausdauernde und schöpferische der Entfaltung. Das ist das Thema Ihres Lebens: »Selbstentfaltung«, und die kann nur langsam, stetig und für andere fast unmerklich geschehen. Sie bezweifeln oft, ob es »wirklich weitergeht«, ob Sie stagnieren, sich gar zurückentwickeln. Zu viele Häfen glauben Sie schon einmal angesteuert zu haben, und zu viele Spuren entdecken Sie im Laufe Ihres Lebens, die den Verdacht aufkommen lassen, Sie wären schon einmal an derselben Stelle gewesen. Die Angst davor, im Kreis zu laufen, ist jedoch unberechtigt wie der Gedanke, sich möglicherweise »zurück« zu entwickeln. Ihre Selbstverwirklichung schreitet immer voran, was aber nicht heißt, daß sie immer zielgerichtet verläuft. Unter dieser Rune ist die kürzeste Verbindung zwischen zwei Punkten zwar immer noch die Gerade, aber ihre Träger gehen meist nicht geradlinig vor. Sie nähern sich dem Ziel in zufällig erscheinenden Schleifen und Spiralen und müssen lernen, daß eine Position nie die gleiche ist, auch wenn es sicher scheint, hier schon einmal gewesen zu sein. Es ist Ihnen aufgetragen, vieles noch einmal zu erledigen, scheinbar ›Gleiches‹ wieder und wieder zu durchlaufen und oft sogar noch einmal ganz von vorne anzufangen. Fleiß, Bescheidenheit und Geduld sind dafür nötig und die Einsicht, daß man sich auch dann entfalten kann, wenn man sich immer wiederholt und scheinbar keinen Fortschritt macht. Ihr Wachstum läßt sich leicht mit dem eines Baumes vergleichen, der, wenn er bewußt seine Entwicklung beobachten würde, zu denselben Ergebnissen käme wie Sie. Die Zeiten der

Blüte, der Reife, des langsamen Welkens, des Zurückziehens und Erstarrens und schließlich wieder des Aufwachens zum Winterende – in ihnen lebt ein Baum, und von außen betrachtet wird man zwar Veränderung, aber schwerlich Entwicklung erkennen. So bewegen auch Sie sich in Zyklen, und jede Wiedergeburt in Ihrem Leben bringt Sie weiter, macht Sie größer, weiser und standfester – bis Sie sich schließlich eines Tages ganz entfaltet haben werden.

ᛚ LAF

Heiliger Baum: Lärche
Tier: Luchs
Planet: Merkur
Farbe: Karminrot

Jahreszeit: Herbst
Stein: Turmalin
Körperteil: Oberschenkel
Element: Wasser

Wortkette: Leben – law (Gesetz/lex) – Leere – Lüge – Leid – Loch – Lache (See) – Luft – laben – lechzen – loben – heilen – wachsen – love (Liebe)

Bei dieser Rune passen offensichtlich ihre Ziele und die Wege, sie zu erreichen, nicht zusammen. Die Ziele sind hochgesteckt, die Gefühle leidenschaftlich: Aus Ärger wird Haß, aus Liebe Vergötterung, und die Lust ist gewaltig – sowohl die sexuelle als auch die, andere zu beherrschen. Diese ›männlichen‹ Ansprüche werden mit der Kraft des weiblichen Gebärens und langsamen, aber stetigen Entwickelns erreicht. Der Wille ist stark ausgeprägt, aber er kommt meist nur im seelischen Bereich zum Tragen. Man beeinflußt das Gefühls- und Empfindungsleben anderer damit, greift aber nur selten (und ungern) in die harte Realität ein und gestaltet das eigene Schicksal kaum aktiv mit.

Die Energie dieses Zeichens ist die des Wassers: stetiges Fließen, langsames Auswaschen und Unterhöhlen von Widerständen, aber auch das Überwinden von Hindernissen durch Anpassung und geschmeidiges Umgehen besonders ›harter Brocken‹. Solche Energie kann nicht planvoll zielgerichtet sein. Man wendet sie hauptsächlich intuitiv an, und diese Intuition ist eine weitere Stärke von LAF. Situationen, Gefahren und Befindlichkeiten anderer zu »erspüren«, schützt dieses eigentlich hilflose Zeichen vor ernsten Verletzungen. Sobald es jedoch anfängt, seine intuitiven Eindrücke anderen zu beschreiben, und sie dadurch ›erklären‹ will, wird es auf Ablehnung, ja Mißtrauen und Feindschaft stoßen. Hilfe und Wegweiser für andere kann diese Rune nur sein, wenn sie gibt, ohne zu erklären. Dafür wird man ihr auch gestatten, zu nehmen, ohne zu fragen.

MAN

Heiliger Baum: Buche
Tier: Elch
Planet: Mond
Farbe: Dunkelrot

Jahreszeit: Herbst
Stein: Granat
Körperteil: Knie und Unterschenkel
Element: Luft

Wortkette: Mensch – Mann – Mond – Magie – Geist – messen – zunehmen – mehren – mahnen – mehr – groß

Diese Rune will Sie vor allem immer daran erinnern, daß Sie ein Mensch sind. Zu einfach? Darin stecken zumindest einige Gedanken, die Sie vor bösen Fehlern und Enttäuschungen bewahren können. Zum Beispiel, daß es »Übermenschen« genauso wenig gibt wie »Untermenschen« – nur Menschen. Daß dieses Wort zwar auch extreme Höhenflüge wie Widerwärtigkeiten zuläßt, stimmt, aber man kann immer wieder zu seiner Mitte zurückkehren, wenn man sich nur innerhalb des ›Menschlichen‹ bewegt. Diese menschliche Ebene nie aus den Augen zu verlieren ist wichtig, vor allem dann, wenn man die Erfüllung von MAN erreichen will, die gleichzeitig seine größte Kraft ist: die Menschlichkeit. Das zeigt die Figur dieser Rune: der dem Himmel zustrebende Mensch, der nur mit der begrenzten Kraft seiner gestreckten Arme ebendiesen Himmel wieder auf die Erde holt.

»Handeln« ist ein weiteres Thema von MAN. Menschlichkeit läßt sich nicht nur erreichen, indem man sich danach streckt, sondern man muß auch etwas dafür tun. Die Hand ist das Symbol für die Tat, und mit ihr kann man sowohl aktiv wie passiv agieren, geben und empfangen. Geben im Namen der Menschlichkeit ist nicht schwer. Was dieses Zeichen lernen muß, um sich zu erfüllen, ist, »anzunehmen«. Empfangen kann schwerer sein als Geben, denn es setzt die richtige Position dabei voraus. Sich etwas nach oben reichen zu lassen ist die gnädige Annahme einer selbstverständlichen Gabe; von unten zu empfangen ist das dankbare Haschen nach einer gütigen Spende – aber auf gleicher Ebene empfangen zu können (ohne dabei gleich an Revanche zu denken) ist ein wichtiger Schritt auf dem Weg zur Menschlichkeit. Suchen Sie immer nach Lösungen, die den anderen »Mensch bleiben lassen«, und Ihr Streben nach geistiger Macht wird sich erfüllen.

YR

Heiliger Baum: Eibe
Tier: Eule
Planet: Erde
Farbe: Purpur

Jahreszeit: Herbst
Stein: Amethyst
Körperteil: Füße
Element: Feuer

Wortkette: List – Zorn – Leidenschaft – Wahnsinn – Tod – Abwehr – Umsturz – Übergang – irren – verwirren – zürnen – trügen – wild – wirr

Menschen unter diesem Zeichen sind von einem starken Willen geprägt. Unter den Schwerpunkten Körper, Geist, Seele und Wille hat YR als einzige Rune ausschließlich den Willen gewählt. Wofür kann diese ›Überkraft‹ eingesetzt werden, wenn weitere Zielkoordinaten fehlen? Wieder nur für den Willen, denn eine Verankerung im realen Bereich ist bei diesem Zeichen kaum ausgeprägt. Hier ist man zuerst einmal verliebt in die eigene Willenskraft und geht damit jede Aufgabe an. Wofür man den Willen einsetzt, ist unwichtig, was zählt, ist nur der Erfolg. Doch der tritt erst dann ein, wenn sich Menschen unter diesem Zeichen tatsächlich mit einem Thema identifizieren und sich nicht, wie es oft geschieht, für alles interessieren, aber für nichts wirklich. »Erfolg haben« findet bei YR meist im luftleeren Raum statt, und Ziele sind nur interessant, wenn sie extrem hoch und exotisch sind. Diese Voraussetzungen sind der beste Weg in die Irre, denn schließlich ist YR auch die Vorsilbe der Verblendung und des Scheins. Irrtümer sind meist zu korrigieren, doch wenn das Leben nur als Spiel verstanden wird, dem man seinen Willen aufzwingt, kann es sich dafür rächen. Dafür ist es dann doch zu kurz, und der Anspruch, es nur zu »meistern«, ist zu wenig. Deshalb mahnt eine alte Runen-Losung die YR-Läufer: »Bedenke das Ende.« Wenn Sie sich jeden Tag und jede Stunde der Vergänglichkeit Ihres Lebens (und damit Ihres Willens) bewußt sind und jeden Tag so leben, als ob es Ihr letzter wäre, können Sie Sinn und lohnenswerte Ziele finden. Das größte und lohnendste ist es, *für andere* zu wollen, die über diese Kraft nicht verfügen, Sie dafür aber reichlich mit Dingen belohnen, die man nicht erzwingen kann, sondern nur erfahren und entgegennehmen. Werden Sie Führer, wo andere schwach sind, und akzeptieren Sie Ihre eigene Schwäche auf anderen Gebieten. Dieselben Menschen werden dann *Sie* stärken.

Mit Runen rechnen

Runen lassen sich auch aus dem Eigennamen errechnen, und wenn Sie sich diese – zugegebenermaßen nicht gerade kleine – Mühe machen, können Sie schließlich aus der Summe und Übersicht all Ihrer Runen die *Schicksalsrune* finden, Ihre Glücksrune und Ihren Talisman, der alle in Ihnen wirksamen Kräfte zusammenfaßt und in einem Zeichen darstellt.

Um die Umwandlung moderner Namen in die ursprüngliche germanische Sprachform vorzunehmen, wäre ein ausführliches Kapitel über Sprachentwicklung und Lautverschiebung nötig. Da dieses Buch aber mehr an der Praxis und weniger an der Theorie orientiert sein soll, wurde darauf verzichtet und versucht, anhand einer einfachen und klaren ›Umrechnungstabelle‹ die Arbeit zu erleichtern, ohne den Sinn zu verfälschen. Einige Grundbemerkungen sind dennoch unvermeidlich. Zum ersten waren und sind Runen mehr als reine Schriftzeichen, sind also den griechischen und lateinischen Buchstaben nicht einfach vergleichbar. Als Schrift fanden Runen nur eine ziemlich beiläufige Verwendung, vielleicht, weil die Germanen einfach zu faul waren, längere Texte ›niederzuschreiben‹; wahrscheinlicher ist jedoch, daß der magische Wert jedes einzelnen Buchstabens ein Hindernis darstellte, profane Botschaften und Nachrichten damit abzufassen. Das germanische »runa« bedeutet schließlich nicht nur das Schriftzeichen, sondern auch: geheime Rede, Weisheit, Beratung oder Zauberlied. Runen sind also an erster Stelle kraftgeladene Symbole, von denen ein jedes bestimmte Begriffe und Ideen verkörpert und erst an zweiter Stelle Schrift- und Lautzeichen.

Für die Umwandlung ist es auch nötig zu wissen, daß sich die germanische Sprache ausschließlich nach dem Klang richtete. Deshalb findet man auch keine Sonderformen, die einen ähnlichen Klang etwa in zwei Buchstaben teilen, wie zum Beispiel »g« und »k«, die beide der Rune KAUN zugeordnet werden, oder »b« und »p« (BAR). Wollen Sie also ein Wort in Runen schreiben, dann *sprechen* Sie es erst einmal laut vor sich hin, versuchen Sie, seine Struktur zu erfassen, und bringen

Sie es dann auf seine einfachste Form. Überflüssige Schnörkel, zum Beispiel ein stimmloses Dehnungs-h (wie in dem Wort »De*h*nung«), werden weggelassen. Genauso verfährt man bei Doppelkonsonanten und -vokalen, wie bei Boot (Bot) oder Tanne (Tane). Grundsätzlich gilt bei der Umrechnung die Regel: Was man nicht hört, zählt nicht. Einige Sonderformen sind:

x wird zu k + s (KAUN und SOL)
ch wird h (HAGAL)
sch wird s (SOL)
j wird i (IS)
qu wird k + w (KAUN und UR)

Die einzige Schwierigkeit bereiten die beiden Vokale »e« und »a«. Sie verteilen sich unangenehmerweise auf drei Runen: »e« kann sowohl IS als auch AR sein, »a« fällt sowohl unter AR als auch unter OS. Um den jeweiligen Vokal richtig zuzuordnen, müssen Sie Ihrem Sprachgefühl vertrauen, besser noch Ihrem Gehör. Bei »Ir*e*n*e*« etwa sind die »e's« heller und somit dem »i« näher als etwa das «e« bei Rob*e*rt«. Irene würde sich also wie folgt schreiben: IS-RATH-IS-NOTH-Is, und Robert: RATH-OS-BAR-AR-RATH-TYR. Ebenso gibt es ein helles »a«, das dem »e« näher liegt, wie bei »D*a*gmar« (AR), und ein dumpferes, das in Richtung »o« schwingt, etwa bei »Br*a*tsche« (OS). Im allgemeinen wird man jedoch sowohl »a« als auch »e« mit der AR-Rune ausdrücken können. Achten Sie aber trotzdem genau auf *den Klang* scheinbar vertrauter Worte, denn gerade beim eigenen Namen ist man spontan sicher, ob gewisse Vokale nun hell oder dunkel, klar oder dumpf klingen.

Bevor Sie mit nachfolgender Tabelle Ihren Namen ›umrechnen‹, schreiben Sie ihn zuerst einmal auf, wie man ihn spricht. Aus meinem eigenen wird dann: ROBERT GRIESBECK = ROBERT GRISBEK. In Runen schreibt sich das so:

RATH	OS	BAR	AR	RATH	TYR
ᚱ	ᚬ	ᛒ	ᛅ	ᚱ	ᛏ

KAUN	RATH	IS	SOL	BAR	AR	KAUN
ᚴ	ᚱ	ᛁ	ᛋ	ᛒ	ᛅ	ᚴ

Runenumrechnungstabelle:

1	ᚠ	FAR	f,v
2	ᚢ	UR	u, v, w, au, ou
3	ᚦ	THORN	th, d
4	ᚬ	OS	o, (a)
5	ᚱ	RATH	r
6	ᚴ	KAUN	k, g, ck, ng, nk
7	ᛡ	HAGAL	h, ch
8	ᚾ	NOTH	n
9	ᛁ	IS	i, j, ie, (e), ei, ai
10	ᛅ	AR	a, ä, e
11	ᛋ	SOL	s, ß, sch
12	ᛏ	TYR	t (d, dt – nur am Wortende), z
13	ᛒ	BAR	b, p, pf
14	ᛚ	LAF	l
15	ᛘ	MAN	m
16	ᛦ	YR	y, ö, ü, eu, oi, äu, ui, iu, eo

Rechnen Sie nun zuerst Ihren Vornamen um und zählen Sie die zu den jeweiligen Runen gehörenden Zahlen zusammen. Beispiel:

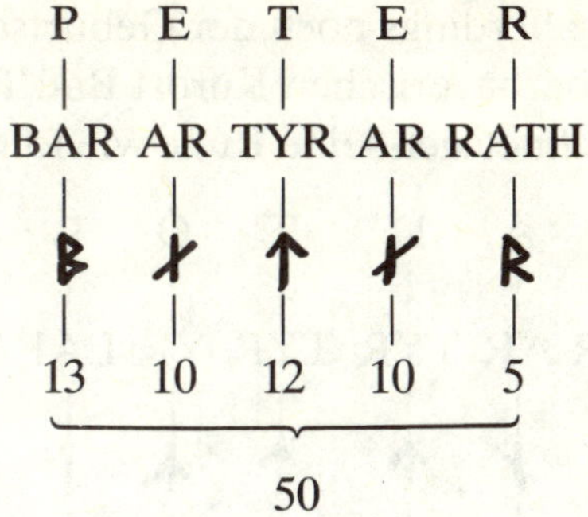

Diese Summe teilen Sie durch 16. Die Anzahl der Sechzehnereinheiten zusammen mit dem Rest ergibt die Runenzahl des Vornamens. Also: 50 : 16 = 3, Rest 2, Runenzahl 3 + 2 = 5. PETER hat also die Runenzahl 5 oder die RATH-Rune.

Beim Nachnamen verfahren Sie gleichermaßen. Zum Beispiel:

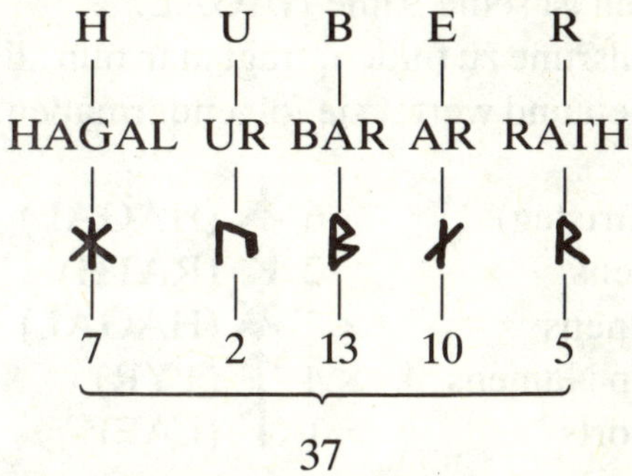

Um die Rune des Nachnamens zu berechnen, teilen Sie die Summe wieder durch 16 und addieren die Anzahl der Sechzehnereinheiten zu dem Rest, also: 37 : 16 = 2, Rest 5; 2 + 5 = 7. Die Runenzahl des Nachnamens ist also 7, die Rune HAGAL.

Um die Rune Ihres gesamten Namens zu erfahren, zählen Sie die beiden Runenzahlen von Vor- und Nachnamen zusammen, in diesem Fall 5 (von Peter) und 7 (von Huber) = 12 oder die Rune TYR.

Nun sind Sie schon recht weit auf Ihrem Weg zur Schicksalsrune gekommen. Es fehlt allerdings noch der Geburtsort. Lassen wir Peter Huber im schönen oberbayerischen Kurort Bad Tölz zur Welt gekommen sein. Dann errechnet sich seine Rune wie folgt:

B	A	D	T	Ö	L	Z
BAR	AR	TYR	TYR	YR	LAF	TYR
ᛒ	ᛅ	ᛏ	ᛏ	ᛦ	ᛚ	ᛏ
13	10	12	12	16	14	12

89

89 : 16 = 5, Rest 9; 5 + 9 = 14. Die Rune der Geburtsstadt ist also LAF.

Jetzt fehlt nur noch die Lebensrune des Peter Huber. Er ist am 1. Mai 1952 geboren, also Stier. Nach der weiter vorn abgedruckten Tabelle für die Lebensrunen ist seine Rune HAGAL.

Um die Schicksalsrune zu finden, trägt man nun all diese Einzelinformationen zusammen und wertet sie folgendermaßen:

Lebensrune (Geburtstag)	× 6 ᛡ (HAGAL)
Rune des Vornamens	× 2 ᚱ (RATH)
Rune des Nachnamens	× 3 ᛡ (HAGAL)
Rune des gesamten Namens	× 4 ᛏ (TYR)
Rune des Geburtsorts	× 1 ᛚ (LAF)

Nach ihrer Stärke geordnet, sieht die Schicksalsrune für Peter Huber also so aus: 9 × HAGAL ᛡ, 4 × TYR ᛏ, 2 × RATH ᚱ und 1 × LAF ᛚ. Diese Verteilung zeigt die Kräfte an, die in einem Menschen wohnen, die lebensfördernd oder lebenshemmend, lebensgestaltend oder lebenstötend wirken können. Als Zusammenfassung läßt sich ein Zeichen entwerfen, das all diese Aspekte in sich aufnimmt und die Hauptkraft (in diesem Fall HAGAL) deutlich betont. Bei Peter Huber könnte es so aussehen:

Die Schicksalsrune ist ein kleines symbolisches Abbild der eigenen Kräfte und Möglichkeiten. Man kann sie also als Talisman betrachten oder auch als wertvolle Meditationshilfe, um seiner selbst immer wieder bewußt und gewahr zu werden. Schicksalsrunen wurden früher zum Bezeichnen von Eigentum verwendet; Vieh wurde damit gebrandmarkt, und auch die Steinmetzzeichen des Mittelalters waren nichts anderes als solche persönlichen Schicksalsrunen. Sie fanden Aufnahme in Wappen, Siegeln und Signets, und wer aufmerksam Fahnen oder Stadtzeichen betrachtet, findet darin ebenfalls Runen. Diese Hausmarke, auch »Hangetmal« genannt, diente den Schreibkundigen noch bis ins späte Mittelalter als Unterschrift, bis sie schließlich von den bekannten »drei Kreuzchen« abgelöst wurde.

Es gibt noch einen ganz anderen Weg zur Schicksalsrune, nämlich den intuitiven, den Symbolen des eigenen Unbewußten nachspürenden. Viele Menschen haben sich Zeichen angewöhnt, die scheinbar ohne logischen Zusammenhang mit der Sache stehen, für die sie sie verwenden. Bei Notizen etwa hat jeder ein bestimmtes Kürzel oder Symbol, das für ihn »wichtig« bedeutet, die Signatur unter Schriftstücken oder Bildern entsteht meist aus den Anfangsbuchstaben des Namens. Oft ist man sich aber gar nicht mehr bewußt, was die vielen gleichbleibenden Krakel, die man immer wieder zu den verschiedensten Gelegenheiten zeichnet, eigentlich bedeuten. Beobachten Sie sich einmal daraufhin – vielleicht entdecken Sie so Ihre Schicksalsrune.

Der letzte Weg zu *seiner* Rune ist selten, doch wenn man auf diese Weise sein Schicksalszeichen erhält, handelt es sich wirklich um eine ›Auszeichnung‹. Runen können nämlich auch verliehen werden, wie Orden oder besonders schöne Spitz- oder Kosenamen, und zwar von Menschen, die uns gut kennen und gleichzeitig einen tiefen Einblick in dieses esoterische Zeichengebäude haben.

Die Zeichen des Körpers: Runenmeditation

Indem Sie nun *Ihre* Rune gefunden und vielleicht vertraute Wesenszüge und Ähnlichkeiten darin entdeckt haben, ist die Runenreise jedoch noch lange nicht zu Ende. Nachdem bislang Geist und Seele von diesen Zeichen profitiert haben, wollen wir nun auch dem Körper eine Chance geben. Die Germanen kannten den Gedanken von »der Einheit des Menschen« und der Beziehung und Auswirkung jedes seiner Aspekte auf seine Gesamtheit schon 3000 Jahre vor der Entdeckung der Körpertherapie und Bioenergetik. Die Grundaussage dieser modernen Therapieformen ist, daß sich alle Vorgänge im Inneren des Menschen auch in seiner Körperhülle offenbaren. Äußere Haltungen sind Ausdruck der inneren und umgekehrt. Bestimmte Stellungen und Gymnastikspiele sollen die Wahrnehmung des eigenen Körpers steigern, den Zugang zu persönlichen Verspannungen ermöglichen und sie durch geeignete Bewegungen lösen helfen. Alle diese Haltungen lassen sich auch als Runen schreiben, und mit Hilfe der Bioenergetik sind wir in der Lage, die Kraft der alten Runenmeditation wiederzuentdecken.

Bereiten Sie sich seelisch und körperlich gut auf diese Übungen vor. Sie sind keine schnelle ›Zwischendurchgymnastik‹. Man sollte sie lieber seltener, aber dann um so intensiver betreiben und die richtige Zeit dafür erspüren. Wenn Sie sich von einem bestimmten Verhalten oder Gefühl derart beengt und handlungsunfähig fühlen, daß Sie nicht mehr agieren, sondern nur noch reagieren können, sollten Sie sich für eine ruhige Stunde zu einer Runenmeditation zurückziehen. Befragen Sie zuerst die Runen, lassen Sie Ruhe einkehren und die Antwort langsam Gestalt annehmen. Dann nehmen Sie nach den folgenden Beschreibungen die Haltung *Ihrer* Rune ein. Die Angaben für Ort und Zeit dürfen nicht ›ausschließlich‹ verstanden werden. In der empfohlenen Umgebung und Zeit wirkt die Kraft der jeweiligen Rune am stärksten. Sie können jede Meditation aber zu jeder Zeit und an jedem Ort durchführen.

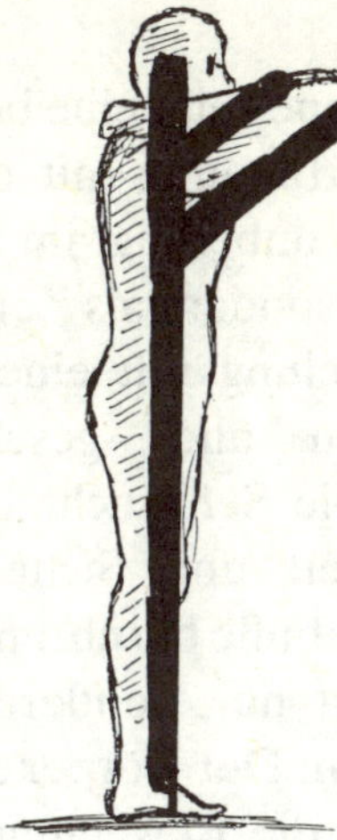

FAR

Zwei Aspekte vereinen sich in dieser Rune: die Erfüllung und der Weg dorthin, der über Ehrgeiz und harte Arbeit führt, und der klare Verstand, der die Erfüllung erst möglich macht. Vom dauernden Kampf, vom Lasten- und Verantwortungtragen, vom Schieben und Drängen sind die Nacken und Halsmuskeln überbetont und ständig unter Spannung, und weil man dem Bauch weniger traut als dem Kopf, wird dieser schwer und schwerer und kommt ohne einen aufgestützten Arm, der ihn trägt, oft gar nicht mehr aus. Die Rune zeigt beides: die Überbetonung von Kopf, Hals und Nacken – und wie man ihr entgegenwirken kann.

Die Übung: Stehen Sie aufrecht, jedoch mit leicht eingeknickten Beinen, und lassen Sie den Kopf langsam auf die Brust sinken. Spüren Sie dem Ziehen nach, das dabei in Ihren seitlichen und hinteren Halsmuskeln entsteht. Wenn der Kopf von selbst nicht mehr tiefer sinkt, dann verschränken Sie die Hände im Nacken und drücken Sie ihn vorsichtig weiter nach vorn – langsam und ohne zu vergessen, dabei kräftig und ruhig zu atmen. Da es in dieser Stellung schwer ist, die Rune zu sprechen oder zu summen, konzentrieren Sie sich einfach auf den Laut »FAR« und lassen ihn beim Ausatmen in Ihrem Inneren entstehen. Schließen Sie die Augen und stellen Sie sich das Bild vor, das Ihr Körper gerade abgibt, die Silhouette von FAR. Geben Sie den Druck auf den Nacken langsam auf, wenn er beginnt, Ihnen unangenehm oder unheimlich zu werden, und richten Sie sich gerade auf.

Ort und Zeit: Wenn möglich, sollte die FAR-Meditation im Freien stattfinden, in diesem Fall am besten in einsamen kargen Gegenden. Die beste Zeit ist nach Sonnenuntergang, die wirkungsvollsten Monate sind Januar und Februar.

UR

Diese Rune zeigt eine besonders feste Verbindung mit der Erde an, nicht unbedingt im Sinn von Heimat, sondern als Zeichen der Verwurzelung mit einer selbsterdachten und -geschaffenen Basis. Die Sehnsucht nach Beständigkeit und Sicherheit ist groß, die Füße berühren den Boden nicht nur, sondern krallen sich in ihn. Der Körper erscheint oft steif, die Bewegungen langsam und träge. Die Rune zeigt, wie man die Chance von »Beständigkeit« nützen kann und trotzdem nicht erstarrt.

Die Übung: Stehen Sie mit leicht eingeknickten Beinen, die Füße etwa 30 Zentimeter auseinander, die Zehen leicht nach innen gestellt. Beugen Sie sich nach vorn und berühren Sie mit den Fingerspitzen den Boden. Bei leicht gebeugten Knien kann man das ohne größere Übung schaffen. Ihr Körpergewicht ruht dabei ausschließlich auf den Füßen; der Bodenkontakt mit den Fingerspitzen dient nur der Balance. Atmen Sie tief durch den Mund und summen oder »singen« Sie bei jedem Ausatmen die Rune – »UR«. Strecken Sie dann langsam und vorsichtig die Beine durch und spüren Sie dem Ziehen der Muskeln nach. Wenn Sie das Vibrieren in den Knien nicht mehr aushalten können, richten Sie sich langsam wieder auf. Jetzt ›stehen‹ Sie zwar immer noch auf der Erde, aber schon die ersten Schritte werden Ihnen zeigen, daß man aus ihr auch eine dynamische Energie ziehen kann, nicht nur eine statische.

Ort und Zeit: Weicher Wiesen- und Ackerboden, also Parks und Vorgärten für Städter. Die beste Zeit verspricht klamme Finger: nach Mitternacht in den Monaten Januar und Februar.

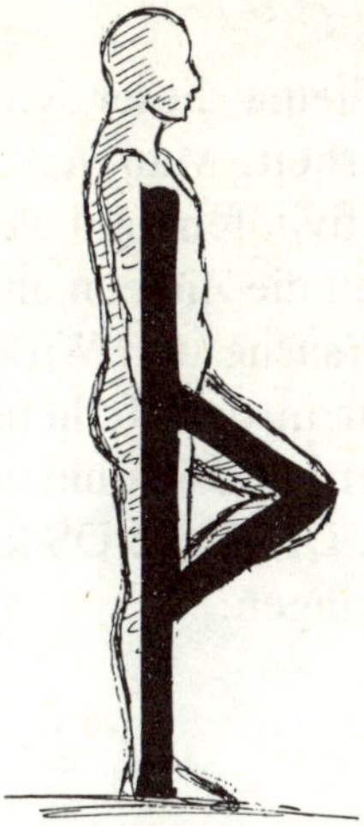

THORN

Der starke Drang zu »tun« ist dieser Rune zugeordnet; er kann oft so heftig werden, daß Unruhe und Hektik das Ergebnis sind, wenn man alles auf einmal und in jeder Disziplin erreichen will. Die Rune zeigt das Gegenmittel dazu an: in der Bewegung innehalten und Nicht-Tun zuzulassen – für manche das Schwerste überhaupt.

Die Übung: Lassen Sie Ihre Bewegung ›gefrieren‹, und zwar, indem Sie zuerst in gewohntem Tempo gehen (andere bezeichnen Ihre Fortbewegungsart meist als Rennen) und dann allmählich die Geschwindigkeit reduzieren. Heben Sie dabei die Knie immer mehr an. Schließlich bleiben Sie ganz stehen – auf einem Bein, das zweite angewinkelt. Dabei drücken Sie die Innenseite des gehobenen Fußes an das Knie. Schauen Sie weiter geradeaus, atmen Sie tief durch den Mund und stoßen Sie bei jedem Ausatmen das Wort »THORN« aus, so, als ob Sie es ausspucken. Achten Sie auf die Spannungen, die sich im Gesäß, den Oberschenkeln und in den Füßen aufbauen, und zittern Sie mit. Wenn Sie es nicht mehr aushalten, stellen Sie den Fuß langsam wieder ab und gehen ruhig weiter. Sie werden über das eigene Tempo überrascht sein.

Ort und Zeit: Empfehlenswert auf Feldwegen oder Uferpromenaden vor Sonnenaufgang, am besten im März. Doch wie alle diese Runenstellungen, können Sie auch die THORN-Meditation überall und zu jeder Tages- und Jahreszeit durchführen.

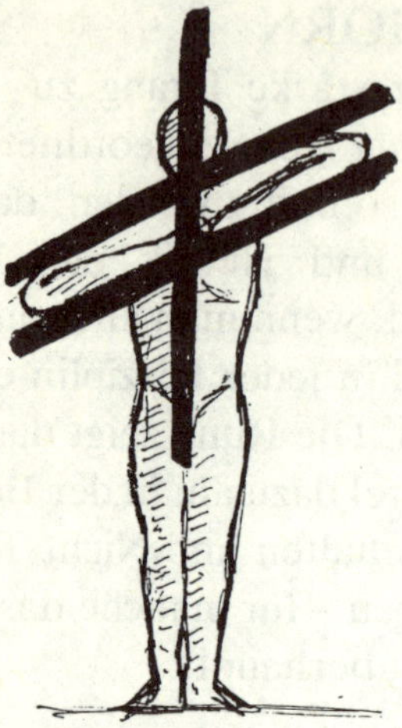

OS

Ein Thema dieser Rune ist die Unklarheit. Man verstrickt sich in Aktivitäten und vergißt mit der Zeit die Ziele, man verwechselt Ursache und Wirkung oder kommt in der Reihenfolge von »woher« und »wohin« durcheinander. Die Rune OS kann Klarheit bringen.

Die Übung: Stehen Sie aufrecht und mit durchgedrückten Knien. Winkeln Sie beide Arme an, ohne daß sich die Hände berühren, und heben Sie den rechten Ellenbogen, so hoch es geht. Senken Sie den linken Ellenbogen, bis beide Arme eine Gerade bilden. Anschließend lassen Sie die Fingerspitzen der rechten und linken Hand sich langsam nähern, bis sie sich berühren und die Finger sich umklammern können. Dann bauen Sie Energie auf: Ziehen Sie immer stärker – den rechten Arm nach oben, den linken nach unten –, bis Ihr Körper eine Abbildung der Rune OS geworden ist. Atmen Sie ruhig und kräftig durch den Mund und geben Sie diesen Rhythmus an die Arme weiter. Ziehen Sie beim Einatmen und lassen Sie beim Ausatmen langsam wieder nach. Atmen Sie »OS« laut aus. Wenn die Vibrationen in Armen und Schultern Ihre Kraft erschöpft haben, lösen Sie langsam die Finger voneinander und lassen die Arme sinken.

Ort und Zeit: Für diese Runenmeditation sind alle Plätze geeignet, die einen guten Überblick bieten, Hügel und Bergspitzen ebenso wie eine Wohnung über dem zweiten Stock, wobei Sie sich dort ans offene Fenster stellen sollten. Die beste Zeit dafür: zwischen vier und sechs Uhr morgens; die beste Jahreszeit: Frühlingsanfang.

RATH

Hier lebt man ganz in der Gefühlswelt und läßt sein Handeln von ihren unklaren und meist widersprüchlichen Weisungen bestimmen. Deshalb sind »Schwankungen« das Hauptthema dieser Rune. Das Verlangen nach Schönheit und Reinheit wird immer wieder von der Realität enttäuscht. Deshalb ist Erdung nötig, und diese Rune bietet die Lösung: Sie enthält sowohl die Geradlinigkeit der Vertikalen als auch die blitzartige Schwankung. Beide zusammen können sich stützen und wirkliche Stabilität ergeben.

Die Übung: Stehen Sie mit gebeugten Knien und in schulterbreitem Fußabstand, beugen Sie den Oberkörper zurück, bis er vom Fuß bis zum Kopf einen einheitlichen Bogen beschreibt. Stützen Sie dann beide Fäuste in die Hüften und atmen Sie kräftig und stoßweise in den Punkt hinein, den Sie schon nach wenigen Sekunden spüren werden – die Lendenwirbel im unteren Kreuzbereich. Das Wort »RATH« bei jedem Ausatmen mit hinauszustoßen ist hilfreich. Versuchen Sie nicht eine bequemere Stellung einzunehmen, sondern konzentrieren Sie sich ganz auf die Spannung und atmen Sie in Ihr Zentrum hinein.

Ort und Zeit: Am günstigsten sind für diese Übung Ufer von Flüssen und Seen, aber auch unter der Dusche kann die RATH-Übung ihre ganze Kraft entfalten. Die beste Zeit dafür ist der Sonnenaufgang im April/Mai.

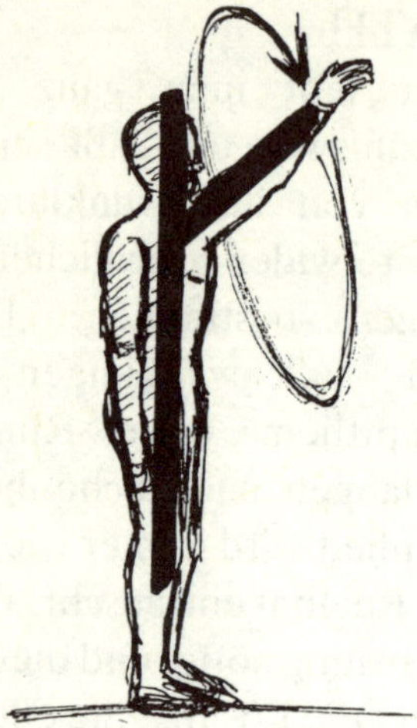

KAUN

Diese Rune bedeutet »voll mit Gefühl und ohne Ziel«. Nur aus dem Gefühl heraus zu agieren, die Welt zu begreifen und sich darzustellen kann schwierig werden, wenn die Richtung fehlt. Sich treiben lassen und von jedem neuen Einfluß anziehen und ein Stück mitreißen lassen ist der Aspekt, gegen den die KAUN-Meditation arbeitet. Sie bringt Klarheit und Konzentration. Man lernt »nach etwas zu greifen«, aber so, wie es diesem Zeichen gemäß ist: nicht um das Ziel zu umklammern, sondern nur, um es zu erreichen, nicht mit gierigen Bewegungen, sondern leicht und spielerisch. Auch das Loslassen gehört zum Greifen.

Die Übung: Stehen Sie mit leicht gebeugten Knien, damit Ihr Becken tiefer liegt (Schwerpunkt) und Sie das Gefühl einer absolut sicheren Haltung haben. Lassen Sie den linken Arm locker hängen und beschreiben Sie mit dem gestreckten rechten Arm einen weiten langsamen Kreis von hinten nach vorn, bis Sie die KAUN-Rune abbilden. Verharren Sie eine Minute lang in dieser Stellung, wobei sich Ihre Hand streckt, als ob sie nach etwas greifen wollte, das leicht außerhalb Ihrer Reichweite liegt. Atmen Sie tief und gleichmäßig durch den Mund und formen Sie bei jedem Ausatmen die Rune »KAUN« mit den Lippen. Konzentrieren Sie sich auf den gehobenen Arm, fühlen Sie den Spannungen und Vibrationen Ihrer Muskeln nach. Beginnt der Schmerz oder die Spannung in den Oberarmmuskeln? Wenn ja, dann greifen Sie nicht wirklich nach etwas, sondern strecken nur den Arm hoch. Sie wollen das Ziel gar nicht erreichen, sondern nur für andere das Bild des »Zielstrebigen« abgeben. Konzentrieren Sie sich auf Ihre Hand, greifen Sie nach dem imaginären Ziel und lassen Sie den Arm langsam in einem großen Bogen wieder nach vorn fallen, wenn sich die

Kraft erschöpft hat. Schwingen Sie wieder zurück und führen Sie dieses ›Greifen‹ fort, bis die letzte Kraft aufgebraucht ist.

Ort und Zeit: Diese Übung wirkt am stärksten in flachem Wasser, etwa am Ufer eines Sees oder in langsam fließenden Bächen. Sie sollten sich immer so aufstellen, daß das Greifen und die Wasserströmung dieselbe Richtung haben. Besonders am frühen Morgen (8–9 Uhr) und im Frühling zu empfehlen.

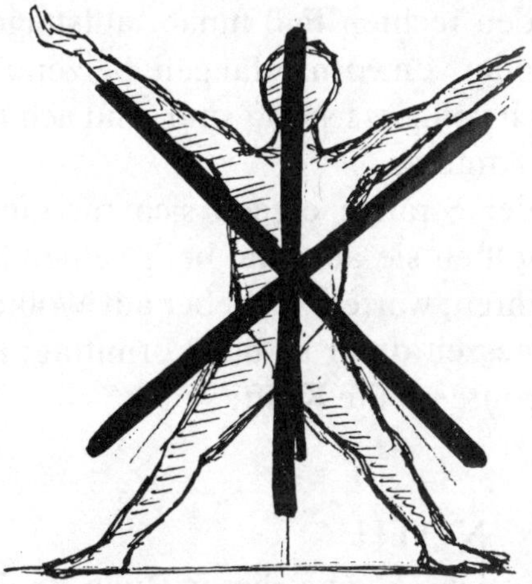

HAGAL

Die Grundtendenz der Harmonie in diesem Zeichen birgt auch eine Gefahr: Zu schnell erwartet man das Ende der eigenen Weiterentwicklung. Durch die glückliche Verbindung rationaler und emotionaler Anlagen schafft und bewahrt man leicht Harmonie, und es bedeutet meist Kampf und Anstrengung, sich aus diesem Gefühl der vordergründigen Sicherheit und Geborgenheit zu lösen. Warum auch? Weil es Zeit für einen Schritt nach vorn ist – für einen großen! Dafür gilt es, erst die eigenen Kräfte zu spüren, sie kennenzulernen und mit ihnen umgehen zu können. Die Harmonie, die Ihre Kräfte meist paralysiert hat, läßt sich jedoch in einzelne Energien aufteilen, die sich erst im Zusammenspiel auflösen und blockieren. Mit der HAGAL-Meditation lernen Sie Ihre Kräfte einzeln kennen und können sie schließlich wieder neu zusammensetzen zu einer neuen Harmonie, die aktiv und zielgerichtet ist.

Die Übung: Bilden Sie das Runenkreuz mit Ihrem Körper, also gespreizte Beine, Füße parallel zueinander, durchgedrückte Knie, gerader Oberkörper, gestreckte Arme und Hände. Der Kopf sollte gerade und möglichst gestreckt sein. Atmen Sie tief durch den Mund ein und »HAGAL« wieder aus, wobei der Atem vor der zweiten Silbe leicht gebremst wird. In diesem Moment macht der Brustkorb fast einen kleinen Sprung, und genau diesen Sprung sollten Sie benutzen, um damit in eines der vier Kreuz-Enden zu fahren. Springen Sie mit Ihrer Wahrnehmung zuerst in den rechten Arm, möglichst gleich hinauf bis in die gestreckte Hand, und lassen Sie sie dann ganz langsam herunterlaufen zurück in die rechte Schulter. Beim nächsten Sprung zwischen »HA« und »GAL« steigen Sie in die linke Hand hinauf – langsam zurückfließen lassen, dann in den linken Fuß hinunter, langsam aufsteigen und schließlich in den rechten Fuß hinab, aufsteigen lassen und mit der rechten Hand wieder von vorn anfangen. Setzen Sie diesen Kreislauf fort, bis Sie wirklich völlig erschöpft sind, und achten Sie auf eine gleichmäßige und tiefe Atmung.

Ort und Zeit: Weite Ebenen oder Strände eignen sich für diese Runenmeditation am besten. Sie sollten sie aber nie bei strahlender Sonne und klarem Himmel durchführen; warten Sie lieber auf Wolken oder leichten Regen. Die beste Tageszeit dafür ist der Vormittag; im Mai entwickelt die HAGAL-Übung ihre größte Kraft.

NOTH

Das Thema dieser Rune ist die Qual des andauernden scheinbaren »Nicht-Erreichens« – des scheinbaren deshalb, weil man immer nach Bestätigung in Bereichen sucht, die offensichtlich gerade für einen persönlich verschlossen sind. Man spielt »gegen den Rhythmus«, was, wie jeder Roulettespieler weiß, nie gutgehen kann. Wenn man verstanden und akzeptiert hat, daß man den Möglichkeiten folgen muß, weil einem die Möglichkeiten selbst nicht folgen, muß man nur noch lernen, die ›offenen Wege‹ zu sehen. Wie es in der Mode Trends gibt, so gibt es auch Trends des Lebens, und um die zu erkennen, gibt es die Balanceübung der NOTH-Meditation.

Die Übung: Balancieren Sie sich auf Ihrem leicht angewinkelten linken Bein aus und strecken Sie dann das rechte im Winkel der NOTH-Rune. Der linke gestreckte Arm bildet den zweiten Ast der Rune. Konzentrieren Sie sich ganz darauf, den linken Arm und das rechte Bein zu strecken, so extrem es Ihnen möglich ist. Wenn Sie sich ausschließlich *damit* beschäftigen, werden Sie nie Schwierigkeiten mit Ihrem Gleichgewicht bekommen. Falls Sie ins Schwanken kommen, können Sie sicher sein, daß Ihre Aufmerksamkeit angefangen hat zu wandern. Atmen Sie bei dieser Übung tief und gleichmäßig durch den Mund und stoßen Sie das Wort »NOTH« bei jedem Ausatmen kräftig aus. Wenn Sie die Kräfte verlassen, so fangen Sie sich die ersten Male mit dem zweiten Bein wieder ab – später können Sie sich einfach auf den Boden fallen lassen.

Ort und Zeit: Für diese Übung sind – nicht nur wegen der geringeren Verletzungsgefahr beim Fallenlassen – niedriges Wasser zu empfehlen, also Ufer von Seen oder Bäche mit schwacher Strömung, aber auch weiche Wiesen, Moor- und Sandboden. Die beste Zeit dafür ist der späte Vormittag bis Mittag, und im Juni besitzt diese NOTH-Meditation ihre größte Kraft.

IS

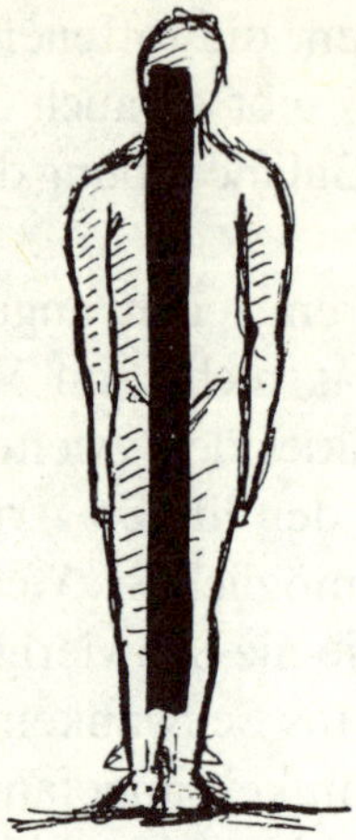

Diese Rune trägt ihre beiden widerstrebenden Aspekte klar sichtbar in sich: die Stärke der Geradlinigkeit und die gleichzeitige Gefahr der Erstarrung. Wenn das Vertrauen zur eigenen Stärke und Überlegenheit selbstverständlich wird, kann es zum Stillstand kommen. Man späht nicht mehr nach neuen Wegen, geht keine Risiken mehr ein und glaubt, die eigene Entwicklung schon abgeschlossen zu haben. Aber wie der gerade, senkrechte Balken für tödliche Erstarrung steht, so kann er gleichzeitig Kraft geben, auszubrechen.

Die Übung: Diese Übung scheint auf den ersten Blick die einfachste aller Runenmeditationen zu sein – aber weit gefehlt! Ebenso wie die meisten von uns falsch essen, falsch schlafen und sich falsch bewegen, so können nur die wenigsten richtig stehen. Der dauernde Wechsel von Stand- und Spielbein weist nicht auf dynamische Menschen hin, die sich gern in den Posen griechischer Götter produzieren, sondern zeigt nur, daß sie eine falsche Haltung einnehmen, die die Wirbelsäule und die stützenden Muskeln überbeansprucht. Stellen Sie sich deshalb einmal *gerade* hin, mit durchgedrückten Beinen und angespanntem Rücken, nach der Devise: Brust raus, Bauch rein. Sie werden feststellen, daß Sie entweder schon nach kurzer Zeit Schwierigkeiten mit der Balance bekommen oder daß Sie von einem unbezwingbaren Bedürfnis nach Bewegung ergriffen werden. Denn *so* steht man einfach nicht da. Zur IS-Meditation stehen Sie aufrecht mit leicht angewinkelten Knien, damit Ihr Schwerpunkt tiefer liegt, und lassen entspannt die Arme hängen. Wippen Sie ganz leicht in den Knien auf und ab, bis Sie die angenehmste Position gefunden haben, in der Sie ohne Stuhl auf Ihrem Hinterteil zu sitzen scheinen. Atmen Sie dabei ruhig und kräftig durch den leicht geöffneten Mund und stoßen Sie beim Ausatmen kräftig und pfeifend »IS« aus. Mit der Zeit werden Sie eine leichte Vibration in den Knien und Oberschenkeln spüren. Konzentrieren Sie sich ganz darauf und versuchen Sie nicht, sie zu unterdrücken. Schaukeln Sie diese unkontrollierbaren Zuckungen eher noch auf, bis Sie sich am Schluß richtig schütteln. Wenn die Kraft nachläßt, strecken Sie die Beine wieder und gehen ein paar Schritte, solange, bis Sie wieder Kontrolle über Ihre Beinmuskeln haben. Danach werden Sie spüren, wieviel Dynamik im einfachen »Stehen« stecken kann.

Ort und Zeit: Diese Übung läßt sich überall gleich gut praktizieren, im Freien wie in der Wohnung. Die altgermanische Zuordnung dieser Rune spricht allerdings von Höhlen und tiefen Schächten, die heutzutage jedoch schwer zu finden sind, es sei denn, Sie sind Bergmann. Mittags entwickelt diese Runenmeditation ihre größte Kraft. Die beste Jahreszeit ist der Frühsommer: Mitte Juni bis Mitte Juli.

AR

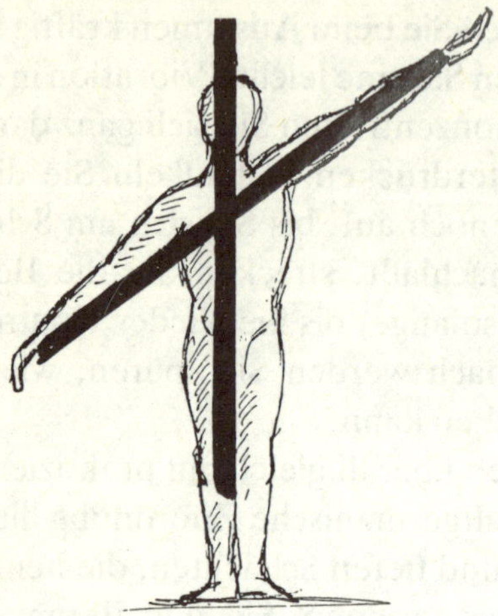

Diese Rune ähnelt sehr stark der NOTH-Rune, allerdings nur optisch. Die Frustration, die das Zeichen NOTH ausdrückt, das ›Gegenleben‹ gegen den natürlichen Rhythmus, kommt bei der AR-Rune eher aus der Ungeduld. Das Ziel ist klar und wird auch erreicht werden, aber die Ansprüche – an die Zeit wie an die Vollkommenheit – sind einfach zu groß. Die Losung dieser Rune lautet: »Achte das Urfeuer« – und das bedeutet nicht nur, daß man die Stärke der sich ewig erneuernden Kraft aus der eigenen Mitte schätzen soll, sondern auch, daß man den Rhythmus des Werdens und Vergehens nicht beschleunigen oder verlangsamen kann. Das einzige, was diese Rune lehren kann, ist Geduld.

Die Übung: Stehen Sie aufrecht mit leicht angewinkelten Knien, nur so viel, daß Sie sich sicher und ausbalanciert fühlen. Strecken Sie den linken Arm nach oben in dem Winkel, den Ihnen die Rune zeigt, und senken Sie den rechten gestreckten Arm, so daß beide eine Linie bilden. Die linke Handfläche zeigt nach oben, die rechte nach unten. So sind Sie ein lebender Blitzableiter oder jedenfalls eine Durchgangsstation für Energien, die vom Himmel zur Erde fließen. Sie nehmen sie mit der linken Hand auf, lassen sie durch Ihren Körper fließen und entlassen sie durch die geöffnete Rechte wieder in den Boden unter sich. Bei jedem Ausatmen, das Sie mit dem Hauchen der Rune »AR« verbinden sollten, findet ein solcher Durchgang von Energie statt. Sie werden sich weder aufladen noch entleeren – Sie sind nur Durchgangsstation, Stromkabel. Diese Stellung bedeutet »WARTEN« – sonst gar nichts.

Ort und Zeit: Diese Meditation entwickelt ihre stärkste Kraft in flachen, langsam fließenden Gewässern, an frühen Nachmittagen im Hochsommer.

SOL

Diese Rune ist Blitz, ist Licht, ist die Lebenskraft und unverlöschliche Energie der Sonne. Alles, was Sie zu erreichen suchen, steckt bereits in Ihnen. Alles, was Sie tun müssen, ist, es zu akzeptieren und sich Ihrer eigenen Vollkommenheit bewußt zu werden. Aber das ist oft das Schwerste. Und Mißtrauen gegen sich selbst läßt sich eben kaum aus der Welt räumen. Geben Sie sich lieber voll und ganz der Energie Ihres Zeichens hin, zweifeln Sie nicht, mißtrauen Sie sich nicht – akzeptieren Sie Ihre Ganzheit.

Die Übung: Diese Übung gehört zu den schwierigsten und anstrengendsten der Runenmeditation. Falls Sie sie Ihrem Körper nicht zutrauen, begnügen Sie sich damit, sie auf einem Stuhl sitzend durchzuführen. Sie stehen mit leicht auseinandergesetzten Füßen tief in den Knien und beugen sich beim Einatmen weit mit gestrecktem Oberkörper zurück. Beim Ausatmen führen Sie den Oberkörper mit ebenfalls gestreckten Armen nach vorn, bis Sie die Form der Rune SOL abbilden. Zischen Sie dabei »Sssssssssol«, warten Sie, bis der Körper dringend nach neuem Atem verlangt, und beugen Sie sich beim Einatmen wieder langsam zurück. Diese Übung ist nicht ungefährlich. Sollten Sie auch nur leichte Schwindelgefühle spüren, brechen Sie sie sofort ab, stellen sich locker auf und atmen wieder durch die Nase. Bei einiger Übung müßten Sie sie aber wenigstens drei Minuten lang durchhalten können. Die Kraft, die Sie dann spüren, ist nur Ihre eigene – Sie haben sie geweckt, es war keine Magie und Zauberei. Vertrauen Sie sich ihr an – Sie können keine Fehler dabei machen!

Ort und Zeit: Diese Übung sollte eigentlich in der Luft stattfinden, aber Sie glauben ja nicht, daß Sie fliegen können. Suchen Sie dafür weite Plätze und hohe Himmel. Die beste Zeit sind Nachmittage im August.

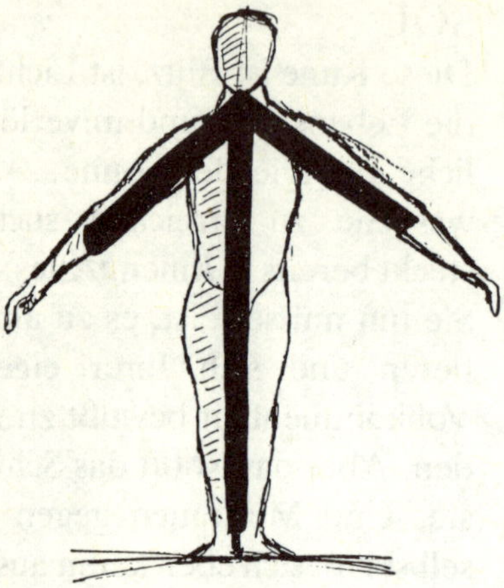

TYR

Bei diesem Zeichen macht sich die Einschränkung der menschlichen Ebene besonders hemmend bemerkbar. Alles wird durch die Verstandeskraft erfahren, bestimmt und verarbeitet, aber das Gefühl kommt zu kurz. Man traut ihm nicht, verachtet es oft sogar und schließt es bei allen wichtigen Entscheidungen aus. Man ›versteht‹ alles, aber das ›Wissen‹ fehlt, wenn man sein Verstehen nicht leben kann. Die TYR-Meditation will einen Weg vom Bauch zum Kopf ebnen oder diesen wenigstens darauf hinweisen, daß es noch eine andere Realität gibt.

Die Übung: Stehen Sie aufrecht mit durchgedrückten Knien und schließen Sie die Augen. Strecken Sie die Arme links und rechts vom Körper ab, bis Sie die TYR-Rune abbilden. Atmen Sie tief mit den nach oben gedrehten gestreckten Händen ein und drehen Sie sie beim Ausatmen langsam nach unten, so daß die Handflächen zum Boden weisen. Die Arme bewegen sich dabei nicht. Stöhnen Sie beim Ausatmen »TYR« und konzentrieren Sie sich auf Ihren Kopf. Beobachten Sie, wie er langsam tiefer und tiefer sinkt, durch den Hals in die Brust und schließlich in den Bauch hinein. Beenden Sie die Übung erst, wenn Sie ihr lärmendes, unruhestiftendes Gehirn ganz im Bauch spüren.

Ort und Zeit: Für diese Übung sollten Sie auf den höchsten erkletterbaren Platz in Ihrer Umgebung steigen. Berge, Türme oder Flachdächer sind dafür gleich gut geeignet. Auf keinen Fall ist dies eine Meditation für geschlossene Räume. Die beste Zeit dafür ist der späte Nachmittag im September.

BAR

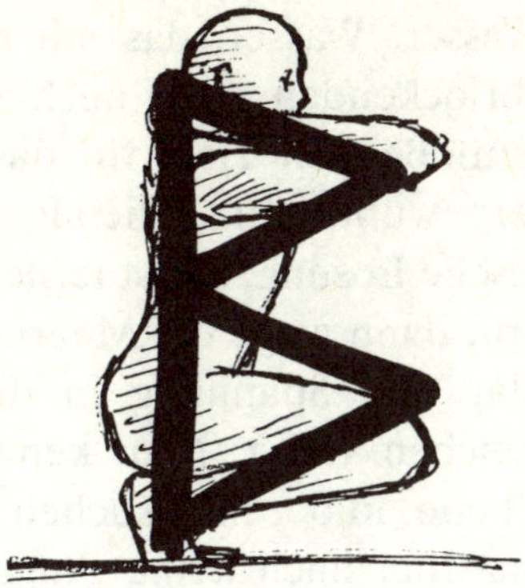

Diese Rune ist so hoffnungsvoll und blühend wie der Frühling. Tragisch wird sie erst, wenn der Frühling erfährt, daß er vergehen wird und nächstes Jahr von neuem anfangen muß, Leben und Wachstum zu bringen. Genauso erkennt man auch hier, daß man noch einmal ganz von vorne anfangen muß – hoffnungsvoller zwar, weil man jetzt weiß, daß man das Ziel erreichen wird, aber man fühlt sich auch deprimiert, denn man muß denselben Weg noch einmal gehen. In der BAR-Rune kann man die Verzweiflung und Enttäuschung einerseits leben und gleichzeitig Kraft für einen neuen Anlauf sammeln.

Die Übung: Kauern Sie sich auf den Boden und balancieren Sie Ihr Gewicht auf den Fußballen aus. Stützen Sie beide Ellenbogen auf die Knie und legen Sie den Kopf zwischen die Hände. Diese Stellung macht das Atmen schwer, aber versuchen Sie trotzdem, langsam und kräftig durch den Mund ein- und auszuatmen. Beim Ausatmen summen Sie »Baaaaaar« – möglichst tief und mit lockeren Lippen, die beim Summen vibrieren sollten. Beim Einatmen ziehen Sie den Kopf langsam so weit wie möglich zurück, beim Ausatmen lassen Sie ihn nach vorn sinken, bis er wieder zwischen Ihren Händen liegt.

Ort und Zeit: Diese Übung sollte nur im Freien durchgeführt werden. Am besten eignen sich dafür einsame und hochgelegene Plätze wie Almen, Hügel oder Hochwälder. Die beste Zeit ist der frühe Abend im Spätherbst.

LAF

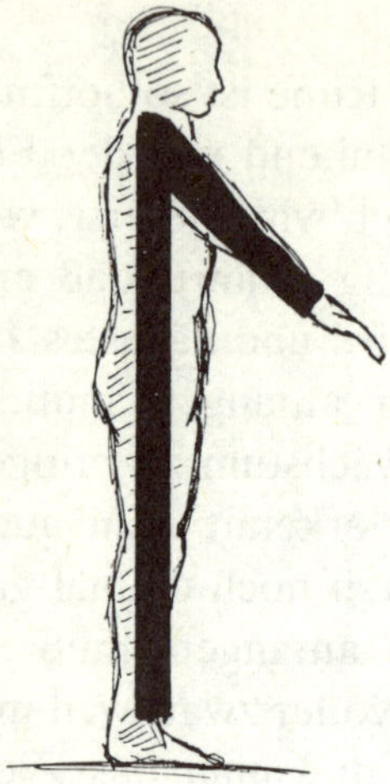

Diese Rune ist das fließende Wasser, Wasser, das mit seiner verlockenden, aber auch Angst einflößenden Tiefe für das Unterbewußte steht. Die altgermanische Losung: »Erst lerne steuern, dann wage die Meerfahrt«, klärt die Spannung in diesem Zeichen völlig. Man kennt die Ebene, in der man suchen muß, man hat auch keine Angst vor ihr, aber man behandelt sie falsch. Solange man noch den Effekt im Auge hat, wird man weder sich noch andere annehmen können. Der Sprung ins tiefe Wasser ist nicht schwer, aber hier muß man vorher wissen, was einen unten erwartet, bevor man ihn wagen kann. Dabei kann diese Rune helfen.

Die Übung: Diese Übung ist sehr einfach. Stehen Sie aufrecht und mit durchgedrückten Knien und strecken Sie beide Arme parallel zueinander vor, bis Sie die Rune LAF abbilden. Senken Sie den Kopf leicht, so daß Sie ohne Schwierigkeiten in die Richtung sehen können, in die Ihre Arme deuten. Atmen Sie tief und langsam durch den Mund. Sprechen Sie mit jedem Ausatmen »LAF« und lassen Sie dabei Ihre Konzentration und Wahrnehmung durch die Arme sinken, hinunter in etwas Unbekanntes und Unsichtbares, das genau vor Ihnen liegt. Beenden Sie die Übung nicht gleich beim ersten Angstgefühl – schauen Sie sich die Tiefe vor sich genau an!

Ort und Zeit: Für diese Übung braucht man Weite und Einsamkeit, zwei Voraussetzungen, die heute sehr schwer zu erfüllen sind. Sie können die LAF-Meditation aber auch am offenen Fenster in Ihrer Wohnung machen – ohne Publikum, versteht sich. Die beste Zeit dafür ist der Abend bis 9.00 Uhr im Oktober/November.

MAN

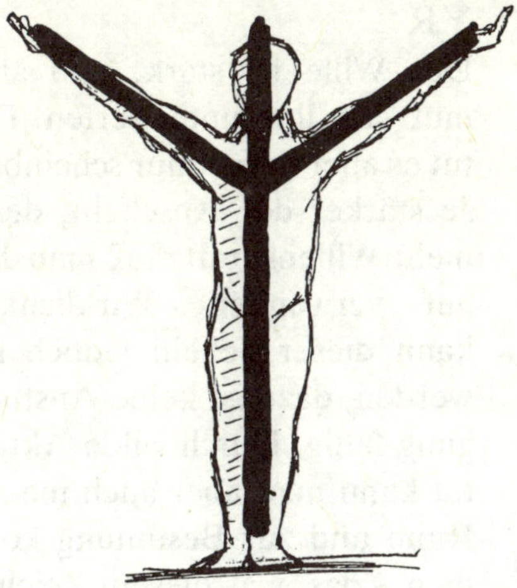

Hier kann man gleichermaßen gut mit Gefühlen wie Gedanken umgehen, aber man akzeptiert das dritte Wesen in sich nicht. Höheres und Größeres darf es weder außerhalb noch im eigenen Inneren geben – *alles* können der geschulte Verstand und der freie Geist erschaffen. So behindert man sich. Man kann nicht ›annehmen‹, schon gar nicht Energien aus unbekannten und un»denkbaren« Reservoiren. Diese Rune hilft, sich zu öffnen und aufzunehmen.

Die Übung: Stehen Sie gerade und mit durchgedrückten Knien. Strecken Sie die Arme mit den Handflächen nach oben, bis Sie die MAN-Rune abbilden. Nehmen Sie mit dem Einatmen Energie auf, lassen Sie sie einfach in sich hineinfließen: in die Hände, durch die Arme, in die Brust – und mit dem Ausatmen geben Sie sie weiter in den Bauch, in den Unterleib und durch die Beine und Füße weiter in die Erde. Beim Ausatmen sprechen Sie »MAN« und lassen sich dabei leerlaufen.

Ort und Zeit: An einsamen und weiten Plätzen im Freien. Die Kraft der MAN-Übung ist von 9.00 bis 11.00 Uhr nachts am größten, besonders im November.

YR

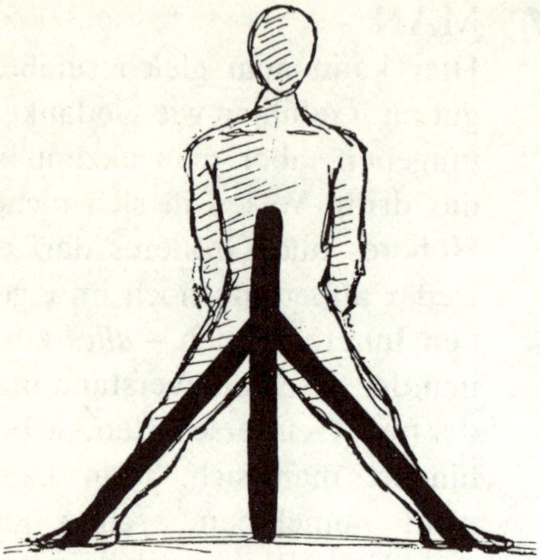

Der Wille ist stark, und alles muß sich ihm unterwerfen. Das tut es aber immer nur scheinbar: Je stärker der Anschein, desto mehr Willenskraft muß man darauf verwenden. Wirklichkeit kann dieser Schein jedoch nie werden, dazu ist keine Anstrengung fähig. Durch wilde Aktivität kann man aber auch nie zur Ruhe und zur Besinnung kommen – das, was diesem Zeichen wirklich fehlt. Seine größte und feurigste Energie hindert es tatsächlich auch am meisten. Was ihm helfen kann, ist, einfach wieder Kontakt zum Boden zu bekommen, fest zu stehen und – geschehen zu lassen. Den Weg dazu zeigt diese Rune.

Die Übung: Spreizen Sie Ihre Beine mit leicht angewinkelten Knien. Richten Sie den Oberkörper gerade auf und lassen Sie die Arme baumeln. In dieser Stellung können Sie ohne Stuhl ›sitzen‹, der Kontakt zum Boden ist so intensiv, daß man Sie kaum umwerfen könnte. Heben Sie beim Einatmen den Kopf und ziehen Sie die Luft langsam und kräftig durch den Mund ein. Lassen Sie beim Ausatmen den Kopf auf die Brust sinken und summen Sie dazu »YR«. Diese Übung kann sehr lange dauern, die relativ bequeme Stellung läßt Sie nicht so leicht ermüden. Achten Sie während der ganzen Zeit auf Spannungen und Vibrationen im Körper. Gehen Sie in diese Regionen hinein und versuchen Sie nicht, die Empfindungen zu verdrängen und sich aus dem Körperteil zurückzuziehen.

Ort und Zeit: Offene, weite Flächen. Die beste Zeit für diese Übung ist um Mitternacht, die größte Kraft entfaltet die YR-Rune um den Jahreswechsel.

4. TEIL

Numerologie – Die Magie der Zahlen

Von Robert Griesbeck

Die Menschen und ihre Zahlen

Was allen geistigen Disziplinen gemein ist, die Menschen im Laufe der Jahrtausende entwickelt haben, ist der Versuch, Ordnung zu schaffen und Ordnung zu finden. Ob es sich dabei um die ›seriösen‹ Naturwissenschaften handelt, die Geisteswissenschaften oder esoterische Gedankengebäude – all ihre Grenzen waren und sind stets fließend und lassen sich auch heute höchstens für einige Jahre klar bestimmen. Ordnung und Abgrenzung der Fachgebiete an sich sind also schon umstritten; um so mehr sind sie es *innerhalb* jeder einzelnen Disziplin.

Die »Sehnsucht nach Ordnung« war eines der ersten und stärksten Merkmale der erwachenden Menschheit und den Grundbedürfnissen wie Nahrung, Schutz und Wärme ebenbürtig. Man begriff sich als Teil der Natur und lebte dementsprechend, man beobachtete und verglich die Äußerungen der »Großen Ur-Mutter« ebenso wie die Veränderungen und immer wiederkehrenden Konstellationen am Nachthimmel, den Zyklus des Sonnenstandes, den stetigen Wechsel von Blüte, Befruchtung, Reife und Verfall und letztlich den Zyklus des eigenen menschlichen Lebens. »Eins mit der Natur« zu werden war kein Anspruch – man *erkannte* die eigene Abhängigkeit von der Umwelt und reagierte spontan richtig. Man versuchte keine selbsterdachten Prinzipien aufzustellen und sie der Natur (und sich selbst) aufzuzwingen, sondern man lauschte ihr die Geheimnisse von Harmonie und Rhythmus ab, um danach besser und wirkungsvoller agieren zu können.

In jeder Schöpfungsgeschichte der Menschheit war das bewußte Leben (der Mensch) aus dem Ur-Chaos entstanden, dem Prinzip der Zufälligkeit, und hatte sich manifestiert, indem ein »Gott« die Ordnung gebracht hatte. Er gab den Dingen Namen und ›erschuf‹ sie damit, denn namenlose Existenzen sind für uns nicht vorstellbar, also nicht real. Er gab den Planeten Bahnen und Positionen; *dann erst* waren sie sinnvoll und als Teile des Ganzen zu akzeptieren. Dieser Gott brachte auch die Zeit, eine abstrakte Größe, die man zwar benennen, aber nicht erfassen konnte, doch sie schuf Ordnung, denn sie teilte. Unterteilungen sind ein Prinzip der Ordnung, und so teilte man weiter auf, um Klarheit zu gewinnen: hell und dunkel, gut und böse, oben und unten, fest, flüssig und gasförmig, männlich und weiblich, mineralisch, vegetabilisch und animalisch. Die »Schöpfungsgeschichte« ist also die Benennung und Beschreibung der Welt, ihrer Zyklen und ihrer Harmonie. »Am Anfang war das Wort« meint den Plan, die Ein- und Unterteilung, denn erst damit wurden Existenzformen zur Realität – »und es ist Fleisch geworden!«

Das gesprochene Wort war sicherlich die erste Möglichkeit unserer Urahnen, Realität mitzuteilen, sein Fleischwerden kann man auch als zweite Stufe übersetzen, nämlich mit dem geschriebenen. Aber Worte bildeten sich nicht aus Abstraktionen; sie waren anfangs »Ab-bilder«, Zeichen und Symbole, die der Form des zu beschreibenden Gegenstandes am nächsten kamen.

Die germanische »Zala« (Zahl) trägt in sich nicht nur die Bedeutung, Mengen zu unterscheiden, sie deutet auch auf die Sprache hin (to tell, sprechen, sagen). Wenn wir eine Geschichte er-*zählen*, wird das besonders deutlich. Zahlen können sprechen. Die Wechselbeziehung von Wort und Nummer, Sinn- und Zahlwert ist nicht erstaunlich, wenn man bedenkt, daß die geschriebene Sprache und die nötigen Grundlagen für die Mathematik *gemeinsam* entstanden und sich verschiedene Disziplinen erst nach und nach entwickelten, die sich aber alle derselben Ursymbole bedienten und bedienen – der Zahlen!

Am offensichtlichsten ist diese Sinn/Zahl-Kombination heute noch in der *Kabbala* zu erkennen, deren sich immer weiter entwickelndes (und nie zu beendendes) zahlenmystisches Gedankengebäude nur errichtet werden konnte, weil die hebräischen Buchstaben auch gleichzeitig Zahlzeichen sind. Etwa seit dem 13. Jahrhundert existiert diese mystische Wissenschaft, die sich von der sehr konkreten und minutiösen Auslegepraxis des *Talmud* abgewandt hatte, um einen unmittelbaren Zugang zu Gott zu finden. Neben das Gesetz der *Thora* und die im Talmud enthaltene Tradition trat die Kabbala mit dem Anspruch auf gleichermaßen göttlichen Ursprung. Ihre älteste Schrift ist das Buch *Jezira* (»die Schöpfung«); in ihr werden die Buchstaben geheimnisvoll als wirkende kosmogonische Kräfte gedeutet. Sie soll im 6. Jahrhundert nach Christus in Babylonien entstanden sein. In Spanien und Deutschland erlebte die Kabbala ihre erste Blüte, um dann von Deutschland aus im 16. Jahrhundert nach Palästina zu gelangen. Das Hauptwerk der Kabbalisten ist der in einem Dialekt des Aramäischen geschriebene *Sohar* (»der Glanz«). Die Kabbala sucht mit Hilfe von Buchstabendeutung und Zahlenmystik in die Mysterien des Göttlichen vorzudringen und das zu entschleiern, was vor der Schöpfung war und über die sichtbare Welt hinausragt. Im Sohar heißt es:

»Als der Allerheilige daran war, Welten zu schaffen, da ließ er ein verborgenes Licht ausgehen – aus diesem entspringen all jene Lichter, die offenbar werden. Zunächst entfalten sich und schaffen sich aus jenem die übrigen Lichter – die bilden die *obere* Welt. Aber jenes höchste Licht breitete sich noch weiter aus und bildete eine Art von Licht, welches nicht leuchtet – dieses ist der Urgrund der *unteren* Welt. Und dieses nicht leuchtende Licht, wie es der Verbindung mit der oberen Welt bedarf, um zum Leuchten zu kommen, vermag dies nur durch Vermittlung der unteren Welt. Aus der Verbindung mit der oberen Welt aber gibt es Entstehung zahlreicher weiterer Wesensheere und Scharen, die den höheren dienstbar sind. Darum heißt es: Wieviel sind deine Werke, Herr, sie alle hast du in Weisheit gemacht, voll ist die Erde deines Eigens. Was auf der Erde ist, ist auch in der Höhe. Es ist kein noch so geringes Ding in dieser Welt, das nicht abhängig wäre von einem Wesen, das darüber gesetzt ist. Und wird das untere Ding in Bewegung gebracht, dann auch jenes obere, das darüber gesetzt ist, denn alles ist wechselseitig miteinander verbunden und geeinigt.«

Dieses Erkennen eines kosmischen Rhythmus, einer alles durchdringenden Einheit und Harmonie, deren Prinzipien von Einklang und Ausgewogenheit in fast allen Philosophien auftreten, konnte bei den Juden bis ins kleinste aller Bestandteile dieses Universums nachvollzogen werden – durch die Verbindung von Buchstabe und Zahl, denn jedes hebräische Wort stellt gleichzeitig eine Zahl dar, und umgekehrt. Jede Zahl symbolisiert aber auch einen eigenen »Sinnwert«, und damit läßt sich wiederum jedes Wort erforschen und hinter der offensichtlichen Bedeutung die tiefere finden.

Die Kabbala ist jedoch ein zu komplexes Gedankengebäude, als daß sie sich für schnell erlernbare und selbst zu deutende Orakel eignen würde. Doch die Verbindung ZAHL—SINN—WORT läßt sich in allen Kulturen nachweisen und stellt die gemeinsame Basis der Numerologie dar.

Die erste Beziehung des Menschen zur Zahl entstand sicherlich über das Ab*zählen*, Vergleichen, Bestimmen von Mengen, um sie zu teilen – etwa um Nahrung gerecht aufzuteilen. Hilfsmittel waren die Finger der Hände, die jedes Kleinkind zum selben Zweck verwendet, nachdem es damit essen, spielen und erforschen gelernt hat. Im Bild der Finger einer Hand drückt sich auch die Symbolik der Numerologie plastisch aus: Über das Praktische hinaus enthalten sie die »Kraft der Abstraktion«, man muß sie nur erkennen und mit ihr umgehen können: Die Entwicklung unseres Dezimalsystems ist so vor dem Hintergrund des »An-den-Fingern-Abzählens« augenfällig, und doch haben sich auch andere Zahlensysteme entwickelt, die ebenso logisch, ebenso wirkungsvoll sind und mit der gleichen Berechtigung existieren wie die 10er-Mathematik. Aus der 4, die für die Ordnung schlechthin steht, entwickelt sich das 16er-System, das bis vor kurzem noch die gesamte englische Maß-, Münz- und Gewichtseinteilung beherrschte. Aber auch die folgenden Einheiten erinnern noch an den früher sehr geläufigen 16er-Rhythmus:
1 Pfund = 16 Unzen; 1 Unze = 16 Lot; 1 Rute = 16 Fuß;
1 Quarter = 64 Gallonen; 1 Escudo = 32 Reales de Vellon;
1 Mark = 16 Schillinge; 1 Mandel = 16 Stück usw. usf.

Die Germanen unterteilten die Runen in 8er- beziehungsweise 16er-Blöcke, das Jahr in 16 Male von 22–24 Tagen, und auch ihre Luren (Blasinstrumente der nordischen Bronzezeit) hatten 16 Töne. Das moderne Periodensystem der Chemie unterteilt die Elemente ebenfalls in 16 Gruppen – nicht willkürlich, sondern aus der Erkenntnis eines *natürlichen Zyklus*! Die Vergleichszahl für alle anderen Atomgewichte ist die des Sauerstoffs – 16! Auch in Indien spielte die 16 eine wichtige Rolle. Die Musik unterliegt bis heute dem 16er-Gesetz, und bis vor kurzem noch unterteilte man eine Rupie in 16 Annas; Verse bestehen aus 16 Silbeneinheiten, und die Schiffahrt unterscheidet (wie allerdings überall auf der Welt) 16 nautische oder Windrichtungen.

Die Magie der Zahlen ergriff schnell all jene, die sich mit ihnen befaßten, nicht etwa als Magier, sondern als Forscher und Rechner. Pythagoras entwickelte im 6. Jahrhundert vor Christus die Idee der kosmischen Ordnung, die sich mathematisch niederschlägt. Er fand Beziehungen in der Musik- oder Klanglehre, in der Astronomie und in der Mathematik, die er schließlich auf den Gedanken einer ethischen und sozialen Ordnung übertrug. Zähleinheiten sind beliebig; eine vorhandene und *unwandelbare* Ordnung (= Naturgesetze) zu finden läßt dagegen die Idee aufkommen, der gesamte Kosmos gehorche festgelegten Gesetzmäßigkeiten, die er an jedes noch so kleine Teil von sich weitergibt. Oder, wie es die Alchimisten formulierten: »Wie oben, so auch unten, wie unten, so auch oben« – der Mikrokosmos als Abbild des Kosmos, Atom = Galaxie.

Die Entdeckungen der Mathematik waren zu jener Zeit ebenso spannend wie *nachvollziehbar*, was sie heute meist nicht mehr sind. Zum Beispiel Pythagoras' Experimente über Tonschwingungen. Er entdeckte, daß die Intervalle der Tonleiter den Verhältnissen der Längen schwingender Saiten entsprechen und durch Zahlenverhältnisse ausgedrückt werden können, nämlich durch 1:2, 2:3 und 3:4, also durch natürliche Zahlen, deren zentrale Bedeutung die Pythagoräer immer wieder hervorhoben. Die Tatsache, daß nur die ersten vier Zahlen notwendig waren, um diese Proportionen auszudrücken, ließ den Glauben aufkommen, sie seien die Grundlage aller Zahlen. Dieser Glaube erhielt zusätzlich noch Gewicht durch die Tatsache, daß die ersten vier Zahlen in der Addition 10 ergeben ($1+2+3+4=10$) und nur die Zahlen von 1 bis 10 als von Bedeutung angesehen wurden. Andere hielt man mehr für Kombinationen dieser »Grundzahlen« und sah sie als untergeordnet an. Man fand auch heraus, daß die ersten vier Zahlen wesentlich für die Konstruktion mathematischer Figuren waren. 1 stand für den Punkt, 2 für die Linie, 3 für das Dreieck und 4 schließlich für die Pyramide. (Heute mißt man Töne elektronisch nach der Anzahl ihrer Schwingungen pro Sekunde. Aber immer noch ist ein »a« mit 442 cs [Schwingungen pro Sekunde] eine Oktave höher ein »a« mit exakt 884 cs – das Verhältnis ist also 1:2.)

Besondere Aufmerksamkeit schenkten die Pythagoräer den geraden und ungeraden Zahlen, die für sie nur als ein weiterer Beweis für eine allumfassende Klassifizierung nach dem »Entweder-oder«-Prinzip galten. Das Prinzip der Dualität geht vom binären Computer, der nur 0 oder 1 verarbeitet, daraus aber *alles* entwickeln und darstellen kann, bis zu den Anfängen der Menschheit zurück. Das indische *Yin* und *Yang* bezeichnet die Naturkräfte des Männlichen und Weiblichen, das aktive und passive Prinzip, hell und dunkel, Feuer und Wasser und entspricht den pythagoräischen geraden und ungeraden Zahlen. Die ungeraden wurden dem männlichen Prinzip zugeordnet, dem Ruhenden, dem Licht und dem Guten. Das ist weniger frauenfeindlich zu verstehen als rein systematisch. Frauen konnten ebensoviel »männliche Energie« haben wie Männer umgekehrt »weibliche«, aber das Bild des Zeugenden (aktiv) und der Gebärenden (passiv) war wohl einfach der plastischste Ausdruck des Gedankens. Ungerade Zahlen galten schon früh als »glücklich«, ja göttlich, denn der 1 ist in allen Kulturen Gott zugeordnet. Im Islam gilt der Spruch: »Wahrlich, Gott ist eine ungerade Zahl (nämlich Einer) und liebt die ungerade Zahl.« Deshalb werden auch die meisten rituellen Handlungen, magischen Verrichtungen und Gebete in ungerader Zahl (3- oder 7mal) wiederholt – um ihnen Kraft zu geben und »das Gute« anzusprechen.

Auch Plato sah in den Zahlen Schlüssel zum Mysterium der Natur. Er ordnete sie den »Ideen« zu, die er als ewige Urbilder alles Seienden verstand. Nachdem die Dinge der Wirklichkeit nur unvollkommene Abbilder dieser Ideen waren, standen die Zahlen als Erinnerung an das tiefe Wesen der sie benennenden Realität. Von dieser Vorstellung, daß alle Dinge im Universum nach einem einheitlichen Plan miteinander verbunden sind, geht die Zahlenmagie aus und fügt die Annahme hinzu, daß dieser Plan numerisch angelegt ist und daß die verschiedenen Zahlen auch verschiedene Eigenschaften beinhalten.

Im Mittelalter erlebte die Zahlenallegorie ihre Blütezeit, aber gleichzeitig auch konkrete Anwendung: Keine Kathedrale wurde anders als auf zahlenmystischer Grundlage errechnet und erbaut. Und die Architekten dieser Zeit rechneten genau, aber nicht nach den Regeln der

Statik, sondern nach denen der liturgischen Harmonie – und die mußten wohl die Tragfähigkeit eingeschlossen haben.

Es scheint also fast, als ob der Mensch mit einer inhärenten Mathematik ausgestattet ist. Wie sonst ließe es sich auch erklären, daß jeder, der aufgefordert wird, ein »schönes« Rechteck zu zeichnen, automatisch eine Übersetzung des Goldenen Schnitts fabriziert (die Teilung einer Strecke in zwei Abschnitte, von denen sich der kleinere zum größeren verhält wie dieser zur ganzen Strecke). Existiert die kosmische Harmonie – die Gesetzmäßigkeit, nach der sich das Ganze ebenso verhält wie sein kleinster Teil – tatsächlich, dann können wir sicher sein, daß wir diese Formel in uns tragen, daß sie dafür verantwortlich ist, wenn wir etwas als schön, richtig und ausgewogen verstehen oder es »intuitiv« ablehnen.

»Alles ist durch geheime Knoten miteinander verknüpft«, schrieb der Barockgelehrte Athanasius Kirchner, der wie viele seiner Zeitgenossen von der Harmonie und Systematik der Zahlen fasziniert war. Damals erforschte man mit Vorliebe die »Magischen Quadrate«, Zahlenanordnungen in quadratischen Netzen, die immer die gleichen horizontalen, vertikalen und diagonalen Summen ergaben. Etwa:

4	9	2
3	5	7
8	1	6

Dieses Quadrat war auch in China schon etliche Zeit bekannt, wo es einer Überlieferung nach dem Kaiser Yü etwa 2000 vor Christus auf dem Rücken einer Schildkröte eingeritzt erschienen sein soll. Unmengen von Magischen Quadraten wurden ersonnen und hauptsächlich für rituelle Handlungen verwendet, etwa zur Bannung oder Beschwörung von Dämonen. Auch Albrecht Dürer hielt es mit den Magischen Quadraten. Das hier abgebildete mit der Summe 34 fertigte er als Holzschnitt und nannte es »Melancholia« – das Quadrat des Jupiter:

16	3	2	13
5	10	11	8
9	6	7	12
4	15	14	1

Wenn man solche Zahlenquadrate zum richtigen Zeitpunkt in das passende Metall gravierte (in diesem Fall in Zinn), erhielt man machtvolle Amulette, die ebenso schützen wie heilen konnten. Das folgende Zahlenquadrat ist Ihnen sicher geläufig:

1	2	3
4	5	6
7	8	9

Es ist das Magische Quadrat der Deutschen Bundespost und steht für die Ziffernverteilung auf den Tastentelefonen. Alle Reihen, die durch den Mittelpunkt gehen, schaffen zwar die Summe 15 – aber eben nur mit dieser Einschränkung. Die Zahlenmystiker des Mittelalters hätten ob solch mittelmäßiger und unharmonischer Verteilung nur die Köpfe geschüttelt.

Besondere Kraft wurde einem magischen Buchstabenquadrat zugesprochen, besonders dann, wenn es gleichzeitig ein Palindrom bildete – einen Satz (oder ein Wort), den (das) man sowohl vorwärts als auch rückwärts lesen kann. Das SATOR-Quadrat ist das perfekteste, denn es bleibt immer gleich, wie man es auch liest:

S	A	T	O	R
A	R	E	P	O
T	E	N	E	T
O	P	E	R	A
R	O	T	A	S

Dieses Quadrat war eine im Mittelalter als sehr nützlich befundene Formel, um Hexen zu entdecken, da sie nicht in einem Raum zusammen mit dieser Formel bleiben konnten – der bekannte »Knoblauch-Vampir«-Effekt.

Das folgende Quadrat sollte die Fähigkeit verleihen, in Gestalt einer Krähe durch die Lüfte zu fliegen:

R	O	L	O	R
O	B	U	F	O
L	U	A	U	L
O	F	U	B	O
R	O	L	O	R

Die Verbindung von Buchstabe und Zahl wurde in allen Kulturen, bei denen diese Zeichen nicht sowieso schon zusammenfielen, durch besondere Umrechnungstabellen hergestellt. Die gebräuchlichste, die wir auch in unserer Darstellung der Numerologie verwenden wollen, ist die folgende, die auf den Übereinstimmungen zwischen unserem und dem hebräischen Alphabet basiert. Die Ziffer 9 taucht darin nicht auf, denn der hebräische Buchstabe, der dafür steht, existiert in unserem Alphabet nicht. Umlaute werden aufgelöst, also Ö = O + E usw.

1	2	3	4	5	6	7	8
A	B	C	D	E	U	O	F
I	K	G	M	H	V	Z	P
Q	L	R	T	N	W		
J		S		X			
Y							

Um nun *Ihren* Namen numerologisch zu untersuchen, müssen Sie seine Buchstaben nur als Zahlen schreiben. Als Beispiel:

P	E	T	E	R	H	U	B	E	R		
8	5	4	5	3	5	6	2	5	3	=	46

Um die »Namenszahl« zu erhalten, ziehen Sie nun die Quersumme – also 46 >4 + 6 = 10 = *1*. Diese Ziffer steht für Charakter und Bestimmung, für die Gesamtheit Ihrer Anlagen und für die Richtung, in der Sie sich erfüllen können.

Sie können noch zwei weitere Zahlen aus Ihrem Namen ziehen, die die Informationen über Sie erweitern und vervollständigen.

Das ist zum einen die »Kernzahl«, die sich aus der Summe aller Vokale bildet. In unserem Beispiel:

P	E	T	E	R	H	U	B	E	R		
	5		5			6		5		=	21

Die Quersumme (21 > 2 + 1 = 3) ist also 3. Diese Kernzahl steht für Ihr Inneres, für das verborgene Ich oder wie Sie selbst sich sehen.

Die dritte Ableitung, die »Persönlichkeitszahl«, zieht man aus der Summe aller Konsonanten.

P	E	T	E	R	H	U	B	E	R		
8		4		3	5		2		3	=	25

Die Quersumme (25 > 2 + 5 = 7) ist also 7. Diese Persönlichkeitszahl steht für Ihr Äußeres, für Ihre Selbstdarstellung und Aktivitäten – so sehen andere Sie.

Das numerologische Gesamtbild des Peter Huber stellt sich also wie folgt dar:

Namenszahl 1 – Kernzahl 3 – Persönlichkeitszahl 7. Die jeweilige Bedeutung dieser Zahlen in der Numerologie können Sie auf den folgenden Seiten nachlesen.

Die Deutungen der neun Ziffern

1 Die Eins steht für »Einheit« ebenso wie für »Einzigartigkeit«. Sie nimmt den *ersten* Platz in der unendlichen Reihe ganzer und natürlicher Zahlen ein und war – jedenfalls im Weltbild der alten Mathematik – der Grundbaustein aller in Zahlen ausdrückbarer Zusammenhänge. Natürlich ist diese Vorstellung schon lange erschüttert, spätestens seit der Entdeckung von Hippasos, der bewies, daß die Beziehung einer Seite zur Diagonale eines Rechtecks nicht durch ganze Zahlen ausgedrückt werden kann. Aber dies ist kein Algebrabuch, und irrationale und unendliche Zahlen brauchen uns hier nicht zu beschäftigen, denn wir spüren den Wurzeln von Zahlworten nach, die bei ihrer Entstehung gleichzeitig für Menge *und* Sinn standen und stehen.

Die Eins ist hier tatsächlich der einzigartige Baustein, aus dem alles entstehen kann, der aber gleichzeitig *nichts teilt*, denn zum Beispiel 12 : 1 ist eben immer noch 12. Sie ist die einzige Zahl, die sich nicht verändert, weder wenn man sie durch sich dividiert, noch wenn man sie mit sich selbst multipliziert. So wurde die Eins zum Symbol des Göttlichen, des Anfangs und der Einheit. Die *ein*fachste Form, Mengen zu definieren, ist: EINS und VIELE. Plotin, der Begründer der Neuplatonischen Schule, sagte dazu: »Jede Vielheit ist eine Vielheit von Einheiten, setzt also die Einheit an sich voraus.« Und aus diesen »Einheiten« setzt sich der gesamte Kosmos zusammen, das mineralische, pflanzliche, tierische und menschliche Dasein. »Alles und jeder ist ein Abbild Gottes« – so der religiöse Ansatz, und: »Alles besteht aus kleinsten und nicht mehr teilbaren Teilchen« – so der naturwissenschaftliche. Beide ringen zwar um Unterschiede in der Formulierung, der Sinn bleibt jedoch der gleiche: *Es gibt eine Einheit, die die Vielheit hervorbringt.*

Indem die Eins für Gott steht, symbolisiert sie auch »Einzigartigkeit«. Die Nummer 1 in der Schule, beim Sport oder in der Politik kann zwar immer wechseln, aber in dem Moment, in dem sie an der Spitze steht, ist sie nicht so gut, weil sie Nummer 1 ist – sie ist die Eins geworden, weil sie eine einzigartige Leistung geboten hat. In der Politik ist dieses Prinzip zwar äußerst fadenscheinig geworden, aber im Sport (vorzugsweise beim Schwergewichtsboxen) heißt es immer noch zu recht: »the one and only!«

Geometrisch dargestellt ist die Eins ein Punkt und damit ungreifbar. Punkte haben keine Länge, Breite und Höhe, keine Unter- oder Oberseite, ja nicht einmal eine Farbe, sondern nur eine Position, und auch die ist sehr abstrakt, denn sie stellt sich nur durch den Schnittpunkt dreier Linien in einem räumlichen Koordinatensystem dar. Man kann nicht einmal sagen, Punkte wären rund, denn streng mathematisch haben sie überhaupt keine Ausdehnung. Fast ein Wunder also, daß dieser Zahl Größe zugeordnet wird, was früher mit grundsätzlichen Attributen zusammenfiel. Aber vor zuviel Größe kapitulierte schließlich auch der Chauvinismus und gestand der 1 ein Zwittergeschlecht zu – sie war ebenso männlich wie weiblich, denn Gott durfte man ja schließlich auch kein Geschlecht zuweisen.

Die erste germanische Rune stand zwar für Vater = Gott, der gerade Strich I = IS aber für das Ego, für den Menschen als individuelle Person und unverwechselbare Einheit unter vielen »Ähnlichen«. Im ersten Haus der Astrologie widerfährt der Eins das gleiche: Es hat das Thema »Ich bin« und versteht sich als Spiegel der eigenen Persönlichkeit.

Kurzcharakteristik

Die Eins steht für die Kraft, aber nicht für das, was man damit anfängt. Jede Kraft, speziell eine extreme Fähigkeit, läßt sich für und gegen einen selbst einsetzen – auch für und gegen andere. Die Eins deutet auf starken Willen, Verstandeskraft, Beherrschung ebenso wie auf Triebkraft und das unbezwingbare Bestreben, unabhängig zu sein. Auf jeden Fall versteht sich der »Einser« als Einzelmensch (oft auch als Einzelgänger), der zwar zu großen Erfolgen fähig ist, aber mit derselben Verbissenheit auch sein Leben zugrunde richten kann. Diese Konstellation macht klar, daß er nie tiefe Beziehungen zu anderen aufbauen kann und Freundschaften als zwar angenehm, aber nicht gerade lebensnotwendig erachtet.

2 Mit der Zwei fängt eigentlich alles erst an, denn wäre es bei der Eins geblieben, wäre auch jede Veränderung (ob positiv oder negativ) ausgeschlossen. Die paradiesischen Zustände endeten allerdings nicht, als Adam die Eva zugeteilt wurde – Gott erschuf den Menschen, und diese Polarisierung genügte vollauf, um für Wirbel im würdevollen Stillstand des Paradieses zu sorgen. Die Zwei bringt Trennung und Unterscheidung, man teilt ein in männlich und weiblich, in gut und böse, hell und dunkel, Tag und Nacht, ja und nein, tot und lebendig, und jede Maschine, vom Rasenmäher bis zum Großcomputer, kennt nur zwei wesentliche Zustände – nämlich ob der Hauptschalter auf »ein« oder »aus« steht. Dualität, Zweiseitigkeit, bestimmt auch das menschliche Leben, und dazu braucht man oft nicht einmal den anderen: »Zwei Seelen wohnen ach in meiner Brust.« Aber zu »zweit« wird die Dualität natürlich plastischer. Man kann die Zweisamkeit suchen oder sich ent»zweien«; Zwietracht, Zweifel, Zwist und Zwiespalt setzen eines voraus – die Zwei.

»ICH und DU zu erkennen kann ebenso verbinden wie trennen«, aber eines kann es mit Sicherheit: Klarheit schaffen. Erst mit der Zwei ist eine Vergleichsgröße ins Leben getreten, an der man sich, andere und alles Erfaßbare messen kann. Außerdem ist sie natürlich die Zahl der Vereinigung: Aus zwei mach eins. Man hat getrennt, um Neues entstehen und wachsen zu lassen. Zwei ist der Geschlechtsakt, die Vereinigung des männlichen und weiblichen Prinzips ebenso, wie auch in der Alchimie die Zwei das Coagulieren bezeichnet: »Solve e coagula«, löse auf und laß wieder gerinnen (oder feste Gestalt annehmen), trennen und wieder verbinden – das Prinzip der Zwei.

Diese Zahl ist also schöpferisch und, wie alle geraden Zahlen, weiblich. Gerade Zahlen tragen das Prinzip des »Sich-Teilens« und »Sich-Fortpflanzens« in sich, sind ausgewogen und somit im Gleichgewicht. Aber es führt noch ein anderer Weg zur Klassifizierung von gerade/weiblich und ungerade/männlich. Schreibt man Zahlen als Punkte (etwa auf einem Spielwürfel), so haben die ungeraden immer einen Mittelpunkt, während die geraden ihre Punkte um einen nicht besetzten Mittelpunkt verteilen.

gerade ungerade

Es ist also das Prinzip der beiden hervorstechendsten Geschlechtsmerkmale: Penis und Vagina; die weibliche Zahl drückt immer die Öffnung aus, die männliche das Zentrum, die Durchdringung. Die Zwei ist aber nicht nur weiblich, sondern die erste weibliche Zahl überhaupt. Das verstärkt ihre Wichtigkeit, drückt ihre Eigenschaften aber gleichzeitig pur und als Extreme aus und wie so oft jenseits des Mittelmaßes: groß, aber gefährlich *zwei*schneidig. Das chinesische YIN-und-YANG-Zeichen, die ineinanderfließende Kraft des Männlichen und Weiblichen, illustriert dieses Prinzip: Der Schatten legt sich schnell über das Licht, aber woraus entsteht er? Aus dem Licht, das ihn wirft und durch seine Anwesenheit erst erschafft. Das Sich-gegenseitig-Bedingen wird hier klar, ebenso, daß das eine ohne das andere nicht existieren kann. Das findet sich auch im Sprachgebrauch. Manche Dinge sind nur in der Zweisamkeit nützlich oder überhaupt vorstellbar: Zwillinge, die beiden Gläser einer Brille, ein Paar Schuhe oder die beiden Räder eines Fahrrads.

In der Mathematik ist $1 + 1 = 2$. Das Prinzip der Einzigartigkeit wird also aufgehoben, denn wo die Eins mehr als einmal existiert, ist sie nicht mehr Unikat, sondern universell. Die Zwei ist die einzige gerade Primzahl (nur durch sich selbst oder 1 teilbar) – wohlgemerkt sprechen wir hier nur von ganzen und natürlichen Zahlen.

Die zweite germanische Rune UR trägt die Botschaft in sich: Zwei Teile sind als Einzelelemente sichtbar, aber sie berühren sich, und die Verbindung schafft ein Dach – Schutz und Sicherheit.

Kurzcharakteristik

Die Zwei ist eine Zahl mit weiblicher Energie. Sie steht für Ausgewogenheit, Harmonie und Mäßigung ebenso wie für Passivität und Nachgiebigkeit im Sinn von mangelnder Standfestigkeit. »Zweiern« kann man auf jeden Fall die Vorherrschaft der Emotionen zurechnen, Großherzigkeit, Einsatz und Gefühl für andere. Sie nehmen Freundschaften wichtig, nicht um sie nur zu haben, sondern um sie zu pflegen. Aber wie bei allen großen Zahlen, bringt starke und einseitige Energie auch Probleme und Schwächen mit sich. Der Mangel an Entschlossenheit und die oft übertriebene Begeisterung für jede *fremde* Idee können diese Menschen zu Spielbällen der verschiedensten Einflüsse machen. Wenn sie schon unterwegs sind, dann meist nicht aus eigenem Antrieb, sondern weil andere sie schieben oder mitreißen.

3 »Die Zahl Drei ist die erste zusammengesetzte Zahl, die heilige Zahl, die Zahl der Vollkommenheit, die mächtigste Zahl, denn drei Personen sind in Gott, drei sind der theologischen Tugenden in der Religion.« So schreibt Agrippa von Nettesheim, und es wird schnell klar, warum diese Zahl noch heute als magisch und groß verstanden wird. Sie ist die Trinität, die Einheit von Gottvater, Sohn und Heiligem Geist, die Vorstellung der Unendlichkeit, die sich immer wieder (und immer neu) teilen läßt in Vergangenheit, Gegenwart und Zukunft. Aber auch die sicht- und greifbare Materie dreiteilte man in fest, flüssig und gasförmig. Drei ist die erste Zahl, die, wie Pythagoras es bezeichnete, Anfang, Mitte und Ende hat, und die einzige, die jeweils nur eines dieser Glieder besitzt. Warum sind aller guten Dinge drei? Sie sind nicht unbedingt »gut«, sondern menschlich (so versteht sich dieser Spruch: »gut« verstand man »als dem Menschen gemäß«), denn die Drei führte das Prinzip der Menschlichkeit ein, indem sie über den Gott (1) und das Paar (2) die Gemeinschaft aller setzte – und Drei wird einfach »mehrere«. Man legt sich da nicht mehr auf klare Beziehungen fest wie Ehefrau/mann, Vater/Sohn oder Bauer/Knecht, sondern sieht nur noch die gleichwertigen Mitglieder der Familie Mensch. Das macht diese Zahl so stark und gleichzeitig stabil. Drei steht auch für Stabilität, und wer sich je auf einen dreibeinigen Stuhl gesetzt hat, weiß warum. Er kann nicht wackeln, denn seine Füße brauchen keinen

gleichmäßigen Abstand zum Boden, er trägt die Stabilität *in sich* und ist sein eigener Abstand.

Dreiecke sind die wichtigsten geometrischen Figuren und Bausteine, aus denen sich jede vorstellbare gerade Figur zusammensetzen läßt. Die Winkelsumme des Dreiecks ist immer 180°, und diese Zahl trägt die Drei sichtbar in sich ($3+3=6\times 3=18$). Als gleichseitiges Dreieck ist es so vollkommen, daß man es als Symbol Gottes verwendete – aber noch ein Auge hinzufügte, denn der Klerus wollte seinen Schäfchen mitteilen, daß Gott nicht nur *ist*, sondern auch alles andauernd beobachtet. Und ausgerechnet wegen dieses Dreiecks kommt die ansonsten so klare Unterteilung in männliche und weibliche Zahlen ins Schleudern: Obwohl die Drei als ungerade automatisch männlich wäre, ist das »Delta der Venus«, das Schamdreieck, ein überzeugendes Gegenargument. Man kann die Drei allerdings auf zwei Weisen punktieren, nämlich .·˙ oder .˙. – Phallus oder Schoß? Wer will sich da festlegen?! So kann man sich vielleicht darauf beschränken, der Drei ihre ursprüngliche mystische Bedeutung zu erhalten, denn die schert sich nicht um männlich oder weiblich – und stark genug ist diese Zahl allemal, um sich aus dem Geschlechterkampf herauszuhalten.

Schöpferische Kraft zeichnet die Drei aus: Ohne den Dreiklang wäre die Musik eine armselige Disziplin, und um sich als Mensch zu erkennen und auszudrücken, bedarf es ebenfalls einer »Dreiheit«, nämlich der von Seele, Geist und Wille. Auswirken kann sich das dann in Gedanken, Worten und Taten.

Die Drei ist eine glückliche und erfüllte Zahl, und der kleine Einschlag von Extravaganz und Mystik macht sie nur noch stärker. Schließlich sind auch Dreiecksverhältnisse höchstens anstrengender und aufregender, nicht aber schlechter als ›normale‹. Sie können manchmal das Sprichwort bekräftigen, daß der Dritte sich freut, wenn zwei sich streiten. Drei ist die Synthese ebenso wie das planlose und lustvolle Auseinanderlaufen von Kindern, Drei ist das Leben.

Kurzcharakteristik

Vielseitigkeit ist auf jeden Fall *das* Thema dieser Zahl. »Dreier«

betrachten die Welt mit einer meist schwer zu enttäuschenden positiven Grundeinstellung und sehen in Hindernissen und Barrieren hauptsächlich interessante Möglichkeiten, um ihre Kreativität auszuleben und extravagante Lösungen zu finden. Drei ist eine fröhliche Zahl. Sie symbolisiert die Bestimmung des Menschen, zu feiern, zu tanzen und zu lieben und nicht etwa zu leiden, zu dulden und Angst zu haben. Dieses verhängnisvolle Mißverständnis aus der Bibel wird von dieser Zahl korrigiert – das wahre Geschenk der Heiligen Drei Könige waren Klarheit, Glück und Liebe.

4 Die Zahl der Unterscheidung ist die Vier. Sie gibt Richtungen an, scheidet Zustände und Jahreszeiten. Das einfache System der Trennung nach ja und nein, hell und dunkel, lebendig und tot, gut und böse läßt sich als 1 oder 0 schreiben, alles, was ein Computer je auf die Reihe bringen wird. Aber erst die Vier analysiert, gliedert und ordnet die Welt und die Sprache. Diese Gliederung ist nicht willkürlich entstanden, sondern aus aufmerksamer Naturbeobachtung. Der Mond zeigt sich in vier Phasen – er nimmt zu, erscheint als volle Scheibe, nimmt als Sichel wieder ab und schrumpft zusammen, bevor er wieder zum Neumond wachsen kann. Die Richtungen auf einer Ebene hat man nach dem Menschen, der sie anzeigen kann, unterteilt: Er kann mit den Armen links und rechts anzeigen, blickt nach vorn und weiß um sein »Hinter-Sich«. Hätte man die Richtungen in drei, fünf oder sieben unterteilt, hätte der Mensch als genaues Anzeigeinstrument versagt. Diesem Viererprinzip folgten viele Unterscheidungen, die sich zwanglos ergaben, die man also nicht in ein Schema pressen mußte, um die Vier zu rechtfertigen. Man unterschied die vier Grundelemente Feuer, Wasser, Luft und Erde, die vier Jahreszeiten, die vier Temperamente (cholerisch, sanguinisch, phlegmatisch und melancholisch), die vier Geschmacksrichtungen (salzig, süß, sauer und bitter) und baute das Vierersystem schließlich zur Perfektion aus. Jeder Lebensbereich ließ sich als Quartett darstellen: Leib, Seele, Geist und Wille – Freiheit, Reinheit, Wahrheit, Einheit – fest, flüssig,

gasförmig und (folgerichtig, als früh geahntes Kind der Chemie) »Plasma« – Punkt, Linie, Fläche und Raum.

Dazu schrieb Agrippa von Nettesheim: »Die Zahl Vier nennen die Pythagoräer Tetractys und stellen sie, was ihre Kräfte anbelangt, allen Zahlen voran, indem sie die Grundlage und Wurzel aller übrigen Zahlen ist, weshalb auch alle Grundlagen sowohl bei künstlichen wie auch bei natürlichen und göttlichen Dingen Quadrate sind.«

Die Ordnung, die die Vier gebracht hat, stellt sich zwangsläufig gegen die fröhliche und ziellose Mentalität des »Menschseins« der Drei, sie fügt ihr wieder die göttliche Eins hinzu, das Gesetz, und fesselt damit ihr ekstatisches Ausleben – oder anders gesagt, sie kanalisiert es, um wahre Erkenntnis zu erlangen. Daß die Vier weiblich ist, offenbart schon die starke Beziehung zum Mond, einem schon immer der Frau zugerechneten Planeten, der außerdem den Zyklus der weiblichen Fruchtbarkeit anzeigt.

In der Mathematik hat sich seit Pythagoras viel geändert – Erkenntnisse über das Quadrat sind keine neuen hinzugekommen. Es gilt (neben dem gleichseitigen Dreieck) noch immer als die ausgewogenste Form, wie das Tetragon vor 2000 Jahren, Sinnbild festgegründeter Vollkommenheit. Man zählte das Rechteck damals dem Element Erde zu, wahrscheinlich auch deshalb, weil die früheren Weltvorstellungen von einer ›flachen‹ Erde sprachen, nicht unbedingt von einer Scheibe, sondern meist von einem Rechteck, das durch die vier Himmelsrichtungen oder Winde bestimmt war. Die Chinesen sahen die Erde lange Zeit als Quadrat und bildeten sie im Kleinen ab, indem sie Feldern, Häusern und Dörfern denselben Grundriß gaben.

In Mystik und Religion kommt keine Kultur ohne die heilige Vier aus. In der Kabbala teilt sich das Universum in vier Bereiche (Aziluth, Beriah, Jezira und Asiya), durch das Paradies fließen vier Ströme, die Bibel kennt vier Propheten und vier Evangelien, Buddha lehrte die vier edlen Wahrheiten, Indien kennt vier heilige Vedas und der Islam vier heilige Bücher, nämlich die Thora, die Psalmen, das Evangelium und den Koran. Vier ist eine vollkommene Zahl und wurde in allen Naturreligionen als Symbol für »überirdische« Kraft verwendet.

Vier ist also Ordnung und nie Zufälligkeit oder Glück. Wie verhält es sich jedoch beim vierblättrigen Kleeblatt? Nachdem Klee üblicherweise drei Blätter hat, ist ein solchermaßen ›weiterentwickeltes‹ Fundstück ein Sinnbild der allesdurchdringenden Ordnung und kann als starkes Amulett angesehen werden.

Kurzcharakteristik
Als Zahl der Ordnung hat die Vier zwei Aspekte. Zum einen verleiht sie einem »Vierer« die Klarheit, die er für das Erkennen des eigenen Ichs und seines Lebenszusammenhangs braucht, aber sie kann ihn zum anderen auch in dieser Ordnung ersticken, denn Ordnung um ihrer selbst willen wird zum Zwang. Dauerhaftigkeit und Willensstärke sind in der Vier angelegt, aber wenn keine lohnenden Ziele in Sicht sind, ist Trägheit die Folge. Ein »Vierer« kann ebenso fleißig arbeiten wie sich langweilen. Der praktische und ordentliche Aspekt dreht sich, wenn er nicht gelebt werden kann, um und kann zu Schwermut und Melancholie führen.

5 Menschlich, allzu menschlich ist diese Zahl: Fünf Finger hat die Hand, fünf Extremitäten hat der Körper (Kopf, zwei Arme und zwei Beine), und über fünf Sinne verfügt der Mensch: Er kann schmecken, fühlen, riechen, hören und sehen. Fünf ist, nachdem sie in der Mitte des Zehnerblocks steht, auch eine Zahl des Mittelmaßes. Sie orientiert sich zwar nach beiden Richtungen (zur Eins und zur Zehn), aber sie unternimmt keine Anstrengung, sich auf die eine oder andere Richtung festzulegen.

Warum die Pythagoräer auf die Fünf nicht gut zu sprechen waren, liegt einfach daran, daß sie mit den vier ersten »großen« Zahlen die mathematische Basis für abgeschlossen hielten. Sie kannten nur vier regelmäßige Körper, und so stürzte schließlich ein ganzes Weltbild für sie zusammen, als Hippasos einen fünften entdeckte, den Pentagondodekaeder, der ausgerechnet aus Fünfecken bestand. Auch macht es die Zahl nicht symphatischer, daß das amerikanische PENTAGON

(Sitz der Armeeführung und des Verteidigungsministeriums) eine fünfeckige Grundfläche besitzt.

Fünf ist eine Primzahl und somit nur durch Eins oder sich selbst teilbar; sie ist also sehr stabil, um nicht zu sagen starrköpfig. Die Fünf trägt alles in sich, was »Mensch« bedeutet, aber sie steht nicht gerade für »Menschlichkeit«, also für seine beste Seite. Schließlich waren die fünf Wunden Christi ihm von einem Menschen zugefügt worden. Die Fünf im Menschen deutet mehr auf seine Triebe und Lüste, etwa wenn er mal »fünf gerade sein läßt«.

In China allerdings versteht man die Fünf grundsätzlich positiv. Man wünscht sich »fünffaches Glück«, was wohl hauptsächlich daher rührt, daß in der chinesischen Tradition den vier europäischen Elementen (Feuer, Wasser, Luft und Erde) fünf entsprechen. Dort unterteilte man in Erde, Wasser, Feuer, Holz und Metall. Man hatte die Ordnung nach handgreiflichen (nach der Fingerzahl) Kriterien aufgebaut, und daher verbot es sich, die Fünf respektlos zu behandeln. Die fünf Finger griffen auch die Saiten der Zupfinstrumente, verschlossen Flötenlöcher und trommelten – also war es nur logisch, auch die gesamte Musik auf der Fünf aufzubauen.

Eine Eigenschaft der Fünf kommt auch bei banalen Rechenoperationen schnell zum Vorschein: Sie weist sehr stark auf sich selbst hin. Jede ungerade Zahl, die man mit ihr multipliziert, weist am Ende des Resultats wieder die Fünf auf; sie ist also bestrebt, sich immer deutlich wiedererkennbar fortzupflanzen. Eine magische Note erhielt die Fünf durch das Pentagramm (auch Pentaculum oder Drudenfuß genannt). Dieser fünfzackige Stern, den man in einem Zug zeichnen kann, galt bei den Pythagoräern noch als Zeichen für Gesundheit; im Mittelalter schützte man sich damit vor Hexen oder verwendete das Symbol für schwarzmagische Verrichtungen. Dafür mußte man es allerdings auf den Kopf stellen. In der Esoterik ist das Pentagramm das Zeichen für den Mikrokosmos oder das fünfte Prinzip – das Denkvermögen.

Kurzcharakteristik
In dieser Zahl sind die erste männliche und die erste weibliche zusammengeschlossen. Daher sind »Fünfer« zuallererst Menschen und erst später mit einer erkennbaren männlichen oder weiblichen Energie behaftet. Man kann kaum hervorstechende Eigenschaften ausmachen, sondern höchstens die Summe aller möglichen Eigenschaften erkennen – vorgetragen meist in einer ruhelosen, nervösen und unbeständigen Weise.

6 Die Sechs ist wieder eine große Zahl der Pythagoräer, denn sie entsteht sowohl durch die Addition der ersten drei Grundzahlen (1 + 2 + 3) als auch durch deren Multiplikation (1 × 2 × 3). Die Mathematik, die (besonders in der Geometrie) viele Zusammenhänge der Natur abgelauscht hat, erkannte das regelmäßige Sechseck in der Bienenwabe als perfekte Form, die für Stabilität und optimale Raumausnutzung steht. Schneeflocken und viele andere Kristallstrukturen sind nach diesem Prinzip aufgebaut, und jeder Chemiker kennt das Sechseck aus der gezeichneten Formelsprache.

Ein sechszackiger Stern entsteht zum Beispiel, wenn man zwei gleichseitige Dreiecke um 180° verschoben auf ihren gemeinsamen Mittelpunkt legt – das Sigillum oder der Davidsstern. Dieses Zeichen deutet auf die Verbindung des göttlichen Dreiecks mit dem menschlichen hin und stellt somit den Kosmos der Seele dar. Auf der anderen Seite zeigt es, daß beide Aspekte sich bedingen und nur in Übereinstimmung (nämlich wenn die Dreiecke über einem gemeinsamen Zentrum liegen) wahre Harmonie entstehen kann. In ihrem perfiden Leugnen aller menschlichen Werte mußten die Nazis dieses Zeichen fast zwangsläufig zum Todeszeichen machen; die unbewußte Angst vor der gewaltigen lebensspendenden Energie, die hinter diesem Symbol steht, sollte verdrängt werden, indem man es Millionen von Menschen als ›Zielscheibe‹ anheftete.

Die Sechs zieht sich durch alle christlich-jüdischen Wurzeln. Am sechsten Tag hat Gott die Welt vollendet, und am sechsten Tag wurde der Mensch erschaffen, sechs Tage litt Christus für die Menschheit, und sechs ist die Anzahl der Cherubimflügel. Das Gesetz schrieb den Juden vor, »sechs Tage zu arbeiten, sechs Tage Manna zu sammeln und sechs Tage das Land zu bebauen«.

In fast allen Disziplinen deutet die Sechs auf eine Erweiterung der Harmonie hin, der musikalischen dadurch, daß die Harmonie aus fünf ganzen Tönen und zwei halben besteht (also sechs ganzen), welche einen Ton erzeugen = die Seele; man erkannte auch, daß sich durch sechs Bezeichnungen alles ausdrücken ließ, nämlich durch Größe, Farbe, Form, Abstand, Zustand und Bewegung. Sechs ist die Weiterentwicklung der »Ordnungszahl« 4. Wo das Quadrat, die eine perfekte Fläche, noch von vier Linien begrenzt war, wird seine dreidimensionale Fortsetzung, der Würfel, von zwölf (6 + 6) Kantenlinien begrenzt und hat sechs Flächen.

Die Sechs weist, nicht nur weil man dabei oft gleich an Sex denkt, ebenfalls auf die Liebe hin. Im Tarot ist die sechste große Arkanenkarte das Bild der »Liebenden« und stellt die menschlichste Form von Vollkommenheit und Harmonie dar – eben die Liebe. Sie von der Sexualität zu trennen wird zwar oft versucht, aber beides bedingt sich gegenseitig, Liebe wie Sex könnten sich allein und isoliert nie ganz »erfüllen«. Diese Erfüllung oder Vollkommenheit gebiert im Menschen eine neue Energie, stellt einen Zustand her, in dem er über seine Gewohnheit hinaus neue und andere Wahrnehmungen machen kann. Dieser »sechste Sinn« ist nicht antrainierbar wie ein besseres Gehör oder ein verfeinerter Gaumen – er erwacht immer erst dann, wenn man gerade nicht dieser Erfüllung wegen sein Leben und Handeln bestimmen und ändern will.

Kurzcharakteristik
Harmonie und Häuslichkeit sind starke Themen für die »Sechser«. Sie suchen ihre Erfüllung in der absoluten Vereinigung. Sex, Liebe, Freundschaft oder ihr Umfeld sind die Gebiete, in denen sie sich ausleben können. Obwohl sie schöpferisch arbeiten wollen, fehlt ihnen die reine Kraft der Drei, die sich hier verdoppelt hat, dabei allerdings

nicht an Stärke gewachsen ist, sondern Umständlichkeit und die Neigung zu konventionellen, ja manchmal sogar trivialen Lösungen mit sich gebracht hat.

7 Eine mystische Zahl, eine Zahl mit sieben Siegeln. Dieses siebenfach verschlossene Buch, das heute ein Synonym für etwas völlig Unverständliches geworden ist, erblickte Johannes in der Bibel zusammen mit einem siebenäugigen Lamm mit sieben Hörnern. Das Alte Testament steckt voller Siebener: Sieben Lämmer gab Abraham dem Abimelech, sieben Tage trauerte das Volk Israel um Jakob, sieben Festtage des Herrn sollen gefeiert werden, sieben Tage lang sollen Brandopfer gebracht werden, sieben Völker hatten das verheißene Land inne, sieben fleckenlose Lämmer sollten die Kinder Israels opfern und sieben Tage lang ungesäuertes Brot essen. Sieben Altäre errichtete Bileam und am siebten Tag opferte er sieben Kälber. Sieben Priester zogen die Bundeslade vor Jericho, und am siebten Tag posaunten sie.

Bei den Freimaurern ist die Sieben die große Symbolzahl. Sie unterscheiden sieben symbolische Grade des Ordens, sieben Hauptpunkte des menschlichen Lebens (Geburt, Kindheit, Jugend, das »männliche« Alter, das Alter der Erfahrung, das Greisenalter und den Tod), die sieben Haupttugenden (Mäßigkeit, Standhaftigkeit, Arbeitsamkeit, Redlichkeit, Verschwiegenheit, Vorsicht und Barmherzigkeit), die sieben Wissenschaften, deren Kenntnis und Ausübung dem Maurerbunde nötig ist (Zeichenkunst, Dichtkunst, Musik, Baukunst, Geometrie, Rechenkunst und Astronomie), die sieben Hauptfehler des Menschen (Leichtsinn, Eigensinn, Furcht, Trägheit, Vermessenheit, Eigenliebe und Argwohn), die sieben Hauptlaster, die ein rechtschaffener Freimaurer verabscheuen und fliehen muß (Hochmut, Stolz, Unmäßigkeit, Neid, Falschheit, Wollust und Rachgier) und schließlich die sieben Gaben des Geistes, die sich ein rechter Freimaurer von Gott erbitten soll, nämlich Weisheit, Verstand, Rat, Stärke, Erkenntnis, Gottesfurcht und Liebe.

Wir kennen das Märchen von den Siebenmeilenstiefeln, den sieben Schwaben, und Schneewittchen wohnt (wer wagt jetzt noch von Zufall zu sprechen?!) bei den sieben Zwergen hinter den sieben Bergen.

Die Pythagoräer, die ja immerhin einen Ruf als Mathematiker zu verlieren hatten, waren von dieser Zahl so verunsichert, daß sie kaum praktisch mit ihr umgingen, sondern sie nur als »Vehikel des menschlichen Lebens« bezeichneten und sie aus den vier Elementen des Leibes und den dreien des Geistes zusammengesetzt sahen. Die Sieben steht nämlich, wie sie klar erkannt hatten, für Weisheit, aber nicht für die Erkenntnisse wissenschaftlichen Denkens, sondern für das in jedem niedergelegte Potential des Unbewußten. Zur Sieben als okkulter Zahl wurden denn auch schleunigst die passenden Begleiter gesucht – etwa die sieben Planeten, von denen es zwar etliche mehr gibt, aber die ließ man für einen idealen Eindruck dieser Zahl unter den Tisch fallen. Es galten also nur Sonne, Mond, Merkur, Jupiter, Venus, Mars und Saturn, und die ihnen zugeordneten Metalle, natürlich ebenfalls sieben, waren: Gold, Silber, Quecksilber, Zinn, Kupfer, Eisen und Blei. Doch man unterschied auch sieben Engel, die vor dem Angesicht Gottes stehen, sieben alchimistische Prozeduren, sieben Öffnungen des menschlichen Hauptes und sieben Wohnungen der Unterwelt. Die »sieben Säulen der Weisheit« sind im jüdischen siebenarmigen Leuchter, der Menora, symbolisiert, und im christlichen Glauben stehen den sieben Todsünden die sieben Sakramente gegenüber. Wohl nur die sieben Meere mußte man nicht »suchen« – sie stimmten einfach mit dem Ansatz überein –, aber ansonsten überrollte die Sieben mit ihrer Omnipotenz einfach alles, was nicht klar und logisch betrachtet werden konnte. Sieben Leben hat die Katze, sieben Jahre Unglück bringen zerbrochene Spiegel, sieben Köpfe hat die Hydra, sieben Tage die Woche, sieben Geißlein fraß der Wolf, und ein Schlagerstar trällerte einst: »Sieben Mal, sieben Mal, das ist meine Lieblingszahl ...«

Kurzcharakteristik

»Siebener« sind Menschen mit starker Intuition und großer Einbildungskraft. Sie nehmen häufig die Leben über und neben der Realität gleichzeitig wahr, wodurch sie auf andere oft zurückhaltend und introvertiert wirken. Grundsätzlich ist die Sieben der Meinung, daß der Geist über die Materie herrscht, aber er kennt auch die Kraft der Seele und ist fasziniert von ihr. Starke Sensibilität kann ihn zum Mystizismus führen, aber auch zu unscharfen Träumereien bis hin zur Depression.

8 Acht-ung, diese Zahl sprüht voller Dynamik. Acht-geben, vorsichtig und aufmerksam zu sein definiert recht genau die Ebene, auf der diese Zahl wirkt – auf der materiellen. Sie sucht Betriebsamkeit und Erfolg. Sich in »acht« nehmen deutet darauf hin, vorsichtig und möglichst pragmatisch mit den Dingen und Situationen umzugehen. Wurde man allerdings vor 1000 Jahren in Mitteleuropa »in die Acht genommen«, so hatte man sicherlich nicht vorsichtig genug taktiert; den anderen waren Unregelmäßigkeiten oder Verstöße aufgefallen, und man hielt Gericht über den »Acht-losen«. Dann stand man in der Mitte einer gezeichneten 8 (die auch das Zeichen für die Unendlichkeit darstellte, wie sie das heute noch als Symbol für »unendliche Entfernung« bei jedem Fotoapparat tut) und nach dem Urteil verließ man seinen Platz entweder als »geachtetes« Mitglied der Gemeinschaft oder als »Geächteter«. Dieses Nicht-acht-Geben ist gleichzeitig auch der Stamm für die N-acht, die düster und bedrohlich schon immer dem lichten Tag gegenüberstand. Das System zieht sich durch fast alle europäischen Sprachen, ob die Italiener »N-otte« (otto = acht) bilden, die Engländer »N-ight« (eight = acht), die Franzosen »N-uit« (huit = acht) oder die Griechen »N-yktos« (okto = acht). Die Nicht-Acht war immer das Dunkle, Tiefe und Geheimnisvolle – also auch der Tummelplatz für Gefühle und Unbewußtes. Von beiden ist die Acht aber relativ frei; sie bemüht sich jedenfalls darum, zeigt sich diesseitig, kämpferisch und profitorientiert. Das zeigt auch schon ihr mathematisches Profil, denn sie ist die erste Zahl, die in die dritte Dimension vorstößt. Das Quadrat $2^2 = 4$ ergibt die Fläche, erst die Kubikzahl 2^3 schafft den Raum. Die Acht ist also eine äußerst ›wirksame‹ Zahl. Sie ist aus stetiger Ausdehnung entstanden und wird sich

immer weiter ausdehnen. Gerade im Altertum sah man diese Eigenschaft noch als äußerst positiv an und bescheinigte der Acht eine »glückliche Aura«. Im Islam gibt es zwar sieben Höllen, aber acht Paradiese, in der Bibel überstanden acht Menschen die Sintflut, Christus lehrte acht Grade der Glückseligkeit, und acht Freuden kennen die Seligen: Hunger und Durst nach Gerechtigkeit, Gütigkeit, Verfolgung wegen Gerechtigkeit, Reinheit des Herzens, Barmherzigkeit, Einfalt im Geist und Trauer. Daneben wirken die acht Strafen der Hölle auch nicht viel schlimmer: Gefängnis, Tod, Gericht, Zorn Gottes, Finsternis, Peinigung, Beängstigung und Beklemmung. Die achte Sphäre (oder der Planet des Todes) symbolisiert in der Esoterik den absoluten und unwiderruflichen Absturz der Seele – das Böse. Man sieht also, daß Esoteriker mit dem ausgeprägten Materialismus nicht nur nichts anfangen können, sondern ihn gleich a priori verteufeln.

Kurzcharakteristik
»Achter« sind Macher. Betriebsam und dynamisch haben sie immer den Erfolg im Auge. Ohne Wertung sind sie jedenfalls in der Lage zu konzentrierter Anstrengung. Ihre Ziele sind dabei meist materieller Art. Die große Energie, die sie besitzen und für ihre Vorhaben einsetzen, kann aber nur allzu leicht in Rücksichtslosigkeit und verbissenen Kampf ausarten. Spektakulär werden sie jedoch immer handeln – im Erfolg wie in der Niederlage.

9 Als 3 × 3 ist die Zahl eine Potenz der göttlichen Vollkommenheit (der Drei) und stellt in allen Religionen ein Höchstmaß an geistigen und spirituellen Fähigkeiten dar. Nur die absoluten Verfechter des Dezimalprinzips sahen sie als »fast erreichte Vollkommenheit«, aber die Zahlenmystik muß sich glücklicherweise nicht den gleichen Kriterien unterwerfen wie Handel und Wirtschaft.

In der Esoterik und bei den Freimaurern ist Neun die Zahl des Heils und das Symbol geistiger Wiedergeburt – der Inbegriff höchster Vollkommenheit. Die Kabbala kennt neun himmlische Sphären. Die

Buddhisten nehmen neun geistige Stufen an und bilden das auch real in ihren Tempeln ab, die jeweils neun Etagen und neun Dächer besitzen. In Peking, wo man über jedem der neun Stadttore einen solchen Neun-Etagen-Tempel errichtet hatte, hieß der Gouverneur auch »General der neun Tore«.

Im Islam ist das Universum in neun Sphären aufgebaut: Die erste gehört dem Mond, dann folgen Merkur, Venus und Sonne, die genau die mittlere Sphäre einnimmt und deshalb auch als Zentrum des Universums bezeichnet wurde; darüber liegen die Sphären von Mars, Jupiter und Saturn. Die achte Sphäre bildet die der Fixsterne und die letzte schließlich die »Sphäre der Sphären«, ein sternloses Reich, das von reinen Gedankenschwingungen erfüllt sein soll – die neunte.

Auch Jakob Böhme, der deutsche Mystiker und Naturphilosoph, wußte um die Endgültigkeit der Neun, jedenfalls was die Entwicklungsschritte des Menschen betrifft. Er schrieb: »Neun ist die Zahl der Tinktur; bis in die neunte Zahl sollen wir gehen, weiter nicht; in der neunten Zahl sieht man alle Dinge.« So warnte er alle *Neun*malklugen vor dem Verderben des »Zehnmalklugen» – der Zerrüttung des Geistes, dem Wahnsinn.

Aber wen wundert es, auf dieser neunten Stufe der geistigen und spirituellen Vollkommenheit auch die Musen zu treffen – neun an der Zahl: Thalia, die der Erde verbunden ist und sich der Komödien annimmt, Klio, die Mondmuse der Geschichtsschreibung, Kalliope (epische Dichtung, dem Merkur zugeordnet), Terpsychore (Tanz, der Venus verbunden), Melpomene (Tragödie, Sonne), Erato (Liebesdichtung, Mars), Euterpe (Lyrik, Jupiter), Polyhymnia (Hymnendichtung, Saturn) und Urania, die Muse der Sternkunde, die der Sphäre der Fixsterne zugeordnet wurde. Agrippa von Nettesheim zählte noch weitere Neuner-Systeme auf: »Ebenso gibt es neun Ordnungen der seligen Engel, nämlich Seraphim, Cherubim, Throne, Herrschaften, Kräfte, Gewalten, Fürstentümer, Erzengel, Engel, die Ezechiel unter dem Bilde von neun Steinen bezeichnet. Die Namen dieser Steine sind: Saphir, Smaragd, Karfunkel, Beryll, Onyx, Chrysolith, Jaspis, Topas, Carneol. Ferner liegt in der Zahl Neun das große und verborgene

Sakrament des Kreuzes, denn um die neunte Stunde gab unser Herr Jesus Christus den Geist auf. Nach neun Tagen begruben die Alten ihre Toten, und in ebenso vielen Jahren soll Minos in der Höhle von Jupiter seine Gesetze empfangen haben.«

Neun Körperöffnungen zählen wir noch obendrein und haben damit hoffentlich die Vorherrschaft des Dezimals widerlegt, denn in der Natur trifft man die Zehn recht selten an.

Kurzcharakteristik

Neun drückt das Höchstmaß an geistiger und seelischer Potenz aus, was aber nicht zu verwechseln ist mit Durchsetzungsfähigkeit und Zielstrebigkeit. Die Fähigkeit ist zwar angelegt, aber zu ihrer Verwirklichung bedarf es entsprechend großer Konzentration und eines starken Willens. Das ist jedoch meist die Crux bei dieser Zahl, denn gleichzeitig zeigt sie Leidenschaft und Impulsivität an. Es wird »Neuner« also ihr ganzes Leben fordern, mit diesen hohen Energien umzugehen und sich von ihnen nicht verwirren zu lassen. Die Neun steht auch für sympathisches Auftreten und einen nie rastenden und erfindungsreichen Geist, der die höchste Belohnung in der unkonventionellen Lösung eines Problems sieht.

Die Geburtstagszahlen

Nach der Charakteristik der ersten neun »großen« Zahlen können Sie nun vielleicht etwas mehr mit folgendem Gedicht anfangen. Tausende haben sich schon an der Deutung des Faustschen Hexeneinmaleins von Goethe versucht:

»Du mußt versteh'n!
Aus EINS mach ZEHN,
und ZWEI laß geh'n,
und DREI mach gleich,
so bist Du reich.
Verlier die VIER!
Aus FÜNF und SECHS,
so sagt die Hex',
mach SIEBEN und ACHT,
so ist's vollbracht:
und NEUN ist EINS
und ZEHN ist keins.
Das ist das Hexeneinmaleins.«

Antworten Sie nicht zu vorschnell wie Faust: »Mich dünkt, die Alte spricht im Fieber«, sondern ziehen Sie auch Mephistos Rat in Erwägung, der lautet: »Die hohe Kraft der Wissenschaft der ganzen Welt verborgen! Und wer nicht denkt, dem wird sie geschenkt – er hat sie ohne Sorgen.«

Natürlich ist die Zahlenreihe bei Neun noch nicht beendet, doch für die Auslegungen Ihrer Namens-, Kern- und Persönlichkeitszahlen reichen die neun Ziffern aus. Die Numerologie hat jedoch noch andere Möglichkeiten der Voraussage und Einteilung, etwa die nach Ihrem Geburtstag. Aus dieser Zahl zwischen 1 und maximal 31 sollen Sie nun aber keine Quersumme ziehen; den einunddreißig möglichen Tagen einer Geburt sind nämlich ebenso viele unterschiedliche Wertungen zugeteilt.

1 Mit oder unter anderen zu arbeiten widerstrebt Ihnen zutiefst. Sie sind der immer sprungbereite aktive Einzelgänger, der bei Schwierigkeiten, die nicht schnell zu lösen sind, leicht zum »Einzelkämpfer« wird. Ihr Selbstvertrauen ist gigantisch – sehr im Gegensatz zum Vertrauen, das Sie anderen entgegenbringen.

2 Ob Mann oder Frau, Sie sind die »Mutter«, die schaffende, schöpfende und bewahrende Kraft, die anderen Wärme und Sicherheit beschert, aber auch oft unter dem Durcheinander der eigenen Gefühle leidet, sich unverstanden fühlt und das gefundene Fressen für opportunistische Ausbeuter darstellt.

3 Der unbeirrbare Optimist, der mit seiner schwer zu erschütternden positiven Grundeinstellung andere mitreißen oder ihnen schrecklich auf die Nerven gehen kann. Hindernisse werden nicht beklagt, sondern stellen hauptsächlich interessante Möglichkeiten dar, die eigene Kreativität zu beweisen und unkonventionelle Lösungen zu finden.

4 Eine Person mit Prinzipien. Sie lieben die Ordnung und können sie perfekt organisieren. Die Klarheit, in der Sie sich, Ihre eigenen Lebenszusammenhänge und die Verbindung zu anderen erkennen, hilft Ihnen, einfache und dauerhafte Lösungen zu finden. Zuviel Ordnung kann aber zum Zwang werden, der Sie erstickt und Sie zum Pedanten werden läßt.

5 Was man sicher über Sie sagen kann, ist, daß man nichts sicher über Sie sagen kann. Sie lieben die ständigen Veränderungen, den Wechsel und das Abenteuer. Ihre ruhelose Energie äußert sich mit Vorliebe in leidenschaftlich geführten Diskussionen.

6 Sie wollen sich nicht nur einen Platz im Leben erkämpfen, sondern vor allem den richtigen. Starkes Verantwortungsgefühl und die aufmerksame Liebe zu anderen zeichnen Sie aus. Ihr Heim ist wirklich Ihre Burg – dafür kämpfen Sie und schöpfen aus der häuslichen Harmonie die Kraft für den Alltag.

7 Auf der Oberfläche scheint sich das ganze Leben abzuspielen, aber *Ihre* Gedanken, Wünsche und Hoffnungen sind stets auf die Tiefe gerichtet. Gefühlsstärke ist Ihre Chance, tatsächlich tiefer in das Wesen der Dinge einzudringen; die absolute Betonung des Gefühlslebens birgt aber auch die Gefahr von Unschärfe im Denken und Handeln und leichter Verletzbarkeit.

8 Sie sind der Macher, der betriebsam und dynamisch den ›Lebenskampf‹ aufnimmt und nur ein Ziel vor Augen hat – den Erfolg! Mit Ihrer Stärke und Durchschlagskraft sind Sie der geborene Organisator, die gleiche Kraft kann Sie aber auch zum rücksichtslosen Opportunisten werden lassen.

9 Die Größe Ihrer geistigen und spirituellen Potenz reicht aus, um Sie praktisch jedes Ziel auf diesen Gebieten erreichen zu lassen, wenn es nicht eine sprunghafte und impulsive Energie gäbe, die Sie häufig aus der geradlinigen Bahn wirft. Problemen anderer gegenüber verhalten Sie sich interessiert und greifen oft verständnisvoll und hilfsbereit ein, wenn Sie das Gefühl haben, daß Ihre Erfahrungen auch wirklich geschätzt werden.

10 Sie glauben, die ganze Welt beschützen und zu einer ›besseren‹ umformen zu können. Tatsächlich sind Ihnen sogar die Energie und das Wissen oft zu eigen – Sie vergessen nur, daß man sowohl schützen als auch radikal verändern nur dann kann, wenn der andere danach verlangt oder wenigstens mit dem fremden Eingreifen einverstanden ist.

11 Sie können Situationen und Zusammenhänge über das scheinbar »reale« Bild hinaus ›riechen‹. Ihre Intuition ist stark entwickelt, und nach einiger Erfahrung damit verlassen Sie sich auch bedingungslos darauf. So lassen sich tatsächlich auch die meisten Probleme und Situationen meistern, vor allem, da Sie auch mit einem kreativen und originellen Geist ausgestattet sind.

12 Ein wichtiges Thema ist für Sie die Ausgewogenheit. Auf andere wirken Sie tatsächlich in hohem Maße durch diese Kraft der Balance. Ihr hoher Anspruch, Moral nicht nur zu haben, sondern auch zu leben, reibt sich daran aber oft, denn nachdem Sie Argumente aller Seiten nachvollziehen und für jeden ein gewisses Maß an Verständnis aufbringen, fällt es Ihnen schwer, sich tatsächlich auf eine Richtung festzulegen und sich auch für Extreme zu entscheiden. Das ist dann der Haken an der Ausgewogenheit.

13 Klares Denken, prägnantes Formulieren und logischer, schrittweiser Aufbau im Planen und Handeln sind typische Merkmale Ihrer Person. Die Ziele, für die Sie diese Fähigkeiten einsetzen, sind aber durchwegs materieller Natur. Auf dieser Ebene ist Ihnen der Erfolg sicher, doch im emotionellen Bereich werden Sie oft unter scheinbarer Unfähigkeit zu Gefühlen leiden. Sie können die Gefühle für sich entweder ganz abschaffen oder versuchen, mit derselben Energie und Dynamik, mit der Sie sich bei materiellen Problemen behaupten, auch auf andere zuzugehen und zu geben, ohne ans Bekommen zu denken.

14 Sie haben ein sehr einfaches Programm, das sich jedoch äußerst schwer durchsetzen läßt. Sie wollen nur das Schöne, Gute, Reine und Wahre. Verständlich, daß Sie mit diesem Anspruch bei den meisten Ihrer Mitmenschen an geschlossene Türen ihrer Schutzbunker anrennen, auch wenn Sie beteuern, daß Sie es nicht von den anderen verlangen, sondern es ihnen im Gegenteil einfach geben wollen.

15 Sie sind der geborene Lastenträger, der vieles lange und oft für andere trägt – am liebsten Verantwortung. Dabei entreißen Sie diese dem anderen nie; er gibt sie Ihnen gern und freiwillig, denn Sie erscheinen jedem als der geborene »Verantwortliche«. Auch in der Sicherheit Ihres Heims sind Sie von Anfang an ein unverzichtbares Zwitterwesen: Patriarch und gleichzeitig Mädchen für alles.

16 Die Zahl des Intellektuellen. Ihr Hang zur ernsthaften Durchdringung aller Lebens- und Denkzusammenhänge macht Sie zu einem ideellen wie praktischen Wegweiser. Ihr schnell kombinierender und immer hellwacher Verstand kann für andere aber auch anstrengend sein, und finden Sie sich gar Menschen gegenüber, die Ihren Ansprüchen nicht gewachsen sind, werden Sie leicht ungeduldig oder sogar beleidigend.

17 Ihre Taktik verspricht Erfolg und Seelenfrieden: Kampf nach außen und Friede im Inneren. Ihre Vitalität, die von anderen oft als Angriffslust gedeutet wird, macht Sie zu einem rastlosen Umtreiber, der erst die Zähne zeigt, wenn er offensichtliche Ungerechtigkeit sieht. Dann allerdings schlagen Sie auch blindwütig zu – ohne den inneren Frieden deshalb in Gefahr kommen zu lassen. Energie pur!

18 Ihre Fähigkeiten wie Ihre Potenz sind allumfassend. Sie interessieren sich für alles und glauben auch, in jeder Disziplin fähig zu sein, alles zu leisten. Sehr zum Ärger Ihrer Umgebung, die schon sehnsüchtig auf blamable Mißerfolge hofft, schätzen Sie sich immer richtig ein. Nur: Alles zu können und alles interessant zu finden läßt leicht Ziele aus den Augen verlieren, und Sie laufen Gefahr, daß Ihr Leben zur bloßen Beschäftigungstherapie wird.

19 Als geborener Spieler werden Sie sicherlich auch gern auf Ihre Geburtszahl setzen. Wenn Sie dann verlieren, werden Sie sich nicht ein bißchen ärgern, sondern vor Wut schäumen; der Sieg bringt Sie an den Rand eines hysterischen Lachkrampfs. Ihre Gefühle sind also so stark und pur, daß zumindest Poker nicht das beste Spiel für

Sie sein dürfte. Sicherheit und Planung vernachlässigen Sie im Leben; dafür scheint keine Zeit zu sein, wenn man auf der dauernden Suche nach dem »Absoluten« ist.

20 Wenn Sie etwas wollen, wird man es Ihnen auch geben, denn wenn man Sie kennt, weiß man, daß es besser ist, sich gleich zu ergeben. Die Alternative wären nur verbissene Kämpfe, aus denen früher oder später nur einer als Sieger hervorgehen kann – Sie. Der Wille ist Ihre Sprungfeder und Antriebswelle; was er erreichen soll, kann allerdings manchmal recht beliebig sein. Zu den Menschen, die Sie einmal akzeptiert haben, sind Sie jedoch bedingungslos loyal.

21 Ein geselliges Wesen mit »Persönlichkeit« kann einfach nicht untergehen – und das sind Sie. Ihre Gedanken und eine sehr ausgeprägte Meinung hindern Sie aber nicht daran, mit anderen zusammenzuarbeiten – im Gegenteil, Sie sind der geborene Teamworker. Geselligkeit findet bei Ihnen aber nicht nur nach außen hin statt. Im Inneren sind Sie auch aus vielen Personen, Wünschen und Vorstellungen zusammengesetzt, und diese Vielseitigkeit hindert Sie oft daran, eine klare Linie in Ihr Leben zu bringen.

22 Was Sie am wenigsten plagt, sind Zweifel, seien es welche an Ihrer Arbeit, an Ihrer Selbstdarstellung oder generell an sich selber. Ihr Selbstbewußtsein ist meist so stark ausgeprägt, daß andere dafür gern das Wort »Selbstüberschätzung« einsetzen. Wenn es gilt, Pläne und Projekte zu verwirklichen, geben Sie sich weder mit kleinen noch mit großen ab – grundsätzlich sind nur gigantische zugelassen.

23 Freiheit ist Ihr Ziel, und der Weg ist der »Umweg«. Geradlinigkeit ist Ihnen nicht gegeben – im materiellen wie im emotionellen Bereich nicht, aber Sie werden mit der Zeit entdecken, daß auch die extreme Schlangenlinie, mit der Sie sich fortbewegen, eine Richtung hat – und die weist tatsächlich auf Ihr Ziel!

24 Glück finden und Glück suchen sind Ihre beiden Haupt- und Lieblingsbeschäftigungen. Nachdem Sie erkannt haben, daß man das meiste bekommt, wenn man anderen Glück schenkt, werden Sie in dieser Richtung immer spendabler. Ihre Fähigkeit, sich selbst auf die feinsten Schwingungen und Untertöne anderer einzustellen, macht Sie zum geborenen Lehrer. Sie können jedem alles so vermitteln, wie gerade er es verstehen und schätzen kann. Hüten Sie sich vor mehr Verantwortung, als Sie lustvoll tragen können!

25 Ehrlich zu sein ist der Grundanspruch in Ihrem Leben, den Sie sowohl von anderen erfüllt haben wollen, als auch selbst (oft übertrieben genau) erfüllen. Aber Ihre eigentliche Suche gilt der Wahrheit. Sie müssen akzeptieren, daß man mit Ehrlichkeit allein die Wahrheit oft nicht finden kann, daß es sogar mehrere Wahrheiten gibt, die gleichberechtigt nebeneinander existieren. Aber Ihre zweite starke Eigenschaft, eine ausgeprägte Affengeduld, hilft Ihnen bei der Suche, in diesem Verwirrspiel ab und zu doch ein Korn zu finden. Ein Körnchen Wahrheit!

26 Wenn die anderen das Fahrrad sind, werden Sie der Dynamo sein. Ihre Energie liegt nicht darin, selber anzutreten, sondern Gedanken und die Arbeitskraft anderer zu ›transformieren‹, sie in eine Richtung zu lenken, zu kanalisieren und das Ziel zu erkennen und anzusteuern. In dieser Anlage steckt ebensoviel Chance wie Gefahr: Letztlich entscheidet der richtige Ton.

27 Ihre Vorstellung vom Leben ist nicht, es zu ändern, sondern es zu erkennen. Sie versuchen Zusammenhänge zu durchschauen, Erfahrungen zu sammeln und sie anderen mitzuteilen, wenn Sie glauben, ihnen damit Rat und Hilfe bieten zu können. Da Sie selbst ein sehr wichtiger Teil dieses Lebens sind, werden Sie auch stets bemüht sein, sich selbst zu erkennen. Das kann Sie über die Psychologie und die Esoterik bis hin zum Okkultismus führen, aber Sie bleiben immer nur interessierter Beobachter Ihres eigenen Wunders.

28 Leute wie Sie sollten in die Politik gehen, tun es aber leider nicht. Sie haben die Fähigkeit, kreativ und eigenwillig zu denken, Sie übernehmen problemlos Führungspositionen und haben eine Tendenz, Dinge und Situationen zum Guten hin zu wenden, weil Sie Ihre schlichte humanistische Lebensvorstellung zum Maßstab nehmen und geradlinig danach handeln.

29 Sie haben einmal gehört, daß alles nur Fassade ist. Das hätten Sie besser nicht gehört. Eine Grundtendenz in Ihrem Leben ist Mißtrauen, von dem Sie sagen, es sei ein »gesundes«, aber gleichzeitig ständig gehindert werden, sich auf Menschen oder Zusammenhänge ›einzulassen‹. Doch mit den Übungslektionen für Vertrauen müssen Sie bei sich selbst beginnen, denn Ihr erstes und größtes Hindernis ist Mißtrauen – gegen sich selbst.

30 Das Leben ist eine Bühne für Sie, obwohl der Beruf des Schauspielers oder Operntenors sicherlich der denkbar ungeeignetste wäre. Aber die Faszination des ›Fädenziehens‹ hat Sie schon früh ergriffen, und auch wenn Sie ein gesundes Realitätsempfinden haben, läßt die Vorstellung vom »Spiel des Lebens« Sie nicht mehr los. Im emotionellen Bereich werden Partner und Freunde immer Doppelrollen zu spielen haben, die des Geliebten und des Ratgebers. Vergessen Sie nicht, daß Spielen auch Loslassen einschließen sollte.

31 Sie besitzen zwei sich aufs beste ergänzende Eigenschaften: Sie können kreativ und unkonventionell denken und Sie wissen, wie man Ideen in die Tat umsetzt. Eigentlich könnten Sie Ihr eigener kleiner Konzern werden. Doch da man fast immer von anderen Menschen umgeben ist, laufen gerade Sie Gefahr, wegen Ihres großen Potentials an Einfällen und Arbeitsenergie ausgenutzt zu werden. Besinnen Sie sich auf ihre eigenen Wünsche.

Zahlenmystik

Eine weitere Möglichkeit ist, die Zahlen in Verbindung mit der richtigen Zeit für bestimmte Aufgaben und Unternehmungen zu untersuchen; man prophezeit dann günstige und ungünstige Tage. Die Geburtszahl wird häufig dazu benutzt, die guten und schlechten Tage eines Menschen herauszufinden. Wenn man davon ausgeht, daß jeder Tage hat, an denen ihm einfach alles gelingt, und andere, die eine dramatische Kette von Mißerfolgen in seinem Leben bedeuten, dann fehlt nur noch die Überlegung, *ob diese Termine einer bestimmten Gesetzmäßigkeit unterworfen sind.* Akzeptiert man die Theorie in sich verwobener Rhythmen und Harmonien, die alle zusammen mit einer kosmischen Harmonie schwingen, ihr quasi unterworfen sind, dann kann man sich auch auf das unübersichtliche Gelände der Zahlenmagie begeben. Zahlenmagier glauben, daß man die Grundenergie von Tagen vorhersagen kann, wenn man Geburtszahl, Namenszahl und die Zahl des zu untersuchenden Tages addiert und auf seine Quersumme reduziert. Angenommen, die Namenszahl ist 5, geboren ist die betreffende Person am 24. 6. 1950 (2 + 4 + 6 + 1 + 9 + 5 = 27 = 9), also die Geburtszahl 9, und man fragt nach dem 14. 3. 1987 (1 + 4 + 3 + 1 + 9 + 8 + 7 = 33 = 6). Die Datumszahl ist also 6. Die Summe aller drei Zahlen ist 5 + 9 + 6 = 20 = 2. Die Zwei bedeutet in der Zahlenmagie, wenn sie sich auf bestimmte Tage bezieht, einen schlechten, inaktiven Tag; also empfehlen sich keine Unternehmungen, sondern nur Überlegungen und Planungen zu einem bestimmten Problem – also ein *passiver* Umgang.

Die Bedeutungen der einzelnen Zahlen bis Neun für errechnete Stichtage sind die folgenden:

1 Ein guter, aktiver Tag. Jetzt lassen sich Probleme frontal angehen und durch entschlossenes Handeln Lösung oder wenigstens Klärung erreichen.

2 Ein passiver Tag. Man sollte sich weiter mit dem Problem beschäftigen und versuchen, seine gesamten Aspekte zu ergründen, aber nicht direkt handeln.

3 Ein aktiver Tag, jedoch nicht unbedingt zur Lösung schwerwiegender Probleme oder für knifflige Arbeiten, sondern für Feiern und Vergnügungen – ein Tag, an dem sich Weichen stellen lassen oder Langwieriges sich endlich positiv erfüllt.
4 Ein passiver Tag, gut geeignet für anspruchslose Arbeiten, Routine oder Vorbereitungen.
5 Ein aktiver Tag, an dem Sie auch große Risiken auf sich nehmen können. In Unterhaltung, Liebe und Arbeit verheißt er Aufregung und Abenteuer.
6 Ein passiver Tag, an dem man sich auf den anderen beziehen sollte; gemeinsame Konflikte lassen sich hier gut beilegen, gemeinsam läßt sich gut entspannen, ein unverhoffter Ferientag.
7 An diesem Tag ist es besser, den Schatten der Dinge zu betrachten als die Dinge selbst; ein Tag zum Lernen, Klären und Meditieren.
8 Ein aktiver Tag, an dem Sie »in die Vollen« gehen können. Wichtige Projekte sollten an solchen Tagen begonnen werden, sie sind aber gleichermaßen erfolgversprechend für Liebe und Finanzen.
9 Ein magischer Tag, an dem sich Wünsche wie von selbst erfüllen – man muß sich nur darüber im klaren sein, *daß* und *was* man sich wünscht, und alle entsprechenden Reaktionen genau verfolgen.

Tatsächlich war es für Zahlenmagier schon immer ein beliebter Zeitvertreib, Geschehnisse aus der Geschichte auf diese Weise ›nachzudeuten‹. So hat man etwa für Napoleon anläßlich der Schlacht bei Waterloo eine Sechs errechnet, also eine Zahl der Harmonie, die außerdem noch auf einen passiven Tag hindeutet. Daß man an einem 6er-Tag »Konflikte gut beilegen kann«, spricht auch nicht gerade für den glücklichen Ausgang einer Schlacht, denn das ist die Energie, die man für Friedensverhandlungen braucht. Für Napoleons Gegenspieler, den englischen Herzog von Wellington, hat man aus Namens-, Geburts- und Datumszahl eine Eins errechnet, und so wundert sich im nachhinein wohl keiner mehr über die Niederlage Napoleons, denn für die Eins steht: Probleme lassen sich frontal angehen und durch entschlossenes Handeln Lösungen finden.

Sie sehen also, der Umgang mit den Zahlen ist vielfältig, aber Sie können auch intuitiv mit der Numerologie arbeiten. Das heißt: *Wie* Sie zu einer Zahl kommen, ist letztlich Ihnen überlassen, Sie sollten sich nur an das System der Auslegung halten. Läuft Ihnen also eine Zahl über den Weg, bei der Sie versucht sind, sie als Orakel anzunehmen, dann bleiben Ihnen grundsätzlich zwei Möglichkeiten, vorausgesetzt, sie ist zweistellig oder größer: Sie können sie in eine einstellige Ziffer zerlegen, indem sie ihre Quersumme ziehen, oder Sie haben tatsächlich eine *große*, sprich bedeutungsvolle Zahl erwischt, deren Charakter und Energie Sie aus der nachfolgenden Aufstellung ersehen können.

10 Die Zahl, auf die sich eine ganze Welt nach vielem Hin und Her als Basis geeinigt hat – das Dezimal. Wir lernen durch das Abzählen an unseren Fingern mit verschiedenen Mengen umzugehen, und die Summe unserer Hände bildet auch den Grundbaustein der neueren Mathematik. Trotzdem ist diese Zahl im Vergleich zu den »einfachen« recht schwach und unscharf. Die »Zehn Gebote« sind ebenso wie die zehn Bewußtseinsebenen im jüdischen Lebensbaum große Themen, zu groß wohl, um dieser Zahl eine Eindeutigkeit zu verleihen. Sie steht für geradlinige Ausgewogenheit, für Pedanterie ebenso wie für angestaubtes Gefühlsleben, was sich am Beispiel der Ehe zeigt, für die die Zehn auch steht. Hier nehmen die Tiefenpsychologen an, daß die Zwei aus dem Eros (5) Ernüchterung (2 × 5) gemacht hat. Also: stark und wichtig, aber nicht spektakulär und nicht gerade sehr lebendig.

11 »Elf ist die Sünde, Elf überschreitet die Zehn Gebote«, sagte Schiller. Natürlich hat es diese Zahl schwer, eng eingepfercht zwischen der wichtigen Zehn und der noch bedeutungsvolleren Zwölf, dazu noch Primzahl, also von vornherein mit dem Verdacht des Ungebärdigen und Anarchistischen behaftet. Und prompt wiesen ihr mittelalterliche Bibelforscher ausschließlich »die schlechtere Seite« zu (»ad malam partem«), wohl auch wegen ihrer unkonventionellen und witzigen Energie. Es ist also kein Wunder, daß der rheinische Karneval am 11. 11. um 11.11 Uhr beginnt, obwohl vor dieser Art von Witz die Kirche heute nicht mehr zittern muß.

12 Sie ist nach überkommener Auffassung eine göttliche Zahl, mit der alles Himmlische gemessen wird. Es gibt zwölf Zeichen des Tierkreises, denen die zwölf vornehmsten Engel zugeordnet sind. Im zwölften Jahr vollendet der Jupiter seine Bahn, und der Mond durchläuft täglich zwölf Grade. Zwölf Apostel wählte Christus zur Begleitung, das Jahr teilt sich in zwölf Monate, der Tag in zweimal zwölf Stunden; wenn es »Zwölf schlägt«, geht manchem ein Licht auf, und als Maßeinheit konnte das klassische Dutzend noch bis heute überleben. Die Zwölf ist die vornehmste Zahl des »Alten Systems«, also für Konservative ebenso wie für Esoteriker die ›wahre‹ Zahl der Erfüllung.

13 Die klassische »Unglückszahl«. Aber das heißt nicht mehr, als daß sie schon immer als besonders ungebärdig und schlitzohrig verstanden wurde. Wer die Sicherheit und die Routine liebt, muß eine solche Zahl natürlich negativ besetzen. In der Kabbala wird die 13 eindeutig als Glückszahl aufgefaßt – schließlich gab es nach dem Alten Testament 13 Stämme Israels, und auch die Tatsache, daß es 13 Teilnehmer beim Abendmahl gab, muß man nicht unbedingt als negativ auffassen. Daher kommt aber die Tradition, ebendiese Anzahl von Personen bei einem Essen möglichst zu vermeiden. 13 ist eine Zahl für Querdenker, Abenteurer der eigenen Phantasie und Anarchisten, sie vereint die Lausbubenenergie mit der unbequemen Energie aller Primzahlen.

14 Die 14 ist nicht mehr als die doppelte Sieben, verliert dabei aber ihre große, intuitive Kraft. 14 Tage sind zwei Wochen – eben nur noch ein Zeitraum und nicht die Grundform. Symbolischen Wert bekommt die Zahl durch das Bild der 14 Nothelfer (oder 14 Heiligen), die für Güte aus Vernunft geboren stehen. So wird diese Zahl zum Symbol für »Hilfe aus der Not«.

15 Die Symbolzahl der geistigen Abstufung, denn der Stufengesang hat 15 Psalmen. Außerdem bezeichnet sie den »halben Monatsteil«, also den Weg des Mondes von einem Extrem (Vollmond, Neumond) ins andere. Aufklärung durch bedächtiges Stufengehen kann man dieser Zahl zuordnen.

16 Wiederum eine »große« Zahl – die des Maßes und der Vollkommenheit. Die dritte Zahl der Orientierungssysteme nach der Zehn, die den Menschen (die Finger beider Hände) zum Maß erhob, und der Zwölf, die die Sonne dafür wählte – die 16 beruft sich auf den Mond. Sie hebt seine vier Phasen ins Quadrat und breitet somit auch all das auf den Raum aus, was sich anfänglich nur als Vier darstellen, teilen, trennen, ordnen und gliedern lassen konnte: die vier Himmelsrichtungen wie die vier Charaktere, die vier Elemente, die vier Tugenden, die vier Geschmacksrichtungen und die vier Jahreszeiten. Die 16 steht für potenzierte Ordnung, für das fertige und in sich harmonisch abgestimmte System.

17 Eine Zahl der Antike. Heute können wir beim besten Willen nicht mehr viel mit ihr verbinden oder assoziieren. Man opferte zu bestimmten Gelegenheiten 17 Mal, schnitt das Holz für den Schiffsbau an einem 17. des Monats und schrieb noch Hexameter, die aus 17 Silben bestehen. Aber wie so viele Zahlen, die nahe an »großen« stehen, sieht man die um eins größeren als Überwinder des vorherigen Prinzips, die kleineren als noch nicht perfekte »Vorboten« desselben. Die 17 hat also die Vollkommenheit bereits überschritten, das heißt, sie ist wieder menschlich geworden, aber die Kraft des Wissens und der Ordnung hat sie mitgenommen.

18 Bei Agrippa von Nettesheim galt die 18 noch als Unglückszahl, weil Israel 18 Jahre lang dem ungnädigen König Eglon dienen mußte. Auf jeden Fall überrascht es, daß die zweifache Neun nicht wichtiger und positiver gesehen wurde. Es hat sich herausgestellt, daß die großen Zahlen durch Addieren und Multiplizieren meist an Größe und Kraft verlieren – allein in die Potenz genommen, scheint ihre alte Kraft weiter. Zusätzlich ist die 18 noch mit beängstigenden Erscheinungen wie Sonnen- und Mondfinsternissen verbunden, denn alle 18 Jahre wiederholen sich Sonnen- und Mondfinsternisse in derselben Reihenfolge. Die wichtige Rolle, die die Zahl 18 in der Kabbala spielt, erklärt sich daraus, daß ihr Zahlenwert dem Wort »hay« = lebendig und gleichzeitig dem Namen David entspricht.

19 Die 19 gilt als Zahl des »Gesamtkörpers«, die sich aus den traditionellen sieben Planeten mit den zwölf Tierkreiszeichen bildet.

20 Die 20 stellte die alte Zählgrenze des Menschen dar, denn wenn er alle Finger und Zehen ›abgezählt‹ hatte, war die menschliche Dimension einer Menge damit eben erschöpft. Die »Steige« für 20 Eier erinnert daran ebenso wie »score«, die englische Übersetzung davon. Jenseits dieser Grenze begannen die Zahlen abstrakt zu werden. Hier verlassen wir also die menschliche Ebene der Zahlen.

21 Sie gilt als ausgewogene und perfekte Zahl. Ihre Quersumme ist die »große Drei«, und schon in der Bibel wird von den »einundzwanzig Vollkommenheiten der Weisheit« berichtet.

22 Sie gilt als »Fülle der Geheimnisse«. 22 große Arkana kennt das Tarot, 22 Buchstaben das hebräische Alphabet, die symbolisiert in 22 Mandelblüten am siebenarmigen Leuchter erscheinen. 22 Bücher umfaßt das Alte Testament, und 22 Tugenden werden Christus zugeschrieben.

24 Sie ist die »Sonnentotale«, denn der Tag zählt 24 Stunden. Bei den Griechen stand diese Zahl in besonderer Gunst, denn ihr Alphabet umfaßt 24 Buchstaben.

28 Eine sehr weibliche Zahl, denn sie steht für den Fruchtbarkeitszyklus. Im Islam trat dazu noch der religiöse Hintergrund: 28 Propheten gab es vor Mohammed, und 28 Buchstaben umfaßt das arabische Alphabet.

30 Eine Zahl der Ordnung und Gerechtigkeit, da sie sich aus Fünf und Sechs bildet. Im Altertum war die Grenze der 30 ein Symbol für die (angenommene) Beendigung geistiger Entwicklung eines Menschen, vergleichbar der heutigen »Volljährigkeit«. Deshalb darf man es auch weniger als genaue Altersbestimmung verstehen, wenn das Neue Testament davon spricht, daß Jesus mit 30 Jahren getauft wurde, anfing zu predigen und Wunder zu wirken. Schließlich hatte auch Moses sein öffentliches Leben erst bei dieser Entwicklungsgrenze begonnen. Johannes der Täufer ging mit 30 in die Wüste, um zu predigen, Ezechiel machte mit 30 seine erste Prophezeiung, Joseph wurde mit 30 aus dem Gefängnis entlassen, und sogar im alten Rom war 30 das Alter, das man erreichen mußte, um Volkstribun werden zu können. Die 30 steht ganz allgemein für eine abgeschlossene Entwicklung, die natürlich auch blockieren kann – siehe: »Trau keinem über Dreißig!«

32 Die Zahl der Wege in der Kabbala. »Die 32 Wege der Weisheit sind die leuchtenden Pfade, auf denen die heiligen Männer Gottes infolge langer Übung, langer Erfahrung in den göttlichen Dingen und langer Meditation darüber zu den verborgenen Zentren gelangen vermögen« (Athanasius Kirchner). Den Pythagoräern war sie – als vierfache Acht – eine Zahl der absoluten Gerechtigkeit.

33 Besonders in der christlichen Tradition eine wichtige Zahl, da Jesus mit 33 Jahren starb, David 33 Jahre lang regierte und diese Zahl überhaupt die Nebeneinanderstellung des göttlichen und menschlichen Prinzips bedeutet – und nicht die Durchdringung wie (3 + 3) die Sechs oder Vollendung wie (3 × 3) die Neun.

40 Eine Zahl der Vorbereitung (auf Erleuchtung oder Erlösung) und der Reue und Buße. 40 Tage und 40 Nächte dauerte der Regen, der die biblische Sintflut brachte, 40 Jahre brachten die Kinder Israels in der Wüste zu, 40 Tage fasteten sowohl Moses, Elias als auch Jesus, 40 Monate predigte Christus, 40 Stunden lag er tot im Grab und 40 Tage nach der Auferstehung fuhr er gen Himmel.

49 Das Quadrat der »heiligen Sieben«. In der Kabbala kennt man 49 Tore der Weisheit, die die verschiedenen Ebenen des Seins, des Lebens und Erkennens darstellen – oder die Grade des okkulten Wissens. In den Mysterien der Mythra errechnet sich die 49 aus den sieben Toren in den sieben Gewölben der Einweihung. Als 7^2 jedenfalls das Symbol für das Umspannen der Welt mit mystischer Kraft.

50 Im Hebräischen bezeichnet die 50 den Buchstaben »nun«, der Fisch. Er deutet auf das Erscheinen des Lebens, das im Wasser begann, aus ihm kommt und sich von ihm (wenn man es gleichzeitig als das Unbewußte versteht) nie lösen kann – und darf.

60 Sechzig ist eine zentrale Zahl der Antike. Man schrieb die Eins als kleinen Keil, die 60 als großen. In dieser Zahl findet sich sowohl die Beziehung zu den 360° des Kreises als auch zu den zwölf Monaten und Tierkreiszeichen. Sechzig Sekunden ergeben eine Minute, sechzig Minuten eine Stunde – und 60^4 Jahre ein »Weltjahr«, nämlich 12960000 Jahre, oder 3600 × 3600 Jahre. Plutarch erkannte, daß diese Zahl das erste Maß für alle die wäre, die sich mit den Erscheinungen des Himmels beschäftigten. Den Ägyptern war die 60 heilig, die für sie das Krokodil symbolisierte, denn »es legt in 60 Tagen 60 Eier, brütet 60 weitere Tage daran, hat 60 Zähne im Rachen, lebt 60 Jahre und ruht 60 Tage im Jahr in der Abgeschiedenheit«.

64 Die 64 ist die Kubikzahl der Ordnungsmacht Vier (4^3), demnach das Symbol für »Kosmische Ordnung«, denn jetzt erfüllt dieses Prinzip die Unendlichkeit des Raums. Alle Systeme, die die Vier als kleinste Ordnungseinheit voraussetzen, erfüllen sich in dieser Zahl. Das Schachbrett hat 64 Felder, das I Ging 64 Hexagramme, die die Summe allen Seins darstellen, und der Genetische Code besteht aus 64 Tripletts, die den Lebensbaustein des DNS-Moleküls bilden und somit eine vollständige Abbildung des Menschen darstellen.

70 Der Buchstabenwert des hebräischen »ajin« – das Auge.

72 Die 72 Gottesnamen in der Kabbala.

80 Der Buchstabenwert des hebräischen »pe« – der Mund.

81 »Die Summe der Menschheit« – das Quadrat der Neun.

90 Der Buchstabenwert des hebräischen »zade« – die Angel.

100 Im Dezimalsystem die große Rundzahl der Erfüllung, im hebräischen Alphabet der Buchstabe »kof« – das Nadelöhr.

121 das »Elfer-Quadrat« – die Ordnung der Unordnung, der kosmische Karneval.

144 Das »Zwölfer-Quadrat«. Beim Orden der Rosenkreuzer die Zeit in Jahren zwischen zwei Inkarnationen.

200 Der Buchstabenwert des hebräischen »resch« – das Haupt.

216 So viele Glückszeichen kann man auf dem Fußabdruck Buddhas zählen.

256 Die »große Vier« in ihrer vierten Potenz.

300 Der Buchstabenwert des hebräischen »schin« – der Zahn.

360 Die Zahl des Rundjahres und die Bogenzahl des Kreises.

400 Der letzte hebräische Buchstabenwert »taw« – das Zeichen.

666 Diese Zahl erscheint erstmals (in ihrer mystischen Form) in der Beschreibung der Apokalypse in der Offenbarung 13, 17/18. Sie hat die Menschheit seitdem zu immer neuen Spekulationen angeregt. Sie wird als das »Große Tier«, der Antichrist verstanden, und der größte Magier unseres Jahrhunderts, Aleister Crowley, nannte sich selbst »das große Tier« und verband damit die Vorstellung von der Verblendung und Erblindung. In der Zahlenmagie wird schon seit Jahrtausenden immer wieder versucht, Namen berühmter oder berüchtigter Personen in 666 zusammenzuschließen – unter anderem gelang das bei dem römischen Kaiser Nero und bei Adolf Hitler. Auf jeden Fall eine Zahl, von der man die Finger lassen sollte.

777 Eine große Symbolzahl der neueren Zahlenmystik. Man zählt bei den Rosenkreuzern 777 Adepten des siebten Grades und nimmt als Gesamtzahl aller möglichen Inkarnationen diese Menge an; Aleister Crowley bezeichnet die 777 als »das flammende Schwert, das den Menschen aus dem Paradiese vertrieb«.

1001 Die Märchen aus »Tausendundeiner Nacht« führen in ungemessene Weiten; die Anzahl 1001, obwohl es tatsächlich nur gut 300 Märchen sind, erklärt sich aus dem Wunsch des Sich-nie-Beendens und -Begrenzens – der Hoffnung auf Unendlichkeit. Nur eins mehr als die große dezimale Abschlußzahl, das symbolisiert die Hoffnung der Menschen, dem gnadenlosen System der Zahlengesetzmäßigkeit vielleicht doch noch ein Schnippchen schlagen zu können.

10000 Das lange Zeit »gedankliche« Ende der Dezimalserie. In China bedeutet 10000 Jahre Unsterblichkeit, 10000 Freuden sind *alle* vorstellbaren und existierenden. Auch der Ausdruck »die oberen Zehntausend« erinnert noch an diese Vollständigkeits- und Ausschließlichkeitssymbolik, aber die Wert- und Sinninflation hat auch dieses Wort schon ergriffen, es gibt bereits die »oberen Hunderttausend«.

823543 Eine derart ungerade und zufällig wirkende Zahl als letzte? Das steht ihr schon zu, denn es ist die siebte Potenz der Sieben und – als wollte sie nun unbedingt dieses Kapitel über Zahlen würdevoll beschließen – ihre Quersumme ist ebenfalls – 7.

5. TEIL

Tarot –
Ein Weg mit vielen Wegweisern

Von Peter Orzechowski

Einleitung

Der folgende Text ist keine theoretische Abhandlung über die »Entstehungs- und Bedeutungsgeschichte des Tarot« oder »Tarot: ein Beispiel für die Synchronizitätstheorie«. Er ist auch kein Party- oder Jahrmarktknüller unter dem Motto: »Was die Karten über Ihr Glück verraten.« Das Manuskript ist vielmehr aus meiner täglichen Erfahrung als Hypnosetherapeut entstanden. Ich habe die Tarot-Karten häufig in meine Therapie eingebaut und sie nach und nach als aussagekräftige Bilder unseres Unterbewußtseins kennen und schätzen gelernt. Die Leser/innen finden hier also neben einer Deutung der Karten auch einen kleinen Therapie-Report. Vor allem aber haben Sie einen Ratgeber in der Hand, dessen Lektüre sich lohnt, denn es spart Ihnen viel Geld, sich mit Ihren inneren Bildern zu beschäftigen, die Sie auf den Kartensymbolen wiederfinden. Den Zugang zu diesen inneren Bildern (= zu Ihrem Selbst, zu Ihrem Unterbewußtsein) zu öffnen ist Ziel jeder Therapie. Benutzen Sie Ihr Karten-Deck – ich empfehle Ihnen das populärste, das Rider-Tarot-Deck – als Selbsterfahrungswerkzeug.

Die 78 Tarot-Karten zeigen den Entwicklungsweg des Menschen und geben dem Fragenden eine Fülle von Ratschlägen auf der materiellen, geistigen und spirituellen Ebene. Ich habe diesen Aspekt der Tarot-Interpretation bisher vermißt. Von der zahllosen Tarot-Literatur empfehle ich daher nur Rachel Pollack: »Tarot. 78 Stufen der Weisheit«, Knaur Taschenbuch Nr. 4132, München 1985. Alle anderen Deuter stellen nach meinem Empfinden die Karten entweder zu konkret-praktisch dar oder zu esoterisch-spirituell. Rachel Pollack hat der Tarot-Deutung einen neuen Anstoß gegeben.

Die verschiedenen Systeme und Methoden der Orakelbefragung sind durch die Jahrhunderte von einer Generation von Deutern auf die nächste übertragen worden. Die Tradition der Befragung des Tarot-Kartenspiels oder Tarot-Decks hat sich in zwei Wege geteilt: die Benutzung der Karten als Zukunfts-Vorhersage (Tradition der Zigeuner) und das Verständnis der Karten als esoterischer Weg zur Bewußtwerdung (Tradition der englischen Esoteriker um Arthur Edward Waite und der Schöpferin des Rider-Decks, Pamela Colman Smith). Ich greife beide Aspekte auf, betone aber vor allem einen dritten: die Interpretation des Tarot (in der Tradition des Schweizer Tiefenpsychologen Carl Gustav Jung) als Bildreihe unseres Unterbewußtseins.

Mit Unterbewußtsein meine ich jene Schaltzentrale in uns, die unser Leben lenkt und weit über die Grenzen unseres Ego hinausreicht. Das Unterbewußtsein ist unsere Relaisstation zum Überbewußtsein, das auch als Höheres Selbst, also als jene Energie bezeichnet wird, die uns beschützt und führt. Gänzlich davon zu trennen ist das Unbewußte, das all unsere Gefühle, Begierden und Ängste enthält, deren wir uns (noch) nicht bewußt sind. Das Unterbewußtsein spricht zu unserem Bewußtsein (Verstand) in Bildern. Im Traum, in der Trance und in der Meditation haben Sie das bereits erlebt.

Geben wir unserem Unterbewußtsein durch Entspannung des Körpers und Ruhigstellung des Verstandes (im Schlaf, in der Trance, in der Meditation) die Chance, sich zu öffnen, zu uns zu sprechen, dann sehen wir Bilder. Daß diese Bilder konkrete Lebenshilfe sind, erläutere ich im nächsten Abschnitt. Die Orakelsysteme gehen den umgekehrten Weg. Das Tarot (ich nenne es *das* Tarot als Kurzform von das Tarot-Spiel und nicht, wie viele, *der* Tarot) bietet dem Unterbewußtsein Bilder an.

Durch die Konzentration auf eine Frage und das Mischen der 78 Karten kehrt Ruhe in uns ein. Der Verstand, die ständig plappernden Gedanken, ist mit der Frage beschäftigt, auf das Ziehen der Karten hat er keinen Einfluß: Nach welchen Kriterien sollte er eine der auf dem Kopf liegenden Karten auswählen? Der Fragende zieht einfach die Karte, zu der er sich »hingezogen« fühlt, oder er nimmt die erste Karte des zweimal abgehobenen (halbierten) Stapels. Ist das Ergebnis Zufall? Carl Gustav Jung hat diese Frage verneint. In seiner berühmt gewordenen Synchronizitätstheorie spricht er von einer Vielzahl von Ereignissen, die sinnvoll, aber ohne beobachtbare Ursache zusammenhängen. Die andere Bezeichnung für diesen überall im Universum auftretenden Vorgang lautet Entsprechung; Ereignisse hängen deswegen zusammen, weil jedes Ereignis in einem Bereich der Wirklichkeit seine Entsprechung in anderen Bereichen findet.

Wenn Sie zum Beispiel den König der Münzen ziehen, entsprechen dem auf geschäftlicher Ebene gute finanzielle Erfolge, auf gesellschaftlicher Ebene eine einflußreiche Stellung, im privaten Bereich eine erfüllte Beziehung und im Inneren unseres Selbst Optimismus, Lebensfreude und Selbstvertrauen. Welche der Wirklichkeitsebenen zum Zeitpunkt Ihrer Befragung wichtig sind, wissen nur Sie selbst. Die Karte kann sich auf Sie selbst beziehen oder auf den Menschen, dessentwegen Sie das Tarot befragen. Sie kann Ihre jetzige Stellung beschreiben oder eine Entwicklung davon weg oder dazu hin. Auch das können nur Sie selbst beurteilen. In jedem Fall finden Sie in den Karten nicht nur Bilder Ihrer inneren und äußeren Situation, sondern auch Ratschläge, wie Sie aufgezeigte Irrwege wieder verlassen können.

Die verschiedenen Befragungsmethoden finden Sie im nächsten Kapitel dargestellt. Wählen Sie die Methode, mit der Sie am besten umgehen können. Erfüllen Sie bei jeder Befragung folgende Punkte:

- Konzentrieren Sie sich auf Ihre Frage. Schreiben Sie sie schriftlich nieder.
- Sichern Sie sich einen Platz, an dem Sie ungestört sind, und nehmen Sie sich Zeit.
- Mischen Sie die 78 Karten und denken Sie dabei an Ihre Frage.
- Nehmen Sie über Ihre Hände Kontakt mit den Karten auf.
- Legen Sie dann die Karten nach einem der Legesysteme.
- Sehen Sie sich jedes Bild an und prüfen Sie, welche Gefühle und Gedanken in Ihnen hochkommen.
- Notieren Sie diese in einem Tarot-Notizbuch (dessen Einrichtung ich Ihnen ebenso empfehle wie die eines Traum-Tagebuchs).
- Wenn nötig, schlagen Sie unter der jeweiligen Karte in diesem Buch nach (lesen Sie auch die allgemeinen Bedeutungen am Beginn der jeweiligen Abschnitte).
- Wenn eine Deutung nicht auf Ihre Frage zutrifft, dann prüfen Sie, ob Sie nicht eine andere – offensichtlich wichtigere – Frage in Ihrem Innern haben.

- Es ist nach meiner Erfahrung unwichtig, ob eine Karte aufrecht oder umgekehrt vor Ihnen liegt, denn jede Karte enthält die angenehme und die unangenehme Seite in sich.
- Wichtig ist der Zusammenhang der Karten untereinander. Je mehr Erfahrung Sie mit Befragungen sammeln, desto deutlicher erkennen Sie, daß jedes Legemuster ein Gesamtbild ist.
- Fragen Sie nicht wegen jeder Kleinigkeit das Tarot. Vertrauen Sie mehr der Kraft Ihres Unterbewußtseins.
- Je mehr Sie mit dem Tarot umgehen, desto unnötiger sollte dieses Buch für Sie werden.
- Je mehr Sie mit den Bildern Ihres Unterbewußtseins vertraut werden und aus diesem Vertrauen in Ihre Intuition heraus leben, desto unnötiger werden Tarot-Befragungen für Sie. Tarot wird dann zum Vergnügen. Es bestätigt das, was Sie im Innern schon längst wissen.

Tarot als Selbsterfahrungskurs

Die Gliederung des folgenden ist einfach und durchgängig. Sie finden alle 78 Karten im Hauptteil beschrieben. Zu Beginn habe ich jeweils das Bild, das Sie auf der Kartenabbildung sehen, erläutert. Daran schließt sich die Interpretation an: Was bedeuten alle diese Symbole konkret für mein Leben? An das Ende habe ich bei den 22 Trumpfkarten eine Meditation gefügt (mehr darüber am Schluß dieses Kapitels).

Das Tarot bietet nach meiner Erfahrung mehr als nur ein Instrumentarium zum Weissagen der Zukunft. Die 78 Karten zeigen den Weg der Entwicklung des Menschen (und der Menschheit). Wenn Sie sich Karte für Karte vornehmen und mit Ihrem Leben vergleichen, werden Sie sich selbst in den Bildern wiederfinden. Um Ihnen einen ersten Zugang zum Tarot-Spiel zu ermöglichen, rate ich Ihnen, »Ihre« Karten zu bestimmen.

Die persönlichen Karten

Um Ihre *Persönlichkeitskarte* zu berechnen, um also herauszufinden, wie Sie sich nach außen darstellen, addieren Sie Tag, Monat und Jahr Ihrer Geburt. In meinem Fall ist das 24 + 7 + 1952 = 1983. Bilden Sie davon die Quersumme 1 + 9 + 8 + 3 = 21. Addieren Sie erneut die Quersumme, wenn Ihre Zahl höher als 21 ist. Sehen Sie sich die entsprechende Trumpfkarte der Großen Arkana an (in meinem Fall ist das die Einundzwanzig, Die Welt) und lesen Sie die Interpretation dazu.

Wenn Sie Ihr innerstes Selbst als Bild sehen wollen, berechnen Sie jetzt Ihre *Wesenskarte*. Dazu zählen Sie die vorher ermittelte Zahl noch einmal zusammen, in meinem Beispiel 2 + 1 = 3. Auch diese Karte sollten Sie sich genau betrachten. Wenn Ihre Persönlichkeitskarte einstellig war, dann sind Ihr Auftreten, Ihr Verhalten, Ihre Anlagen, Ihr Wesen gleich.

Welche Energien Sie augenblicklich beeinflussen, erfahren Sie durch Bestimmung der *Wachstumskarte*. Addieren Sie hierfür den Tag und Monat Ihrer Geburt mit dem gegenwärtigen Jahr. Bei mir rechnet sich das so: 24 + 7 + 1986 = 2017. Davon die Quersumme 2 + 0 + 1 + 7 = 10. Die Zehn ist mein Symbol für dieses Jahr.

Achten Sie bei Ihren Berechnungen darauf, daß Sie solange die Quersumme addieren, wie Sie eine Zahl über 21 erhalten. Ist das Ergebnis beispielsweise 27, dann addieren Sie 2 + 7 = 9. Die Karten, die Sie durch diese einfachen Rechnungen ermitteln, sind nicht unentrinnbares Schicksal, sondern zeigen in Symbolen Ihre Fähigkeiten und Anlagen und sind ein erster Schritt, sich mit dem Tarot als Selbsterfahrung und Lebenshilfe vertraut zu machen.

Der Große und der Kleine Weg zur Selbsterkenntnis

Die 78 Karten des Tarot sind in die sogenannten Großen und Kleinen Arkana geteilt. Das lateinische Wort »arcanum« bezeichnet das Geheime, Verborgene, das Geheimnis. Das »Große Geheimnis« ist nicht größer im Sinne von wichtiger als das »Kleine Geheimnis«. Die Großen Arkana (immer in der Mehrzahl, denn es sind die Karten gemeint) haben ihren Namen vielmehr deswegen, weil ihr Geheimnis umfassender ist als das der Kleinen Arkana und auch verborgener. Die Großen Arkana stellen nämlich als die 22 Trumpfkarten des Spiels die archetypischen Kräfte dar, die den Menschen bestimmen. Das sind die menschlichen Anlagen, die seit Beginn existieren, da geht es um das männliche und weibliche Prinzip, um die Fähigkeit, zu empfinden und sich auszudrücken. Die Großen Arkana sind die Ideen, die der stofflichen, materiellen Welt zugrunde liegen.

Diese physisch gelebte Welt wiederum ist in den 56 Karten der Kleinen Arkana dargestellt. Der tiefere Sinn der Bezeichnung »klein« erschließt sich beim Betrachten der vier Sätze (à 14 Karten), aus denen die Kleinen Arkana bestehen: Sie zeigen die kleinen Schritte, die wir machen müssen, um zu immer größerer »Erkenntnis« zu gelangen. Ich habe diesen Begriff im Buch mit vielen Worten zu umfassen versucht: Erkenntnis, Wissen, Erleuchtung, Bewußtheit. Jedes dieser Worte hat eine andere Schattierung, und doch meinen sie alle das Gleiche und beschreiben damit das Ziel der Kleinen Arkana: Durch das Erfahren des physisch-stofflichen Lebens begreifen wir mehr und mehr die Zusammenhänge, bis wir die Gleichheit von Gedanken (innerem Bild) und materieller Wirklichkeit oder von Innen und Außen erkennen. Die vier Sätze zeigen vier unterschiedliche Wege, sie repräsentieren die vier Elemente Feuer (= Satz der Stäbe), Wasser (= Satz der Kelche), Luft (= Satz der Schwerter) und Erde (= Satz der Münzen). Welche der Energien Sie wählen, um Ihr Leben zu meistern, ist Ihre freie Wahl. Vermutlich werden Sie feststellen, daß Sie in bestimmten Fällen mehr die aktive Energie der Stäbe brauchen und in anderen die Phantasie der Kelche oder die Logik der Schwerter oder den Geschäftssinn der Münzen. Welche Energie derzeit in Ihnen wirkt, erfahren Sie in einer Befragung (siehe nächstes Kapitel).

Wenn Sie sich Zeit nehmen und die 22 Trumpfkarten sowie die vier Sätze der Kleinen Arkana studieren, dann kann ich Ihnen einen Gang durch Ihr Leben und eine Entdeckungsreise in Ihr Innerstes versprechen. Aus meiner Praxis möchte ich Ihnen dazu einige Ratschläge geben:

- Beginnen Sie mit den Großen Arkana. Vergleichen Sie die dort dargestellten Grundmuster mit Ihrem Leben. Sie können die ersten sieben Karten mit Ihrer Kindheit (Heranwachsen), die zweite Siebenerreihe mit Ihren psychischen Erfahrungen als Erwachsener und die dritte als Ihren Weg zur Erkenntnis betrachten.
- Fragen Sie bei jeder Karte: »Was hat das Bild mit mir zu tun? Wann habe ich das auf der Karte beschriebene Verhalten an mir beobachtet? Was empfiehlt die Deutung?«
- Machen Sie sich Notizen zu Ihren Beobachtungen. Legen Sie am besten ein eigenes Tarot-Notizbuch an. Verfolgen Sie die Symbolik der Kartenarbeit in Ihrem Unterbewußtsein. Ich habe beobachtet, daß tatsächliche Ereignisse, Träume, Erinnerungen, Phantasien, die mit dem Inhalt und der Aussage der Karte zu tun haben, noch Tage nach der Beschäftigung mit einer Karte auftauchen.
- Betrachten Sie jede Karte als Meditationsbild (mehr darüber im nächsten Abschnitt).
- Nach dieser Bestandsaufnahme mit Hilfe der Großen Arkana empfehle ich Ihnen, sich die verschiedenen Möglichkeiten der Lebensbewältigung vor Augen zu führen. Sie sind in den Kleinen Arkana dargestellt. Die vier Sätze offenbaren Ihnen Ihre Natur, die Kräfte, die Sie zur Verfügung haben. Sie umfassen das gesamte Spektrum der physischen Welt. Nur das I Ging oder die Runen leisten eine vergleichbare Gesamtschau.
- Im Studium der vier Lebensenergien und ihrer Anwendung entdekken Sie Ihre eigenen Fehler wieder, die immer dann entstehen, wenn die Balance zwischen den Energien gestört ist.
- Nutzen Sie die praktischen Ratschläge, die Ihnen das Tarot und seine Ausdeutung vermitteln.
- Ich habe gute Erfahrungen mit Klienten gemacht, die für jede Energie (= jeden Kartensatz) eine Liste angelegt haben, in der sie die von ihnen erlebten angenehmen und unangenehmen Seiten der jeweiligen Energie in zwei Spalten aufgeführt haben. In einer dritten Spalte notierten sie die für sie wichtigen Tips aus der Deutung.
- Schließlich ist all diese Arbeit an sich selbst ein Weg zur Erkenntnis

des Selbst. Wundern Sie sich nicht, wenn Ihnen während dieser Selbsterfahrung Zusammenhänge bewußt werden, die über Ihre Person hinausgehen.

Tarot als Meditation

Um das Wissen, das in den Bildern der 78 Karten in Symbolen dargestellt ist, für sich zu erschließen, gibt es neben der theoretischen Beschäftigung (mittels des Verstandes) und der Befragung (durch Kontaktaufnahme mit dem Unterbewußtsein) eine Methode, die ich für die effektivste halte: die Meditation.

Der Begriff Meditation stammt von dem lateinischen Verb »meditari« = nachsinnen. Sowohl »nachsinnen« als auch das oft gebrauchte »sich versenken« trifft den Vorgang der Meditation nicht ganz. Zunächst müssen, um nachzusinnen oder sich zu versenken, Körper und Verstand zur Ruhe gebracht werden. Wählen Sie eine Technik, die Ihnen diesen Zustand ermöglicht. Manche Menschen fühlen sich in der Natur am entspanntesten (sehen Sie zu, wie ein Fluß fließt oder sich Bäume und Sträucher im Wind hin und her bewegen oder wenn Schneeflocken vom Himmel fallen). Andere lassen sich vom ruhigen Rhythmus einer Musik forttragen (ich empfehle die Komponisten und Musiker Kitaro, Deuter, Vangelis, Schulze oder die Klassiker Mozart, Händel und Bach). Probieren Sie es aus. Mehr Hinweise zu den verschiedenen Meditationstechniken finden Sie in dem umfassenden Buch von Margit Seitz: »Der Meditations-Führer. Wege nach innen. Wie Sie Ihre persönliche Meditations-Methode finden können«, Schönbergers Verlag, München 1985.

In meinen Therapien hat sich eine einfache Methode als sehr wirksam erwiesen: Setzen oder legen Sie sich bequem hin. Schließen Sie die Augen. Spannen Sie jeden Muskel Ihres Körpers an und lassen Sie ihn dann los. Atmen Sie währenddessen in ruhigem Rhythmus ein und aus. Ihre Muskeln sind entspannt. Beobachten Sie jetzt Ihren Atem. Ohne Ihr Dazutun strömt über Mund oder Nase Luft in Sie ein, fließt durch die Atemwege in die Lungen und strömt wieder hinaus. Mit dieser Atemluft nehmen Sie Ruhe in sich auf. Atmen Sie diese Ruhe in Ihren Bauch (von dort verbreitet sie sich von selbst im ganzen Körper) und lassen Sie mit der verbrauchten Luft all Ihre Gedanken und Sorgen abfließen. Sie beobachten Ihren Atem, und alles andere lassen Sie einfach davonfließen, es ist unwichtig. Ihr Körper ist jetzt ruhig und entspannt. Die Geräusche und Gedanken kommen und gehen, aber sie sind weit weg (Sie kennen diesen Zustand vom Mittagsschlaf her oder kurz vor dem Einschlafen). Sie fühlen sich wohlig und gelöst, während Ihr Atem in seinem ewig gleichen Rhythmus ein- und ausströmt.

In dem jetzt erreichten Zustand (= Alpha-Zustand, Körper und Verstand sind in Ruhe) öffnet sich Ihr Unterbewußtsein. Es steht auf Empfang und ist gleichzeitig auf Sendung. Betrachten Sie in dieser ruhigen Schwingung, in der Sie jetzt (möglicherweise ohne es wahrzunehmen) sind, Ihre Karte. Sie werden mehr in ihre Symbolik eintauchen als im Wachzustand. Wenn Sie eine der Trumpfkarten vor sich haben, können sie jetzt die dort beschriebene Meditation machen.

Vergessen Sie nie, sich nach der Meditation wieder zurückzuholen. Atmen Sie dazu mehrfach bewußt ein und aus. Spüren Sie, wie mit der Atemluft Frische in Ihren Körper zurückkehrt. Ihre Muskeln nehmen ihre Tätigkeit wieder auf. Dehnen Sie sich. Öffnen Sie wieder die Augen. Diese Rückführung aus der Tiefenentspannung ist nach jeder Meditation notwendig, es sei denn, Sie möchten anschließend schlafen (es ist die beste Einschlafmethode, die Sie finden können). Tun Sie es, auch wenn Sie glauben, vollkommen wach und bewußt zu sein.

Entdecken Sie den doppelten Effekt jeder Meditation: Ihr Körper fühlt sich hinterher frisch und erholt, und Ihre Seele (Ihr Unterbewußtsein) hatte die Möglichkeit, über Bilder mit Ihnen zu sprechen.

Die Karten und das Spiel

Die 78 Karten des Tarot spiegeln die Ideen wider, die hinter den physischen Erscheinungen der materiellen Welt stehen, oder etwas prosaischer ausgedrückt: den Geist, der die Welt im Innersten zusammenhält. Tarot ist damit ein Weg zur Erkenntnis (wie auch I Ging und Runen). Weil das Tarot mehr ist als nur ein Kartenspiel, ist es wichtig, nach seinem geistigen Hintergrund zu fragen.

Die reichen Familien des Spätmittelalters ließen sich von Künstlern eigene Kartenspiele entwerfen. In der Mitte des 15. Jahrhunderts fertigte der Maler Bonifacio Bempo für den Fürsten Visconti in Mailand einen Satz von 78 Karten. In den 22 Trümpfen legte er einen Katalog der Gesellschaft des Mittelalters an. Tarocchi wurde dieses Spiel genannt. Die Zigeuner (Romani) entdeckten das Spiel 100 Jahre später, als sie sich in Spanien ansiedelten, und benutzten es fortan als Weissage-System.

Der entscheidende Denkanstoß kam im 19. Jahrhundert von dem Franzosen Alphonse Louis Constant, besser bekannt als Eliphas Lévi, der im Tarot die bildliche Version der jüdischen Weisheitslehre Kabbala entdeckte. Die Kabbala ist ein jahrtausendealtes Denksystem, das die Symbolik des hebräischen Alphabets untersucht und gedeutet hat. Die einzelnen Buchstaben sind mit den Wegen des Lebensbaums (= Entwicklung des Menschen bis zur Erkenntnis der Zusammenhänge) in Beziehung gesetzt worden. Es würde zu weit führen, hier näher auf die Kabbala einzugehen. Daher soll nur die Parallelität zwischen Tarot und Kabbala als Beweis dafür aufgezeigt werden, daß die Kabbala die Philosophie ist, die hinter dem Tarot steht.

Die Kabbala beschäftigt sich mit den 22 Buchstaben des hebräischen Alphabets, das Tarot hat 22 Trumpfkarten. Die Kabbala nennt vier Buchstaben (YHVH) als unaussprechlichen Namen Gottes, dem die vier Elemente (Feuer, Wasser, Luft und Erde) der mittelalterlichen Wissenschaft entsprechen. Die Kleinen Arkana des Tarot sind in vier Sätze (Stäbe, Kelche, Schwerter und Münzen) mit wiederum jeweils vier Hofkarten (König, Königin, Ritter und Bube) aufgeteilt. Die zehn Zahlkarten jedes Satzes finden sich in der Kabbala als zehn Sephiroth (= Stufen bei jedem der vier Lebensbäume) wieder.

Eliphas Lévi war Publizist. Er veröffentlichte diese Beziehung zwischen Kabbala und Tarot. Das kabbalistische Wissen ist freilich von ihm nicht wiederentdeckt worden. Es gelangte schon mit den Römern nach Europa und ist im Mittelalter von den Alchimisten aufgegriffen worden. Aus dieser esoterischen (esoterisch = geheim, Wissen um die inneren Zusammenhänge) Tradition entstanden die unterschiedlichsten Gruppen und Zirkel. Nur wenige davon sind bekannt geworden wie die christlich orientierten Templerorden und Rosenkreuzer, die humanistischen Freimaurer oder die beides verbindenden Theosophen, von denen sich später die Anthroposophen abspalteten. In England bildete sich gegen Ende des 19. Jahrhunderts die Gruppe des »Golden Dawn«, aus dessen Reihen Arthur Edward Waite stammte. Waite beauftragte die Künstlerin Pamela Colman Smith, ein Tarot-Deck zu entwerfen, bei dem erstmals auch die Zahlkarten bildlich und nicht als geometrische Muster dargestellt sind. Das vorliegende Deck wurde 1910 von Rider in der ersten Auflage herausgegeben.*

Mittlerweile gibt es über 250 verschiedene Tarot-Decks und etwa 1700 Bücher zu diesem Thema. Das Rider-Tarot-Deck ist eines der populärsten Decks geworden. Es ist nach meiner Meinung auch eines der vielsagendsten. Deswegen habe ich es als Arbeitsgrundlage für meine Therapien und für dieses Buch ausgewählt, denn Tarot ist in erster Linie, was es letztlich durch die Jahrhunderte immer war: Anleitung und Lebenshilfe.

* Es wird heute von der AGMüller Spielkartenfabrik, CH-8212 Neuhausen, produziert, die freundlicherweise die Abdruckerlaubnis für die Karten in diesem Buch gab. Aus technischen Gründen konnte die Reproduktion der farbigen Karten nur in Schwarzweiß erfolgen. Zu beziehen ist das Rider-Tarot-Deck bei Ihrer örtlichen Buchhandlung oder über den Buchversand Lang, Welfenstraße 15, D-8000 München 90.

Die Befragung

Was geschieht in der Befragung?

Orakelsysteme wurden vor unserer Zeit nur von sogenannten »Eingeweihten« benutzt. Priester, Druiden und Schamanen vollzogen ihre Orakelbefragung unter bestimmten Riten, um in Trance zu kommen und mit den Göttern zu sprechen. In den scheinbar zufälligen Mustern der Orakel sahen sie Gottes Antwort: Es gab keine logische Erklärung für ihr Zustandekommen. Heute gibt es eine Erklärung dafür, auch wenn die Logik unseres naturwissenschaftlichen Denkens noch Probleme damit hat. Die Symbole der Orakel, in unserem Fall der Tarot-Karten, sind tatsächlich mit dem Zustand der Trance zu vergleichen. In der Trance teilt sich uns unser Unterbewußtsein in Bildern mit. Die Karten des Tarot bieten unserem Unterbewußtsein Bilder an, auf die es durch Auswahl reagieren kann. Indem nun die Bilder der gezogenen Karten mit jenen Bildern übereinstimmen, die uns unser Unterbewußtsein als Botschaft übermitteln will, erhalten wir eine Antwort. Die Sprache der Götter ist also die Bild-Sprache unseres Unterbewußtseins, in dem all unsere Antworten gespeichert sind.

Was wir von den Priestern, Druiden und Schamanen lernen können, ist ihre Versenkung in den Gegenstand durch ihre Riten. Aus meiner Erfahrung empfehle ich Ihnen, ebenfalls einen bestimmten Ritus bei der Befragung einzuhalten.

- Bewahren Sie Ihre Karten in ein Seidentuch eingewickelt an einem Ort auf, wo sie nicht jedermann sehen und anfassen kann, denn die Karten erhalten mehr und mehr Ihre Energie. Der Zugang zu Ihrem Unterbewußtsein wird von Befragung zu Befragung leichter. Andere Energien würden dies behindern.
- Wenn Sie eine Frage haben, die mit Ihrem Inneren zu tun hat (ob Sie morgen von Ihrem Freund das geborgte Geld zurückerhalten, ist zum Beispiel keine Frage ans Tarot), dann konzentrieren Sie sich darauf. Notieren Sie Ihre Frage schriftlich.

- Sorgen Sie dafür, daß Sie ungestört sind. Entspannen Sie sich (siehe den Abschnitt über Meditation). Atmen Sie ruhig ein und aus und mischen Sie die Karten. Während des Mischens zieht sich Ihr Verstand zurück, Ihr Unterbewußtsein öffnet sich.
- Lassen Sie sich Zeit.
- Studieren Sie vorher die nachstehenden Befragungstechniken. Entscheiden Sie sich vor der Befragung für eine davon.
- Heben sie nach dem Mischen zweimal ab, so daß Sie drei Stapel mit Karten vor sich haben (die Karten immer mit dem Kopf verdeckt nach unten). Wählen Sie den Stapel, zu dem Sie sich hingezogen fühlen, und nehmen Sie von ihm nacheinander die erforderliche Anzahl Karten.

Die verschiedenen Befragungsmethoden

Nicht jede Methode ist für jede Befragung geeignet. Machen Sie sich daher zunächst mit den verschiedenen Möglichkeiten vertraut und entscheiden Sie dann von Fall zu Fall, *wie* Sie das Tarot befragen wollen. Beachten Sie den gerade beschriebenen Vorgang der Befragung.

1. Das Gesamtbild
Legen Sie 21 Karten nach dem folgend aufgezeigten Muster auf. Beginnen Sie die erste untere Reihe von rechts nach links. Diese sieben Karten beschreiben Ihre Vergangenheit. Die mittlere Reihe zeigt Ihre Gegenwart. Einen Einblick in Ihre Zukunft gibt Ihnen die obere Siebenerreihe.

21	20	19	18	17	16	15	Zukunft
14	13	12	11	10	9	8	Gegenwart
7	6	5	4	3	2	1	Vergangenheit

2. Die Chakren
Im menschlichen Körper befinden sich Energieaufnahmezentren, die sogenannten Chakren. Sie sind nicht nur Schaltzentralen unseres Körpers, sondern auch Symbol für die von ihnen aufgenommene Energie. über den Zustand Ihrer Chakren und der von ihnen symbolisierten Eigenschaften.

7 Kronenchakra: All-Eins-Sein
(Sitz: Krone des Kopfes)

6 Drittes Auge: Intuition, Spiritualität
(Sitz: Stirnmitte)

5 Kehlchakra: Kommunikation, Ausdruck der Ich-Kräfte
(Sitz: Kehle unter dem Kehlkopf)

4 Herzchakra: Liebe, Hingabe, Sehnsucht, Vertrauen
(Sitz: Mitte der Brust auf Herzhöhe)

3 Solarplexus: Macht, Durchsetzungsvermögen
(Sitz: Fläche zwischen Nabel und Zwerchfell)

2 Sexchakra: Sexualität, Trieb, Verlangen, Emotionalität
(Sitz: eine Handbreit unter dem Nabel)

1 Wurzelchakra: Körper, Gesundheit, Geld, Besitz
(Sitz: Darm/Steißbein)

3. Die Gefühle
Oft wissen wir nicht, was in uns vorgeht, was wir wirklich wollen. Oder wir haben Probleme mit unseren Gefühlen: »Was geschieht, wenn ich meinen Gefühlen zur Person X nachgebe? Will ich das überhaupt?« Usw. Wenn Sie sich also über einen Gefühlszustand im Unklaren sind, dann sollten Sie vier Karten nach dem folgenden Muster auslegen:

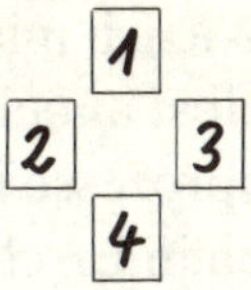

1: Womit beschäftige ich mich innerlich? Was geht in meinem Innern vor?
2: Wie empfänglich bin ich? Wofür bin ich offen?
3: Was zeige ich? Was gebe ich nach außen?
4: Die Antwort. Möglichkeit, das Problem zu bewältigen, möglicher Ausgang.

4. Das innere Gleichgewicht
Das Tarot hilft Ihnen zur Selbsterfahrung und Selbsterkenntnis. Eine erste Bestandsaufnahme ermittelten die 21 Karten des Gesamtbildes. Im folgenden von Ziegler entwickelten Bild eines Menschen geben sechs Karten einen Einblick in Ihr Inneres:

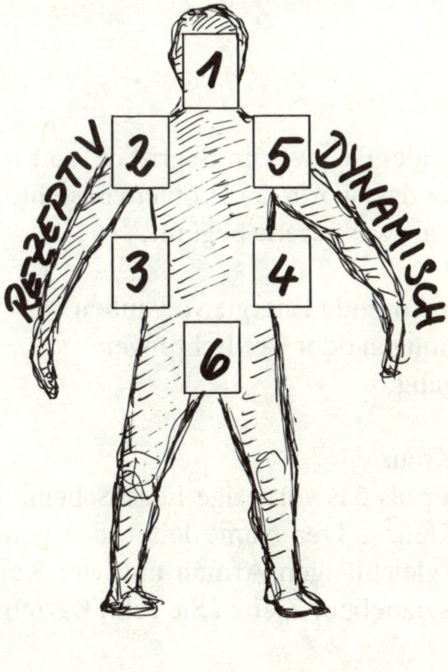

1: Kopf = Kommunikation. Wie ich mich mitteile.
2: Selbstwert. Wie ich mich selbst annehme.
3: Durch welche inneren Lernprozesse ich gehe.
4: Wie mein Wesen nach außen in Erscheinung tritt.
5: Mein Handeln, mein Verhalten, meine Aktivitäten.
6: Meine Beziehungen.

5. Die allgemeine Frage

Sie haben ein Problem, für dessen Lösung Sie keinen Weg sehen. Ihre Gedanken scheinen sich im Kreis zu drehen. Entspannen Sie sich und befragen Sie das Tarot. Mischen Sie die Karten und legen Sie sieben Karten nach dem folgenden Muster aus:

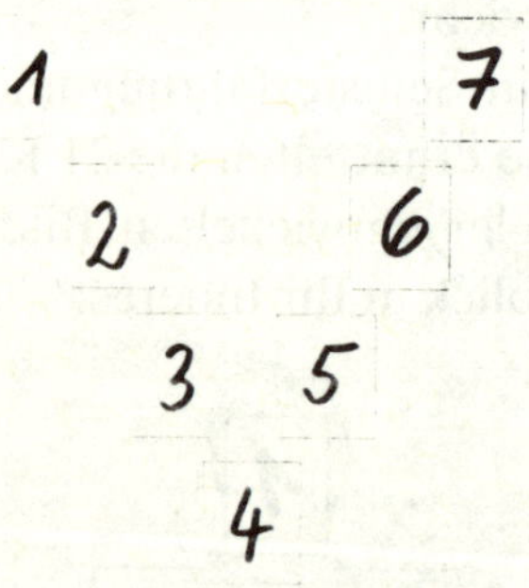

1: Vergangenheit oder das, was im Begriff ist, zu Ende zu gehen.
2: Gegenwart oder das, worin das Problem besteht.
3: Zukunft oder das, was gerade beginnt.
4: Was ist zu tun?
5: Hilfreiche oder störende Energie von außen.
6: Größere Hoffnungen oder Befürchtungen.
7: Ereignis, Ausgang.

6. Das Keltische Kreuz

Etwas umfassender als das vorherige Lege-Schema ist das sehr populäre »Keltische Kreuz«. Der Name leitet sich von seiner Form ab, einem Kreuz mit gleichlangen Armen und vier Karten als Stücke in einer Reihe rechts daneben. Ziehen Sie zehn Karten nach dem folgenden Muster und beachten Sie die Bedeutung der Positionen (beziehen Sie sie immer auf Ihre Frage).

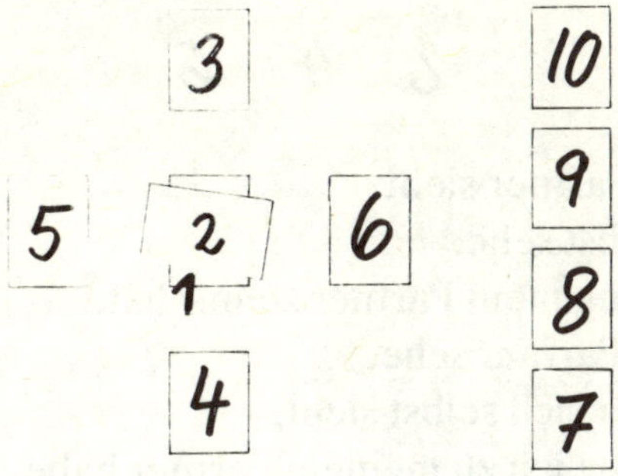

1: Anlage oder grundlegende Eigenschaft. Jetzige Situation.
2: Verhalten. Wie diese Eigenschaft in Handlung umgesetzt wird.
3: Lebensziel. Was hinter meiner Frage kommt.
4: Jüngere Vergangenheit oder das, was gerade vorübergeht.
5: Nächste Zukunft oder das, was gerade beginnt.
6: Frühere Vergangenheit oder das, was schon zu Ende ist.
7: Mein Selbst. Meine Haltung und Einstellung.
8: Beziehungen. Wie mir die Außenwelt begegnet.
9: Meine Hoffnungen und Befürchtungen.
10: Ergebnis oder Ausgang.

7. Das Beziehungstarot

Wenn Sie Ihre Beziehung zu Ihrem Partner oder einem Nahestehenden klären wollen, dann setzen Sie sich gemeinsam mit ihm vor Ihr Tarot-Deck, entspannen Sie sich, mischen Sie die Karten und bilden Sie drei Stapel. Lassen Sie Ihren Partner eine Karte ziehen, die Sie charakterisiert (1), und ziehen Sie dann eine Karte, die ihn beschreibt (2). Legen Sie die Karten nach dem folgenden Muster aus. Ziehen Sie jetzt eine Karte für sich selbst (wie Sie sich sehen, 3). Ihr Partner folgt Ihrem Beispiel (4). Schließlich nimmt er eine Karte, die seine Beziehung zu Ihnen zeigt (5), und Sie ergreifen die nächste Karte, die Ihre Beziehung zu ihm schildert (6).

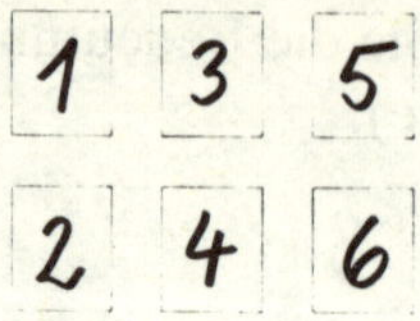

1: Wie mich mein Partner sieht.
3: Wie ich mich selbst sehe.
5: Welche Beziehung mein Partner zu mir hat.
2: Wie ich meinen Partner sehe.
4: Wie mein Partner sich selbst sieht.
6: Welche Beziehung ich zu meinem Partner habe.

Keine weiteren Fragen mehr

Es gibt viele Menschen, die sich so an »ihr« Orakel gewöhnt haben, daß sie keinen Schritt mehr tun, ohne vorher nachzufragen. Die wirkliche Absicht des Tarot ist es, daß Sie keine Befragung mehr brauchen. Das Ziel des Tarot (und damit dieses Buches) ist es, überflüssig zu werden. Dieses Buch und die damit verbundene Beschäftigung mit den Symbolen der menschlichen Eigenschaften soll Sie dahin bringen, sich selbst zu erfahren, also den Zugang zu Ihrem Unterbewußtsein zu finden. Je mehr Sie auf die Bilder Ihres Unterbewußtseins (Träume, Phantasien) achten, desto offener wird es. Wenn diese Verbindung hergestellt ist, sind Sie in der Lage, aus Ihrer Intuition heraus zu leben.

Der Psycho- und Esoterik-Boom der letzten Jahrzehnte hat genau in der Unfähigkeit seinen Ursprung, in sich selbst Orientierung zu finden. Wir haben unseren Verstand vergöttert und unsere Intuition als irrational verteufelt. Jetzt haben wir größte Mühe (und es kostet viel Geld – Therapeutenscharen leben davon), diese Intuition aus unseren tiefsten Gründen wieder ans Licht zu holen. Die Orakel sind ein Weg dazu. Sie sind die Krücken, die wir brauchen, weil unser linkes Bein (Intuition) lahmt. Nehmen Sie dieses Buch und das Tarot als Stütze und haben Sie als Ziel vor Augen, eines Tages ohne diese Stützen laufen zu können.

Der Weg – Die Großen Arkana

Die Großen Arkana sind die 22 Trumpfkarten des Tarot. Legen wir den Joker (Die Null = Der Narr) ab, so erhalten wir drei Siebenergruppen von Trümpfen. Sieben ist eine der magischen und mystischen Zahlen der Menschheitsgeschichte (sieben Wochentage, sieben Chakren, die sieben Planeten der alten Astrologie etc.). Auch in der Naturwissenschaft hat die Sieben eine Sonderstellung. Die Griechen entdeckten, daß jeder (!) Kreis dasselbe Verhältnis zwischen Durchmesser und Umfang hat, nämlich 22 : 7.

Die drei Siebenergruppen verweisen ebenfalls auf viele Parallelen in anderen Kulturen. Im Christentum gibt es die Dreiteilung Gottvater, Gottsohn und Heiliger Geist. In der Philosophie entsprechen dem These, Antithese und Synthese, in der Metaphysik Körper, Seele und Geist. In der Psychologie schließlich sprechen wir von Bewußtsein, Unterbewußtsein (nicht zu verwechseln mit Freuds Unbewußtem!) und Höherem Bewußtsein oder Überbewußtsein, wie ich ab jetzt den Teil unseres Bewußtseins nennen möchte, der uns mit unserem Höheren Selbst verbindet, das jenseits unserer Gedanken und Gefühle ist. (Das Zusammenwirken von Bewußtsein und Unterbewußtsein zur selben Zeit ist der Türöffner zum Überbewußtsein, aber das heißt nicht, daß wir auch zwangsläufig die Türe öffnen und hindurchgehen.)

In den Großen Arkana bezeichnet die erste Siebenergruppe den Bereich des Bewußtseins, der äußeren (materiellen) Realität. Die Gruppe ist ein Spiegel unseres gesellschaftlichen Lebens. Die zweite Reihe behandelt das Unterbewußtsein, die innere (geistige) Realität. Hier findet eine Reise in den Teil unseres Inneren statt, der alle unsere Erlebnisse mitsamt den dabei erfahrenen Empfindungen speichert und verarbeitet. Die letzten sieben Trumpfkarten beschreiben die Welt des Überbewußtseins, die universelle (spirituelle) Realität. Diese Gruppe ist der Weg über die Grenzen des Individuums hinaus und hin zum Verständnis und zur Anwendung der kosmischen Naturgesetze.

Drei Karten entsprechen jeweils einander auf den drei Ebenen. Der Magier der Bewußtseinsstufe (Die Eins) zum Beispiel hat auf der unterbewußten Ebene die Stärke (Die Acht) und im überbewußten Bereich den Teufel (Die Fünfzehn) als Entsprechung.

Innerhalb der ersten Siebenerreihe der Großen Arkana gibt es neben der Urenergie (= Die Null – Der Narr) das männliche (= Die Eins) und das weibliche Prinzip (Die Zwei), das die Schöpfung erst ermöglicht. Sie wird sichtbar in Natur (Die Herrscherin = Mutter), Staat (Der Herrscher = Vater) und Erziehung (Der Hierophant). Die beiden letzten Karten schildern das Heranwachsen des Menschen nach Verlassen des Elternhauses: Er lernt durch Liebe und Hingabe (Die Liebenden) und durch Egoismus und Leid (Der Wagen). Die erste Reihe beschreibt also die Stufen der Entwicklung des Menschen, bis in ihm das Gefühl und der Drang nach Veränderung stark wird, bis er von der Außenwelt, die in diesen Karten beschrieben ist, unabhängig wird. Der Weg in die Unabhängigkeit (= das Erwachsenenalter des Menschen) ist Thema der zweiten Siebenerreihe.

Der Grundgedanke der zweiten Reihe ist die Frage nach dem Warum. Wir können innere Stärke (Die Acht) gewinnen, wenn wir die Energie des Magiers erfahren haben. Die Wahrheit des Unterbewußtseins (Die Hohepriesterin) offenbart sich im Rückzug von der äußeren Welt (Die Neun). Die sinnliche Erfahrung der Welt der Herrscherin wird in die Erfahrung der inneren Bilder verwandelt (Die Zehn). Die äußere Ordnung des Herrschers wird durch die innere Aufrichtigkeit und Gerechtigkeit (Die Elf) erst glaubhaft. Die starren Dogmen des Hierophanten werden durch die persönlichen Gotteserfahrungen (Die Zwölf) ersetzt. Das Erleben der Einheit in der Liebe wird durch das Erleben der Einheit in allen Lebensbereichen (Die Dreizehn) auf eine höhere Entwicklungsstufe gebracht. Schließlich tritt an die Stelle der Willenskraft des Wagenlenkers die Ruhe und innere Harmonie mit sich selbst (Die Vierzehn).

Die zentrale Position der zweiten Siebenerreihe und der gesamten Großen Arkana hat Die Elf, Die Gerechtigkeit, die zwischen Außenwelt und Innenwelt, zwischen Bewußtsein und Unterbewußtsein die Balance hält. Sie teilt die Großen Arkana in zwei Hälften: das Engagement des Menschen in der äußeren Welt = sein Handeln und die

Wendung des Menschen nach innen = sein Erkennen. Es ist damit auch eine Entwicklung angezeigt, denn bewußtes Handeln setzt die Erkenntnis des Wesens aller Dinge voraus.

Die Mäßigkeit (Die Vierzehn) markiert den Übergang von der Befreiung des Menschen aus seiner Vergangenheit und seiner Bindung an die materielle Welt (= Thema der zweiten Siebenerreihe) zur Erkenntnis der höheren Wahrheiten (= Thema der dritten Siebenerreihe).

Diese höheren Wahrheiten (oder anders ausgedrückt: die geistige Grundlage des Menschen) können bewußt tagtäglich in jeder Situation erfahren werden. Davon handelt die dritte und letzte Siebenerreihe der Großen Arkana (Dreiheit = Synthese oder Vollendung). Sie wird von dem Gehängten (Die Zwölf), vom Tod (Die Dreizehn) und von der Mäßigkeit (Die Vierzehn) eingeleitet. Hier erfährt der Mensch erstmalig die Aufhebung der Gegensätze oder Polaritäten, indem er sie als Produkt des Verstandes entlarvt und ein Gefühl der Einheit spürt.

Zunächst muß sich der Mensch noch einmal mit seiner dunklen Seite auseinandersetzen (Die Fünfzehn = Der Teufel). Er muß die unterdrückten Energien befreien und die Illusionen vollends zerstören (Die Sechzehn = Der Turm). Dann gelangt er zu einer Offenbarung des Wesens der Dinge (Die Siebzehn = Der Stern). Er versteht den tieferen Sinn der Symbole und Mythen (Die Achtzehn = Der Mond) und erreicht eine höhere Bewußtheit (Die Neunzehn = Die Sonne). Im Gericht (Die Zwanzig) erfährt der Mensch schließlich die Vereinigung mit dem Universum, bis er die gesamte Welt als Spiel des unendlichen Geistes begreift, dessen Teil wir alle sind.

Jenseits der drei Siebenerreihen haben die Großen Arkana drei (!) Fixpunkte: Die Null = Der Narr als Symbol für die Entstehung, die Erschaffung des Menschen als offenes Wesen, die Trias der Wandlung (Die Zehn als äußere Vision des Daseins, Die Elf als Balance von innen und außen und Die Zwölf als Entlarvung der äußeren Welt als Illusion) und Die Einundzwanzig = Die Welt als Bild für die Unendlichkeit des Selbst, das überall und in allen Dingen ist.

Die Null – Der Narr

Das Bild

Hofnarren und Clowns, Komiker und Satiriker waren zu allen Zeiten Menschen, die mit ihrem Humor die Wirklichkeit demaskiert haben. Versteckt hinter ihrer Narrenkappe waren und sind sie die einzigen, die den Menschen deren Masken vom Kopf reißen durften und dürfen. Das Bild der Karte beschreibt jedoch weniger die Aufgabe des Narren in der Welt als vielmehr seine eigene Persönlichkeit. Er ist (wie in vielen Mythen) von einem Tier (Hund) begleitet, der die Kräfte der Natur symbolisiert. Der Narr ist in Einklang mit diesen Energien. Und weil er so intuitiv lebt, hat er auch, was er braucht: das bunte Kleid mit dem Zeichen der Sonne und die Sonne als Energiespenderin, seine Habe in einem Beutel (den er ohne Anstrengung tragen kann) und den Wanderstab (den er genauso gut als Zauberstab wie der Magier benutzen könnte) sowie die weiße Rose (weiß = rein, Rose = Leidenschaft) als Zeichen dafür, daß er unschuldig seine Leidenschaften auslebt.

Diese kindliche Unschuld spiegelt sich in verschiedenen Aspekten wider: in seinem offenen Blick zum Himmel, in seiner unbewußten Benutzung des Zauberstabs und in seinem unbekümmerten Voranschreiten auf den Abgrund zu. Das Bild erinnert an Adam und Eva im Paradies, bevor sie die Frucht vom Baum der Erkenntnis aßen. Der Narr wird aus seiner unbewußten Unschuld in die Welt des Bewußtseins stürzen – wie Adam und Eva oder ein neugeborenes Kind, das die Einheit mit der Natur (Mutter) verläßt und das Licht dieser Welt (seiner Welt der Polaritäten) erblickt. Der Narr symbolisiert somit den Urzustand des Menschen (daher ist er die Karte Null = die Einheit), bevor er durch die Erfahrung der Polarität (Der Magier = Die Eins = Yang und Die Hohepriesterin = Die Zwei = Yin) zu einem höheren Bewußtsein gelangt. Dieses in den Lektionen des Lebens erlernte Bewußtsein führt den Menschen wieder zurück in die Welt der Unschuld, der Intuition und somit zurück zur Einheit. Daher ist der Narr der Beginn des Weges zur Bewußtwerdung (= Die Großen Arkana) und auch dessen Ende. Er ist somit Die Null und Die Zweiundzwanzig.

Die Bedeutung
Entdecken Sie Ihren Pioniergeist wieder. Werden Sie sich bewußt, welche Kraft in Ihnen steckt. Der Beginn Ihrer stofflichen Existenz auf dieser Erde war der Sieg eines einzigen Samenfädchens über Millionen von ›Mitbewerbern‹. Das heißt: Am Beginn Ihres jetzigen Daseins hat sich Ihre Urzelle gegenüber unzähligen anderen Zellen durchgesetzt. Sie haben sich den Weg in dieses Dasein gebahnt.

Möglicherweise haben Sie durch die Verstrickungen in den Alltag vergessen, sich dieser Kraft bewußt zu sein. Möglicherweise haben Sie eher Büchern und Statistiken geglaubt als Ihrer Intuition. Die Karte Der Narr fordert Sie auf, wieder mehr auf Ihre innere Stimme zu hören. Denken Sie daran, daß am Beginn jeder großen Tat die Intuition steht, die erst den gesamten Bewußtseinsmechanismus in Gang setzt.

Aktivieren Sie Ihre Intuition, indem Sie sich entspannen. Leben Sie mehr aus Ihren Eingebungen heraus als nach dem Ratschlag oder dem Wollen anderer. Der Narr heißt nicht, daß Sie sich verrückt anziehen oder überhaupt ›aussteigen‹ sollen. Aber wenn Ihnen das hilft, wieder mehr zu sich zurückzufinden, dann tun Sie es. Ein guter Zugang zur Intuition, zu Ihrem Unterbewußtsein, sind Symbole. Denken Sie über die Rose in der oben beschriebenen Bedeutung nach oder über den Hund oder den Adlerkopf auf dem Beutel. Tiere symbolisieren die Sexualität. Sie umgeben den Narren, als wären sie Teil von ihm. Erkennen Sie, daß Sexualität ein Teil von Ihnen ist, der zu Ihnen gehört: eine Rose, die Sie verschenken können. Sex ist eine kreative Form der Kommunikation in der Sprache des Körpers.

Sie stehen vor einem Sprung in eine neue Lebensphase. Orientieren Sie sich nach oben (Himmel). Seien Sie sich Ihrer Energie (Sonne) bewußt und machen Sie sich keine Sorgen, abzustürzen. Wenn Sie intuitiv vorgehen, also Ihrer inneren Stimme folgend, werden Sie nicht hinunterfallen, sondern wie der Narr seine Arme (mit den weiten Ärmeln) ausbreiten und wie ein Vogel (oder Drachenflieger) in eine neue Welt hinabgleiten. Eine neue Bewußtseinsstufe steht Ihnen bevor. Gehen Sie als Kind hinein – offen für alle Erfahrungen. Lassen Sie den von vorgefaßten Meinungen und Theorien blockierten Erwachsenen auf dem Felsvorsprung zurück. Er zieht Sie nur bleischwer nach unten.

Meditation

Gehen Sie in Ihre Entspannung. Betrachten Sie jede Einzelheit auf der Karte und überlegen Sie, was sie Ihnen sagt und wie Sie sich dabei fühlen. Wenn es Ihnen leichter fällt, dann nehmen Sie Papier und Schreibgerät zu Hilfe und listen Sie alle Details auf.

Wenn Sie diese intensive Betrachtung abgeschlossen haben, dann versenken Sie sich in den Narren. Fühlen Sie wie er, versetzen Sie sich an den Ort, an dem er ist. Hören Sie den Hund bellen und spüren Sie die Wärme der Sonnenstrahlen. Sie sind frei und unbeschwert. Machen Sie dann einen Schritt nach vorn. Setzen Sie den Hund in den Beutel und ziehen Sie den kleinen Fallschirm heraus. Halten Sie den Stab waagerecht in Augenhöhe. Wie ein Luftballon an einer Schnur bläht sich über Ihnen der Schirm auf. Ihr Kleid und Ihr Ärmel werden gleichermaßen vom Aufwind erfaßt. Springen Sie. Fallschirm, Stab und Flügelkleid geben Ihnen ein stabiles Gleichgewicht. Sanft und langsam schweben Sie ins Tal hinab. Genießen Sie es.

Suggestion

Voll Vertrauen in meine innere Kraft springe ich in eine neue Lebensphase.

Die Eins – Der Magier

Das Bild

Viele Narren in der Geschichte waren gleichzeitig Magier. Magie ist die Anwendung der Kräfte, über die der Narr (zumindest der im Tarot abgebildete) unbewußt verfügt. Der Magier symbolisiert somit Bewußtsein und Handeln. Er realisiert. Daher ist er wie die Eins in der Kabbala oder das Hexagramm Kien im I Ging der erschaffende Beginn des gesamten Orakels. Er hat die vier Symbole der Kleinen Arkana (siehe dort) – Stab, Kelch, Schwert und Münze – als rituelle Gegenstände zur Verfügung. Er gibt ihnen Bedeutung, das heißt, er erweckt sie erst zu ihrer Bestimmung (zum Leben).

Indem Der Magier den Stab bewußt emporhält, nimmt er die kosmische Energie auf (Der Narr war sich dieser Möglichkeit gar nicht bewußt). Mit der linken Hand gibt er diese Geisteskraft an die Erde weiter. Er wird zum Mittler zwischen Himmel und Erde und verwandelt somit die schöpferische Energie (Kreativität) in sichtbare Gegenstände. Dadurch bleibt er stets mit der materiellen (physischen) Welt verbunden – symbolisiert durch die Blumen, die ihn umgeben. Die Blumen und das Rot seines Umhanges zeigen noch eine andere Verbundenheit des Magiers mit der Realität: die Emotion und das von ihr ausgelöste Verlangen. Wie Der Narr trägt Der Magier ein weißes Untergewand, seine innersten Beweggründe sind also rein. Aber er hat daneben den Trieb, zu handeln, seine kreative Energie auch tatsächlich einzusetzen.

Er hat sein Wissen aus der Unendlichkeit (siehe die liegende Acht über seinem Kopf) des allumfassenden Überbewußtseins. Daher kann er dieses Wissen auch sinnvoll zum Wohle der Menschen einsetzen. Der Magier des Tarot ist ein Priester, ein Druide, ein Schamane. Die Trickzauberer unserer Tage haben von ihm nur bestimmte Fingerfertigkeiten gelernt, das spirituelle Fundament haben sie nicht übernommen. Der hier gezeigte Magier ist auch kein Schwarzmagier, der sein Wissen benutzt, um Macht über Menschen auszuüben.

Die Karte Eins des Tarot zeigt einen Menschen in seiner höchsten Bestimmung: Reinen Herzens (weißes Untergewand) empfängt er die höhere Energie (Stab), erfüllt von seinem Auftrag (roter Umhang) gibt er die Energie und das Wissen an die Welt weiter (linke Hand) und bringt damit Glück und Freude (goldgelber Hintergrund). Vergleichen Sie dazu Die Acht und Die Fünfzehn.

Die Bedeutung

Der Magier will Sie an Ihre schöpferischen Fähigkeiten erinnern. Wenn Sie jetzt ein neues Projekt planen oder vor einer neuen Lebensphase stehen, dann achten Sie auf Entschlossenheit und Willenskraft, wie sie im Gesicht des Magiers deutlich werden. Handeln Sie gelöst und unverkrampft wie Der Magier, der weiß, daß er nicht verbissen kämpfen muß. Es genügt, daß er seine Energie an die richtige Stelle lenkt.

Die Karte zeigt Ihnen auch den Weg. Handeln Sie, statt behandelt zu werden. Lassen Sie Ihre Energie frei durch sich hindurchfließen. Öffnen Sie sich Ihrem Überbewußtsein, indem Sie alles, was Sie tun, einem höheren Zweck widmen. Der entscheidende Durchbruch für dieses Buch zum Beispiel war, als ich erkannte, daß ich meine Arbeit Ihrem Glück widme. Ich will, daß Sie durch dieses Buch glücklicher, zufriedener und erfolgreicher werden. Und ich weiß, daß dies für Sie geschieht, wenn Sie sich dem Inhalt des Buches völlig öffnen. Ich habe, als ich das Buch schrieb, Tag für Tag im entspannten, meditativen Zustand mein Höheres Selbst (mein Überbewußtsein) um Hilfe gebeten. Ich wünsche Ihnen, daß Sie dieselbe Erfahrung dieser gewaltigen Energie machen, an die wir uns jederzeit anschließen können.

Vertrauen Sie dieser unendlichen Kraftquelle, die zu Ihrer Verfügung steht. Denken Sie jedoch stets daran, daß Sie diese Energie kreativ umsetzen. Wenn Sie nur aufnehmen wollen (weil Sie glauben, dann stärker zu sein als andere), kann es sein, daß Sie nicht mehr damit umgehen können. Halluzinationen, Schreckensvisionen oder Panik können die Folge sein. Wenn Sie diese Energie jedoch *für* die Menschen, aus Liebe zu den Menschen, einsetzen, um zu deren Wohl oder Freude etwas zu erschaffen, dann werden Sie erleben, daß diese Kraftquelle tatsächlich unerschöpflich (unendlich) ist.

Meditation
Entspannen Sie sich und überlegen Sie, in welchen Bereichen Ihres Lebens Sie schöpferisch sein können. Ihr Wohlbefinden hängt zum Großteil davon ab, wie Sie Ihre Fähigkeiten ausdrücken können. Sie können die für Sie erfüllende Art und Weise, sich auszudrücken, finden, indem Sie nachforschen, wann Sie etwas getan haben, das Sie ganz forderte. Nehmen Sie als Kriterium, daß Sie voll Liebe und ganz bei der Sache waren. Wenn es eine Tätigkeit war, die Ihrem Vergnügen diente (wie Skifahren, Surfen etc.): gut.

Gehen Sie weiter in Ihrem Leben zurück, bis Sie auf eine Erfahrung stoßen, wie Sie Befriedigung fanden, indem Sie etwas für andere taten. Rufen Sie sich das Gefühl, das Sie dabei erlebten, zurück. Lassen Sie sich Zeit dafür.

Übertragen Sie jetzt dieses Gefühl auf alles, was Sie derzeit kreativ, das heißt aus eigenem Antrieb oder mit innerer Begeisterung, tun. Widmen Sie all dies (Ihre Energie, Ihre Ideen, Ihre Kreativität) dem Glück und der Freude Ihrer Mitmenschen und bitten Sie Ihr Höheres Selbst um Hilfe. Genießen Sie, daß Sie Ihre Unternehmungen nun weniger Kraft kosten, weil Sie mehr Kraft haben.

Suggestion
Ich erhalte kosmische Energie, weil ich und mein Höheres Selbst eins sind.

Die Zwei – Die Hohepriesterin

Das Bild

Die Hohepriesterin ist das Symbol für das weibliche Prinzip, die Yin-Kräfte im Menschen, ebenso wie Der Magier die männliche Energie verkörpert. Die Priesterin hat sich von der äußeren Welt zurückgezogen, um in die innere Welt (Unterbewußtsein, Überbewußtsein) einzudringen. Wie jede Frau ist sie mit dem Zyklus des Mondes verbunden (er liegt ihr zu Füßen). Sein silbriger Glanz schimmert auf ihrem Kleid. Die Farbe Blau zeigt den Zusammenhang: Es ist das klare Blau des Himmels (Überbewußtsein), gepaart mit dem Blau als Symbol für das Unterbewußtsein (die Blaue Blume der Romantik etc.). Weil die Priesterin dieses Prinzip: das Anerkennen der zweiten Kraft im Menschen (neben dem Verstand = Yang = männliches Prinzip), lebt, erreicht sie tiefe innere Weisheit.

Sie sitzt vor einem Tempel. Der Vorhang scheint das Innere zu verschleiern, aber er tut es nicht wirklich: Wasser und eine Hügelkette deuten sich hinter dem Vorhang an. Gemeint ist damit das Unterbewußtsein, das meist noch vom Schleier des Nicht- (Un-) Bewußten verhüllt ist. Die Priesterin weiß, daß das Ausleben des weiblichen Prinzips dazu führt, den Schleier zu lüften und Teil des ewigen Fließens zu werden.

Hier, in der Welt des Verstandes, existieren die Gegensätze, die Polaritäten: der schwarze und der weiße Pfeiler (Sie werden in den Trümpfen immer wieder auf Pfeiler stoßen). Allerdings zeigen die

Buchstaben B (Boaz) und J (Jakin), daß die Dualität der Dinge eine Illusion unseres Verstandes ist. Boaz symbolisiert Passivität, das weibliche Prinzip, Jakin steht für Aktivität, das männliche Prinzip. Das eigentlich dunkle B (= Yin/weiblich) trägt jedoch die Farbe des eigentlich hellen J (= Yang/männlich). Jedes Prinzip trägt sein Gegenteil in sich. So ist es auch bei der Hohepriesterin. Das Erleben ihres Unterbewußtseins (weiblich) bringt sie in den Besitz der Thora (Buch = männlich), und diese Kombination führt sie zu höchster und tiefster Weisheit. Die Thora (vergleichen Sie das Anagramm Taro!) ist zusammengerolltes (gebündeltes) und teilweise verborgenes Wissen, das nur der Priesterin zugänglich ist, weil sie in Einklang mit sich lebt (siehe die Harmonie der ganzen Karte). Vgl. Sie Die Neun und Die Sechzehn.

Die Bedeutung

Die Hohepriesterin entspricht in ihrer Aussage dem Hexagramm Nr. 2 des I Ging: Erfahren Sie den ›dunklen‹ Teil Ihres Selbst. Ziehen Sie sich zurück und hören Sie in sich hinein. Sie haben möglicherweise oft das Gefühl, daß Sie die Antwort auf so manche Frage intuitiv wissen. Oder Sie wissen (intuitiv) genau, was als Nächstes geschieht: wer gerade jetzt anruft, was der andere in diesem Moment denkt oder daß Sie schon einmal an einem Ort waren, obwohl Sie ihn (in diesem Leben) noch nie besucht haben. Das heißt: Sie haben schon oft in Ihrem jetzigen Leben die Erfahrung von Intuition gemacht. Die Karte Zwei zeigt, daß Sie mehr und mehr mit dieser inneren Stimme vertraut werden und danach leben sollten.

Weil dieser Teil des Menschen vom Verstand nicht kontrolliert werden kann (der Verstand, das Bewußtsein, kann mit dem Unterbewußtsein nur *zusammen*arbeiten, aber keine Macht auf es ausüben), wird er oft als Geheimnis, als die dunkle, magische Seite des Menschen angesehen. Anerkennen Sie jedoch diesen Teil an sich als Türöffner zu tieferen Weisheiten, dann lüften Sie den Schleier des Verborgenen und erkennen, welcher Frieden und welche tiefe Harmonie in der Erfahrung der Intuition (= des Unterbewußtseins, der sogenannten dunklen, verborgenen Kräfte) liegt. Die Hohepriesterin fordert Sie auf, den

Weg der Erkenntnis zu gehen, indem Sie zwischen Bewußtsein und Unterbewußtsein ein Gleichgewicht herstellen.

Da wir alle aus der Balance geraten sind – einschließlich des Planeten, auf dem wir leben –, müssen wir das Unterbewußtsein wieder mehr in unser Leben integrieren. Die Karte zeigt, daß der Lohn für diese Rückbesinnung Weisheit (Wissen) und Frieden sind. Gerade die Frau symbolisiert in ihrer Verbindung mit der Mutter Erde die Energie, die diesem Prinzip innewohnt. Erkenntnis ist nicht allein möglich durch Betonung des aktiven Teils (»jung, progressiv, dynamisch«). Sie bedarf auch des passiven Teils (»warm, mitfühlend, aufnehmend«). Erst die Balance zwischen beiden schafft die Grundlage für Einsicht und Wissen. Betonen Sie Ihren weiblichen Teil. Entdecken Sie Ihr Unterbewußtsein.

Meditation
Entspannen Sie sich und meditieren Sie die Karte. Sinnen Sie nach, welche Emotionen das Blau in Ihnen auslöst. Welche Wirkung geht vom Gesicht der Priesterin aus? Lassen Sie das Bild auf sich wirken.

Konzentrieren Sie sich dann auf den Vorhang und seinen Hintergrund. Blicken Sie durch den Schleier. Lassen Sie das ruhige Wasser und die Hügelkette wirklich vor Ihrem geistigen Auge entstehen. Vielleicht erinnert Sie die Landschaft an einen schönen Urlaub, an eine angenehme Erfahrung. Erleben Sie die Landschaft.

Richten Sie jetzt Ihre Aufmerksamkeit auf die Thora, auf das Kreuz und auf die Ähnlichkeit der Priesterin mit Maria, der Mutter des Erleuchteten, Jesus. Nehmen Sie eines der Weisheitsbücher dieser Erde: die Bibel, den Koran, die Veden oder was immer, und schlagen Sie eine beliebige Seite auf. Vertiefen Sie sich in die Gedanken, die Sie finden. Wenn Ihnen das zu mühsam ist, dann meditieren Sie auf den Satz: »Ich habe dich bei deinem Namen gerufen« (Jesaja 45,4).

Suggestion
Ich lebe in Verbindung mit meinem Unterbewußtsein und entdecke mein Höheres Selbst.

Die Drei – Die Herrscherin

Das Bild

Während Die Hohepriesterin (Die Zwei) die intuitive Erkenntnis symbolisiert, stellt Die Herrscherin Gefühl und Sinnlichkeit dar. Dem kühlen Blau der Priesterin stehen das warme Rot und Gold der Herrscherin gegenüber. Sie ist das Sinnbild der Harmonie aus der Eins und der Zwei: die Kräfte des Magiers (der Stab in der Rechten) verbunden mit der Weiblichkeit der Priesterin (fließende Kleider, warmer Gesichtsausdruck). Das Verlangen nach Aktivität (rotes Polster, rote Decke) teilt sie mit dem Magier (roter Umhang), die Intuition (blaues Wasser) mit der Priesterin.

Die Kombination beider Elemente wird auf der Karte sehr sinnlich zum Ausdruck gebracht. Die Natur quillt über vor Fruchtbarkeit (ein Kornfeld, grüne Wiesen und Bäume). Die Königin sitzt auf weichen Polstern. Ihr Schmuck ist üppig (die Krone verkörpert die zwölf Sternzeichen, die Perlenkette zeigt die neun Planeten). Der Fluß spendet ihr Lebenskraft. Alles steht dieser Ur-Frau (Herz mit Venus-Symbol) zur Verfügung. Sie stellt damit gleichzeitig den Überfluß der Natur dar. Wie ein Kind (ebenfalls eine Synthese aus der Eins und der Zwei) erlebt sie die Schöpfung sinnlich, mit ihren fünf Sinnen, aber ohne Wertungen oder Meinungen des Verstandes.

Sie verkörpert wie die Priesterin Kraft durch Weisheit. Aber im Unterschied zu jener gewinnt die Königin ihre Stärke aus ihrer Emotion, aus ihrer Leidenschaft (rote Lippen, weiche weibliche Formen).

Sie zeigt damit einen anderen Weg zur Erkenntnis: Emotional erfährt sie die äußere materielle Welt und damit den Geist, der ihr innewohnt. Die Herrscherin *erlebt* die inneren Wahrheiten und Weltgesetze, die Priesterin erkennt sie. Ihre Leidenschaft und ihre Sinnlichkeit bringen die Königin zum tieferen Sinn der Natur. Zwischen dem Studium der Thora (Die Priesterin) und der sinnlichen Erfahrung eines Kornfeldes (Die Herrscherin) besteht eigentlich nur der Unterschied zwischen Theorie und Praxis. Letztlich führen beide zur Einsicht, daß sich ständig alles wandelt (alles fließt, siehe das Symbol Wasser), daß alles aus Licht-Energie besteht und aus ihr entstanden ist (siehe das Gold). Vergleichen Sie dazu Die Zehn und Die Siebzehn.

Die Bedeutung

Vielleicht wundern Sie sich manchmal, daß Sie trotz aller Aktivität, die in Ihnen steckt, und trotz aller Suche nach Einsicht und Erkenntnis eine Leidenschaft verspüren, einfach zu genießen. Wahrscheinlich fühlen Sie eine tiefe Liebe zur Natur und zu den Freuden des Lebens. Ein ausgedehntes Abendessen, eine erfüllte Liebesnacht, etwas, das Sie erschaffen (Kunst, Handwerk etc.) – all das läßt in Ihnen ein Gefühl des Glücks und der Zufriedenheit entstehen.

Genau davon spricht diese Karte. Sie haben Die Drei gezogen, weil Ihr Lebensweg die sinnliche Erfahrung der Welt ist. Lassen Sie sich darauf ein. Seien Sie leidenschaftlich in allem, was Sie tun. Wie der Künstler nur dann Kunstwerke erschaffen kann, wenn er die Passion dazu in sich spürt, so können auch Sie Ihrem Handeln Bedeutung verleihen, indem Sie sich ganz geben. Hören Sie nicht auf die Menschen, die Ihnen weismachen wollen, daß der Weg zur Erkenntnis in der Askese liegt. Sie sind hier auf diesem Planeten. Alles, was diese Erde bietet, muß zuerst erlebt werden, bevor Sie den tieferen Sinn davon finden (meist wird er Ihnen schon während des Erlebens klar).

»Gut« und »schlecht« sind Wertungen und somit Erfindungen unseres Verstandes, der Gegensätze braucht, um sich zu orientieren. Manche Menschen gehen diesen Weg weiter, bis sie verstandesmäßig erkennen, daß alle Gegensätze nur Illusionen sind. Andere Menschen kommen durch Aktivieren des Unterbewußtseins und durch Meditation zu dieser Erkenntnis. *Sie* entdecken in *Ihrer* sinnlichen Erfahrung der Welt, daß in allen äußeren Erscheinungen ein innerer Wert steckt – eine Idee, ein Geist, der vor der Materie gewesen sein muß (um diese zu erschaffen). Leben Sie nach Ihrer Emotion, die Ihnen Orientierung gibt. Freuen Sie sich an den zahllosen Wundern, die die Natur für Sie bereithält. Eines dieser Wunder sind Ihre tiefen und leidenschaftlichen Gefühle.

Meditation
Entspannen Sie sich. Sehen Sie die Karte an und lassen Sie sie auf sich wirken. Entdecken Sie die Lebensfülle, die in dem Bild steckt. Das sind *Sie*. Denken Sie jetzt und in den nächsten Tagen nach über Gefühl, Leidenschaft, Sinnlichkeit, Liebe (zu jeder Kreatur).

Entdecken Sie, daß *alles* – vom Staubsauger bis zur genialen geistigen Abhandlung – Produkt eines kreativen Geistes ist. Oder anders gesagt: Auch der Geist (unser kreativer Selbstausdruck) ist sinnlich, denn er erschafft all die Möglichkeiten für uns, damit wir eine sinnliche Erfahrung der Wirklichkeit machen. Beobachten Sie Ihre Gefühle. Sie sind der Motor, der Sie dazu antreibt, sich auf das Leben voll einzulassen.

Vertiefen Sie diese Erfahrung, indem Sie alles, was Sie von nun an tun, mit Leidenschaft und Genuß ausführen. Ich habe bei dieser Übung viele kleine Freuden entdeckt, wie Spülen, Schuheputzen, Skifahren. Jede dieser oder ähnlicher Tätigkeiten kann Meditation sein, wenn Sie sich dessen ganz bewußt sind, was Sie gerade tun, ohne dem Verstand in die Vergangenheit oder Zukunft zu folgen und ohne (auch meist mit dem Verstand) entrückt ins Jenseits oder in Theorien davon zu flüchten.

Suggestion
Ich erfahre den Sinn der Schöpfung mit allen meinen Sinnen.

Die Vier – Der Herrscher

Das Bild

Der Herrscher ist auf den ersten Blick ein alter (weißer Bart), steifer (Rüstung) Mann. Er repräsentiert genau das Gegenteil der Herrscherin. Die Landschaft hinter ihm ist Wüste und ausgezehrtes Gestein (kein üppiger Garten wie bei der Herrscherin), der Fluß ist nur noch ein Rinnsal. Die Drei und Die Vier werden in der Tarot-Literatur oft als Mutter und Vater interpretiert, von deren Macht sich der Mensch in seinem Erwachsenwerden lösen muß – um gleichzeitig zu erkennen, daß er beide Prinzipien in sich trägt.

Somit ist Der Herrscher der Vater, der die Regeln der Gesellschaft, Recht und Ordnung verkörpert. Diese Stellung verleiht ihm Macht, dargestellt durch das *ankh* (= ägyptisches Symbol für Leben) in seiner Rechten. Fünfmal taucht bei ihm das Symbol des Sternzeichens Widder auf: viermal am Thron und einmal an der Spitze seiner Krone. Es soll Macht und Bereitschaft zum Kampf ausdrücken (siehe auch die Rüstung). Allerdings symbolisiert der Widder ebenfalls den Frühling: Auch aus der Ordnung entsteht neues Leben. Zur ungezügelten Energie des Narren und zur warmen Natürlichkeit der Herrscherin muß die Ordnung des Herrschers hinzugefügt werden, um Dauerhaftes zu erschaffen.

Seine Kraft hat den Herrscher zu einem Problem werden lassen: Ein übermächtiger Staat oder ein Erstarren in Normen (Moral, Erziehung) bringen eine freie Entwicklung der Gesellschaft oder des einzelnen Menschen zum Stillstand. Hinzukommt, daß diese Macht eine Eigendynamik entwickelt: den Willen zur Herrschaft (roter Umhang). Die Karte ist damit nach meiner Meinung ein Auftrag zu Vorsicht und Machtkontrolle. Weder eine Gesellschaft noch ein einzelner dürfen von Regeln und Gesetzen beherrscht werden, auch und gerade weil wir Ordnung brauchen. Vergleichen Sie dazu Die Elf und Die Achtzehn.

Die Bedeutung
Sie begegnen dem Gesetz. Das können ein Gang vor Gericht sein oder die Erledigung von Formalitäten in Behörden, ein Konflikt mit der Polizei oder eine Auseinandersetzung mit dem Prinzip Vater. Es muß nicht Ihr leiblicher Vater sein, sondern ist die Person, die das Väterliche verkörpert: Ihr Partner, Ihr Vorgesetzter, andere Autoritäten. Vielleicht haben Sie auch selber eine Vaterrolle angenommen oder Gesetz, Stabilität und Ordnung für sich zum obersten Grundsatz erhoben. Möglicherweise haben Sie diese Haltung von Ihrem Vater oder von der Gesellschaft (= dasselbe Prinzip) übernommen.

Die Vier des Tarot bewertet diese Einstellung nicht (Orakel wie das Tarot bewerten nie). Sie weist nur darauf hin, daß eine Auseinandersetzung mit dem Vaterprinzip, dessen Bewußtwerdung, bei Ihnen ansteht. Sie erkennen dieses Prinzip in allen Regeln und Normen. Bewußtwerden heißt, zu überprüfen, welche dieser Regeln Ihr Leben fördern und welche Ihr Leben behindern oder einschränken. Erwachsen werden heißt unter anderem, die schädlichen Normen abzulegen und die positiven bewußt zu wählen. Es bedeutet also, über das von außen Beeinflußte oder Anerzogene innerlich hinauszugehen.

Der Herrscher fordert schließlich dazu auf, sich generell über die Ordnung Gedanken zu machen. Der Kosmos (griech. = die Ordnung) ist wie unser Körper ein geordnetes Ganzes. Ohne Naturgesetze würde das Leben nicht funktionieren. Auf der materiellen Ebene sind diese Naturgesetze die freie Übereinkunft der Atome und Moleküle (an ein und derselben Stelle im Raum können sich nicht zwei Körper gleichzeitig befinden). Auf der geistigen Ebene besteht diese Ordnung aus frei gewählten Richtlinien, die uns das Leben erleichtern. Prüfen Sie, ob Ihre Richtlinien Ihnen guttun. Decken Sie auf, wo Sie Macht spüren

(Gesetze und deren Vertreter sind begierig auf Macht, ebenso der Vater-Teil in uns, der sie verkörpert), überprüfen Sie Ihr Verhältnis zu Autoritäten. Speziell in Deutschland sind Amt und Würde ein Problem für viele. Stellen Sie sich Ihrer Angst vor der Autorität, konfrontieren Sie sich damit. Es wird Ihnen leichter fallen, wenn Sie sich die Person, vor der Sie sich fürchten, bei einer urmenschlichen Tätigkeit (Duschen, Klogehen, Zähneputzen) vorstellen. Entdecken Sie das ›Menscheln‹, das sich hinter der Maske von Gesetz und Ordnung verbirgt.

Meditation

Entspannen Sie sich. Spüren Sie Ihren Körper. Überprüfen Sie jeden Muskel: Spannen Sie ihn an und lassen Sie ihn los. Vermutlich haben Sie im Schulter- und Nackenbereich größere Verspannungen. Lenken Sie Ihren Atem in diese oder andere verkrampfte Regionen.

Verkrampfung entsteht aus dem Gefühl, etwas tun zu müssen, was man nicht will, oder etwas nicht zu können, wozu man eigentlich verpflichtet wäre. Gehen Sie jetzt Ihr Leben durch: Wann hatten oder haben Sie dieses Gefühl? Wer sitzt Ihnen im Nacken und fordert etwas von Ihnen? Wer beherrscht Sie?

Machen Sie eine Bestandsaufnahme und vereinbaren Sie dann mit sich, daß Sie sich nicht mehr regieren lassen (auch nicht von dem Teil in Ihnen, der ständig sagt: »Du solltest jetzt aber besser das tun«, »Du müßtest schon längst . . .« etc.). Stellen Sie Ihre eigenen Regeln auf. Sie sind Herrscherin (Mutter) und Herrscher (Vater) Ihres Lebens. Nehmen Sie diese beiden Tarot-Karten und sehen Sie die positiven Eigenschaften von ihnen: das Weiche und das Feste, die Zartheit und die Stärke. Stellen Sie sich vor, daß der König die Rüstung abnimmt, um die Königin zu lieben. Er wird von ihrer sinnlichen Energie beflügelt, und sie erfreut sich seiner Kraft. Erst die Verbindung von Yin (weiblich, Mutter) und Yang (männlich, Vater) stellt das Gleichgewicht her, das Sie wie jeder Mensch brauchen, um Glück und Erfüllung zu finden.

Suggestion

Ich bin der Herrscher über mein Leben.

Die Fünf – Der Hierophant

Das Bild

Der Hierophant verkörpert die Lehre der Religion und damit den Teil der Erziehung, der der Bewußtwerdung des Höheren Selbst gewidmet ist. Wie im I Ging, muß auch hier im Tarot das spätmittelalterliche Bild des Papstes (Tiara, Thron etc.) auf unsere Zeit übertragen werden. Es ist nicht ein Symbol für die orthodoxen Lehren der katholischen Kirche, sondern es repräsentiert die Orientierung, die jede Religion geben kann.

Allerdings weist der Hierophant weniger auf die unmittelbare Erfahrung des Höheren Selbst mittels Erfahrung hin, wie das Die Hohepriesterin versinnbildlicht hat. Die Pfeiler der päpstlichen Kirche sind grau: das Unterbewußtsein bleibt un-bewußt, die Dualität der Welt (schwarz-weiß) wird nicht erkannt. Ganz verdeckt hat der Hierophant ebenfalls die Schlüssel zum Höheren Selbst: Das Blau seines Untergewandes, sichtbar an Hals und Füßen, zeigt, daß sein Unterbewußtsein zwar vorhanden ist, er es aber nicht für die Verkündigung seiner Lehre nutzt.

Daß es bei dieser Karte um Lehre, also um Erziehung geht, zeigen die beiden Diakone (Anwärter). Sie begeben sich unter den Schutz des Pontifex. Er und seine Lehre lösen deren inneren Widersprüche auf. Die Dualität oder Polarität der Welt wird damit als menschliches Problem dargestellt. Bei der Hohepriesterin war es eine unverrückbare Tatsache (zwei Säulen). Die Liebenden (Die Sechs) stellen selber die Gegenpole dar. Im Wagenlenker (Die Sieben) wird die Dualität zwischen innen (Geist) und außen (Materie) anhand der beiden Sphinxe veranschaulicht. Auf allen vier Karten steht über oder neben den beiden Polen immer der vermittelnde dritte: Bewußtsein und Unterbewußtsein öffnen zusammen das Überbewußtsein, das Bewußtsein unseres Höheren Selbst, das der Hierophant noch dogmatisch verkündet. Dennoch ist diese starre Lehre von Nutzen, denn sie führt dazu, die Welt aus einer anderen Perspektive zu betrachten (vgl. Die Zwölf) und schließlich das Wissen (vgl. Die Neunzehn) zu erlangen.

Die Bedeutung

Der Hierophant zeigt an, daß Sie in einer Lebensphase stecken, in der Sie sich mit Dogmen (einer Kirche), wissenschaftlichen Theorien oder allgemein mit Ihrer Erziehung auseinandersetzen. All diese Regeln und Kodizes sind Hilfsmittel zur Orientierung und damit in der Phase des Erwachsen-(= Bewußt-) Werdens notwendig. Viele Menschen behalten diese geistigen Grundmuster ihr Leben lang bei, weil sie glauben, es handle sich dabei um unverrückbare Weisheiten oder Tatsachen. In Wirklichkeit sind aber alle Normen vom Menschen aufgestellt, und was in der einen Gesellschaft als Sünde gilt, mag in einer anderen (irgendwo auf einem anderen Kontinent) als ehrbare Handlung angesehen werden.

Sie kommen nicht darum herum, Ihre Maßstäbe, die Sie von Elternhaus, Schule, Kirche oder der öffentlichen Meinung (Freunden, Verwandten, Medien) übernommen haben, kritisch zu überprüfen. Wie die beiden Anwärter sind wir stets versucht, uns von anderen vordenken zu lassen. Der Stellungnahme der eigenen Partei zur Aufrüstung der beiden Supermächte zu folgen ist leichter, als sich einen eigenen Standpunkt zu bilden. Sie mit dieser Schülerhaltung zu konfrontieren, ist Sinn dieser Karte.

Diese Fünf ist jedoch kein Aufruf zur Revolution. Sich mit den Verhaltensregeln von Kirche oder Gesellschaft auseinanderzusetzen bedeutet, sie sich bewußt zu machen. Nicht die Tradition dieser Normen ist schlecht, sondern der unbewußt-unkritische Standpunkt ihnen gegenüber. Ich bin mir beispielsweise auf meinem langen esoterischen Weg meiner Wurzeln in der katholischen Kirche bewußt geworden, deren Dogmen in meiner Pubertät meinen Widerspruch herausgefordert haben. Der Katholizismus ist für mich heute ein Weg von vielen zur Bewußtwerdung des Höheren Selbst – wenn auch ein komplizierter, weil die Dogmen ständig hinterfragt werden müssen. Ohne die Konfrontation mit dem Hierophanten ist es kaum möglich, in den Tempel der Hohepriesterin zu gelangen. Aber letztlich ist das das Ziel jeder Erziehung, den Schüler oder das Kind instandzusetzen, Verantwortung für sich selbst zu übernehmen, den eigenen Weg zu gehen. Auf der geistigen Ebene ist es *ein* Weg: der vom Dogma über das Infragestellen zum Wissen (siehe auch Die Zwölf, Die Neunzehn).

Meditation
Entspannen Sie sich und vertiefen Sie sich in die Karte. Welche Gefühle löst der Hierophant in Ihnen aus? Lassen Sie alle Emotionen frei. Welche Bilder aus Schule oder Elternhaus kommen hoch, wenn Sie sich in die Karte versenken? Erleben Sie die Stimmungen, die diese Erinnerungen wachrufen.

Gehen Sie dann aus dieser Erlebensphase in eine kritische Bestandsaufnahme über. Welche dieser Stimmungen hat Ihre geistigen Einstellungen nachhaltig geprägt? Um ein Beispiel zu geben: Als ich acht Jahre alt war, lebten in meinem Elternhaus für einige Tage drei Patres, die in Südkorea, Afrika und Indien missionierten. Sie beeindruckten mich so tief, daß ich trotz meiner Verurteilung der Kirche in den Pubertäts- und Nachpubertätsjahren immer sagte: »Aber die wirkliche Kirche sind nicht die Dogmen, sondern diese Männer und Frauen des Glaubens.«

Fragen Sie sich schließlich, worin Ihr eigener Weg bestehen könnte. Wie sieht Ihr Bild der Welt aus? Bitten Sie Ihr Höheres Selbst um Orientierungshilfe und seien Sie offen für die Hinweise und Zeichen, die Sie daraufhin erhalten werden.

Suggestion
Mein Höheres Selbst zeigt mir den für mich geeigneten Weg.

Die Sechs – Die Liebenden

Das Bild

Der Mensch ist erwachsen geworden. Die Eltern (Die Drei und Die Vier – Herrscherin und Herrscher) verlieren ihren Einfluß, die Erziehung (Die Fünf = Der Hierophant) ist nicht mehr oberste Richtschnur des Handelns. Sexualtrieb und Liebe befreien den Menschen aus seiner kindlichen Unmündigkeit und führen ihn zu neuer Einsicht. Zum zweitenmal (nach den neun Monaten im Mutterleib) erlebt der Mensch eine Einheit, nur diesmal als Vereinigung zweier gleichartiger Menschen. Frau und Mann auf der Karte sind erwachsen und im (nackten) Urzustand der Erkenntnis.

Diese erste bewußte Erfahrung der Einheit von Mann und Frau (= die Aufhebung der Dualität) ist nur möglich, weil beide zusammenkommen. Der Engel des Wissens erscheint über beiden Köpfen. Hinter dem Mann steht der Baum des Lebens, ein Symbol seiner männlichen Yin-Energie (dargestellt durch Blätter, die Flammen gleichen). Die Frau hat den Baum des Wissens hinter sich (dargestellt durch die Schlange als Symbol der Weisheit des Unterbewußtseins). Die Liebe vereinigt beide Prinzipien: Magier und Hohepriesterin sind verbunden. Der Mann als verkörpertes Prinzip der Vernunft blickt zur Frau, die Frau sieht zum Himmel empor.

Hier ist das Gleichnis vom Sündenfall im Paradies auf die Kernaussage gebracht: Das männliche Vernunftprinzip wird durch die Leidenschaft gesprengt, die Grenzen des Ego lösen sich auf. In der Vereinigung mit der weiblichen, sinnlichen Yang-Energie stößt der Mensch zur wirklichen Erfahrung der Einheit vor. Beide brauchen einander. Bewußtsein (Mann) und Unterbewußtsein (Frau) ermöglichen das Überbewußtsein (Engel, Sonne). Nicht umsonst umschreiben christliche Mystiker ihre Erfahrung mit Gott als »unio mystica«, als geheimnisvolle Vereinigung. Nur so können die Liebenden den trennenden Berg, der zwischen ihnen steht, hinter sich lassen.

Die Vertreibung von Adam und Eva aus dem Paradies ist mit dieser Karte erläutert: Adam und Eva müssen den Zustand kindlicher Unschuld und Unbewußtheit verlassen, um selber eine Erfahrung von Einheit zu machen, also bewußt zu werden. Erkenntnis beginnt für jeden mit dem Verlust der Geborgenheit (zuerst des Mutterleibes, dann des Elternhauses). Der Sexualtrieb führt uns jedoch zu einer neuen Stufe des Lebens: zum Bewußt- oder Erwachsenenwerden. Und diese neue Ebene bringt uns dazu, über unsere irdische Existenz hinauszublicken (vgl. Die Dreizehn – Der Tod) und nach dem Tod des Ego das wahre Wesen unseres Seins zu erkennen (vgl. Die Zwanzig – Das Gericht).

Die Bedeutung

Es geht um Liebe. Möglicherweise gehen Sie eine Beziehung ein oder erfahren Hilfe durch Ihren Partner. Vielleicht haben Sie aber gerade jetzt Probleme mit Ihrer Liebe. Die Karte will nicht Ihren tatsächlichen Zustand beschreiben (den Sie ohnehin selbst wissen), sondern will Ihnen das Bild von Liebe vermitteln, das Ihnen eine Orientierung geben kann.

In einer Liebe von Bestand muß immer eine Perspektive enthalten sein. Das kann zum Beispiel die Freude sein, die Sie und Ihr(e) Partner(in) sich gegenseitig schenken, oder der Wille, zusammenzuhalten, was auch immer geschehen mag. Oft besteht das über die beiden Einzelwesen Hinausgehende in der Ergänzung: An Ihrem Partner erkennen Sie die andere Möglichkeit zu leben. Ohne Ihren Partner wären Ihre Eigenheiten einseitig.

Die Karte weist noch auf eine andere Ebene hin. In unseren westlichen Gesellschaften ist aus der jahrhundertelangen Verdammung der Sexualität heraus der Sexualtrieb als Sünde und als ›niedere‹ Eigenschaft gesehen worden. Sex ist schlecht und bringt den Menschen vom höheren Weg ab (direkt in die Hölle). Ich erinnere mich, daß unser Religionslehrer sagte, daß Selbstbefriedigung zur Gehirnschädigung führe. Die Tarotkarte Die Liebenden läßt für derlei Unsinn keinen Platz: Der Sexualtrieb ist eines der Geschenke der Natur und damit Schöpfung der kosmischen und göttlichen Ordnung, um Menschen die Möglichkeit zu geben, die Grenzen des Ego zu sprengen und Einheit zu erleben. Die Hohe Schule des Tantra lehrt, daß das Ziel jeder körperlichen Vereinigung eben jene Erfahrung ist. Das Problem, weswegen die Sexualität so lange und immer noch gebrandmarkt wird, ist, daß es sich um einen sehr individuellen Weg der Gotteserfahrung handelt, der von keinem Dogma geregelt werden kann. Entdecken Sie Ihre Sexualität als kreativen Selbstausdruck und als Möglichkeit, Einheit zu erleben.

Meditation

Ich glaube nicht, daß es für jemanden notwendig ist, eine der Tantra-Schulen zu besuchen, um sein Verhältnis zur Sexualität zu klären (wenngleich die Beschäftigung mit Tantra nicht schadet). Ich habe vielmehr die Erfahrung gemacht, daß wir unsere sexuelle Energie nutzen, ja daß wir Sexualität als Meditation erleben können, wenn einer der folgenden drei Aspekte eintritt:

Der erste Weg, diese Energie umzusetzen, ist das eigene Vergnügen. Das heißt: Wann immer Sie sexuell aktiv sind und dabei Freude und Lust empfinden, erleben Sie die Kundalini-Kraft als belebend, stimulierend, ausgleichend und positiv.

Sexualität kann Ihnen ferner die Bewußtheit davon geben, daß Energie da ist, daß sie verändert, antreibt, erschafft, Form erhält und dynamisch ist. Sie erfahren im Ausdruck Ihrer körperlichen Lust, daß Sie voll positiver Energie stecken. Werden Sie sich dessen bewußt.

Erst wenn Sie Dankbarkeit für Ihre Sexualität empfinden, weil sie Ihnen Freude und das Gefühl, lebendig zu sein, vermittelt, können Sie den dritten Schritt vollführen. Ich nenne diesen Schritt den »Auslöser«.

Achten Sie darauf, was in Ihnen und um Sie herum geschieht, wenn Sie sexuell stimuliert sind. Entspannen Sie sich und fühlen Sie die Energie. Bestimmen Sie den Ort (vermutlich den Genitalbereich), in dem Sie die Energie am meisten spüren. Richten Sie Ihre gesamte Aufmerksamkeit auf diesen Teil Ihres Körpers. Beginnen Sie nun, diese Energie durch Ihren gesamten Körper zu bewegen: Ihre Energiepunkte (= Chakren) öffnen sich in dem Moment, da Ihre sexuelle Energie dort eintrifft. Alles, was Sie tun, ist, die Kraft und ihre Bewegung innerhalb Ihres Körpers zu spüren. Der tiefe Wunsch, daß die Energie Ihren gesamten Körper erfülle, genügt, um Ihnen eine Erfahrung davon zu geben, welche Energie in Ihnen steckt – und zu Ihrer Verfügung steht.

Suggestion
Meine sexuelle Energie öffnet alle Energiepunkte (Chakren) meines Körpers.

Die Sieben – Der Wagen

Das Bild

Im Bild des Wagens finden sich alle Symbole der ersten Kartenreihe der Großen Arkana. Der Wagenlenker hält wie der Magier den Stab in der Rechten, aber er dient ihm nicht zur Aufnahme kosmischer Energie, sondern er gebraucht ihn als Demonstration seiner Willenskraft (alles auf der Karte wird von dieser Stärke kontrolliert). Die Symbole der magischen Zeremonie sind auf seinem Rock abgebildet, und sein Gürtel zeigt Tierkreiszeichen und Planeten.

Mit der Hohepriesterin verbindet ihn der Stoff an der Rückseite des Wagens. Wie der Vorhang in deren Tempel repräsentiert dieser Baldachin das Unterbewußtsein, aus dessen Einflußbereich der Wagenlenker jedoch heraustritt. Das unterstreicht auch das Symbol des Wassers: Die Räder des Wagens stehen darauf, aber der Wagen selbst ist auf dem Ufer – das Unterbewußtsein ist zwar der Motor des Wagenlenkers, aber er hat keine (bewußte) Verbindung zu ihm. Die Sphinxen schließlich stellen wie die Tempelsäulen bei der Hohepriesterin die Dualität der Welt dar. Die Auflösung der Widersprüche durch einen Dritten erfolgt auf jeder Trumpfkarte. Hier ist es die Willensstärke, die beide Sphinxen *beherrscht*. Sie blicken in verschiedene Richtungen – nur der Wille des Lenkers hält sie zusammen.

Die Herrscherin erscheint im grünen Ufer wieder und im glühenden Quadrat auf dem Brustpanzer des Lenkers: Seine Sinnlichkeit ist kontrolliert (Quadrat, achtzackiger Stern auf der Krone). Ebenfalls unter Kontrolle hat er die Regeln der Gesellschaft: Die Stadt (Symbol für den Herrscher) ist nur Hintergrund.

Eine Anknüpfung an den Hierophanten taucht in den Schulterplatten seiner Rüstung auf. Die mondhaften Gesichter werden von verschiedenen Tarot-Interpreten als Urin und Thummim, die Schulterplatten des Hohepriesters von Jerusalem, ausgelegt. Die Liebenden kehren in den Achsen des Wagens wieder. Diese Radachsen gelten als Symbol für das (indische) männliche Prinzip Shiva und das weibliche Prinzip Parvati. Beide Energien kommen aus dem Unterbewußtsein (Wasser), aber der Wagenlenker hat sie unter Kontrolle.

Der Wagen selbst wird somit zum Symbol dafür, daß ein Mensch alle Bereiche seines Lebens kontrolliert, nachdem er die ersten sieben Entwicklungsstufen hinter sich gelassen hat. Er zeigt einen reifen Erwachsenen, der seinen Erfolg sucht und findet, der aber noch nicht in die Tiefe des Unterbewußtseins und die Weite des Überbewußtseins vordringt, wie es später in der Vierzehn (siehe dort) und in der Einundzwanzig (siehe dort) zum Ausdruck kommt.

Die Bedeutung

Die Karte bedeutet Erfolg auf der ganzen Linie (in allen Lebensbereichen). Die Sieben ist nicht nur eine mystische und heilige Zahl, sondern auch in der jüdischen Geheimlehre Kabbala das Symbol für Sieg. Mir fällt bei dieser Karte immer der durch den Nationalsozialismus verunstaltete Begriff »Triumph des Willens« ein. Und tatsächlich ist der Wagenlenker in esoterischen Kreisen nicht sehr beliebt. Viele sehen in ihm die starre Maske des Ego, die alles kontrollieren will.

Die Botschaft der Karte ist daher eine doppelte: Sie haben Erfolg, und zwar auf allen Ebenen des Lebens, weil Sie sich beherrschen können und andere Ihre Stärke anerkennen. Sie haben allen Grund, stolz darauf zu sein. Aber: Seien Sie wachsam, daß Sie nicht erstarren wie der Wagenlenker. Er beherrscht alles so energisch, daß er am Ende gar nicht mehr aus seinem Panzer herauskommt. Seien Sie sich bewußt, daß Ihr jetziger Erfolg ein Ergebnis Ihrer Willensstärke ist. Überlegen Sie von Fall zu Fall, ob Sie Ihre Energie, Ihre Sinnlichkeit und

Sexualität, Ihr Unterbewußtsein und Ihren Drang, das scheinbar Unerklärliche zu erforschen, zügeln wollen. Wenn ja, dann tun Sie es mit Bewußtsein, wenn nein, dann lesen Sie die nächsten Abschnitte und sehen Sie sich Die Mäßigkeit (Die Vierzehn) und Die Welt (Die Einundzwanzig) an. Da Ihre Zeichen auf Sieg stehen, haben Sie jetzt die Chance, Ihren Wagen in Bewegung zu setzen und in neue Bereiche vorzudringen. An Willenskraft fehlt es Ihnen ja wirklich nicht.

Meditation
Entspannen Sie sich und vertiefen Sie sich in die Kraft, die von dieser Karte ausgeht. Lassen Sie einfach Ihre Phantasie in dem Bild dieses Wagenlenkers schweifen. Das sind Sie! Stellen Sie sich in den Wagen und gehen Sie mit ihm auf Reisen. In diesem Fall brauchen Sie keine Zügel: Sie brauchen sich nicht zu zügeln. Es ist eine Fahrt in das Land Ihrer Bilder und damit Ihres Unterbewußtseins.

Vertrauen Sie sich einmal dem Wagenlenker an, der in Ihnen steckt, und begeben Sie sich unter seine Führung. Wie Sie auf der Karte sehen, ist Ihr Wagen nicht an Wege oder Straßen gebunden. Er überquert die Flüsse auch ohne Brücke und ist so schnell, daß Sie sogar fremde Kontinente bereisen und in andere Zeiten (vergangene und zukünftige) vordringen können. Ziehen Sie sich die Rüstung an. Stellen Sie sich in den Wagen und geben Sie den Sphinxen den Befehl, loszurennen. Um alles weitere brauchen Sie sich nicht zu kümmern. Ihre Reise geschieht ganz von selbst, und Sie können sie entspannt genießen.

Suggestion
Ich bin in allem, was ich tue, erfolgreich.

Die Acht – Die Kraft

Das Bild

Die Frau zähmt den Löwen. Nicht Willenskraft bändigt die Emotionen und Leidenschaften, sondern innere Ruhe. Die Energie des Löwen muß im Zaum gehalten werden, aber nicht durch Kontrolle (wie beim Wagenlenker), sondern durch verstehende Liebe. Daher hat Die Kraft auch die Zahl Acht, eine weibliche Zahl. Der Wagenlenker hat die männliche Sieben. Wie Der Magier und Die Hohepriesterin sind beide (Die Sieben und Die Acht) die Ergänzung zueinander. Gleichzeitig zeigen Der Wagenlenker und Die Kraft, wie sich die beiden Urprinzipien 1 und 2 im realen Leben darstellen, oder anders ausgedrückt: wie sie gelebt werden (können).

Die liegende Acht über dem Kopf der Kraft (als Symbol für Unendlichkeit) stellt die Verbindung zum Magier (Die Eins) her: Aus dem Mann ist (nach Hinzunahme der Kraft des Unterbewußtseins durch die Hohepriesterin) eine Frau geworden. Diese Frau hat alle Vorzüge des weiblichen Prinzips. Ihre sinnliche Ausstrahlung (blonde Haare, Blumengürtel, wallendes Kleid) verbindet sie mit der Herrscherin. Die Kraft vereinigt damit die (bewußte) Stärke des Magiers mit der (unterbewußten) Wahrheit der Hohepriesterin und der (emotionalen) Leidenschaft der Herrscherin. Wieder (wie in vielen Trümpfen des Tarot) ist die Dreiheit hergestellt. Meist ist die Synthese nötig, um eine Aufgabe zu erfüllen. Auf diesem Bild ist diese Aufgabe, die Lebens- und Sexualenergie des Löwen in die richtigen Bahnen zu lenken.

Der Löwe symbolisiert die Leidenschaften und ungezügelten Energien. Ihm werden der Planet Sonne und das Element Feuer, das Gold und der Schwefel zugeordnet. Wenn Schwefel in Gold gewandelt wird, geschieht dasselbe, wie wenn die animalischen Kräfte durch Liebe in eine kreative Energie transformiert werden. Das Tarot wertet nie. Die Triebe sind daher nichts Niederes oder Verwerfliches, im Gegenteil: Werden sie richtig umgesetzt, bereichern sie das Leben und bringen Erfüllung und Glück (Symbol der fruchtbaren Landschaft im Hintergrund). Vergleichen Sie dazu Die Eins und Die Fünfzehn.

Die Bedeutung

Sie kennen Ihre Gefühle und Leidenschaften, aber Sie lassen sich nicht von ihnen beherrschen. Sie haben die innere Stärke, zu Ihren Emotionen und Trieben zu stehen. Viele Ihrer Mitmenschen, die Angst vor ihren innersten Wünschen und Bedürfnissen haben, bewundern Sie deshalb.

Anerkennen Sie sich für dieses Talent. Hören Sie nicht auf diejenigen, die aus Angst eine Moral erfunden haben. Ursache dieser Moral ist die Unfähigkeit, die eigenen Triebe zu sehen, zu akzeptieren und dann in angemessener Weise auszuleben. Sie haben das natürliche Maß bereits in sich. Daher brauchen Sie weder künstliche Moral noch eingebildete Furcht. Gerade die Energie in uns, die durch unsere stärksten Gefühle (Leidenschaften) frei wird, kann zu höchster Erfüllung führen. Sie können sozusagen das Tier in Ihnen als Antrieb zur Erfahrung Ihres Höheren Selbst (Überbewußtseins) nutzen.

Ihre Stärke beruht nicht in der Macht eines alles kontrollierenden Verstandes (siehe Der Wagenlenker), sondern in Ihrer inneren Ruhe. Ihre Stärke ergibt sich daraus, daß Verstand (Bewußtsein) und Intuition (Unterbewußtsein) bei Ihnen in Einklang sind. Ich habe in meinen Therapien häufig die Erfahrung gemacht, daß die Vorstellung der inneren Harmonie häufig mit dem Bild einer Art Heiligkeit oder Entrücktheit verbunden war. Speziell esoterisch interessierte Klienten verwarfen ihre Sexualität als niedere Triebe, die sie von höheren Weihen abhielten. Ich bin – mit Arthur Edward Waite (dem Schöpfer des »Rider«-Tarot-Decks), dem Esoteriker Aleister Crowley und indischen Tantraschulen – absolut gegenteiliger Meinung: Sexualität ist die Energie unseres Körpers. Da wir auf diesem irdischen Planeten leben, haben alle hier auftretenden Energien den Sinn, uns in unserer geistigen Entwicklung zu unterstützen. Sie sind also samt und sonders positive Gaben der Natur für unsere Vervollkommnung. Wenn sie in diesem Sinne eingesetzt werden (siehe Tantra und siehe auch die Symbolik dieser Karte), beflügeln sie den Prozeß unserer Reifung.

Meditation
Entspannen Sie sich. Rufen Sie dann in Ihrem Unterbewußtsein die Stichworte Triebe und Leidenschaften ab. Lassen Sie alle Erlebnisse und Phantasien vor Ihrem geistigen Auge entstehen. Erleben Sie die Situationen, von denen Sie immer geträumt haben, oder erinnern Sie sich an die, die noch heute tiefe Gefühle in Ihnen auslösen. Malen Sie sich alles bis ins Detail aus.

Anerkennen Sie sich dann dafür, daß Sie zu solchen Leidenschaften fähig sind. Spüren Sie die Energie, die allein in der Phantasie und Vorstellung dieser Erlebnisse liegt. Sie wissen jetzt mehr über Ihr Innerstes und damit über die unendlichen Möglichkeiten, Leben zu erfahren. Seien Sie stolz auf diese Erfahrung.

Fragen Sie dann jedes einzelne erfahrene oder vorgestellte Erlebnis nach seiner tieferen Bedeutung ab. Um Ihnen ein Beispiel zu geben: Ich habe mich oft gefragt, warum ich speziell während des Verfassens eines Buchmanuskriptes sehr stark mit meinem Sexualtrieb konfrontiert bin. Die Antwort ist einfach, aber ich brauchte drei Bücher, um sie zu finden: Sexuelle (Kundalini-)Energie »erdet« den Menschen, verbindet ihn also mit der Energie unseres Planeten. Sie half mir, beim Schreiben nicht die Realität aus den Augen zu verlieren, also auf dem Boden zu bleiben. Sie ist zweitens eine enorme kreative Kraftquelle.

Suggestion
Ich schöpfe Kraft aus meiner inneren Harmonie.

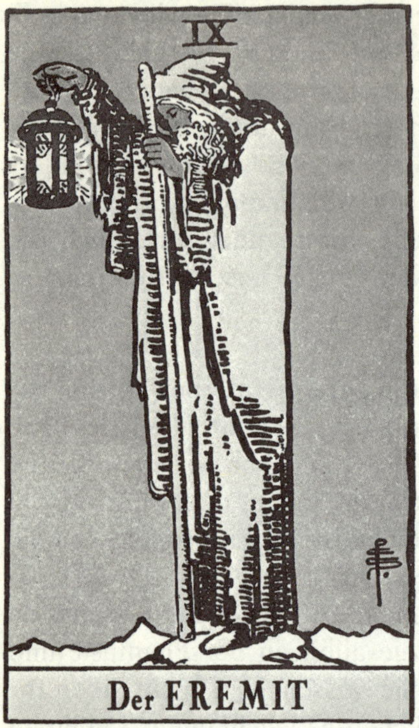

Die Neun – Der Eremit

Das Bild

Der Einsiedler steht auf einem kalten, einsamen Gipfel. Er hat sich von der Welt zurückgezogen und ist in sich gekehrt. Der sechszackige Lichtstern seiner Laterne zeigt, daß ihm sein Unterbewußtsein Führer ist: Er besteht aus einem nach unten und einem nach oben gerichteten Dreieck, den beiden alchimistischen Symbolen für Wasser und Feuer. Der Eremit schöpft sein Wissen aus dem Unterbewußtsein (Wasser) und gibt es als Lehrer weiter (Feuer). Die beiden Dreiecke sind ferner eine Darstellung der männlich-weiblichen Dualität (wie wir sie in den gesamten Großen Arkana und im I Ging finden). Die Gegensätze sind im Licht der Erleuchtung aufgehoben.

Wie Die Hohepriesterin hat der weise alte Mann die äußere Welt verlassen. Beide sind die gleichen Urbilder, nur (wie beim Magier und der Kraft) mit verteilten Geschlechterrollen. Auch dieser Wechsel zwischen Mann und Frau in den Siebenerreihen der Trümpfe soll auf die Aufhebung der Gegensätze hinweisen, die immer dann eintritt, wenn wir unser inneres Licht leuchten lassen. Manchmal ist es hierfür notwendig, sich zurückzuziehen, die graue Kutte (Symbol für die innere = leidenschaftslose Betrachtung) überzustreifen und uns einzig auf unser inneres Wissen (siehe Stab des Eremiten) zu stützen. Auch der Stab des Magiers kehrt in den Großen Arkana (ebenso wie die Darstellung der Polarität und ihre Aufhebung in der Dreiheit) immer wieder. Der Narr gebraucht ihn ohne Wissen, wie ein Kind. Der

Magier benutzt ihn als ›Antenne‹ für die Aufnahme kosmischer Energien, als Draht zum Höheren Selbst (Überbewußtsein). Für den Einsiedler ist er eine Stütze.

Wenn Sie die jeweiligen Entsprechungen Ihrer Karte in den anderen beiden Siebenerreihen betrachten, dann sehen Sie immer die Entwicklung. Die Zwei (Die Hohepriesterin) zeigt den Archetypen (das Urbild), den Rückzug in die Welt des Unterbewußtseins. Die Neun (Der Eremit) beschreibt die tatsächliche Handlung, die Erfahrung. Die Sechzehn (Der Turm) nennt die Konsequenzen: eine mögliche Umwertung der Werte, eine Neuorientierung, gewonnen aus der Ein(= Innen-)sicht des Eremiten.

Die Bedeutung

Ziehen Sie sich von Ihren weltlichen Aktivitäten zurück. Das muß nicht heißen, daß Sie auf einsame Berggipfel oder in die Wüste gehen sollen, um zu fasten und zu meditieren. Aber Sie sollten jetzt Ihren Interessenschwerpunkt von außen nach innen verlagern. Wenn Sie genau in sich hineinhören, werden Sie spüren, daß dieser Schritt ohnehin einem inneren Bedürfnis entspricht.

Orakelsysteme wie das Tarot machen nur sichtbar, was Ihr Unterbewußtsein als gerade jetzt für Sie richtige Maßnahme erkannt hat. Vielleicht treffen Sie auch in dieser Phase einen Lehrer, der Ihnen das Licht der Erkenntnis bringt. Wichtig ist, daß Sie sich innerlich auf die neuen Erfahrungen einlassen. Ich habe Klienten erlebt, denen diese Karte sehr zupaß zu kommen schien. Sie wollten darin die Aufforderung sehen, sich in der Welt (ihrer Mitmenschen) nicht mehr engagieren zu müssen. Genau diese Interpretation geht jedoch am Bild des Eremiten völlig vorbei. Er zieht sich zurück, um eine tiefe Erfahrung seines Unterbewußtseins zu machen, und teilt die neuen Erkenntnisse anderen mit. Das heißt: Er bleibt sehr wohl in Kontakt mit seiner Umwelt, wenn auch nicht mit ihrem äußeren Schein.

Einige meiner Klienten hatten Die Neun zu Beginn der Therapie. Das zeigte, daß sie tatsächlich innerlich bereit waren, sich mit ihrem Innersten (mit ihrem Unterbewußtsein) zu konfrontieren. In der Tiefenentspannung (Trance) findet genau jener Prozeß statt, den der Einsiedler mit seiner Versenkung erreicht.

Noch einmal: Der Rückzug von der Geschäftigkeit der äußeren Welt – dargestellt am Bild des Eremiten (und der Hohepriesterin) – hat als Motiv die Selbsterkenntnis. Es ist keine Flucht aus Angst vor den Menschen oder vor der Realität des täglichen Lebens. Es ist eine frei gewählte Wende nach innen.

Meditation

Entspannen Sie sich und lassen Sie das Bild des Eremiten auf sich wirken. Gewinnen Sie Vertrauen und Zuneigung zu dem alten Mann. Betrachten Sie sein Gesicht und seine Hände. Versenken Sie sich in das Licht (mich erinnert es immer an die Sterne, die wir als Kinder in der Adventszeit gebastelt haben). Wenn Sie auf diese Weise mit dem Einsiedler vertraut geworden sind, dann stellen Sie sich vor, wie Sie zu ihm hingehen und ihn ansprechen.

Er ist bereit, mit Ihnen zu reden. Sagen Sie ihm alles, was Sie auf dem Herzen haben. Er wird sich jedes Problem anhören. Und selbst wenn er Ihnen nicht immer antworten sollte, so spüren Sie doch, daß allein die genaue Schilderung Ihrer Fragen bereits Klärung bringt. Fühlen Sie die Ruhe und die Kraft, die vom Eremiten auf Sie übergehen.

Stellen Sie sich dann vor, Sie selbst seien der Eremit und jemand wie Sie käme mit seinen Problemen zu Ihnen auf Ihren einsamen Berggipfel. Überlegen Sie jetzt erneut Ihre Antworten auf Ihre Fragen von vorher. Was würden Sie diesem Menschen mit Ihren Problemen raten?

Sehen Sie durch dieses Wechselspiel, daß es jeweils Ihr Verstand ist, dem Zusammenhänge unklar sind. Ihr Unterbewußtsein sieht die Dinge klar, aber es bedarf der Sammlung und Meditation, manchmal auch des Rückzugs, um die Botschaften des Unterbewußtseins zu hören und zu verstehen.

Suggestion

Aus der Versenkung in mein Innerstes erfahre ich die Zusammenhänge zwischen Innen und Außen.

Die Zehn – Das Rad des Schicksals

Das Bild

Der Eremit (Die Neun) hat sich von der Welt zurückgezogen. Das Ergebnis seiner Meditation ist die Erkenntnis, daß das Leben mit einem sich ständig drehenden Rad verglichen werden kann. Durch den Abstand von den tatsächlichen äußeren Ereignissen während der Meditation erhalten wir einen Einblick in die Zusammenhänge. Die Symbole auf der Karte unterstützen uns dabei.

Die äußere, materielle Welt wird auf dem Bild durch die vier Figuren in jeder Ecke der Karte dargestellt. Von rechts unten gegen den Uhrzeigersinn gelesen, repräsentieren sie Feuer, Wasser, Luft und Erde (im Tarot = Stäbe, Kelche, Schwerter und Pentakel) und werden von einigen Interpreten die »Wächter des Himmels« genannt. Die hebräischen Buchstaben auf dem äußeren Kreis des Rades sind (wieder gegen den Uhrzeigersinn gelesen, von rechts oben beginnend) Yod, Heh, Vav, Heh. Diese vier Buchstaben der Thora YHVH sind nur Konsonanten und stehen für den unaussprechlichen Namen Gottes. Sie sind mit den vier Elementen verbunden (siehe oben) und mit den vier römischen Buchstaben, zwischen denen sie stehen.

Diese römischen Lettern ergeben Taro (= Tarot), anders gelesen Thora (die hebräische Schriftrolle der Hohepriesterin) oder rota (lat. = Rad) oder orat (lat. = er spricht oder betet) oder den Namen der ägyptischen Göttin Ator. Die englischen Esoteriker des Zirkels »Golden Dawn« interpretieren daraus den Satz: »Rota Taro Orat Thora

Ator« = »Das Rad des Taro(t) spricht das Gesetz der Ator«. Ator war die Göttin des Todes. Die Trumpfkarte Zehn zeigt also das Gesetz des Todes = des Lebens. Es ist das Gesetz der ständigen Wiederkehr (Reinkarnation): Jeder Tod in der einen Welt (Diesseits) bedeutet gleichzeitig die Geburt in der anderen Welt (Jenseits).

Ebenfalls vier ist die Anzahl der Symbole auf den Speichen. Von oben an im Uhrzeigersinn gelesen, repräsentieren sie Quecksilber, Schwefel, Wasser und Salz (Wasser steht dabei für Auflösung). Alle Zeichen zusammen bedeuten Transformation (die Umwandlung von einem Zustand in einen anderen in einer höheren Ebene). Wiederkehr und Verwandlung werden noch deutlicher in den drei Wesen am Rand des Rades gezeigt. Die Schlange (Symbol für den Totengott Seth) bringt den Tod. Sie ist auf der absteigenden Seite des Rades. Der Mann mit dem Schakalkopf (Anubis, Seths Sohn) führt die toten Seelen hinauf (aufsteigende Seite des Rades) zur Spitze des Rades, wo die Sphinx des Horus (Gott der Auferstehung) ihnen neue Lebensenergie gibt. Daß die Sphinx an der Spitze des Rades steht, bedeutet: Das Geheimnis des Kreises der endlosen Wiederkehr offenbart sich demjenigen, der in seinem Unterbewußtsein nach der Erklärung dafür sucht. Vergleichen Sie auch Die Drei (Die Herrscherin) und Die Siebzehn.

Die Bedeutung

Das Rad Ihres Lebens dreht sich. Alles wandelt sich ständig (davon spricht auch das gesamte I Ging). Es hat keinen Sinn, sich diesem Naturgesetz widersetzen zu wollen. Wie auf die Nacht der Tag folgt, so schlägt eine tiefe Vertrautheit in Fremdheit um, ein Zusammensein in Trennung oder genauso Trauer in Freude und sogar Feindschaft in Freundschaft. Forschen Sie nicht zu sehr nach den Ursachen der Veränderungen. Das Rad dreht sich, auch wenn wir keinen Grund dafür erkennen. Sinnvoller ist es, die Wandlung als Aufforderung zu sehen, das Leben als Erneuerungsprozeß zu verstehen.

Alle sieben Jahre erneuert sich die Haut des Menschen vollständig. Jeder Sommer geht einmal zu Ende (und kehrt neu wieder). Bevor in der Natur Neues wächst, muß das Alte sterben. Bevor unsere Seele ins

Jenseits geht, muß unser Körper sterben: Es findet also eine Wandlung statt von Materie in Geist. Am Beginn unseres nächsten irdischen Lebens materialisiert sich unsere Geistseele neu.

Nutzen Sie die Chance, in den Veränderungen, die auf Sie zukommen, das ewige Gesetz des Universums, das Ein und Aus zu erfahren. Meditieren Sie darüber. Lesen Sie darüber. Wenn Sie Fragen dazu haben, dann gehen Sie in die Entspannung und bitten Sie Ihr Unterbewußtsein um Antwort. Es ist der einzig kompetente Gesprächspartner dafür, denn dieser Bildspeicher ist die ›Bodenstation‹ unseres Höheren Selbst. Es ist der Teil in uns, der schon vor dem jetzigen Körper war und der uns auch in den nächsten Körpern zur Verfügung stehen wird. Vertrauen Sie sich diesem weisen Ratgeber an und Sie ergründen das Geheimnis der ewigen Wiederkehr.

Meditation

Entspannen Sie sich und drehen Sie das Rad Ihres Lebens vor und zurück, ganz wie Sie Lust haben. Sie können in die Erinnerung zurückgehen und die Veränderungen der letzten Jahre oder Jahrzehnte wiedererleben. Oder Sie können eine Phantasiereise in die Zukunft unternehmen. Wichtig ist jeweils nur, daß Sie ganz ins Detail gehen.

Machen Sie die Erfahrung, daß sich selbst die zunächst schmerzlichste Veränderung aus späterer Sicht als sinnvoll erweist. Gehen Sie dann einen Schritt weiter. Forschen Sie nach, ob Sie einen Bereich Ihres Lebens finden, in dem sich nichts verändert hat. Sind Sie wirklich hier oder dort derselbe geblieben? Möglicherweise sehen Sie nur Veränderungen in den äußeren Lebensumständen. Gehen Sie wirklich in sich: Äußere Wandlungen sind stets Ausdruck innerer Umstellungen. Außen ist wie innen und oben wie unten. Spüren Sie dem tieferen Sinn dieses Auf und Ab nach.

Meditieren Sie über den Satz: Veränderungen treten ein, wenn ich das Alte vollständig erfahren und verstanden habe.

Suggestion

Ich erkenne das Rad als Chance, mich weiterzuentwickeln.

Die Elf – Die Gerechtigkeit

Das Bild

Die Gerechtigkeit ist das nach innen gewandte Bild des Herrschers. Während dieser nach außen Ruhe und Ordnung herstellt, bemüht sich Die Gerechtigkeit um innere Ausgewogenheit. Innere Harmonie ist ein Gleichgewicht zwischen Erkennen (= Unterbewußtsein, verkörpert durch die Hohepriesterin) und Handeln (= Bewußtsein, symbolisiert durch den Magier). In der Elf wird diese Balance durch eine Reihe von Symbolen dargestellt. Die Gerechtigkeit selbst ist eine Frau mit männlichen Zügen. Sie sitzt, aber ihr rechter Fuß zeigt an, daß sie auch bereit ist zu gehen. Zwei Pfeiler und der Vorhang bilden ihren unterbewußten ›Hintergrund‹ (vgl. Die Hohepriesterin), ihr rotes Kleid und ihre entschlossene Haltung zeigen das bewußte Anwenden ihrer zuvor gewonnenen Erkenntnisse (die Rechte hält ein Schwert = Symbol für Handlung, die Linke weist nach unten und hält eine Waagschale = Symbol für geistige Kraft, die aus der inneren Balance von Handeln und Erkennen, Gegenwart und Vergangenheit erwächst).

Die Gerechtigkeit ist somit auf einer höher entwickelten Ebene die Synthese von Hohepriesterin und Magier. Das Erkennen aus dem Unterbewußtsein heraus hat die Hohepriesterin zur Weisheit geführt: Hintergrund und Kleid der Gerechtigkeit sind nicht mehr blau, sondern purpur. Die geistige Kraft, die Der Magier durch die Anrufung höherer Mächte erhält, setzt Die Gerechtigkeit in Handlungen um: Ihr Schwert entscheidet, und ihre Waage wägt ab.

Die Strenge des Herrschers (Die Vier) ist nicht mehr notwendig. Die Dame Justitia strahlt innere Aufrichtigkeit aus. Im Grunde hat sie Eigenschaften aller bisherigen elf Karten. Auf der Ebene der dritten Siebenerreihe der Großen Arkana entspricht ihr Die Achtzehn: Aus dem inneren Gleichgewicht heraus werden Visionen des größeren Zusammenhangs möglich.

Die Bedeutung

Sie machen die Erfahrung von Gerechtigkeit. Was immer Sie in der Vergangenheit gesät haben, ernten Sie jetzt. Nutzen Sie die Chance, diese Erkenntnis aus der Karte und aus Ihrem Leben zu gewinnen. Sie haben jetzt die Möglichkeit, Ihre Vergangenheit zu verstehen und damit Ihre Zukunft entscheidend zu beeinflussen. Erlauben Sie mir wieder ein persönliches Beispiel. Ich habe meine Interpretation der Großen Arkana als Selbsterfahrungsprozeß (ich empfehle Ihnen, sich die 22 Trumpfkarten einmal nacheinander vorzulegen und über jedes einzelne Bild zu meditieren) und die Arbeit an der Gerechtigkeit tatsächlich als Wendepunkt erlebt. Die Elf veranlaßte mich, auf die Deutung der ersten elf Karten und gleichzeitig auf mein Leben zurückzublicken. Erst die Versöhnung mit allen meinen Handlungen machte den Weg für eine positive Zukunft frei. Erst die Erkenntnis, daß die Mühe, die mir das Erläutern der ersten elf Karten machte, in direktem Zusammenhang stand mit der Schwierigkeit, die eigene Vergangenheit ausschließlich als sinnvoll und positiv zu sehen, brachte mir die Energie, mit dem Buch fortzufahren.

Versöhnen Sie sich mit Ihrer Vergangenheit. Sie war eine Abfolge von Lernschritten, die Sie dahin brachten, wo Sie heute stehen. Diese Vergangenheitsbewältigung befähigt Sie, Ihr Leben ehrlich zu sehen: ›Fehler‹ erkennen Sie als notwendige Lektionen, Erfolge als Vertrauen in die eigene Schaffenskraft. Ebenso ehrlich, wie Sie sich selbst gegenüber werden, behandeln Sie Ihre Mitmenschen. Sie richten sich nach Ihrer inneren Wirklichkeit aus und ordnen Ihr Leben neu. Die Gerechtigkeit repräsentiert geistige Kraft = Entscheidungsstärke, die aus Ihrem neugewonnenen inneren Gleichgewicht erwächst.

Sie sehen, daß alle Erlebnisse in der Vergangenheit gleich gewichtet waren: Gut und schlecht fallen als Beurteilungskriterien weg. Alle Handlungen waren von Ihnen selbst kreiert, um Erfahrungen zu sammeln. Die Instanz, die all diese Schritte einfädelt und wirklich werden läßt, ist dieselbe, die Ihnen jetzt diese Übersicht und diese Erkenntnis ermöglicht: Ihr Unterbewußtsein, jener innere Kern, der sich von all den äußeren Erlebnissen nie aus dem Gleichgewicht bringen läßt.

Meditation
Entspannen Sie sich. Nehmen Sie die bisherigen elf Tarot-Karten (Die Null bis Die Zehn) und vergleichen Sie sie mit Ihrem Leben. Lesen Sie dazu die Interpretationen in diesem Buch und setzen Sie diese in Beziehung zu Ihren Fähigkeiten und Erfahrungen.
Die Null:
Erinnern Sie sich an Erlebnisse, bei denen Sie intuitiv handelten. Rufen Sie sich Ihre Sorglosigkeit ins Gedächtnis zurück. Ich stellte bei dieser Analyse fest, daß nicht meine Kindheit vom Prinzip des Narren geprägt war, sondern meine kreativen Phasen.
Die Eins:
Besinnen Sie sich auf Ihre Stärke, auf Ihr aktives Handeln. In Ihrer Vergangenheit werden Sie Beispiele für Ihre Tatkraft finden.
Die Zwei:
In Ihrem Unterbewußtsein ist alle Erkenntnis gespeichert. Lassen Sie die Karte auf sich wirken. Spüren Sie die sanfte Energie und erinnern Sie sich der positiven Erfahrungen, die Sie mit Ihrer Intuition gemacht haben.
Die Drei:
Welche Eigenschaften Ihrer Mutter haben Sie übernommen? Welche Bedeutung haben Sinnlichkeit und Leidenschaft in Ihrem Leben?
Die Vier:
Welche Rolle spielt Ihr Vater in Ihrem Leben? Welches Verhältnis haben Sie zu Autoritäten (Chef, Lehrer, Vorgesetzter, Staat, Behörden)? Dominiert Ihr Verstand über Ihre Gefühle? Ist der Ursprung Ihrer Verhaltensregeln die Lebensweise Ihres Vaters (Ihrer Eltern)?

Die Fünf:
Wer gab Ihnen die geistige Orientierung? Welche geistigen und religiösen Lehren sind für Sie gültig und warum? Haben diese Lehren Einfluß auf Ihr Verständnis der Vergangenheit?
Die Sechs:
Erinnern Sie sich an Ihre erste Liebe? Sie hat Sie erwachsen werden lassen. Welche Erkenntnisse haben Sie aus Ihren bisherigen Beziehungen gezogen?
Die Sieben:
Ihre Erfolge stehen im Mittelpunkt. Betrachten Sie aber auch, ob die Erfolge nur Ihr Ego befriedigt oder Sie tatsächlich weitergebracht haben.
Die Acht:
Wann spürten Sie die sanfte Macht der Liebe? Forschen Sie in Ihrem Leben nach Situationen, in denen Sie Menschen oder Dinge mit Ihrer Liebe gewonnen haben.
Die Neun:
Der Prozeß, den Sie gerade durchmachen, ist die Wendung nach innen. Erinnern Sie sich an ähnliche Zeiten in Ihrer Vergangenheit? Was veränderte sich in Ihnen während und nach solch einer Phase des Rückzugs?
Die Zehn:
Das Leben ist eine Achterbahn. Begreifen Sie das Abenteuer Leben, indem Sie zurückblicken. Ihr Innerstes ist sich bei allen Aufs und Abs stets treu geblieben: Es ist die Konstante in einer sich ständig drehenden (und wandelnden) äußeren Welt.

Suggestion
Ich erkenne die tiefen Wahrheiten hinter den äußeren Erscheinungen und richte nach dieser Erkenntnis mein Handeln aus.

Die Zwölf – Der Gehängte

Das Bild

Der Mensch hat seine Vergangenheit erforscht, seine Lektionen gelernt. Jetzt akzeptiert er. Locker und entspannt nimmt er hin, daß er an einen Baum gebunden ist – mit dem Kopf nach unten. Der T-förmige Baum stellt den hebräischen Buchstaben Tau dar, das Symbol für Leben (siehe auch Die Einundzwanzig = Die Welt). Der Gehängte markiert mit dem Rad des Schicksals und der Gerechtigkeit jenen Prozeß in der Mitte der Großen Arkana, der heißt: Bewußtwerdung der Lebensgesetze.

Ein Weg zum Welt-Verständnis ist, alles von einer entgegengesetzten Warte als üblich zu betrachten. Das Ergebnis ist Bewußtheit (Strahlenkranz um den Kopf des Gehängten). Die Zwölf zeigt an, daß der hängende Mensch (Der Gehängte kann auch als Frau interpretiert werden) die Eigenschaften der Hohepriesterin (Die Zwei) mit denen der Liebenden (Die Sechs) verbindet: zwei mal sechs ergibt zwölf. Der Gehängte ruht in seinem innersten Wissen, das er (wie Die Hohepriesterin) aus dem Unterbewußtsein (Kopf und Arme bilden ein nach unten gerichtetes Wasser-Dreieck) empfängt. Wie Der Magier (Die Zwölf ist Eins und Zwei) hat er große geistige Energie (vgl. die Farben Goldgelb und Rot), die er für das Verständnis der äußeren Welt einsetzt: Seine gekreuzten Beine ergeben eine auf dem Kopf stehende Vier. Die Vier (Der Herrscher) symbolisiert die Regeln der äußeren Welt. Der Gehängte stellt sie (in seiner umgekehrten Sehweise) auf den Kopf.

Der entspannt hängende Mensch erfährt die Prinzipien des Magiers, der Hohepriesterin, des Herrschers und der Herrscherin (Eins und Zwei ergibt Drei) auf einer höheren Ebene. Er lebt sie. Vergleichen Sie dazu die Entsprechung zur Zwölf in den anderen beiden Siebenerreihen: Die Fünf und Die Neunzehn.

Die Bedeutung

Das Bild des Gehängten enthält eine Reihe von Botschaften, deren Verwirklichung Sie in eine höhere Bewußtheit führen kann. Der augenfälligste Hinweis ist, sich die Welt einmal verkehrt herum zu betrachten. Stellen Sie dazu alle Verhaltensregeln, alle Denkgewohnheiten, alle Theorien und Vorstellungen, die Sie bisher hatten, auf den Kopf. Denken Sie zum Beispiel darüber nach, was es für Sie verändern würde, wenn diejenigen recht hätten, die behaupten, die Aufs und Abs sind nicht Leid, sondern das eigentliche Abenteuer, die wirkliche Freude im Leben.

Der zweite Rat der Karte lautet: Kämpfen Sie nicht. Akzeptieren Sie das, was ist. Verwechseln Sie das nicht mit Passivität oder gar mit Apathie. Annehmen können bedeutet, sich über den Sinn des jeweiligen Ereignisses bewußt zu sein.

Die Hauptaussage der Karte ist durch den frischen Baum und die entspannte Haltung des Gehängten ausgedrückt: Folgen Sie Ihrem Inneren (= Unterbewußtsein) und Sie werden mit dem Leben verbunden sein, aber nichts wird Sie mehr aus Ihrer inneren Ruhe bringen. Oft sind unsere Eindrücke vom Leben verzerrt durch Erwartungen oder Vorstellungen, eingefahrene Gewohnheiten oder starre Regeln. Der Gehängte fordert Sie auf, eigene Erfahrungen zu machen. Niemand auf dieser Welt kann Ihnen auch nur eine einzige Erfahrung, die Sie zum Lernen und Verstehen brauchen, abnehmen. Selbst wenn niemand versteht, welche Lektionen Sie gelernt haben oder gerade lernen: Sie sind auf diese Erde gekommen, um den materiellen (= körperlichen) Rahmen für Erfahrung zu haben. Welchen Sinn hat dieses Leben, wenn Sie sich keiner Erfahrung stellen?

Meditation
Beginnen Sie Ihre Denkmuster zu entlarven, zum Beispiel: Wenn Sie von einem anderen Menschen sogenanntes Leid erfahren – was veranlaßt Sie, eine Erfahrung als Leid zu bezeichnen (und dann logischerweise darunter zu leiden)? Warum verletzt es Sie, wenn Sie ein Freund oder Partner verläßt? Tatsache ist, daß er geht. Tatsache ist vielleicht noch, daß Sie eine schöne Zeit mit ihm hatten. Wenn diese Zeit vorüber ist, wird Raum für neue Erfahrungen frei.

Ich mache regelmäßig diese Bestandsaufnahme und stelle fest, daß Leid eine Angelegenheit des Verstandes und des Ego ist. *Ich* fühle mich gekränkt, verlassen zu werden. Ich habe im entspannten Zustand niemals diese Kränkung erlebt: Das Unterbewußtsein ist nicht von den Grenzen des Ego eingeengt. Es akzeptiert die Realität als selbstgewähltes Feld für das Sammeln von Erfahrungen.

Gehen Sie nach dieser Inventur daran, alle Ihre Standpunkte umzudrehen. Um bei dem Beispiel zu bleiben: Freuen Sie sich, wenn Ihnen Ihr Verstand Leid signalisiert. Bejahen Sie einmal etwas, gegen das Sie immer angekämpft haben. Probieren Sie es aus.

Lassen Sie schließlich Ihr Leben vor Ihrem geistigen Auge ablaufen und picken Sie sich die sogenannten schlechten Erfahrungen heraus. Danken Sie sich für diese Lektionen. Anerkennen Sie sich dafür, daß Sie sich selbst mit (sogenannten) Schmerzen den Rahmen für Erfahrung und Fortschritt gegeben haben. Ihr Unterbewußtsein hat alles so organisiert, daß Sie genau das bekommen haben, was Sie gebraucht haben. Sie haben sich Ihr eigenes Selbst (so, wie Sie jetzt sind) durch das geschaffen, was Sie getan haben. Buddha hat das Leben als Form bezeichnet, die von seinen Begierden erschaffen wurde. Meditieren Sie darüber.

Suggestion
Ich erlebe alle meine Erfahrungen als positive Schritte zu immer größerer Bewußtheit.

Die Dreizehn – Der Tod

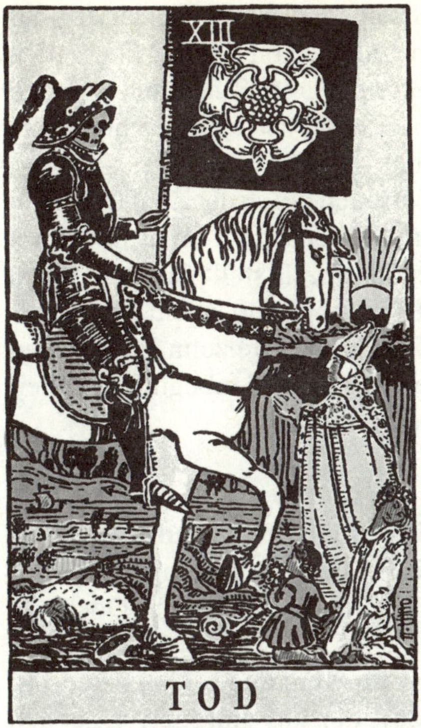

Das Bild

Der Mensch hat sich selbst erfahren. Mit Hilfe seiner inneren Kraft (Die Acht) und seiner Selbstbesinnung (Die Neun) hat er das Auf und Ab seines Lebens als sinnvoll erkannt (Die Zehn) und sich so mit seiner Vergangenheit ausgesöhnt (Die Elf). Er ist zur inneren Ruhe gekommen, hat aber gleichzeitig die Sehnsucht, alles umzudrehen und neu zu sehen (Die Zwölf). Er ist bereit, sein altes Ich sterben zu lassen und damit Platz zu machen für ein neues (Die Dreizehn).

Dieser Tod des alten Ich ist auf der Karte durch vier Personen dargestellt. Das Ego (= der liegende König) ist zusammengebrochen. Der Glaube stirbt nicht (der Bischof ist in schützende Gewänder eingehüllt). Die Emotionen und Leidenschaften treten in dieser Phase zurück (die junge Frau wendet ihr Gesicht vom Tod ab). Nur die Unschuld in uns, die Bereitschaft, die Welt spontan zu erfahren, heißt den Tod willkommen (das Kind empfängt ihn mit Blumen).

Der Tod selbst ist ein Skelett und symbolisiert damit die Ewigkeit (die Knochen bleiben zurück, nachdem Haut und Fleisch eines Toten vollständig verwest sind). Seine schwarze Rüstung zeigt Anfang und Ende seines Lebens an. Das weiße Pferd stellt die Reinheit dar und das Nichts. Deutlicher wird dieses Symbol in der weißen Rose auf dem schwarzen Banner (weiß/schwarz = Aufhebung der Gegensätze): Das Nichts ist das Verschwinden aller Leidenschaften und Bedürfnisse.

Der Hintergrund des Bildes gibt Aufschluß darüber, was Der Tod mit sich bringt: Die Geisteskraft (aufsteigende Sonne) leuchtet über einer malerischen Landschaft, die zum Teil noch im Dunkel liegt (Blau und Fluß als Farbe des Unterbewußtseins) und Ruhe und Frieden ausstrahlt. Alles fließt ineinander über: Alles ist eins, nachdem die Grenzen des Ego nicht mehr existieren.

Neuanfang und Neuschöpfung werden auch durch die Zahl Dreizehn symbolisiert. Die Zwölf rundet die Urbilder des Tarot (Eins und Zwei und deren Verwirklichung von Drei bis Elf) ab, sie stellt das Universum dar (zwölf Apostel, zwölf Häuser im Horoskop) und ist ein Vielfaches der übrigen Grundzahlen (außer der Fünf). Die Dreizehn ist hingegen nur durch sich selbst teilbar. Sie ist der wirkliche Neubeginn. Vergleichen Sie dazu Die Sechs und Die Zwanzig.

Die Bedeutung

Das Bild des Todes zeigt grundlegende Veränderungen an. Es fordert Sie auf, wie ein Kind offen und bereit für neue Erfahrungen zu sein. Dazu ist es erst einmal notwendig, das Ego sterben zu lassen. Doch was ist dieses vielzitierte Ego?

Mit Ego bezeichne ich den Teil unseres Verstandes (samt den ihn unterstützenden unbewußten Gefühlen), der uns einredet, unser Ich seien die äußeren Formen: »Ich bin reicher als die anderen oder klüger oder schöner oder sensibler oder erleuchteter. Mein Geld, mein Wissen, mein Aussehen, meine Gefühle und Gedanken – das bin ich.« Und weil der Verstand uns dies glauben macht, klammern wir uns an all dies und bauen (um das Ego zu stärken) zwischen uns und den anderen Mauern auf. Die Karte Der Tod bedeutet, dieses Ego fallen zu lassen. Erkennen Sie, daß Sie weit mehr sind als die äußeren Formen Ihres jetzigen Lebens. Vielleicht waren Sie in früheren Leben reich oder arm, dumm oder klug, schön oder häßlich, ein feinfühliger Mensch oder ein Trampel, nur den irdischen Freuden ergeben oder tief religiös. Die äußeren Formen wechseln mit jeder Inkarnation. Das Beständige ist Ihr Höheres Selbst, jener Teil Ihrer Geistseele, der die jetzigen Lebensbedingungen erschaffen hat, damit Sie lernen und wachsen.

Ihr Ego will Sie davon abhalten, denn es fürchtet seinen Tod. Es wird in Ihnen möglicherweise Angst auslösen oder Sie zu Depression, Trägheit und Gleichgültigkeit verführen. Ich habe in einer solchen Umbruchphase zum Beispiel immer ein enormes Bedürfnis nach Schlaf und Zerstreuung. Die Angst, das Alte hinter sich zu lassen, entsteht nur, wenn das Vertrauen fehlt. Sehen Sie sich die Sonne auf der Karte an und die Landschaft. Haben Sie Vertrauen, daß Sie nach dem Tod der alten Lebensumstände eine Wiedergeburt zu einem neuen aufregenden Leben erwartet.

Meditation
Die folgende Meditation ist dem empfehlenswerten Buch von Margit Seitz: »Der Meditations-Führer. Wege nach innen. Wie Sie Ihre persönliche Meditations-Methode finden können« (Schönbergers Verlag, München 1985), entnommen.

Üben Sie Tod und Wiedergeburt »im Schlaf«. Der Schlaf wird oft als »kleiner Tod« bezeichnet, und das Aufwachen am Morgen ist die Rückkehr zu neuem Leben. Entspannen Sie sich am Abend, wenn Sie im Bett liegen. Stellen Sie sich vor, daß Ihr Körper immer ruhiger und schwerer wird. Nach einiger Zeit fühlen Sie, daß Sie Ihren Körper nicht mehr bewegen können. Ihr Körper stirbt. Sie können nur noch an diese Tatsache denken: »Ich bin tot.« Gedanken kommen und gehen. Die Geräusche sind weit entfernt. Sie kehren immer wieder zu dem Bewußtsein zurück: »Ich bin tot.« Irgendwann werden Sie einschlafen.

Beginnen Sie am nächsten Morgen gleich nach dem Aufwachen mit der Lebensmeditation. Bleiben Sie mit geschlossenen Augen im Bett liegen und spüren Sie, wie das neue Leben in Ihren Körper eindringt. Sie werden immer lebendiger. Sie saugen sich voll mit neuer Energie und Tatkraft. In Ihnen pulsiert eine starke, lebendige Strömung. Sie atmen tief und fühlen sich frisch und voller Tatendrang. Sie sind neu geboren.

Suggestion
Ich lasse mein Ego sterben und beginne ein neues aufregendes Leben.

Die Vierzehn – Die Mäßigkeit

Das Bild

Sicherlich klingt der Begriff Mäßigkeit fremd in unseren Ohren. Wir assoziieren damit »Maß halten« oder »Mittelmäßigkeit«, aber nichts davon ist hier gemeint. Die Mäßigkeit auf der Tarot-Karte müßte besser »Verbindung« heißen (von lat. temperare = sich verbinden). Das Wasser, das der Engel von einem Kelch in den anderen gießt, ist der augenfälligste Hinweis für die Aussage der Karte: Der durch seinen Entwicklungsprozeß gereifte Mensch (siehe die vorhergehenden Karten: geistige Neuorientierung, Tod des Ego etc.) ist in der Lage, die Elemente des Lebens (Wasser) zusammenfließen zu lassen. Für die anderen mag das unmöglich erscheinen (die Kelche sind nicht direkt untereinander, physikalisch ist dieses Bild nicht haltbar), für den Engel (= Symbol für die Energie des Lebens) ist es ein leichtes.

Der Engel hat nach dem Tod seines Ego das höhere Wissen erlangt (Strahlenkranz um seinen Kopf, das geistige dritte Auge auf der Stirn als Sonne). Die Energie, die er in sein Herz aufnimmt (Dreieck über dem Herzchakra), setzt er in der Welt um (Symbol des Quadrats, das das Dreieck umschließt). Er lebt in Einklang mit sich, seinem Höheren Selbst = dem Überbewußtsein und der Welt: Er hat einen Fuß im Wasser (Unterbewußtsein), einen auf der Erde (Bewußtsein/materielle Welt) und verbindet so beide Ebenen. Damit bringt er das Leben zum Blühen (grüne Landschaft), der Weg führt ihn zum höheren

Bewußtsein zurück (Sonne) und von dort wieder ins reale Leben. Die beiden Berge zeigen die Wirklichkeit an und ersetzen damit die Vorstellungen und Ideen (= Pfeiler) auf der Dreizehn (Der Tod).

Wie Der Wagen (vergleichen Sie Die Sieben) hat Die Mäßigkeit eine Verbindung zur Realität, freilich auf einer höherentwickelten (egofreien) Stufe. Sie verbindet diesen Realitätssinn mit dem Wissen um die Zusammenhänge im Universum (vgl. Sie Die Einundzwanzig).

Die Bedeutung

Die Mäßigkeit ist geprägt von der Grundaussage der Verbindung. Spontaneität und Unschuld des Kindes (weißes Kleid) sind mit dem Wissen um den Sinn des Lebens (Farbe Goldgelb) vereint. Wenn Sie den Prozeß der Bewußtwerdung durchlaufen haben – und Sie haben es getan, sonst hätten Sie nicht Die Vierzehn gezogen –, dann erfahren Sie, daß sich tatsächlich alles verbinden läßt, sogar das scheinbar Unmögliche (siehe das ›unmögliche‹ Zusammenfließen des Wassers in beiden Kelchen). Sie machen die Erfahrung, daß sich Arbeit mit Freude durchaus verträgt oder die Suche nach Erkenntnis mit dem Wunsch nach Zerstreuung oder Spiritualität mit Sexualität.

Die vom Ego (Verstand) aufgebauten Grenzen fallen weg. Es ist alles eins. Die Materie der stofflichen Realität ist nur eine Ausdrucksform des Geistes. Sie ist nicht minderwertig oder gar schlecht. Sie erleben mehr und mehr, daß sich alles ineinanderfügt.

Aus dieser Erfahrung heraus werden Sie innerlich harmonisch und ruhig und kommen damit zu dem Verhalten, das diese Karte zunächst vermuten läßt: Sie reagieren maßvoll und angemessen. Es ist also erst das Bewußtsein für die Verbundenheit aller Dinge nötig, um dann wirklich mit Maß zu handeln. Die im Deutschen gebräuchliche Bedeutung von Mäßigkeit (= Maß halten) ist das Ergebnis der in der Karte dargestellten Fähigkeit, die scheinbaren Gegensätze des Lebens zu vereinen (so ist auch der Engel nicht eindeutig weiblich oder männlich).

»Halte deine Füße auf der Erde und greife nach den Sternen« ist ein Sprichwort in den USA. Es könnte das Motto des Engels der Mäßigkeit und damit auch Ihr Wahlspruch sein.

Meditation
Diese Meditation scheint auf den ersten Blick ein Gedankenspiel zu sein. Selbst wenn Sie es als Denksport beginnen, wird es dennoch zur Meditation, die Ihr Leben verändert. Es wird mehr und mehr zu einer Erfahrung der Realität.

Ich nenne es die »24-Stunden-Meditation«. Beginnen Sie damit, daß Sie zwischen allem eine Verbindung herstellen. Ein Beispiel: Ich hatte eines Tages das Kapitel über den Tod noch einmal durchgelesen und traf am Abend Mitglieder verschiedener amerikanischer Esoterik-Gruppen. Ich wurde dabei mit dem Ego konfrontiert (»Ich habe gelesen, daß . . . *Meine* Erfahrung hat mir gezeigt . . .«). Es war eine Bühne der Selbstdarstellung. Ich erkannte die Situation und dachte: »Gut, daß du kein Ego mehr hast.« Auf dem Weg nach Hause fühlte ich mich sehr niedergeschlagen und hielt mich daran auf, daß die Frau, die mir sehr viel bedeutete, nicht bei mir sein konnte. Zu Hause angekommen, durchlief ich den ganzen Prozeß des den Partner Besitzenwollens (= Ego) und fühlte mich von Gott und der Welt verlassen (ich machte auf dem Heimweg darüber hinaus die Erfahrung, daß der Geldautomat meiner Bank nicht funktionierte). Am nächsten Morgen fühlte ich mich wie neugeboren und setzte mich an meinen Schreibtisch, auf dem die Manuskriptseite mit der Meditation über Tod und Neugeburt (siehe den vorherigen Abschnitt) offen zuoberst lag. Alles hing miteinander zusammen, nichts war (ist) Zufall.

Es hängt tatsächlich alles zusammen. Je stärker Sie darauf achten, desto mehr Hinweise erhalten Sie. Selbst Kleinigkeiten (wie der Bankautomat) fügen sich ins Gesamtbild. Je mehr Sie dies erfahren, desto deutlicher erkennen Sie, daß die äußere Welt nur Ihre materialisierten Gedanken sind. Hand in Hand mit diesem Wissen fühlen Sie die Verantwortung für Ihre Gedanken wachsen. Sie werden automatisch maßvoller.

Suggestion
Ich erfahre, daß alles zusammenhängt.

Die Fünfzehn – Der Teufel

Das Bild

Bevor der Mensch das höhere Bewußtsein erlangt, muß er sich noch einmal mit den Illusionen konfrontieren. Der Teufel verkörpert die Scheinwelt, die Materialismus heißt. Die Menschen, die auf dieser Ebene Erfüllung suchen, tun das aus freier Wahl (die Ketten von Mann und Frau sind lose, sie könnten sich jederzeit davon lösen). Der Teufel und das Paar sind nicht Symbol für das Böse, ebensowenig wie es schlecht (oder gar Sünde) ist, in der äußeren Welt sein Heil zu suchen. Es liegt kein Makel darin, aber es reduziert das Leben auf den äußeren (materiellen) Bereich; die Erfahrung bleibt unvollständig (deswegen sitzt der Teufel nicht auf einem allumfassenden Würfel, sondern nur auf einem Rechteck).

Der Materialist unterliegt dem Irrglauben, daß nur das real ist, was er (be)greifen kann. Der Teufel symbolisiert diese Haltung durch das astrologische Zeichen des Saturn (= Begrenzung, Einschränkung) in seiner Handfläche und dadurch, daß er seine Energie (Fackel in seiner Linken) zur Erde lenkt. Der schwarze Hintergrund der Karte unterstreicht die Aussage: Die Dreiheit Teufel-Frau-Mann ist nicht in der Lage, das Lichte (= die Wahrheit) zu sehen.

Die Fünfzehn beschreibt die Illusion auf der körperlich-sexuellen Ebene. Der Sexualtrieb setzt eine enorme Energie frei, die jedoch verpufft, wenn wir sie ausschließlich zum sinnlichen Erlebnis nutzen: Das Paar erlebt diese Energie als verbindende Kette. Allerdings ist die auf diese Weise eingesetzte Energie nicht in der Lage, die Dualität Mann-Frau aufzuheben (die Ketten sind nicht direkt, sondern nur über den Teufel miteinander verbunden). Erst das Bewußtsein, daß alles zusammenhängt (= Die Mäßigkeit, Die Vierzehn), kann diese Barriere überwinden.

Das umgekehrte Pentagramm auf dem geistigen Auge des Teufels (Symbol, daß er vom Sexualtrieb regiert wird) kann in den Lichtpunkt der Erleuchtung umgewandelt werden, wenn wir erkennen (= die Ketten ablegen), daß sexuelle und spirituelle Energie das Gleiche auf zwei verschiedenen Ebenen (Körper und Geist) sind. Nur dann können wir dieser für uns unheimlichen Kraft (daher Schwarz und Teufel) begegnen und zur inneren Stärke (vergleichen Sie dazu Die Acht) und zum Aufnehmen göttlicher Energie (vergleichen Sie dazu Die Eins) zurückkehren.

Die Bedeutung

Die Botschaft der Fünfzehn ist überdeutlich: Akzeptieren Sie Ihre sexuellen Triebe, lassen Sie die sexuelle Energie fließen, aber glauben Sie nicht, daß das bereits der Höhe- oder Endpunkt ist. Seien Sie sich bewußt, daß das Umgehen mit Energie (vergleichen Sie dazu die materielle Komponente: die Elektrizität oder die Atomenergie) gefährlich ist. Erst wenn Sie den in den beiden vorangegangenen Siebenerreihen beschriebenen Selbsterfahrungsprozeß durchlaufen haben, sind Sie in der Lage, mit dieser Kraft sinnvoll umzugehen.

Das Ergebnis des unbewußt erlebten Sexualtriebes sind oft Leid und Depression. Deswegen fürchten so viele Menschen die Sexualität. Erfahren Sie Ihren Sex als Energieschub für die Aufhebung jener Ketten, die ein einseitiger Materialismus uns anlegt. Diese Ketten (= die Illusion, daß alles in + und −, in gut und böse getrennt ist) sind uns nur allzu vertraut. Wir haben uns an ihre Existenz gewöhnt und glauben nicht daran, sie ablegen zu können. Für denjenigen, der dabei glücklich ist, besteht kein Grund, die Situation zu verändern. Die meisten Menschen leiden jedoch unter dieser Beschränkung und wissen nicht, wie sie sich von ihr lösen können.

Beeinflußt von der gängigen Moral, deren Ursprung die Angst vor dem unbekannten Dunklen ist, halten viele Askese (Enthaltsamkeit) für den Ausweg und fühlen sich gleichzeitig zu schwach, auf ihr Sexualleben zu verzichten. Askese ist jedoch nur *ein* Weg und sicherlich ein relativ leichter. Schwieriger ist es, seine Sexualität bewußt als jene Energie zu erleben, die Gegensätze (Dualitäten oder Polaritäten wie Mann und Frau) aufheben kann. Forschen Sie in den sogenannten dunklen (= nicht bewußten) Seiten Ihres Selbst nach, fördern Sie Ihre Triebe und Begierden zu Tage und nutzen Sie sie als Motor zu Einsicht und Selbsterkenntnis.

Meditation
Entspannen Sie sich. Lassen Sie wahllos Ihre bisherigen sexuellen Erlebnisse vor Ihrem geistigen Auge erscheinen. Freuen Sie sich über den Genuß, den Sie dabei hatten. Registrieren Sie alle beunruhigenden Gefühle, die Sie empfanden: Ängste, Schuldgefühle etc. Notieren Sie diese Störfaktoren.

Lassen Sie dann all Ihre sexuellen Phantasien auftauchen. Spüren Sie die Energie, die bei dieser Vorstellung entsteht. Konfrontieren Sie sich auch hierbei mit Ihren Ängsten, mit schlechtem Gewissen etc.

Überprüfen Sie jetzt, was Sie davon abhielt (abhält), Ihre Erlebnisse zu genießen und Ihre Phantasien zu leben. Welcher Teil in Ihnen lehnt die Sexualität ab? Notieren Sie alles Negative, was Ihnen zur Sexualität einfällt. Wandeln Sie dieses Negative dann ins Positive. Ein Beispiel: »Sex hält mich von meinen Aufgaben ab. Der Wunsch danach läßt mich mehr an meinem Partner akzeptieren, als ich eigentlich bereit bin. Sex macht mich inkonsequent . . .« Umgedreht liest sich das so: »Sex gibt mir die notwendigen schöpferischen Pausen. Der Wunsch danach läßt mich etwas nachgiebiger werden und damit auch menschlicher, weil ich erkenne, daß ich nicht nur stur meine Ziele verfolge . . .«

Suggestion
Ich erfahre Sexualität als Wegweiser zu höherer Bewußtheit.

Die Sechzehn – Der Turm

Das Bild

Wer sich auf die Energie einläßt, die in der Fünfzehn beschrieben ist, hebt sein inneres Gleichgewicht (dargestellt in der Vierzehn) auf. Es kann zu einer Art Explosion kommen: Sein Ego = sein Streben nach Wohlstand, Ansehen und körperlichem Vergnügen (symbolisiert durch die Krone, den grauen Turm und den Felsen) wird vom Blitz getroffen. Der Blitz war seit jeher das Sinnbild göttlicher Strafe, aber auch göttlicher Gnade. Auf dem Bild des Turms zerstört der Blitz das Ego des Menschen und gleichzeitig sein Verhaftetsein in dem Gegensatz Mann-Frau: Der Magier und Die Hohepriesterin (roter Umhang und blaues Kleid) fallen vom Turm herab, die göttliche Energie (Blitz) hat die Dualität aufgehoben.

Auf dieselbe Energie weisen die 22 Feuertropfen hin, die vom Himmel herabregnen. Sie sind wie der hebräische Buchstabe Yod geformt (erster Buchstabe des Tetragrammatons = des unaussprechlichen Namens Gottes). Die Zahl 22 entspricht den 22 Trümpfen der Großen Arkana. Die Zahl 22 ist wiederum ein Hinweis auf die Aufhebung der Dualität, denn 22 setzt sich aus 10 und 12 zusammen: Die zehn Grundzahlen sind das Fundament unserer Mathematik und damit die Basis der materiellen Welt, die zwölf Tierkreiszeichen beschreiben die geistige (spirituelle) Welt. Das Bild der Feuertropfen zeigt, daß beide Welten denselben (göttlichen) Ursprung haben und nur durch unseren begrenzten Verstand (Ego) voneinander getrennt werden.

Die Farbe des Hintergrundes stellt die Verbindung zur vorherigen Karte (Die Fünfzehn) her: Ursache der Explosion sind die dunklen, weil unbewußten Energien im Menschen, die jedoch nur oberflächlich betrachtet Schaden anrichten. Bei genauerem Hinsehen zeigt Die Sechzehn, daß diese Triebkräfte zur Erleuchtung (Blitz) führen, das heißt zur Erkenntnis, daß alle Trennungen und Gegensätze Illusionen sind. Alles kommt von der Einheit (Licht) und kehrt wieder dorthin zurück. Vergleichen Sie Die Hohepriesterin (Die Zwei) und den Eremiten (Die Neun).

Die Bedeutung

Ich habe in meinen Therapien die Erfahrung gemacht, daß Der Turm meist von Klienten gezogen wird, die tatsächlich eine Reihe von ›Explosionen‹ erleben (oder erlebt haben). Diese persönlichen Schicksale sind die besten Hinweise dafür, was uns Die Sechzehn sagen will:

Befreien Sie sich von den Illusionen Ihres Ego, bevor es gewaltsam von außen geschieht. Besitz, Macht – all das, worauf wir stolz sind, sind vergänglicher, als wir wahrhaben wollen. Krankheit, Unglück oder Tod beenden oft die Illusion, Menschen oder Dinge festhalten zu können. Ihr Unterbewußtsein weiß das längst, aber Ihr Bewußtsein (= Verstand, Ego) verdrängt dieses Wissen, denn es fürchtet seinen eigenen Tod.

Ratschlag Nummer Zwei des Turms lautet daher: Integrieren Sie Ihre sexuellen Energien in Ihr Leben. Hören Sie auf Ihre innere Stimme (Ihr Unterbewußtsein). Erkennen Sie, daß gewaltsame Veränderungen in Ihren äußeren Lebensbedingungen oder das Erleben von Haß, Wut und Zorn das Ventil für angestauten Druck sind. Der Turm symbolisiert nicht das Dunkle (= Böse), das über Sie hereinbrechen *muß*, sondern eine Befreiung, ein Freisetzen dieser unterdrückten Energien.

Stellen Sie sich diesen (vielleicht schmerzlichen) Ereignissen. Lassen Sie sich darauf ein, wenn Sie Angst haben oder verzweifelt sind. Fragen Sie sich immer wieder, was Ihnen dieser (gerade erlebte) Schicksalsschlag sagen will. Unglück und Krankheit sind nichts anderes als

Warnlichter dafür, daß wir vom richtigen Weg abgekommen sind. Dieser Irrweg heißt Verlust von Vertrauen.

Daher noch einmal: Vertrauen Sie der Weisheit Ihrer Intuition, damit Explosionen nicht mehr notwendig sind.

Meditation

Entspannen Sie sich und rufen Sie aus Ihrem Unterbewußtsein alle Krankheiten, Katastrophen und Todes- oder Unglücksfälle ab, in die Sie bisher verwickelt waren. Ihr Unterbewußtsein hat all diese Situationen in seinem ›Bildarchiv‹ gespeichert. Es genügt, wenn Sie sich in der Entspannung auf den jeweiligen Titel konzentrieren (in diesem Fall: Unglück, Krankheit, Leid), und die Bilder beginnen von selbst zu laufen. Ihr Unterbewußtsein spielt Ihnen die gewünschten Filme vor.

Betrachten Sie, während Sie all diese Erlebnisse noch einmal durchlaufen, was dem Ereignis vorausging. Wie fühlten Sie sich vorher? Wo waren Sie unfrei oder blockiert? Wie deutete sich das Unglück schon einige Zeit davor an? Haben Sie die Warnungen Ihrer Intuition überhört?

Prüfen Sie dann das Ergebnis. Welche Veränderungen brachte die Katastrophe mit sich? Was haben Sie daraus gelernt? Was wollte Ihnen das Ereignis sagen? Wenn Sie die Botschaft nicht verstanden haben: Welches Unglück folgte auf das erste? Welche Kraft haben Sie aus der Überwindung Ihrer Notsituationen gewonnen?

Meditieren Sie schließlich die Karte. Möchten Sie in diesem grauen Turm auf dem Felsen leben? Legen Sie Die Siebzehn als Alternative daneben.

Suggestion

Ich bin dankbar für alle Schicksalsschläge, weil sie mich auf meinen richtigen Weg zurückbringen.

Die Siebzehn – Der Stern

Das Bild

Die Katastrophen der Sechzehn (Der Turm) sind vorüber. Innerer Frieden kehrt ein. Die Sternenfrau ist ganz eins mit sich und läßt die Energie frei fließen: Sie gießt das Wasser (Unterbewußtsein) zurück in den Teich, und der Strom endet nicht. Am deutlichsten wird das beim Krug in ihrer Linken. Die unerschöpfliche Energie unseres Unterbewußtseins (Wasser) manifestiert sich in den fünf Wasserströmen als Symbolen für die verschiedenen Künste. Die kreative Kraft für das Schaffen von Kunstwerken kommt aus dem Unterbewußtsein (in Verbindung mit dem Höheren Selbst, siehe unten), drückt sich im Gemälde oder im Gedicht oder im Bauwerk oder in anderen Künsten aus und fließt wieder ins ›vergrößerte‹ Unterbewußtsein (vorher Krug, jetzt See) zurück. Der See ist das Unterbewußtsein einer Anzahl von Menschen: Der Künstler steht nicht nur mit seiner eigenen Geistseele, sondern auch mit der anderer Menschen in Kontakt. Ganz bewußt taucht die Frau daher ihr Standbein ins Wasser ein – sie fußt auf ihrem Unterbewußtsein. Der Vogel rechts im Hintergrund ist ein Ibis, das Sinnbild für den ägyptischen Gott Thoth, der alle Künste geschaffen haben soll. Er zeigt die Verbindung zwischen Kunst und Religion: In der Kunst stellt das Unterbewußtsein die Verbindung mit dem Höheren Selbst her.

Die Sternenfrau verbindet die Sanftheit der Hohepriesterin (Die Zwei) mit der Sinnlichkeit der Herrscherin (Die Drei). Sie löst damit einen (scheinbaren) Gegensatz auf, der durch unsere Kultur geistert:

die Heilige und die Hure. Es gibt unzählige Untersuchungen über sexuelle Störungen bei Männern, als deren Ursache diese Polarität zwischen Lieschen und Femme fatale angesehen wird: Die sexuelle Attraktivität der Ehefrau geht verloren, sobald der Mann in ihr mehr und mehr die Mutter und Heilige sieht. Er schafft sich damit das Bedürfnis nach dem Gegenteil: der sinnlichen Geliebten.

Das Bild des Sterns zeigt, daß der Mensch, der aus seinem Unterbewußtsein heraus lebt (die Sternenfrau auf der Karte ist nackt und ohne jede Anspannung), diese Gegensätze nicht braucht. Er akzeptiert seine Bedürfnisse und erlebt automatisch deren Erfüllung. Um beim Beispiel zu bleiben: Das Paar, das seine Bedürfnisse annehmen und ausleben kann, muß nicht anderswo deren Erfüllung suchen.

Die Sterne auf der Karte stellen ebenfalls Energie dar. Der Achtzack gilt als die Mitte zwischen Quadrat (= Materie) und Kreis (= Geist) und ist somit auch Symbol für die menschliche Geistseele (= Unterbewußtsein), die mit dem Geist Materie kreiert. Vergleichen Sie, wie es zu diesem perfekten Zustand kam, indem Sie Die Herrscherin (Die Drei) und Das Rad des Schicksals (Die Zehn) neben den Stern legen.

Die Bedeutung

Lassen Sie die Karte auf sich wirken. Spüren Sie ihre heilende Kraft. Gerade wenn Sie die turbulenten Zeiten des Turms (der Sechzehn) hinter sich haben, zeigt dieser Stern einen ruhigen, friedvollen Fortgang an. Manche Menschen brauchen nicht in die Erfahrung einer explosiven Befreiung zu gehen, sondern erreichen durch Anerkennen ihres Unterbewußtseins den Zustand des inneren Friedens auf einem ungleich sanfteren Weg. Das Ziel der Befreiung ist stets dasselbe, den Weg dahin können Sie wählen.

Die Siebzehn deutet auf Ruhe hin. Allzuviel Aktivität nach außen wäre jetzt unnatürlich. Viele Menschen verwechseln diese Situation mit Untätigkeit oder Sich-gehen-Lassen. Die im Bild des Sterns beschriebene innere Ruhe bedeutet ungeheure Aktivität nach innen. Mir ist diese Phase zu intensiv: Ich lasse die Energie abfließen, indem ich male oder schreibe oder mich körperlich ausdrücke. Lassen Sie Ihre

Energie fließen wie die Sternenfrau. Freuen Sie sich, daß Sie soviel Kraft schöpfen können.

Schöpfen, das heißt erschaffen Sie etwas. Wenn ich von »Kunstwerken« sprach, dann meinte ich die wirkliche Schöpfung im kreativen Selbstausdruck. Benutzen Sie Material, das Sie mögen (Farbe, Gips, Stoff, Ton, Worte, Holz, Musikinstrumente etc.), und drücken Sie damit aus, was Sie spüren. Achten Sie nicht darauf, ob das Werk anderen gefallen könnte oder nicht. Denken Sie nur daran, daß Ihr Unterbewußtsein sich bildhaft oder körperlich (Tanz, Bewegung, Sport) ausdrücken will. Geben Sie ihm die Chance, kreativ zu sein.

Meditation

Nutzen Sie den kreativen Selbstausdruck, den Sie am besten im entspannten Zustand in Angriff nehmen, um mit Ihrem Höheren Selbst (= Ihrem Überbewußtsein) in Verbindung zu treten. Dieser Teil unserer Geistseele ist nicht vom täglichen Leben (= Materie) beeinflußbar. Er ist unsere Relaisstation zum Universum und zu dessen unerschöpflicher Energie. Weil die Menschen diese Lichtenergie zwar erfahren, aber nicht (mit dem Verstand) beschreiben können, gaben sie ihr verschiedene Namen. In vielen Kulturen stellen Menschen durch das Ausrufen dieser Namen die Verbindung mit der Energie her. Sie können daher jedes Gebet dazu verwenden.

Vielleicht regen Sie die Namen für diese Energie zur Kreativität an: Gott, Cadoni, Elohim, Tetragrammaton, Allah, Brahma, El, Jahwe, Jehova, Abba, Mutter, Mut, Quan Yin. Sie können diese Namen anrufen und sie um schöpferische Kraft bitten.

Wenn das in Ihren Ohren zu religiös klingt, so hören Sie einfach im entspannten Zustand Musik (empfehlenswerte Komponisten: Georg Deuter, Eberhard Schoener, Andreas Vollenweider, Kitaro, Vangelis) und drücken Sie die Schwingungen dieser Klänge im Malen, Schreiben, Gestalten, Tanzen oder was immer Sie möchten, aus.

Suggestion

Ich schöpfe aus der Quelle meiner ewig fließenden kreativen Energie.

Die Achtzehn – Der Mond

Das Bild

Die Energie muß sich manifestieren, muß in Formen gebracht werden. Da sie über den Vermittler Unterbewußtsein in Erscheinung tritt, stellt sie sich in Mythen und Bildern dar. Auf der Karte wird dieser Prozeß symbolisiert. Um zur vollständigen Bewußtheit (= Sonne, Die Neunzehn) zu kommen, muß der Mensch erst die Energien, die er empfängt, sichtbar machen, und teilweise entdeckt der Mensch dabei Kräfte, die ihm Angst machen, wie zum Beispiel das Animalische. Hund und Wolf stellen das Tier in uns dar. Im Märchen vom Rotkäppchen und dem Wolf wird exakt die Freisetzung, besser: das Annehmen dieses Teils des Menschen beschrieben: Das Mädchen wird durch die Konfrontation mit der in jedem Menschen vorhandenen Sexualität (= Wolf) erwachsen (wie es auch in der Sechs = Die Liebenden gezeigt wird: Sexualität als erster Schritt zur Selbstfindung und Loslösung vom Elternhaus). In der Achtzehn ist dieses Triebhafte offengelegt. Keine Frau zähmt das Tier mit sanfter Macht (= Die Kraft, Die Acht), kein menschliches Abbild (wie bei der Fünfzehn der Teufel) verschleiert die Wildheit.

Der Krebs auf der Karte kommt aus noch tiefer liegenden Schichten (Wasser). Er taucht auf und kehrt wieder ins Unsichtbare zurück, symbolisiert die Ängste und das Unbewußte. Manchmal erreichen wir Bewußtheit darüber und dann verlieren wir sie wieder. Doch sollte dieses Bild keine Angst in Ihnen auslösen. Die Lichttropfen (Form des

Buchstaben Yod, des ersten Buchstaben des Namens Gottes), die auf die Tiere niederregnen, zeigen, daß auch das Animalische gesegnet ist. Wir müssen es nur akzeptieren.

Wenn wir diesen Teil an uns annehmen können, führt uns der Weg (Goldgelb als Farbe der Bewußtheit) durch die Pforte (zwei Türme) des Wissens. Der Weg durch die Dualität unseres Bewußtseins (Verstandes) bringt uns in die Weite des Himmels, wo es keine Gegensätze mehr gibt und alles eins ist (Berge und Himmel haben dieselbe Farbe). Die Polarität – immer wieder auftauchendes Thema in den Großen Arkana – erscheint von jetzt an nicht mehr: Wer durch die Pforte gegangen ist, hat ihre begrenzenden Pfeiler hinter sich gelassen. Er hat die Strenge des Herrschers (vergleichen Sie Die Vier) und die Balance der Gerechtigkeit (vergleichen Sie Die Elf) bereits erfahren und verinnerlicht.

Die Bedeutung

Möglicherweise glaubten Sie sich schon längst jenseits Ihrer derzeitigen Erfahrungen. Die Entwicklung, die Sie bisher durchlaufen haben, schien geradewegs auf den vollkommenen Seelenfrieden hinzuführen. Doch plötzlich werden Sie mit Ängsten und Phantasien konfrontiert, die Sie für längst überwunden hielten oder von deren Existenz Sie bisher keine Notiz nahmen.

Für alles gibt es den rechten Zeitpunkt. Wenn Sie jetzt auf diese tiefen Schichten in sich stoßen, so bedeutet das keinen Rückfall in alte problembeladene Zeiten, sondern es zeigt, daß Sie nun die Kraft haben, sich mit diesen Seiten Ihres Selbst auseinanderzusetzen.

Die Karte beinhaltet als Folge dieser Konfrontation die Aufforderung, sich zurückzuziehen. Das wird keine ruhige Zeit werden (wie in der Zwei, Die Hohepriesterin), sondern eine Phase tiefer Erregung. Träume und Symbole (Bilder) werden Sie aufwühlen, Ihnen aber gleichzeitig den Weg durch die Pforte zeigen.

Die Achtzehn repräsentiert vor allem eine Botschaft: Stellen Sie sich der Erfahrung Ihrer ›dunklen‹ Seite (= Ihres Mondes). Gerade Ihre Ängste und Triebe sind der Schlüssel zu höherer Bewußtheit

(= Sonne). Ich habe die Erfahrung gemacht (bei meinen Klienten und bei mir selbst), daß Ängste Wegweiser sind. Wie Krankheiten anzeigen, was wir körperlich falsch gemacht haben, so stoßen unsere Ängste uns darauf, wo wir innerlich vom Weg gekommen sind. Oft ist der Irrweg schon in früheren Leben oder in der Kindheit betreten worden und es scheint aussichtslos, wieder in die richtige Bahn zu gelangen. Meist genügt jedoch, sich der Ängste und damit des Irrweges bewußt zu sein, und schon zeigt sich der richtige Weg wieder. Erkennen Sie, daß Ängste sehr kraftvolle Energien sind, die Ihnen helfen, bewußter zu werden.

Meditation
Entspannen Sie sich und lassen Sie die Karte auf sich wirken. Erinnern Sie sich an alle Märchen und Sagen, die von der geheimnisvollen Macht des Mondes erzählen. Lesen Sie darüber nach, machen Sie sich mit dem Symbol Mond vertraut.

Unterstützen Sie die Konfrontation mit dieser Energie, indem Sie einige Tage vor Vollmond das Licht des Erdtrabanten in sich aufnehmen. Setzen oder legen Sie sich in der Entspannung so hin, daß der Mond in Ihr Gesicht scheint. Wiegen Sie sich leicht hin und her und lassen Sie sich von seinem Licht erfüllen. Spüren Sie, wie sich seine sanfte Energie in Ihnen ausbreitet. Erfahren Sie die beruhigende Wirkung dieser Kraft. Versuchen Sie, diese Vibration in einem inneren, unhörbaren Laut auszudrücken.

Wiederholen Sie diese Übung jeden Abend bis Vollmond. Ihre Erfahrungen werden von Tag zu Tag intensiver werden, Sie werden die sanfte Kraft immer deutlicher spüren. In der Vollmondnacht atmen Sie dann diese Mondenergie mit einem befreienden »Huh« aus und tanzen in Bewegungen, die Ihnen Ihr Unterbewußtsein spontan eingibt.

Suggestion
Alle meine Ängste verwandeln sich in tiefe Einsichten.

Die Neunzehn – Die Sonne

Das Bild

Der Mensch hat seine Ängste und Triebe angenommen und ist dadurch zu höherer Bewußtheit gelangt (vom Mond zur Sonne = von der Achtzehn zur Neunzehn). Das Leben blüht auf, die graue Steinmauer liegt hinter uns, wir reiten ins Freie. Wir haben die in Mauern gezwängte Wahrnehmung der Wirklichkeit aufgegeben und sind unschuldig (ohne Vorurteil, vorgefaßte Meinung etc.) wie ein Kind bereit, die ganze Wirklichkeit zu erfahren.

Alle Symbole zeigen das Vertrauen des Kindes in sein Glück. Mit ausgestreckten Armen und Beinen, ohne Kleid und Sattel reitet es hinaus in die Welt. Es hat alle Energie in sich und kann so den Stab des Magiers in seine Linke nehmen und als Fahnenstange benutzen. Das Banner hat die Farbe Orange, die Verbindung der beiden Energiefarben Gelb und Rot. Das Kind trägt die Sonnenkraft hinaus in die Welt.

Das Bild der Karte zeigt neben der erweiterten Wahrnehmung und dem Glück noch ein drittes Element: die natürliche Sinnlichkeit und Gesundheit. Ein nackter Mensch auf einem Pferd ist seit jeher ein Symbol für Sinnlichkeit und (Freude an der) Sexualität. Die Sonnenblumen verkörpern Gesundheit und Fruchtbarkeit.

Die Kraft der Sonne manifestiert sich in Gesundheit und Fruchtbarkeit und hat dieselbe Schwingung wie Glück. Auf der geistigen Ebene ersetzen wir den Code Sonne durch den Titel Bewußtsein (Bewußtseinserweiterung und Erleuchtung). Bewußtheit ist tatsächlich der

Sonne sehr ähnlich: Wie die Sonne alles mit ihren Strahlen zum Wachsen und Blühen bringt, so gelangt der Mensch durch ständige Bewußtheit (Strahlen) zu einem erweiterten *Bewußt-Sein* (er wächst und strahlt aus).

Vergleichen Sie Die Fünf (= Der Hierophant) und Die Zwölf (= Der Gehängte).

Die Bedeutung

Wenn man das Tarot mit anderen Orakelsystemen oder Kartenspielen vergleicht, dann kann man die Sonne als die Glückskarte bezeichnen. Das ist die Karte, die einen Jahrmarktdeuter wunderliche Dinge über Reichtum und Erfolg erzählen läßt. Tatsächlich ist Die Neunzehn eine Karte, die Ihnen anzeigt, daß die Wunder des Lebens für Ihre Erfahrung bereitstehen.

Seien Sie sich Ihrer inneren Sonne bewußt. Spüren und erleben Sie Ihre Kraft. Handeln Sie, seien Sie kreativ. Versprühen Sie Ihren Optimismus. Drücken Sie Ihre Energie in Taten aus. Vergessen Sie bei keiner Ihrer Aktivitäten, daß Sie Glück und Erfolg haben werden.

Sie haben jetzt die Gelegenheit, die Welt wie ein Kind neu zu sehen. Seien Sie neugierig auf Ihre Beobachtungen und Entdeckungen. Ganz von selbst nehmen Sie nur noch die positiven Aspekte des Lebens wahr. Ich habe diese Erfahrung zwei Monate nach meiner Ankunft in den USA, wo ich jetzt lebe, gemacht: Nach der Konfrontation mit meiner Vergangenheit (siehe den Weg der bisherigen 20 Karten der Großen Arkana) war ich wieder ›nackt‹ und offen für die Erfahrungen, die ich dann auch reichlich sammeln durfte. Es war die bis dahin glücklichste und aufregendste Zeit meines Lebens.

Schließlich führt dieser Selbst-Erfahrungsprozeß zu einer höheren Bewußtheit. Sie werden sich immer häufiger dessen bewußt, was Sie gerade tun und warum. Sie sehen immer mehr den Zusammenhang zwischen den Dingen und den Menschen. Sie erkennen, daß Sie der Schöpfer Ihrer Lebensumstände sind. Plötzlich erfahren Sie, daß Ihren Gedanken die Verwirklichung (auch ohne Ihr Zutun) folgt. Der Unterschied zwischen Gedanke und Tat ist nur zeitlich: Jeder Gedanke wird irgendwann manifest. Konzentrieren Sie Ihre (Sonnen-)Energie auf die sofortige oder baldige Realisierung eines Gedankens, dann sind Sie der Schöpfer. Ist eine Idee weniger wichtig, so warten Sie ab, bis sie sich von selbst verwirklicht. Bei den Projekten, die Sie verfolgen, mag Ihre eigene Energie manchmal nicht ausreichen. Es genügt, wenn Sie in der Meditation um einen geistigen Helfer bitten.

Meditation
Verstärken Sie Ihre Energie, die Sie in sich spüren, indem Sie sich dem Licht der Sonne öffnen. Sie erwecken dabei die lichten Schwingungen im Innern Ihrer Persönlichkeit.

Setzen Sie sich in die Sonne, wenden Sie Ihr Gesicht der Sonne zu und schließen Sie die Augen. Entspannen Sie sich. Spüren Sie die Wärme und sehen Sie durch die geschlossenen Lider die feuerroten Energieströme der Sonne. Richten Sie Ihre Aufmerksamkeit auf diese Energie. Lassen Sie sie tief in Ihr Innerstes eindringen, sich von der Lebenskraft der Sonne durchfluten und tragen. Die Sonnenenergien vereinigen sich mit Ihren Energien zu einem warmen Strom.

Lassen Sie diesen Strom durch Ihren Körper fließen. Verfolgen Sie, wie von den Füßen aufwärts jedes Gelenk, jeder Muskel, jeder Teil Ihres Körpers warm und licht wird. Spüren Sie die heilende Kraft dieser hellen Strahlen.

Nehmen Sie dann Ihre Gedanken, Wünsche und Ziele in diesen Strom auf. Auch sie werden von Licht durchflutet. Fühlen Sie, daß zwischen der Sonne und Ihrer Existenz ein Energiekreis entsteht (wie ein Stromkreis in der materiellen Welt). Dieser Austausch von Licht und Wärme bleibt bestehen, auch wenn Sie die Meditation beenden und aus der Entspannung zurück in den Alltag gehen: Der Kreis ist geschlossen. Sie können ihn jederzeit wieder mit einer neuen Sonnenmeditation ›auffrischen‹.

Suggestion
Immer wenn ich die Sonne sehe, erinnere ich mich an meine eigene unerschöpfliche Energie.

Die Zwanzig – Das Gericht

Das Bild

Die Sonne hat den Menschen zu seiner Energie geführt: zur lichtvollen Bewußtheit, daß innere Erfahrung und äußere Welt eins sind. In der Entwicklung des Menschen, die in den 22 Karten der Großen Arkana bildhaft dargestellt ist, zeigt Das Gericht den folgerichtigen Schritt (nach der Bewußtwerdung = Sonne). Das Kind, das in die Welt hinausreitet, um das Licht (= die Einsicht) zu verbreiten, ist zum Engel geworden, der uns ruft und geleitet.

Bei den Liebenden (= der Entsprechung der Zwanzig in der ersten Siebenerreihe) ist der Engel noch im Hintergrund und hat seine Augen geschlossen. Hier übernimmt er die Führung. Er vereinigt die Gegensätze (siehe das Kreuz auf dem Banner). Sein Ruf erschallt, und die Menschen stehen aus ihren Gräbern auf, bereit für ein neues Leben ohne Maske und Getrenntheit: Alle sind nackt wie die Liebenden im Paradies.

Die Karte könnte ebensogut »Die Auferstehung« heißen. Der Mensch ist durch die Erfahrung der Liebe (Die Sechs) gegangen, um erwachsen zu werden, hat dann sein Ego aufgegeben (Die Dreizehn) und ist jetzt bereit, dem Ruf aus der Unbewußtheit (= Wasser) heraus in die Bewußtheit (Engel goldgelb) zu folgen. Die Berge im Hintergrund (vgl. die Berge bei der Null = Der Narr und bei der Neun = Der Eremit) zeigen die Verheißung des unbegrenzten Wissens, der ewigen Wahrheit.

Die Anzahl der Menschen deutet darauf hin, daß eine Auferstehung zu einem neuen, bewußten Leben zwar von jedem einzelnen für sich vollzogen werden muß, gleichzeitig aber die Aufgabe aller Menschen ist. Es ist schwer, die Begriffe »Auferstehung« oder »Ruf« zu erklären, denn sie sind (wie alle Karten der dritten Siebenerreihe) Teil persönlicher Erfahrung und nicht theoretische Erkenntnisse.

Vergleichen Sie Die Sechs und Die Dreizehn.

Die Bedeutung

Eine Veränderung ist in Ihrem Leben eingetreten, unabhängig davon, ob Sie sie wahrnehmen oder nicht. Alte Situationen, Sehweisen sind gestorben, eine neue Realität ist da. Sie haben die Wahl, diese Veränderung mitzuvollziehen oder sie passiv über sich ergehen zu lassen.

Viele meiner Klienten fragten: »Was können wir tun, wenn die Veränderung von selbst eintritt? Sind wir nur passive Vollstrecker unseres Schicksals?« Die Antwort ist ein klares Nein. Veränderungen sind von uns selbst, das heißt von unserem Selbst (= Unterbewußtsein), initiiert worden, um uns neue Erfahrungsmöglichkeiten zu eröffnen. Sie können Ihrem Unterbewußtsein für diesen Anstoß oder diese Aufforderung danken und bewußt die Veränderung miterleben (die Sie geschaffen haben), oder Sie können sich als Opfer irgendwelcher äußeren Schicksalsmächte (»Die anderen sind schuld«) fühlen. Das ist Ihre Wahl. Wenn Sie erkennen, daß Sie selbst für Ihre Hochs und Tiefs verantwortlich sind, dann werden Sie jetzt, nachdem Sie Die Zwanzig gezogen haben, glücklich sein, daß Sie das Alte in den Gräbern lassen und zu neuem Leben auferstehen.

Sie verdanken es sich selbst, daß Sie dorthin gekommen sind, wo Sie jetzt sind. Sie haben sich zu höherer Bewußtheit entwickelt. Handeln Sie jetzt auch danach. Setzen Sie Ihre Erkenntnis in die Tat um, folgen Sie dem Ruf, das Licht der Erkenntnis in die Welt hinauszutragen. Reden Sie nicht nur darüber, sondern leben Sie, was Sie wissen: daß alle Trennungen zwischen innen und außen, mein und dein Illusionen sind. Verlassen Sie Ihre alten Pfade und schreiten Sie fort zur Erfahrung Ihrer Großartigkeit, die Sie am besten im Erleben der Großartigkeit dieser Welt (siehe auch Die Einundzwanzig) erspüren können. *Sie* sind es, der die Erde als Himmel oder als Hölle sehen kann. Der Engel zeigt den Weg zum Himmel.

Meditation
Sie haben sicherlich in Ihrem Leben schon die Erfahrung gemacht, daß Sie »noch einmal Glück« oder einen »guten Schutzengel« gehabt haben. Für viele Zeitgenossen ist diese Umschreibung abergläubischer Unsinn, weil sie sich nicht vorstellen wollen, daß es neben den sinnlich erfaßbaren Wesen noch andere Seinsformen geben könnte. Einfacher für unseren naturwissenschaftlich geschulten Verstand ist der Begriff »Energie«. Sie mobilisieren ständig mit Ihrem Unterbewußtsein diejenige Energie, die Sie brauchen, um zu gehen, zu laufen, zu erkennen, zu erfahren etc. Viele Menschen bleiben bei dieser Einsicht stehen, weil sie glauben, ihre eigene innere Energie sei die einzig verfügbare.

Tatsächlich gibt es jedoch eine Reihe von Kraftquellen außerhalb unseres Körpers, die wir nutzen können. Über die Sonne habe ich im letzten Abschnitt gesprochen. Die Natur (Bäume, Gestirne, Steine, Blumen, Kristalle) wird als unser natürliches Energiereservoir (auf der feinstofflichen = nicht-materiellen Ebene) wiederentdeckt.

Erfahren Sie zuerst die Gestirne oder die Natur als Energiespender und gehen Sie dann in der Entspannung den nächsten Schritt, indem Sie für ein bestimmtes Vorhaben um ausschließlich positive Energie bitten. Wenn es Ihnen leichter fällt, dann rufen Sie den (die) Namen Gottes an oder bestimmter Heiliger oder bitten Sie Ihren Schutzgeist um ein Zeichen. Wenn Ihnen das als Hokuspokus erscheint, so konzentrieren Sie sich nur auf die positive Energie, die Sie für Ihr Projekt erhalten. Bitten Sie jeweils in der Entspannung um positive Energie, malen Sie sich die Verwirklichung Ihres Zieles in den schillerndsten Farben aus. Verstärken Sie die Wirkung Ihrer Imagination mit (ausschließlich positiven) Suggestionen.

Suggestion
Alle positiven Energien des Universums stehen mir für die Erreichung meiner Ziele zur Verfügung.

Die Einundzwanzig – Die Welt

Das Bild

Der Kreis der Großen Arkana schließt sich. Alles ist eins geworden. Der Mensch, der als »unbeschriebenes Blatt« (= Die Null, Der Narr) auf die Welt kam, hat am Ende eine höhere Stufe seiner Un-Schuld erreicht: Aus der Null ist ein Kranz geworden, dessen Schärpen oben und unten Unendlichkeit bedeuten. Es gibt kein Ende und keine Begrenzung. Die Farbe der Schärpen weist auf die Verwurzelung der Welt-Tänzerin in der sinnlich-sexuellen Welt hin, das Grün des Kranzes erinnert in seiner frischen Natürlichkeit an viele Karten der Großen Arkana, die ein Wachsen zum Inhalt haben. Das göttliche Purpur der Tänzerin begegnet uns beim Engel, der die Liebenden schützt.

Die Tänzerin hält zwei Stäbe in ihren Händen: Sie vereint den Magier (= Die Eins) mit der Hohepriesterin (= Die Zwei), worauf auch 21 als Kombination von 2 und 1 hinweist. Der entspannte Ausdruck der Welt ist ein Anklang an den Gehängten (12 als Umkehrung von 21), doch während dieser ganz in seiner Hinnahme verweilt, ja daran gebunden ist, zeigt die Welt durch ihre Pose, daß alles Tanz ist, daß sich alles ständig bewegt und verändert. Das rechte Bein ›fußt‹ auf der materiellen Welt, der linke Fuß (= rechte Gehirnhälfte, Seele, Unterbewußtsein) schwebt frei.

Die Verbindung mit der Zehn (= Rad des Schicksals) wird deutlich durch die vier Symbole in den Ecken der Karte. Die vier mystischen

Fabelwesen (= die vier Elemente) haben keine Flügel mehr. Sie haben sich in der Realität manifestiert. Feuer, Wasser, Luft und Erde bilden den Rahmen für die materielle, stoffliche Existenz, mit der die Tänzerin leichtfüßig und spielerisch umgeht. Der Hintergrund, vor dem die Bewegungen der Welt stattfinden, ist das Blau, das außer bei der Neun (= Der Eremit) überall in den Großen Arkana auftaucht. Ich habe es oft als Unterbewußtsein interpretiert. Hier ist es das Unterbewußtsein aller. Die Welt ist mit dem Unterbewußtsein aller Menschen in Kontakt, es gibt keine Isolation mehr.

Interessant ist auch, daß Die Welt alle Farben enthält, die in ihren Entsprechungen auf den beiden anderen Ebenen anzutreffen sind (vergleichen Sie dazu Die Sieben = Der Wagen und Die Vierzehn = Die Mäßigkeit). Die Starrheit des Ego des Wagenlenkers (Rüstung) ist überwunden: Die Welt ist offen und nackt. Innen und außen sind in Verbindung und Harmonie (die Waage der Mäßigkeit kehrt in den beiden Stäben der Tänzerin wieder). Die menschliche Entwicklung endet wieder an ihrem Ursprung: der lichtvollen Einheit alles Seins. Alle Formen (= Lebewesen oder Dinge) sind sich verändernde (tanzende) Manifestationen dieser Einheit, dieses Geistes, an dem wir alle mit unserem Überbewußtsein teilhaben.

Die Bedeutung

Während Die Sonne als Glückskarte für Reichtum, Weisheit und Erfolg gilt, weist Die Welt noch über diese Deutung hinaus. Der letzte Trumpf der Großen Arkana ist auch sein gewichtigster. Er ist nicht wie Der Tod oder andere Karten ein Symbol für innen oder außen stattfindende Veränderungen. Alle Lernprozesse und Entwicklungen sind auf der Ebene des Unterbewußtseins bereits abgeschlossen. Sie erleben die Welt als aufregendes Spiel und die Aufs und Abs als Chance, Erfahrungen zu sammeln.

Ich habe oft Klienten sagen hören, sie könnten mit der Welt nichts anfangen. Sie fühlten sich inmitten schwerwiegender Entscheidungsprozesse, der ›entrückte‹ Standpunkt der Welt-Tänzerin schien ihnen gänzlich fremd. Tatsächlich stellte sich dann aber im Laufe der Therapie heraus, daß diese Klienten in ihrem Innersten schon lange das Spiel der Welt erkannt und intuitiv danach gelebt hatten. Sie entdeckten, daß sie selbst (ihre Grundsätze, ihre Erziehung etc.) es waren, die sich von der Freude und Glückseligkeit – auf die diese Einundzwanzig hinweist – abhielten. Oft war die Ursache Mißtrauen (= Mangel an Vertrauen in das Selbst), meist jedoch die negative Konditionierung: »Eine Person wie ich verdient das nicht.«

Die Welt hat aus diesen Erfahrungen heraus vor allem die Bedeutung, daß Sie erkennen: Sie sind dazu bestimmt, erfolgreich und glücklich zu sein. Überwinden Sie Ihre inneren Schranken, die Sie von der Verwirklichung dieser Ihrer Bestimmung abhalten. Entscheiden Sie sich dafür, die Welt als Tanz von Formen zu sehen: Sie bleiben Sie selbst, während sich die Welt wie ein Karussell weiterdreht. Sie haben die Wahl, diese ständigen Veränderungen als Qual zu erleben und darüber zu klagen oder sie als aufregendes Spiel zu erfahren und es zu genießen. Geben Sie sich die Chance, den letzteren Weg zu gehen. Meditieren Sie die Karte und nehmen Sie deren Optimismus auf. Sehen Sie, daß Sie Ihre innere und äußere Entwicklung bereits durchlaufen haben.

Wechseln Sie jetzt einfach Ihre Seite. Sehen Sie die Welt als Abenteuer, das Sie genießen dürfen. Diese Erde ist ein Paradies – wenn Sie sie als Paradies ansehen. Wie Sie diesen Planeten erleben, hängt nur von Ihrer Einstellung ab. Entscheiden Sie sich für die positive Seite.

Meditation

Ich komme mit der letzten Meditation dieses Kapitels noch einmal auf die sogenannte »24-Stunden-Meditation« zurück. Meditation kommt von dem lateinischen Verb »meditari« = nachsinnen. Wann immer Sie sich entspannen und ganz auf eine Erfahrung einlassen, meditieren Sie. Das eigentliche Ziel dieses Nachsinnens ist, in den Zustand zu kommen, in dem Sie kein Ziel mehr haben, keine Absicht, kein Verhalten, über das Sie nachdenken. Das eigentliche Ziel ist also, annehmen zu können, was ist, damit einverstanden zu sein (Ihr Unterbewußtsein hat ohnehin alles, was um Sie herum geschieht, initiiert, damit Sie irgendwann erkennen, daß Sie auf vollkommene Art und Weise geführt werden).

Untersuchen Sie einmal 24 Stunden lang, wie jede kleinste Kleinigkeit perfekt in den Gesamtplan Ihres Lebens paßt, und der heißt (auch wenn Sie es nicht glauben können): Glück und Erfüllung. Der Schlüssel dazu liegt im Annehmen dessen, was ist. Führen Sie sich vor Augen, daß Sie der Schöpfer dessen sind, was Sie erleben, und Ihre gesamte Einstellung zum Leben wird positiv. Das Happy-End ist für Ihr Leben bereits vorgegeben. Betrachten Sie 24 Stunden lang, daß *alles* Sie zu diesem glücklichen Ende führt.

Erkennen Sie während dieses Prozesses, daß Sie in jeder Minute derselbe bleiben. Alles um Sie herum mag sich verändern (sogar Ihr Körper, Ihre Einsichten und Gefühle) – jener Teil in Ihnen, der die Zeiten überdauert (nennen wir es das Höhere Selbst), wird davon unbeeindruckt bleiben. Er war es, der sich zu diesem Leben entschlossen hat, um materielle Erfahrungen zu sammeln. Er wird nach dieser Inkarnation eine neue wählen. Welche Formen Ihr Höheres Selbst wählt, ist nicht von Bedeutung. Was zählt, ist, daß wir uns auf die von uns selbst gewählten Bedingungen voll einlassen. Durchleben Sie, was Sie noch lernen müssen.

Das Geheimnis liegt darin, auch das zu bejahen, was wir noch nicht verstehen. Diesen Schritt sollten Sie gehen. Begreifen Sie sich als den Urheber und Schöpfer. Dann werden Sie erfahren, daß alles in Ihrem Leben einen Sinn hat. Und daß alles perfekt ist, so wie es ist.

Suggestion
Ich genieße mein Leben, weil ich mich für Glück und Erfolg entschieden habe.

Die Wegweiser – Die Kleinen Arkana

Seit Eliphas Lévi im 19. Jahrhundert den Zusammenhang zwischen dem Tarot und der Kabbala hergestellt hat, gewinnen die Karten immer mehr an Bedeutung, denn die Kabbala, weit mehr als nur eine Deutung der Symbolik des hebräischen Alphabets (22 Buchstaben = 22 Tarot-Trumpfkarten), ist *das* esoterische Wissen des Westens, das nur mit dem Yoga des Ostens verglichen werden kann. Es hat seit über 3000 Jahren das Denken Europas und des Nahen Ostens beeinflußt. Eliphas Lévi, der eine umfassende Geschichte der Magie schrieb, hat wohl zurecht das Tarot als die bildliche Version der Kabbala gedeutet.

Die Belege für Lévis These finden sich vor allem in den Kleinen Arkana. Sie bestehen aus vier Sätzen (Stäbe, Kelche, Schwerter, Münzen), die jeweils vier Hofkarten (König, Königin, Ritter, Bube) und zehn Zahlkarten enthalten. Die Zahl Zehn erinnert an die Zehn Gebote und die zehn kabbalistischen Sephiroth (= Erscheinungsformen in jedem der vier kabbalistischen Lebensbäume).

Im Weisheitssystem der Kabbala spielt die Zahl Vier, wie schon früher erwähnt, eine entscheidende Rolle. Gott wird als Tetragrammaton, als unaussprechlicher Name YHVH bezeichnet. Diese vier Lettern Yod, Heh, Vav, Heh umschreiben den gesamten Prozeß der Schöpfung. Yod steht für den ersten kreativen Impuls im Universum, den sogenannten göttlichen Funken. In der Alchimie entspricht ihm das Element Feuer. Carl Gustav Jung setzte ihn mit der Intuition gleich. Im Tarot symbolisieren die Stäbe diese aktive Energie. Heh ist das erste sichtbare Ergebnis nach dem Impuls: das Wasser. Jung setzte es mit dem Fühlen gleich. Dieses Aufnehmen ist im Tarot durch die Kelche dargestellt. Vav repräsentiert den geistigen Prozeß der Schöpfung, es ist das Zeichen für Luft. Von Jung wurde es Denken genannt und im Tarot als Schwerter illustriert. Heh schließlich bildet das Ende der Schöpfung: Das physische Universum ist geschaffen. Die Erde nannten die Alchimisten jene Kraft, die im Tarot als Münzen erscheint. Empfindung war Jungs Umschreibung der Erde.

Diese vier Buchstaben (= vier Sätze der Kleinen Arkana) zeigen das gesamte Spektrum der physischen Welt, die Großen Arkana weisen auf den Geist hin, der hinter dieser Schöpfung wirkt. Wie in allen esoterischen Erklärungssystemen (Tarot, I Ging, Runen etc.), taucht auch in den Kleinen Arkana die Dualität der aktiven Yang-Energie und der passiven Yin-Energie auf. Die Stäbe und Schwerter sind Yang, die Kelche und Münzen Yin zuzuordnen.

Pamela Colman Smith hat sich mit ihrer Zeichnung der 56 Karten der Kleinen Arkana verdient gemacht. Sie läßt uns verstehen, daß das geheime Wissen der Kabbala nicht nur in den Trumpfkarten zu finden ist und daß vielmehr die Kleinen Arkana jahrhundertelang als Wegweiser betrachtet wurden. Die physische Welt wird in den Symbolen der 56 Karten verständlich. Für viele ist dies sogar das eigentliche Ziel: die Welt der Erscheinungen als Bild oder Symbol der göttlichen Idee zu erleben. Diese physisch greifbare Welt ist im letzten der vier Kartensätze als Münzen dargestellt.

Wie die drei Siebenerreihen der Großen Arkana, stellen auch die vier Sätze der Kleinen Arkana verschiedene Ebenen der menschlichen Wirklichkeit dar und zeigen gleichzeitig Weg und Richtung. Zuerst ist die ungestüme Tatkraft (Stäbe) eines jungen Mannes, die als Ausgleich die sanfte Hingabe (Kelch) einer Frau braucht (siehe das Heranwachsen des Menschen in den ersten sieben Trumpfkarten, wo Die Liebenden das Erwachsenwerden anzeigen). Der Mensch (Mann und Frau) ist erwachsen, er plant und denkt (Schwerter), erlebt Kummer und Schmerz, weil er noch nicht vom Standpunkt des Verstandes abgerückt ist. Der Verstand ist ein notwendiger Computer für unsere praktischen Entscheidungen, aber er ist nicht das Organ, mit dem wir Leben erfahren. Erst der Mensch, der bewußt lebt und sinnlich erfährt (Münzen), welches Wunder es ist, zu sehen, wie sich alle Gedanken und inneren Bilder physisch-materiell manifestieren, ist am Ziel seines Weges angekommen. Er hat die Entwicklung vollendet (siehe auch Die Einundzwanzig = Die Welt). Die äußere Realität erscheint als Spiegel der inneren.

Stäbe – besonders die des Rider-Tarot-Decks – haben immer mit vitaler Energie zu tun. Die Stäbe sind erdverbunden braun und zeigen Sprosse, blühen und strotzen voller Kraft. Sie erinnern an den Stab des Magiers, der in den gesamten Großen Arkana immer wiederkehrt. Dieser erste Satz Die Stäbe der Kleinen Arkana zeigt, wie sich die Idee des Stabes des Magiers: Tatkraft, Anfang, Abenteuer, Optimismus, Selbstvertrauen, auf der Ebene der physischen Welt darstellt. Da geht es um Kampf und Streit, um Romanzen und Geschäft, denn die Stäbe entsprechen dem Element Feuer und daher auch aller Aktion: Ungeduldig packt der Mensch, der eine der 14 Stäbe-Karten gezogen hat (oder mehrere), alle Probleme an.

Das kann bisweilen des Guten zuviel sein, und dann wärmt das Feuer nicht mehr und treibt nicht mehr an, sondern verbrennt alle Kreatur neben sich: Die Figuren der vier Hofkarten sitzen oder stehen in der Wüste. Die Kelche (Yin-Prinzip) gleichen das aus: Sie sind voll Wasser und kühlen und beruhigen. Sie lassen das Gefühl zu: Handeln und Fühlen sind vereint. Es ist Platz für Phantasie, Liebe und Kreativität.

Die Schwerter (Yang-Prinzip) lenken diese Energie in die richtigen Bahnen. Es ist kein Zufall, daß in den gesamten Großen Arkana nur ein Schwert abgebildet ist (mit Ausnahme des Magiers, der das Schwert als magisches Werkzeug auf dem Tisch liegen hat). Wir finden es in einer der zentralen Karten der 22 Trümpfe, in der Elf (Die Gerechtigkeit). Dort symbolisiert das Schwert Handeln und Entscheidungskraft (zwei Schneiden), Weisheit und Erkenntnis der Wahrheit. In den zehn Karten des zweiten Satzes geht es um die praktische Verwirklichung (Manifestation) dieser Idee. Auch hier ist die Kehrseite mit eingeschlossen: Der Verstand wird zu stark.

Die Münzen (= Element Erde) erden den an der »Krankheit Hyperratio« leidenden Menschen wieder. Sie zeigen ihm die Wunder des täglichen Lebens, eröffnen ihm die Fähigkeit, das Leben bewußt zu genießen. Nicht umsonst gilt in allen Religionen die irdische Verwirklichung des göttlichen Funkens in uns als das höchste Ziel.

König der Stäbe

Das Bild

Der König hat den höchsten Rang im Staat, ihm obliegt aber auch die höchste Verantwortung. Die energische (= von Energie geladene) Schaffenskraft ist seine Stütze (Stab in seiner Rechten, Löwen auf der Kutte und auf der Rückenlehne seines Thrones). Sein Fundament (der Boden, auf dem der König steht) ist die Spiritualität (= das Wissen des Königs um die Zusammenhänge), dargestellt durch das rotgelbe Kleid im Salamander rechts unten und die Eidechsen auf seinem Umhang.

Die gesellschaftliche Verantwortung (symbolisiert in der unter der Krone getragenen »Kappe der Schirmherrschaft«) lenkt das Feuer des Königs in die richtigen Bahnen. Die Salamander beißen sich in den Schwanz, der Kreis ist geschlossen. Die Energie ist geerdet, das heißt: in sichtbare Handlungen umgesetzt.

Die Bedeutung

Alle Symbole dieser Karte deuten auf Tatkraft und Verantwortungsbewußtsein hin. Der König hat einen starken Willen und die tiefe Überzeugung, für die Rolle auserwählt zu sein. Er schöpft seine Stärke aus seinem Vertrauen in sein Selbst (Selbstvertrauen) und in sein inneres Wissen (rotgelbes Kleid).

Wenn sich die Karte auf Sie selbst bezieht, dann sollten Sie jetzt Ihre Energie in einer verantwortungsvollen Aufgabe einsetzen. Erkennen Sie Ihre große innere Stärke, haben Sie Vertrauen zu Ihrem Selbst (Unterbewußtsein). Je mehr Sie sich Ihrer Energie bewußt werden, desto weniger haben Sie es nötig, über die Schwächen anderer zu richten. Ihre Kraft ist auch die Ursache Ihres Optimismus und Ihrer Ehrlichkeit. Betonen Sie das Positive und geben Sie damit anderen ein Beispiel.

Wenn der König auf einen Menschen in Ihrer Umgebung hinweist, dann bestärken Sie diesen in seiner Tatkraft, lassen Sie sich von seinem Optimismus und seiner Lebensbejahung mitreißen. Aber achten Sie darauf, daß dieser ›König‹ Sie nicht dominiert.

Königin der Stäbe

Das Bild

Der König verkörpert die nach außen aktive männliche Yang-Energie, die Königin symbolisiert die empfangende, nach innen gerichtete Yin-Energie. Sie blickt nicht voller Tatendrang nach Westen, bereit zu neuen Feldzügen, sondern ihr Blick verliert sich im Osten, wo die Menschen die Energie der (scheinbar) aufsteigenden Sonne empfangen. Alle Symbole zeugen vom Wissen und der daraus resultierenden inneren Stärke (Feuer) der Königin: das goldene Kleid, die beiden Löwen als Armstützen des Thrones und auf dessen Rückenlehne, die Sonnenblumen und die Krone, die blüht.

Das Feuer der Königin ist groß (Wüste im Hintergrund), und ihre sexuelle Energie (sie sitzt mit gespreizten Beinen da) ist stark. Die schwarze Katze verkörpert das Triebhafte der Königin. Die Dame erfährt die Feuer-Energie im Fühlen, der König macht durch gesellschaftliches Engagement eine Erfahrung dieser Kraft.

Die Bedeutung

Energie – das zeigt Ihnen diese Karte – kann im Handeln und im Fühlen erfahren werden. Der König spürt seine Kraft, indem er handelt. Gleichzeitig ist sein Handeln ein Freilassen dieser Energie. Die Königin fühlt diese Kraft, erlebt sie als intensive Erfahrung. Damit gibt auch sie dieser Energie eine Möglichkeit, sich auszudrücken.

Wenn sich die Karte auf Sie selbst bezieht, dann sollten Sie Ihren Weg der sinnlichen Erfahrung der Welt und ihrer Wunder beibehalten. Sie lieben das Leben, Sie sind erfolgreich, Sie haben Glück (weil Sie das Leben lieben). Gehen Sie weiter bis zu dem Punkt, an dem Sie erkennen, daß diese Liebe zur Welt und zum Leben eine Form des Erkennens der Wahrheit (Gottes) ist: Die Welt ist großartig, wenn wir sie als großartig betrachten (können).

Hat einer der Ihnen Nahestehenden diese Karte, dann werden Sie von diesem Menschen spontane Hilfe erhalten. Lassen Sie sich von seiner positiven Energie anstecken, aber überfordern Sie ihn nicht. Er muß immer das Gefühl besitzen, aus freien Stücken geholfen zu haben.

Ritter der Stäbe

Das Bild

Der König erfährt seine Energie durch das Übernehmen von Verantwortung, die Königin ist sich ihres Feuers bewußt. Der Ritter der Stäbe hingegen kann diese Kraft, die er spürt, noch nicht richtig lenken. Er muß sich bewegen, aktiv sein; das alles verbrennende Feuer in ihm (siehe im Hintergrund die Wüstenlandschaft) zwingt ihn dazu. Die Mäuler und Schwänze der Salamander auf seinem Umhang berühren sich nicht. Die Energie ist noch nicht geerdet, das heißt: mit Maß ins Leben integriert.

Dennoch hat der Ritter schon Eigenschaften des Königspaares. Er reitet offen in die Welt hinaus (offenes Visier) und lebt in Einklang mit seiner Sexualität (Pferd, vergleiche die Königin). Gelb (Umhang), Grün (Zaumzeug seines Pferdes) und Rotgelb (Pferd, Federn) – die Hauptfarben des Königs der Stäbe – kehren wieder als Symbole für Wissen, Erfolg und innere Stärke (Rot und Gelb = die Stärke, die aus dem Wissen erwächst).

Die Bedeutung

Abenteuer- und Reiselust, Bewegung und Aktivität, Ehrgeiz und Impulsivität bestimmen den Ritter der Stäbe. Wenn Sie dieser Ritter sind, dann bemühen Sie sich um Halt. Vielleicht finden Sie in den Luft- (Schwerter-)Karten ein Symbol, das diese Orientierung ermöglicht. Lenken Sie Ihre Energie in Bahnen. Ritter-Menschen neigen zu übergroßem Enthusiasmus. Bevor eine Sache vollendet ist, eilen sie am liebsten zur nächsten Gelegenheit, in der sie ihren Tatendrang unter Beweis stellen können.

Eine weitere Gefahr liegt in der Schwierigkeit im Umgang mit Widerständen. Der spontane Ritter neigt dazu, vor größeren Problemen zu kapitulieren und sich lieber einer neuen Herausforderung zu stellen (das schließt nach meiner Erfahrung auch sein Verhalten gegenüber seinen Partnern mit ein). Wenn Sie daher einen Ritter in Ihrer Umgebung haben, sollten Sie nicht auf sein Durchhaltevermögen bauen, sondern ihm statt dessen den Halt geben, den er (in sich) noch nicht gefunden hat. Richten Sie seine Energie auf ein Ziel hin. Das Ziel des Feuers der Stäbe ist es, sinnvoll in die Verantwortung für andere (König) oder in den eigenen Bewußtwerdungsprozeß (Königin) eingesetzt zu werden.

Bube der Stäbe

Das Bild

Da steht er, der junge Mann, betrachtet seine Stärke (Stab) und ist bereit, die Welt und das Leben zu erfahren. Er erinnert in seiner Unschuld und Unerschrockenheit an den Narren (Die Null) der Großen Arkana. Er erlebt das Feuer, ohne es in Handeln (König), Fühlen (Königin) oder Bewegung (Ritter) umsetzen zu müssen: Er spürt es und benutzt es, um sich auf seinen Lebensweg zu begeben.

Der Bube ist noch ganz er selbst, seine innere Vollkommenheit ist ihm unbewußt: Die Salamander auf seinem Kleid bilden Kreise. Er fußt auf dem noch unbewußten Wissen (= gelbe Stiefel). König, Königin und Ritter verfügen über das Wissen (gelbe Kleider), der Bube ist noch unschuldig von Fuß bis Kopf erfüllt davon (Stiefel, Kleid, Umhang, Haare). Die Energie (rotgelbe Hose, braune Landschaft, rote Feder auf dem Hut) läßt ihn auf die Wanderschaft der Erfahrung gehen, aber sie verbrennt ihn weder, noch treibt sie ihn zu immer neuen Taten.

Die Bedeutung

Vermutlich stehen Sie am Beginn eines neuen Lebensabschnitts (Beruf, Beziehung, innere Entwicklung). Gehen Sie wie der Bube der Stäbe voller Offenheit und Unschuld hinein. Sie haben die Energie, voranzuschreiten. Schrecken Sie nicht vor Schwierigkeiten und Widerständen zurück, sie gehören zu jedem Neuanfang. Wenn Ihnen (noch) die Entschlossenheit fehlen sollte, diese Probleme zu meistern, dann gehen Sie ihnen einfach aus dem Weg. Halten Sie sich auf keinen Fall mit diesen Widrigkeiten auf, sie bremsen nur Ihren Elan und Ihr Selbstvertrauen. Sie haben alles Feuer der Stäbe in seiner unverbrauchten (= noch nicht durch den Verstand analysierten und beurteilten) Form und Kraft zu Ihrer Verfügung. Erleben Sie das Abenteuer, das wir Leben nennen.

Auf einen Mitmenschen bezogen, bedeutet der Bube der Stäbe, daß Sie von jemandem eine Information oder Botschaft erhalten. Wenn der Bube einen bestimmten Menschen Ihrer Umgebung charakterisiert, dann zeigt er einen verläßlichen Partner an, auf dessen Ehrlichkeit und Treue Sie zählen können. Engen Sie den jugendlichen Eifer dieser Person nicht durch Pläne Ihres erwachsenen Verstandes ein.

Zehn der Stäbe

Das Bild

Die Zehn der Stäbe zeigt die Kehrseite der Feuer-Energie: Der Mensch hat sich im Bewußtsein seiner Kraft zuviel aufgeladen. Die Aufgaben, die er übernommen hat, sind zu einem verworrenen Bündel (Stäbe) geworden, an dem er schwer zu tragen hat. Die Verantwortlichkeiten sind öffentlicher Natur (siehe das Stadttor im Hintergrund). Es bleibt zu hoffen, daß der Lastenträger seine Bürde bis zur Stadt bringen und sie dort ablegen kann. Immerhin geht er zielstrebig darauf zu.

Das Bild illustriert sehr anschaulich, wohin zuviel Eifer führen kann, und es zeigt, daß die Energie der Stäbe den Menschen verleitet, sich immer mehr aufzuhalsen. Dennoch: Der Mann scheint stark genug, sein Ziel zu erreichen. Wohlstand und Erfolg (Stadt, grüne Landschaft) locken.

Die Bedeutung
Sie haben vieles auf sich genommen. In Beruf und Beziehung, in Geldangelegenheiten oder in anderen Aufgaben zogen Sie Verantwortung fast magnetisch an sich. Und jetzt laufen Sie Gefahr, unter diesem Zuviel an Aktivität zusammenzubrechen. Es ist nicht wichtig, ob Sie alles aus freien Stücken übernommen haben oder ob man Sie dazu überredet hat. Wichtig ist: Sie haben die Last am Hals und müssen damit fertig werden.

Die Karte läßt drei Möglichkeiten offen, das Problem zu lösen. Sie können die Stäbe sofort ablegen und unbeschwert weitergehen. Oder Sie teilen den Packen und gehen zuerst die erste Hälfte an und später die zweite. Dies kostet Sie weniger Kraft, aber mehr Zeit als die dritte Lösung, in der Sie all Ihre Stärke zusammennehmen und Ihr Ziel ansteuern. Überprüfen Sie jedoch in jedem Fall, ob die Belastungen auch tatsächlich so erdrückend sind, wie sie erscheinen. Ich habe die Erfahrung gemacht, daß es oft nur die Vorstellung ist, daß wir es nicht schaffen, die uns den Mut und damit die Kraft raubt. In diesem Fall ist es hilfreich, sich für jede Aufgabe realisierbare Pläne (= Luft/Schwerter) mit Teilzielen und dem angestrebten Endziel zu erstellen.

Neun der Stäbe

Das Bild
Die Zehn zeigt den Menschen, der sich von der Stäbe-Energie verleiten läßt, zuviele Aufgaben zu übernehmen. Die Neun führt uns einen Menschen vor Augen, der diese Energie als Aufforderung zu Kampf und Widerstand mißdeutet. Die Kräfte (Stäbe) hinter ihm sind sein Reservoir, sie bilden gleichzeitig aber auch einen Zaun, der ihn von

Genuß und Erfolg (grüne Landschaft) trennt. Seine Starrheit (hochgezogene Schultern, den Blick wie ein Wächter auf den nächsten Angreifer gebannt) hat ihm schon eine Verletzung (Kopfbinde), allerdings auch Stärke (Muskeln) eingebracht. Diese Stärke braucht der Knappe freilich, um ständig auf der Hut und bereit zum Kampf zu sein.

Die Bedeutung

»Wer sich nicht wehrt, der lebt verkehrt.« Der junge Mann auf der Neun der Stäbe scheint dieses Motto zum Wahlspruch seines Lebens gemacht zu haben. Er sieht die Feinde überall, auch da, wo gar keine sind. Möglicherweise mißbraucht er seine Energie, um einen Schutzwall zwischen sich und der Erfahrung von sich aufzubauen.

Die Karte beschreibt die Situation, aber sie wertet nicht (die Tarot-Karten sind allesamt wertfrei). Wenn die Neun auf Sie zutrifft, dann sind Sie möglicherweise nicht sehr zufrieden mit Ihrem jetzigen Zustand. Sie spüren Anspannung und haben das Gefühl, stehenzubleiben. Außerdem haben Sie bereits einige Schläge einstecken müssen. Bevor Ihre Probleme (Feinde) zu groß werden, sollten Sie einmal Ihre Einstellung überprüfen.

Es kann sein, daß gerade die Kapitulation den Sieg bringt. Zu kämpfen aufhören heißt, den Widerstand aufzugeben. Oft ist unser Widerstand gegen eine Entwicklung nur ein Festhalten an unseren alten Lebenseinstellungen und Gewohnheiten, die uns Sicherheit geben, uns aber gleichzeitig von einer lebendigen Erfahrung der Wirklichkeit abhalten. Das schließt vor allem das weitverbreitete Festschreiben von eigenen Problemen ein. »Ich will nicht verletzbar sein«, verkündet die Neun, lehnt sich damit mit aller Kraft gegen etwas auf, was zur Natur des Menschen gehört, und zieht damit Verletzungen geradezu an. Die Alternative wäre, sich einzugestehen, verletzbar zu sein, und es zu akzeptieren. Durch dieses Annehmen-Können vermeidet der Mensch, daß die Natur (Umwelt, Lebensumstände) ihn mittels Leiderfahrung dazu zwingt, Verletzlichkeit als Teil der irdischen Wirklichkeit zu begreifen.

Ein weiterer Hinweis der Karte ergibt sich aus dem Blick des Knappen. Es ist kein Feind in Sicht, aber dennoch erwartet ihn der Mann schon. Er führt uns damit eine ebenfalls verbreitete Haltung vor Augen: Viele Menschen sehen Feinde oder Probleme, auch wenn (noch) gar keine vorhanden sind. Ihr Pessimismus (= negative Suggestion) erschafft dann, was sie eigentlich vermeiden wollen. In der Psychologie heißt dieser Vorgang »die sich selbst erfüllende Prophezeiung«. Nicht die Wirklichkeit verursacht Sorgen, sondern unsere Beurteilung und unsere Meinung über sie.

Acht der Stäbe

Das Bild
Die Acht der Großen Arkana symbolisiert die innere Stärke, die Acht der Stäbe entspricht dieser Karte: Die Stäbe erscheinen wie Pfeile oder Projektile, die einem Ziel zustreben. Die Landschaft, die sie treffen, ist fruchtbar und grün. Das meint: Das Ergebnis dieser gerichteten Energie sind Erfolg und Wohlstand.

Noch freilich ist es nicht soweit. Die Stäbe sind noch auf ihrem Weg. Das Ergebnis ist in Sicht, aber noch nicht erreicht. Das trifft auf alle Lebensbereiche zu. Die Acht umschreibt das Stadium des erfolgreichen Beginns, egal, ob es sich um eine Liebesaffäre oder um ein Geschäft handelt. Die Kraft ist stark genug, um das ersehnte Ziel zu erlangen.

Die Bedeutung

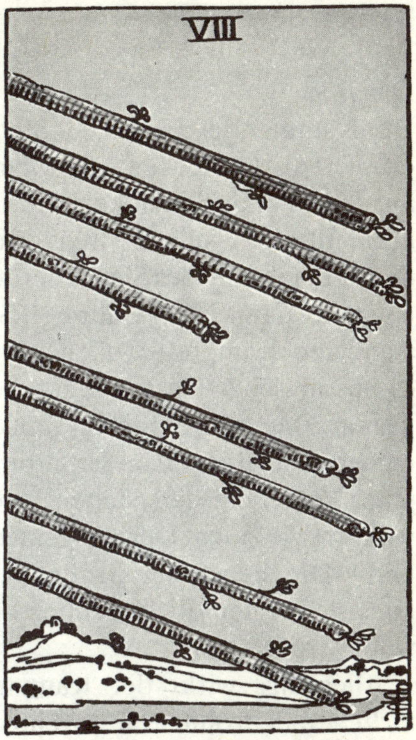

Sie können das Ende Ihrer Bemühungen bereits sehen. Sie haben Ihre Kräfte zielgerichtet eingesetzt getreu dem Motto von Admiral Tirpitz: »Ziel erkannt, Kraft gespannt.« Diese Phase birgt die Gefahr in sich, daß Sie sich vorkommen, als hingen Sie in der Luft, denn tatsächlich sind die Probleme und Aufgaben ja noch nicht vollständig gelöst. Manche Menschen werden in dieser Situation nervös. Ich neige dann beispielsweise gern zur Ungeduld und würde den Fortgang einer Entwicklung am liebsten so beschleunigen, daß sie sofort zu einem guten Ende kommt.

Ich habe von der Acht der Stäbe gelernt, daß die Energie einige Zeit braucht, bis sie einen Vorgang oder ein Projekt zum Abschluß bringen kann (ein abgeschossener Pfeil oder eine gestartete Rakete läßt sich auch nicht nachträglich beschleunigen). Ungeduld heißt also, den natürlichen Ablauf nicht zu akzeptieren. Folgen dieser Haltung sind Frustration, Verwirrung und das Nicht-Erkennen erreichter Teilziele. Wenn es soweit gekommen ist, hilft nur eines: diese Lage zu akzeptieren. Die Arbeit an diesem Manuskript zum Beispiel war nach Abschluß der Großen Arkana ins Stocken gekommen, weil das Ziel der Fertigstellung des Ganzen in Sicht war und meine Ungeduld ein stetiges Weiterarbeiten für über eine Woche zunichte machte. Erst als ich den unvollendeten Zustand akzeptierte, ging es weiter Schritt für Schritt voran. Eine eingeleitete Entwicklung kommt fast von selbst zum Abschluß, wenn Sie sich ihr nicht in den Weg stellen.

Sieben der Stäbe

Das Bild

Der Kämpfer der Sieben der Stäbe erinnert an die Recken, wie wir sie aus Sagen und Filmen kennen: Er erkämpft sich seinen Weg. Aus dieser Erfahrung des Sieges heraus entsteht dann die Haltung des ständigen Kämpfen-Wollens, wie es uns in der Neun der Stäbe begegnet. Hier bei der Sieben geht es jedoch um eine erste Erfahrung jener Kraft, die den Stäben innewohnt (wie auch Der Wagenlenker = Die Sieben der Großen Arkana sich seiner Überlegenheit bewußt wird).

Allerdings wirkt der Kämpfer nicht gerade fröhlich. In psychologischen Tarot-Deutungen ist er daher als Mensch interpretiert worden, der seine Unsicherheit und Angst durch aggressives Auftreten überspielen will. Ich glaube, hier ist das Stäbe-Feuer mit dem Interpreten durchgegangen. Der Kämpfer stellt einen Menschen dar, der in der Auseinandersetzung seine Stärke erkennt, der erfolgreich ist (wie alle Stäbe-Figuren) und Selbstvertrauen gewinnt.

Die Bedeutung

Auch wenn eine Zeit der Auseinandersetzung für Sie kommt (oder bereits gekommen ist): Vertrauen Sie Ihrer Kraft. Erkennen Sie eine Problembewältigung als Erfahrung der Energie, die in Ihnen steckt. Sie wissen, daß Sie als »Stäbe-Mensch« gewinnen. Besinnen Sie sich daher auf Ihre positive Einstellung, die Ihre Waffe und Ihr Schutz ist. Sie sind in einer guten Position (auf dem Berg). Das Gewicht des Kämpfers weist Sie auf eine menschliche Schwäche hin, die jetzt völlig unnötig ist. Diese Schwäche heißt Angst.

Sie haben keine Veranlassung, ängstlich zu sein. Ihre Kraft ist stark genug, die Schwierigkeiten spielerisch zu beseitigen. Noch ein weiterer Hinweis verbirgt sich in dieser aktiven Karte: Die Auseinandersetzung mit Problemen gibt Ihnen nicht nur die Bewußtheit Ihrer Stärke, sondern sie reinigt auch die Luft. Gerade wenn Sie eine Phase allzu großer Selbstreflexion hinter sich haben, wirkt eine aktive, zielgerichtete Aktion befreiend. Spüren Sie diese Erlösung, indem Sie klare Pläne aufstellen, wie Sie welches Problem tatkräftig anpacken und lösen können.

Sechs der Stäbe

Das Bild

Der siegreiche Held wird gefeiert. Zwei Lorbeerkränze zeigen, daß der Mann erfolgreich war. Vielleicht hat er einen Kampf gewonnen, eine Frau gefreit oder ein Land erworben – auf jeden Fall hat er Grund, mit seinen Leuten einen Sieg zu feiern. Die grün-braune Farbkombination weist auf einen Erfolg im weltlichen Bereich hin (ich vermute: ein Landgewinn).

Zum ersten Mal im Satz der Stäbe tauchen neben der Hauptfigur andere Menschen auf. Dies repräsentiert den Umschwung, der mit der Sechs erfolgt: Die Feuer- (Stäbe-)Energie wird mit anderen geteilt, und das ist der Weg zu Glück und Freude. Die »Problem-Sechsen« sind zu Ende.

Die Bedeutung
Sie haben Land gewonnen. Das kann wörtlich einen Besitzzuwachs bedeuten oder übertragen: Sie haben Ihre Probleme gelöst, jetzt spüren Sie wieder festen Boden unter den Füßen, ja, Sie haben sogar Boden gutgemacht (sich weiterentwickelt). Erinnern Sie sich stets der Energie, die Sie bei diesem Fortschritt unterstützt hat: Es war Ihr tiefes Vertrauen in Ihre innere Stärke. Anders formuliert: Es war Ihr fester Glaube daran, daß Ihr Unterbewußtsein exakt das Richtige tut.

Die Sechs fordert Sie dazu auf, Ihre Freude über Ihren Erfolg, über die Erkenntnis (gelbes Untergewand des Helden) Ihrer inneren Kraftquelle mit Ihren Lieben zu feiern. Schenken Sie ihnen mit Ihrer Freude jenen Optimismus, der die Grundlage jeden Erfolges ist. Seien Sie ein Beispiel für eine positive Lebenseinstellung, denn nur sie läßt uns Sieger bleiben.

Fünf der Stäbe

Das Bild
Neun und Sieben der Stäbe zeigen Menschen, die von der Stäbe-Energie übermannt werden. Der eine ist vor lauter Kampf nicht mehr in der Lage, zu entspannen, für ihn ist das Leben zum Kampf geworden. Der andere braucht die Auseinandersetzung, um seine Kraft zu erfahren. Er führt damit schon zur Fünf hin, die junge Burschen darstellt, die im Spiel ihre Kräfte messen. Diese jungen Männer sind ganz bei der Sache; dennoch wirkt der Wettstreit spielerisch. Sie verletzen sich nicht und sehen in den anderen nicht ihre Feinde. Damit demonstrieren sie, was Wettkampf ursprünglich bedeutete: Ausdruck der Lebensfreude und Kraftprobe – also gewissermaßen den jugendlich-unschuldigen Zustand des Kampfes (aus dem sich die Wettkampfregeln entwickelt haben).

Die Bedeutung

Meditieren Sie die Karte. Ich habe die Erfahrung gemacht, daß mir das enorm half, wenn ich glaubte, in einer Konkurrenzsituation zu sein. Zu Beginn spürte ich immer die Angst, verglichen zu werden und schlecht abzuschneiden, bis ich mit Hilfe der Karte mehr und mehr erkannte, daß Konkurrenz nur das Erwachsenenwort für jenes urmenschliche Prinzip des Kräftemessens ist.

Lassen Sie es sein, sich mit anderen zu messen, oder machen Sie ein Spiel daraus. Stellen Sie Regeln auf, damit es ein fairer Wettkampf wird, und vor allem: Vertrauen Sie Ihrer Stäbe-Energie. Sehen Sie sich den Burschen mit dem rotbraunen Kleid in der Kartenmitte an. Das sind Sie: mitten im Getümmel und strotzend vor Mut und Kraft. Genießen Sie das Spiel, von dem Sie wissen, daß niemand Sie treffen und verletzen kann. Niemand will Ihnen Böses. Man will nur sehen, wie stark Sie sind.

Vier der Stäbe

Das Bild

Die Menschen feiern. Bei der Sechs der Stäbe ist ein Sieg, ein Landgewinn die Ursache dafür, daß der Held mit seinem Gefolge seine Freude teilt. Hier feiern alle gleichrangig miteinander. Sie tanzen aus der ummauerten Stadt heraus auf eine offene Laube zu. Die Menschen haben ihre Abgeschlossenheit verlassen und begegnen sich offen.

Zu Recht weisen manche Tarot-Interpreten darauf hin, daß die beiden Hauptfiguren der Vier der Stäbe die gleichen Umhänge (gleiche Farbe) tragen wie die beiden Menschen, die in der Sechzehn der Großen Arkana (Der Turm) vom starren Turm ihres Ego herabspringen. Denn in der Vier werden Menschen dargestellt, die freiwillig und voll Freude ihre festumrissenen (starren) Gewohnheiten und Einstellungen hinter sich lassen, erleuchtet vom goldenen Licht der Sonne (= der Erkenntnis).

Die Bedeutung

Der einzige Grund, der Sie abhalten könnte, ebenso Ihre Freude und Ihr Glück zu feiern wie die Menschen auf der Vier der Stäbe, könnte sein, daß Sie Ihr Glück nicht sehen, nicht erkennen. Mein Lehrer Prem Pal Singh Rawat erzählte mir einmal die Geschichte eines jungen Mannes, der von Ekuador nach Kalifornien kam (es war sein Wunschtraum), sich ans Meer legte und Gott um ein Zeichen bat. Aber er sah kein Zeichen. Und so ging der junge Mann zu meinem Lehrer und klagte darüber. Maharaji (so lautet der Vorname des Lehrers) ließ sich von dem Jungen die Situation am Strand genau schildern: »Ich sah nur ein paar Kinder herumtollen. Einige Möwen kreischten im Flug. Die Sonne wärmte mich, und die Brandung rauschte in stets gleichem Rhythmus.« Und in diesem Moment – so schloß Maharaji seine Geschichte – fingen die Augen des jungen Mannes plötzlich zu leuchten an.

Erkennen Sie, daß Sie Grund zur Freude haben.

Drei der Stäbe

Das Bild

Die Drei symbolisiert in der Geistesgeschichte der Menschheit die Vollendung von Eins und Zwei (Synthese, Dreieinigkeit, Aufhebung der Dualität). Der Mann auf dieser Karte vereinigt seine standfeste, bodenständige Grundlage mit seinem Stäbe-Feuer. Im goldgelben Licht der untergehenden Sonne (= Zufriedenheit) sendet er Schiffe aus, die – von seiner Kraft beseelt – in neue Länder (= Erfahrungen) vorstoßen. Der Mann strahlt Ruhe und Stärke aus, er hat alle Erfolgsmerkmale in sich vereint. Er stützt sich auf seine Kraft, die mit seinem Unterbewußtsein (blaues Untergewand) gekoppelt ist. Er hat Erfolg (braun-grüner Umhang) und er sucht nach tiefen Erfahrungen (Schiffe) in den unermeßlichen Weiten seines Unterbewußtseins (Wasser). Das Land, das in der Ferne auftaucht und das es zu erforschen gilt, hat die Farbe Lila als Symbol für Erleuchtung und Wissen. Die Erkenntnis (goldgelbes Wasser und goldener Himmel) geleitet seine Erfahrungen (Schiffe) zur sicheren Bewußtheit (lilafarbene Berge).

Die Bedeutung

Sie haben Erfolg in Ihren Unternehmungen und in Ihren Beziehungen. Darauf können Sie bauen. Ihre Stellung im Leben ist so solide, daß Sie getrost in neue Erfahrungsbereiche vorstoßen können. Sie sind so fest in der Realität verankert, daß Sie nicht befürchten müssen, Schiffbruch zu erleiden.

Das kann ganz praktisch bedeuten, daß Sie neben den bestehenden Beziehungen neue eingehen werden. Vermutlich kündigt die Drei der Stäbe jedoch an, daß Sie neue innere Erfahrungen machen werden, denn die niedrig numerierten Karten der vier Sätze zeigen die Wendung der jeweiligen Energie nach innen an. Sie können Ihre Kraft dazu verwenden, sich selbst zu erforschen. Welche Nischen in Ihrer Persönlichkeit sind noch nicht ans Licht des Bewußtseins gebracht? Welche Gefühle oder Phantasien sind noch Rätsel für Sie?

Machen Sie sich auf die Reise nach innen, aber vergessen Sie nie, sich Ihrer stabilen Stärke bewußt zu sein. Nehmen Sie die Schiffe als Aufforderung, alles Vergangene (Erinnerungen, Schuldgefühle, negative Programmierungen) ziehen zu lassen.

Zwei der Stäbe

Das Bild
Der Mensch steht da, die Welt ist sein (er hält sie in seiner Rechten), aber ist er glücklich? Erinnern wir uns der Sechs und der Vier, wo er seine Freude mit anderen teilt, oder der Drei, wo er die Energie seines Erfolges zu neuen Unternehmungen nutzt. Hier steht er nur da, hoch über den Dächern, und blickt sehnsüchtig in die Ferne. »Gibt es noch eine Aufgabe für mich?« scheint er zu fragen. Er hat sich seine Burg gebaut, das Land fruchtbar gemacht und besitzt allen Wohlstand (siehe seine Kleidung), den man sich erträumen kann. Er hat Reinheit und Energie

in Einklang gebracht (weiß-rotes Wappenkreuz), das heißt: Sein Erfolg ist auf ehrliche Weise eingetreten. Dennoch strahlt er nicht gerade vor Glück. Sein Reichtum hat ihn isoliert. Er kann jedoch von seiner Burg herabsteigen und mit anderen seinen Erfolg teilen.

Die Bedeutung
Die Zwei zeigt eine der Gefahren der Stäbe-Energie: Isolation und Langeweile nach dem Erreichen eines Zieles. Versuchen Sie nie – sagt Ihnen die Karte –, Ihre Energie einzugrenzen. Die Feuerkraft verlangt danach, gelebt zu werden. Wird sie eingesperrt, dann wendet sie sich über kurz oder lang gegen einen selbst, so, wie sich nicht zugelassene Aggression nach innen richten und destruktive (Krebs-) Zellen produzieren kann. Energie verlangt immer nach Ausdruck. Das kann Wettbewerb oder Freudenfeuer sein oder auch Erforschen des Unbekannten. Setzen Sie Ihre tief empfundene Zufriedenheit nun in Dank für das Erreichte um. Wie ließe sich besser danken, als anderen Freude zu schenken?

As der Stäbe

Das Bild
Die Präsentation der Stärke – so würde ich diese Karte nennen. Der Stab bestimmt das gesamte Bild: Die Energie ist auf ihrem Höhepunkt. Und gleichzeitig sehen wir zum ersten Mal, *wer* diese Energie spendet. Es ist die göttliche Hand oder anders gesagt: die Lichtenergie unseres Überbewußtseins (Höheres Selbst). Wenn die irdisch-weltliche Energie von der lichten und warmen Energie unseres Überbewußtseins getragen wird, dann blüht das Land, beschützt von den purpurfarbenen Bergen (= Bewußtheit).

Der Stab treibt voll berstender Kraft drei (Vollendung) Triebe aus. Die Energie ist so stark, daß Blätter in Überfülle sprießen und als Buchstabe Yod (= der erste Buchstabe des hebräischen Namens Gottes) auf die Erde als Samen herabfallen. Damit ist der Kreislauf der Energie (vergleichen Sie den Kreislauf des Wassers) geschlossen: Das

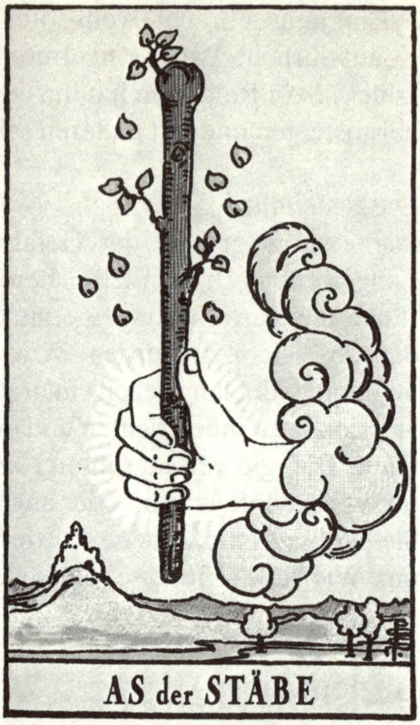

Überbewußtsein gibt unserer Lebensenergie die Kraft. Wenn wir uns dessen bewußt sind (Symbol Licht), strömt diese Energie über, ergießt sich, macht fruchtbar und löst die Dualität auf (siehe die Anordnung der herabfallenden Blätter). Die Energie hat ihre Bestimmung gefunden: Sie hat erschaffen.

Die Bedeutung

Drücken Sie die Energie, die Sie in sich spüren, auch aus. Der erste Schritt dazu ist: Beobachten Sie sich, beginnen Sie, Ihre Energie zu spüren. Das erstreckt sich auf alle Lebensbereiche. Es ist ein Irrglaube, daß sich Energie immer nur in einem Erfahrungsfeld ausdrückt (Liebe, Sex, Kunst, Beruf, Sport oder Geld). Wenn Sie Sonnenlicht mit einem Trichter zu einem Lichtstrahl reduzieren, dann ist die Energie in diesem Strahl nicht stärker, als wenn Sie den Trichter wieder wegnehmen und die Energie in ganzer Breite fließen lassen. Kurz: Erfahren Sie diese Energie in allen Lebensbereichen.

Der zweite Schritt ist: Tun oder forcieren Sie nichts, lassen Sie die Energie frei fließen. Je mehr Sie loslassen, das heißt: Ihre Energie frei verströmen können, desto mehr Halt haben Sie in jener Energie, dargestellt durch die Hand, die wiederum ihre Energie in Sie frei verströmen will. Diese Energie ist nicht, wie viele es etwas mißverständlich ausdrücken, außerhalb von uns. Sie ist in uns und öffnet den Kanal zur Verbindung mit den Energien von außen. Je mehr Sie sich diesem Kanal öffnen, desto mehr Blätter sprießen, desto glücklicher (und wenn Sie wollen: erfolgreicher) werden Sie.

DIE KELCHE

Die Vereinigung von Feuer und Wasser gilt schon seit Jahrhunderten als Symbol für die Aufhebung der Gegensätze (= Dualität, Polarität). Vom Zentrum in der Mitte aus baut sich bei den Kelchen nach oben das Feuer- und nach unten das Wasser-Dreieck auf: Das Feuer spendet die Lebensenergie, das Wasser ist bereit, sie aufzunehmen.

Die Kelche repräsentieren das Aufnehmen der Energie, während die Stäbe das Umsetzen und Anwenden dieser Kraft zeigen. Dieses Empfangen bedeutet nicht passive Hingabe, sondern bewußtes Erfahren, inneres Erleben. Wenn ich das Radio nicht einschalte, kann ich kein Programm hören. Das Radio auf Empfang zu stellen, setzt eine gewollte und damit bewußte Handlung voraus. Ebenso erfordert das Hören einer Sendung unsere Bewußtheit (ich spreche nicht von der Musik-Dauerberieselung, die wir schon gar nicht mehr wahrnehmen) und die geistige Verarbeitung des Gehörten.

Die Kelche haben also nichts mit Passivität zu tun, sondern mit innerer Erfahrung. Sie stehen daher für Phantasie und Intuition, für Harmonie und Frieden (und/oder den Wunsch danach), für Freude und inneres Glück und vor allem für Liebe. »Kelche«-Menschen erhalten (erfahren) Liebe und geben sie.

Eine ideale Abfolge begänne mit einer Karte aus dem Satz der Kelche (will sagen: ich bin empfangsbereit), erhielte dann die Energie der Stäbe (will sagen: ich setze die Energie in Handlung um.) Um die Energie möglichst effektiv anzuwenden, braucht es die Übersicht der Schwerter. Diese ordnende Hand kanalisiert die Energie, und die Kraft der Münzen nutzt sie für reale Tätigkeiten (Beruf, Geschäft, Erfolg, Reichtum).

König der Kelche

Das Bild
Wie in den anderen drei Sätzen, repräsentiert der König auch hier Reife und soziale Verantwortung. Da er einem Kartensatz voransteht, in dem die inneren Gaben wie Phantasie und Kreativität beschrieben sind, ist er jemand, der diese Talente (die in jedem Unterbewußtsein schlummern) als Grundlage seiner Handlungen einsetzt: Sein Thron schwimmt auf einem bewegten gold-blauen Meer (= Unterbewußtsein, mit Erkenntnis verbunden). Auch das Gewand des Königs weist auf seine beiden Fundamente hin: Erkenntnis (goldener Umhang, goldene Schuhe) aus dem Wissen heraus und Phantasie (blaues Kleid) aus dem Unterbewußtsein geschöpft. Zepter und Kelch in seinen Händen verbinden ebenfalls beide Elemente (Handeln und Sein oder Tat und Geist).

Darüber hinaus weist der Anhänger mit dem Fischmotiv auf die Kreativität des Königs hin. Freilich ist diese Energie gebunden, nicht frei sich entfaltend, wie es der Fisch im Hintergrund links demonstriert. Der König der Kelche nutzt seine Kraft aktiv (siehe die roten Blumen auf der Krone, das rote Innenfutter und den roten Kragen). Er sendet (wie die Zwei der Stäbe) Schiffe aus, um Neuland zu erobern.

Die Bedeutung
Grundsätzlich deutet der König der Kelche auf Erfüllung in sozialer Verantwortung hin, auf eine gesunde Balance zwischen Intuition und Verstand, wobei die Intuition immer das Fundament ist.

Und doch vermittelt der König der Kelche nicht jene Zufriedenheit wie etwa der König der Münzen. Bei allem Positiven enthält diese Karte für mich die Warnung, nicht in einer verantwortlichen Position zu erstarren. Das kann leicht zu einer Blockade der Emotionen und damit auch der Kreativität führen. Da diese schöpferische Phantasie jedoch eine Ausdrucksform von Energie ist, will und muß sie umgesetzt werden. Das rote Schiff weist in die eine Richtung: Unternehmen Sie etwas, planen Sie ein Projekt. Der blaue Fisch weist den anderen Weg: Lassen Sie Ihre kreative Energie frei fließen. Verwirklichen Sie Ihr Selbst, indem Sie es als Kunstwerk darstellen – in welcher Form auch immer.

Königin der Kelche

Das Bild

Es gibt Tarot-Interpreten, die die Königin der Kelche mit der Welt-Tänzerin (Die Einundzwanzig) vergleichen, und andere, die in ihr eine Verbindung zwischen Hohepriesterin (Die Zwei) und Herrscherin (Die Drei) sehen. Im Grunde haben beide Theorien ihre Berechtigung. Die Königin vereinigt Phantasie als Schöpfen aus dem Unterbewußtsein (silbrig schimmerndes Gewand, das Kleid ins Wasser getaucht, engelhafte Wassernixen als Thronverzierung) und Handeln als sinnliche Erfahrung der äußeren Welt (ihr Thron steht auf der Erde, die Landschaft ist fruchtbar, ihr Hohepriesterin-Umhang wird von der roten Brosche einer Herrscherin zusammengehalten).

Im Gegensatz zum König betrachtet sie ihren Kelch. Es ist der außergewöhnlichste aller vierzehn Kelche. Sie hat ihn selbst als Ausdruck ihrer Schaffenskraft kreiert. Der Blick der Königin verrät ihre Liebe zur Schönheit ihres Kunstwerks. In dieser Bewunderung der in Form gegossenen schöpferischen Energie liegt das Geheimnis dieser Einheit von Innen und Außen.

Die Bedeutung

Die Königin der Kelche eignet sich vorzüglich als Meditationskarte, zeigt sie Ihnen doch, was die Grundlage von Erfolg ist: die Ausgeglichenheit von Intuition und Verstand, die Balance zwischen schöpferischer Phantasie und praktischer Disziplin. Wie jedes Symbol der Kleinen Arkana ist der Kelch nur *ein* Beispiel für kreatives Schaffen.

Gerade die Königin (sie repräsentiert im Gegensatz zum König nicht die Gesellschaft, sondern die Familie) ist Indiz dafür, daß sich die Lebensenergie in allen Ebenen der Wirklichkeit ausdrücken läßt: in der Familie ebenso wie im Beruf. Der Schlüssel ist die Liebe. Fragen Sie sich, ob Sie für das, was Sie tun, Liebe empfinden (weil es Ihnen zum Selbstausdruck verhilft). Ich meine nicht die laute enthusiastische Begeisterung, sondern die stille Freude an der Schönheit Ihrer Schöpfungen und Taten. Entdecken Sie die Kraft, die Sie gewinnen, wenn Sie Ihre Erfolge nicht als alleiniges Verdienst Ihres Willens und Ihrer Disziplin ansehen, sondern vor allem auch als Produkt Ihrer Phantasie. Erfahren Sie das Glücksgefühl, das Sie erfüllt, wenn Sie diese kreative Energie als das wertvollste Geschenk Ihres Lebens erkennen.

Ritter der Kelche

Das Bild

Der Ritter repräsentiert in den vier Sätzen der Kleinen Arkana stets den Menschen, der die Gaben des jeweiligen Zeichens hat, sie aber nicht so recht einzusetzen weiß. Der Ritter der Kelche ist eine solche Figur. Gebannt blickt er auf den Kelch, das Symbol für schöpferische Phantasie, aber er fängt nichts damit an. Seine Lebensenergie ist gebremst (das Pferd trabt langsam), seine Ergebnisse sind dürftig (die Landschaft ist ausgedörrt).

Allerdings ist Wasser (Fluß) da: Er kann aus seinem Unterbewußtsein schöpfen und daraus handeln (= rote Fische auf seiner Rüstung). Er hat die Fähigkeit, über die Grenzen seines Panzers (= Ego) hinauszuwachsen (silbern schimmernde Rüstung als Verbindung mit Intuition/Phantasie und Flügel an Helm und Schuhen). Seine gesamte Erscheinung ähnelt dem Tod (Die Dreizehn): Der Ritter kann zur Überwindung und Transformation gelangen, wenn er seiner Intuition folgt.

Die Bedeutung

Der Ritter der Kelche zeigt einen Menschen, der gespalten ist. Er spürt in sich die schöpferische Phantasie und gleichzeitig den Wunsch nach äußeren Aktivitäten. Möglicherweise geht es Ihnen ebenso. Viele Menschen betrachten diese beiden »Teile« ihrer Persönlichkeit als Gegensatz, der sie zu lähmen droht. Sehen Sie sich die Karte genau an. Erkennen Sie, daß beide Eigenschaften keinen Widerspruch darstellen. Erinnern Sie sich an die Fünf der Stäbe, wo der Kampf als Spiel erlebt wird. Die Intuition und die schöpferische Phantasie können in Aktivität umgesetzt werden. Der König übernimmt soziale Verantwortung, die Königin erschafft ein Kunstwerk.

Eine andere Möglichkeit, die Kreativität zu nutzen, kann sein, Aufgaben zu übernehmen. Wenn Sie freiwillig Verpflichtungen eingehen, können Sie Ihre Energie bündeln. Behalten Sie jedoch die Haltung des Ritters bei. Sehen Sie es als Spiel an, das nur Sinn macht, wenn Sie die von Ihnen selbst aufgestellten Spielregeln einhalten. Wichtig ist, daß jede Form von Energie – wie in diesem Fall Inspiration und schöpferische Phantasie – umgesetzt wird in irgendeine Form von Handlung. Sie kann nach innen gerichtet sein (Bewußtwerdung) oder als Aktion nach außen gebracht werden. Sie haben beide Wege zur Auswahl. Welchen Weg Sie gehen ist nicht wichtig, entscheidend ist, daß Sie losgehen. Und wenn Sie an der Gabelung von Verantwortung und sinnlicher Begierde ankommen, dann wählen Sie auch dort Ihre Richtung. Sie können jederzeit umkehren, wenn Sie doch lieber den anderen Weg beschreiten möchten.

Bube der Kelche

Das Bild

Der Bube eines Satzes zeigt die unschuldige Erfahrung der jeweiligen Eigenschaft und erinnert an den Narren (Die Null). Der Bube der Kelche betrachtet voll Naivität und Interesse seine Phantasien (siehe der blaue Fisch im Kelch). Er ist mit allem ausgestattet: Er ist erdverbunden (brauner Boden, braune Stiefel), also realitätsnah; er hat Tatkraft (rotes Untergewand) und Sinnlichkeit (rote Blumen auf dem blauen Kleid); sein Verstand (Kopf) ist eingefaßt von Intuition = Unterbewußtsein (blauer Hut, blaues Tuch).

Die Bedeutung
Gehen Sie jetzt Ihren Phantasien nach. Staunen Sie, was in Ihnen steckt. Betrachten Sie Ihre Vorstellungen und Wünsche mit derselben Vorurteilslosigkeit und Offenheit wie der Bube auf der Karte. Sein Blick verrät Liebe. Freuen Sie sich an Ihren Entdeckungen und werten und beurteilen Sie sie nicht.

Es ist die Zeit der Betrachtung, nicht des Handelns. Wenn Sie dennoch Verpflichtungen eingehen, prüfen Sie, ob Sie sie auch wirklich eingehen wollen. Fragen Sie sich, ob Sie momentan nicht generell Ihre äußeren Aktivitäten einschränken können, um mehr zur Erfahrung Ihres inneren Reichtums zu kommen. Phantasie, Kreativität, Vorstellungen und Wünsche brauchen ihren Raum. Sie sind ebenso Teil unserer Existenz wie Handlung, Verpflichtung, Aktivitäten und Pläne.

Möglicherweise entdecken Sie in dieser Innenschau sogar übersinnliche Fähigkeiten in sich. Der Bube gibt Ihnen den Hinweis, wie Sie darauf reagieren können: Konfrontieren Sie sich mit diesen Begabungen, beobachten Sie sie wie ein Kind und seien Sie Schüler: Versuchen Sie voll Neugierde alles zu erfahren, was in diesem Kelch Ihres Unterbewußtseins verborgen ist. Der Fisch im Kelch nimmt das Ergebnis Ihrer Nachforschungen vorweg: Das Unterbewußtsein ist unermeßlich (Fisch als Symbol für Unendlichkeit). Wir können seine Tiefe nur schrittweise erfahren.

Zehn der Kelche

Das Bild
Bei der Zehn der Stäbe bricht der Mensch an dem Zuviel der Feuer-(Stäbe-) Energie fast zusammen. Hier bedeutet das Übermaß an Kelchen ein Füllhorn von Freude, Liebe und Glück. Die Schöpfung erscheint als Wunder (siehe den Regenbogen). Gleichzeitig erfahren wir, daß unsere schöpferische Phantasie ein Geschenk des Himmels (= unseres Überbewußtseins) ist.

Die Menschen auf der Karte haben dies erkannt, sie preisen den

Regenbogen. Die fruchtbare Landschaft und die Familie (beachten Sie die Kombination von aktivem Rot und intuitivem oder rezeptivem Blau in den Kleidern) zeigen die Schöpfung in ihrer Vollendung. Es ist alles vorhanden, um die Menschen glücklich zu machen.

Die Bedeutung

Erkennen Sie, daß Sie mit einer Fülle von Glück gesegnet sind. Möglicherweise sehen Sie es nur nicht. Ich hatte einmal eine Klientin, die die Zehn der Kelche zog und enttäuscht war. Sie hatte gerade ihre Scheidung hinter sich und konnte mit dieser Karte nichts anfangen. Bei genauerem Hinsehen entdeckte sie, daß sie sich mit jeder Person auf dem Bild identifizieren konnte: Sie war durch die Trennung erleichtert und fühlte sich wie ein Kind neugierig auf die neuen Erfahrungen; der Mann auf der Karte war ihr geistiger Lehrer, der ihr die Augen für die Wunder des Lebens öffnete. Sie beschloß, dieses Glück wie die Kinder auf der Zehn in Freude (Tanz, Freundschaften, Taten) auszudrücken und wie das Paar dankbar dafür zu sein.

Genausogut kann die Karte tatsächlich auf häusliches Glück hinweisen, doch ist dies nur ein Bild, ein Symbol für die Botschaft der Zehn der Kelche: Das Leben bringt Ihnen Freude und Glück im Übermaß. Vergessen Sie nicht, dafür zu danken, daß gerade Sie diese Gnade erleben dürfen. Teilen Sie Ihre Freude mit anderen.

Neun der Kelche

Das Bild

In der Neun wird der unterschiedliche Charakter der Symbole deutlich. Die Neun der Stäbe zeigt einen Menschen, dessen Reichtum an Tat-Energie ihn zu einer angespannten Kampfbereitschaft verleitet. In der Neun der Kelche dagegen sitzt der Mensch zufrieden und satt auf seinem Schemel. Sein Reichtum an schöpferischer Phantasie und Lebensfreude ist ihm bewußt (Farben Blau und Gold), aber er wählt den Weg des irdischen Vergnügens (braune Schuhe, brauner Schemel), und daran ist kein Makel (weißes Kleid).

Die Kelche stehen wie auf einer Festtafel bereit. Diese sinnliche Freude ist eine der Möglichkeiten, seinem Glück Ausdruck zu verleihen (vergleichen Sie den Auftrag in den gesamten Kleinen Arkana, Energie in Handlung umzusetzen).

Die Bedeutung

Gerade esoterisch interessierte oder orientierte Menschen fühlen sich – das ist meine Erfahrung – von der zufriedenen Sattheit des Menschen auf der Neun der Kelche abgestoßen, die nach oberflächlichem Sinnengenuß aussieht. Noch dazu hat dieser Mensch seine Arme verschränkt, will sagen: Ich bin zufrieden, ich will im Moment nichts mehr aufnehmen. »Was soll dieses Bild mit meinem Streben nach Erleuchtung zu tun haben?« fragen die Esoteriker verstört.

Die so geschmähten irdischen Genüsse sind jedoch sehr wichtig, um den Menschen in Balance zu halten. Gerade wenn er die Erfahrung seiner Intuition, seiner schöpferischen Phantasie und damit seines Innersten macht, braucht er diese Erdung, um nicht den Boden unter den Füßen zu verlieren. Im Koran heißt es sinngemäß: Die Ablenkungen des irdischen Lebens schützen uns davor, Gottes Herrlichkeit ständig zu sehen – denn das könnten wir nicht aushalten. Erden Sie sich, genießen Sie das Leben, aber tun Sie es bewußt.

Acht der Kelche

Das Bild
Der Mond wandert vor die Sonne. Die Zeit der äußeren Aktivität ist vorüber, der Mensch wendet sich seiner inneren Bewußtwerdung zu. Zu recht ist diese Karte mit dem Eremiten (Die Neun) verglichen worden, bedeuten doch beide einen Rückzug aus der Welt der nach außen gerichteten Handlungen. Die Kelche (= die schöpferische Phantasie) haben den Menschen dazu gebracht, sich auf eine höhere Ebene der Wirklichkeit zu begeben. Voll Energie (rote Stiefel, roter Umhang) macht sich der Mensch auf den Weg. Er hat das Wasser überschritten (hat sein Unterbewußtsein integriert) und zieht sich in die Einsamkeit zurück. Seine Intuition hat ihm gesagt, daß jetzt der richtige Zeitpunkt dafür gekommen ist. Die Kelche stehen aufrecht: es ist kein Schaden. Der Weg führt vom dunklen Geheimnis des Unterbewußtseins (Wasser) zur Erkenntnis (Berge).

Die Bedeutung
Sie verlassen eine alte Situation. Sie spüren, daß die Zeit reif ist, die Veränderung jetzt zu vollziehen. Haben Sie Vertrauen. Ihre Intuition ist Ihr Führer. Wohin Sie auch immer gehen, Sie werden mehr erkennen als bisher (goldener Wanderstab). Die Acht der Kelche weist meist auf einen Rückzug von den alltäglichen Dingen des Lebens hin.

Dies bedeutet jedoch nicht Passivität. Der Weg nach innen ist eine Handlung, die mehr Energie voraussetzt als Aktivitäten nach außen (daher ist der dargestellte Mensch mit dem alles dominierenden roten Umhang bekleidet). Der Weg zur Bewußtwerdung bedeutet auch nicht Flucht. Bringen Sie Ihre Beziehungen, Projekte und Arbeiten zu einem guten Abschluß. Wenn Sie dafür noch Zeit brauchen, so gestatten Sie sich diesen Aufschub. Oft genügt schon ein innerer Abstand, um klarer zu sehen und dann weiterzugehen.

Haben Sie keine Angst davor, vertrautes Terrain zu verlassen. Sie tragen alles, was Sie zur Bewältigung einer neuen Lebenssituation brauchen, mit sich, denn Ihre Erfahrungen sind Ihr Startkapital für Ihre neuen – zunächst nach innen gerichteten – Unternehmungen.

Sieben der Kelche

Das Bild
Die Visionen der Phantasie hängen buchstäblich in der Luft. Da ist der Mensch, der sie wie ein Zauberer aus dem Nichts erschafft, aber sie haben keine Bedeutung, weil sie nicht den Boden der Realität berühren. Alle Bilder der menschlichen Phantasie sind hier abgebildet: Abenteuer (Burg), Reichtum (Juwelen), Sieg (Lorbeerkranz) und Angst (Drachen) auf der irdisch-weltlichen Ebene, Liebe (engelgleiches Gesicht), Glaube (strahlende, aber verhüllte Figur mit schützend ausgebreiteten Armen) und Wissen (Schlange) auf der geistig-seelischen Ebene. Die Bilder sind da, vom Mensch als geistige (Luft) Produkte geschaffen, aber der Mensch ist nur ein Schatten, weil er seine Geistschöpfungen nicht in den äußeren Realitäten verankert.

Die Bedeutung

Kaum eine Karte aus dem Satz der Kelche ist in ihrer Botschaft so klar: Die schöpferische Phantasie erstarrt zum Hirngespinst, wenn sie nicht auf die Ebene der stofflich-materiellen Wirklichkeit übertragen wird. Ihre Phantasie ist reich. Sie ist eine Gabe, die Sie wie ein Zauberer einsetzen können. Auch ein Zauberkünstler wird erst dann glaubhaft, wenn er nicht nur die Vorstellung eines weißen Kaninchens erzeugen kann, sondern das Tier auch wirklich aus seinem Hut zieht.

Fragen Sie sich bei all Ihren Visionen, *wie* Sie sie realisieren können. Beginnen Sie mit kleinen Schritten. Greifen Sie einfach eine Vorstellung oder einen Wunschtraum heraus und gehen Sie daran, seine Verwirklichung einzuleiten. Nutzen Sie dazu die Kraft der kreativen Visualisierung. Das heißt: Je konkreter Sie sich Ihre erträumte Wirklichkeit vorstellen können, desto klarer ist Ihr Auftrag an Ihr Unterbewußtsein, für deren Erfüllung zu sorgen. Es genügt nicht, sich vorzustellen, ein Künstler zu werden, sondern es ist notwendig, daß Sie sich bis in kleinste Details in Stationen auf Ihrem Weg zum Künstler sehen. Sie malen sich aus, welche konkreten ersten Schritte Sie tun, was dann darauf folgt und was Ihr Endziel ist.

Ich sah mich ganz deutlich in einem Raum mit Meerblick sitzen. Ich stellte mir vor, wie das Wetter ist und wie ich bekleidet bin. Ich spürte die Stimmung, in der ich sein wollte. Und ich erlebte mich (vor meinem geistigen Auge), wie ich einen Block in die Hand nehme, die Tarot-Karten vor mich hinlege und die ersten Seiten dieses Buches schreibe.

Sechs der Kelche

Das Bild

Die Sechs jeder Kartenreihe zeigt Beziehungen und geht damit zurück auf Die Sechs der Großen Arkana, Die Liebenden. Da die Kleinen Arkana die Verwirklichung der menschlichen Grundmuster (Archetypen) demonstrieren, die in den Trumpfkarten dargestellt sind, haben die Sechsen mit Geben und Nehmen zu tun. Im Fall der Sechs der Kelche geht es um Gefühle und Erinnerungen. Der Zwerg (Symbol für Vergangenheit) schenkt dem Kind (Symbol für Zukunft) den Kelch der Erinnerungen. Es sind Andenken an eine unbescholtene (weiße Blume) und glückliche (grüne Blätter) Kindheit.

Das Kind und der Zwerg sind in Einklang von Phantasie (= Unterbewußtsein, blaues Kleid) und Realität (rote Stiefel, rote Kapuze). Die Umgebung erstrahlt in goldenem Licht; selbst die hemmenden Mauern sind vom Wissen (Gold) um die Einheit von Innen (Unterbewußtsein) und Außen (Handeln) erfüllt. Das Grau taucht erst in der Welt der Erwachsenen auf (siehe linker Bildrand). Das Kind ist in seinen Handlungen noch rein und unbescholten (weiße Handschuhe).

Die Bedeutung

Erinnern Sie sich der schönen Augenblicke in Ihrer Vergangenheit. Gerade durch die Psychotherapie ist unser Verhältnis zu unserer Kindheit einseitig belastet. Ich habe in meinen Therapien oft erlebt, daß Klienten (die meisten von ihnen hatten eine Psychoanalyse hinter sich) ihre Kinderjahre geradezu haßten: »Meine Eltern haben mich negativ konditioniert. Ich muß mich von ihnen befreien«, etc. Dieser innere Loslösungsprozeß von den Eltern (der bei manchen Menschen erst spät oder überhaupt nicht stattfindet) wird als Abwendung oder als Befreiungskampf erlebt. Dies ist sicherlich eine der negativsten Auswirkungen der gesamten Psychotherapie. Tatsächlich ist die Lösung vom Elternhaus nichts anderes als ein neuer Weg, den jeder Mensch einschlagen muß. Wichtig dabei ist, die Vergangenheit auch wirklich hinter sich zu lassen und nicht als schwergewichtigen Rucksack mitzuschleppen. Erst dann ist es möglich, die zurückliegende Lebensphase wie einen interessanten Film zu betrachten.

Sehen Sie sich Ihre Karte an und begreifen Sie die Aufforderung: Die schönen Erinnerungen sind ein Geschenk der Vergangenheit, das Sie auf Ihrem Weg in die Zukunft stärkt. Wann immer Sie aus diesem Kelch trinken, spüren Sie die Kraft, die Ihnen die Freude über das Erlebte spendet. Das trifft ebenso auf jede andere Beziehung zu, die zu Ende ging: Bewahren Sie sich das Schöne und vergessen Sie den Rest.

Fünf der Kelche

Das Bild

Vermutlich geht es Ihnen so wie den meisten Menschen: Die Fünf der Kelche löst ein Gefühl der Niedergeschlagenheit und Trauer aus, und eben davon erzählt dieses Bild. Der Mensch steht still da, eingehüllt in den schwarzen Umhang seiner Trauer. Er hat etwas verloren; drei Kelche sind umgestürzt, ihre Flüssigkeit ist verschüttet. Er kann seinen Kummer und seine Tränen mit dem Fluß dahinfließen lassen.

Das Bild zeigt neben dem Verlust jedoch auch die optimistische Zukunftsperspektive: Die Brücke (Entscheidung, Verbindung) führt vom vergangenen Verlust (umgestürzte Kelche) zum neuen Anfang (Haus als Symbol für Dauerhaftigkeit). Der Mensch muß sich nur umdrehen und die beiden aufrecht stehenden Kelche mitnehmen.

Die Bedeutung

Der Psychologe Alexander Mitscherlich hat in den sechziger Jahren den Begriff der »Trauerarbeit« geprägt. Dieses Wort könnte das Motto zur Fünf der Kelche sein. Trauern Sie, wenn Sie einen Verlust zu beklagen haben. Akzeptieren Sie Ihren Kummer als natürliche Reaktion auf einen natürlichen Vorgang in dieser Welt: Alles stirbt einmal, um in einem neuen (physikalischen und geistigen) Zustand wiedergeboren zu werden. Nichts bleibt, wie es ist, für immer. Das Leben ist ein Buch der Wandlungen (wovon das gesamte I Ging spricht).

Tun Sie nach dieser wichtigen Trauerphase den nächsten Schritt. Drehen Sie sich um und sehen Sie, was Ihnen geblieben ist. Es ist in jedem Fall genug für neue Entscheidungen (Brücke) und für das Erreichen neuer Stabilität (Haus). Möglicherweise erkennen Sie, daß der Verlust gar nicht so schmerzhaft ist, wie Sie im ersten Moment geglaubt haben. Verlust bedeutet immer auch eine Befreiung. Aber es dauert seine Zeit, bis wir begreifen, daß jeder Verlust uns weiterbringt. Sie werden Hilfe erfahren und dadurch neue Freunde gewinnen (zwei Kelche). Sie stehen mit beiden Beinen (braune Stiefel) auf der Erde. Öffnen Sie Ihre Augen, wenn Ihre Tränen getrocknet sind, und blicken Sie sich um. Die Zukunft erwartet Sie.

Vier der Kelche

Das Bild
Im Grunde wäre alles bestens: Das Land ist fruchtbar, der Mensch ist jung und hat alles, was er braucht (Rot als Farbe der Lebensenergie und Tatkraft, Blau als Farbe der schöpferischen Phantasie, Grün als Farbe des Wohlstands und Erfolgs). Er hat drei Kelche zur Verfügung, ein vierter wird ihm gereicht. Der Baum, unter dem er sitzt, gibt ihm Schutz und Kraft. Aber es ist wohl nicht der Baum der Erkenntnis, denn der junge Mann blickt gelangweilt, seine Augen sind nahezu geschlossen. Er nimmt den Reichtum um sich herum nicht wahr, sondern verschließt sich den Möglichkeiten, die ihm angeboten werden (siehe seine Arm- und Beinhaltung).

Die Bedeutung
Sie sind erstarrt. Vielleicht haben Sie einen Verlust erlitten (vergleichen Sie die Fünf der Kelche) und sind bei der Fassungslosigkeit über diesen Schmerz stehengeblieben. Eventuell langweilt Sie auch die Situation, in der Sie leben. Was auch immer die Ursache für Ihre Lustlosigkeit sein mag: Öffnen Sie die Augen, erkennen Sie, daß alles um Sie herum in Fülle vorhanden ist, wachen Sie auf. Man bietet Ihnen Chancen, und Sie sehen sie nicht. Sie haben alle Talente, die Sie brauchen – wo bleiben Ihr Dank und Ihre Freude darüber?

Wenn Sie die Möglichkeit nicht wahrhaben wollen, aus Ihrem Leben hier und jetzt Genuß zu ziehen, so bleiben Ihnen nichts als Frustration und Apathie. Wenn Sie es beklagen, allein zu sein, dann nehmen Sie sich einfach die Drei der Kelche zur Hand. Auf Zeiten des Alleinseins folgen immer Phasen des Zusammenseins, wie Gewinn und Verlust oder Fülle mit Mangel einhergehen. Sie sind in der Gewinn- und Überflußspanne, aber Sie glauben es nicht, weil Sie es nicht sehen (wollen).

Wachen Sie auf. Lassen Sie Ihre Wenn und Aber beiseite. Sie sind es, der aus dieser Welt ein Paradies oder eine Hölle für sich machen kann.

Drei der Kelche

Das Bild

Die Problematik, wie schöpferische Phantasie und Handeln in Einklang gebracht werden können, ist überwunden. Die letzten drei Karten deuten auf Glück und Freude hin. Besonders die Drei der Kelche drückt dies aus und zeigt damit den Wert des gesamten Kelche-Satzes: Es ist das innere Glück (und nicht der äußere Erfolg der Stäbe), geteilt mit anderen. Die Frauen auf dem Bild feiern so etwas wie ein Erntedankfest. Sie erfreuen sich an der Fülle der Früchte. Ihre Kleider strahlen dieselbe Sinnlichkeit aus wie das Gewand der Herrscherin (Die Drei der Großen Arkana). Die rote Tunika der Figur in der Mitte symbolisiert Lebenskraft und Sinnenfreude. Die Frauen sind sich in ihrer festlichen Stimmung so einig, daß ihre Arme geradezu ineinander verflochten sind.

Die Bedeutung
Feiern Sie das, was Ihnen gelungen ist, mit Ihren Freunden. Aus den anderen Karten dieses Satzes wissen Sie, daß Freude ein Ausdruck der Kelche-Qualität, also der Kreativität ist. Während in der Fünf die Zeit der Trauer war, ist jetzt die Zeit, Feste zu feiern. Auch das gehört zum Auf und Ab des Lebens. Verlust (Fünf) und Niedergeschlagenheit (Vier) sind überwunden, Sie erkennen wieder die Wunder des Lebens.

Viele Interpreten deuten die Drei der Kelche als Ankündigung einer Phase sexueller Lust und sinnlichen Vergnügens. Ich glaube, daß es nicht entscheidend ist, welche Ausdrucksform der Freude wir wählen. Wichtig ist vielmehr, daß Sie bewußt das, was Sie tun, als Freudenfest gestalten. Teilen Sie Ihr Hochgefühl mit anderen.

Zwei der Kelche

Das Bild
Die Liebenden stehen am Beginn ihrer Beziehung. Statt des Engels (siehe Die Sechs der Großen Arkana) wacht ein Löwe (Sexualität) mit Flügeln (Geist) über ihnen und läßt den Schlangenstab des Gottes Hermes (Heilung und Weisheit) herab. Liebe vereinigt und macht beide Liebenden reicher. Die Aktivität des Mannes (er trägt das bunte Kleid des Narren), seine nach außen gerichtete Energie, wird mit der Hingabe der Frau (sie lebt aus ihrer blau-passiven Intuition heraus), ihrer im Innern stattfindenden Erfahrung, gepaart.

Die Bedeutung

Die Zwei der Kelche weist gewöhnlich auf den Beginn einer Beziehung hin (die beiden Liebenden auf der Karte überreichen sich ihre Kelche = ihre Gefühle – ähnlich wie die Kapitäne zweier Fußballmannschaften vor Beginn des Spiels ihre Wimpel austauschen). Seien Sie jedoch nicht enttäuscht, wenn dies auf Sie nicht zutrifft, denn Tarot-Karten sind wie andere Symbol-Bilder des Unterbewußtseins (z. B. Traum) stets zweifach zu deuten: in der konkreten Objektstufe als Hinweis auf vergangene oder zukünftige äußere Ereignisse und in der Subjektstufe als Vision vergangener oder zukünftiger innerer Entwicklungen.

So verstanden bedeutet die Zwei der Kelche, daß Sie Ihre aktive Yang-Energie mit Ihrer passiven Yin-Energie vereinigen. Sie stellen das Gleichgewicht zwischen Verstand und Gefühl, zwischen äußerer Aktivität und innerem Empfinden und Erfahren her. Das, was Sie tun, und das, was Sie fühlen, ist in Einklang.

Die Zwei zeigt also eine Zeit der Reife und des Glücks an, denn erst die Balance beider Energien (der Stäbe und der Kelche) macht Sie frei, wirklich glücklich und erfolgreich zu sein.

As der Kelche

Das Bild

Das Gleichgewicht zwischen Handeln und Geschehen-Lassen war Thema des gesamten Kelche-Satzes. In der Zwei wurde diese Harmonie auf der konkret-irdischen Stufe durch die Liebe zweier Menschen erreicht. Das As der Kelche zeigt den geistig-spirituellen Hintergrund, die Quelle dieser Liebe. Die Kelche werden oft als der Heilige Gral interpretiert, jener Kelch, der das Blut Christi und damit den materialisierten Heiligen Geist enthalten soll. Im As wird diese Deutung glaubhaft.

Der Kelch (Symbol für die Empfänglichkeit und Aufnahme überbewußter Energien wie Liebe, schöpferische Phantasie, Kreativität) erhält von der Taube (Heiliger Geist) die Hostie (die Erlösung im Leib

Jesu Christi), ergießt seinen Inhalt fruchtbringenden Wassers in Fontänen und Tropfen (Form des Buchstaben Yod, des ersten Buchstabens des hebräischen Namens Gottes YHVH) und sorgt so für das Blühen auf dem Wasser (Seerosen): Die schöpferische Phantasie sprießt, wenn sie von göttlicher Energie (Kelch wird von der Hand Gottes getragen) gespeist wird.

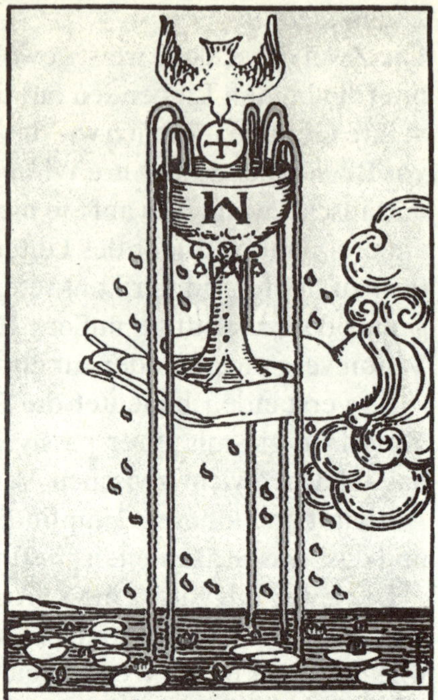
AS der KELCHE

Die Bedeutung

Ihre schöpferische Phantasie, Ihre Liebe und Ihre Kreativität sind auf dem Höhepunkt. Es geht für Sie nicht mehr darum, wie Sie sie ausdrücken, wie Sie ein Gleichgewicht zwischen Handeln und Empfangen herstellen. Es geht für Sie darum, zu erkennen, wo diese Kraft herkommt, diese Kraft, die wir nicht erzeugen oder in Besitz nehmen, sondern nur dankbar in uns aufnehmen können. Gerade Künstler haben immer wieder versucht, diese Kraft darzustellen. Betrachten Sie Kunstwerke einmal unter diesem Aspekt.

Oder beobachten Sie Ihr Leben. Sie werden entdecken, daß es voller Hinweise auf diese Kraft ist. Überall, wo Sie Liebe finden, Glück, Freude, Schönheit – überall dort ist das Geschenk zu sehen, das wir tagtäglich erhalten. Ihr Überbewußtsein hat nichts anderes im Sinn, als Sie Liebe und Glück erfahren zu lassen. Ihre Leistung ist es, dies auch zu erkennen und wahrzunehmen. Erst wenn Sie Ihr Überbewußtsein als Quelle Ihres Glücks begreifen, können Sie aufhören, ihm nachzujagen oder es festhalten zu wollen. Das Glück öffnet sich Ihnen, wenn Sie bereit sind, es anzunehmen und geschehen zu lassen.

DIE SCHWERTER

Die Kelche repräsentieren Gefühl, Empfänglichkeit und schöpferische Phantasie. Die Stäbe setzen diese Visionen in konkrete Handlungen um. Bevor dies geschieht, ist bewußtes Planen und Denken notwendig, symbolisiert durch die Schwerter, bis schließlich das physisch manifestierte Ergebnis sichtbar ist, wie es im Satz der Münzen dargestellt wird. Den Kelchen entspricht das Element Wasser, den Stäben das Feuer und den Münzen die Erde. Die Schwerter werden dem Element Luft zugeordnet.

Dieses Element Luft macht eine Menge Wind um sich her. Es sorgt für Ruhelosigkeit und ständige Bewegung. Kein Wunder, daß Luft auch das Symbol für unseren Verstand ist (manche wählen den mißverständlichen Begriff Geist). Sie wissen aus Ihrem Leben, wie unruhig diese Denkmaschine ist. Ich habe festgestellt, daß eine der wichtigsten Etappen auf dem Weg zur Selbstfindung das Erreichen der inneren Ruhe ist. In der Meditation oder in der Trance bringen wir den Verstand für Minuten (oder sogar Stunden) zum Schweigen – und wir fühlen uns tief entspannt und hinterher gut erholt. Im normalen Wachzustand gelingt dies nur wenigen Menschen. Die meisten sind ihren Gedanken ausgeliefert.

Die Schwerter zeigen – wie auch die anderen Kartensätze – Licht und Schatten ihres Elements (= ihrer Qualität). Oder anders gesagt: Die Schwerter zeigen die Problemseite der Luft (= des Verstandes) wie Schmerz oder Wut oder Sorgen, aber auch die Schokoladenseite wie Organisationstalent, Wahrheitssuche bis hin zur Weisheit, die dem Leben Orientierung gibt.

Wie in den anderen Sätzen, zeigt sich auch hier, daß wir eine Balance zwischen einem Zuwenig an Rationalität und einem Zuviel finden sollten. Und dies gilt schließlich auch zwischen den vier (in den Kartensätzen dargestellten) Elementen bzw. den von ihnen symbolisierten Energien.

König der Schwerter

Das Bild

Der König stellt als erste der vier Hofkarten eines Satzes stets die Umsetzung der jeweiligen Energie in soziale Verantwortung dar. Der König der Schwerter zeigt demnach, wie der Verstand (Geist, Intellekt) für Eigenschaften wie Autorität und Urteilsvermögen gebraucht werden kann. Er hat Wissen (gelbe Krone), Bewußtheit (purpurfarbener Umhang), Tatkraft (rote Kopfbedeckung und rotes Untergewand) und Intuition (blaues Kleid). Wie er sein Schwert hält (nach rechts, zur Handlung hin), verrät ebenfalls seine Bereitschaft zur Tat.

Freilich beinhaltet seine geistige Fähigkeit (Symbol der beiden Vögel) auch die Gefahr, der Welt und den Mitmenschen allzu entrückt zu sein. Darauf weist auch der Thron hin, der vom Himmel herabzuschweben scheint. Aber diesen König fechten die Gefahren nicht an: Ihm geht es um Weisheit und Wahrheit. Und daher zwingt er jeden, sich offen damit auseinanderzusetzen (er blickt uns als einzige von allen 16 Hofkarten direkt in die Augen).

Die Bedeutung

Wenn die Karte Sie selbst betrifft, dann zeigt sie Ihnen alle Ihre Tugenden. Verstand und Gefühl sind in Harmonie. Sie sind voller Tatendrang. Wissen bedeutet für Sie erst etwas, wenn Sie es in die Tat umsetzen können. Sie bemühen sich um Gerechtigkeit. Sie streben nach Weisheit und Wahrheit. Achten Sie darauf, daß sich nicht eine

Kluft zwischen Ihnen und Ihren Mitmenschen aufbaut. Die Stärke, die Sie haben, birgt in sich auch die Gefahr des Mißbrauchs wie Arroganz, Macht um der Macht willen, Starrheit und Egozentrik. Wenn Sie die Balance zwischen Verstand (Bewußtsein) und Intuition (Unterbewußtsein) halten, gehen sie dieser Gefahr aus dem Wege.

Auf einen anderen Menschen bezogen (Freund, Verwandter, Arbeitskollege etc.) bedeutet der König der Schwerter, daß Sie einen starken Menschen vor sich haben. Im ungünstigsten Fall kann diese Person dominant und hart sein. Möglicherweise ist er oder sie so streng zu sich und der Umwelt, daß er/sie nicht mehr den Gefühlen und der Intuition vertraut und sich in Vorurteile und Konzepte verrennt. Stellen Sie diese Denkschablonen (bei sich und bei ihr/ihm) in Frage.

Königin der Schwerter

Das Bild

Der König (Yang) eines Satzes zeigt den Aspekt der Handlung im Zeichen der jeweiligen Energie, die Königin (Yin) verkörpert die am eigenen Leib erlebte Erfahrung dieser Kraft. Die Königin der Schwerter hat Lebenserfahrung gesammelt und ist damit zur Weisheit gelangt. Sie hat das, was ihre linke Hand (Intuition, innere Erfahrung) gebunden hat, mit dem Schwert (Verstand) durchtrennt (eine Quaste ist am linken Handgelenk übrig geblieben) und öffnet sich (ihre linke Hand) den Erfahrungen der Welt. Das Durchlebte hat ihr Gesicht hart werden lassen.

Was auch immer ihr widerfahren sein mag, jetzt ist sie weise (siehe den Vogel über ihr und die gelbe Krone) und entschlossen zu handeln (rotes Kopftuch, rotes Innenfutter, rote Schuhe). Eingehüllt in ihre Intuition (blauer Umhang) und beschützt von ihrem Verstand (Schwert), blickt sie hoch über den Wolken in die Welt hinaus. Ihr Fundament (ihr Thron) bleibt trotz aller Herrscherpose ihre verspielte Weiblichkeit (siehe die Thronverzierung).

Die Bedeutung
Ich stimme nicht mit den meisten Tarot-Interpreten überein, die die Königin der Schwerter als »Witwen-Karte« oder als gebunden an Schmerz und Leid bezeichnen. Nach meiner Erfahrung bezeichnet diese Karte einen Menschen, der durch das bewußte Erfahren seines Lebens zu Weisheit gelangt ist. Es ist nicht entscheidend, ob Sie mit Leid oder im Glück die Lektionen Ihres Lebens lernen. Speziell unter deutschen Psychologen geistert allerdings das Vorurteil umher, wirkliche, unsere Psyche beeinflussende Erfahrungen seien nur durch Leid zu erzielen. Ich widerspreche dem völlig. Entscheiden Sie sich heute dafür, daß Sie ab sofort nicht mehr mit Leid, sondern durch Erfolg und Glück Erfahrungen sammeln wollen. Sie haben die im Bild beschriebenen Vorzüge auf Ihrer Seite. Öffnen Sie Ihre Hand dem Glück.

Sie haben die Erfahrungen gesammelt. Halten Sie sich jetzt nicht mit der Trauer über den erlittenen Schmerz auf oder damit, andere Menschen dafür verantwortlich zu machen. Anerkennen Sie sich für Ihre Stärke und seien Sie dankbar für diesen Lernprozeß.

Ritter der Schwerter

Das Bild
Der junge Ritter hat noch alle Erfahrungen des Königs und der Königin vor sich. Voller Lebensdrang (beachten Sie das dominierende Rot über seiner Rüstung) prescht er dem Sturm (der künftigen Ereignisse) entgegen. Die (purpurfarbenen) Berge des Wissens sind hinter ihm, er

lenkt sein Pferd in die karge Welt des Lebenskampfes. Seine Rüstung (sein Ego) wird ihn schützen, sein Schwert (sein Verstand) wird für ihn streiten, und sein Pferd (seine Sexualität) wird ihn vorantreiben. Sein Gesicht verrät Entschlossenheit. Wie schon bei der Königin, tauchen auch beim Ritter (auf dem Zaumzeug seines Pferdes) verspielte Motive auf, die uns ein wenig hinter die starre Maske des Verstandes der Schwerter-Karten blicken lassen.

RITTER der SCHWERTER

Die Bedeutung

Für einen »Ritter-Menschen« gibt es nur die Flucht nach vorn. Flucht sage ich deshalb, weil dieses Drängen nach außen oft ein Entkommen von der Konfrontation mit dem Innern ist. Aber das ist gut so. Sich den Erfahrungen, die gesammelt werden müssen, zu stellen, zeigt Mut und Stärke. Beides hat der Ritter. Er schießt am Anfang sicherlich öfter über sein Ziel hinaus, aber das ist Teil seines Reifungsprozesses. Er unterschätzt auch möglicherweise die Stärke und Ausdauer des Sturms, der ihm entgegenweht, aber auch dadurch lernt er.

In dieser Situation zu Ruhe und Bedachtsamkeit zu raten ist zwar beinahe sinnlos, aber ich tue es dennoch. Oft genügt nämlich schon ein Denkanstoß, um uns wieder etwas mehr ins Gleichgewicht zurückzubringen. Alles Ungestüme, Forsche erübrigt sich, wenn Sie in Ihr Inneres blicken und Ihre Stärke erkennen. Vertrauen Sie darauf.

Bube der Schwerter

Das Bild

König und Königin sind mit Hilfe der Schwerter-(Verstandes-)Energie zu höchster Weisheit gelangt. Ritter und Bube zeigen den Menschen in einem noch nicht so gereiften Stadium. Während der Ritter mit seinem Schwert ungestüm nach vorne prescht (d. h. mit seinem Verstand sich den Problemen stellt), demonstriert der Bube eine andere Möglichkeit menschlichen Verhaltens: Er steht über den Problemen. Er hält sein Schwert lokker in der Hand, weiß er doch, daß ihn nichts anfechten kann.

Seine ganze Haltung verrät, wie jugendlich-verspielt er noch ist (siehe auch sein weißes Unterhemd). Vermutlich ist er sich seiner Tatkraft (rote Stiefel) und seines Wissens (gelbe Ärmel) noch gar nicht bewußt. Anstelle einer Rüstung trägt er einen purpurnen Rock und ockerfarbene Hosen: Seine Bewußtheit macht ungestümen Kampf unnötig.

Die Bedeutung

Der Bube zeigt ein Verhalten, das in vielen Situationen wünschenswert ist. Sie haben sicherlich schon die Freuden dieser leichtfüßigen Einstellung in Ihrem Leben genossen. Freilich steht hinter dieser lockeren Haltung oft das innerlich verkrampfte Abwehren jedes Gefühls oder jedes Menschen, das oder der einem zu nahe kommt. Die Gefahr ist also, daß die Einstellung des Buben zur aufgesetzten Maske wird, um sich ja nicht auf die Erfahrungen des Lebens einlassen zu müssen.

Oft geschieht diese Flucht vor dem Leben ins Unverbindliche (der Bube erscheint mir als so etwas wie der gewollte Narr) aus Angst, das Leben nicht bewältigen zu können. Die Karte zeigt Ihnen, daß dieser Mangel an Selbstvertrauen unbegründet ist. Sie sind mit allen wichtigen Charaktereigenschaften bestens ausgerüstet. Tatkraft und Bewußtsein zeichnen Sie aus. Nutzen Sie dies besonders in Situationen, in denen Ihnen das lockere Über-den-Dingen-Stehen nichts einbringt.

Zehn der Schwerter

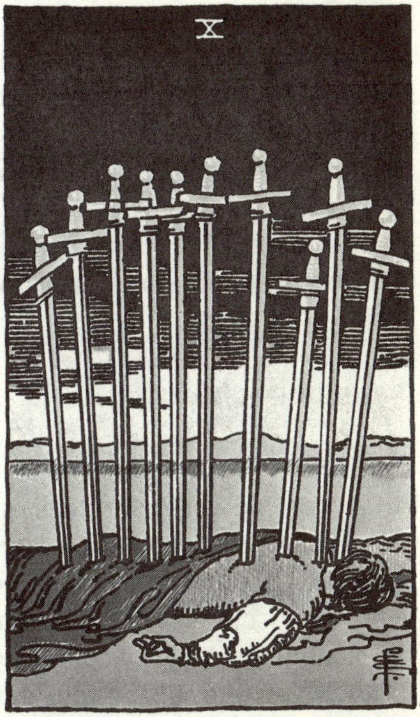

Das Bild

So schlimm, wie es auf den ersten Blick aussieht, ist das Bild nicht. Die Zehn der Schwerter zeigt nicht den Tod an, sondern stellt einen Menschen dar, der meint, vor lauter Problemen (zehn Schwerter) keinen Ausweg mehr zu sehen. Weil er geglaubt hat, die Probleme mit dem Schwert (Verstand) lösen zu können, haben sich die Schwerter (Gedanken) schließlich gegen ihn selbst gerichtet. Sie haben seine Tatkraft gelähmt (rotes Tuch) und halten ihn am Ufer der braunen, irdisch-materiellen Welt fest, so daß er nicht über das Wasser (Unterbewußtsein) zu den blauen Bergen der Emotionen gelangen kann. Dort ist der Himmel nicht schwarz, sondern erleuchtet (!) vom goldenen Licht der Sonne (Weisheit), das selbst dem Wasser (Unterbewußtsein) den roten Schimmer der Tatkraft verleiht. Möglicherweise hat den Menschen auch sein

Schwur (beachten Sie die rechte Hand = Verstand), sich seinem Verstand auszuliefern, zur Strecke gebracht.

Die Bedeutung

Klarer geht es kaum noch: Wenn Sie Ihr Leben Ihrem Verstand verschreiben (Schwur), wird er den Himmel Ihrer Erfahrungen verdunkeln, und die Probleme werden Sie über kurz oder lang überwältigen. Tauchen Sie ein ins Unterbewußtsein, gehen Sie in sich und Sie werden feststellen, daß alle sogenannten Probleme Produkte unseres Verstandes sind. Selbst das Problem, zuviel »im Kopf« zu haben, ist nichts anderes als ein Hirngespinst. Indem Sie sich bewußtmachen, daß Sie ständig von Ihren Gedanken kontrolliert werden, haben Sie zunächst das Problem vergrößert. Sie können darüber in Panik geraten oder Sie können einfach ins Wasser tauchen, will sagen: das Leben erleben, statt sich Konzepte davon zu machen. Sie haben Ihre Tatkraft zu Ihrer Verfügung. Sie wissen, daß Sie mehr spüren statt denken, mehr sinnliche Erfahrung sammeln statt Theorien entwickeln sollten. Nehmen Sie die Zehn als Aufforderung, noch heute damit anzufangen.

Neun der Schwerter

Das Bild

Anders als bei der Zehn stecken die Schwerter im Bild der Neun nicht im Rücken des Menschen, sondern hängen wie Damokles-Schwerter in der Luft. Der Mensch ist um seinen Schlaf gebracht. Voll Kummer vergräbt er sein Gesicht in seinen Händen: Es schmerzt ihn, all diesen Problemen ins Auge zu sehen. Möglicherweise sind die Bedrohungen, die sich vor ihm auftürmen, gar nicht seine eigenen, denn er hat in seiner Umgebung alle Symbole für ein glückliches und erfülltes Leben: Er bettet sich auf einer purpurfarbenen Matratze (seine Grundlage ist Bewußtheit) und bedeckt sich mit einer Decke, die in buntem Wechselspiel Rosen (= Leidenschaft) und die Zeichen des Tierkreises zeigt (= er sieht alle Zusammenhänge; vergleichen Sie dazu die Farbkombination Rot = Handeln, Gelb = Wissen und Blau = Emotionen, Unterbewußtsein).

Die Bedeutung

Gerade der Gegensatz zwischen der bunten Decke und der schwarzen Schwerterwand veranlaßte viele Tarot-Interpreten zu Abhandlungen über das Problem des menschlichen Leids. Ich möchte dem meine Auslegung hinzufügen, die allerdings von denen meiner Kollegen abweicht. Der sitzende Mensch ist für mich kurz vor der Lösung der Probleme angelangt. Er sollte nur seine Hände von seinem Gesicht nehmen und die Symbole der Decke meditieren – wie es auch Der Eremit in der Neun der Großen Arkana tut. Diese Symbole sind der Schlüssel zum Verständnis von Leid: Die zwölf Tierkreiszeichen enthalten die Palette aller menschlichen Verhaltensweisen (wie auch das I Ging und das Tarot), deren Urgrund die Liebe ist (dargestellt durch die Rose). Die Liebe durchdringt alles, was der Mensch tut. Die Liebe erleuchtet sein Leben und macht es bunt. Versucht er die Welt ohne Liebe und nur mit dem Verstand (Schwerter) zu begreifen, leidet er. Er sieht dann den Gegensatz von Licht (Buntheit) und Schatten (Schwarz), und dieser macht ihm Angst, weil ihm die alles erhellende Liebe fehlt.

Konkret bedeutet dies: Öffnen Sie Ihre Augen für die Liebe zu dieser Welt und erkennen Sie, daß alle Probleme Produkte unseres Verstandes sind und aus Mangel an Liebe entstehen. Die Neun fordert Sie darüber hinaus auf, Problemen ins Auge zu schauen und sie nicht im stillen Kämmerlein zu bejammern, sondern zu handeln.

Acht der Schwerter

Das Bild

In der Neun ist es der Kummer über die zahllosen Probleme, der den Menschen verzweifeln und seine Augen verschließen läßt. Die Acht zeigt eine Person, die – selbst wenn sie wollte – nicht mehr sehen kann. Sie ist gebunden, eingekreist von Schwertern (Problemen). Man hat sie von der schützenden Burg (Mauern der Gesellschaft = des Verstandes der Mehrheit) vertrieben. Nun steht sie da, gedemütigt (Schlamm) und hilflos. Doch auch dieses Bild läßt Möglichkeiten der Befreiung offen. Die Figur ist zwar momentan nicht fähig zu handeln (obwohl sie die Gaben = rotes Kleid dazu hat), ihre Hände sind gebunden, aber sie kann weitergehen. Die Schwerter (Probleme) versperren ihr nicht den Weg. Im Gehen fällt ihr möglicherweise auch die Binde vom Kopf, so daß sie die Wirklichkeit wieder sehen kann.

Die Bedeutung

Sie erkennen auf der Karte, daß niemand zu sehen ist, der Sie in den Zustand der Unfreiheit gebracht hat. Wir sind selbst die Schöpfer unseres Schicksals. Wir selbst ziehen uns aus der Gesellschaft zurück, weil wir vor lauter Problemen den Weg nicht mehr erkennen können. Wir selbst sind es, die uns in unserer Hilflosigkeit erstarren lassen.

Gehen Sie weiter. Die Schwerter (Probleme, Gedanken) stecken im Schlamm fest. Lassen Sie sie einfach stecken und gehen Sie, stapfen Sie in die neuen Erfahrungen (Wasser), auch wenn Sie noch nicht vor

Augen haben (weil Sie nicht sehen können), wohin Sie das führt. Der vielleicht erzwungene Schritt aus Ihrer gewohnten, aber starr ummauerten Umgebung war ein ermutigender Anfang. Seien Sie jetzt nicht verzagt oder voll Selbstmitleid. Der Morast ist nicht tief genug, Sie versinken darin nicht. Die Probleme sind nicht so überwältigend (wie bei der Zehn der Schwerter), daß Sie sich nicht mehr bewegen können. Besinnen Sie sich auf Ihre reichlich vorhandene Tatkraft und reißen Sie sich Ihre Augenbinde herunter. Lösen Sie Ihre Fesseln und gehen Sie weiter auf Ihrem Lebensweg. Sie werden die Erfahrungen sammeln, die Sie brauchen, um der Wahrheit näher zu kommen. Der erste Schritt in diese Richtung ist die Erkenntnis, daß Sie momentan vor lauter Problemen nicht sehen (= nicht wissen).

Sieben der Schwerter

Das Bild

Der Himmel hellt sich auf. Aus dem Schwarz und Grau der vorherigen Karten ist strahlendes Gelb (Wissen) geworden. Der Mensch ist nicht mehr verzweifelt, sondern eher kühn und wagemutig. Mit einem listigen Grinsen stiehlt er die Schwerter vom Lager der Feinde, während diese sich an ihrem Feuer in Sicherheit wiegen.

Die Karte steckt voller Symbole eines erfahrungsreichen, abenteuerlichen Lebens. Den Hintergrund bildet ein buntes Heerlager (nicht mehr eine starr ummauerte Burg). Es brennt ein Feuer. Kämpfer wärmen sich daran. Der junge

Wagemut steckt voller Tatendrang (rote Stiefel, rote Kopfbedeckung). Er raubt die Waffen (Argumente) seiner Gegner.

Die Bedeutung

Ich habe bei meiner Arbeit mit den Tarot-Karten festgestellt, daß sich die Sieben der Schwerter oft auf den Fragenden selbst bezieht. Es waren meist nicht die Argumente seiner Gegner, die er fortstahl, sondern seine eigenen Probleme. Bei einer Klientin war diese Beobachtung besonders deutlich. Sie fühlte sich unternehmungslustig und sagte, sie wolle sich nicht mehr ständig mit ihren Problemen aufhalten. Während der Tarot-Befragung zog sie die Sieben der Schwerter und fand ihre Situation darin treffend beschrieben: Sie nahm einfach ihre Probleme beiseite und ließ zwei Schwerter als Symbol für die positiven Seiten des Verstandes (Schlauheit und Planung) zurück.

Dieser Schritt, die Probleme aus ihrer Verankerung (Erdboden) zu lösen und fortzutragen, findet in Ihnen selbst und durch Sie selbst statt. Die Karte zeigt richtig, daß da niemand ist, der Ihnen hilft – und wohl auch keiner, der Ihnen dankt. Immerhin stehlen Sie, indem Sie Ihre Probleme entfernen, Ihren Gegnern die Argumente. Wie können Sie da Hilfe oder Dankbarkeit erwarten? Achten Sie darauf, daß Ihre Tat nicht ein einmaliger Husarenstreich bleibt, und denken sie daran, daß es einfacher ist, erst gar keine Probleme (Schwerter) sich festsetzen zu lassen. Sie ersparen sich dadurch Ihren jetzigen Energieaufwand, den Sie brauchen, um Ihr Unternehmen »Problemmüllabfuhr« erfolgreich durchzuführen. Besinnen Sie sich auf Ihre beiden aufrechten Schwerter und planen Sie, bevor Sie handeln.

Sechs der Schwerter

Das Bild

Der Fährmann bringt zwei Gestalten zu neuen Ufern. Die beiden haben sich schon an ihre Schwerter (Sorgen) gewöhnt. Still gleiten sie über den vom Mondlicht (Emotion) glitzernden See (Empfindung, Unterbewußtsein). Die Schwerter sind nicht so schwer, daß sie das Boot hinabziehen. Das Ziel, das die Menschen erwartet, birgt neue Möglichkeiten (der schwarze Staken des Fährmanns symbolisiert diese Chance).

Da die Sechs jeder Reihe mit Beziehungen zu tun hat, kann die Karte auch als Bild einer Familie gesehen werden. Während die Frau und das Kind die Probleme und Sorgen (Schwerter) still erdulden, handelt der Mann und fährt die Familie ruhig durch die schwierige Zeit zu neuen Chancen (Ufern).

Die Bedeutung
Die wichtigste Bedeutung der Sechs der Schwerter liegt nach meiner Meinung in ihrem meditativen Charakter. Versenken Sie sich in dieses Bild und spüren Sie seine beruhigende Wirkung. »Nimm deine Sorgen hin«, scheint uns die Karte zu sagen, »söhne dich mit ihnen aus, akzeptiere sie als Teil deines Lebens.« Die Karte zeigt weiter, daß Sie trotz Problemen und Sorgen weitergehen können auf Ihrem Weg. Die Probleme erdrücken Sie nicht (wie bei der Zehn) oder lassen Sie nicht verzweifeln (wie bei der Neun) oder festgebunden und blind werden (wie bei der Acht). Die Sechs stellt eine Alternative zum Handeln in der Sieben dar: Statt die Probleme impulsiv zu entfernen, leben Sie mit ihnen. Langfristig ist dies sicherlich die erfolgreichere Methode, denn was Sie akzeptieren, das verliert an Schwergewicht und Bedeutung, zieht Sie nicht in den Abgrund.

Die Sechs kann auch auf eine wirkliche Reise hindeuten. Ich habe einige Klienten, die bei der Besprechung des Bildes spontan sagten, der Fährmann sei ihr spiritueller Lehrer, der sie zu neuen Erfahrungen bringe, und durch die Begegnung mit ihm seien ihre Sorgen nicht mehr so schwerwiegend. Andere hatten tatsächlich eine Reise hinter sich, die ihnen neue Möglichkeiten eröffnete. In jedem Fall bedeutet die Karte einen Übergang zu neuen Erfahrungen und ein Akzeptieren (nicht das Anpacken wie in der Sieben) der alten Probleme und Sorgen.

Fünf der Schwerter

Das Bild

Die Fünfen jedes Satzes zeigen Kampf, Auseinandersetzung (vergleichen Sie die Fünf der Stäbe) und/oder Niederlage, Verlust (siehe die Fünf der Kelche). Die Fünf der Schwerter stellt beides dar. Der Kampf ist vorüber, der Sieger (rotes Untergewand als Zeichen seiner Energie) hat seine beiden Gegner mit seinem Schwert (Verstand) gedemütigt. Das gelbe Kleid der Verlierer weist allerdings darauf hin, daß die beiden selbst es sind, die sich als ›niedergeschlagen‹ empfinden (denn eigentlich haben sie mehr Wissen = Gelb als der hämisch grinsende Rotschopf). Vielleicht sind sie auch verzweifelt, weil sie sich auf einen Kampf eingelassen haben, der nicht nötig war. Denn der Sieger (grüner Rock = Erfolg) lebt einzig seine Tatenergie als Kampflust aus (wie es der rotgekleidete Bursche in der Fünf der Stäbe tut). Seine beiden Waffen in seiner Linken verraten, daß er auf noch mehr Kampf aus ist.

Die Bedeutung
Die Zeiten sind stürmisch (siehe die Wolkenfetzen auf der Karte), und Sie haben möglicherweise Angst, die Kämpfe des Lebens nicht bestehen zu können. Wenn dies zutrifft, werden Sie sich mit den beiden Verlierern im Bildhintergrund identifizieren. Achten Sie darauf, was Ihnen diese beiden sagen wollen: Sie gehen unverletzt aus Auseinandersetzungen hervor. Diese sind eigentlich unnötig, denn Ihr Wissen erübrigt das Gefecht mit Worten, Argumenten – schlagen Sie sich nicht sinnlos mit Problemen herum. Wenn Sie es jedoch schon getan haben, dann gehen Sie – wie die beiden Figuren auf der Fünf – in sich, besinnen Sie sich auf Ihre Intuition (Wasser) und schöpfen Sie Kraft daraus. Lassen Sie die Probleme (Schwerter) liegen und seien Sie froh, daß Sie sie loshaben.

Fühlen Sie sich mehr vom Sieger auf der Karte angesprochen, dann zeigt dies, daß Sie sich gern auseinandersetzen. Achten Sie darauf, daß Sie fair kämpfen. Seien Sie sich bewußt, daß jeder Kampf nur ein Spiel ist, in dem Sie die Waffen wetzen. Wenn Sie Ihr Selbstwertgefühl daran hängen, werden Sie zum manischen Sieger: Ihr Ego muß gewinnen, um sich stark zu fühlen (vielleicht weil es weiß, daß die anderen das Wissen haben und *es* nur den Wagemut hat). Ihr Ego braucht dann auch jene Schadenfreude, die der Sieger auf der Karte vermittelt, um sich das Gefühl der Überlegenheit zu geben. Die Gefahr eines Pyrrhus-Sieges liegt dabei nahe: Sie haben den anderen die Waffen aus der Hand genommen – und jetzt versperrt Ihnen Ihre Siegerbeute den Weg.

Vier der Schwerter

Das Bild
Die Schwerter (Verstand, Probleme, Sorgen) kommen zur Ruhe. Der Mensch legt sich in die Kirche und meditiert. Goldenes Licht (Wissen, Erleuchtung) bescheint ihn, hüllt ihn und seine Liege satt ein. Wie die kniende Figur auf dem Glasfenster bittet er um Hilfe und wie jene erhält er den heilenden Segen (daher die Farbe Gold).

Die vier bedeutet in jedem Satz Stabilisierung. Bei den Schwertern ist die Vier die Weiterentwicklung der Sechs. Dort nimmt die Familie im Fährschiff die Probleme einfach hin. Hier sind sie nur noch als Bild an der Wand und als Verzierung der Ruhestatt zu sehen: Sie sind nicht mehr wirklich belastende Energien, weil sich der Mensch in der Versenkung der Kraft widmet, die Licht in das Dunkel des Verstandes (mit seinen Sorgen und Problemen) bringt.

Die Bedeutung

Betrachten Sie den Ritter genau, denn er zeigt das im Augenblick richtige Verhalten für Sie an. Gönnen Sie sich eine Ruhepause und ziehen Sie sich zurück. Bitten Sie Ihr Unterbewußtsein um Hilfe. Wenn Sie Ihre Sorgen und Probleme in ihrer wirklichen Bedeutung erkennen wollen, ist dies der einzige Weg. Das Entfernen der Probleme oder das Akzeptieren (Sieben und Sechs der Schwerter) zeigt nur, wie Sie damit *umgehen* können. Die Vier demonstriert Ihnen, wie Sie Ihre Schwierigkeiten (Gedanken, Sorgen, Probleme) *verstehen* können.

Neben neuen Erkenntnissen sammeln Sie während einer Phase des Rückzugs und der inneren Betrachtung auch neue Kräfte. Ich habe die Erfahrung gemacht, daß ich solche Zeiten der Zurückgezogenheit regelrecht brauche. Wenn ich sie mir nicht von Zeit zu Zeit gönne, gerate ich aus meinem inneren Gleichgewicht, weil der Verstand zu lange ununterbrochen aktiv war und versucht, alles an sich zu reißen. Natürlich können Sie diese Gefahr von vornherein umgehen, wenn Sie täglich meditieren.

Dieser Rückzug hat nichts mit Isolation zu tun. Sie schotten sich nicht von der Welt ab, sondern weichen nur phasenweise in Ihren inneren Raum aus. Er hat die bunte Pracht des Fensters, die Ruhe des Kircheninneren und das helle Licht des erfahrenen Wissens.

Drei der Schwerter

Das Bild

Ein durchbohrtes Herz weckt in jedem die Assoziation von Schmerz bis hin zum Tod (nach der Kreuzigung wurde Jesus Christus mit einer Lanze durchbohrt) oder in seiner milderen Form die Assoziation von Liebe (Amors Pfeile treffen die Herzen der Menschen). Tatsächlich hängen Liebe und Leid zusammen (wie die Neun zeigt), und beide Assoziationen haben mit der Drei der Schwerter zu tun. Der Schmerz wird ins Herz aufgenommen und durch das Rot der Liebe transformiert: Die Schwerter (Gedanken, Sorgen, Schmerzen) werden, nachdem sie ins Herz eingedrungen sind, Teil unseres Unterbewußtseins (blau). Dieser Vorgang (vergleichen Sie die Trauerarbeit bei der Neun) ist schmerzlich, der Himmel weint dazu (es regnet).

Dennoch liegt viel Weisheit in diesem Aufnehmen der Schmerzen. Die Karte demonstriert dies durch die gelungene Symmetrie der Schwerter (Drei = Vollendung). Das Herz blutet nicht, es hat sich nur geöffnet.

Die Bedeutung
Die Drei der Schwerter demonstriert eine schwierige Lektion: den Schmerz zu akzeptieren und in unser Herz aufzunehmen. Jeder von uns weicht Kummer und Schmerz zunächst aus oder versucht sie zu verdrängen. Gelingt dies tatsächlich, dann sinkt das für uns tiefe und reinigende Gefühl des Schmerzes ins Unbewußte (nicht Unterbewußtsein!) hinunter und setzt sich dort als Störenfried fest: Es überfällt uns zuweilen mit Depression, Aggression oder Lustlosigkei. Nehmen wir den Schmerz dagegen an, bedeutet das für einige Zeit Kummer und Leid, aber wir ›verarbeiten‹ das Gefühl, will sagen: wir erfüllen es, indem wir es erfahren. Diese Erfahrung wird als positiver Lernschritt von unserem Unterbewußtsein gespeichert.

Nehmen wir an, Sie haben einen Todesfall zu beklagen. Die Drei der Schwerter ermahnt Sie dazu, Ihre Trauer zu akzeptieren. Indem Sie Ihren Schmerz zulassen, anerkennen Sie Ihre Gefühle. Sie lieben den Verstorbenen – und auch sich selbst, weil Sie Ihre Gefühle ernst nehmen. Und diese Liebe ist der einzige Weg aus dem Leid.

Zwei der Schwerter

Das Bild
Da sitzt er, der Mensch (wieder erkennen wir nicht, ob es Frau oder Mann ist), und hätte alle Anlagen der Hohepriesterin (Die Zwei der Großen Arkana), aber er nutzt sie nicht. Er hat das goldene Wissen (Schuhe), auf dem er stehen könnte, aber er versperrt sich ihm hinter einer grauen, emotionslosen Fassade (Kleid, steinerner Sitz, Steinboden). Im Gegensatz zur entspannten Haltung der Priesterin sitzt er verspannt da, das Herz (Emotionen) hinter den gekreuzten Armen versteckt, abgeblockt von den mächtigen Schwertern (Verstand). Und damit er nicht doch noch mit der Wirklichkeit des Lebens (Wasser des Unterbewußtseins, Mond der Empfindung) konfrontiert wird, hat er sich die Augen verbunden. Was er jetzt nur noch sehen kann, sind seine eigenen Bilder, die er sich von der Wirklichkeit gemacht hat. Dabei

hätte er es so leicht gehabt: Kein Schleier trennt ihn (wie die Hohepriesterin) von der Erfahrung des Unterbewußtseins.

Die Bedeutung

Die Zwei der Schwerter enthält, wie jede Tarot-Karte, zwei Aspekte: die Gefahren oder den Irrweg der jeweiligen Qualität (z.B. Schwerter = Verstand, Problem) und den Wegweiser zurück zum richtigen Weg. Ein Irrweg wäre es, zu glauben, unbeschadet durch das Leben zu kommen, indem man die Augen verschließt, seine Gefühle abblockt und auf jeden einschlägt, der einem zu nahe kommt. Man verliert seine Mitte und damit sein Gleichgewicht. Die Emotionen können ihre Energie nicht befreien, und so arbeiten sie im Innern und schaffen Spannungen (Kopfschmerzen, steife Nacken-, Schulterpartie, Rückenschmerzen).

Der Wegweiser der Zwei ist das vorhandene Potential, das in Ihnen steckt: Legen Sie die Schwerter ab, entfernen Sie die Augenbinde und drehen Sie sich um. Sie wissen in Ihrem Innersten (goldene Schuhe) bereits, was Sie erwartet. Wovor haben Sie Angst? Sie sehen das weite Wasser Ihres Unterbewußtseins, eine unerschöpfliche Energiequelle, und die emotionale Kraft des Mondes. Sie wissen, daß beide der Schlüssel zu einem erfüllten Leben sind. Um dieses erfüllte Leben zu genießen ist es nicht notwendig, etwas zu tun. Sie müssen sich nur öffnen: geschehen lassen, daß Sie traurig sind oder ratlos, sich verletzt fühlen oder Angst haben. Möglicherweise spüren Sie diese Angst schon jetzt. Gerade wenn Sie Ihre Emotionen unterdrückt haben, arbeitet die

Angst in Ihrem Unbewußten (nicht Unterbewußtsein!) um so stärker. Ich habe unzählige solcher Ängste bei meinen Klienten festgestellt. »Wenn die Angst oder Gefühle wie Wut und Leidenschaft schon jetzt so überwältigend sind, wo ich sie unterdrücke, was geschieht dann erst, wenn ich diese Emotionen freilasse?« Die meisten Menschen hörte ich das fragen. Probieren Sie es aus. Akzeptieren Sie Ihre Emotionen. Sie werden feststellen, daß Sie erheblich ruhiger sind, wenn Sie sich erlauben, Sie selbst zu sein. Zu Beginn kann es zu einem regelrechten Energieausbruch kommen. Setzen Sie die Energie in Aktivität um.

As der Schwerter

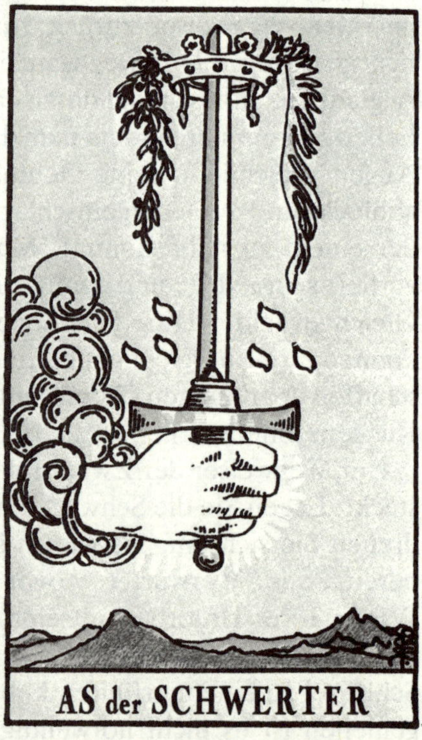

Das Bild

Nach allen Irrungen und Wirrungen (aufgezeigt im Satz der Schwerter), die uns der Verstand bescheren kann, nach all dem Auseinandersetzen mit Leid und Schmerz zeigt das As die eigentliche Qualität der Schwerter: die verstandesmäßige Erkenntnis, die Erkenntnis der materiellen Welt (symbolisiert durch die Krone, von deren Gold der erste Buchstabe des hebräischen Namens Gottes YHVH herabtropft als Zeichen, daß Gott mit dem Verstand auch in der materiellen Welt erkannt werden kann) und der abstrakten Wahrheit (dargestellt durch die Berge), die jenseits der Welt der vom Verstand vorgestellten oder vom Gefühl erlebten Wirklichkeit liegt. Da beide, Verstand und Gefühl, den Menschen nicht allein zur Erkenntnis bringen können, erscheint die Hand (vergleichen Sie die anderen Asse) aus der Wolke (= dem Unbekannten) und erleuchtet den Verstand (weißer Strahlenkranz). Erst die Erfahrung, die wir von unserem Überbewußtsein (Hand) machen, führt uns zur Erkenntnis der Krone (materielle Welt) und der Berge (abstrakte Wahrheit).

Die Bedeutung

Das As der Schwerter zeigt Ihren Verstand auf seiner höchsten Stufe. Er hat die Wirklichkeit erkannt, geführt von der schützenden Hand Ihres Überbewußtseins. Gerade nicht-religiöse Menschen haben nach meiner Erfahrung Probleme mit dieser auf der Karte dargestellten Hand. Sie ist jedoch nichts anderes als ein Symbol für jene Energie, die in den Religionen Gott oder Licht genannt wird und die ich in diesem Buch als Überbewußtsein bezeichnet habe. Der Kontakt zu unserem Überbewußtsein findet statt, wenn wir unser Bewußtsein mit Hilfe unseres Unterbewußtseins zur Erfahrung der Wirklichkeit geöffnet haben.

Voraussetzung für die Erkenntnis des As der Schwerter ist daher die Erfahrung der Yin-Energie (dargestellt in den Kelchen). Erst beide zusammen führen zu den purpurfarbenen Bergen der Wahrheit. Die Karte zeigt damit auch, wie grundfalsch die neuromantische Verteufelung des Verstandes ist. Das ordnende Schwert des Verstandes ist notwendig, um die Verblendung (Luxus, Vergnügen etc.) des materiellen Lebens zu durchdringen: nicht um die materielle Welt zu durchtrennen, sondern um sie zu erleuchten, das heißt: zu verstehen, und damit auf eine höhere Bewußtseinsstufe zu heben (zu transformieren). Damit einher geht die Erfahrung, daß die materielle Welt nur ein Abbild unserer geistigen Welt ist. Oder anders gesagt: daß die physische Welt von den Bildern unseres Unterbewußtseins geschaffen wird. Erinnern Sie sich bei all Ihren Erkenntnissen der schützenden Energie über, hinter, neben und in Ihnen.

DIE MÜNZEN

Der Satz der Münzen schließt die Tarot-Karten ab. Er steckt voller Hinweise für ein tieferes Verständnis der materiellen Welt und ist ein Wegweiser zur Erfahrung der Einheit der Welt und damit des Universums.

Wem das zu verstiegen klingt, der sei getröstet. In den 14 Bildern der Münzen geht es auch um Geld und Beruf, um Glück und Erfolg. Vielleicht verhilft Ihnen die Beschäftigung mit den Münzen dazu, in der stofflich-faßbaren Welt nicht länger die einzig real existierende Wirklichkeit zu sehen, sondern sie als Spiegel unserer Gedanken und inneren Bilder zu erfassen. Vielleicht zeigen Ihnen die Münzen – wenn Sie sich mehr für den geistigen statt für den materiellen Weg entschieden haben –, daß die sinnlich greifbare Materie nicht etwas Minderwertiges ist, sondern Ausdruck der Kreativität und Schaffenskraft der Menschen. Lassen Sie mich diese Erfahrung mit dem Tarot vergleichen. In den Großen Arkana wurden die Archetypen, die Urbilder menschlichen Verhaltens (gewissermaßen der Geist, der den Menschen durchweht) gezeigt. Die Kleinen Arkana führen uns die Energien vor Augen, die wir zur Verfügung haben, um die Urbilder zu realisieren. Mit der Stäbe-(Feuer-)Energie handeln wir. Wir nehmen Erfahrungen auf und fühlen mit der Kelche-(Wasser-)Energie. Den Verstand sinnvoll einzusetzen und zu denken, soll uns die Schwerter-(Luft-)Energie helfen. Die Erd-Energie der Münzen läßt uns die Welt sinnlich erleben, empfinden.

Die äußere Welt als minder abzuwerten würde demnach bedeuten, den gesamten Entwicklungsprozeß des einzelnen Menschen und der Menschheit als Ganzes zu ignorieren. Gerade weil die Menschen heute der Erfahrung, daß sich Gedanken und Bilder manifestieren – und zwar manchmal blitzschnell –, so nahe sind, ist die Gefahr des Mißbrauchs (Atombombe etc.) so groß. Je höher wir aufsteigen, desto tiefer können wir fallen. Der Satz der Münzen weist uns den Weg zum Gipfel. Gehen müssen Sie diesen Weg selbst. Benutzen Sie das Tarot als Sicherungsseil.

König der Münzen

Das Bild

Wenn wir den König der Münzen als Ende der Kleinen Arkana sehen, dann schließt sich mit ihm der Kreis, der mit dem Narren (Die Null) der Großen Arkana anfing. Beide wirken gleich entspannt, haben ein ähnlich buntes Kleid an, beide sind glücklich. Der Narr repräsentiert die geistige Freiheit, der König der Münzen hat sich durch seinen Wohlstand die materielle Freiheit ermöglicht. Das Untergewand (das Innere) des Narren ist weiß und unbescholten, der König trägt das Rot des aktiven Handelns (siehe auch die vier Stierköpfe auf seinem Thron). Als Symbole sinnlicher Freude schmücken Trauben das Gewand des Königs – beim Narren sind es die geistigen Sternabbildungen.

Erfolg, Wohlstand und Glück lassen sich auch an der Pracht der Blumen im Garten des Königs ablesen (sie scheinen mit seinem Kleid zu verwachsen). Die Burg, Hinweis seiner Macht, ist nur Hintergrund, der König versteckt sich nicht hinter ihren starren Mauern. Das Zepter, Zeichen seiner sozialen Verantwortung, hält er ohne Kraftanspannung. Wie dem Narren leuchtet ihm das goldene Licht der Weisheit.

Die Bedeutung

Sie sind erfolgreich und glücklich, haben es zu etwas gebracht. Wenn Sie sich nicht sicher sind, wie Sie dazu stehen wollen, dann vergleichen Sie die Könige der anderen drei Sätze. Diese sind sich ihrer Stellung bewußt, aber sie haben keine Freude daran. Legen Sie diese drei

Karten neben den König der Münzen. Das sind Sie (oder die Person, für die Sie das Tarot befragen). Betrachten Sie seinen zufriedenen, gelösten Gesichtsausdruck. Genießen Sie das Glück. Spüren Sie die Zufriedenheit. Sie haben etwas erreicht, weil Sie im Handeln sich selbst erfahren, Ihre Balance gefunden haben.

Vielen Interpreten ist der König der Münzen zu selbstgefällig. Ich stimme dem nicht zu. Angemessener Stolz nach vollbrachter Leistung ist ein Ausdruck der Freude über das Erreichte. Die Karte räumt schließlich noch mit einem anderen Mißverständnis auf: Sich den Reichtümern dieser Erde zu öffnen heißt nicht, wider die Natur zu handeln. Die Pflanzen verbinden sich mit dem Kleid des Königs, Wohlstand und Fülle sind Bestandteile der Natur.

Königin der Münzen

Das Bild

Der König weist Ähnlichkeit zum Narren auf, die Königin hat viele Elemente des Magiers (Die Eins) der Großen Arkana in sich. Wie dieser wird sie von Rosen (= Blume der Leidenschaft und Empfindung) umrankt. Wie er vereinigt sie Tatkraft (rotes Kleid) mit einem reinen Inneren (weißes Untergewand). Beiden leuchtet das goldgelbe Licht der Erkenntnis. Während Der Magier die vier Energien der Elemente als magisches Werkzeug zur Verfügung hat, ruht die Königin auf einem Thron, der mit allen Symbolen der sinnlichen äußeren Welt (Früchte,

Steinbock, Rubens-ähnliche Figuren am Kopfende) verziert ist. Statt stehend auf die höheren Energien zu warten, sitzt sie im grünen Umhang (Erfolg, Wohlstand) inmitten einer sinnenfroh blühenden Landschaft. Um sie herum herrschen Fruchtbarkeit und Fülle, entstanden durch das freie Fließen der Emotionen (blauer Fluß, blaue Berge). Ihre Sexualität ist erfüllt (Kaninchen in der rechten unteren Ecke). Sie blickt in ihre Münze wie eine Seherin in ihre Kristallkugel: Die materielle Welt hat der Königin die Augen für die Wunder des Lebens geöffnet. Im Pentakel erkennt sie sich selbst.

Die Bedeutung

Sie haben sich den Energien der stofflichen (materiellen) Welt geöffnet. Sie schöpfen Freude und Glück aus dem Erleben dessen, was wir »Wunder des Lebens« nennen, denn Sie haben sich als Teil dieses Wunders begriffen. Die Erfahrung des Reichtums, der Fruchtbarkeit und der Fülle der Natur haben Sie zur Erfahrung Ihres inneren Reichtums geführt. Ist es nicht tatsächlich ein Wunder, daß alles, was wir brauchen: Luft, Wasser, Nahrung, so reichlich zur Verfügung steht? Die in der Welt produzierten Nahrungsmittel reichen für alle Bewohner dieser Erde aus (wir haben nur das Verteilungsproblem nicht gelöst). Aber Wunder meint noch etwas ganz Anderes: Wenn Sie sich der Fülle öffnen, sich mitten hineinsetzen ins pralle Leben und alles annehmen, was Ihnen Ihr Platz bietet, dann werden Sie reich beschenkt.

Die Königin der Münzen will Ihnen dieses Vertrauen vermitteln. Es ist ein Naturgesetz, daß Sie aufnehmen, wenn Sie sich geöffnet haben (vergleichen Sie Blütenknospen, die Fortpflanzung der Tiere etc.). »Bittet, und es wird euch gegeben«, heißt es dazu in der Bibel. Freilich müssen Sie vorher wahrnehmen (wie es die Königin tut), daß wir alle – schon lange vor unserer ersten Bitte – reichlich beschenkt worden sind.

Ritter der Münzen

Das Bild
Der Ritter blickt über das Land und auf die neuen Aufgaben, die ihn erwarten. Wie sein Pferd steht er mit den Füßen fest auf dem Boden der Tatsachen. Sein Visier ist offen, seine Haltung aufrecht, und das rote Zaumzeug verrät seine Entschlossenheit zu handeln. Er sieht nicht wie die Königin in die Münz-Kugel hinein, sondern über sie hinweg. Er hat ihren tieferen Sinn noch nicht erkannt, denn er ist noch auf der Stufe der praktischen Erfahrung (vergleichen Sie das frischgepflügte rot-braune Feld, das es zu bestellen gilt). Die Farbe seines Rappens zeigt, daß ihm alle Möglichkeiten offen stehen (Schwarz ist die Farbe der Potentialität). Das Grün, das unter seiner Rüstung hervorlugt und auch als Büschel seinen Helm ziert, weist darauf hin, daß er erfolgreich ist.

Die Bedeutung
Sie handeln, übernehmen Aufgaben und bauen auf (bestellen neue Felder). Ihre Neigung zum Abenteuer kommt Ihnen dabei zugute. Geben Sie diesem Drang ruhig nach. Es ist die Zeit für Sie (oder denjenigen, auf den sich die Karte bezieht), durch Handeln Erfahrungen zu sammeln. Den Erfolg des Königs oder die Einsicht der Königin können Sie erst erwarten, wenn Sie Ihre aktive Energie in Taten umgesetzt haben. Es geht um das Praktische und nicht um irgendwelche höhere Weihen.

Das bedeutet jedoch nicht, daß Sie sich mit Ihren Aufgaben identifizieren müssen. Sie sind derjenige, der den Aufgaben seine Energie gibt (um sie zu erfüllen), aber Sie *sind* nicht diese Leistung. Das, woraus Sie Ihre Kraft beziehen, Ihr Unterbewußtsein und im letzten die schützende Energie des Überbewußtseins, ist mehr als die Aufgabe, die Sie gerade lösen. Diese Kraftquelle ermutigt Sie, sich dem Leben zu stellen. Tun Sie es, indem Sie handeln.

Bube der Münzen

BUBE der MÜNZEN

Das Bild

Die Buben der vier Sätze der Kleinen Arkana repräsentieren den jugendlich-naiven Vertreter der jeweiligen Energie (die Ritter den jungen Erwachsenen, der sie im Handeln erfahren will). Der Bube der Münzen hat die Gabe, seine Umwelt sinnlich zu erfahren, mit ihr eins zu werden, aber er kann diese Gabe noch nicht anwenden. Er muß es noch lernen.

Die Symbolik der Karte ist sehr deutlich: Der Bube hat dieselben Erdfarben Grün und Braun wie die fruchtbare Landschaft (Fülle, Reichtum), in der er steht. Er ist Teil dieser Welt. Nur seine aktive Energie (rote Kopfbedeckung) unterscheidet ihn davon und hebt ihn hervor. Voll Sehnsucht blickt er in die Münzkugel, als wolle er sagen: »Dich will ich ergründen.« Seine Körperhaltung verrät, daß er es als Spiel betrachtet. Der Einklang zwischen Wissen (goldgelber Himmel), sinnlicher Erfahrung (grün-braune Landschaft und Bekleidung), Emotion (blaue Berge) und aktivem Handeln ist angedeutet, aber nicht so ideal verwirklicht wie bei der Königin der Münzen. Es fehlt dem Buben noch an Tatkraft (die Königin trug ein rotes Kleid, er hat nur eine rote Kopfbedeckung).

Die Bedeutung
Wie jede Tarot-Karte, hat auch der Bube zwei Gesichter. Das eine Gesicht beschreibt Sie oder denjenien, für den Sie fragen. Es zeigt, daß Sie mit allen vier Energien oder Eigenschaften ausgestattet sind, daß Sie sich mit der Welt eins fühlen und daß Sie in der Phase des Lernens sind, nicht des Handelns. Jeder kann Sie darum beneiden. Beachten Sie das Ebenmaß der Landschaft und den ebenmäßigen Körper des Buben der Münzen. Lassen Sie das Bild auf sich wirken und entspannen Sie sich dabei. Das Grün-Braun hat eine beruhigende Wirkung und erinnert an einen Ihrer Wahlsprüche: »Geld ist nicht notwendig, aber es beruhigt.«

Das zweite Gesicht besteht aus der Aufforderung, die Eigenschaften der jeweiligen Karte auszuleben. Seien Sie neugierig, lassen Sie sich auf die sinnliche Erfahrung der Wirklichkeit ein. Beginnen Sie noch heute ganz konkret damit: fühlen Sie, sehen Sie, riechen Sie, hören Sie, schmecken Sie. Denken Sie auch – wie der Bube – über die materielle Welt nach, über Geld, Reichtum und Erfolg. Vor allem aber: Freuen Sie sich über die Ihnen dargebotene Fülle des Lebens.

Zehn der Münzen

Das Bild
Das Leben ist bunt. Und wer durch den Torbogen schreitet, für den erhellt sich die Wirklichkeit (draußen ist es dunkel). Die Zehn der Münzen zeigt drei (!) Generationen von Menschen: den alten Mann, der nach vielen Erfahrungen in der Welt (Schiffsmotive) zur Weisheit (graue Haare) gelangt ist, das Ehepaar, für das die Fülle des Lebens um sich ganz selbstverständlich ist, und das Kind, das einfach neugierig (und im Schutz der Mutter) die Wirklichkeit erlebt.

Die Zehn der Münzen ist voll magischer Symbole. Das augenfälligste ist der Torbogen, die Pforte zur Erkenntnis (der materiellen Welt). Auf ihm ist – über dem Kopf des alten Mannes – eine Waage (Symbol für Maß und Gerechtigkeit) abgebildet. Der Zauberstab des Magiers lehnt am Bogen (wer eintritt, kann ihn benutzen). Die von Rachel Pollack so verständlich aufgezeigte Verbindung zwischen Tarot und der jüdischen Philosophie der Kabbala finden wir in der Anordnung der Münzen, die mit dem kabbalistischen Lebensbaum identisch ist. Schließlich ist der alte Mann selbst mit seinem bunten Mantel ein magisches Symbol: Der Mensch geht in die Welt hinaus, kommt erfahren und weise in die Heimat zurück, und nur die Hunde erkennen ihn.

Die Bedeutung
Würde es die Karte nicht zu sehr überbewerten, hätte ich ihr ein eigenes Kapitel gewidmet, denn sie hat uns eine Reihe von wichtigen Botschaften zu übermitteln. Die erste: Erkennen Sie, daß das Leben wie auf dem Bild der Zehn tatsächlich wie eine Abfolge von Filmszenen erscheint, wenn wir uns auf die Beobachtungsposition zurückziehen.

Zweitens: Erkennen Sie den Reichtum und die Fülle Ihres Lebens. Wenn notwendig, ziehen Sie dazu in die Welt hinaus, um Erfahrungen zu sammeln. Möglicherweise kehren Sie wie der alte Mann mit dem Wissen zurück, daß sich im Alltäglichen die Gesetze des Universums widerspiegeln.

Schließlich scheint mir der wichtigste Rat der Zehn der Münzen zu sein, durch den Torbogen der Erfahrung zu schreiten und bewußt das tägliche Leben wahrzunehmen. Erkennen Sie, wie alles mit jedem zusammenhängt. Nichts geschieht aus Zufall, jedes Ereignis findet seine Entsprechung in den verschiedenen Ebenen der Wirklichkeit. Zwischen Ihrer unterdrückten Aggression, Ihren Kopfschmerzen und Ihrem Autounfall besteht ein klarer Zusammenhang. Ebenso läßt sich die Ereigniskette Ihres Unfallgegners zurückverfolgen. Alles wandelt sich, sagt das I Ging. Alles hängt zusammen, ergänzt das Tarot.

Neun der Münzen

Das Bild

Die Neunen der vier Sätze der Kleinen Arkana haben mit Kompromissen und mit Rückzug (vergleichen Sie Die Neun der Großen Arkana, den Eremiten) zu tun. Die Frau auf der Neun der Münzen hat sich von der Burg (Gesellschaft) in den Garten (Erleben der Natur) zurückgezogen. Der Erfolg, den sie erreicht hat (siehe die Münzen, die auf dem Rebstock wachsen, dem Symbol für die Fruchtbarkeit und Süße des Lebens), verdankt sie diesem Rückzug in ihre Selbständigkeit. Das goldgelbe Licht der Erkenntnis spiegelt sich auf ihrem mit Blumen (= sinnliche Erfahrung) geschmückten Kleid wider. Das Purpur der Berge (= Bewußtheit) taucht im Innenfutter ihres Kleides wieder auf: Sie ist sich ihrer selbst bewußt und hat ihre Rolle im Leben erkannt.

Neben Selbsterkenntnis und Selbstbewußtsein zeigt die Karte noch eine andere Voraussetzung für Erfolg: Disziplin. Der Falke auf der linken Hand der Dame symbolisiert den hochfliegenden Geist, er ist seiner Herrin untertan (seine Haube ist wie die der Frau rot: seine Aktivität wird von der Herrin gesteuert).

Die Bedeutung

Um mit dem letzteren zu beginnen: Sie verfügen über die notwendige Disziplin, die Sie für Ihren Erfolg brauchen. Sie wissen auch (goldgelbe Erkenntnis), wofür Sie sich engagieren wollen. Erfolg bedeutet für Sie, nicht so sehr materiellen Reichtum zu scheffeln, sondern das Bewußtsein zu haben, erreichen zu können, was Sie sich vornehmen. Aus dieser Erfahrung heraus haben Sie mehr und mehr Sicherheit in Ihre Fähigkeiten (Selbst-Sicherheit) gewonnen, haben sich erkannt (Selbst-Erkenntnis: wer bin ich, was zeichnet mich aus) und sind sich Ihrer verschiedenen Seiten und Qualitäten bewußt geworden (Selbst-Bewußtsein).

Die Neun der Münzen zeigt auch den Weg, wie Sie dahin gelangten oder gelangen können. Ziehen Sie sich zurück und verfolgen Sie Ihre Ziele für sich, wenn Sie zu den prallen Weinstöcken (die Trauben sind purpur = bewußter Erfolg) kommen möchten. Verzichten Sie auf Geselligkeit und erleben Sie Ihre Fähigkeit zur Disziplin. Im Erfahren Ihrer Willenskraft, oder besser: indem Sie sehen, daß Sie aus Ihrem Wort heraus leben, setzen Sie Ihre aktive Energie frei, die Ihren Handlungen Nachdruck verleiht. Sie erleben, daß Sie die Realität aus Ihrem Wort heraus erschaffen. Sie erreichen Ihre Ziele, weil Sie sich (für sich selbst) verpflichtet haben, sie zu erreichen. In diesen verantwortungsbewußten Handlungen erkennen Sie sich und die Zusammenhänge dieser Welt.

Acht der Münzen

Das Bild

Die Acht der Münzen zeigt den konkret-materiellen Weg zum Erfolg, während die Neun uns dessen geistige Grundlagen (Selbsterkenntnis und Disziplin) vor Augen führt. Dieser Weg heißt Arbeit. Beobachten Sie, wie sehr der junge Mann in seine Arbeit versunken ist. Er hat schöpferische Phantasie (blaues Hemd) und Tatkraft (rote Hose, rote Schuhe). Ihm steht die Möglichkeit, ein Künstler zu werden, offen (schwarzer Kittel als Symbol für Potentialität), denn er schafft sein Werk für die Menschen: Eine gelbe Straße führt von seiner Werkstatt zur Stadt im Hintergrund. Die Karte symbolisiert auch Fleiß und damit innere Stärke (vergleichen Sie dazu Die Acht der Großen Arkana, Die Kraft), wie die sieben (= Zahl der Vollendung) schon fertiggestellen Pentakel beweisen.

Die Bedeutung

»Vor den Erfolg haben die Götter den Schweiß gesetzt.« So oder so ähnlich könnte das Motto zur Acht der Münzen lauten. Es geht um Arbeit und Fleiß. Freilich verstanden die Tarot-Schöpfer etwas anderes unter Arbeit als viele Menschen heute. Arbeit gilt heute (wenn man Robotertätigkeiten wie Fließbandarbeit betrachtet, zu recht) als Übel, das wir in Kauf nehmen müssen, um leben zu können. Karl Marx hat dafür den treffenden Begriff von der Entfremdung des Menschen von seiner Arbeit geprägt. Die Karte zeigt, daß wir (ebenso wie wir wieder ein gesundes Verhältnis zu unserer Umwelt erlangen müssen) wieder zum natürlichen Verständnis von Arbeit zurückfinden müssen. Der Sinn der Arbeit ist nicht, Geld zu verdienen und Erfolg zu haben, sondern Selbstausdruck. Indem Sie sich ganz dem hingeben können, was Sie tun, erschaffen Sie etwas. Der Fleiß, der dazu notwendig ist, entsteht in Ihnen ganz von selbst als Bedürfnis, Ihren Selbstausdruck möglichst optimal zu gestalten (er ist dann keine verhaßte altdeutsche Tugend mehr).

Sieben der Münzen

Das Bild

Erinnern Sie sich des Wagenlenkers auf der Sieben der Großen Arkana? Er steht in der Blüte seiner Schaffenskraft, ist stolz auf seinen Erfolg. Der Mann auf der Sieben der Münzen trägt diesen Stolz nicht so sehr zur Schau. Er betrachtet das Ergebnis seiner Arbeit mehr mit innerer Freude. Der Strauch braucht nicht mehr Schere und Rechen des Gärtners, er wächst von allein weiter.

Der Mann steht mit dem rechten Bein (Verstand) auf der Erde und mit dem linken (Emotion) auf dem Wasser der schöpferischen Phantasie, die auch seine innere Lebensgrundlage (Untergewand) ausmacht. Er hat Erfolg (Grün und Braun), und im Hintergrund tauchen die purpurfarbenen Berge der Bewußtheit auf. Der rote Boden vor ihm zeigt, daß noch andere Aufgaben auf ihn warten.

Die Bedeutung
Sie haben etwas aufgebaut. Treten Sie jetzt zurück und betrachten Sie das Erreichte mit Zufriedenheit. Es wächst jetzt von allein weiter. Der Lohn für Ihre Mühen ist genau diese Freude, die Sie sich jetzt gönnen sollten. Sie haben Ihren Teil getan, die Maschine in Gang gesetzt, den Wagen ins Rollen gebracht. Überlassen Sie das weitere sich selbst.

Die Sieben der Münzen gibt Ihnen den Rat, sich eine Pause zu erlauben. Nur wenn Sie wirklich das Ergebnis Ihrer Arbeit auch anerkennen und sich darüber freuen können, setzen Sie Energie für neue Aufgaben frei. Ich habe in meinen Beratungen festgestellt, daß viele meiner Klienten das Ergebnis Ihrer Anstrengungen als geradezu selbstverständlich betrachten und sich wundern, warum sie nicht glücklich sind. Öffnen Sie Ihre Augen. Sehen Sie Ihren Erfolg und anerkennen Sie sich dafür. Erfolg ist nicht selbstverständlich, und viele Menschen scheitern trotz größter Mühen.

Schaffen Sie sich die Basis zu einem erfüllten und glücklichen Leben, indem Sie sich über das Erreichte freuen und Ihre Kreativität und deren praktische Umsetzung (blau-braunes Gewand auf der Karte) bewundern. Machen Sie sich selbst Komplimente. Feiern Sie sich.

Sechs der Münzen

Das Bild
Die Sechsen zeigen Beziehungen an. Hier ist es der Kaufmann, der es mit seiner Tatkraft (beachten Sie das dominierende Rot seiner Kleidung) zu Reichtum und Ansehen (grün-braune Schuhe, der Mantel erinnert an einen Pelz) gebracht hat und nun sein Geld an die Bettler verteilt. Er gibt nicht spontan, sondern wägt ab (Waage in seiner Linken), was die beiden Bittenden brauchen – und was er selber zu geben bereit ist.

Das Bild wirkt zunächst befremdend, weil zwischen den drei Figuren eine tiefe Kluft zu bestehen scheint. Bei genauerem Betrachten erkennen wir jedoch, daß durch die Bitte und das Geben eine Beziehung zwischen dem Armen und dem Reichen hergestellt ist (sie sehen sich an und beide öffnen die Hände). Wenn wir noch tiefer in den Sinn der Sechs eindringen, entdekken wir im Bild des Kaufmanns und des Bettlers die menschliche Ur-Situation: Wenn wir bitten, wird uns gegeben.

Die Bedeutung

Die Sechs der Münzen hat zwei Seiten. Die eine ist die des Kaufmanns und bedeutet: Geben Sie einen Teil dessen, was Sie besitzen, an andere, die es nötig haben. Damit ist nicht die heute so beliebte steuerlich absetzbare Spendenfreudigkeit angesprochen, sondern die tatsächliche Begegnung mit dem Nächsten. Meditieren Sie die Karte. Kaufmann und Bettler unterscheiden sich durch den Besitz bzw. Nichtbesitz von Münzen. Ihre inneren Anlagen entsprechen sich jedoch (das Blau taucht im Umhang des rechten Bettlers und im Kleid des Kaufmann, das Ocker im Umhang des linken Mannes und in den Schuhen des Kaufmanns auf). Die Karte rät auch, ausgewogen zu schenken, das heißt: soviel, wie der andere auch annehmen kann.

Der zweite Aspekt der Sechs ist die Bitte. Nach meiner eigenen Erfahrung bereitet es uns große Probleme, um etwas zu bitten, selbst wenn wir wissen, daß der andere gern unsere Bitte erfüllen würde. Diese Unfähigkeit, zu bitten und dann annehmen zu können, geht bis ins Religiöse. Mein Lehrer Prem Pal Singh Rawat wählte dafür das Beispiel des bekannten Gemäldes von Michelangelo, auf dem sich die Hand des Menschen und die Hand Gottes beinahe berühren (der göttliche Funke springt über). Michelangelo zeigt mit dieser Darstellung (wie die Sechs der Münzen), daß eine Beziehung besteht zwischen dem bittenden Menschen und dem gebenden Gott. Wie der Mensch aus tiefster Seele bittet (weil er den sehnlichen Wunsch nach etwas hat), so ist es für Gott ein ›Bedürfnis‹, dem Menschen zu helfen. In unsere Zeit übertragen: Es ist die Bestimmung, das Wesen unseres Überbewußtseins, uns zu unterstützen. Seien Sie empfangsbereit.

Fünf der Münzen

Das Bild

Daß die Fünfen Konflikt (siehe die Fünf der Schwerter) oder Verlust (siehe die Fünf der Kelche) bedeuten, wird hier besonders deutlich. Arm und verkrüppelt schleppen sich beide Menschen durch die Kälte. Das Kleid der Frau verrät verlorenen Wohlstand, der Mann kann nicht mehr richtig gehen. Die Kirche bietet ihnen keinen Schutz (vgl. Sie das Weihnachtsevangelium, als für Maria und Joseph kein Platz in der Herberge war).

Dennoch enthält die Fünf einen hoffnungsvollen Aspekt: Die beiden Menschen gehen miteinander durch Kälte und Dunkelheit, auch wenn jeder sich ganz für sich in sein Leid zu ergeben scheint. Interessanterweise taucht die Kirche hier – im Gegensatz zur Fünf der Großen Arkana, Der Hierophant – nicht mit ihrem inneren Prunk auf, sondern als abweisende Mauer (das Fenster verrät auch hier den Prunk im Innern): Für die konkreten Nöte der Menschen hält die Kirche keine

Tür offen (diese offensichtlich von Waite beabsichtigte Interpretation der Kirche ist für mich theoretisch und faktisch nicht haltbar).

Die Bedeutung
Legen Sie die Fünf der Münzen neben die Sechs der Münzen, um ihre Bedeutung anschaulicher zu erfassen. Die Sechs zeigt die Möglichkeit der Bitte, wenn Sie in Not geraten sind. Die Fünf demonstriert, was geschieht, wenn Sie alle Probleme für sich lösen wollen. Sie sehen die Hilfe nicht mehr, laufen an der Kirche vorbei, ohne nachzusehen, ob die Tür geöffnet ist. Sie haben sich an Ihr Pech gewöhnt, es hat Sie dumpf und stumm gemacht.

Suchen Sie die Tür der Zuflucht, bitten Sie um Hilfe. Blicken Sie auch zu Ihrem Partner, der aus Liebe alle Widrigkeiten mit Ihnen teilt. Sie haben die Gewißheit, daß Sie weitergehen werden (wie die Menschen auf der Karte), aber vielleicht ist gerade das der Fehler. Halten Sie einmal an und sehen Sie sich um – genau da, wo Sie jetzt stehen. Irgendwo entdecken Sie ein Licht der Hoffnung, eine Tür zu einem Zufluchtsort und eine helfende Hand. Sie müssen nur genau hinsehen. Programmieren Sie sich nicht selber auf Unglück und Mißerfolg. Erkennen Sie den Weg aus der Krise. Öffnen Sie Ihre Augen.

Vier der Münzen

Das Bild
Die Vieren jedes Satzes der Kleinen Arkana symbolisieren Stabilität. Der Mensch auf der Vier der Münzen hat sich diese Stabilität selbst geschaffen. Er hat sich von der Gesellschaft (Stadt) zurückgezogen und selber auf einen unnahbaren Thron (Ego) erhoben. Er hat mit den Münzen seine wichtigsten Energieaufnahmezentren (Chakren) verschlossen: Kopf, Herz und Füße. Die Krone, die er sich aufgesetzt hat, erinnert an die Mauern einer Burg. Mit dem Umhang verhüllt er seine aktive Energie (wie Autofahrer, die ihr Auto mit einer Schutzplane bedecken, so daß die eigentliche Form gar nicht mehr zu sehen ist).

Die Vier zeigt freilich auch die positive Kehrseite der Münzen: wenn sie der Mann nicht zum Abblocken von Energien verwendet, sondern zu deren Ordnung. Er ordnet seine Gedanken (Kopf) und Gefühle (Herz) und organisiert die materielle Basis, auf der er steht (weil er Angst hat, zum Bettler zu werden).

Die Bedeutung
Viele sehen in dem Mann auf der Vier der Münzen den Geizhals, dem es nur um das Festhalten seines Reichtums geht. Ich betone eher den positiven Aspekt der Tarot-Karten. Bei der Vier lautet er: Stabilität und Sicherheit sind nichts Schlechtes, wenn sie nicht zum alleinigen Maßstab Ihres Lebens werden. Nutzen Sie Ihren erreichten festen Stand auf der Erde, um Ihrem Teil der materiellen Welt Struktur und Ordnung zu geben. Die Materie braucht (wie die Gedanken und die Gefühle) die ordnende Hand des Verstandes. Erkennen Sie die ordnenden Kräfte der Natur und unterstützen Sie diese.

Geben bedeutet beispielsweise das Herstellen des Gleichgewichtes zwischen Arm und Reich. Erkennen Sie es und organisieren Sie. Durch die sinnliche Erfahrung der materiellen Welt gelangen wir zu ihrem Verständnis. Erkennen Sie es und ordnen Sie Ihre Erfahrungen. Im Grunde können Sie sich alle Karten des Münz-Satzes vornehmen und die dort beschriebenen Verhaltensweisen als Überschriften verwenden für das Strukturschema, nach dem Sie Ihr Leben ordnen können.

Drei der Münzen

Das Bild

Die Drei zeigt die Vollendung. Auf die Münzen bezogen bedeutet das vollendetes Werk und transformierte Arbeit (= Arbeit bewußt als Weg zur Selbsterkenntnis und zum Selbstausdruck eingesetzt). Der Mönch und der Architekt (auf der Karte rechts) zeigen dem Bildhauer die Pläne für die Kirche. Schon in der Zahl der Figuren ist Vollendung angesprochen, und in der Kleidung wird sie sichtbar: Der Künstler verbindet handwerkliches Können (grauer Kittel), schöpferische Phantasie (blaue Hose) und Wissen um die Zusammenhänge (goldfarbener Schurz). Mönch und Architekt ergänzen ihn mit Sachverstand (graue Mönchskutte) und Tatkraft (aus dem Wissen heraus: goldpurpurner Umhang mit roten Mustern).

Zwei weitere Dreiheiten sind interessant: Die Münzen (= die vollendete Arbeit) tragen in sich die Möglichkeit (= nach oben zeigendes Dreieck als Symbol für die Feuer-Energie), Arbeit zu transformieren. Das nach unten weisende Wasser-Dreieck leitet die dabei entstandene »Transformationsenergie« (Erkenntnis, Erfahrung, Erleuchtung) in die materielle Welt zurück.

Die Bedeutung

In keinem anderen der vier Sätze ist soviel von Wissen um die Zusammenhänge (= Erkenntnis, Erfahrung oder Erleuchtung) die Rede wie in dem der Münzen. Den Schöpfern des Tarot ging es vor allem darum, zu zeigen, daß die materielle Welt *der* Wegweiser zur spirituellen Welt ist. Oder salopp und etwas überspitzt: Erleuchtung durch Arbeit.

Welchen Rat gibt Ihnen die Karte? Erstens: Tun Sie das, was Sie tun, aus Freude. Machen Sie jede Arbeit um Ihrer Selbst willen. Zweitens: Dabei lernen Sie sich kennen, Sie beobachten Ihre eigene Entwicklung. Drittens: Arbeit wird für Sie zum Ausdruck Ihres Selbst, zur Meditation und zur Verbindung mit Ihrem Überbewußtsein. Die Karte gilt auch als Darstellung der Freimaurer und ihres Wissens.

Zwei der Münzen

Das Bild

Die Zwei steht für Balance und Ausgewogenheit. Diese zu halten scheint für den Jongleur der Zwei der Münzen ein spielerisches Vergnügen zu sein. Fast sieht es so aus, als würde er dazu tanzen. Mit seiner Lebensenergie (rot-braune Kleidung) versteht der Akrobat das Gleichgewicht zwischen zuviel Materialismus und zu wenig zu halten. Im Spiel mit den Erfahrungen (Münzen,Schiffe) erreicht er seinen Erfolg (grüne Schuhe, grünes Band). Wie über dem Kopf des Magiers und über dem der Kraft (Die Eins und Die Acht der Großen Arkana) taucht das Unendlichkeitszeichen auf, nur um vieles größer und von den Münzen gehalten. Die Unendlichkeit umschließt (als grünes Band) die materielle Welt und hebt damit deren Dualität auf. Es vereinigt. Vor der Ewigkeit werden Reich und Arm unwichtig.

Die Bedeutung

Wie so viele Karten aus dem Satz der Münzen, zeigt auch die Zwei einen Weg zum Wissen um die Zusammenhänge: das Spiel. Beim König ist es die Verantwortung, bei der Königin die Selbsterkenntnis, beim Ritter die Aktion und beim Buben das Studium. Die Lebenserfahrung des Alten (Zehn), die Disziplin (Neun), die Arbeit (Acht), die Freude (Sieben), das Schenken (Sechs) und die vollendete Arbeit (Drei) sind weitere dargestellte Möglichkeiten, die materielle Welt als in Formen gegossenen Geist (Gedanken und Bilder) zu begreifen. Erkennen Sie das Leben als ein Spiel, einen Tanz der äußeren Formen, und genießen Sie es entsprechend.

Dieses Wissen um die Wandelhaftigkeit und Vergänglichkeit der Formen ist ewig, nicht an Zeit und Form gebunden. Im Tanz der Erscheinungen erkennen Sie das Dauerhafte: unsere Verbindung mit dem unendlichen (= ohne Ende) Überbewußtsein. Sie können die beiden Seiten der materiellen Welt locker gegeneinander abwägen. Sie werden immer die Balance finden zwischen einem Zuviel an Engagement in ihr (was zwar finanziellen Erfolg, aber auch Unfreiheit bringt) und einem Zuwenig (völlige Freiheit, aber kein Geld), zwischen Pflicht (Verstand) und Neigung (Phantasie, Gefühl), zwischen einem Gefangensein in der materiellen Welt und einem Darüberschweben und Beobachten. Nehmen Sie diese Ausgewogenheit in sich wahr.

As der Münzen

Das Bild

Die materielle Welt erscheint in ihrer Pracht wie der Garten Eden, nur daß der Garten auf dem As der Münzen von Menschen angelegt wurde: zur Freude und zum Genuß, zum Ertrag und zur Sicherheit gegen das Chaos der Wildnis. Die Begrenzung, die die Fülle des Lebens umgibt, ist natürlich (wenn auch gepflanzt), ist keine starre Mauer mit einem wuchtigen Tor. Sie läßt den Menschen frei hinausgehen zum tieferen Verständnis durch neue Erfahrungen (Berge).

Die göttliche Hand überreicht uns alle Segnungen der Münzen: Fülle, Reichtum, Glück und Erfolg. Die Erde birgt das gesamte Geheimnis der Schöpfung – als einziges As der Kleinen Arkana fallen vom As der Münzen keine Yod-Tropfen (Buchstaben des hebräischen Namens Gottes) als Zeichen der Erleuchtung vom Himmel. Die Erde selbst mit ihren physischen Erscheinungen (Formen) weiß alle Antworten.

Die Bedeutung
Alle materiellen Gaben stehen Ihnen zur Verfügung. Sie haben Ihr Leben wie einen Garten Eden eingerichtet. Begreifen Sie Ihren Reichtum als Geschenk. Ihre kleine Welt ist geschützt. Sie haben Ihr Leben geordnet. Betrachten Sie Ihre innere Ordnung und Klarheit als Abbild der gesamten Ordnung (Kosmos = Ordnung, geordnete Welt). Sehen Sie auch den Gefahren Ihres Glückes ins Auge: Sattheit, Egoismus, Mißtrauen, Isolation.

Die Karte kann auch bedeuten, daß die Zeit für Sie reif ist, den Garten Eden zu verlassen und sich auf den Weg des goldenen Wissens zu machen. Gehen Sie durch das Tor hindurch und auf die Berge der Weisheit zu. Nutzen Sie Ihre finanzielle Sicherheit, um in Ruhe auf die Wanderschaft zu gehen. Wozu sollte Ihnen Ihr Reichtum dienen, wenn nicht zur Freiheit, Erfahrungen zu sammeln (ohne ständig an den Erhalt der Existenz denken zu müssen)? Wozu all die Formen, wenn wir nicht zum Verständnis des Inhalts vordringen?

6. TEIL

I Ging – Die Kraft der Wandlungen

Von Peter Orzechowski

Einleitung

I Ging: der Weg zu Ihrem Unterbewußtsein

Wie oft schon sind Sie vor der Frage gestanden: »Was soll ich jetzt tun?« Sie mußten eine Entscheidung treffen, und es gab etliche Möglichkeiten für Sie. Welchen Weg sollten Sie einschlagen? Was wäre die beste Lösung Ihres Problems? Wie leicht fiele einem die Wahl, könnte man in die Zukunft blicken!

Aber Sie müssen kein Prophet sein und brauchen sich um Ihre Antwort nicht zu sorgen. Ihr Unterbewußtsein weiß längst, was gerade jetzt zu tun ist, welcher Schritt die Lösung Ihres Problems einleitet. Ihr Unterbewußtsein ist jene Instanz, die alle wichtigen Vorgänge Ihres Lebens steuert.

Ihr Unterbewußtsein ist gleichzeitig der größte Datenspeicher auf der Erde. All Ihre Erlebnisse sind in diesem Computer erfaßt, jedoch nicht in Zahlen oder Buchstaben (denn diese sind die Ausdrucksmittel des Verstandes), sondern in Bildern. Aus meiner Erfahrung als Hypnosetherapeut weiß ich, daß in unserem Unterbewußtsein *alle* je erlebten Ereignisse gespeichert sind – selbst die aus früheren Leben. Ich habe Klienten erlebt, die sich in der Tiefenentspannung urplötzlich mitten in Erlebnissen früherer Inkarnationen wiederfanden. Die Detailgenauigkeit ihrer Beschreibungen ließ keinen Zweifel zu: Ihre Erlebnisse waren real.

Das Unterbewußtsein drückt sich in Bildern aus. Wenn Sie träumen, tritt Ihr Unterbewußtsein mit Ihrem Bewußtsein in Kontakt: Es übermittelt Botschaften oder Kunstwerke. Leider haben wir die Sensibilität und das Verständnis diesen Bildern gegenüber verloren. Oft erkennen wir ihre Aussage nicht, ihre Botschaft bleibt ungehört (oft haben wir sogar Probleme, uns überhaupt unserer Träume zu erinnern).

Daß das Unterbewußtsein nachts zu uns spricht, ist nichts Mystisches oder Magisches. Die Ursache ist vielmehr ein physikalisch meßbarer Rhythmus, in dem unser Körper ruht, wodurch beide Gehirnhälften aktiviert werden. Die rechte Gehirnhälfte, in der alle schöpferisch-abstrakten Prozesse ablaufen und in der die Intuition lokalisiert ist, schaltet sich zur dominierenden linken Hälfte dazu, in der das analytisch-logische Denken (Verstand) abläuft. Das heißt: In diesem Zustand der tiefen körperlichen Entspannung, dem sogenannten Alpha-Zustand, entsteht eine Harmonie zwischen Bewußtsein und Unterbewußtsein, beide sind aktiv. Denselben Zustand erreichen wir tagsüber, wenn wir uns tief entspannen oder meditieren, wenn wir uns in eine Tätigkeit versenken oder unsere Gedanken ziehen lassen und ganz bewußt in dem Augenblick sind, in dem wir gerade sind. Wenn Sie zum Beispiel diese Zeilen lesen und dabei alles um sich herum vergessen, dann sind Sie für Sekunden in der Entspannung. Vor lauter Hetze und Streß haben wir diese Fähigkeit weitgehend verloren und damit auch die Gabe, unsere innere Stimme zu hören, die man auch Intuition nennt.

Weil wir diese Führung durch unsere Intuition verloren haben, stehen wir so oft vor einer Frage, auf die wir keine Antwort wissen. Für unseren Verstand ist es ein leichtes, in Sekunden tausend Antworten anzubieten: »Einerseits wäre das zu bedenken, andererseits das, aber auch . . ., hinzukommt noch . . .« Wir sehen den Wald nicht mehr vor lauter Bäumen. Dabei würde ein Blick nach innen genügen (wie es jahrtausendelang die Menschen vor uns getan haben), und wir wüßten die Antwort – die optimale Antwort. Unser Unterbewußtsein hat die Antwort auf alle Fragen für uns parat und kann sie uns über die Intuition mitteilen.

Ich beschäftige mich seit zehn Jahren mit Esoterik, vor allem mit den Orakelsystemen. Ich habe dabei entdeckt, daß Orakel wie die Runen, Tarot oder I Ging immer noch mit einem Hauch von Magie umgeben sind, die zwar denen, die damit arbeiten, Geld und Kunden bringt, aber den Menschen nicht wirklich weiterhilft. Fast alle Bücher zu diesem Thema bemühen seitenlang Mythologie und Geschichte (weswegen ich außer den im Text erwähnten kein einziges empfehle), aber sie gehen an dem Zweck der Orakel vorbei.

Orakel waren zu allen Zeiten dazu bestimmt, den Menschen zu

helfen. Das I Ging, das etwa 3000 vor Christus in China entwickelt wurde, war ein Handbuch, das den Bauern die Natur erklären und ihnen helfen wollte, mit dem ständigen Wandel fertig zu werden. I Ging (I ist das Symbol für Sonne und Mond und Ging ist ein Koordinatensystem) bedeutet die Beschreibung des natürlichen Wechsels zwischen Tag und Nacht, Sonne und Mond, Himmel und Erde, Feuer und Wasser, Verstand und Intuition, Männlich und Weiblich (Yang und Yin).

Das I Ging ist also von Anfang an ein Lebenshilfe-Buch gewesen. Im selben Maße, wie wir verlernt haben, unsere Intuition wahrzunehmen, haben wir auch den Zugang zu den Symbolen verloren und verstehen ihre Aussage nicht mehr. Symbole oder Bilder sind jedoch die Botschaft unseres Unterbewußtseins (siehe Träume und Phantasien). Wir können wieder einen Zugang zu unserer Intuition und damit zu unserem Unterbewußtsein finden, wenn *wir* dem Unterbewußtsein Symbole, also Bilder *anbieten*. Sie geben Ihrem Unterbewußtsein mit dem Münzwurf, der Voraussetzung für die I Ging-Ausdeutung, die Chance, das geeignete Symbol zu wählen, das die bereits vorhandene Antwort umschreibt. Der Schweizer Tiefenpsychologe Carl Gustav Jung hat dafür den Ausdruck der »Synchronizität« geprägt: Die bereits im Unterbewußtsein vorhandene Antwort und das durch Münzen oder Schafgarbenstengel ermittelte Bild des I Ging sind gleichzeitig identisch. Es ist kein Zufall, sondern Absicht.

Ihr Unterbewußtsein hat die Fähigkeit, wildfremde Menschen anzuziehen oder Ihre Bewegungen genau zu koordinieren (Sie greifen genau den Henkel der Tasse und nicht daneben). Es ist ein Leichtes für diese Schaltzentrale, Sie genau diejenigen Handbewegungen ausführen zu lassen, die notwendig sind, um Sie *das* Orakel werfen zu lassen, das die Antwort auf Ihre Fragen enthält.

Zusammengefaßt: Geben Sie Ihrem Unterbewußtsein mit Hilfe der Bilder des I Ging die Chance, Ihnen die Antworten auf Ihre Fragen zu übermitteln.

I Ging: das Buch der Weisheit

Das I Ging, das Buch der Wandlungen, ist neben seinem Zweck als Kanal für unser Unterbewußtsein auch ein Buch der Weisheit. Es steht in der Bedeutung neben der Bibel, dem Koran oder den Veden. Alle großen Denker Chinas haben ihre Interpretationen zum I Ging beigetragen. Konfuzius verfaßte um 500 vor Christus umfangreiche Kommentare.

Inzwischen hat die Aussage des I Ging, daß alles einem ständigen Wandel unterliegt, in der Atomphysik ihre Bestätigung gefunden: Wie die Linien eines Hexagramms sich ständig verändern, so bewegen sich auch die Atome, Elektronen, Moleküle und Wellen und bilden neue Strukturen. Die Materie zeigt sich entweder als Welle oder als festes Teilchen. Dem entsprechen im I Ging die Yin-Linie und die Yang-Linie. Einsteins Feldtheorie bestätigt eine weitere Wahrheit des I Ging: Ohne Geist keine Materie, das heißt, es ist immer der Geist in der Materie enthalten. Einstein hat herausgefunden, daß in den Dingen die Naturgesetze enthalten sind.

Das I Ging ist ein Katalog der Naturgesetze. Jeder Mensch wird mit 64 DNS-Molekül-Ketten geboren, das heißt: Im Prinzip gibt es nur 64 Grundstrukturen irdischer Existenz. Genetiker haben die Parallelität dieses DNS-Programms mit den 64 Hexagrammen (= Antworten) des I Ging herausgefunden. Das I Ging behandelt also alle Aspekte des Lebens und zeigt alle Stadien menschlicher Entwicklung.

Schließlich wurde das I Ging besonders von Psychologen als Buch der Wahrheit erkannt. C. G. Jungs Gesetz der Gleichzeitigkeit besagt genau dasselbe wie das, was die Chinesen schon vor 5000 Jahren wußten: Ereignisse finden in der Welt der Materie und der Welt des Geistes gleichzeitig statt. Sie kennen das einfache Beispiel: Sie denken intensiv an jemanden, und in diesem Moment ruft er an. Der Münzwurf dient der Sammlung des Geistes. Die Gedanken sind auf die Frage konzentriert, das Unterbewußtsein bewirkt, daß die Materie (die Münzen) mit dem Geist (Frage und Antwort) übereinstimmt.

Das I Ging ist in den vielen Jahrhunderten seit seiner Entstehung nie widerlegt worden. Selbst die kompliziertesten westlichen Philosophien und Wissenschaften wie etwa die Atomphysik sind am Ende zur Grundwahrheit zurückgekehrt, die gleichzeitig die Kernaussage des I Ging ist. Um sichtbar zu werden – um sich zu materialisieren –, spaltet sich der Geist in zwei Pole: einen dunklen weichen Pol, den die Chinesen Yin nennen. Yin ist durch eine geteilte Linie (— —) symbolisiert, Yang durch eine ungeteilte (——). Erst beide zusammen bilden die Harmonie, das Gleichgewicht. Diese Linien sind das Bild für den Wandel der Jahreszeiten und die Mondphasen (I = Symbol für Sonne und Mond, Ging = das Koordinatensystem = die Linien, die den Lauf der beiden Zentralgestirne beschreiben).

Die Kenntnis dieser Gesetze war vor 5000 Jahren in China wichtig für die Bauern. Später erkannte man, daß diese Gesetze auch auf alle anderen Lebensbereiche übertragbar sind. Sie zeigen den Wandel in der Natur ebenso wie im Leben des einzelnen oder der Gesellschaft. Sie gelten für unser gesamtes Sonnensystem.

Zusammengefaßt: Das I Ging beschreibt das kosmische Gesetz, daß der Geist und Materie eins sind und daß sich das Leben auf der Ebene der Materie ständig zwischen dem Yin- und Yang-Pol hin- und herbewegt.

Die 64 Antworten

I Ging: ein praktischer Ratgeber

Ich habe den historisch-theoretischen Teil bewußt kurz abgehandelt, denn ich sehe den Hauptnutzen des I Ging wie seine Väter vor 5000 Jahren in der praktischen Anwendung. Daher habe ich auch im Unterschied zu den meisten I Ging-Büchern, die bisher erschienen sind, die chinesischen Symbole (Bilder) in unseren Lebensraum übertragen und in unsere moderne Sprache übersetzt. Wenn Sie Gewinn aus dem I Ging ziehen wollen, dann benutzen Sie es als Ihren ständigen Begleiter, als Ihren Ratgeber in allen Lebenslagen. Ich habe daher das Bild am Anfang jedes Hexagramms (= jeder Antwort) nur kurz beschrieben, um mehr Raum für die Bedeutung des Bildes zu haben: »Was will mir dieses Bild sagen?«

Das I Ging beschreibt die Wandlungen des Lebens im Zustand des *Entstehens*. Für den Bauern war es wichtig zu wissen, welche Phase gerade auf ihn zukam. Und auch für Sie kann der Hinweis darauf, wie sich in nächster Zeit die Dinge entwickeln, der entscheidende Tip sein, um Fehler zu vermeiden. Wenn Sie intuitiv immer genau wissen, was jetzt am besten zu tun wäre, in welcher Phase Sie sich also gerade befinden, dann brauchen Sie dieses Buch nicht zu lesen – höchstens, um Ihre Intuition bestätigt zu sehen. Der Sinn meiner Interpretation des I Ging liegt darin, daß Sie wieder Vertrauen in Ihre inneren Sinne gewinnen und nach einiger Zeit das I Ging nicht mehr brauchen, sondern nur noch genießen.

Dieses Buch ist also kein geheimnisvolles Orakelbuch – obwohl Sie merken werden, daß es voller Wunder steckt. Es ist ein Arbeitsbuch, aber Sie werden feststellen, daß es Vergnügen macht, an sich zu ›arbeiten‹. Ich habe daher an die Deutung Ihrer gegenwärtigen Situation und die Beschreibung der zu erwartenden Wandlungen, die mit den wechselnden Linien symbolisiert sind, eine jeweils geeignete Meditation angeschlossen mit einer Suggestion.

Kommen wir zur BETRIEBSANLEITUNG. Lesen Sie sie genau durch. Der Normalfall, in dem Sie das Buch zu Rate ziehen, wird sein, daß Sie eine Frage haben, auf die Sie keine Antwort wissen. Nehmen wir an, Sie stehen vor einer Entscheidung oder wollen ein Problem lösen. Formulieren Sie die Frage so, daß Sie eine umfassende Antwort erwarten können. Stellen Sie keine Frage, die mit ja oder nein beantwortet werden kann, und keine Doppelfrage. Ein Beispiel: Fragen Sie nicht: »Soll ich meine Arbeitsstelle wechseln?« Die Antwort wäre ja oder nein. Fragen Sie nicht: »Soll ich meine Arbeitsstelle wechseln oder besser an meinem jetzigen Arbeitsplatz bleiben?« Das sind zwei Fragen auf einmal. Sie verschaffen sich größere Klarheit über Ihre derzeitige Situation, wenn Sie fragen: »Welche beruflichen Entwicklungen stehen mir bevor?« Sie geben damit Ihrem Unterbewußtsein den Raum zu einer umfassenden Antwort. Freilich muß ein *wirklicher Anlaß* zu dieser Frage bestehen. Nur aus Neugierde werden Sie Ihr Unterbewußtsein nicht mobilisieren können.

Meist geht Ihnen das Problem ohnehin tagelang durch den Kopf. Notieren Sie die Frage schriftlich und ziehen Sie sich dann zurück. Sagen Sie Ihren Familienmitgliedern oder Freunden, daß Sie nicht gestört werden möchten. Lassen Sie sich Zeit. Zünden Sie sich eine Kerze an und atmen Sie allen Ärger oder Streß ganz bewußt aus. Atmen Sie mehrmals tief ein und aus. Sitzen Sie bequem? Fühlen Sie sich bequem? Ziehen Sie Trainingsanzug oder Bademantel an, wenn Sie wollen. Wichtig ist, daß Sie sich wohl fühlen. Schaffen Sie sich eine *stille und friedliche Atmosphäre*. Dieses Ritual ist wichtig, um Ihrem Unterbewußtsein zu signalisieren, daß Sie bereit sind.

Lesen Sie nochmals Ihre Frage durch. Ich empfehle Ihnen, ein eigenes I Ging-Notizbuch anzulegen. Sie können besser damit arbeiten als mit losen Blättern und können später einmal nachlesen, in welcher Phase Sie wann waren. Notieren Sie also auch das Datum der Befragung. Nehmen Sie dann *drei Münzen*, in unserem Beispiel drei Zehnpfennig-Stücke, legen Sie sie in Ihre rechte Hand und stülpen Sie Ihre linke darüber, so daß genügend Hohlraum zwischen den Handflächen zum Schütteln bleibt. Konzentrieren Sie sich auf Ihre Frage und schütteln Sie die Münzen einige Sekunden lang. Öffnen Sie dann Ihre Handflächen und lassen Sie die Münzen fallen (es ist völlig gleich, wo sie hinrollen). Es gibt vier Möglichkeiten:

2 Zahlseiten, 1 Rückseite:
Ziehen Sie eine ungeteilte Linie: ——

1 Zahlseite, 2 Rückseiten:
Ziehen Sie eine geteilte Linie: — —

3 Zahlseiten: Ziehen Sie eine
geteilte Linie und ein »X«: — —X

3 Rückseiten: Ziehen Sie eine
ungeteilte Linie und ein »X«: ——X

Sie haben jetzt die erste Linie ermittelt. Sie werfen insgesamt sechsmal (aus diesem Grund heißt die komplette Figur Hexagramm: hexa = sechs und gramma = Zeichen). Die erste Linie ist die unterste. Werfen Sie noch weitere fünf Mal Ihre Münzen. Konzentrieren Sie sich dabei auf Ihre Frage. Ziehen Sie eine Linie über die andere, bauen Sie Ihr Hexagramm *von unten nach oben* auf. Nach der dritten Linie haben Sie Ihr *unteres Trigramm* (tri = drei) ermittelt. Lassen Sie eine Leerzeile, bevor Sie Ihr *oberes Trigramm* notieren, das erleichtert Ihnen später die Suche in der Tabelle nach der Nummer Ihres Hexagramms.

Das X hinter einer Linie bedeutet, daß die Linie wechselt, daß also eine Wandlung bevorsteht. Es ist genauso gut möglich, ein Hexagramm ohne Wandlung ermittelt zu haben. Sollten Sie eine oder mehrere wechselnde Linien geworfen haben, dann zeichnen Sie ein neues Hexagramm, indem Sie diese Linie(n) in ihr Gegenteil umwandeln.

Ein Beispiel: Sie haben folgendes Hexagramm mit zwei X-Linien ermittelt. Durch die Umkehrung der beiden X-Linien in ihr Gegenteil entsteht Ihr neues, endgültiges Hexagramm.

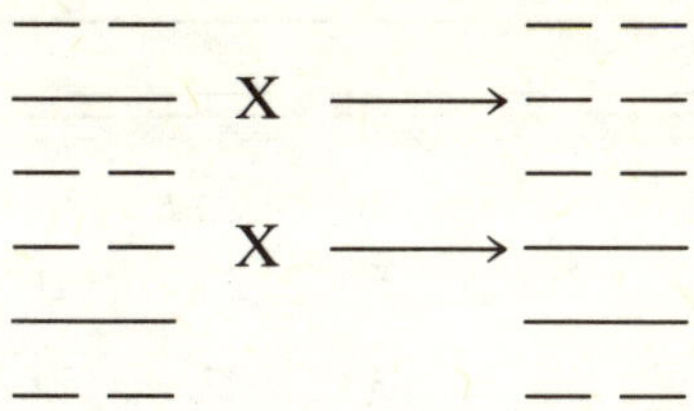

Sehen Sie in der Deutung Ihres Hexagramms jeweils *nur* die von unten nach oben gezählten *wechselnden Linien* nach. Haben Sie keine X-Linie geworfen, können Sie den jeweiligen Abschnitt mit der Erklärung der Linien überspringen.

Nachdem Ihr Hexagramm nun feststeht, suchen Sie seine Nummer in der folgenden Tabelle heraus, und zwar so: Suchen Sie am linken Tabellenrand Ihr geworfenes bzw. gewandeltes unteres Trigramm und am oberen Tabellenrand Ihr geworfenes bzw. gewandeltes oberes Trigramm. Ziehen Sie vom unteren Trigramm eine gedachte Linie nach rechts und vom oberen Trigramm eine gedachte Linie nach unten. Am Kreuzungspunkt der beiden Linien finden Sie die Nummer Ihres Hexagramms, das Sie unter derselben Nummer im folgenden Hauptteil dieses Buches erläutert finden.

Ein Beispiel: Ihr unteres Trigramm ist

Ihr oberes Trigramm ist

Das ergibt Hexagramm Nr. 62.

Unteres Trigramm \ Oberes Trigramm	☰	☳	☵	☶	☷	☴	☲	☱
☰	2	34	5	26	11	9	14	43
☳	25	51	3	27	24	42	21	17
☵	6	40	29	4	7	59	64	47
☶	33	62	39	52	15	53	56	31
☷	12	16	8	23	1	20	35	45
☴	44	32	48	18	46	57	50	28
☲	13	55	63	22	36	37	30	49
☱	10	54	60	41	19	61	38	58

*Die Stäbchenmethode**

Im alten China wurden für die Zeremonie der Ermittlung des Hexagramms 50 Stäbchen benutzt. Dabei verwendete man für gewöhnlich die Schafgarbe, die in den meisten Teilen der Welt vorkommt. Die dünnen, geraden Zweige dieser Pflanze sind hohl und können leicht in Stücke von etwa 10 cm gebrochen werden. Falls Sie in Ihrer Gegend keine Schafgarbe finden, können Sie auch andere trockene Zweige benutzen.

* Der folgende Abschnitt über die Stäbchenmethode ist entnommen aus »I Ging – Das Buch der Wandlungen« von Christopher Markert (Goldmann-Taschenbuch Bd. 10300). Mit freundlicher Genehmigung des Verlages.

Von den 50 Stäbchen wird eines am Anfang der Befragung beiseite gelegt, so daß nur 49 verwendet werden. Um die unterste Linie Ihres Hexagramms zu ermitteln, gehen Sie vor, wie im folgenden beschrieben, und wiederholen das Ganze dann für jede der übrigen fünf Linien. Alle anderen Einzelheiten sind ähnlich wie bei der Münzenmethode.

1. Ziehen Sie sich an einen ruhigen Ort zurück, wo Sie nicht gestört werden können. Setzen Sie sich entspannt hin und sammeln Sie sich für ein paar Minuten. Formulieren Sie Ihre Frage und schreiben Sie sie nieder.
2. Teilen Sie die 49 Stäbchen willkürlich in zwei Haufen.
3. Nehmen Sie vom rechten Haufen ein Stäbchen und klemmen Sie es zwischen die letzten zwei Finger Ihrer linken Hand.
4. Ergreifen Sie den ganzen linken Haufen mit Ihrer linken Hand. Beginnen Sie, mit Ihrer rechten Hand jeweils vier Stäbchen von der linken Hand zu nehmen, bis nur noch ein, zwei, drei oder vier Stäbchen in dieser Hand bleiben.
5. Klemmen Sie diese übrigen Stäbchen zwischen Ihren linken Mittel- und Ringfinger.
6. Ergreifen Sie nun den rechten Haufen mit Ihrer linken Hand und beginnen Sie mit der rechten Hand jeweils vier Stäbchen zu entfernen, bis nur noch ein, zwei, drei oder vier Stäbchen übrigbleiben. Klemmen Sie diese übrigen Stäbchen zwischen Ihren linken Zeige- und Mittelfinger.
7. Zählen Sie die Stäbchen in Ihrer linken Hand. Das Ergebnis sollte entweder neun oder fünf sein.
8. Die Neun hat den Wert 2, die Fünf hat den Wert 3 (siehe Tabelle).

Vier Stäbchen gelten als 3
Fünf Stäbchen gelten als 3
Acht Stäbchen gelten als 2
Neun Stäbchen gelten als 2

9. Schreiben Sie die soeben erhaltene Zahl nieder und legen Sie die fünf oder neun Stäbchen vorläufig beiseite.

10. Mit den übrigen Stäbchen (40 oder 44) wiederholen Sie nun die Prozedur: Sie bilden zunächst willkürlich zwei Haufen.

11. Nehmen Sie ein Stäbchen vom rechten Haufen und klemmen Sie es zwischen die letzten beiden Finger Ihrer linken Hand.

12. Ergreifen Sie den linken Haufen mit Ihrer linken Hand und entfernen Sie jeweils vier Stäbchen, bis nur noch ein, zwei, drei oder vier in der Hand zurückbleiben. Klemmen Sie diese übrigen Stäbchen zwischen Ihren linken Ring- und Mittelfinger.

13. Ergreifen Sie nun den rechten Haufen mit Ihrer linken Hand und entfernen Sie jeweils vier Stäbchen, bis nur noch ein, zwei, drei oder vier Stäbchen in der Hand zurückbleiben, die Sie dann zwischen Ihren linken Mittel- und Zeigefinger klemmen.

14. Zählen Sie die Stäbchen in Ihrer linken Hand. Das Ergebnis sollte entweder vier oder acht sein. Die Vier hat den Wert 3, die Acht den Wert 2 (siehe Tabelle).

15. Schreiben Sie die soeben erhaltene Summe nieder und legen Sie die vier oder acht Stäbchen vorläufig beiseite.

16. Mit den übrigen Stäbchen wiederholen Sie nun diese Schritte ein drittes Mal:

Sie teilen die Stäbchen willkürlich in zwei Haufen.

Sie nehmen ein Stäbchen vom rechten Haufen und klemmen es zwischen die letzten zwei Finger Ihrer linken Hand.

Sie ergreifen mit der linken Hand den linken Haufen und entfernen jeweils vier Stäbchen, bis nur noch ein, zwei, drei oder vier zurückbleiben, die Sie dann zwischen Ihren linken Ring- und Mittelfinger klemmen.

Jetzt ergreifen Sie den rechten Haufen mit Ihrer linken Hand und entfernen jeweils vier Stäbchen, bis nur noch ein, zwei, drei oder vier zurückbleiben, die Sie dann zwischen Ihren linken Ring- und Mittelfinger klemmen.

Sie ergreifen nun den rechten Haufen mit Ihrer linken Hand und entfernen jeweils vier Stäbchen, bis nur ein, zwei, drei oder vier zurückbleiben, die Sie dann zwischen Ihren linken Mittel- und Zeigefinger klemmen.

Zählen Sie die Stäbchen in Ihrer linken Hand und schreiben sie den Wert entsprechend der Tabelle auf.

17. Indem Sie die so ermittelten Werte zusammenzählen, erhalten Sie die Summe, die der untersten Linie Ihres Hexagramms entspricht. Wie bei der Münzenmethode ergibt sich eine der folgenden Linien:

6— —x 7—— 8— — 9——

18. Dies ist also die unterste Linie Ihres Hexagramms.

19. Um die zweitunterste Linie zu ermitteln, wiederholen Sie dieselben Schritte. Sie teilen die 49 Stäbchen willkürlich in zwei Haufen usw.

20. Dann tun Sie dasselbe für jede der vier übrigen Linien, bis Sie alle sechs Linien Ihres Hexagramms von unten nach oben aufgebaut haben.

Wie Sie sehen, ist die Prozedur ziemlich kompliziert und nimmt tatsächlich ungefähr eine Stunde in Anspruch. Aber nach dem dritten oder vierten Mal sind Sie sicher mit der Methode vertraut und vollziehen die einzelnen Schritte mehr oder weniger automatisch. Sobald Sie die Stäbchenmethode beherrschen, lohnt sich der zusätzliche Zeitaufwand, und das I Ging offenbart Ihnen seine tieferen Geheimnisse.

I Ging: die Anleitung zur Meditation

Sie werden am Ende der Deutung Ihres ermittelten Hexagramms eine Meditation finden. Ziel dieser Meditation (lat. meditari = nachsinnen) ist es, Ihr Bewußtsein der Lebensphase, in der Sie sich gerade befinden, zu verstärken. Ziel jeder Meditation ist es, mehr in die eigene Mitte zu gelangen und den Alpha-Zustand zu erreichen, in dem eine Harmonie zwischen Bewußtsein und Unterbewußtsein eintritt. Die Übungen, die Sie finden, sind alle von mir und meinen Klienten erprobt.

Voraussetzung jeder Meditation ist es, Körper und Verstand zur Ruhe zu bringen. Um diesen Zustand zu erreichen, haben die verschiedensten Schulen und Kulturen eine Vielzahl von Techniken entwickelt. Ich empfehle Ihnen eine sehr einfache Methode, und wenn Sie wollen, dann leiten Sie damit jede hier beschriebene Meditation ein.

Suchen Sie sich einen Platz, an dem Sie ungestört sind. Nehmen Sie sich Zeit. Setzen oder legen Sie sich bequem hin. Schließen Sie die Augen. Entspannen Sie sich. Lassen Sie von den Zehen bis zum Kopf nach und nach alle Anspannung los. Spüren Sie, wie Ihr Atem sanft in Sie einströmt und dann wieder hinausfließt. Beobachten Sie seinen ruhigen Rhythmus. Ein und Aus. Ein und Aus. Es geschieht von selbst. Alles geschieht von selbst. Ihr Körper wird warm und schwer und ist völlig entspannt. Sie fühlen sich wohl in diesem sanften Rhythmus des Ein und Aus. Gedanken und Geräusche kommen und gehen. Es ist wie kurz vor dem Einschlafen: Sie nehmen sie ganz weit entfernt wahr, ganz weit entfernt, während Sie in Ihrer tiefen Ruhe sind. Sie fühlen sich wohl. Ihr Körper ist entspannt durch dieses ruhige Ein und Aus.

In diesem entspannten Zustand machen Sie dann die in den Hexagramm-Abschnitten beschriebenen Übungen. Ich empfehle Ihnen, die Übungen zweimal durchzulesen und erst dann in die Entspannung zu gehen, weil Sie nicht mehr überlegen müssen: »Was soll ich jetzt tun?« Nach einigen Entspannungsmeditationen werden Sie sich auf diesen Urlaub vom Alltag freuen. Sie werden sich die Möglichkeit schaffen, ungestört zu sein und auf Ihre Traumreise zu gehen.

Vergessen Sie nie, nach der Meditation wieder in den Alltag zurückzukehren (außer Sie meditieren vor dem Schlafen). *Dehnen und strecken Sie sich.* Spüren Sie, wie Ihre Muskeln ihre Tätigkeit wieder aufnehmen. Öffnen Sie die Augen.

Die Suggestion am Ende jedes Hexagramms beeinflußt Ihr Bewußtsein positiv. Schreiben Sie Ihre Suggestion auf verschiedene Zettel und verteilen sie diese so, daß Sie im Lauf des Tages immer wieder darauf stoßen (Brieftasche, Auto, Wohnung). Sagen Sie Ihre Suggestion vor dem Einschlafen und nach dem Aufwachen. Nutzen Sie diese positive Energie, um die Phase, in der Sie gerade sind, bewußt und positiv zu erleben und zu gestalten. Nutzen Sie das I Ging, um zu innerer Harmonie und zu Glück und Erfolg zu gelangen.

1. KIËN – Ich erschaffe

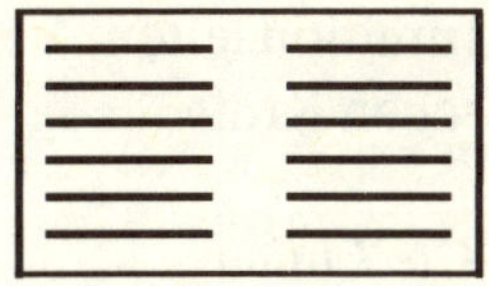

Das Bild
Am Anfang schuf Gott Himmel und Erde. Am Anfang des I Ging steht das Schöpferische: Kiën, das Bild des Himmels, dargestellt durch sechs gerade Yang-Linien. Yang ist die chinesische Bezeichnung für das männliche Prinzip, in der Zahlenmystik symbolisiert durch die 1. Gott ist die Eins, die zuerst die Realität erschafft und dann durch die Zwei, das weiblich-empfangende Prinzip, zur Vollendung gelangt. Zusammen erst vollenden 1 und 2 die Schöpfung: Ohne Nacht gibt es keinen Tag, ohne Schatten kein Licht, ohne Ebbe keine Flut. Auch das Zusammenleben der Menschen erfüllt sich erst in der Verbindung von Mann und Frau.

Die Bedeutung
Das Hexagramm Kiën weist Sie darauf hin, daß jetzt die Zeit des Schöpferischen gekommen ist. Öffnen Sie sich Ihren kreativen Möglichkeiten. Lassen Sie Ihre Energie fließen. Leben Sie Ihr männliches Prinzip. Jeder Mensch hat das männliche *und* das weibliche Prinzip in sich und für beide gibt es eine Zeit. Es gibt Zeiten, in denen Sie passiv sind, in denen Sie keinen rechten Antrieb haben, Dinge anzupacken. Akzeptieren Sie es. Sie brauchen diese Phase, um Kraft zu tanken für die Zeit, in der Sie schöpferisch sein können.

Jetzt ist dieser Augenblick gekommen. Was immer Ihre Frage oder Ihr Problem ist, Sie haben jetzt die Kraft, die Lösung anzupacken. Sie werden entdecken, welch gewaltige Energie in Ihnen steckt. Lassen Sie sich einfach von diesem Strom mitreißen. Wenn Sie ein Geschäft abschließen wollen, tun Sie es jetzt. Wenn Sie eine Beziehung eingehen wollen, drücken Sie jetzt Ihre Liebe aus. Wenn Sie etwas verändern wollen, beginnen Sie jetzt damit. Die sechs Yang-Linien bedeuten, daß Sie große Klarheit erhalten, daß Sie jedes Ding an seinen rechten Platz stellen werden. Erschaffen Sie sich jetzt Ihre kleine Welt neu. Fragen Sie nicht, wie Sie das anfangen sollen. Lassen Sie sich einfach von Ihrer

Intuition leiten. Vertrauen Sie der jetzt in Ihnen freigelegten schöpferischen Kraft.

Die Linien

Unterste Linie:
Preschen Sie jetzt noch nicht vor. Halten Sie Ihr Pferd noch im Zaum, aber seien Sie bereit. Sie werden spüren, wenn der rechte Zeitpunkt da ist, ins Rennen zu gehen.

Zweite Linie:
Der Anfang deutet sich an. Möglicherweise haben Sie eine wichtige Begegnung. Fassen Sie Ihr Ziel ins Auge, machen Sie sich klar zum Start.

Dritte Linie:
Der schöpferische Prozeß ist in Gang gekommen. Wundern Sie sich nicht, daß Sie unermüdlich sind. Genießen Sie Ihre Erfülltheit, wenn Sie sich nach vollbrachter Arbeit ausruhen.

Vierte Linie:
Sie sind jetzt scheinbar an Ihren Grenzen angelangt. Haben Sie Vertrauen. Die einzigen Grenzen, die existieren, sind die, die wir uns selber setzen. Gehen Sie jetzt darüber hinaus. Sie haben die Kraft dazu.

Fünfte Linie:
Sie erreichen Neuland. Sie haben sich – im Bewußtsein Ihrer Stärke – weit vorgewagt. Wenn jetzt Zweifel kommen, wenn Sie ängstlich werden, dann sprechen Sie mit Menschen, die bereits da sind, wo Sie jetzt gerade angekommen sind.

Sechste Linie:
Sie haben das erreicht, was Sie sich erträumt haben, oder Sie stehen kurz davor. Behalten Sie jetzt das rechte Maß. Bleiben Sie auf dem Boden der Realität.

Meditation

Wenn Sie die im folgenden beschriebene Meditation machen wollen, dann nehmen Sie sich Zeit dafür. Lesen Sie den Abschnitt genau durch.

Gehen Sie dann in die Entspannung, wie es zu Beginn des Buches beschrieben ist. Lassen Sie sich Zeit. Wenn Sie spüren, daß Ihr Körper ruhig und entspannt ist, beginnen Sie mit der nachstehenden Übung.

Falls Sie Ihre kreative Energie verstärken wollen (oder ungeduldig sind, daß das Hexagramm Kiën zu wirken beginnt), dann lassen Sie vor Ihrem geistigen Auge alle Situationen Ihres Lebens wieder erstehen, in denen Sie etwas aus sich selbst heraus unternommen haben, ohne einen Anstoß von anderen. Entdecken Sie Ihre Erfüllung, die Sie dabei hatten.

Erinnern Sie sich daran, wie Sie vielleicht einmal ganz spontan einen Ausflug unternommen, ein Geschenk oder ein Kompliment gemacht, etwas gemalt oder geschrieben haben. Fangen Sie in der Gegenwart an. Lassen Sie dann den Film Ihres Lebens rückwärts ablaufen. Sie werden sehen, daß Sie kreativer waren, als Sie von sich geglaubt haben.

Suggestion
Ich bin mir meiner kreativen Energie bewußt und lasse sie frei aus mir fließen.

2. KUN – Ich empfange

Das Bild
Während Kiën, der Himmel, die männliche Lebenskraft der starken Yang-Linien ausdrückt, symbolisiert Kun, die Erde, die weibliche Lebenskraft der weichen Yin-Linien. Ohne dieses weibliche Prinzip wäre auf der Erde kein Leben möglich. Die Pollen wären sinnlos ohne die empfangenden Blüten oder die Schrauben ohne die Mutter (oder einen Gegenstand, in den sie geschraubt werden). Ebensowenig kann der Mensch nur mit einer dieser beiden Kräfte Erfüllung finden. Zur Vollendung braucht er immer die 1 und die 2, den Sender und den Empfänger, den, der gibt und erschafft, und den, der aufnimmt und bewahrt.

Die Bedeutung
Das Hexagramm Kun will Ihnen sagen, daß für Sie die Zeit des Empfangens und Aufnehmens gekommen ist. So, wie es eine Zeit der Aktivität und des Schöpferischen gibt, so gibt es auch eine Phase der Ruhe und Entspannung.

Beides bedingt einander. Ohne den Tatendrang, den Sie vielleicht gerade hinter sich haben, der oft auch mit Hektik und Streß verbunden ist, hätten Sie kein Bedürfnis nach Ruhe und ohne Ausruhen hätten Sie keine Veranlassung, aktiv zu werden. Die Natur braucht den Winter, um neue Energie für den Sommer zu sammeln. Jetzt ist Ihr Winter angebrochen, eine herrliche Zeit, in der Sie alles erhalten, was Sie brauchen. Die Depots haben Sie längst angelegt, die Vorratslager sind gefüllt. Legen Sie sich zurück und halten Sie inne. Spüren Sie, wie Sie ruhiger werden und damit bereit und offen (weibliches Prinzip) für Erfahrungen, die ganz anders sind als die in der Zeit der Aktivität. Entdecken Sie die Zufriedenheit, die von diesem Sich-Öffnen ausgeht.

Sie werden merken, daß der Motor Ihrer Handlungen nicht zwangsläufig Ihr Benzin, Ihre Energie braucht. Er läuft auch gut mit dem Sprit anderer Menschen. Genießen Sie es, daß andere auf Sie zugehen. Freuen Sie sich, einmal passiv sein zu können. Entdecken Sie eine alte chinesische Weisheit: In der Ruhe liegt die Kraft.

Empfangender zu sein heißt nicht, Opfer oder ausgeliefert zu sein, sondern: bewußt wahrnehmen, daß Sie Dinge erreichen, ohne darum kämpfen zu müssen. Die 2, das weibliche Prinzip, ist auch das Symbol für das Unterbewußtsein. Kümmern Sie sich in dieser Zeit darum. Beachten Sie Ihre Träume und Phantasien. Sie sind die Botschaften, die Ihnen besonders jetzt Orientierung geben. Greifen Sie zu, es ist alles da. Sie haben lange genug gegeben; nehmen Sie jetzt das an, was man Ihnen anbieten wird.

Die Linien
Unterste Linie:
Sie merken, daß der Winter naht, daß die Zeit der Ruhe kommt. Freuen Sie sich darauf, daß die Un-Ruhe bald zu Ende ist. Machen Sie

sich bereit, Erfüllung zu finden, auch ohne unter Hochspannung zu stehen.
Zweite Linie:
Folgen Sie Ihrer Intuition, Ihrer inneren Stimme. Alles wird sich von selbst entwickeln. Legen Sie alle Pläne und Absichten beiseite und warten Sie ab, was auf Sie zukommt. Haben Sie Vertrauen.
Dritte Linie:
Arbeiten Sie in aller Ruhe und Bescheidenheit weiter. Dienen Sie der Sache oder dem Menschen, für die oder für den Sie sich seit einiger Zeit engagieren. Es kommt die Zeit, wo gerade dieser stille Dienst große Früchte trägt.
Vierte Linie:
Ruhen Sie sich aus. Bleiben Sie im Hintergrund. Sie können sich dadurch von Verpflichtungen lösen. Ihre Reserven reichen aus, tauchen Sie ruhig ein wenig unter.
Fünfte Linie:
Ihre Zurückgezogenheit gibt Ihnen Stärke. Ihre Mitmenschen fühlen den sanften Einfluß, den Sie überall nehmen. Es ist eine Stärke, die aus dem Inneren kommt. Spüren Sie, wie diese Kraft Sie formt und stärkt.
Sechste Linie:
Bleiben Sie ruhig, auch wenn Ihre Unruhe Sie schon beinahe aggressiv werden läßt. Die Zeit der Aktivität kommt ganz von selbst wieder. Der Winter ist bald vorüber; warten Sie noch ein wenig und genießen Sie die Sanftheit, die noch in Ihnen steckt.

Meditation
Wenn Sie die im folgenden beschriebene Meditation machen wollen, dann nehmen Sie sich Zeit dafür. Lesen Sie den Abschnitt genau durch. Gehen Sie dann in die Entspannung, wie es zu Beginn des Buches beschrieben ist. Lassen Sie sich Zeit. Wenn Sie spüren, daß Ihr Körper ruhig und entspannt ist, beginnen Sie mit der nachstehenden Übung.

Nehmen Sie sich Zeit. Gehen Sie in Ihrem Leben von heute aus zurück. Lassen Sie Ihren Film, in dem alle Bilder Ihres Lebens gespeichert sind, vor der Leinwand Ihres geistigen Auges ablaufen. Halten

Sie den Film an den Stellen an, wo Sie Ruhephasen erlebten (Krankheiten, Urlaub etc.). Lassen Sie dann den Film weiterlaufen. Vermutlich werden Sie entdecken, daß sich jeweils nach einer solchen Ruhephase einiges in Ihrem Leben verändert hat, denn bevor Bewegung stattfindet, ist ein Innehalten, ist Ruhe notwendig.

Suggestion
Ich sehe ruhig und gelassen dem entgegen, was auf mich zukommt.

3. DSCHUN – Ich beginne

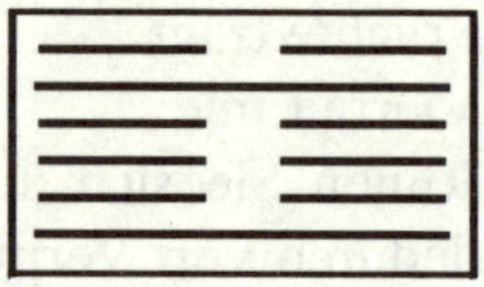

Das Bild
Himmel (1) und Erde (2) sind vereinigt. Die Schöpfung der Einzelwesen beginnt. Wenn etwas Neues anfängt, muß es sich erst seinen Weg bahnen. Das Bild des Hexagramms Dschun drückt diesen Neubeginn in zwei Bildern aus: im Gras, das aus der Erde hervorsprießen will und auf das Hindernis der Bodendecke stößt, und im Donner, der dunkle Wolken zusammenzieht, bis er den Regen trifft und sich entladen kann.

Die Bedeutung
Sie stehen am Anfang eines Neubeginns. Das mag eine neue Umgebung sein, eine neue Beziehung, eine neue Arbeit oder einfach eine neue Einstellung zu den Dingen. Ein neuer Abschnitt Ihres Lebens beginnt.

Wie jeder Neuanfang, ist auch dieser Umbruch aufregend für Sie und mag Sie manchmal ängstlich stimmen, aber diese Gefühle sind Teil des Neubeginns: Die Zukunft ist zunächst ungewiß, und in die Vergangenheit führt kein Weg mehr zurück.

Neue Menschen werden Ihnen begegnen, und auch da entstehen Zweifel und Ängste. Vertrauen zu gewinnen braucht eben seine Zeit. Sie werden Menschen treffen, die mit Ihren neuen Lebensumständen bereits seit längerer Zeit vertraut sind. Suchen Sie deren Rat. Seien Sie bereit, täglich mit Ihrer neuen Aufgabe zu wachsen. Lassen Sie die Erwartungen an die Zukunft bei den Wertungen der Vergangenheit zurück, denn all Ihre Vorstellungen, wie das oder das kommen soll, bremsen nur Ihr offenes Vorausschreiten. Es sind Bremsklötze, die Sie jetzt nicht brauchen können, weil es bergauf geht. Spüren Sie die kraftvolle Spannung, die dieser Neubeginn in Ihnen auslöst. Erleben Sie, daß dieser Energieausstoß der Grund Ihres Neuanfangs war. Sie haben wieder einmal etwas in Bewegung gesetzt.

Die Linien

Unterste Linie:

»Aller Anfang ist schwer.« Der Gewinn, den Sie daraus erzielen können, wiegt jedoch alle Schwierigkeiten auf. Lassen Sie sich beraten, versuchen Sie sich mit den neuen Lebensumständen vertraut zu machen.

Zweite Linie:

»Und wenn du glaubst, es geht nicht mehr, dann kommt von irgendwo ein Lichtlein her.« Halten Sie nicht an Ihren Schwierigkeiten fest. Aus Feinden können Freunde werden und aus dem Chaos die Ordnung. Erst die Un-Ordnung mobilisiert uns, die Dinge zu ordnen. Sehen Sie Ihre Probleme als Antrieb für Ihr Vorwärtskommen.

Dritte Linie:

Seien Sie klug und holen Sie sich den Rat erfahrener Menschen ein. Wenn Sie auf den Mount Everest steigen wollen, sollten Sie sich einen Führer nehmen. Er kann Ihnen zwar den Aufstieg nicht abnehmen, aber er hilft Ihnen, nicht sinnlos auf Irrwegen Kraft zu vergeuden.

Vierte Linie:

Warten Sie, bis man Sie bittet. Ihre Umgebung sieht, daß Sie neuen Gipfeln zustreben. Sie können sicher sein, daß man auf Sie zukommt. Seien Sie offen für diese Begegnungen.

Fünfte Linie:

Man spürt Ihre Energie und erwartet einiges von Ihnen. Geben Sie

jedoch nur unauffällig und in kleinen Mengen und auch nur Menschen, die es verdienen. Größere Geschenke von Ihnen würde jetzt niemand verstehen.
Sechste Linie:
Möglicherweise haben Sie sich durch Ihre Erwartungen selber in die Enge getrieben. Wenn Sie keinen Ausweg mehr sehen, dann fangen Sie noch einmal neu an, aber diesmal bitte ohne Erwartungen und Vorstellungen!

Meditation
Wenn Sie die im folgenden beschriebene Meditation machen wollen, dann nehmen Sie sich Zeit dafür. Lesen Sie den Abschnitt genau durch. Gehen Sie dann in die Entspannung, wie es zu Beginn des Buches beschrieben ist. Wenn Sie spüren, daß Ihr Körper ruhig und entspannt ist, beginnen Sie mit der nachstehenden Übung.

Sie haben schon viele Neuanfänge hinter sich. Sie können in Ihrem Bildcomputer – Ihrem Unterbewußtsein – alle Filme abrufen, die von Neuanfängen in Ihrem Leben handeln. Gehen Sie einfach Jahr für Jahr zurück und warten Sie, bis Ihnen Ihre innere Datenbank die Bilder vor Ihr geistiges Auge spielt. Das geschieht ganz von selbst. Drücken Sie einfach im Geist die Taste »Neuanfänge meines Lebens« und erleben Sie einige aufregende Filme. Sie sind immer der Hauptdarsteller. Und immer der Regisseur.

Suggestion
Ich schöpfe aus meinem Neuanfang große Kraft.

4. MONG – Ich lerne

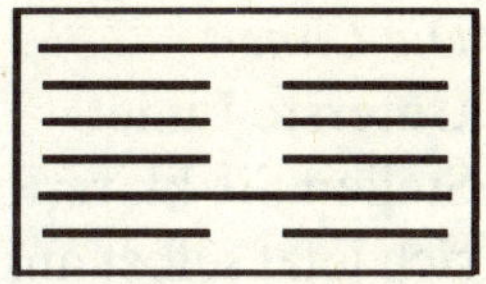

Das Bild
Die Schöpfung ist geschaffen. Das Kind wächst heran. Es ist voller Tatendrang und wird von den Erfahrungen und Erlebnissen hin- und hergerissen. Aber vor der Ordnung ist immer das Chaos und vor der Erleuchtung das Nicht-Wissen, die Verwirrung. Lehrer und Ratgeber helfen, sich zu orientieren, und manchmal wird man für die, die nachkommen, selbst zum Lehrer.

Die Bedeutung
Sie haben etwas begonnen und wundern sich über die Fehler, die Sie machen. Dabei sollten Sie dankbar dafür sein. Aus Ihren Fehlern werden Sie lernen. Ohne Fehler gäbe es keinen Fortschritt, sie sind ein großes Kapital für Ihr Ziel, eine kostenlose Schulung. Zunächst sind Sie Schüler, und erst wer gelernt hat, kann Lehrer werden. So sind Sie ständig Schüler und Lehrer in einem. Akzeptieren Sie Ihre Jugendtorheiten. Seien Sie dankbar dafür. Daß Sie gerade das Hexagramm Mong geworfen haben, zeigt, daß Sie auch lernen *wollen*. Sie fragen um Rat.

Bleiben Sie auf Ihrem Weg und nehmen Sie Ihre Verwirrung oder Ihre Fehler bewußt als Orientierungshilfen wahr. Fehler wie auch Krankheiten haben den Sinn, uns zu zeigen, wo wir vom gesunden und richtigen Weg abgekommen sind. Lesen Sie Ihre Wegweiser und folgen Sie ihnen. Sie werden nicht nur den richtigen Weg finden, sondern auch eine Erfahrung davon erlangen, daß Torheiten für das Weiterkommen notwendig sind. Sie werden spüren, daß im Lernen eine tiefe Befriedigung liegen kann.

Sie sind der Schöpfer Ihres Lebens. Ihre von Ihrem eigenen Unterbewußtsein eingefädelten Fehltritte sind Teil Ihres Gesamtziels. Sie sollen Sie dahin bringen, wo Sie in Wirklichkeit hinwollen. Bejahen Sie diese verworrene Phase, die Klärung ist schon in Ihnen angelegt.

Die Linien

Unterste Linie:

Stellen Sie klare Regeln für sich auf und folgen Sie ihnen. Bringen Sie sich jetzt selbst aus dem Durcheinander heraus.

Zweite Linie:

Haben Sie Vertrauen zu sich und anderen. Sie sind der Aufgabe gewachsen. Andere sind es ebenso. Strenge verschließt Sie nur. Seien Sie nachsichtig mit sich – und mit anderen.

Dritte Linie:

Der Beifall von unreifen und unerfahrenen Menschen hilft Ihnen nicht weiter. Bleiben Sie unbeirrt und gehen Sie (noch) keine intime Beziehung ein.

Vierte Linie:

Wenn Sie nur das sehen, was Sie sehen wollen, setzen Sie Ihrer Wahrnehmungsfähigkeit Scheuklappen auf. Öffnen Sie Ihre Schranken, lassen Sie den Gedanken zu, daß die Welt mehr ist als das, was Sie glauben.

Fünfte Linie:

Gestehen Sie sich und anderen ein, daß Sie gerade durcheinander und auf der Suche sind. Seien Sie wie ein Kind und erleben Sie, wie man Ihnen mit Rat und Tat zur Seite steht.

Sechste Linie:

Gehen Sie nicht mit sich ins Gericht. Anerkennen Sie sich für Ihre Fehler. Stehen Sie zu Ihren Fehlern. Sie sind wichtige Meilensteine auf dem Weg Ihrer Weiterentwicklung. Beachten Sie Ihre Regeln und die der Gesellschaft. Sie sorgen dafür, daß Sie auf dem Weg bleiben.

Meditation

Wenn Sie die im folgenden beschriebene Meditation machen wollen, dann nehmen Sie sich Zeit dafür. Lesen Sie den Abschnitt genau durch. Gehen Sie dann in die Entspannung, wie es zu Beginn des Buches beschrieben ist. Lassen Sie sich Zeit. Wenn Sie spüren, daß Ihr Körper ruhig und entspannt ist, beginnen Sie mit der nachstehenden Übung.

»Die Geschichte der Menschheit ist eine Geschichte der Irrtümer« –

ein Satz, der auch auf das Leben jedes einzelnen Menschen zutrifft. In der Erinnerung haben wir diese Fehler oft verdrängt, weil wir glauben, Fehler sind unschön – und wir merken uns nur das Schöne.

Wenn Sie jedoch jetzt gleich Ihren Lebensfilm rückwärts ablaufen lassen, werden Sie auf Fehler und Irrtümer stoßen, die aus heutiger Sicht segensreich für Sie waren (und wenn Sie einige der Fehler noch immer bedauern, so zeigt das nur, daß noch zu wenig Abstand zu dem Ereignis besteht). Sie werden erfahren, daß in Ihren menschlichen Irrungen und Wirrungen ein großes Energiepotential steckte, daß Sie gelernt haben. Konzentrieren Sie sich einfach auf die Überschrift »Die Fehler meines Lebens«. Die Bilder kommen von selbst.

Suggestion
Ich bin dankbar dafür, daß ich so vieles lerne.

5. SÜ – Ich warte

Das Bild
Bevor wir essen, müssen wir auf das Essen warten. Bevor es regnet, bilden sich Wolken, verdunkeln den Tag, um sich dann zu entladen. Dieser Regen nährt die Pflanzen und Früchte, die wir später essen. Dies ist das Bild des Hexagramms Sü. Es deutet auf eine Zeit des Wartens hin. Der erlösende Regen kündigt sich bereits in Wolken an. Das Warten wird also nicht von langer Dauer sein.

Die Bedeutung
Warten bedeutet immer, zur Ruhe zu kommen, sich zu sammeln. Genießen Sie diese Zeit. Sie können jetzt ohnehin nichts tun. Die kommenden Ereignisse und Entwicklungen sind bereits eingeleitet. Wie sich der Bauer nach vollbrachtem Tagwerk zurücklehnt und nichts anderes tun kann, als auf den nährenden Regen zu warten, so können auch Sie im Moment nichts mehr von sich aus tun.

Üben Sie sich in Geduld. Die Vorfreude ist die schönste Freude. Sie wissen, daß bald alles eintritt, was Sie sich vorgenommen haben. Sie haben vieles in Bewegung gesetzt, sind durch so manche Schwierigkeiten hindurchgegangen, haben aus Ihren Fehlern gelernt.

Jetzt ist die Zeit, auszuruhen. Genießen Sie die kleinen Freuden des Lebens. Gehen Sie mit Freunden aus. Entdecken Sie die Befriedigung, die darin liegt, immer mehr Klarheit über sich selbst zu gewinnen. Spüren Sie, daß Sie in dieser Zeit des Wartens und der Ruhe Kraft für die Aufgaben sammeln, die nach dem Regen auf Sie zukommen. Erlauben Sie sich, Teil des natürlichen Rhythmus dieses Universums zu werden.

Auf das Einatmen folgt das Ausatmen, auf Flut folgt Ebbe, auf Tag folgt Nacht, und auf Aktivität und Betriebsamkeit folgen Ruhe und Entspannung. Das Hexagramm Sü bietet Ihnen die große Chance, Ihr Leben in Gleichklang mit diesem Naturgesetz zu bringen. Wenn Sie mit diesem Rhythmus des Ein und Aus schwingen, werden Sie die Erfahrung machen, keinen Streß mehr zu haben, erfüllt und gelassen zu sein.

Sich gegen diesen Rhythmus zu stemmen, heißt gegen den Strom zu schwimmen; es kostet Kraft, und Sie kommen nicht vorwärts. In diesem Rhythmus zu leben heißt, die Energie für sich arbeiten zu lassen. Ruhen Sie jetzt aus und warten Sie. Sie werden genau spüren, wann Sie wieder aktiv werden müssen.

Die Linien

Unterste Linie:
Behalten Sie Ihr Ziel im Auge und warten Sie ab. Ziehen Sie sich etwas zurück. Bleiben Sie in Beobachter-Position. Andere Menschen würden Sie jetzt nur zu falschen Handlungen verleiten.

Zweite Linie:
Sie sind ein wenig zu stark aus dem Hintergrund herausgetreten. Man redet über Sie. Bleiben Sie gelassen und ruhig. Sie können das gute Ende erwarten.

Dritte Linie:
Statt sich zurückzuziehen, haben Sie sich vorgewagt. Jetzt ernten Sie

Kritik. Konzentrieren Sie sich wieder auf Ihr Ziel. Treten Sie etwas zurück und warten Sie geduldig (auch wenn es Ihnen schwerfällt).
Vierte Linie:
Sie haben sich in wirkliche Schwierigkeiten gebracht. Möglicherweise sitzen Sie jetzt zwischen zwei Stühlen. Fügen Sie sich einfach in die Situation. Ein weiteres Vorwärtspreschen verschlimmert nur den Konflikt. Denken Sie an Ihr Hexagramm: Sü – Ich warte.
Fünfte Linie:
Sie haben genau das Richtige getan: Sie haben gewartet, bis die Zeit reif war. Alles wird sich sehr günstig für Sie entwickeln. Sie werden Grund zum Feiern haben. Tun Sie es auch!
Sechste Linie:
Unerwartete Dinge treten ein, ungebetene Gäste kommen. Nehmen Sie es an, akzeptieren Sie es, und alles wird sich zum Guten wenden. Es ist nur ein Test, ob Sie sich aus der Ruhe bringen lassen.

Meditation
Wenn Sie die im folgenden beschriebene Meditation machen wollen, dann nehmen Sie sich Zeit dafür. Lesen Sie den Abschnitt genau durch. Gehen Sie dann in die Entspannung, wie es zu Beginn des Buches beschrieben ist. Lassen Sie sich Zeit. Wenn Sie spüren, daß Ihr Körper ruhig und entspannt ist, beginnen Sie mit der nachstehenden Übung.

Gelassenheit, in Ruhe warten zu können, ist eine der wichtigsten Übungen der Zen-Schulen. Aber diese innere Ruhe ist nicht ausschließlich mit Disziplin und Drill zu erlernen. Sie stellt sich ganz von selbst ein, wenn Sie sich immer dann, wenn Sie gerade eine freie Minute oder mehr haben, hinsetzen oder hinlegen, die Augen schließen und den Rhythmus Ihres Atems beobachten, zuschauen, wie die Luft ganz von selbst in Sie einströmt, alle Zellen mit Sauerstoff versorgt und dann wieder ganz von selbst herausströmt. Beobachten Sie diesen Rhythmus und atmen Sie bis in den Bauch hinunter. Sie werden spüren, wie Sie sich entspannen und ruhiger werden.

Sie können das kosmische Gesetz des Ein und Aus (Handeln und

Warten) auch beobachten, wenn Sie am Meer dem Kommen und Gehen der Wellen zusehen oder wenn Sie betrachten, wie die Ähren eines Weizenfeldes im Wind hin- und herwogen. Beachten Sie dabei immer, was in Ihrem Körper geschieht. Sie werden spüren, daß er sich entspannt – ganz von selbst.

Suggestion
Ich lebe in Einklang mit dem ewigen Naturgesetz des Ein und Aus.

6. SUNG – Ich bin uneins

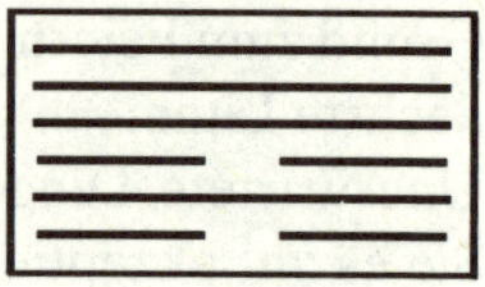

Das Bild
Eigentlich bedeutet Sung Streit, und Streit entsteht, wenn man uneins ist. Man hadert mit sich selbst oder mit anderen. Man hat die Liebe zu sich oder zu den anderen verloren. Oft hilft in diesen Fällen nur ein unparteiischer Dritter – eine Rolle, die vor Gericht der Richter einnimmt. Das Hexagramm Sung beschreibt diesen Zustand des Uneins-Gewordenseins. Es ist wie beim Tauziehen: Der eine zieht auf der einen, der andere auf der anderen Seite. Ein kräfteraubendes Hin und Her.

Die Bedeutung
Möglicherweise haben Sie gerade mit jemandem einen fürchterlichen Streit. Wenn Sie erkannt haben, daß Sie die Ursache aller Ereignisse sind, die in Ihrem Leben geschehen, dann hadern Sie gerade mit sich selbst. Mit irgend etwas sind Sie nicht mehr einverstanden.

Prüfen Sie, ob Sie wirklich nicht mehr einig sind mit sich oder dem anderen. Prüfen Sie, ob es vielleicht nicht nur ein Mißverständnis ist. Prüfen Sie, ob diese momentane Meinungsverschiedenheit Anlaß sein muß, uneins zu werden, nicht mehr zu lieben.

Ein unparteiischer Dritter wird Ihnen bei der Klärung dieser Fragen helfen. Vermutlich wird er Ihnen sagen, daß ein Weiterführen der

Auseinandersetzung nichts bringt. Ihnen geht es um das Zurückschlagen. Sie fühlen sich verletzt. Aus einem Streit ist ein Krieg geworden. Sie schaden sich selbst in diesem Krieg mehr, als sie dem anderen Schaden zufügen. Wenn Sie im Zwist mit sich selbst liegen, brechen Sie ihn jetzt an dieser Stelle ab.

Gehen Sie zurück zu den Anfängen Ihres Streits mit dem oder den anderen oder Ihres Zwistes mit sich selbst. Besprechen Sie diese Anfangssituation mit Ihrem unparteiischen Dritten. Entdecken Sie, daß der Streit oder Zwist Ihnen nur bewußt machen will, daß Sie mit sich nicht einverstanden sind. Die Mitmenschen sind nur Spiegel unserer selbst, unseres Selbst. Was Sie am anderen nicht mögen, lehnen Sie an sich selbst ab. Versöhnen Sie sich mit diesen Eigenschaften, die Sie »beim besten Willen nicht« verstehen können. Nutzen Sie den Streit als Chance zur Bewußtwerdung.

Die Linien

Unterste Linie:

Halten Sie sich nicht an diesem Streit fest. Er ist weniger wichtig, als Sie glauben. Am Ende werden Sie darüber lachen.

Zweite Linie:

Ziehen Sie sich zurück. Ihr Gegner ist möglicherweise Ihr Vorgesetzter; auf jeden Fall hat er mehr Vorteile als Sie. Vermeiden Sie eine Niederlage, die Ihnen nur schadet.

Dritte Linie:

Besinnen Sie sich auf Ihre alten Tugenden, auf das, was Ihnen in die Wiege gelegt wurde. Es ist Ihr Rückhalt. Folgen Sie Ihren früher gemachten Erfahrungen oder bewährten Freunden.

Vierte Linie:

Beruhigen Sie sich. Die Umstände sprechen gegen einen Streit. Wenn Sie Ihre Ausgeglichenheit wiedererlangt haben, sehen Sie, daß es gut war, jetzt den Streit zu vermeiden.

Fünfte Linie:

Sie sind stark genug, den Streit zu schlichten. Wenn Sie selbst in die Auseinandersetzung verwickelt sind, werden Sie Ihren Gegner versöhnen. Wenn Sie mit sich selbst im Hader liegen, werden Sie den Unsinn Ihrer Kritik erkennen und sich verzeihen.

Sechste Linie:

Was durch Gewalt gewonnen wird, wird durch Gewalt entrissen. Sie gewinnen den Streit, sind stolz und zufrieden. Aus einem Streit erworbene Gewinne sind jedoch nur Grund für neue Zwistigkeiten. Bedenken Sie, daß das Ende eines Streits schon Gewinn genug ist.

Meditation

Wenn Sie die im folgenden beschriebene Meditation machen wollen, dann nehmen Sie sich Zeit dafür. Lesen Sie den Abschnitt genau durch. Gehen Sie dann in die Entspannung, wie es zu Beginn des Buches beschrieben ist. Lassen Sie sich Zeit. Wenn Sie spüren, daß Ihr Körper ruhig und entspannt ist, beginnen Sie mit der nachstehenden Übung.

Manche Eigenschaften von Menschen bringen einen zur Weißglut. Und manchmal ärgern wir uns über ›Fehler‹, die wir immer wieder machen. Nehmen Sie einfach Papier und Bleistift und listen Sie einmal auf, was Sie an wem besonders stört und was Sie an sich selbst nicht leiden können. Vermutlich werden Sie eine ziemlich lange Liste mit sogenannten negativen Eigenschaften zusammenbekommen.

Schließen Sie dann Ihre Augen und erinnern Sie sich, indem Sie Ihren Lebensfilm ablaufen lassen, wann Sie jede dieser Eigenschaften einmal bei sich selbst entdeckt haben. Ein Beispiel: Sie hassen es, wenn Menschen jähzornig sind. Schließen Sie die Augen und drücken Sie die Taste »Bilder, die zeigen, wie ich einmal jähzornig war«. Ihr Unterbewußtsein wird aus seinem Datenspeicher die Filme abrufen, in denen Ihr Jähzorn festgehalten ist. Sie werden das Erlebnis, das Sie vielleicht als Kind hatten, noch einmal sehen. Denken Sie dann ein wenig darüber nach. Sie werden verstehen, warum Sie damals jähzornig waren. Versöhnen Sie sich mit dieser Eigenschaft. Verstehen Sie, daß Sie Ihren Grund hatten, so zu handeln.

Natürlich werden Sie eine Vertiefung Ihrer Liste in dieser Art nicht an einem Tag zu Ende bringen können. Gehen Sie einfach daran, wenn Sie Zeit haben: morgen oder in den nächsten Tagen. Aber machen Sie

sie komplett. Dann wird das Hexagramm »Ich bin uneins« eine heilende Wirkung haben.

Suggestion
Ich bin mit allen meinen Eigenschaften einverstanden.

7. SCHÏ – Ich ordne

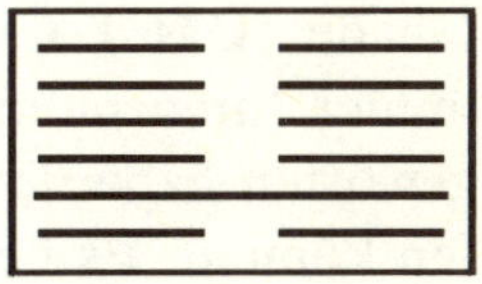

Das Bild
Unter der Erde sammelt sich das Wasser. Ebenso sammelt sich die Armee innerhalb eines Volkes. Das Bild des Hexagramms Schï weist darauf hin, daß beide, Wasser und Armee, einen ordnenden Kanal, eine starke Hand brauchen. Nur diszipliniert richten die beiden Mächte keinen Schaden an. Masse braucht Führung. Wasser steht auch für das Unbewußte, für Gefühle. Der Verstand, das Bewußtsein ist notwendig, um das Chaos der Emotionen zu ordnen.

Die Bedeutung
Die äußere Welt ist immer ein Spiegel Ihres inneren Seelenzustands. So kann es sein, daß Sie zur Zeit sowohl in Ihren Beziehungen zu Ihren Freunden und Verwandten als auch an Ihrem Arbeitsplatz als auch in Ihrem Gefühlsleben Klarheit und Ordnung brauchen. Alles scheint ein wenig aus den Fugen zu geraten und Sie spüren, daß Sie Kraft brauchen, um der starken Energie der Menschen und Ihrer eigenen Gefühle Herr zu werden.

Jetzt haben Sie diese Kraft. »Am siebten Tag sah Gott, daß sein Werk gut war.« Die Sieben ist eine heilige Zahl, und das Hexagramm Schï deutet ebenfalls auf einen guten Ausgang. Schalten Sie Ihren Verstand ein. Klären Sie, was verworren ist. Ordnen Sie, was durcheinander erscheint.

Benutzen Sie Ihren Verstand wie einen weisen Anführer. Verurteilen Sie sich nicht wegen Ihrer Gefühle. Gehen Sie nicht mit anderen ins

Gericht. Machen Sie sich mit Ihren Gefühlen vertraut, interessieren Sie sich für die Probleme Ihrer Mitmenschen. Beginnen Sie sanft zu ordnen. Weise Führung bedeutet, daß die Geführten glücklich sind, eine schützende und ordnende Hand über sich zu haben, daß sie Anordnungen nicht als Befehle, sondern als Rat betrachten.

Sie haben jetzt die Kraft, diese Aufgabe für sich und Ihre Mitmenschen zu erfüllen. Nutzen Sie diese Ihnen im Augenblick zufallende Gnade. Das I Ging ist das Buch der Wandlung. Es zeigt Ihnen immer Ihren momentanen Stand an. Daß Sie das Hexagramm Schï geworfen haben, bedeutet, daß Sie im Augenblick ordnend eingreifen können. Es heißt nicht, daß Sie sich für alle Zeiten zum großen Führer berufen fühlen sollen oder daß Ihr Verstand ständig Ihr Unterbewußtes kontrollieren kann. Nutzen Sie die Gunst der Stunde. Sorgen Sie für Klarheit.

Die Linien

Unterste Linie:
Sorgen Sie, bevor Sie mit dem Ordnen beginnen, für klare Regeln. Das ist für Sie eine Richtschnur Ihres Handelns und für die anderen Orientierung.

Zweite Linie:
Sie haben Erfolg mit Ihren Anordnungen. Folgen Sie weiter Ihren Regeln und seien Sie sich weiter Ihrer Verantwortung gegenüber den Geführten (Emotionen oder Mitmenschen) bewußt.

Dritte Linie:
Achten Sie darauf, daß Sie das Zepter in der Hand behalten, nicht weil Sie Macht ausüben wollen, sondern weil es sinnvoll ist, daß einer die Fäden zieht. Sonst entsteht nur neues Chaos.

Vierte Linie:
Halten Sie inne oder gehen Sie sogar etwas zurück. Auch das zeichnet einen guten Führer aus: Sie wissen, wann ein Weitergehen ratsam ist.

Fünfte Linie:
Eine Bewährungsprobe steht Ihnen bevor. Ziehen Sie Helfer hinzu,

aber behalten Sie die Oberhand. Sie werden die richtigen Entscheidungen treffen.
Sechste Linie:
Es ist vollbracht. Die Ordnung ist da oder steht kurz bevor. Wenn Sie jetzt daran gehen, die Ordnung zu festigen, indem Sie sie organisieren, dann seien Sie vorsichtig mit der Verteilung von Aufgaben. Stellen Sie alles und jeden an dem ihm gemäßen Platz.

Meditation
Empfinden und spüren Sie heute und in den nächsten Tagen die Befriedigung, die Sie dabei haben werden, wenn Sie Ihr Privatleben ordnen. Gehen Sie ganz bewußt daran. Schließen Sie die Beziehungen ab, die zwar schon zu Ende sind, in denen aber immer noch etwas unklar blieb. Rufen Sie diese Menschen an, schreiben Sie ihnen oder schließen Sie es endgültig für sich ab.

Klären Sie Mißverständnisse, unausgesprochene Kritik, die Sie schon lange mit sich herumschleppen. Wichtig ist, daß Sie sich dabei immer Zeit dafür nehmen, die Lust zu spüren, die in der Erledigung dieser nicht vollständigen und lange vor sich hergeschobenen Beziehungen liegt. Hinterfragen Sie, was in jeder Ihrer Verbindungen (Beruf, Verwandtschaft, Freunde, Familie) unklar ist, und klären Sie es jetzt, wo Sie die Kraft dazu haben.

Setzen Sie sich Tagesziele als Erfolgskontrolle und schlafen Sie abends nie ein, ohne sich für das, was Sie erledigt haben, zu gratulieren und anzuerkennen. (Denken Sie vor dem Einschlafen nie an das Unerledigte, sondern schlafen Sie mit einem guten Gefühl ein.)

Suggestion
Ab heute ordne ich mein Leben.

8. BI – Ich schließe mich einer Gemeinschaft an

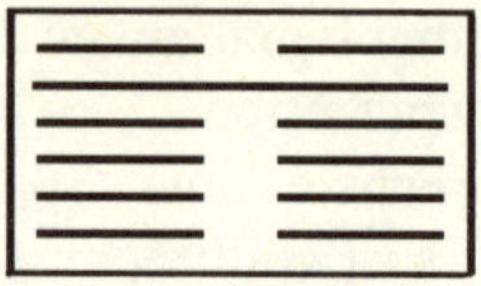

Das Bild

Die Erde ist unten, und über ihr sammelt sich das Wasser, bildet Seen und Flüsse. Auf einer gemeinsamen Basis treffen sich auch die Menschen und schließen sich zu Gemeinschaften zusammen. Und so wie die Bäche einem See zustreben, bilden sich auch Gruppen von Menschen um eine Leitfigur. Im Unterschied zum Hexagramm Schï (Nr. 7) ist dieser Führer jedoch nicht ein kraft seiner ordnenden Hand auserkorener, sondern einer, auf den die Menschen ganz von selbst zugehen. Daher hat er besonders verantwortungsvoll und aufrecht zu sein.

Die Bedeutung

Auch wenn Sie bisher eher zurückgezogen lebten: Jetzt ist die Zeit, sich mit anderen zusammenzutun, sich Gemeinschaften anzuschließen. Wählen Sie jedoch sorgfältig aus, welche Menschen dieser Gruppe angehören. Prüfen Sie den Führer. Finden Sie heraus, ob es wirklich eine gemeinsame Grundlage gibt. Testen Sie die Gruppe, indem Sie in aller Offenheit über Ihre Eindrücke sprechen.

Nur eine Gemeinschaft aufrechter Menschen bringt Ihnen den Gewinn, den Ihnen das Hexagramm Bi zum jetzigen Zeitpunkt anbietet. Wenn Sie eine solche Gemeinschaft gefunden haben, dann schließen Sie sich ihr jetzt an. Es ist der passende Moment. Oder aktivieren Sie Ihre Freunde oder Verwandten, Ihre Arbeitskollegen oder Ihre Familie, jetzt besser zusammenzuhalten, enger zusammenzustehen.

Die im I Ging seit 5000 Jahren gesammelten chinesischen Weisheiten, wie auch das esoterische Wissen anderer Kulturen, nennen als einen grundlegenden Schritt zu Glück und Erfolg, immer den rechten Zeitpunkt abzuwarten. Das I Ging hilft Ihnen, zu erkennen, was gerade jetzt zu tun ist. Das Hexagramm Bi empfiehlt Ihnen, jetzt Verbindungen einzugehen. Sie werden Nutzen und Gewinn daraus ziehen.

Vielleicht ist es eine Gruppe, zu der Sie sich schon länger hingezogen fühlen. Vielleicht waren Sie längere Zeit allein und mehr für sich. Das war ebenso wichtig für Sie. Jetzt können Sie wieder aus dem Hintergrund treten. Haben Sie Mut und entdecken Sie, welchen Spaß eine Gemeinschaft mit sich bringt, welchen Elan. Lassen Sie sich von der Gruppe mitreißen. Ihren ruhigen, gefestigten Standpunkt haben Sie ohnehin.

Die Linien

Unterste Linie:

Seien Sie von Anfang an aufrecht und geradeheraus. Dann werden Ihnen Gruppen begegnen, die auch eine ehrliche und offene Gemeinschaft pflegen.

Zweite Linie:

Bewahren Sie sich Ihren Standpunkt. Wenn Sie spüren, daß man Sie nicht achtet, sondern nur für bestimmte Zwecke benutzt, dann bleiben Sie der Gemeinschaft fern. Sie werden eine andere finden.

Dritte Linie:

Sie sind mit Menschen zusammen, die nicht aufrichtig sind. Besprechen Sie mit ihnen Ihren Eindruck und ziehen Sie sich von ihnen zurück.

Vierte Linie:

Zeigen Sie ruhig, daß Sie den Anführer der Gruppe oder Ihren Chef oder Ihren Vater (oder wer immer der Gemeinschaft vorsteht) mögen. Das ist kein Anbiedern, sondern Teil Ihrer Aufrichtigkeit innerhalb der Gemeinschaft.

Fünfte Linie:

Achten Sie darauf, daß Sie ohne Zwang mit den anderen zusammenkommen. Eine echte Gemeinschaft beruht auf Freiwilligkeit. Gehen Sie nicht hin, wenn es Ihnen widerstrebt. Lassen Sie die gehen, die nicht bleiben wollen.

Sechste Linie:

Wenn die Gemeinschaft bereits eingeschworen ist, sollten Sie sich nicht mehr dazudrängen. Ebenso ist es besser, für sich zu bleiben, als sich einer haltlosen Gruppe anzuschließen, die kein gemeinsames Ziel und keinen Kopf hat.

Meditation
Wenn Sie die im folgenden beschriebene Meditation machen wollen, dann nehmen Sie sich Zeit dafür. Lesen Sie den Abschnitt genau durch. Gehen Sie dann in die Entspannung, wie es zu Beginn des Buches beschrieben ist. Lassen Sie sich Zeit. Wenn Sie spüren, daß Ihr Körper ruhig und entspannt ist, beginnen Sie mit der nachstehenden Übung.

Sie waren in Ihrem Leben schon mit vielen Menschen zusammen. Aus vielen dieser Begegnungen haben Sie Gewinn gezogen: die Freude gemeinsamer Unternehmungen, die Zuneigung und Liebe, die Sie erhalten und gegeben haben. Lassen Sie vor Ihrem geistigen Auge einmal alle Freundschaften und Gruppenerlebnisse wiederentstehen, die Sie bis zum heutigen Tag hatten. Beginnen Sie in Ihrer Kindheit und lassen Sie Ihren Lebensfilm ablaufen.

Schließen Sie die Augen, atmen Sie ruhig ein und aus und freuen Sie sich auf den nun folgenden unterhaltsamen Film. Bitten Sie Ihr Unterbewußtsein um die Szenen aus Ihrem Leben, die betitelt sind: »Glück und Freude mit Freunden und in Gruppen.« Genießen Sie Ihre Erinnerungen und den Spaß, den Sie damals hatten. Erleben Sie Ihre Gefühle von damals noch einmal.

Suggestion
Ich schließe mich einer Gruppe an, die mein Leben bereichert.

9. SIAU TSCHU – Ich halte mich zurück

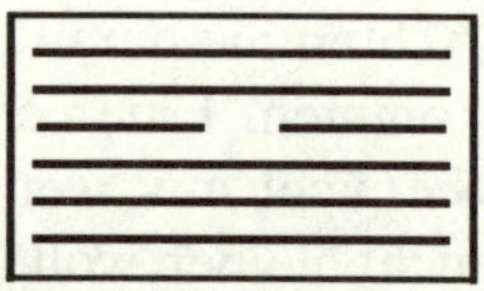

Das Bild
Wolken bilden sich über der Erde, aber es ist noch nicht Zeit für den Regen. Ein sanfter Wind treibt die Wolken fast unmerklich immer weiter zusammen, um sie dem Regnen immer näher zu bringen. Wie der Wind ganz sanft ohne Blitz und Donner die Entwicklung vorwärtstreibt, so kann auch der Mensch ohne viel Aufsehen die Dinge zu

seinen Gunsten beeinflussen. Und wie der Wind bald zum Ziel seiner Bemühungen kommt und es zu regnen beginnt, so wird auch der Mensch mit dieser sanften Methode Erfolg haben.

Die Bedeutung

Natürlich haben Sie die Kraft und die Energie, den Lauf der Dinge zu forcieren. Aber halten Sie inne. Es ist momentan nicht von Vorteil, etwas mit Macht voranzutreiben, Sie verprellen damit nur Ihre Mitmenschen. Manche Unternehmungen müssen erst reifen, die Menschen müssen erst innerlich bereit sein dazu.

Nehmen Sie daher nur sanft Einfluß. Steter Tropfen höhlt den Stein. Das befriedigt zwar Ihr Ego nicht so sehr wie ein spektakulärer Erfolg, aber es bringt Ihnen langfristig mehr als ein kurzfristiger Paukenschlag. Außerdem wird man es später als Ihre Weisheit anerkennen, daß Sie den natürlichen Ablauf der Dinge abgewartet haben.

Nehmen Sie daher unmerklichen Einfluß, lenken Sie das Projekt, die Beziehung oder was immer Sie vorhaben, behutsam in Ihre Bahnen. Es wird eine natürliche Eigendynamik entwickeln, und alle Beteiligten werden hinterher das befriedigte Gefühl haben, etwas gemeinsam und aus eigener Wahl geschaffen zu haben. Sie vergeuden nicht Ihre Kraft und lernen obendrein von den Ideen aller Beteiligten. Spüren Sie den gewaltigen Gewinn, den Sie daraus ziehen. Statt isolierter Einzelkämpfer zu sein, werden Sie erleben, wie eine gemeinsame Aufgabe Menschen zusammenschweißt.

Die Linien

Unterste Linie:

Bleiben Sie auf Ihrem Weg. Er ist Ihnen vertraut und gibt Ihnen Sicherheit. Neue Wege sind ein unnötiges Wagnis, das Sie nur Kraft kostet.

Zweite Linie:

Wenn Sie sich mit anderen zusammentun, dann nur mit aufrichtigen und verantwortungsvollen Menschen. Aber verzetteln Sie sich nicht und ändern Sie nicht Ihre Lebenseinstellung.

Dritte Linie:
Halten Sie Ihr Haus in Ordnung. Bewahren Sie sich Ihre Vorsicht und Zurückhaltung, auch wenn etwas schiefläuft oder wenn es Auseinandersetzungen gibt.
Vierte Linie:
Sie müssen nicht stark sein, um Anerkennung und Unterstützung zu finden. Es genügt, wenn Sie aufrichtig und klar sind. Man wird Vertrauen zu Ihnen haben.
Fünfte Linie:
Durch Ihre Aufrichtigkeit fühlen sich andere Menschen zu Ihnen hingezogen. Sie wollen Ihnen helfen, ohne eine Gegengabe von Ihnen zu erwarten.
Sechste Linie:
Seien Sie jetzt bescheiden. Halten Sie sich zurück. Sie haben einiges erreicht. Seien Sie erst einmal damit zufrieden.

Meditation
Wenn Sie die im folgenden beschriebene Meditation machen wollen, dann nehmen Sie sich Zeit dafür. Lesen Sie den Abschnitt genau durch. Gehen Sie dann in die Entspannung, wie es zu Beginn des Buches beschrieben ist. Lassen Sie sich Zeit. Wenn Sie spüren, daß Ihr Körper ruhig und entspannt ist, beginnen Sie mit der nachstehenden Übung.

Stellen Sie sich einmal neben einen Baum, schließen Sie die Augen und versuchen Sie, sich in dieses Wesen hineinzufühlen. Spüren Sie seine Kraft, fühlen Sie, wie Ihre Füße langsam mit dem Boden eins werden – wie die Wurzeln des Baumes. Ihr Blut, das durch Ihre Adern fließt, ist das Wasser, das der Baum aus dem Boden zieht. Lassen Sie sich vom Wind hin- und herwiegen. Ihre Arme sind die Äste des Baumes. Kurzum: Sie stellen sich vor, Sie seien der Baum. Sie versuchen zu erfühlen, wie das Leben für einen Baum wohl so ist.

Und dann gehen Sie einmal in Ihrer Vorstellung um Jahrzehnte, möglicherweise Jahrhunderte zurück. Sehen Sie, wie der große Baum neben Ihnen als kleiner Keimling begann und dann Jahr für Jahr ein Stückchen wuchs. Das geschah ganz langsam und behutsam – wie alles in der Natur, was groß und gut werden soll. Übertragen Sie diese Ruhe auf sich selbst, auf Ihr Leben.

Suggestion
Ich sehe geduldig zu, wie sich alles natürlich entwickelt.

10. LÜ – Ich bin vorsichtig

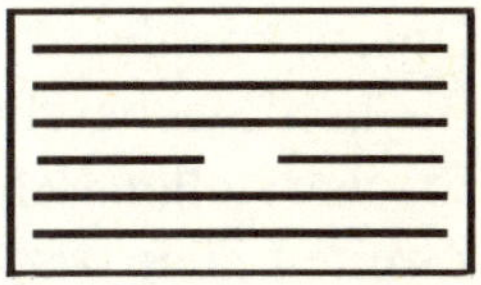

Das Bild
Das Weiche tritt auf das Feste, und das Feste fühlt sich davon nicht belästigt, da das Auftreten heiter und leicht ist. Überall in der Schöpfung gibt es Rangunterschiede. Wer sie beachtet, wird keine Probleme haben. Er weiß sich zu benehmen. Auftreten bedeutet in diesem Bild soviel wie Akzeptieren. Der Untere wird dem Oberen heiter und mit Respekt begegnen und wird keinen Schaden nehmen.

Die Bedeutung
Naßforsches Auftreten bringt Sie im Moment nicht weiter. Achten Sie Ihre Mitmenschen und beachten Sie die Rangordnungen. Das hat nichts mit Unterwürfigkeit zu tun, sondern mit Respekt und Diplomatie. Zur Zeit sind Sie in einer Phase, in der Sie sonst leicht ins Fettnäpfchen treten könnten. Höflichkeit wird Ihnen nicht nur nutzen, sondern sie lehrt Sie auch, den Wert anderer Menschen zu erkennen.

Das trifft um so mehr auf Sie zu, wenn Sie eine leitende Funktion ausüben oder wenn Sie die Verantwortung für Ihre Familie zu tragen haben. Hochmut kommt vor dem Fall. Seien Sie rücksichtsvoll und verletzen Sie nicht die Gefühle anderer. Das Hexagramm Lü empfiehlt Ihnen diese Bedachtsamkeit, weil Sie zur Zeit Gefahr laufen, mit Ihrer Aktivität zuviel Porzellan zu zerschlagen. Es werden wieder Zeiten kommen, in denen es geradezu wünschenswert ist, daß Sie mit Elan nach vorne streben, aber momentan ist es noch zu früh dazu.

Folgen Sie Ihrer Intuition und befolgen Sie die Spielregeln der

Gesellschaft. Sie entdecken dabei den Sinn der Ordnung, die unter den Menschen und in der gesamten Natur herrscht. Anerkennen Sie nur diese natürliche Ordnung. Sie werden die falsche Ordnung entlarven, die auf einer willkürlichen Hierarchie aufgebaut ist. Doch diese unnatürlichen Rangunterschiede haben ohnehin keinen langen Bestand.

Die Linien
Unterste Linie:
Bleiben Sie bescheiden und folgen Sie unbeirrbar Ihrem Weg. Die Erfolge stellen sich von selbst ein.
Zweite Linie:
Verfolgen Sie weiter Ihr Ziel. Lassen Sie sich nicht von anderen davon abbringen, die nur neidisch sind auf Ihre Geradlinigkeit.
Dritte Linie:
Überspannen Sie den Bogen nicht. Fördern Sie nicht eine Position, die Ihnen doch nur Probleme bringen würde. Tun Sie statt dessen das, was Sie bisher getan haben, mit Sorgfalt.
Vierte Linie:
Sie sind taktvoll. Aus einer inneren Stärke heraus haben Sie äußere Prahlerei nicht nötig (in der dritten Linie war hingegen die Gefahr angezeigt, daß Sie aus innerer Schwäche äußerlich stark sein wollen).
Fünfte Linie:
Treten Sie entschlossen auf. Haben Sie dabei immer die Gefahren vor Augen, die drohen könnten. Vorsicht ist besser als Nachsicht.
Sechste Linie:
Ihr sicheres Auftreten und Ihr höfliches Benehmen bringen Sie stetig Ihrem Ziel näher. Sie behalten den Überblick.

Meditation
Werden Sie sich heute und in den nächsten Tagen bewußt, wie geordnet die Natur ist. Beobachten Sie Ihren Körper. Denken Sie über den Kreislauf der Jahreszeiten nach und wie sich die Natur, die Tiere und die Pflanzen (früher auch die Menschen) nach ihm richten. Betrachten Sie den Lauf der Gestirne. Kosmos heißt Ordnung: Alles hängt zusam-

men und greift ineinander. Rangunterschiede haben nur den Sinn, die Ordnung zu ermöglichen.

Erst die Menschen haben den Faktor Macht hinzugefügt. Lassen Sie Ihre Gedanken fliegen und stellen Sie sich vor, daß jeder Vorgesetzte, jeder Chef sich seiner dienenden Aufgabe für das Ganze bewußt ist (damit wäre er voll ausgelastet, für die Befriedigung von Machtgelüsten hätte er keine Zeit mehr). Entwerfen Sie das Bild einer so strukturierten Gesellschaft.

Suggestion
Ich schreite behutsam immer weiter vorwärts.

11. TAI – Ich bin eins

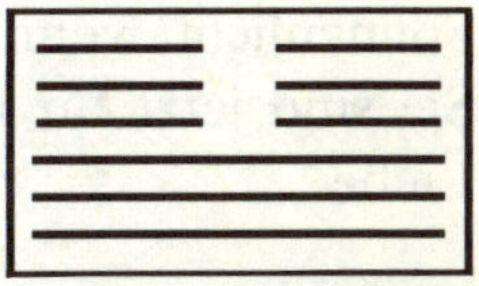

Das Bild
Himmel und Erde vereinigen sich: das Bild des Friedens. Es herrscht Harmonie zwischen den beiden kosmischen Urkräften Yin und Yang, dem Weiblichen und dem Männlichen, Dunkel und Licht, Erde und Himmel. Es ist ein innerer Friede im Menschen, ein Gleichklang von Verstand und Gefühl, Geist und Körper, Bewußtsein und Unterbewußtsein. Der Mensch ist ausgeglichen.

Die Bedeutung
Jetzt halten Sie erst einmal inne und freuen Sie sich. Sie haben einen Zustand erreicht – oder Sie merken, daß Sie ihn gerade erreichen –, der das Ziel vieler Religionen und philosophischer Schulen ist: Sie leben in Harmonie mit sich selbst. Gefühl und Verstand, Ruhe und Tatkraft, Trauer und Freude – alles hat den rechten Platz, alles fügt sich ineinander.

Ihre Mitmenschen werden Sie aufsuchen, weil sie die innere Kraft spüren, die von Ihnen ausgeht. Ihre Arbeitskollegen werden sich in Ihrer Nähe wohlfühlen. Und Ihr Partner wird über Ihr herzliches und liebevolles Wesen glücklich sein. Wundern Sie sich nicht, daß Ihnen alles leicht von der Hand geht. Wundern Sie sich auch nicht, daß Sie vorausahnen, was als Nächstes auf Sie zukommt.

Ein Mensch, der so harmonisch ist wie Sie derzeit, lebt im Einklang mit sich und damit auch mit der kosmischen Ordnung. Sie haben Ihr inneres Zentrum gefunden. Gehen Sie immer dahin zurück, wenn es einmal wieder verworrener wird in Ihrem Leben. Sie haben jetzt die Chance, die Erfahrung des inneren Friedens so bewußt zu erleben, daß Sie auch in turbulenteren Zeiten stets diese Erfahrung vor Augen haben. Sie sind dann nicht mehr so leicht aus der Ruhe zu bringen.

Sie werden merken, daß Besitz oder Titel weit weniger befriedigen als dieser Zustand des Eins-Seins, den Sie gerade erfahren. Spüren Sie, wie sich diese Harmonie auf alle Lebensbereiche ausdehnt wie das Sonnenlicht, wenn es von der Mittagssonne kommt und alles bestrahlt. Sie sind jetzt für andere diese Sonne. Das, was Sie ausstrahlen, ist Liebe.

Die Linien

Unterste Linie:

Sie haben Ihr inneres Zentrum gefunden und werden sich Ihrer Ausstrahlung bewußt. Innere Stärke zieht nicht nur gute Menschen an, sondern auch glückliche Ereignisse.

Zweite Linie:

Lassen Sie sich von Ihrer Intuition leiten. Sie bringen es fertig, mit den unterschiedlichsten Menschen zurechtzukommen, weil Sie sich immer treu bleiben. Erinnern Sie sich bei äußerem Druck an Ihre innere Freiheit und Größe.

Dritte Linie:

Genießen Sie die Augenblicke Ihres jetzigen Glücks. Die Sorge, ob das immer so weitergehen kann, trennt Sie nur von vielen schönen Erfahrungen.

Vierte Linie:

Seien Sie sich Ihrer inneren Stärke bewußt. Hilfsmittel von außen machen Sie nur abhängig. Haben Sie zu sich mehr Vertrauen.

Fünfte Linie:
Ihre Wünsche gehen in Erfüllung. Sie haben Ihren Fähigkeiten vertraut, jetzt erhalten Sie dafür den verdienten Lohn.
Sechste Linie:
Alles geht einmal zu Ende – und kommt dann wieder. Stellen Sie sich darauf ein, daß diese Hoch-Zeit wieder abflacht. Ziehen Sie sich dann zurück, holen Sie sich Rat bei Ihren Freunden und erinnern Sie sich Ihrer neugewonnenen tiefgreifenden Erfahrungen.

Meditation
Wenn Sie die im folgenden beschriebene Meditation machen wollen, dann nehmen Sie sich Zeit dafür. Lesen Sie den Abschnitt genau durch. Gehen Sie dann in die Entspannung, wie es zu Beginn des Buches beschrieben ist. Lassen Sie sich Zeit. Wenn Sie spüren, daß Ihr Körper ruhig und entspannt ist, beginnen Sie mit der nachstehenden Übung.

Atmen Sie ruhig ein, lassen Sie den Atem bis in den Bauch ein- und dann wieder durch die Nase ausströmen. Machen Sie das einige Minuten lang ganz bewußt. Stellen Sie sich dann vor, daß Sie in Ihrem Bauch ein Lichtzentrum haben, einen hellweiß erleuchteten Punkt. Mit jedem Atemzug wird dieser Punkt größer. Sie spüren, wie sich das Licht mit dem Atem im ganzen Körper ausbreitet, bis Ihr ganzer Körper mit Licht erfüllt ist. Lassen Sie jetzt dieses Licht aus sich herausströmen und stellen Sie sich dabei vor, daß all Ihre Lieben und Freunde da sind. Hüllen Sie diese Menschen in eine Glocke aus Licht. Lassen Sie jetzt auch die Leute erscheinen, die Sie nicht mögen. Strömen Sie auch um diese Ungeliebten herum Ihr Licht aus. Schließen Sie alles in dieses Licht ein: Ihre Wohnung, Ihr Haus, Ihre Stadt, Ihr Land. Sie werden feststellen, daß es auf dieser Ebene keine Trennung mehr gibt, daß Sie eins mit allem sein können.

Wenn Sie die Übung täglich wiederholen wollen, sich aber dafür keine Zeit nehmen können, dann beschränken Sie sich darauf, Ihren Körper mit Licht zu erfüllen. Und beobachten Sie, wie Sie sich nach wenigen Tagen bereits verändert haben, wie Sie glücklicher geworden sind.

Suggestion
Ich bin eins mit mir und dem Kosmos.

12. PI – Ich bleibe stecken

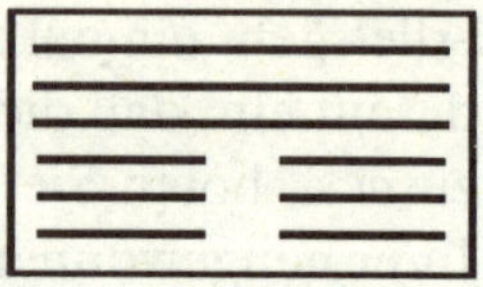

Das Bild
Wenn Himmel und Erde die Verbindung zueinander verloren haben, so stockt das Leben in der Natur. Im Zentrum innen ist – im Gegensatz zum Hexagramm Tai (Nr. 11) – Schatten, und das Licht ist nach außen gedrängt. Der Mensch hat seine Verbindung zum Himmel verloren und versucht, die innere Un-Sicherheit (darüber) nach außen mit Härte zu verdecken. Die äußere Starrheit soll das innere Durcheinander auffangen. Der innere Zustand kann jedoch nie von außen gelöst werden.

Die Bedeutung
Sie sind ins Stocken geraten. Möglicherweise sind Sie mit Ihrem Partner uneins geworden oder mit Ihrem Chef aneinandergeraten. Vielleicht sind Sie auch nur unzufrieden mit sich selbst. Akzeptieren Sie erst einmal diesen Zustand. Gehen Sie das Problem nicht von außen an, sondern von innen – von seiner Wurzel. Ziehen Sie sich zurück und überlegen Sie sich genau, was Ihre Unzufriedenheit auslöst. Der Rückzug ist schon deswegen nötig, weil andere Menschen Sie jetzt wirklich nur nervös machen würden.

Die Hauptursache Ihrer Unzufriedenheit ist, daß Sie außer Tritt geraten sind. Irgend etwas hat Sie aus dem Gleichgewicht gebracht. Das passiert jedem und geschieht immer wieder. Halten Sie sich jetzt nicht mit Klagen auf darüber, daß Sie ins Stocken geraten sind, sondern sammeln Sie erst einmal wieder Ihre Kräfte, die Sie durch den Schock vergeudet haben. Noch einmal: Ziehen Sie sich zurück und machen Sie eine Bestandsaufnahme. Gehen Sie ein Problem nach dem anderen an, nicht alle auf einmal.

Halten Sie sich nicht damit auf, nach außen Stärke zu zeigen. Das kostet Sie die Energie, die Sie jetzt nötiger brauchen, um sich wieder zu fassen. Akzeptieren Sie die Situation und ergreifen Sie die Chance, die darin liegt, aus eigenem Antrieb aus einem Tief zu kommen, so, wie ein Körper nach überwundener Krankheit widerstandsfähiger ist als vorher. Wenn Sie sich gegen den gegenwärtigen Zustand auflehnen oder ihn ablehnen, machen Sie ihn nur größer. Gehen Sie einfach weiter. Sie werden sich wundern, welche Kräfte Sie entwickeln.

Die Linien
Unterste Linie:
Ziehen Sie sich zurück. Erst dann können Sie alle Probleme erkennen und nach und nach lösen.
Zweite Linie:
Akzeptieren Sie die gegenwärtige Situation. Überlassen Sie es anderen, in Panik zu geraten. Diese Phase des Nachdenkens bereitet späteres Glück vor.
Dritte Linie:
Wenn Sie sich dessen schämen, daß Sie außer Tritt geraten sind, so tun Sie das bitte in Ihrem stillen Kämmerlein. Die anderen geht das überhaupt nichts an. Sie finden Ihre Ruhe bald wieder.
Vierte Linie:
So langsam kehren wieder Ruhe und Ordnung ein. Wenn Sie in Einklang mit der kosmischen Ordnung kommen (indem Sie einfach geschehen lassen), erleben Sie wieder tiefes Glück.
Fünfte Linie:
»Hoffentlich geht es gut!« Wie oft haben Sie diesen Satz gedacht? Es geht gut, aber bewahren Sie sich ruhig Ihre kritische Wachsamkeit.
Sechste Linie:
Die Stockung ist zu Ende, es läuft wieder. Halten *Sie* jetzt nicht die Stockung fest, sondern entspannen Sie sich und feiern Sie es, daß alles wieder im Lot ist.

Meditation
Wenn Sie die im folgenden beschriebene Meditation machen wollen, dann nehmen Sie sich Zeit dafür. Lesen Sie den Abschnitt genau durch. Gehen Sie dann in die Entspannung, wie es zu Beginn des Buches beschrieben ist. Lassen Sie sich Zeit. Wenn Sie spüren, daß Ihr Körper ruhig und entspannt ist, beginnen Sie mit der Übung.

Denken Sie an eine angenehme Zeit in Ihrem Leben, eine Zeit, in der alles funktionierte. Sie waren verliebt, der Beruf ging Ihnen von der Hand, Sie fühlten sich rundherum wohl und glücklich. Wiedererschaffen Sie sich dieses Gefühl.

Denken Sie dann an eine Zeit zurück, in der Sie vom Pech verfolgt waren. Nichts glückte Ihnen, Sie kamen sich vor wie der ärgste Trottel. Nehmen Sie wahr, wie Sie sich jetzt fühlen.

Kehren Sie dann wieder zum Glücksgefühl zurück. Das akzeptieren Sie, so müßte es immer sein. Versuchen Sie dieses Gefühl jetzt auf die unangenehme Situation zu übertragen. Akzeptieren Sie auch diese Erfahrungen mit derselben Zufriedenheit wie das Glück. Erkennen Sie, daß es jeweils Ihre Einstellung ist, die Erfahrungen als glücklich oder unglücklich bezeichnet. Aus späterer Sicht sind sie gleichwertige Schritte in unserem ständigen Lernprozeß, der Leben heißt.

Suggestion
Ich akzeptiere meine gegenwärtige Situation.

13. TUNG JEN – Ich schließe Freundschaften

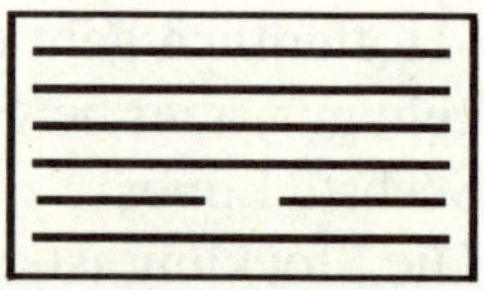

Das Bild
Das Feuer lodert zum Himmel empor und wird vom Wind bestärkt. Anders als im Hexagramm Schï (Nr. 7) deutet dieses Bild auf innere Klarheit (Feuer) hin und auf Stärke nach außen, wie es für eine menschliche Gemeinschaft vonnöten ist. Im Hexagramm Schï war eine innere Verworrenheit angezeigt, die von außen geordnet werden

mußte. Hier im Hexagramm Tung Jen ist das Idealbild einer Freundschaft oder Kameradschaft entworfen.

Die Bedeutung

Die Zeit ist gut, sich anzufreunden. Sie werden genau jetzt die richtigen Menschen treffen oder können genau jetzt bereits vorhandene Beziehungen vertiefen. Sie sind sich im Klaren darüber, was Sie wollen, und das ist immer die Grundvoraussetzung für eine wirkliche Freundschaft.

Da gibt es keine Geheimnisse und Hintertürchen. Alles wird offengelegt. Achten Sie darauf, daß die Menschen, die Sie sich ausgewählt haben, ebenso aufrichtig und klar sind. Verzichten Sie lieber auf eine Beziehung zu jemandem, wenn Sie sich über Ihre Einschätzung ihm oder ihr gegenüber unsicher sind. Nur wenn Sie das Gefühl haben: »Auf den ist hundertprozentig Verlaß«, lassen Sie sich auf eine Freundschaft ein. Das ist zwar Bedingung jeder näheren Beziehung (und klingt nach einem Allgemeinplatz), ist aber für Sie gerade jetzt wichtig.

Aus einer solchen Verbindung werden Sie Kraft gewinnen. Nach außen werden Sie und Ihr(e) Partner als stark erscheinen. Wenn Sie mit diesem (diesen) Partner(n) eine Reise planen wollen, dann tun Sie es jetzt. Es ist eine günstige Zeit, die neue (oder alte vertiefte) Beziehung mit einer Reise zu bekräftigen.

Möglicherweise schleicht sich nach einiger Zeit Mißtrauen ein oder es entstehen Mißverständnisse. Erinnern Sie sich dann an Ihre Gemeinsamkeiten: an Ihre gemeinsamen Interessen oder Vorlieben. Entdecken Sie, daß auch der oder die anderen in erster Linie Frieden und Harmonie haben und mit Ihnen in echter Freundschaft leben wollen. Dies setzt jedoch voraus, daß Sie Ihre jeweiligen Eigenheiten achten und sich nicht gegenseitig verändern wollen. Geben Sie nicht Ihre Individualität auf, nur um eine Freundschaft zu erhalten. Sie finden in dieser Zeit genügend andere Menschen, die Sie so lassen können, wie Sie sind, und Sie dennoch oder gerade deswegen lieben.

Die Linien
Unterste Linie:
Befreunden Sie sich. Einer guten Beziehung steht absolut nichts im Wege. Sie und Ihr(e) Partner haben die besten Absichten.
Zweite Linie:
Beschränken Sie sich nicht, indem Sie nur mit Ihrer Familie oder mit Ihrer Clique zusammen sind. Seien Sie offen für neue Begegnungen.
Dritte Linie:
Von irgendeiner Seite schießt man gegen Sie. Gebrauchen Sie Ihre Klugheit. Stellen Sie sich nicht einer offenen Auseinandersetzung, sondern entwickeln Sie Ihre eigene Strategie.
Vierte Linie:
Schlagen Sie nicht zurück, auch wenn es Sie noch so sehr reizt. Es führt Sie nur in Probleme. Halten Sie die Gesetze ein und die stillschweigenden gesellschaftlichen Regeln.
Fünfte Linie:
Selbst wenn Sie sich mit Ihrem Partner (Ihren Partnern) noch so sehr in den Haaren liegen, am Ende werden Sie sich wieder vertragen. Und Sie werden kein Verlierer sein.
Sechste Linie:
Gehen Sie viele Freundschaften ein. Das Ideal wäre, sich mit allen Menschen zu verbrüdern, aber das ist vielleicht doch Utopie. Dennoch: Suchen Sie zwanglose Begegnungen anstelle fester Verbindungen.

Meditation
Die Idee »Alle Menschen werden Brüder« beschäftigt seit Jahrhunderten und Jahrtausenden viele Denker dieser Erde. Außer großen Theorien und Idealen ist bisher wenig Konkretes geschehen, das die Menschheit diesem Ziel näherbringt, aber das ist kein Wunder, denn Verbrüderung kann nicht von oben verordnet werden, sondern muß von unten wachsen.

Beginnen Sie damit. Machen Sie ein Spiel. Überlegen Sie sich einfach bei jedem Menschen, der Ihnen begegnet, was Sie mit ihm gemeinsam haben. Auch wenn es jemand ist, den Sie überhaupt nicht leiden können: Hören Sie nicht auf zu suchen, bis Sie etwas Gemeinsames, etwas Liebenswertes gefunden haben. Und wenn Sie wirklich etwas verändern wollen, dann machen Sie diesem Menschen auch noch ein Kompliment.

Suggestion
Ich bin offen für jede Begegnung.

14. DA YU – Ich bin reich

Das Bild
Das Feuer steht am Himmel. Es kann als die Sonne interpretiert werden. Die Sonne ist seit je das Symbol für Wohlstand und Reichtum, Fülle und Überfluß. Das Hexagramm Da Yu zeigt eine Zeit des Wohlstands an: Besitz an materiellen Gütern und Einfluß, der auf Sanftmut aufgebaut ist. Es ist das Bild des weisen Reichen, der seinen Überfluß einsetzt, um das Gute und Schöne zu fördern.

Die Bedeutung
Wenn Sie es noch nicht sind: Jetzt ist die Zeit, reich zu werden. Reichtum ist freilich ein relativer Begriff. Für den einen bedeutet Reichtum eine Villa mit Segeljacht, für den anderen heißt es, sorgenfrei leben zu können. Ein dritter versteht darunter, daß er sich endlich das anschaffen kann, wozu ihm bisher immer das Geld gefehlt hat. Ein spiritueller Mensch meint geistigen Reichtum.

Was auch immer Sie als Maßstab dafür anwenden: Jetzt ist die Zeit, in Ihrem Sinne reich zu werden. Das mag sich zunächst in einer Gehaltserhöhung, einem Lottogewinn oder einer Erbschaft niederschlagen. Auf jeden Fall werden Sie Ihren materiellen und/oder geistigen Besitz vermehren.

Das Hexagramm Da Yu gibt Ihnen den Rat, diesen Besitz nicht zu horten, da Sie ihn sonst wieder verlieren. Setzen Sie ihn zum Segen aller ein. Lassen Sie sich beraten und investieren Sie. Geld kommt aus der Gemeinschaft und will wieder in die Gemeinschaft zurück. Die Bestimmung von Geld ist Umlauf. Geld ist eine Form wirtschaftlicher Kommunikation. Wenn Sie es horten, durchbrechen Sie den natürlichen Kreislauf, die kosmische Ordnung. Nur wenn Sie Ihr Geld in Umlauf bringen, haben Sie die Chance, es zu vermehren. Wie unten, so oben: Nur wenn Sie Ihre Gedanken und Ideen, die Kommunikationsmittel Ihres Geistes, anderen mitteilen, erfüllen sie den Zweck. Gedanken und Ideen wachsen im Austausch mit Gedanken und Ideen anderer. Investieren Sie auch hier. Wenn Sie alles für sich behalten, werden Sie nicht weiser, sondern nur egozentrischer.

Die Linien
Unterste Linie:
Solange Ihr Besitz noch klein war, gab es keine Probleme und keine Neider. Jetzt, wo Ihr Besitz wächst, sollten Sie wachsam werden.
Zweite Linie:
Sie sammeln Besitz, ohne ihn zu horten. Er fließt Ihnen zu. Wenn Sie sich ein neues Auto kaufen wollen, tun Sie es jetzt.
Dritte Linie:
Setzen Sie Ihren Reichtum für andere ein. Sie werden doppelten Gewinn haben. Investieren Sie nur in eine gute Sache.
Vierte Linie:
Daß Sie Ihr Geld für andere einsetzen, bedeutet nicht, daß Sie nicht mehr zwischen Dein und Mein unterscheiden sollen. Sie bleiben der Verantwortliche.
Fünfte Linie:
Ihre Mitmenschen und Geschäftspartner haben Vertrauen zu Ihnen, weil Sie aufrichtig sind. Die gleiche Ehrlichkeit zieht Sie auch an.
Sechste Linie:
Sie haben Wohlstand und Überfluß, weil Sie nie vergessen (haben), dankbar dafür zu sein. Betrachten Sie Ihren Reichtum weiter als Geschenk und als Gnade.

Meditation
Nehmen Sie sich Zeit und betrachten Sie einen Geldschein. Fühlen Sie sein Papier, lesen Sie, was darauf geschrieben steht. Viele solcher Geldscheine hatten Sie schon in der Hand, aber vermutlich jeweils nur für kurze Zeit; dann gaben Sie den einen Schein her und erhielten irgendwann wieder einen anderen, der genauso aussah wie der ausgegebene. Nur: Es war ein anderer. Kein Stück Papier geht durch so viele Hände wie ein Geldschein, bis er irgendwann so zerfleddert ist, daß er aus dem Verkehr gezogen wird.

Und noch etwas unterscheidet ihn von anderem Papier: Wir verbinden mit der abstrakten Zahl, die auf dem Schein aufgedruckt ist, sehr konkrete Gegenstände. Die Hundert steht in unserer Vorstellung für ein gutes Abendessen oder ein paar Bücher, ein Hemd, eine Bluse oder einen vollen Benzintank. Einen Wert an sich hat dieses Stück Papier, auf dem Hundert Deutsche Mark steht, nicht. Ein kleiner Gegenstand, den wir nehmen und wieder weggeben.

Begreifen Sie Geld als ein Symbol der materiellen Ebene. Mehr ist ein Geldschein nicht. Geben Sie ihn in dem Bewußtsein in Umlauf, ihn damit seiner Bestimmung zuzuführen. Sagen Sie ihm (so lächerlich es klingen mag), er solle seine Brüder grüßen und ihnen sagen, sie möchten Sie mal besuchen. Versuchen Sie einmal, bewußt mit dem materiellen Ding Geldschein so umzugehen. Sie werden verblüfft sein, wie sich Ihre Einstellung zu Geld verändert und wie Sie diesem Stück Papier nicht mehr Ihr gesamtes Leben unterordnen.

Suggestion
Ich bin innerlich und äußerlich reich.

15. KIËN – Ich bin bescheiden

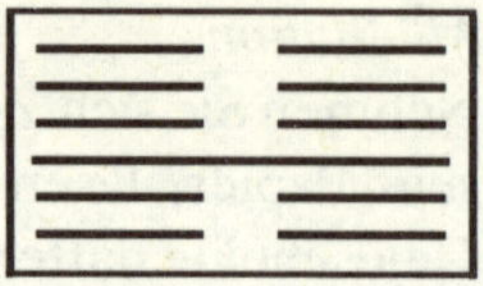

Das Bild

Wenn die Sonne auf ihrem höchsten Punkt steht, neigt sie sich wieder dem Abstieg zu. Wenn der Mond voll ist, nimmt er wieder ab. Es ist ein ewiger Kreislauf. So weiß der Reiche (siehe Hexagramm Nr. 14), daß er selbst für den Ausgleich sorgen kann. Das, was zuviel ist, verringert er und er vermehrt, was zu wenig ist. Solche Handlungen zeugen von Bescheidenheit. Das Hexagramm Kiën fordert zu dieser Bescheidenheit auf.

Die Bedeutung

Wägen Sie jetzt ab und halten Sie Maß. Es hat keinen Sinn, einen Teil Ihrer Persönlichkeit oder einen Lebensbereich immer weiter zu fördern und die anderen zu vernachlässigen. Das führt nur dazu, daß Ihre Mitmenschen Sie der Arroganz bezichtigen. Natürlich ist es bequemer, das zu tun, worin man ohnehin erfolgreich ist. So macht es sicherlich mehr Spaß, immer besser im Sport zu werden, als sich in Lernen und geistige Auseinandersetzung zu begeben. Umgekehrt lesen Sie vielleicht lieber noch mehr Bücher oder Bilanzen, als einmal Ihren Körper zu trimmen. Möglicherweise sind Sie auch viel lieber mit problemlosen (»pflegeleichten«) Menschen zusammen, als endlich einmal eine längst fällige Aussprache anzugehen. Oder Sie stürzen sich in tausend Aktivitäten, statt sich mit Ihrer Beziehung oder mit sich selbst auseinanderzusetzen.

Das Hexagramm Kiën weist Sie auf die Gefahren dieser Einseitigkeit hin. Es fordert Sie dazu auf, sich da mit weniger zu bescheiden, wo Sie ohnehin viel zu viel haben, und dort etwas zu tun, wo es mangelt. Meist sind das die eigenen Schwächen, an die man nicht so gern herangeht. Tun Sie es dennoch, schauen Sie sich Ihre Schwachpunkte an. Das macht Sie auch für Ihre Mitmenschen umgänglicher. Bleiben Sie nicht auf dem hohen Roß sitzen, nur weil Sie da oder dort stark und erfolgreich sind. Das isoliert Sie nur und bringt Sie obendrein nicht weiter. Die anderen werden es als Mut und Stärke empfinden, wenn Sie sich Ihren Schwächen stellen, statt ihnen ständig auszuweichen.

Wenn Sie mehrere Bankkonten haben, macht es keinen Sinn, auf dem einen immer mehr Geld anzuhäufen und auf den anderen immer mehr Schulden zu machen – und dann nur noch das eine Konto zu betrachten und zu sagen: »Ich bin reich.« Wirklich reich und ausgefüllt werden Sie, wenn Sie alle Konten ausgleichen, wenn Sie in allen Lebensbereichen dafür sorgen, zufrieden und glücklich zu sein. Fangen Sie noch heute damit an.

Die Linien
Unterste Linie:
Sie verlangen weder zuviel noch zuwenig, daher sind Ihre derzeitigen Aktivitäten erfolgreich.
Zweite Linie:
Sie sind im Grunde Ihres Herzens bescheiden. Das läßt Sie nie das rechte Maß verlieren und macht Sie bei Ihren Mitmenschen beliebt.
Dritte Linie:
Sie bringen Ihre Angelegenheiten zu einem guten und erfolgreichen Ende, ohne zu prahlen. Man wird Sie dafür bewundern.
Vierte Linie:
Sie sind mit Eifer bei der Sache und engagieren sich. Dabei dienen Sie dem Ganzen und nicht einem Vorgesetzten. Sie halten die Regeln ein, weil es Ihrer Arbeit nützt, und nicht aus Anbiederei.
Fünfte Linie:
Weisen Sie diejenigen in ihre Schranken, die Ihnen oder Ihrer Arbeit schaden wollen. Berufen Sie sich dabei nicht auf Ihre Stellung, sondern darauf, daß Sie niemandem erlauben werden, etwas Sinnvolles zu zerstören.
Sechste Linie:
Gehen Sie jetzt Ihre Schwächen an. Bringen Sie Ihr Haus in Ordnung, statt sich um das Ihrer Mitmenschen zu kümmern.

Meditation
Nehmen Sie sich Zeit und holen Sie sich Papier und Schreibgerät. Legen Sie dann eine Liste an, in der Sie alle Ihre Stärken notieren, alles, was Sie glauben, gut im Griff zu haben, alle Fähigkeiten oder Begabungen. Lassen Sie die Liste ein paar Tage an einem gut erreichbaren Ort (Nachttisch, Brieftasche etc.) liegen und vervollständigen Sie sie, wann immer Ihnen etwas dazu einfällt.

Legen Sie neben dieser »Stärke«-Aufstellung ein zweites Blatt an, auf dem Sie alle Ihre Schwächen aufführen, alles, was Sie glauben, nicht zu können, alles, was Sie vor sich herschieben, dem Sie aus dem Wege gehen, alles, womit Sie nicht konfrontiert werden wollen, was Ihnen unangenehm ist, was Sie sich schon X-Male vorgenommen, aber nie zu Ende gebracht haben.

Lesen Sie beide Listen jeden Abend vor dem Schlafengehen durch. Wenn Sie das Gefühl haben, Ihnen fällt absolut nichts mehr ein, was Sie aufschreiben könnten, warten Sie noch einen Tag. Wenn Ihnen dann wirklich nichts mehr einfällt, nehmen Sie sich die Schwächen vor. Fassen Sie die Schwächen zusammen, die offensichtlich dieselbe Ursache haben, zum Beispiel: »Ich komme immer zu spät« und »Ich halte Verabredungen nicht ein« etc. Numerieren Sie Ihre Schwächen durch und führen Sie Buch über sie. Suchen Sie sich zu jeder Schwäche (zu jeder Nummer) einen geeigneten Gesprächspartner, der Sie unterstützt, die Schwäche zu beenden.

Überhaupt können Sie dieses Projekt auch gut im Freundeskreis angehen. Verpflichten Sie sich auf jeden Fall Ihren Gesprächspartnern gegenüber, ihnen von Ihren Problemen und Fortschritten laufend zu berichten. Wenn Sie zum Beispiel unpünktlich sind, dann rufen Sie einen Freund oder eine Freundin an und nennen ihm/ihr alle Ihre Termine dieser Woche. Ihr Gesprächspartner wird Sie ermuntern, pünktlich zu sein, und Sie werden sich Ihres Zieles bewußt. Berichten Sie nach Ablauf der Woche von Ihren Erfolgen.

Erkennen Sie, daß Sie so Schwäche für Schwäche angehen können, und machen Sie die Erfahrung, daß Schwächen nichts mit Ihrer Qualität als einzigartigem und großartigem menschlichem Wesen zu tun haben.

Suggestion
Meine Schwächen sind hilfreiche Wegweiser auf dem Weg zur Vollkommenheit.

16. YÜ – Ich bin begeistert

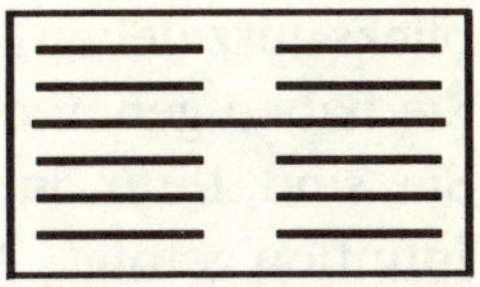

Das Bild
Begeisterung ist Hingabe an die Bewegung. So wie Himmel und Erde sich in Hingabe bewegen, Sonne und Mond nicht ihre Bahn überschreiten, bewegt sich auch der Weise hingebungsvoll im Rhythmus seines Lebens, im ständigen Ein und Aus, Auf und Nieder. Und wie der Fahrgast in der Achterbahn, so findet der Mensch, der sich dieser Bewegung offen hingibt, Vergnügen. Das Hexagramm Yü zeigt, daß der Zeitpunkt gekommen ist, diese Bewegung begeistert aufzunehmen, die Lust dabei zu spüren.

Die Bedeutung
Verleihen Sie Ihrer Freude Ausdruck. Vieles ist Ihnen bisher gelungen. Sie können es um so mehr genießen, wenn Sie Ihre Freude darüber zulassen. Alexander Mitscherlich sprach einmal von der Unfähigkeit der Menschen zu trauern. Genauso weit verbreitet ist (so lächerlich das klingen mag) die Unfähigkeit, sich aus tiefstem Herzen zu freuen, begeistert, enthusiastisch zu sein. (Der Korrektheit halber sei angemerkt, daß es in Mitscherlichs Buch im wesentlichen um die mangelnde Fähigkeit der Deutschen geht, »Trauerarbeit« zu leisten, nämlich die Vergangenheit des 3. Reichs zu bewältigen.)

Dabei ist gerade die Begeisterung eine der Voraussetzungen für Glück. Enthusiastische Menschen ziehen andere an. »Dort, wo man singt, da laß dich ruhig nieder.« Da entsteht eine Stimmung der Gelöstheit, die automatisch zu weiteren Glücksmomenten führt. Lassen Sie dies jetzt geschehen.

Verleihen Sie Ihrer guten Stimmung Ausdruck. Freude und Glück geschehen immer jetzt. Gedanken an die Vergangenheit oder an die Zukunft trüben die Freude. Vergessen Sie das Gestern und das Morgen. Real ist ohnehin nur das Hier und Jetzt. Gestern ist unwiederbringlich vorbei, und morgen ist noch lange nicht.

Das Hexagramm Yü legt Ihnen nahe, die Begeisterung des Augenblicks auszuleben, und zwar jetzt und hier. Sie haben allen Grund dazu. Sie haben genau das getan, was der kosmischen Ordnung entspricht. Sie sind Ihrer inneren Stimme, Ihrem inneren Licht, kurz: Ihrer Intuition gefolgt. Anerkennen Sie sich jetzt dafür. Begeisterung war in alten Zeiten immer auch Dank an Gott für seine Gnade. Danken Sie Ihrem Unterbewußtsein, Ihrem Höheren Selbst, daß es den Weg zu Glück und Erfolg genau erkannt hat, daß es in Einklang ist mit der kosmischen Ordnung, deren Teil wir alle sind.

Die Linien

Unterste Linie:
Begeisterung und Angeberei sind zweierlei. Prahlen Sie nicht mit Ihrem Glück. Seien Sie dankbar dafür und genießen Sie es lieber.

Zweite Linie:
Sie wissen bei aller Freude genau, wann der rechte Zeitpunkt gekommen ist, aufzuhören und sich zurückzuziehen. Bleiben Sie besonnen.

Dritte Linie:
Warten Sie nicht, daß das Glück weiter auf Sie zukommt wie im Schlaraffenland die gebratenen Hühnchen. Tun Sie etwas. Festigen Sie Ihr Glück. Ihre Intuition sagt Ihnen, wie.

Vierte Linie:
Freunde werden sich um Sie scharen. Ihre Begeisterung wirkt anstekkend. Zweifeln Sie nicht. Sie werden großen Erfolg haben.

Fünfte Linie:
Selbst wenn Sie ein altes Problem, eine alte Krankheit quält, Sie kommen jetzt auch damit zurecht. Sehen Sie die positive Seite, die alles, was existiert, hat.

Sechste Linie:
Kurzfristig neigen Sie möglicherweise zum Größenwahn. Aber das

erkennen Sie schnell und kehren wieder auf den Boden der Tatsachen zurück.

Meditation
Schöpfen Sie jetzt und in den nächsten Tagen einmal all Ihre Phantasie aus, um Ihrer Begeisterung Ausdruck zu verleihen. Singen Sie. Gehen Sie tanzen und geben Sie sich voll dabei aus. Malen Sie etwas, wenn Sie möchten, oder schreiben Sie etwas. Rufen Sie Freunde und Verwandte an und sagen Sie ihnen, wie toll Sie sich fühlen. Geben Sie eine Party, aber laden Sie keine Pflichtgäste ein, sondern nur Menschen, die – wie Sie zur Zeit – ausgelassen und fröhlich sein können. Schenken Sie Menschen etwas, die Sie mögen – ohne viel Aufhebens, einfach aus Freude. Machen Sie Komplimente. Unternehmen Sie spontan Dinge, die Ihnen Spaß machen.

Halten Sie manchmal inne und beachten Sie, wie Sie sich bei alldem fühlen. Fragen Sie ständig Ihr Innerstes, Ihre Intuition: »Was würde ich jetzt am liebsten tun?« Antwort: »Das oder das.« – »Aber ich kann doch nicht ...« sagt der Verstand. Verordnen Sie ihm ein paar Tage Sendepause. Beobachten Sie Kinder, wenn sie begeistert sind, oder Sportler. Machen Sie sich vertraut damit, daß Sie jetzt und in Zukunft Ihre Begeisterung ausdrücken können.

Suggestion
Ich drücke mich selbst aus in Begeisterung.

17. SUI – Ich folge nach

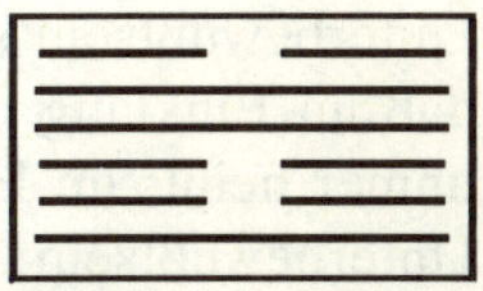

Das Bild
Der Donner ruht inmitten des Sees. Der Weise folgt diesem Ruhen, weil er sich nach den Gesetzen der Natur richtet. Durch dieses Ruhen erhält er Kraft zu neuem Handeln. Er hält Einkehr und ist still. Wenn er den Dingen (dem Lauf der Natur) in der rechten Weise folgt, folgen

ihm die Dinge. Und es folgen ihm die Menschen, denn der Weise ist heiter, und aus seiner inneren Ruhe heraus geht ihm alles leicht von der Hand.

Die Bedeutung

Folgen Sie Ihrer inneren Stimme, Ihrer Intuition, Ihren eigenen Werten und Prinzipien. Sie sind Teil der natürlichen kosmischen Gesetze. Wenn Sie im Moment den Zugang zu ihnen verloren haben, dann ziehen Sie sich zurück, entspannen und erholen sich. Ihre Intuition wird sich Ihnen wieder öffnen, weil Sie wieder für Ihre Intuition, den Führer durch Ihr Leben, offen sind. Vielleicht waren Sie in letzter Zeit zu aktiv, um auf Ihre innere Stimme zu hören, oder Sie hatten die falschen Freunde.

Geben Sie die Gesellschaft mit allen Menschen auf, die Sie von Ihren Idealen abbringen. Sie werden neue Leute kennenlernen, die Sie unterstützen, statt Sie zu sabotieren. Geben Sie alle Angewohnheiten auf, die Sie von Ihren wirklichen Zielen abhalten. Das, was Sie im Innersten wollen, ist gut. Es hat die Kraft, sich zu verwirklichen. Stehen Sie dieser Ihrer inneren Kraft nicht mit Zweifeln und Ängsten im Wege. So wie Sie sich jetzt nur fördernde Freunde aussuchen, so sollten *Sie selbst* auch Ihr bester Freund sein.

Eventuell bedeutet diese Ruhepause für Sie auch eine Umorientierung. Möglicherweise erkennen Sie jetzt, daß alte Vorstellungen nicht mehr mit Ihrem gegenwärtigen Bewußtseinszustand übereinstimmen. Werfen Sie das Alte über Bord, spannen Sie aus – die neuen Werte festigen sich dann ganz von selbst in Ihrem Bewußtsein. In Ihrem Unterbewußtsein sind sie ohnehin längst vorhanden. Erkennen Sie, daß im Einklang mit der natürlichen kosmischen Ordnung zu leben immer heißt: im Einklang mit sich selbst zu sein – mit dem eigenen Unterbewußtsein, das sich in Träumen, Phantasien, Bildern und in einer Stimme äußert, die wir Intuition nennen.

Das Unterbewußtsein ist unsere Telefonleitung zur höheren Ordnung. Die Informationen, die Sie von ihm erhalten, sind wertvoller als alle Bücher dieser Erde (einschließlich dem, das Sie gerade jetzt lesen), denn es sind Informationen, die ganz einzigartig nur auf Sie zugeschnitten sind. Wenn Sie diesen Informationen folgen, ziehen Sie andere Menschen an. »Der ist mit sich selbst im klaren«, wird man bewundernd sagen.

Die Linien

Unterste Linie:
Seien Sie sich treu. Folgen Sie dem, was Sie für richtig empfinden, oder den Menschen, hinter denen Sie wirklich hundertprozentig stehen.

Zweite Linie:
Halten Sie sich nicht mit Menschen auf, die Sie nur behindern. Das schreckt lediglich die wirklich guten Freunde ab. Brechen Sie wertlose Beziehungen ab.

Dritte Linie:
Sie haben sich von den falschen Freunden getrennt. Haben Sie Geduld. Die richtigen Freunde kommen auf Sie zu oder sie sind schon da.

Vierte Linie:
Nur Klarheit und Wahrhaftigkeit bringen Sie weiter. Lassen Sie von Lügen und Unaufrichtigkeiten. Das widerspricht Ihren Prinzipien und zieht Leute an, die Ihnen schaden.

Fünfte Linie:
Sie haben sich zurückgezogen, sind in sich gegangen und haben sich so vor schädlichen Einflüssen geschützt. Entdecken Sie jetzt Ihre schöpferische Energie. Sie haben Erfolg.

Sechste Linie:
Pflegen Sie weiter Ihre guten Beziehungen und folgen Sie Ihren Prinzipien. Dann brauchen Sie nicht weiter zurückgezogen zu leben (auch wenn Sie inzwischen Gefallen daran gefunden haben).

Meditation

Wenn Sie die im folgenden beschriebene Meditation machen wollen, dann nehmen Sie sich Zeit dafür. Lesen Sie den Abschnitt genau durch. Gehen Sie dann in die Entspannung, wie es zu Beginn des Buches beschrieben ist. Lassen Sie sich Zeit. Wenn Sie spüren, daß Ihr Körper ruhig und entspannt ist, beginnen Sie mit der nachstehenden Übung.

Um zur Ruhe zu kommen, genügt es, sich einfach auf das sanfte Strömen seines Atems zu konzentrieren, dieses stetige Ein und Aus zu beobachten. Das können sie täglich üben (am besten vor dem Schlafengehen oder wenn Sie im Streß sind).

Für eine andere Übung brauchen Sie etwas Zeit. Schließen Sie die Augen und stellen Sie sich vor, Sie sind an einem sonnigen Frühsommermorgen irgendwo ganz allein auf einer Wiese. Riechen Sie den Duft von Gras und Blumen, hören Sie das Summen der Bienen und das Zwitschern der Vögel, spüren Sie die Erde unter Ihren Füßen und den leichten Wind in Ihrem Gesicht. Sehen Sie sich um auf Ihrer Wiese. Freuen Sie sich: Sie gehört Ihnen. Ein paar Meter neben Ihnen plätschert ein Bach. Weiter hinten duftet es nach Kiefern und Tannen.

Gehen Sie jetzt auf den kleinen Hügel zu, der vor Ihnen liegt und auf dessen Gipfel Sie eine wunderschöne Kapelle entdeckt haben. Lassen Sie sich Zeit auf Ihrem Weg nach oben. Genießen Sie die Landschaft.

Wenn Sie oben angelangt sind, dann halten Sie ein wenig inne. Spüren Sie die Stille, die von dem Kirchlein ausgeht und sich auf Sie überträgt. Schauen Sie noch einmal auf Ihre Wiese und gehen Sie dann in die Kapelle.

Fühlen Sie die Stille und den Frieden. Seien Sie sich bewußt, daß es eine vollkommene Ruhe ist, die Sie umgibt. Sehen Sie, wie über dem Altar die Sonnenstrahlen, die durch die Fenster hereinströmen, zusammentreffen und den heiligen Platz in warmes Licht hüllen. Gehen Sie zum Altar. Sie werden jetzt von denselben warmen und Kraft spendenden Strahlen umhüllt, hundertfach verstärkt von der segnenden Energie des Altares. Dieses Licht strömt durch Ihren Körper: durch jede Ader, durch jede Zelle.

Bleiben Sie ein paar Minuten in diesem Kraftfeld (es wird Ihnen

Kraft geben, wann immer Sie in einer Meditation dorthin zurückkehren). *Hören* Sie der Stille zu. Lassen Sie die Stille und das Licht in sich ausbreiten, bis Sie erfüllt sind davon.

Dann verlassen Sie wieder den Altarraum, gehen langsam durch das Kirchlein zurück und wieder hinaus in den Frühsommermorgen. Nehmen Sie jetzt wahr, um wieviel reicher Ihre Eindrücke von der Schöpfung, den Blumen und Sträuchern, den Bienen und Vögeln geworden sind. Sie können jederzeit an diesen Ort der Stille zurückkehren.

Suggestion
Ich spüre tiefe innere Ruhe.

18. GU – Ich erneuere

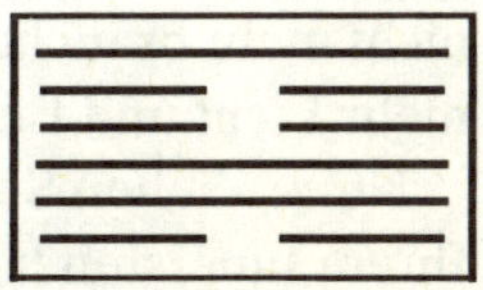

Das Bild
Das Zeichen Gu stellt eine Schüssel dar, in deren Inhalt Würmer wachsen. Durch Unachtsamkeit ist die Speise schlecht geworden. Das Hexagramm Gu fordert auf, die schlechte Speise zu beseitigen und sich über die Ursachen – eben Unachtsamkeit, Nachlässigkeit – im klaren zu sein. Die Arbeit am Verdorbenen, wie Gu häufig übersetzt wird, hat Aussicht auf Erfolg, weil sie im Einklang mit den Möglichkeiten der Zeit steht.

Die Bedeutung
Schrecken Sie nicht vor der Schwierigkeit einer Erneuerung zurück. Greifen Sie energisch zu. Die Zeit ist günstig dafür. Einiges in Ihrem Leben läuft nicht so, wie es sein könnte. Das liegt daran, daß Sie starr an Verhaltensmustern festhalten, die nicht mehr Ihrem jetzigen Entwicklungsgrad entsprechen.

Gewohnheiten und Traditionen geben uns Sicherheit. Viele Menschen ziehen es vor, lieber daran festzuhalten als das Wagnis neuer Erfahrungen einzugehen. Fortschritt ist jedoch nur möglich, wenn wir unsere Lebenseinstellung den ständig sich verändernden Umständen anpassen. Jetzt ist für Sie die Zeit günstig, Ihre Denkmodelle einzeln zu hinterfragen: Was stimmt mit meiner derzeitigen Sicht der Dinge noch überein und was nicht mehr?

Vertrauen Sie Ihrer Intuition, Ihrem Unterbewußtsein. Vermutlich spüren Sie in der einen oder anderen Sicht und Beurteilung von Dingen, daß sich in Ihnen schon seit einiger Zeit ein Wandel vollzogen hat. Bejahen Sie jetzt diese Änderung. Stehen Sie zur Erneuerung. Sie wissen schon länger, daß Ihr Wagen eine Generalüberholung, Ihr Haus eine Totalrenovierung braucht. Packen Sie es jetzt an. Sie haben alle Voraussetzungen dafür. Natürlich lassen Sie die Teile ganz, die gut funktionieren. Sie sollen das Haus ja nicht abreißen und ein neues bauen. Aber renovieren Sie gründlich. Reißen Sie Wände ein, die Sie nicht mehr brauchen, und schaffen Sie sich dadurch mehr Lebensraum, mehr Licht und Luft.

Kurz: Ziehen Sie mit Ihren Gewohnheiten und Einstellungen den in Ihrem Innersten längst vollzogenen Wandel nach. Statt der derzeitigen Verwirrung werden Sie eine neue Ordnung haben, eine, die nicht auf alten übernommenen Mustern aufgebaut ist, sondern die Sie sich selbst aus Ihren innersten Bedürfnissen heraus geschaffen haben.

Die Linien

Unterste Linie:

Hinterfragen Sie jetzt das, was Sie einfach von der Erziehung oder von der Gesellschaft übernommen haben, ob es wirklich Ihren Idealen entspricht. Tut es das nicht, dann werfen Sie es auf den Müll.

Zweite Linie:

Überprüfen Sie nicht nur Ihre Standpunkte und Lebenseinstellungen, sondern auch Ihre Gefühle und Stimmungen. Sind es wirklich Ihre eigenen oder sind es von den Eltern übernommene?

Dritte Linie:

Sie werden sich am Anfang manchmal nach dem Alten, Über-Bord-Geworfenen zurücksehnen, aber Sie brauchen Ihren Schritt nicht zu bereuen. Das Neue wird Sie auf die Dauer entschädigen.

Vierte Linie:
Sie sind versucht, beim Alten zu bleiben. Lieber das Alte erdulden als das Neue wagen. Aber dadurch erreichen Sie nichts. Wagen Sie es.
Fünfte Linie:
Sie gehen die Veränderung an. Anstelle alter Denkmuster bauen Sie sich neue auf. Wenn Sie bestimmt, aber behutsam vorgehen, werden Sie von anderen Menschen Anerkennung finden.
Sechste Linie:
Sie folgen Ihrer Intuition und nicht dem, was man Ihnen sagt. Sie sind frei und nehmen Ihr Schicksal selber in die Hand. Ihr Verhalten ist für andere ein Vorbild.

Meditation
Wenn Sie die im folgenden beschriebene Meditation machen wollen, dann nehmen Sie sich Zeit dafür. Lesen Sie den Abschnitt genau durch. Gehen Sie dann in die Entspannung, wie es zu Beginn des Buches beschrieben ist. Lassen Sie sich Zeit. Wenn Sie spüren, daß Ihr Körper ruhig und entspannt ist, beginnen Sie mit der nachstehenden Übung.

Stellen Sie sich einen Raum oder ein Haus vor. Lassen Sie einfach die Bilder kommen, die Ihr Unterbewußtsein Ihnen anbietet. Vielleicht sehen Sie einen Raum aus Ihrer Kindheit oder aus einem Film oder Ihren jetzigen Raum, in dem Sie leben. Betrachten Sie die Möbel, den Teppich, die Vorhänge. Sehen Sie sich einfach in dem Zimmer (oder Haus) um, als wären Sie ein neugieriger Besucher. Lassen Sie sich Zeit dabei.

Und jetzt stellen Sie sich vor, Sie hätten das Geld und die Möglichkeit, diesen Raum (oder dieses Haus) ganz nach Ihren Vorstellungen umzubauen, neu einzurichten. Gehen Sie mit derselben Begeisterung daran, die Sie immer haben, wenn Sie etwas verschönern können. Spüren Sie die Lust, Ihrer Phantasie freien Lauf lassen zu können. Schaffen Sie in Ihrem Bild alles herbei, was den Raum (oder das Haus) zu Ihrem Traumschloß macht.

Mit derselben Begeisterung und Phantasie können Sie auch sich selbst umgestalten, denn zwischen diesem vorgestellten Haus und

Ihrem Inneren besteht kein Unterschied. Bauen Sie um – statt nur davon zu träumen.

Suggestion
Ich erneuere mein Leben so, daß es meinen Wünschen und Vorstellungen entspricht.

19. LIN – Ich baue auf

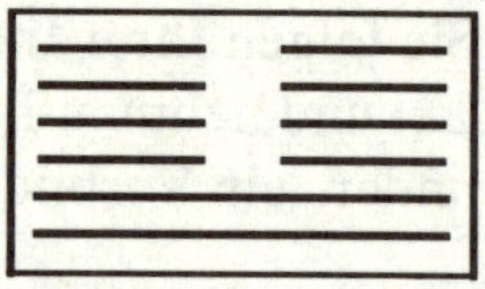

Das Bild
Der Frühling naht. Die Sonne hat sich gewendet und steigt empor. Die lichte Kraft ist wieder im Aufsteigen begriffen. Lin bedeutet »Großwerden« und »Annäherung« (an das Große, an den Sommer). Es steht auch für Inangriffnahme von Geschäften und das Lehren des Volkes. Acht Monate dauert diese Phase, so sagt das I Ging, dann wird das Vordringen wieder vom Rückzug abgelöst.

Die Bedeutung
Bauen Sie jetzt auf, was immer es ist. Beginnen Sie eine neue Beziehung oder verstärken Sie die bestehende. Eröffnen Sie ein Geschäft oder bauen Sie ein Haus. Starten Sie mit neuen Projekten genau jetzt. Sie haben den Elan und die Energie des Frühlings.

Lassen Sie sich von dieser Kraft mitreißen, aber fallen Sie nicht in einen Machtrausch, nur weil Sie glauben, nichts könne mehr schieflaufen. Sie können im Moment sehr viel erreichen, aber das Hexagramm Lin warnt auch, daß dieser Elan nach acht Monaten ohnehin wieder einer langsameren Gangart weicht. Alles wandelt sich ständig. Darum fordert uns das I Ging dazu auf, jeweils den richtigen Zeitpunkt für das richtige Verhalten zu erkennen und die Gunst der Stunde zu nutzen.

Die Zeit ist jetzt günstig für Sie, etwas Neues in Bewegung zu setzen. Wenn Sie es mit anderen Menschen gemeinsam tun, dann delegieren Sie, beziehen Sie die anderen mit ein. Es wird Ihr Projekt fördern, und

Sie können stets auf die Hilfe dieser Menschen zählen. Bauen Sie jedoch nicht Ihr Selbstvertrauen auf diese Erfolge auf, sonst sind Sie später erschüttert, wenn der rasante Aufstieg zum Stehen kommt.

Ihr Selbstvertrauen gründet sich auf das Einssein mit der höheren Ordnung, das Sie immer dann spüren, wenn Sie gemäß der Qualität der Zeit handeln, wenn Sie also das Richtige zum richtigen Zeitpunkt tun. Ihr Unterbewußtsein sagt Ihnen, wann jeweils der richtige Augenblick gekommen ist. Das I Ging ist das Sprachrohr Ihres Unterbewußtseins und es rät Ihnen jetzt: Bauen Sie auf.

Die Linien

Unterste Linie:
Sie ziehen Gleichgesinnte an, die mit Ihnen gemeinsam das Neue schaffen wollen. Seien Sie korrekt und bleiben Sie zielstrebig.

Zweite Linie:
Sie haben stetigen Erfolg, vielleicht gerade deswegen, weil Sie nie vergessen, Schwierigkeiten miteinzukalkulieren.

Dritte Linie:
Es geht nicht so recht vorwärts. Erkennen Sie Ihre Fehler, und weiteren Fortschritten steht nichts mehr im Wege. Seien Sie jetzt selbstkritisch.

Vierte Linie:
Sie haben Ihr Ziel erreicht und die richtige Entscheidung getroffen: Sie beziehen Ihre(n) Partner in den Erfolg mit ein. Das schafft eine solide Grundlage für das neue Werk.

Fünfte Linie:
Sie haben jetzt eine führende Position inne. Man sucht Ihren Rat. Bewahren Sie sich Ihre Besonnenheit und Ihr kritisches Abwägen.

Oberste Linie:
Sie sind nicht nur klug, sondern Sie haben auch Herz. Sie wissen, daß Führung nicht nur den Kopf erfordert. Bleiben Sie bei Ihrer Mitmenschlichkeit.

Meditation

Nehmen Sie sich Zeit und holen Sie sich Papier und Schreibgerät. Notieren Sie sich dann alle Ziele, die Sie sich vorgenommen, aber noch nicht verwirklicht haben. Egal, was es ist, ob Sie zum Friseur gehen oder eine Symphonie komponieren wollen: Schreiben Sie alle Ziele nieder, die wichtig für Sie sind und die Sie wirklich erreichen möchten.

Legen Sie dann für jedes dieser Ziele einen eigenen Zettel an. Darauf notieren Sie als Überschrift Ihr gestecktes Ziel. Darunter eröffnen Sie drei Spalten. Schreiben Sie unter der ersten (linken) Spalte alle Ihre Widerstände auf, die Sie davon abhalten könnten, Ihr Ziel zu verwirklichen. Wenn Sie die Liste mit den Widerständen und Hindernissen komplett haben, schreiben Sie in großen roten Buchstaben quer über die ganze linke Spalte DANKE. Sie anerkennen und akzeptieren damit, daß es Widerstände, Hindernisse gibt.

Aber Sie halten sich damit nicht weiter auf, sondern gehen zur nächsten, zur mittleren Spalte. Hier setzen Sie die Überschrift Meilensteine/Teilziele. Untergliedern Sie jetzt Ihr Ziel in Teilziele und setzen Sie sich dafür Termine. Ein Beispiel: Sie möchten Italienisch lernen (Ziel). Unter der Rubrik Teilziel würde dann stehen: Lehrpläne von Sprachinstituten und von der Volkshochschule besorgen / bis 31. 12.; Lehrbücher kaufen, einschreiben / bis 15. 2.; erster Kurs / ab 1. 3.; Folgekurs / ab 15. 9.; Schifahren Südtirol (wegen Sprachübungen) / 26. 12.–4. 1.; dritter Kurs / ab 1. 3.; Sommerurlaub Italien ... und so weiter. Schreiben Sie Ihre Teilziele/Meilensteine der Übersicht halber untereinander.

In die dritte (rechte) Spalte füllen Sie die für das jeweilige Teilziel geeigneten Gesprächspartner ein. Das wären, um beim obigen Beispiel zu bleiben, für die Lehrpläne usw. Lehrkräfte, Beratung durch Institute bzw. Volkshochschule; für die Kurse: Lehrgangsteilnehmer, Lehrkräfte; für die Urlaube: Freunde, Ehepartner oder Familie. Ziehen Sie diese Gesprächspartner hinzu und bitten Sie sie um ihre Unterstützung für Ihr Ziel.

Dann ziehen Sie einen Strich unter Ihre drei Spalten und schreiben als Endziel das Datum hin, bis zu dem Sie Ihr Ziel verwirklicht haben möchten.

Suggestion
Zielstrebig erreiche ich alles, was ich mir vorgenommen habe.

20. GUAN – Ich betrachte

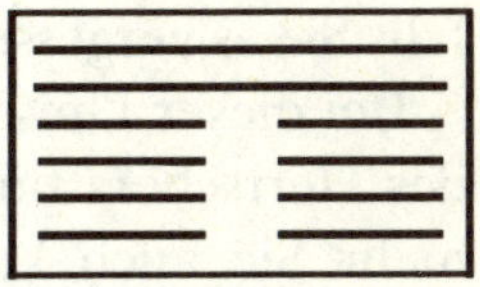

Das Bild
Ein Turm oder ein Baum steht in der Ebene. Von beiden aus kann man das Land überblicken. Umgekehrt sind beide weithin sichtbar. Guan zeigt so den Herrscher, der auf die Geschicke seines Volkes sieht und umgekehrt von den Massen als Vorbild angesehen wird. Ein zweites Bild ist in diesem Hexagramm enthalten: Der Wind weht über die Erde hin und erreicht jeden Grashalm, wie auch der Herrscher alle seine Untertanen überblickt und seine Maßnahmen für jeden gültig sind.

Die Bedeutung
Sie müssen kein Vorgesetzter sein, damit dieses Hexagramm für Sie einen Sinn ergibt. Es gilt für jeden. Es fordert Sie auf, Ihren Horizont zu erweitern, auf den Turm zu gehen und herabzublicken, die Dinge einmal aus der Vogelperspektive zu betrachten, um die tiefere (Sie könnten auch sagen: höhere) Bedeutung zu erfassen. Wie oft laufen wir nur geschäftig wie die Ameisen auf dem Boden herum, erschöpfen uns in der Erledigung unserer Alltagsaufgaben – und fragen uns dann, was das eigentlich alles soll.

Entdecken Sie wieder die größeren Zusammenhänge. Nehmen Sie in Ihrer Betrachtung Abstand von den Verstrickungen: Probleme mit dem Partner, Schwiegermutter krank, eine unbezahlte Rechnung, Ärger mit den Arbeitskollegen und so weiter. Gehen Sie einmal zurück in Ihre Jugend. Was ist aus Ihren Träumen und Zielen geworden? Wo stehen Sie heute im Hinblick auf die Verwirklichung dieser Ideale?

Gehen Sie ständig weiter auf Ihrem Weg oder haben Sie Ihre Ziele ganz aus den Augen verloren?

Das Hexagramm Guan zeigt Ihnen, daß jetzt der ideale Augenblick für eine derartige Bestandsaufnahme, für einen Überblick ist. Sie werden dabei Ihre Alltagsroutine in völlig neuem Licht sehen, denn viele dieser täglichen Kleinigkeiten stehen durchaus in Beziehung zu Ihren höheren Zielen. Machen Sie sich das jetzt bewußt, falls Sie es vergessen haben.

Bei dieser Umschau ist es möglich, daß sich tatsächlich der Aspekt des Herrschers für Sie einstellt. Je mehr Überblick Sie gewinnen, je mehr Sie auch kleine Ereignisse großen Zielen zuordnen können, desto mehr werden die Menschen, die noch in ihrem Alltagstrubel gefangen sind, zu Ihnen aufblicken. Sehen Sie dies dann als Auftrag zu helfen – nicht als Beginn von Überheblichkeit.

Die Linien

Unterste Linie:

Sie betrachten die Dinge. Achten Sie jetzt darauf, daß Sie nicht an der Oberfläche stehen bleiben. Für einen wirklichen Überblick müssen Sie noch weiter fragen.

Zweite Linie:

Wenn Sie nur einen flüchtigen Blick auf die Dinge werfen, bringt Ihnen das nichts. Nutzen Sie die Gunst der Stunde. Vertiefen Sie sich.

Dritte Linie:

Nehmen Sie sich Ihr ganzes bisheriges Leben vor. Nur dann sehen Sie klarer, wo Sie derzeit stehen.

Vierte Linie:

Betrachten Sie Ihre Ziele und Träume. Überprüfen Sie, was aus Ihren Idealen geworden ist. Lassen Sie jetzt die Alltagsprobleme einmal beiseite.

Fünfte Linie:

Ihr jetziges Leben ist das Ergebnis vorangegangener Gedanken und Taten. Versöhnen Sie sich mit allem, auch mit Ihren Fehlentschei-

dungen. Nur wenn Sie die Einstellung zu Ihrer Vergangenheit in dieser Form ändern, können Sie auch eine positive Zukunft gestalten.
Oberste Linie:
Sie sind noch nicht mit Ihrem jetzigen Stand zufrieden. Betrachten Sie Ihr Jetzt nicht so kritisch, sondern als wichtiges Durchgangsstadium zu Ihren eigentlichen Zielen. Setzen Sie Ihre Unzufriedenheit als Motor für die Zukunft ein.

Meditation
Machen Sie folgende Übung, nachdem Sie Rückschau auf Ihr Leben gehalten haben, aber versöhnen Sie sich vorher mit Ihrer Vergangenheit. Allein daß Sie diese Zeilen lesen, zeigt, daß Sie auf dem richtigen Weg nach vorn sind. Was Sie früher getan haben, waren wichtige Schritte auf diesem Weg.

Lassen Sie ab jetzt jeden Tag vor dem Schlafengehen – nachdem Sie Ihren Körper entspannt haben – noch einmal den Tag vor sich ablaufen, wie einen Film. Halten Sie den Film jedoch nur an den Stellen an, an denen Sie spüren: »Das hat mich im Hinblick auf meine Träume und Ziele weitergebracht.« Das müssen keine großen Dinge sein: ein Gedanke, ein Gespräch, was auch immer. Erinnern Sie sich daran. Seien Sie dankbar dafür. Freuen Sie sich: Sie sind wieder einen Schritt weitergekommen.

Wenn Sie das täglich machen, werden Sie überrascht sein, welche Fort-Schritte Sie machen. Und: Sie schlafen besser.

Suggestion
Alles, was ich tue, dient der Verwirklichung meiner Ziele und Träume.

21. SCHI HO – Ich beiße mich durch

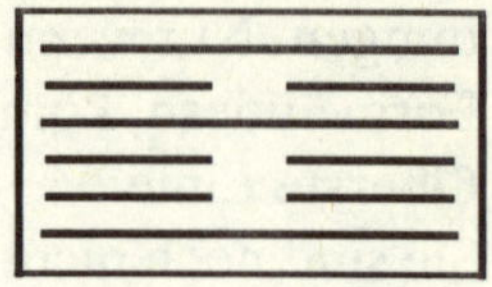

Das Bild

Zwischen den Zähnen ist ein Hindernis, und die Lippen lassen sich nicht zusammenbringen. Das Hindernis muß erst durchbissen werden. Schi Ho zeigt auch Donner und Blitz, die notwendig sind, um störende Spannungen in der Natur zu beseitigen. Ebenso ist in diesem Hexagramm das Bild des Richters enthalten, der durch Prozeß und Strafe die gestörte Ordnung wiederherstellt.

Die Bedeutung

Nicht alles im Leben geht reibungslos über die Bühne. Das Hexagramm Schi Ho weist Sie darauf hin, daß jetzt für Sie eine Zeit kommt, in der Sie mit Widerständen rechnen müssen. Gleichzeitig zeigt es Ihnen, wie Sie mit diesen Widerständen fertig werden können.

Sehen Sie in den Widerständen nicht unüberwindbare Hindernisse. Wenn Ihnen eine Aufgabe Kopfzerbrechen bereitet, wenn Ihre Beziehung Disharmonien zeigt, dann bedeutet das nur, daß von Ihnen ein höherer Einsatz, ein größeres Engagement gefordert ist. Stellen Sie sich nicht gleich in Frage, nur weil die Dinge nicht (mehr) so leicht von der Hand gehen. Sie wachsen an Ihren Schwierigkeiten.

Möglicherweise waren Sie nur etwas zu nachlässig mit sich selbst. Eventuell haben Sie aus Trägheit Ihre eigenen Richtlinien vergessen. Üben Sie jetzt etwas mehr Selbstdisziplin. Das heißt nicht, daß Sie mit sich ins Gericht gehen sollen.

Das Hexagramm Schi Ho gemahnt an das Bild des weisen Richters, und der ist immer zuerst nachsichtig. Hadern Sie mit sich, weil Sie schlechte Gewohnheiten haben? Vielleicht wollten Sie schon seit Wochen das Rauchen aufgeben, pünktlicher sein, weniger essen, konsequenter Ihre Ziele verfolgen, mehr tun oder unternehmen. Wenn Sie sich dafür verdammen, machen Sie nur aus der Fliege einen Elefanten. Fragen Sie lieber wie ein weiser Richter nach den Ursachen. Warum sind Sie inkonsequent? Vielleicht ist es die einzige Möglichkeit für Sie, dem Streß zu entkommen, sich einen kleinen privaten Freiraum zu schaffen. Die Lösung des Problems wäre in diesem Fall keine Selbstzüchtigung, sondern, sich mehr Zeit und Raum für sich zu nehmen. Sie werden sehen, wie konsequent Sie auf einmal wieder sein können.

Dieses Beispiel sollte nur erläutern, daß für Sie jetzt der Zeitpunkt gekommen ist, nach den Ursachen Ihrer Widerstände und Hindernisse zu forschen – wie ein gütiger Richter, der ja auch zu verstehen versucht, was den Täter zur Tat getrieben hat. Verständnis statt Härte. Wenn Sie nach dem Motiv Ihrer kleinen ›Gesetzesüberschreitungen‹ fragen, statt sie als naturgegebene Schwächen (»Ich bin halt kein vollkommener Mensch«) hinzunehmen, dann erfahren Sie etwas über sich selbst.

Sie entdecken, daß Ihre Widerstände und Hindernisse richtig und notwendig sind, um Sie aufmerksam zu machen: Hier muß etwas korrigiert werden. Wenn in Ihrem Auto ein rotes Warnlicht aufleuchtet und Ihnen anzeigt, daß kein Öl mehr im Motor ist, dann ärgern Sie sich auch nicht über die Blinkleuchte, sondern korrigieren den Fehler und füllen Öl nach. Natürlich bedeutet das erst einmal: den Wagen anhalten, Öl holen und nachfüllen. Halten Sie jetzt an und korrigieren Sie den Fehler. Warten Sie nicht, bis der Motor einen Kolbenfresser hat, bis Sie also nichts mehr korrigieren können.

Die Linien

Unterste Linie:
Sie haben eine kleine Strafe erhalten. Seien Sie jetzt nicht erschüttert, sondern nehmen Sie sie als Lektion, die Sie lernen mußten.

Zweite Linie:
Sehen Sie den Hinweis, das Warnlicht. Nur so können Sie mehr Strafe (Leid) vermeiden. Sie können sich nicht mehr einfach so durchmogeln.

Dritte Linie:
Sie sind auf alte Hindernisse und Widerstände gestoßen und fürchten, davor kapitulieren zu müssen. Fragen Sie nach den Ursachen und Motiven, kümmern Sie sich zunächst nicht um die Beseitigung oder Überwindung.

Vierte Linie:
Jetzt heißt es: hartnäckig bleiben, nicht klein beigeben, auch wenn die Schwierigkeiten gewaltig zu sein scheinen. Sie haben genug Kraft.
Fünfte Linie:
Am Ende wird für Sie entschieden. Sie sind sich bewußt, in welch komplizierter Situation Sie sich befinden, und bewahren einen kühlen Kopf. Das wird schließlich alles klären.
Oberste Linie:
Hören Sie auf Ihre Intuition. Machen Sie die Augen auf. Den Kopf in den Sand zu stecken bringt Sie nicht weiter. Stellen Sie sich der Situation.

Meditation
Wenn Sie die im folgenden beschriebene Meditation machen wollen, dann nehmen Sie sich Zeit dafür. Lesen Sie den Abschnitt genau durch. Gehen Sie dann in die Entspannung, wie es zu Beginn des Buches beschrieben ist. Lassen Sie sich Zeit. Wenn Sie spüren, daß Ihr Körper ruhig und entspannt ist, beginnen Sie mit der nachstehenden Übung.

Stellen Sie sich eine Wiese im Frühsommer vor. Ich habe dieses Bild ausführlich in der Meditation zum Hexagramm Nr. 17 (Sui – Ich folge nach) beschrieben. Erschaffen Sie sich dieses Erlebnis auf der Wiese vor Ihrem geistigen Auge, indem Sie einfach in dieses zunächst vorgestellte Bild einer herrlichen Wiese mehr und mehr mit Ihren Sinnen eintauchen: riechen, hören, schmecken, fühlen, was auf dieser Wiese um Sie herum geschieht.

Vor sich auf einem kleinen Hügel entdecken Sie eine Kapelle. Sie entschließen sich, zu ihr hinaufzusteigen. Der Schwerpunkt dieser Meditation liegt nun in dem Weg von der Wiese zur Kapelle. Stellen Sie sich einfach vor, wie Sie hinaufgehen. Sie sehen Bäume und Sträucher links und rechts des Weges. Möglicherweise begegnen Ihnen Menschen. Vielleicht stoßen Sie auf Hindernisse: umgestürzte Bäume, ein Bach, über den Sie springen müssen, etc. Lassen Sie einfach die Bilder kommen, die in Ihnen hochsteigen, und seien Sie sich sicher: Sie werden zum Schluß an der Kapelle anlangen – so, wie Sie auch alle

Widerstände in Ihrem Leben überwinden werden. Schauen Sie dann vom Hügel auf die hinter Ihnen liegenden Hindernisse und fühlen Sie, daß Sie stolz auf sich sein können. Kosten Sie diese Erfahrung aus, sie gibt Ihnen Kraft im Alltag. Gehen Sie dann in die Kapelle, genießen Sie Ihren Erfolg und lassen Sie sich mit der Stille der kleinen Kirche belohnen. (Sie finden eine nähere Beschreibung ebenfalls in der Meditation zum Hexagramm Nr. 17.)

Suggestion
Leichtfüßig überwinde ich alle Widerstände und Hindernisse.

22. BI – Ich verziere

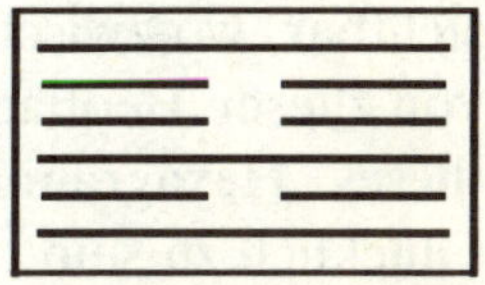

Das Bild
Ein Feuer bricht aus den Tiefen der Erde empor und erleuchtet und verschönt den Berg. Schöne Form ordnet den Inhalt. Die Welt wird schön und heiter, sie wird zur Kunst, zur Vorstellung. Der Kampf des Daseins tritt zurück. Die Zierde steht im Vordergrund.

Die Bedeutung
Dies ist nicht die Zeit für schwerwiegende Entscheidungen. Das Hexagramm Bi weist auf eine Phase der Muse hin. Verschönern Sie jetzt Ihr Haus, Ihre Wohnung. Kaufen Sie sich neue Kleider. Schmücken Sie sich. Pflegen Sie sich. Für alles gibt es eine Zeit. Das I Ging erklärt Ihnen stets, in welcher Zeit Sie gerade sind. Wenn Ihnen daher jetzt so gar keine zündenden Ideen einfallen wollen, wie Sie ein Problem anpacken sollen, wenn Sie so gar keine Lust haben, immer nur Pflichten zu sehen, dann wundern Sie sich darüber jetzt nicht.

Sie brauchen im Moment die Ruhe, die von der Schönheit der Dinge ausgeht. Sie werden Freude an Farben und Formen haben, denn auch die Anmut und die Schönheit sind wichtige Bestandteile unseres Lebens. Entdecken Sie das Kunstwerk der Natur in seinen Pflanzen und Tieren. Bestaunen Sie die Kreativität der Menschen, mit denen sie Kunst geschaffen und sogar die ganz alltäglichen Gebrauchsgegenstände verschönert haben. Wieviel Anmut steckt oft in einer Blumenvase, einem Möbelstück. Betrachten Sie, was Designer heute an Formen entwickeln in der Mode oder in der Werbung, in der Fotografie oder im Entwerfen von Autos, Möbeln und auch von Haushaltsgeräten.

Sich dieser Kunst einmal zu öffnen, sie wahrzunehmen, schafft auch für Sie selbst die Möglichkeiten, Ideen zu entwickeln, wie Sie mehr Anmut, mehr Schönheit in Ihren Alltag bringen können. Sie werden im Kleinen entdecken, was Sie in der darstellenden und bildenden Kunst schon längst wissen: Wirkliche Schönheit ist dort sichtbar, wo zwischen Form und Inhalt eine Harmonie besteht. Und von dieser Beobachtung aus werden Sie auf einen zweiten Aspekt dieses Hexagramms stoßen: auf Ihre eigene innere Harmonie. Glücklich zu sein bedeutet auch beim Menschen eine Harmonie zwischen Form (äußere Welt, Lebensumstände) und Inhalt (Mensch, Psyche). Öffnen Sie sich den Schönheiten, die um Sie herum vorhanden sind, und spüren Sie, wie Sie dabei Glück und Zufriedenheit empfinden.

Die Linien

Unterste Linie:

Anmut hat nichts mit Bequemlichkeit zu tun. So wird Ihr Körper sicherlich nicht dadurch schöner, daß Sie ständig in Ihrem (schönen) Auto fahren. Entdecken Sie die Freude an der Bewegung.

Zweite Linie:

Vergessen Sie bei Ihrer Verschönerung der Form (Kleidung, Körper) nicht den Inhalt. Achten Sie ebenso auf Ihre Gedanken und auf Ihr Tun.

Dritte Linie:

Sie sind ein Genießer. Hin und wieder ein gutes Tröpfchen, ist Ihre Devise. Aber Sie lassen sich dadurch nie von Ihren Zielen abbringen. Sie halten die gesunde Balance.

Vierte Linie:
Sie übertreiben nicht, auch nicht in Ihren Liebesbeziehungen. Sie flirten gern, stehen aber doch zu Ihrer festen Bindung.
Fünfte Linie:
Sie lieben Ihre schöne Umgebung. Ihre Wohnung/Ihr Haus ist ein Schmuckkästchen. Übertragen Sie diese Schönheit auf Ihre innere Anmut. Lieben Sie sich mit derselben Hingabe wie Ihre Dinge.
Oberste Linie:
Sie finden Freude an der geradlinigen, einfachen Schönheit, weil diese Ihrem Wesen entspricht. Sie sind aufrichtig und klar.

Meditation
Wenn Sie die im folgenden beschriebene Meditation machen wollen, dann nehmen Sie sich Zeit dafür. Lesen Sie den Abschnitt genau durch. Gehen Sie dann in die Entspannung, wie es zu Beginn des Buches beschrieben ist. Lassen Sie sich Zeit. Wenn Sie spüren, daß Ihr Körper ruhig und entspannt ist, beginnen Sie mit der nachstehenden Übung.

Nehmen Sie sich Zeit und denken Sie an eine Fähigkeit, eine Eigenschaft von sich, die Sie als schön bezeichnen können. Es ist dabei gleichgültig, ob Sie diese Anlage ausgelebt haben bzw. ausleben oder nicht. Betrachten Sie diesen Teil Ihrer Persönlichkeit, freuen Sie sich daran, anerkennen Sie sich dafür.

Schließen Sie dann Ihre Augen und lassen Sie vor Ihrem geistigen Auge ein Bild entstehen, das diesen Teil von Ihnen symbolisiert. Ihr Unterbewußtsein wird Ihnen ein Bild zuspielen – egal, ob es eine Landschaft, ein Tier, ein Gegenstand, ein Kunstwerk oder was immer ist.

Betrachten Sie jetzt dieses Symbol näher. Entdecken Sie alle Details dieses Bildes. Beschäftigen Sie sich damit. Es wird in Ihnen wirken – heute und in den nächsten Tagen. Wenn Sie erfahren haben, welche Freude Ihnen diese Übung macht, dann nehmen Sie sich andere Teile Ihrer Persönlichkeit in derselben Weise vor.

Sie entdecken bei diesem Prozeß, wieviel Schönheit in Ihnen steckt. Sie werden sich wohler und glücklicher fühlen.

Suggestion
Ich bin innerlich und äußerlich schön.

23. BO – Ich füge mich

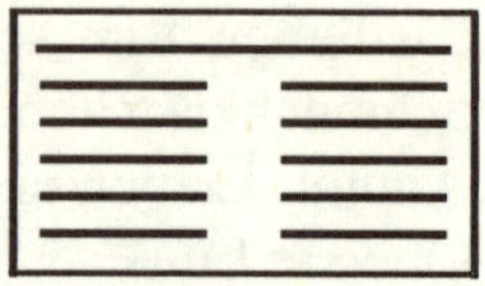

Das Bild
Eigenschaft der Erde ist es, sich fügsam hinzugeben. Eigenschaft des Berges ist die Stille. Das Hexagramm Bo besteht aus beiden Teilen. Für den Menschen bedeutet das, sich in die Zeit der Abnahme und Leere zu fügen. Die Zeiten der Zunahme und Fülle sind vorüber. Diesem Bild entspricht der Monat November, der nach der Fülle des Sommers und der Abnahme des Herbstes die Leere des Winters einleitet. So unterliegt alles einem ständigen Wechsel.

Die Bedeutung
Harmonie bedeutet Balance von Yin- (weiblicher) und Yang- (männlicher) Energie. Diese Ausgeglichenheit ist jedoch kein Naturgesetz, sondern stellt sich immer nur für befristete Zeit ein. Jetzt, das zeigt das Hexagramm Bo, ist die Phase der Harmonie zu Ende, die weiblich-passiven Energien überwiegen. Aus jahrtausendealter Erfahrung raten die Chinesen, diesen Wechsel zu akzeptieren. Das heißt: Nehmen Sie nicht nur hin, daß Sie derzeit passiv, still und zurückgezogen sein sollten, sondern bejahen, begrüßen Sie diese Zeit. Denken Sie an den November, in dem Sie ebenfalls von der Natur gezwungen sind, sich nach drinnen zurückzuziehen.

Sie werden jetzt stark mit Ihren Gefühlen konfrontiert. Leben Sie diese auch aus. Weinen Sie, wenn Ihnen danach ist, seien Sie traurig oder fröhlich, ernst oder albern. Stehen Sie zu Ihren Emotionen. Ihr Verstand ist später wieder dran.

Wir haben die Verbindung zum Hinnehmen des ständigen Wechsels verloren. Noch vor ein-, zweihundert Jahren lebten die Menschen im natürlichen Rhythmus der Jahreszeiten. Die Bräuche belegen uns das.

Für unsere Vorfahren war es kein Problem, die Stimmung des Novembers hinzunehmen, anzuerkennen, daß sie einfach ruhiger wurden im Winter. Das I Ging verschafft Ihnen den Zugang zu Ihrem Unterbewußtsein, und dieses (Ihre Intuition) führt sie zurück zu einem natürlichen Lebensrhythmus, zur Harmonie mit der kosmischen Ordnung. Indem Sie das I Ging zu Rate ziehen, sind Sie auf dem richtigen Weg.

Daher: Fügen Sie sich darein, daß Sie eine passive Phase haben, in der Sie mehr nehmen als geben. In meiner Praxis habe ich die Erfahrung gemacht, daß besonders Männer Probleme damit haben. Tun Sie es freiwillig. Warten Sie nicht, bis Sie eine Krankheit dazu zwingt, einmal kürzer zu treten. Nutzen Sie die Zeit zur Besinnung. Geben Sie lieber etwas von sich her, bevor Sie sich auf Auseinandersetzungen einlassen. Und verwechseln Sie Ruhe nicht mit Faulheit.

Die Linien

Unterste Linie:

Man will Sie nicht in Ruhe lassen, weil Sie nicht genug dazu stehen, daß Sie Ruhe brauchen. Seien Sie klar und legen Sie Ihren Standpunkt fest.

Zweite Linie:

Sie spüren, daß es Ihren Mitmenschen Spaß macht, gerade jetzt, da Sie sich schwach fühlen, auf Ihnen herumzuhacken. Versuchen Sie kühl zu bleiben.

Dritte Linie:

Wenn Sie am Alten, zum Beispiel an alten Beziehungen, festhalten, gehen Sie mit ihnen unter. Orientieren Sie sich neu. Lassen Sie das Neue auf Sie zukommen.

Vierte Linie:

Die Wahrheit ist jetzt möglicherweise bitter für Sie. Nehmen Sie sie hin. Sie glauben, Sie können erst später sehen, daß es gut so für Sie war? Sie können es schon jetzt, wenn Sie lernen, hinzunehmen, keinen Widerstand zu leisten.

Fünfte Linie:

Kehren Sie zurück zu Ihren Prinzipien. Sie stehen ja nicht in Wider-

spruch zu Ihren Gefühlen. Aber Ihre Ideale sollten immer wichtiger sein als Ihre Emotionen.
Oberste Linie:
Die Balance zwischen aktiv und passiv, zwischen Gedanken und Gefühlen kehrt langsam wieder zurück. Sie entdecken die guten Seiten der zurückliegenden Zeit des passiven Sich-Fügens.

Meditation
Wenn Sie die im folgenden beschriebene Meditation machen wollen, dann nehmen Sie sich Zeit dafür. Lesen Sie den Abschnitt genau durch. Gehen Sie dann in die Entspannung, wie es zu Beginn des Buches beschrieben ist. Lassen Sie sich Zeit. Wenn Sie spüren, daß Ihr Körper ruhig und entspannt ist, beginnen Sie mit der nachstehenden Übung.

Denken Sie 15 Minuten lang über die beiden Begriffe »Hinnehmen« und »Einverstandensein« nach. 15 Minuten lang betrachten Sie alles, was Ihnen zu beiden Worten einfällt, was beide für Sie bedeuten. Sie werden nach kurzer Zeit merken, wie sich Ihre Sinne auf beide Begriffe konzentrieren. Sie werden feststellen, daß es in den nächsten Tagen genügt, wenn Sie »Hinnehmen« und »Einverstandensein« vor sich hinsagen – und eine ganze Gedankenkette läuft vor Ihnen ab.

Diese Übung ist keineswegs eine Kopfarbeit, sondern bringt Sie in den Zustand der inneren Ruhe. Wenn Sie wollen, können Sie diesen Zustand verstärken, indem Sie sich jeweils zu Beginn der Betrachtung auf Ihren Atem konzentrieren, spüren, wie er in Sie ein- und ausströmt: in dem beruhigenden Rhythmus des Ein und Aus, den Sie vom Rauschen des Meeres oder vom Plätschern eines Baches her kennen. Lassen Sie sich in dieses Auf und Ab gleiten und spüren Sie, daß nichts anderes mehr wichtig ist. Kein Geräusch stört Sie. Ihre Gedanken sind beim »Hinnehmen« und »Einverstandensein«.

In diesem entspannten Zustand öffnet sich Ihr Unterbewußtsein. Seien Sie mit dem einverstanden, was es Ihnen zuspielt. Lassen Sie geschehen, daß es zu Ihnen spricht.

Spüren Sie hinterher die Ruhe und Entspannung, aber bewegen Sie wieder Ihre Arme und Beine, falls Sie nicht einschlafen wollen.

Suggestion
Ich bin mit mir und meinem Leben einverstanden.

24. FU – Es geht wieder aufwärts

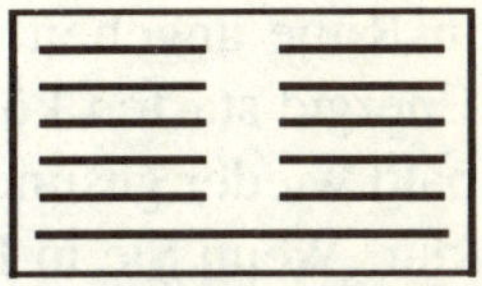

Das Bild
Das Hexagramm Fu entwirft das Bild der Wintersonnenwende. An seinem Höhepunkt, wenn alles starr und leblos erscheint, wendet sich der Winter wieder dem Frühling zu. Die Natur sammelt in der Ruhe die Kräfte, die es zum neuen Erblühen im Frühjahr braucht. Die Zeit des passiven Hinnehmens neigt sich ihrem Ende entgegen. Die aktive Yang-Energie ist noch gering, aber sie beginnt schon zu wirken.

Die Bedeutung
Nutzen Sie die Ruhe Ihrer noch spürbaren passiven Phase, um einmal zu erfühlen, wie sich in der Natur – also auch in Ihrem Leben – Wechsel, Veränderungen immer erst still und langsam ankündigen. Bleiben Sie daher noch in Ihrer Ruhe. Überstürzen Sie jetzt nichts.

Auch das gehört dazu, wenn Sie in Harmonie mit den natürlichen kosmischen Gesetzen leben wollen: Warten Sie geduldig, bis Sie es vor Tatendrang kaum noch aushalten. Dann ist die Zeit reif, aktiv zu werden. Momentan ist es noch nicht soweit. Sammeln Sie noch Ihre Kräfte. Stellen Sie sich geistig schon auf die Wende ein. Die Wende ist ja nicht etwas, was sich Politiker ausgedacht haben, sondern ein natürlicher Prozeß: Nach dem Winter folgt der Sommer, nach dem Abstieg der Aufstieg, nach der Ruhe die Bewegung, nach dem Weggang die Wiederkehr.

Nur wenn Sie innerhalb dieses Rhythmus leben, schwingen Sie in Harmonie. Ihre Intuition und das I Ging helfen Ihnen dabei. Ziel des I Ging ist es, Sie so sensibel für Ihre innere Stimme, Ihren inneren Rhythmus, Ihre Intuition zu machen, daß Sie das I Ging höchstens noch als Bestätigung dessen zu Rate ziehen, was Sie ohnehin schon wissen. Wenn Sie genau in sich hineinhorchen, hören Sie, daß Ihr Motor zwar schon läuft, aber noch nicht auf 6000 Umdrehungen hochgejagt werden möchte. Er will erst warm werden. Geben Sie Ihm die Zeit dafür. Unternehmen Sie keine großen Dinge. Lassen Sie alles in Ruhe angehen. Sie haben die Gewißheit, daß Sie bald mit mehr Energie starten können als je zuvor. Wenn Sie krank waren, sind Sie bald wieder gesund. Wenn Sie verwirrt waren, wird bald alles wieder klar. Wenn Sie in Probleme verstrickt waren, werden Sie bald in sich die Kraft zu deren Lösung finden. Es geht aufwärts. Sie können darauf warten.

Die Linien

Unterste Linie:

Sie erkennen, wo es noch hapert. Sie werden den Fehler kein zweites Mal machen. Bereuen Sie nichts, sondern danken Sie sich: Es hat Sie weitergebracht.

Zweite Linie:

Sie erhalten die Hilfe eines guten Menschen. Nehmen Sie sie an. Folgen Sie seinen Ratschlägen, sie kommen zur rechten Zeit.

Dritte Linie:

Sie ändern ständig Ihre Richtung. Das tut Ihnen nicht gut, aber Sie finden auf Ihren Weg zurück. Dabei haben Sie unnötigen Ballast abgeworfen.

Vierte Linie:

Sie gingen Ihren Weg gemeinsam mit anderen. Jetzt ist es Zeit, zurückzukehren, umzudrehen. Lassen Sie die anderen dort bleiben, wenn sie wollen.

Fünfte Linie:

Sie haben alle Ihre Fehler erkannt. Sie haben sich geprüft und die Zeit der Ruhe genutzt. Jetzt kehren Sie wieder zurück, weiser und reifer geworden.

Oberste Linie:

Achten Sie auf die Anzeichen der Wende. Seien Sie wachsam, wann Sie die Umkehr (ein Zurück zu Aktivität, zu sich selbst, zum eigenen

Rhythmus, zur Normalität etc.) einleiten müssen. Schlafen Sie jetzt nicht.

Meditation

Nehmen Sie sich zwei Tage Zeit. Sie können dabei Ihrer ganz normalen Tätigkeit nachgehen. An dem einen Tag (es sollte schönes Wetter sein) beobachten Sie einmal die Natur, das Licht. Achten Sie schon morgens auf die verschiedenen Farbtöne und Geräusche, wenn der Morgen langsam die Nacht vertreibt, dann Stunde um Stunde sich wandelt in den hellen Mittag. Beobachten Sie, wie die Sonne von der Höhe ihres Standpunkts und ihrer Kraft absteigt in den Nachmittag. Sehen Sie dann dem aufregenden Schauspiel des Sonnenuntergangs zu, wie die Nacht noch Zeit braucht, um das Sonnenlicht zu schlucken. Schließlich, wie auch die Dunkelheit der Nacht erst allmählich vom tiefdunklen Blau ins Schwarz wechselt. Es ist ein ständig fließender Wechsel mit drei Wendepunkten (Morgen – Mittag – Abend).

An dem anderen Tag spielen Sie noch einmal den Zuschauer. Wählen Sie diesmal als Objekt Ihren Körper. Fühlen Sie die unterschiedliche Energie während des Tages, den Wechsel des Geruchs. Beobachten Sie Ihren Körper, als müßten Sie ein außerirdisches Wesen in einem Bericht auf einem medizinischen Kongreß beschreiben.

Sie werden die Erfahrung machen, daß alles einem beständigen Wandel unterliegt und daß die Wendepunkte keine plötzlichen Umbrüche sind. Alle Veränderung vollzieht sich allmählich (mit Ausnahme von Naturkatastrophen, Kriegen und Krankheiten, aber auch die bahnen sich erst langsam an).

Suggestion

Ich schwinge im natürlichen Rhythmus.

25. WU WANG – Ich bin unschuldig wie ein Kind

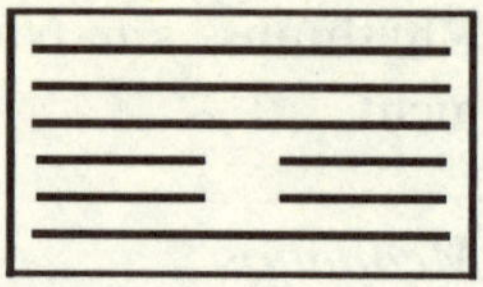

Das Bild

Der Donner regt sich wieder im Frühling. Alle Kreatur erhält von der schaffenden Natur ihre ursprüngliche kindliche Unschuld und folgt dem Gesetz des Himmels. Das Zeichen Wu Wang umschreibt damit das Bild des Paradieses: Alles geschieht ohne Überlegung und Absicht, und es überträgt dieses Bild auf den Menschen. Wenn er sich von seiner Unschuld leiten läßt, ohne an Lohn oder Vorteil zu denken, stimmen seine Handlungen mit dem Willen des Himmels überein.

Die Bedeutung

In der Theaterkritik heißt es: Man merkt die Absicht und ist verstimmt. Dieser Grundsatz trifft nicht nur auf die Kunst zu, sondern auch auf das Hexagramm Wu Wang. Es fordert dazu auf, die Dinge um ihrer selbst willen zu tun. So wie ein Theaterstück langweilt, bei dem in jedem Dialog die Moral von der Geschicht' durchkommt, so ist auch unser Handeln erfolglos, wenn wir bei jedem Handgriff fragen: »Was bringt mir das ein, was kriege ich dafür?«

Das Hexagramm ermahnt zu einem Zurück zur Unschuld, die wir als Kinder hatten. Tun Sie jetzt einfach einmal so, als wären Sie noch ein Kind. Entdecken Sie die Welt wieder neu. Sie werden feststellen, wie weit Sie sich von den Dingen entfernt haben durch Ihre Vorstellung davon, Ihre Wünsche und Erwartungen.

Kennen Sie nicht auch die Gäste, die mit Ihnen seit dem Kaffeetrinken darüber sprechen, was sie sich vom Abendessen in diesem speziellen Lokal erwarten? Im Restaurant angekommen, wird dann die Erwartung unerträglich: »Was dauert das heute so lange!« Ist dann das Menü auf dem Tisch, wird gewertet und verglichen: »Neulich war es aber feiner gewürzt. Kennen Sie das Restaurant X? Also da ißt man eigentlich noch besser!« Vorstellungen, Erwartungen, Wertungen sind Produkte des Verstandes (von Erwachsenen). Sie halten uns vom eigentlichen Erleben ab. Beobachten Sie ein Kind, das zum ersten Mal eine Speise probiert. Es ist mit all seinen Sinnen dabei – ganz im Hier und Jetzt des Probierens.

Versuchen Sie, im Hier und Jetzt zu sein, zu erleben, was geschieht. Lassen Sie den ganzen Müll von »Das ist aber besser als« bis »Da hätte ich mir aber mehr erwartet« einfach weg, denn er wird Ihre Erfahrung vom Sein niemals bereichern, sondern nur schmälern. Erkennen Sie, daß nicht die Erlebnisse an sich negativ sind, sondern nur Ihre Beurteilung sie negativ bewertet.

Machen Sie die Erfahrung, daß Sie mit der Unschuld, mit der Spontaneität eines Kindes mehr Glück erleben und zehnmal soviel Erfolg haben wie mit der festgefügten Starrheit eines Erwachsenen.

Die Linien

Unterste Linie:

Folgen Sie Ihrer Intuition. Lassen Sie einmal alle Hintergedanken weg. Tun Sie die Dinge um ihrer selbst willen.

Zweite Linie:

Denken Sie beim Pflügen nicht ans Ernten. Machen Sie eine sinnliche Erfahrung davon, was Pflügen ist. Die Ernte wird doppelt so reich sein.

Dritte Linie:

Sie zweifeln an Ihrer Intuition (Unschuld), weil Sie etwas verloren haben. Akzeptieren Sie es. Es ist der ewige Kreislauf: Was Ihnen heute genommen wird, erhalten Sie morgen auf andere Weise zurück.

Vierte Linie:

Sie bleiben bei Ihrem neu eingeschlagenen Weg. Probleme und Schwierigkeiten sind nur noch ein Nachklapp der Vergangenheit. Lassen Sie sich dadurch nicht beirren.

Fünfte Linie:

Wenn Sie krank sind oder werden, vertrauen Sie auf Ihre selbstheilenden Kräfte. Auch Krankheiten sind oft nur der Schlußpunkt unter einem falschen Weg, eine Erholungsphase, bevor es auf dem neuen Pfad nach vorn geht.

Oberste Linie:

Bewahren Sie Ihre Unschuld, aber handeln Sie jetzt nicht mehr. Es ist jetzt besser, abzuwarten. Versuchen Sie nicht, Ihre Glücksphase künstlich zu verlängern.

Meditation

Betrachten Sie einmal mehrere Tage lang die Motive Ihrer Handlungen, Ihre Hintergedanken und Verstellungen. Was veranlaßt Sie, dies oder das zu tun? Beobachten Sie gleichzeitig Ihre Gedanken. Spielen Sie ständig den Richter? Beurteilen Sie den Wert oder Unwert Ihrer Taten oder der Taten anderer? Schreiben Sie sich Ihre Erkenntnisse auf. Denken Sie darüber nach, besonders über den Begriff »Bewertung«.

Nehmen Sie sich dann noch einmal ein paar Tage Zeit und entwerfen Sie Pläne von dem, was Sie am liebsten tun würden. Schalten Sie bewußt den Gedanken »Was bringt mir das?« aus und ersetzen Sie ihn durch »Das würde mir einfach Spaß machen«. Gleichzeitig nehmen Sie sich vor, bei allem, was Sie tun, nur auf die sinnliche Erfahrung davon zu achten. Denken Sie also nicht beim Spazierengehen über die Steuererklärung oder das Gespräch mit Frau Huber nach. Spüren Sie Ihre Muskeln beim Gehen. Fühlen Sie, wie Ihre Füße auf dem Boden aufsetzen. Riechen Sie die Luft. Nehmen Sie die Umgebung wahr (aber sagen Sie nicht schon wieder: »Also hier müßte die Straße auch mal ausgebessert werden«). Betrachten Sie einfach.

Möglicherweise kommen Sie mit beiden Übungen weg von der passiven Ebene des »Was kriege ich dafür?« und hin zur aktiven Ebene des »Was kann ich geben, tun?«, weg von den Vorstellungen und Wertungen zum Sein und hin zum Erfahren des Hier und Jetzt.

Suggestion

Ich erlebe alles jeden Tag neu.

26. DATSCHU – Ich wende mein Wissen an

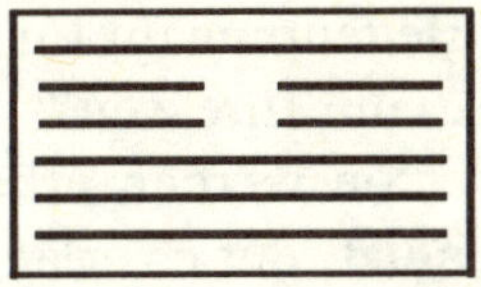

Das Bild

Der Himmel ist inmitten des Berges. Große schöpferische Kräfte werden festgehalten und angesammelt. Sie bringen Licht und Klarheit und eine tägliche Erneuerung des Charakters. Dieser wird gestärkt durch die Worte und Taten der Vergangenheit. Und so zeigt das Hexagramm Da Tschu auch den Weisen, der aus dem Wissen bedeutender Persönlichkeiten lernt.

Die Bedeutung

Das Leben ist ein ständiger Lernprozeß, und Sie haben schon eine Menge gelernt. Sie haben viel an Wissen angesammelt, haben Bücher gelesen, sich mit Wissenschaften und bedeutenden Persönlichkeiten beschäftigt. Jetzt – das will Ihnen das Hexagramm Da Tschu sagen – ist die Zeit, dieses Wissen anzuwenden. Fragen Sie sich, was Ihnen Ihre Lektüre, Ihre Schule, Ihre Fortbildung, Ihr Studium gebracht haben – nicht finanziell oder beruflich, sondern ganz persönlich. Was haben sie in Ihnen verändert? Was bewirkt das Lesen eines Buches beispielsweise in Ihnen, jetzt? (Wenn es nichts bewirkt, dann schreiben Sie mir bitte.) Verstehen Sie sich und das Leben besser dadurch, daß Sie das alles studiert haben?

Stellen Sie sich all diese Fragen. Überprüfen Sie jedes Wissensgebiet, ob es Ihnen für *Ihr* Leben Aufschlüsse gibt. Ich spreche hier vom Allgemeinwissen, nicht vom Fachwissen, wie z. B. Computerprogrammierung oder Automechanik, das Sie für Ihren Beruf brauchen. Überprüfen Sie auf diese Weise all Ihre Studien.

Möglicherweise haben Sie die Bedeutung Ihres Wissens für Ihr Leben noch nicht genügend entdeckt. Die Beschäftigung damit läßt Sie in Zukunft auch effektiver mit neuen Studien umgehen. Stellen Sie ab jetzt immer die Frage, ob das Buch, das Seminar, der Kurs, den Sie gerade beginnen, Sie wirklich interessiert. Haben Sie so etwas wie einen Wissensdurst auf das Thema, dann können Sie sicher sein, daß es

Bedeutung für Ihr Leben hat. Dient Ihnen das neue Wissen oder kostet es nur Ihre Zeit?

Sie werden erkennen: Es gibt kein objektives Wissen, das jedem nützt, der es erlangt. Ein Schafhirte mag aus der Beobachtung seiner Tiere mehr Weisheit schöpfen als ein Universitätsprofessor aus der Beherrschung seines Fachs.

Die Linien

Unterste Linie:
Warten Sie ab. Noch ist nicht der geeignete Augenblick, Ihr Wissen sinnvoll einzusetzen. Sie würden nur auf Widerstände stoßen.

Zweite Linie:
Es geht im Moment nicht ums Vorwärtskommen, sondern um die Besinnung. Ordnen Sie Ihr Wissen, bevor Sie etwas unternehmen.

Dritte Linie:
Sie haben genügend Geist und Wissen. Üben Sie erst einmal die Anwendung und sehen Sie, daß Sie dabei auch Wagnisse eingehen müssen.

Vierte Linie:
Sie benutzen Ihren Verstand und gehen besonnen daran, Ihr Wissen anzuwenden. Forschheit wäre jetzt fehl am Platz.

Fünfte Linie:
Immer noch gibt es Hemmnisse, die Sie nicht zur Entfaltung kommen lassen. Vertrauen Sie Ihrer Intelligenz. Sie wird alle Behinderungen oder Feinde überwinden.

Oberste Linie:
Jetzt haben Sie Ihr Wissen geordnet, Ihren Geist unter Kontrolle und im Einklang mit Ihrem Unterbewußtsein. Alle Behinderungen sind wie weggeblasen oder kehren sich in ihr positives Gegenteil.

Meditation

Gehen Sie in den nächsten Tagen (und Wochen) einmal alle Wissensgebiete durch, mit denen Sie sich im Laufe Ihres Lebens befaßt haben. Versuchen Sie herauszufinden, warum Sie sich gerade dafür interessiert haben. Stellen Sie die Verbindung zwischen den Wissensgebieten her. Welcher Bereich ist dominierend?

Ordnen Sie Ihr Wissen, indem Sie Ihre Aufzeichnungen katalogisieren, Ihr Bücherregal nach einem Schema sortieren, das für Sie jetzt einen Sinn ergibt. Ich tue das zum Beispiel alle paar Jahre. Das Ergebnis ist verblüffend. Vor 15 Jahren auf der Universität hatte ich einen großen Interessenschwerpunkt in Kultur und Geschichte, der sich dann in Psychologie wandelte und dann in Esoterik. Heute erkenne ich den roten Faden, denn ich kann alle Interessen- und Studiengebiete an der Geschichte aufbauen. Ich weiß, daß die Ansammlung meines Wissens (unterbewußt) sinnvoll abgelaufen ist. Ich erkenne, wie mein Unterbewußtsein mich nur immer genau das hat lernen lassen, wozu ich reif war.

Probieren Sie es einmal aus. Im Ordnen Ihres Wissens erfahren Sie vieles über sich selbst und Sie gewinnen die Erfahrung, immer gerade das für Sie Zeitgemäße gelernt zu haben. Denn im Gegensatz zu unserem Verstand weiß unser Unterbewußtsein exakt zu jeder Sekunde, was zu tun richtig ist. Das Unterbewußtsein schwingt mit der natürlichen kosmischen Ordnung.

Je mehr wir das erkennen, desto mehr Vertrauen gewinnen wir in unsere eigentliche Leitzentrale Unterbewußtsein. Und desto zufriedener und glücklicher werden wir.

Suggestion
Alles, was ich lerne, verhilft mir zu Weisheit und Glück.

27. I – Ich ernähre mich

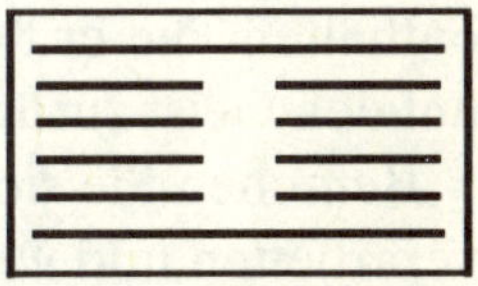

Das Bild
Die Samen fallen im Vorfrühling zur Erde. Der Boden wird genährt, und die Nahrung für Tier und Mensch wächst in aller Stille heran. Der Weise nimmt sich diesen Vorgang in der Natur zum Beispiel für die

Ernährung und Pflege seines Charakters. Stille prägt seine Bewegungen und mäßigt die Worte (von innen nach außen gehende Bewegung) und die Ernährung (von außen nach innen gehende Bewegung). Dadurch pflegt er seinen Charakter.

Die Bedeutung

Achten Sie jetzt auf das, was Sie zu sich nehmen. Seien Sie besonders aufmerksam, welche Speisen und Getränke Sie konsumieren. Vielleicht ist Ihnen schon längere Zeit bewußt, daß Sie sich gesünder ernähren sollten. Die Zeitungen und Bücher sind ja voll von Warnungen und Ratschlägen. Möglicherweise hat Ihnen bisher der Antrieb gefehlt, Ihre diesbezüglichen guten Vorsätze in die Tat umzusetzen.

Jetzt ist die Zeit reif dazu, will Ihnen das Hexagramm I sagen. Gesunde Ernährung heißt natürliche Ernährung: das, was die Jahreszeit an Früchten und Gemüsen bietet. Lassen Sie einfach das Unnatürlich-Künstliche weg: die Süßigkeiten und Kuchen, die Saucen und Dressings. Beschäftigen Sie sich mit der Ernährung. Sprechen Sie mit Menschen, die Natur- und makrobiotische Kost essen. Lesen Sie Bücher oder beachten Sie Fernsehsendungen, die es darüber gibt.

Das macht Sie gleichzeitig bewußter dafür, was Sie geistig zu sich nehmen. Überprüfen Sie auch da, ob sich nicht durch Nachlässigkeit so manches Unnatürliche eingeschlichen hat. Beschäftigen Sie sich mit geistiger Nahrung, die *mit Ihnen* zu tun hat. Der Banküberfall da oder der Mord hier mag zwar spannend sein, aber er nutzt Ihnen genauso wenig wie ein Kilo Mohrenköpfe oder Negerküsse (ich weiß, daß sie gut schmecken): Sie haben eine Menge wertloser Stoffe aufgenommen, aber Ihr Körper hat nicht die notwendigen Vitamine und Minerale enthalten, die er braucht. Außerdem prägen negative Gedanken, um auf den Geist zurückzukommen, Ihren Geist auch negativ.

Bemühen Sie sich, nur positive Gedanken in sich aufzunehmen, zu verarbeiten und wieder von sich zu geben. Sie werden feststellen, daß Ihr Leben insgesamt positiver wird. Seien Sie also in dieser Zeit besonders bewußt, was Sie in sich hineinlassen und aus sich heraus. Sie werden sich diese Bewußtheit auch dann bewahren, wenn wieder andere Dinge anstehen, wenn Sie wieder andere Schwerpunkte setzen. Das I Ging verrät Ihnen, wann es soweit ist und welcher neue Aspekt jetzt gelebt werden sollte.

Die Linien

Unterste Linie:
Denken Sie auch daran, die anderen zu ernähren. Erwarten Sie nicht nur, daß man Ihnen gibt, sondern geben Sie auch selbst.

Zweite Linie:
Versuchen Sie nicht, Ihre Nahrung (geistig, materiell) von anderen zu erhalten. Dabei haben Sie momentan kein Glück. Bemühen Sie sich selbst.

Dritte Linie:
Geben Sie Ihre falsche Ernährung auf. Sie entzieht Ihnen nur die Energie und schadet Ihnen langfristig. Essen Sie gesund und denken Sie positiv.

Vierte Linie:
Sie kümmern sich, daß Ihre Leute zu essen haben. Darin werden Sie auch weiter erfolgreich sein. Ein höherer Zweck (Mitmenschlichkeit) bringt Ihnen immer Glück.

Fünfte Linie:
Sie werden auch weiter Unterstützung finden bei Ihrem Bemühen, für alle zu sorgen. Dazu sind gar keine großen Aktionen nötig.

Oberste Linie:
Sie sind für die Ernährung anderer verantwortlich und sich dieser Verantwortung auch stets bewußt. Sie sind ein Glücksfall für Ihre Mitmenschen.

Meditation

Das Hexagramm I zeigt an, daß Sie sich um gesunde Ernährung kümmern sollen. Die folgende Übung hilft Ihnen, Ihre geistige Nahrung auf Vollwertkost umzustellen. Nehmen Sie sich zum Ziel, eine Woche lang jede Verneinung, die Sie denken oder aussprechen wollen, durch eine Bejahung zu ersetzen. Sagen Sie also: »Ich will versuchen, *alles* positiv zu formulieren«, statt: »Ich kann doch nicht *alles* positiv formulieren!«

Die Verneinung ist eigentlich nur ein Aspekt, eine Sehweise, aber eine, die unser Unterbewußtsein falsch programmiert. Wenn Sie zum Beispiel denken: »Ich will mich mit meiner Frau nicht streiten«, dann nimmt Ihr Unterbewußtsein das Bild auf: Wille, Streiten mit der Frau. Das Unterbewußtsein ›denkt‹ in Bildern (siehe Träume, Phantasien, Orakel, Rätsel). Das Wort »nicht« entspringt der Ebene des Verstandes, der in Worten und Zahlen denkt. Ihr Verstand mag also ohne weiteres nicht streiten wollen, Ihr Unterbewußtsein wird das Gegenteil verstehen.

Daher ist es notwendig, daß Sie Ihr Denken (wie die Ernährung) auf gesund, auf positiv umstellen. Die Negationen, die Sie in diesem Buch finden, dienen nur der Abgrenzung und Gegenüberstellung. Im Bereich der Suggestionen werden Sie keine Verneinung finden, denn Suggestionen sprechen zu Ihrem Unterbewußtsein und nicht wie Teile des Buches auch zum Verstand.

Suggestion
Ich nehme nur gesunde materielle und geistige Nahrung zu mir.

28. DA GO – Ich bin stark

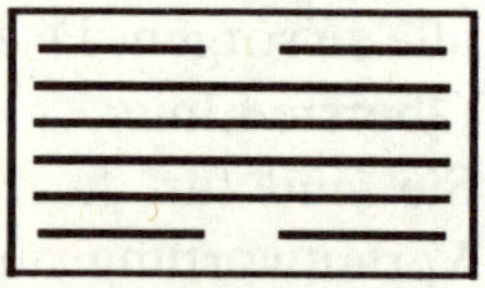

Das Bild
Der See geht über die Bäume weg, das Land ist überschwemmt. Aber der rechte Baum ist fest, auch wenn er einsam dasteht. Das Zeichen Da Go entwirft das Bild von außergewöhnlichen Zeiten. Wie der Baum, so ist auch der Weise. Er ist unbesorgt, auch wenn er allein ist, und unverzagt, selbst wenn er auf die Welt verzichten muß.

Die Bedeutung

Manche Menschen sehnen außergewöhnliche Umstände geradezu herbei, um sich und anderen ihre Stärke zu beweisen. Das muß nicht unbedingt auf Sie zutreffen, aber mit einer Ausnahmesituation haben Sie jetzt zu rechnen. Und daß Sie darin Ihre Stärke unter Beweis stellen, läßt das von Ihnen geworfene Hexagramm vermuten, denn Ihr Unterbewußtsein hat für Sie in der jetzigen Lage dieses Zeichen ausgewählt, damit Sie sich bewußt machen, wie stark Sie sind. Wenn Sie je daran zweifelten, dann vergesssen Sie jetzt diese Zweifel. Sie werden in jedem Fall Herr der Lage bleiben – egal, welche Schwierigkeiten zu Ihrer Bewährungsprobe anstehen. Vielleicht empfinden Sie sogar erst dadurch Befriedigung und gewinnen Selbstvertrauen.

Behalten Sie auch in Krisenzeiten Ihre innere Überzeugung, Ihr Wissen, daß Sie aus jeder Situation das Beste machen. Besinnen Sie sich auf Ihre Erfahrungen, auf Ihre Sachkenntnis, die Ihnen zu der inneren Stärke verholfen haben, die Sie auszeichnet. Bewahren Sie sich Ihre Furchtlosigkeit, die Sie von so manchen Mitmenschen unterscheidet, und Ihre Vorsicht, mit der Sie trotz Ihrer Kraft an die Dinge herangehen.

Bleiben Sie Ihrem Grundsatz treu: An den Problemen wächst der Mensch. Und erinnern Sie sich, wenn Ihr Schiff ins Wanken gerät: Angst und Furcht können den Sturm nicht beruhigen, sie können ihn nur verstärken.

Die Linien

Unterste Linie:
Sie sehen die Ausnahmesituation auf sich zukommen und treffen wohlüberlegte Vorsichtsmaßnahmen. Das ist der erste Schritt zum Erfolg.

Zweite Linie:
Sie erhalten ungewöhnliche Hilfe, möglicherweise von einer jüngeren Person, die sich sehr zu Ihnen hingezogen fühlt. Gehen Sie darauf ein.

Dritte Linie:
Werden Sie vor lauter Selbstbewußtsein nicht eigensinnig und starr-

köpfig. Bleiben Sie flexibel. Nur dann können Sie auf neue Situationen angemessen reagieren.
Vierte Linie:
Sie sind flexibel geblieben. Daher sind Sie immer noch Herr der Lage. Dem Druck leicht nachzugeben ist stets klug und nicht schwach!
Fünfte Linie:
Wenn Sie erschöpft sind, sollten Sie nicht weiterkämpfen. Ihre Kraft wird nicht lange anhalten. Erholen Sie sich erst einmal.
Oberste Linie:
Selbst wenn Ihnen das Wasser bis zum Hals steht: Sie müssen durch diese Notlage durch. Und Sie schaffen es auch. Vertrauen Sie Ihrer inneren Stärke.

Meditation
Wenn Sie die im folgenden beschriebene Meditation machen wollen, dann nehmen Sie sich Zeit dafür. Lesen Sie den Abschnitt genau durch. Gehen Sie dann in die Entspannung, wie es zu Beginn des Buches beschrieben ist. Lassen Sie sich Zeit. Wenn Sie spüren, daß Ihr Körper ruhig und entspannt ist, beginnen Sie mit der nachstehenden Übung.

Gerade jetzt, da Sie in eine schwierige Lage kommen können oder bereits darin stecken, ist es notwendig, sich zu besinnen. Das ist die Übersetzung von meditari = nachsinnen. Halten Sie Rückschau auf Ihr bisheriges Leben.

Schließen Sie dazu die Augen und atmen Sie ruhig ein und aus. Lassen Sie den Atem strömen. Spüren Sie, wie Ihr Körper ruhiger wird, und konzentrieren Sie sich dabei auf die Worte »Schwierigkeiten in meinem Leben und wie ich Sie gemeistert habe«. Ihr Unterbewußtsein wird Ihnen den gewünschten Film auf Ihre geistige Leinwand spielen. Erleben Sie all die Situationen wieder, durch die Sie gegangen sind. Schauen Sie sich genau an, wie Sie es geschafft haben. Seien Sie ruhig stolz auf sich.

Überlegen Sie dann, welche Parallelen zwischen den früheren und der heutigen Lage bestehen. Wann ziehen Sie diese Situationen immer an? Welchen Vorteil gewinnen Sie aus diesen Problemen – außer dem, daß Sie mehr und mehr Sicherheit Ihrer eigenen Stärke gegenüber verspüren? Kurz: Was könnte Sie veranlassen, unterbewußt die Schwierigkeiten zu wählen?

Möglicherweise erkennen Sie bei diesem Prozeß, daß Sie der Schöpfer Ihres Lebens sind und bis jetzt gute Arbeit geleistet haben. Denn sonst wären Sie nicht da, wo Sie jetzt angelangt sind.

Suggestion
Schwierigkeiten beflügeln mich.

29. KAN – Ich bleibe mir treu

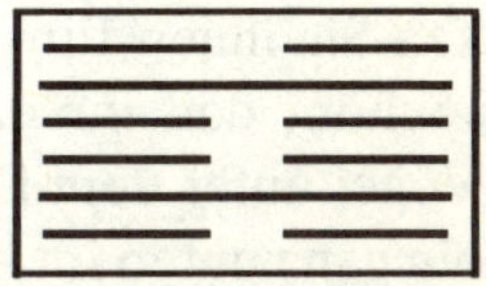

Das Bild
Das Wasser kommt von oben und verteilt sich überall auf der Erde. Es füllt jede Vertiefung aus und fließt dann unaufhaltsam weiter. Es fließt über Klippen und Abgründe und behält stets seinen Charakter als Wasser. So handelt auch der Weise. Er hält an seiner guten Anlage fest, bewahrt sich sein göttliches Wesen (das jeder Mensch in sich trägt) – gleichgültig, wie sehr er in Begierden und Leidenschaften verstrickt sein mag. Wie das Wasser verliert er durch nichts seine eigene Wesensart. Er bleibt sich treu.

Die Bedeutung
Das Hexagramm Kan fordert Sie dazu auf, aus den Gefahren, die möglicherweise jetzt auf Sie zukommen, zu lernen. Werden Sie jeder Situation erst innerlich Herr, dann werden die äußeren Handlungen von selbst gelingen. Erledigen Sie alles gründlich. Halten Sie sich an Ihren Problemen nicht fest.

Ich habe während meiner Therapien oft festgestellt, wie Menschen sich geradezu fanatisch an ein Problem klammern. »Mein Mann geht nie auf meine Bedürfnisse ein, er sieht nur sich selbst.« Gebannt wie das Kaninchen vor der Schlange fixierte sich Frau X. nur auf die Reaktionen Ihres Mannes. Sie lernte, zu Ihren Bedürfnissen zu stehen, und erfüllte sie sich nach und nach selbst. Sie konzentrierte sich auf die Botschaft des Problems statt auf die Klage: »Ich habe ein Problem.« Sie ließ das Problem gehen (abfließen wie das Wasser) und lebte ihr Inneres.

Was immer Ihr Problem derzeit ist, Ihre Schwierigkeiten, Ihre scheinbar ausweglose Situation: Leisten Sie keinen Widerstand, kämpfen Sie nicht dagegen an. Wenn Sie Schwierigkeiten haben, in die Entspannung (Trance) zu gehen, weil Sie ständig Gedanken in Ihrem Kopf haben, dann gibt es nur einen Fehler: dagegen anzukämpfen. Sagen Sie: »Ich will, daß diese Gedanken verschwinden«, dann schenken Sie ihnen Ihre Aufmerksamkeit. Akzeptieren Sie die Gedanken: »Schön, daß ihr da seid. Tummelt euch ruhig in meinem Kopf wie Vögel unter dem Dach meines Hauses. Ihr stört mich nicht, denn ich bin ganz unten im Keller – ganz allein für mich.«

Akzeptieren Sie Ihr Problem und ziehen Sie sich von ihm in die Stille zurück. Fragen Sie Ihr Unterbewußtsein, was Sie das Problem lehren soll. Wenn Sie innerlich klar sind, das ist die Grundaussage des Hexagramms Kan, dann verändern sich die äußeren Gegebenheiten von selbst.

Die Linien

Unterste Linie:
Sie haben sich an das Problem schon gewöhnt, die Gefahr schon oft überwunden. Reagieren Sie, als sei es das erste Mal. Werden Sie nicht leichtsinnig.

Zweite Linie:
Versuchen Sie nicht gleich alles mit einem Rundumschlag zu klären. Gehen Sie schrittweise vor. Rechnen Sie jetzt nur mit kleinen Erfolgen. Geduld!

Dritte Linie:
Es scheint ausweglos. Halten Sie daher inne und beruhigen Sie sich erst einmal. Handeln wäre jetzt ganz verkehrt. Warten Sie ab.

Vierte Linie:
Beschränken Sie sich. In Krisenzeiten ist es oft notwendig, sich zu bescheiden. Das öffnet Ihnen den Blick für das Wesentliche.
Fünfte Linie:
Sie kommen davon. Die Situation hat Sie nicht verschlungen, weil Sie klug alles haben fließen lassen. Es geht wieder aufwärts.
Oberste Linie:
Sie sind wirklich in eine mißliche Lage geraten. So schwer es sein mag: Nehmen Sie es an, akzeptieren Sie es. Nur so können Sie wieder zu sich finden.

Meditation
Wenn Sie die im folgenden beschriebene Meditation machen wollen, dann nehmen Sie sich Zeit dafür. Lesen Sie den Abschnitt genau durch. Gehen Sie dann in die Entspannung, wie es zu Beginn des Buches beschrieben ist. Lassen Sie sich Zeit. Wenn Sie spüren, daß Ihr Körper ruhig und entspannt ist, beginnen Sie mit der nachstehenden Übung.

Das Hexagramm Kan will Ihnen zeigen, welche Lektion uns Gefahren und Schwierigkeiten erteilen: die, daß wir nicht festhalten, sondern fließen lassen, daß wir nicht dagegen ankämpfen, sondern akzeptieren.

Wenn Sie in Ihre Entspannung gehen, indem Sie das Ein- und Ausströmen Ihres Atems beobachten und sich von diesem Strömen in eine innere Ruhe gleiten lassen, die dem Zustand kurz vor dem Einschlafen gleicht, dann akzeptieren Sie einmal bewußt alles, was geschieht. Der Streit mit Ihrem Nachbarn will Ihnen nicht aus dem Kopf? Akzeptieren Sie ihn, aber beobachten Sie dabei weiter das Strömen Ihres Atems und die Ruhe und Entspannung, die sich in Ihrem Körper ausbreiten. Die Geräusche von nebenan stören Sie? Nehmen Sie die Geräusche an. Beobachten Sie aber weiter Ihren Atem und Ihren Körper. »Ich kann mich nicht entspannen!« Gut so. Bleiben Sie bei dieser Meinung, aber beobachten Sie, was Ihr Atem und Ihr Körper dazu sagen (es ist ganz logisch, daß sich Ihr Verstand dagegen wehrt, jetzt Sendepause zu haben). »Ich möchte mich ja entspannen, aber mein Körper ist da oder dort so verspannt.« Wunderbar. Spannen Sie die Muskeln in diesem Bereich noch mehr an, bis Sie nicht mehr können. Und dann lassen Sie los. Die Verspannungen lösen sich, Sie lassen sie mit Ihrem Atem ausströmen.

»Es geht trotzdem nicht. Diese Tips sind vielleicht gut für andere. Ich bin ein schwerer Fall.« Gratuliere. Ihr Verstand ist wirklich gewitzt. Loben Sie ihn dafür und konzentrieren Sie sich auf den Satz: »Ich bin ein schwerer Fall, ich bin schwer.« Erlauben Sie Ihrem Verstand keine Ausflüchte. Er hat sich auf diesen Satz zu konzentrieren. Und Sie sind der Boß. Möglich, daß sich Ihr Körper dabei immer schwerer anfühlt.

Nehmen Sie alles an, was sich Ihr Verstand an Listen ausdenkt, um Sie davon abzulenken, daß Ihr Körper ruhiger und entspannter wird. Geben Sie ihm ruhig etwas zu tun, aber spüren Sie dabei in sich hinein, wie Sie zufriedener und glücklicher werden.

Lassen Sie dann auch geschehen, daß Ihr Unterbewußtsein Ihnen möglicherweise Bilder zuspielt (wie im Traum). Seien Sie einverstanden. Akzeptieren Sie.

Suggestion
Ich bleibe mir treu – was auch geschieht.

30. LI – Ich bin klar

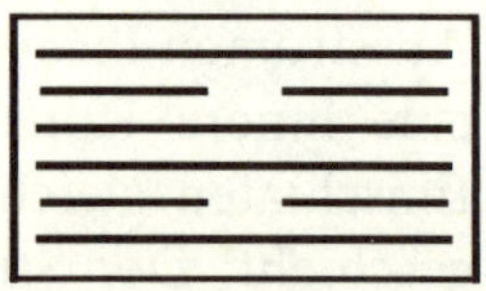

Das Bild
Das Lichte wird nur sichtbar, wenn es an Körpern haftet. Sonne und Mond sind hell, weil sie am Himmel haften, von dem die Energien des Lichten ausgehen. Die Pflanzen leben, indem sie in der Erde, dem Ort der Lebenskräfte, haften. So ist es auch beim Menschen. Der Körper ist notwendig, um dem Geist die Möglichkeit zu geben, sich auszudrükken. Und der Geist (das Lichte im Menschen) ist das, woran der Körper haftet. Beide brauchen einander.

Die Bedeutung
Das Hexagramm Li will Sie daran erinnern, daß Sie als Mensch Träger des Lichts sind. Der Mensch ist die einzige Kreatur der Schöpfung (zumindest in unserem Milchstraßensystem), die sich ihrer Göttlichkeit, ihrer Lichtheit bewußt sein kann.

Alle Religionen dieser Erde sprechen vom göttlichen Funken in uns in vielen unterschiedlichen Bezeichnungen. Diese Namen umschreiben die Instanz, die der eigentliche Motor für unser Leben ist, den Geist, der durch uns weht. Schlagen Sie jetzt nicht das Buch zu, weil Sie das für religiösen Quatsch halten.

Nennen wir dieses Licht (das uns heimleuchtet wie ein Leuchtturm den Seefahrer) einfach Unterbewußtsein. Es kümmert sich darum, daß Sie in jeder Sekunde atmen. Es veranlaßt Sie, intuitiv das Richtige zu tun – oder das Falsche, damit Sie lernen. Jetzt ist die Zeit, da Sie sich Ihres Unterbewußtseins bewußt werden können. Öffnen Sie sich jetzt diesem Superhirn, das Sie führt und leitet. Entdecken Sie die innere Klarheit, die in Ihnen steckt. Beobachten Sie Menschen, die aus ihrer Intuition heraus leben. Sehen Sie das »Leuchten in den Augen«, wenn Menschen mit ihrem inneren Licht in Berührung kommen.

Das Licht, das in uns ist, ist keine romantisch-religiöse Schwärmerei. Es ist eine Erfahrung von Milliarden von Menschen. Natürlich müssen wir die Augen aufmachen, um es zu sehen. Öffnen Sie jetzt Ihre Augen. Entdecken Sie, wieviel Sie in Ihrem Leben aus Liebe getan haben (Liebe ist eine Energieform des Lichts), was Sie ohne Zwang Gutes vollbracht haben im Laufe der Jahre, welche Freude Sie anderen bereitet haben. Spüren Sie, daß es Sie berührt, wenn Sie darüber nachdenken – so, wie Sie ergriffen sind, wenn Sie bei anderen diese Liebe (dieses Licht) beobachten. Sie sind innerlich bewegt, weil Sie in Ihrem Unterbewußtsein – das vielleicht noch mit allerlei zugeschüttet ist – wissen, daß das Licht in Ihnen steckt.

Und dieses Wissen wird in Ihnen zu arbeiten beginnen, selbst wenn Sie sagen: »Also, mit *diesem* Hexagramm kann ich gar nichts anfangen.« Warten Sie es ab. Li ist ein sanft wirkendes Zeichen.

Die Linien

Unterste Linie:
Sie sind verwirrt und durcheinander. Beruhigen Sie sich. Gewinnen Sie Ihre innere Klarheit zurück, die in Ihnen steckt. Dann geht alles wie von selbst.

Zweite Linie:
Sie sind ausgeglichen, weil Sie Ihrem inneren Licht folgen. Da kann Ihnen so schnell nichts passieren.

Dritte Linie:
Erleuchtet sein heißt: das Licht in sich sehen. Schauen Sie hin und Sie werden die äußeren Umstände wie Älterwerden etc. nicht mehr so wichtig nehmen.

Vierte Linie:
Inneres Licht bedeutet nicht nur Klarheit, sondern auch Sanftheit. Inneres Licht spüren Sie an seiner Ruhe, nicht an seiner Hektik (auch wenn Sie es möglicherweise als Energieschub empfinden).

Fünfte Linie:
Sie haben jetzt die Chance, Ihre Illusionen aufzugeben und zu Ihrem inneren Licht zu finden. Sie haben also die Möglichkeit, wirklich glücklich zu werden. Seien Sie offen und vertrauen Sie Ihrer Intuition.

Oberste Linie
Wägen Sie ab: Ändern Sie sich hier oder bleiben Sie dort, wo Sie sind. Ihre Intuition wird Ihnen sagen, wie Sie zu einem neuen inneren Gleichgewicht kommen.

Meditation

Wenn Sie die im folgenden beschriebene Meditation machen wollen, dann nehmen Sie sich Zeit dafür. Lesen Sie den Abschnitt genau durch. Gehen Sie dann in die Entspannung, wie es zu Beginn des Buches beschrieben ist. Lassen Sie sich Zeit. Wenn Sie spüren, daß Ihr Körper ruhig und entspannt ist, beginnen Sie mit der nachstehenden Übung.

Warten Sie auf einen sonnigen Tag und nehmen Sie sich Zeit. Suchen Sie sich einen Platz, von dem aus Sie die Sonne sehen können. Schließen Sie die Augen und gehen Sie in Ihre Entspannung.

Beobachten Sie das Ein- und Ausströmen des Atems und spüren Sie, wie Ihr Körper ruhiger wird. Wenden Sie dabei Ihr Gesicht der Sonne zu. Fühlen Sie ihre Wärme und sehen Sie durch die geschlossenen Augenlider die gelbroten Energieströme der Sonne. Richten Sie Ihre Aufmerksamkeit auf diese Energie. Lassen Sie sich von dieser Lebenskraft durchfluten – überall in Ihrem Körper, bis sich die Sonnenenergien mit Ihren Energien zu einem warmen, wohligen Strom vereinigen. Fühlen Sie diesen Strom, diese Wärme in jeder Zelle Ihres Körpers. Gehen Sie mit Ihrer Aufmerksamkeit von den Zehen bis zum Kopf, um diese Wärme wahrzunehmen.

Durch das Licht der Sonne entdecken Sie die lichten Schwingungen in Ihrem Innern und erwecken sie zum Leben. Sie werden sich Ihres inneren Lichtes bewußt.

Am Ende der Meditation wenden Sie Ihren Kopf von der Sonne ab, atmen ein paarmal bewußt ein und aus, dehnen und strecken sich und öffnen wieder die Augen.

Suggestion
Ich bin mir meines inneren Lichtes bewußt.

31. HIËN – Ich wirke ein

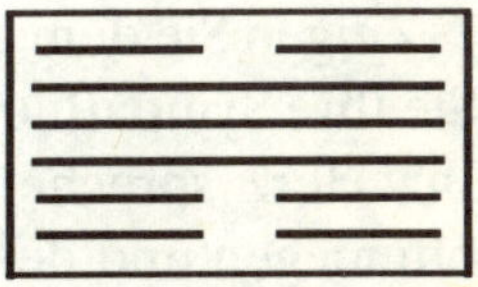

Das Bild
Mit diesem Hexagramm beginnt die Zweite Abteilung des Buchs der Wandlungen. Die Erste Abteilung wurde mit den Zeichen für Himmel und Erde als den Grundlagen für alles Bestehende eröffnet. Die jetzt folgende Zweite Abteilung wird mit den Zeichen für Werbung und Ehe als den Grundlagen aller sozialen Beziehungen eingeleitet.

Hiën zeigt einen See auf einem Berg. Der Berg sammelt Wolken, durch deren Regen der See mit Feuchtigkeit gespeist wird. Auf die Menschen übertragen bedeutet das: Der Weise ist offen für seine Mitmenschen, er zieht sie an (sammelt sie). Dadurch werden sie mit dem Wissen um die Natur aller Wesen (im Himmel und auf der Erde) gespeist.

Die Bedeutung
Die Menschen wirken auf die unterschiedlichste Art aufeinander ein. Mit dem Bild des Berges führt Ihnen das Hexagramm Hiën vor Augen, daß Offenheit und Bescheidenheit die besten Eigenschaften sind, mit Ihren Mitmenschen einen Kontakt aufzubauen. Wer frei ist für die Ratschläge anderer, dem raten die Menschen auch. Wer alles besser weiß, wird bald allein dastehen mit seiner Weisheit.

Zeigen Sie, auch wenn es nach Tiefstapelei aussieht, daß Sie von den anderen lernen können. Dadurch erhalten Sie nicht nur neue Informationen, sondern öffnen auch die anderen Menschen. Weil zum Beispiel meine Klienten von mir erfahren, wo meine Schwächen sind und welches meine Irrwege waren, sind sie viel aufgeschlossener mir gegenüber, als wenn ich das unrealistische Bild des unfehlbaren Therapeuten aufbauen würde.

Wenn Sie mit jemandem in Kontakt treten wollen, ist es Ihre Aufgabe, sich zu öffnen und so dem anderen die Chance zu geben, sich zu öffnen. Kommunikation setzt Vertrauen voraus. Vertrauen ist nicht möglich, wenn Sie verschlossen oder kühl bleiben.

Zeigen Sie dem anderen, daß Sie nicht besser sind als er. Offenbaren Sie Ihre Sympathie zu ihm – sofern er Ihnen sympathisch ist. Lassen Sie Ihr Herz sprechen. Das heißt nicht, daß Sie gleich Ihr Innerstes offenlegen und dem anderen mit zuviel Nähe und Vertrautheit Angst machen sollen. Tun Sie einfach das, was Sie spontan und intuitiv tun oder sagen möchten.

Möglicherweise stehen Ihnen dabei alte Vorurteile (*un*bewußte Erinnerungen an schlechte Erfahrungen) oder Erwartungen, die Sie an den anderen stellen, im Weg. Fragen Sie sich daher, wenn Sie gegen jemanden Vorbehalte haben, zuerst – für sich –, ob Sie dieser Mensch an irgend jemanden erinnert. Lassen Sie es nicht bei dem schnellen »Der ist mir unsympathisch« bewenden. Klären Sie, wo Ihre Abneigung herkommt.

Umgekehrt bedeutet das: Beziehen Sie eine Ablehnung, die Sie von einem anderen spüren, nicht auf sich. Meistens liegt auch da eine Übertragung vor. Sie erinnern den anderen an irgendeinen Zeitgenossen, der ihm Übles wollte.

Die Linien
Unterste Linie:
Sie möchten zwar mit anderen Menschen in Kontakt treten, wissen aber (noch) nicht so recht, wie. Überlegen Sie, wie Sie gerne angesprochen werden möchten.
Zweite Linie:
Warten Sie, bis Sie innerlich reif sind, auf die anderen zuzugehen. Ihr Zögern hat den Sinn, daß Sie sich erst ganz klar werden müssen.
Dritte Linie:
Lassen Sie sich nicht von anderen die Form Ihrer Beziehungen diktieren, denn Ihre Vorstellungen vom Zusammenkommen sind möglicherweise ganz anders als die der anderen.
Vierte Linie:
Sie denken zuviel: »Soll ich oder soll ich nicht?« Die anderen spüren Ihre Unsicherheit. Gehen Sie auf die anderen zu oder lassen Sie es. Das Denken kann das Handeln nicht ersetzen, es macht Sie nur nervös.
Fünfte Linie:
Treten Sie nicht mit Nachdruck an die anderen heran, sondern mit innerer Ruhe. Das verschreckt die anderen nicht, sondern läßt sie Vertrauen gewinnen.
Oberste Linie:
Mit Geschwätz gewinnen Sie keine Freunde, denn Geplapper kommt aus dem Verstand. Und zur Freundschaft gehört auch das Herz.

Meditation
Nehmen Sie sich Zeit und gehen Sie im Geist einmal alle Menschen durch, mit denen Sie derzeit in Kontakt sind. Möglicherweise tun Sie sich leichter, wenn Sie Papier und Schreibgerät zu Hilfe nehmen. Listen Sie alle Namen auf.

Betrachten Sie jede einzelne Person unter drei Aspekten (in drei Spalten):

– »In welchen Bereichen beeinflußt mich die oder der?«

Beispiel: Herr Müller unterhält sich mit mir immer über die neuesten politischen Ereignisse. Einflußbereich ist also: Beschäftigung mit Politik. Ohne Herrn Müller würde ich mich vielleicht weniger für Politik interessieren. Also: M. verstärkt mein politisches Interesse. Da Herr Müller auch noch erzkonservativ ist, regt er mich zum Widerspruch an: M. fördert meine Argumentationsfähigkeit.

– »In welchen Bereichen beeinflusse ich die oder den?«

Beispiel: Weil mich Herr Müller als Gesprächspartner für Politik schätzen gelernt hat, beginnt er sich auch für meine Denk- und Sehweise zu interessieren. Also: Ich bringe M. dazu, über seine bisherigen Denkmuster hinauszugehen. Mittlerweile erzählt Herr Müller schon von seiner Familie und seinen Problemen. Ich habe bewirkt, daß M. sich öffnet. Herr Müller fragt mich um Rat und lädt mich zum Abendessen ein. Also: Ich habe eine Beziehung in Gang gesetzt.

– »Welche Übertragungen mache ich: Was mag ich an der oder dem nicht? Oder was flößt mir Respekt ein?«

Beispiel: Herr Müller hat ein außerordentlich gutes Benehmen. »Gute Schule«, sagt er immer und lacht herzhaft. Er wirkt sehr gebildet und belesen. Er ist eine Persönlichkeit, die Kraft und Intelligenz ausstrahlt. Übertragung: Nach einiger Zeit kam ich darauf, daß er mich *un*bewußt an meinen Onkel Josef erinnert, vor dem ich als Kind immer Respekt hatte.

Respekt oder Ablehnung (natürlich auch Anziehung) haben meist einen ersten Verursacher. Diese Übung hilft Ihnen, diesen herauszufinden, zu entlarven und damit die Tür zu öffnen für eine offene, vorbehalts- und vorurteilslose Begegnung mit Ihren Mitmenschen.

Suggestion
Ich gehe offen und frei auf andere zu.

32. HONG – Ich bin beständig

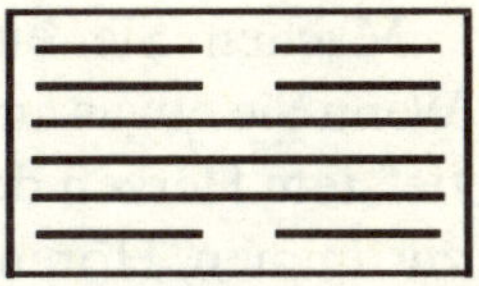

Das Bild

Die Gestirne bewegen sich beharrlich in ihrer Bahn. Da diese Bahn kreisförmig ist, schließt sich an jedes Ende ein neuer Anfang. Diese stets sich erneuernde, nach festen Gesetzen sich vollziehende Bewegung wird Hong = Die Dauer genannt. So beruht die Beständigkeit des Weisen nicht darin, daß er starr und unbeweglich ist, sondern darin, daß er sich immer mit der Zeit, im Rhythmus der Zeit wandelt. Das Dauernde ist seine feste Richtung, das innere Gesetz aller seiner Handlungen. Während Hexagramm Nr. 31 (Hiën) das Werben um eine Frau symbolisierte, weist Hong auf die Ehe hin.

Die Bedeutung

Es gibt einige Zeichen im Buch der Wandlungen, die auffordern, sich auf sein inneres Gesetz, seine Prinzipien und Ideale zu besinnen. Meist geben die Hexagramme diesen Rat, weil der Fragende sich gerade in einer schwierigen Lage befindet und/oder verworren ist.

Das Zeichen Hong haben Sie nicht geworfen, weil Sie in Not sind, im Gegenteil: Sie stehen vielleicht vor einer langwährenden Entscheidung, sei es Eheschließung, Vertragsabschluß, Berufswahl, Umzug, Hausbau oder ähnliches. Sie haben Hong geworfen, weil Sie sich kurz vor einem langfristigen Festlegen grundsätzlich Gedanken über den Begriff der Dauer, will sagen: Ihrer inneren Richtung, machen sollen.

Fragen Sie sich, wo Sie in Ihrem Leben beharrlich ein Ziel verfolgt haben. Überlegen Sie, wie es Ihnen dabei ergangen ist, als Sie sich schon einmal langfristig festgelegt haben. Längerdauernde Bindungen – ob geschäftlich oder privat – können nur Bestand haben, wenn sie mit Ihren inneren Zielen übereinstimmen. Es kann durchaus eines Ihrer Ideale sein, sich nicht langfristig zu verpflichten. Dann sind Sie auf dieses Ziel verpflichtet und können es nicht durch eine Gegenverpflichtung brechen, denn diese innersten Richtlinien sind im Unterbewußtsein verankert.

Machen Sie eine Bestandsaufnahme Ihrer inneren Grundsätze. Wenn Sie etwas ändern wollen, dann können Sie das erst, wenn Sie aus tiefstem Herzen der Änderung eines oder mehrerer dieser Grundsätze zustimmen. Hören Sie dabei nicht auf die Beeinflussung von außen: Sie bewirkt bei Ihrem Unterbewußtsein gar nichts, verwirrt Sie also nur. Vielleicht stellen Sie bei dieser Bestandsaufnahme zum ersten Mal fest, *daß* Sie Grundsätze haben.

Machen Sie, um sich die Frage zu erleichtern, die Gegenprobe: Gibt es so etwas wie einen roten Faden in Ihrem Leben? Zum Beispiel: »Immer bevor ich eine feste Beziehung eingehen wollte, ist mir jemand Dritter begegnet, so daß die ursprüngliche Liebe auseinanderging.« Möglicherweise steckt da das Prinzip »Binde dich nicht!« dahinter.

Wenn Sie so etwas bei sich entdecken, dann betrachten Sie es wertfrei: Überlegen Sie *nicht*, ob Ihr Prinzip gut oder schlecht ist. Registrieren Sie es. Machen Sie sich Ihre Richtlinien bewußt. Das allein setzt in Ihnen genug in Gang. Verwirren Sie sich nicht mit sinnlosen Wertungen.

Die Linien
Unterste Linie:
Seien Sie nicht voreilig. Gut Ding will Weile haben. Dauerhafte Entscheidungen wollen reiflich überlegt sein, sonst bereuen Sie es, wenn es schon zu spät ist.
Zweite Linie:
Natürlich machen Sie sich Sorgen. Aber keine Angst! Hören Sie auf Ihre innere Stimme. Sie weiß die richtige Entscheidung schon längst.
Dritte Linie:
Bevor Sie eine längerwährende Wahl treffen, müssen Sie in Ihren Grundsätzen beständig sein. Sonst sind Sie nur den Wünschen und Einflüssen der anderen ausgeliefert.
Vierte Linie:
Stecken Sie sich Ziele, die auch erreichbar sind, und verfolgen Sie sie beharrlich. Wenn Sie Ihre Ziele ständig ändern oder aus den Augen verlieren, können Sie nicht auf Erfolg hoffen.

Fünfte Linie:
Beständigkeit heißt, sich mit dem Rhythmus der Zeit mitzubewegen und gemäß Ihrer Natur. Als Frau ist Ihre Natur das Anpassen an die sich jeweils ändernden Gegebenheiten, als Mann das Ausprobieren neuer Möglichkeiten. Beides ist gleichwertig, und keines von beiden führt schneller zum Ziel (aber es befriedigt Sie mehr, wenn Sie Ihrer Natur gemäß leben).
Oberste Linie:
Vergessen Sie nicht vor lauter Konzentration auf Ihre Prinzipien zu leben. Werden Sie nicht dogmatisch und ordnen jede Kleinigkeit Ihren Idealen unter. Auch hier ist Übertreibung ungesund (wenn auch sehr deutsch!)

Meditation
Wenn Sie die im folgenden beschriebene Meditation machen wollen, dann nehmen Sie sich Zeit dafür. Lesen Sie den Abschnitt genau durch. Gehen Sie dann in die Entspannung, wie es zu Beginn des Buches beschrieben ist. Lassen Sie sich Zeit. Wenn Sie spüren, daß Ihr Körper ruhig und entspannt ist, beginnen Sie mit der nachstehenden Übung.

Nehmen Sie sich Zeit für die vielen Fragen, die das Hexagramm Hong Ihnen zu klären nahelegt. Lesen Sie sich den Abschnitt »Die Bedeutung« mehrmals durch und suchen Sie nach den Zielen, die – vielleicht unbewußt – Ihr Leben bestimmen. Machen Sie eine wirklich gründliche Bestandsaufnahme.

Gehen Sie dann von Ihrer Beständigkeit und Dauer weiter auf eine Beschäftigung mit dem allgemeinen Begriff der Dauer. Lassen Sie 15 Minuten lang alle Gedanken kommen, die Ihnen zu dem folgenden Satz einfallen, den ich der ›klassischen‹ Übersetzung des I Ging aus dem Chinesischen von Richard Wilhelm (1923) entnommen habe: »Aus dem, worin die Dinge ihre Dauer (Beständigkeit) haben, kann man die Natur aller Wesen im Himmel und auf Erden erkennen.«

Dieser Satz hat mich tief beeindruckt, wie er im Grunde die ganze Philosophie des I Ging beinhaltet. Bewegung oder Wandlung ist für die Chinesen das Beständige, so paradox das klingen mag. Beständig in Ihrem Leben ist zum Beispiel der Wechsel von Tag und Nacht, Glück und Unglück, Fülle und Mangel und so weiter. Ist das die Natur des menschlichen Wesens?

Denken Sie nach, was noch Bestand hat beim Menschen und bei den Dingen. Ich kann Ihnen aufregende Tage versprechen.

Suggestion
Den ewigen Wandel zu akzeptieren ist das innere Gesetz meiner Handlungen.

33. DUN – Ich ziehe mich zurück

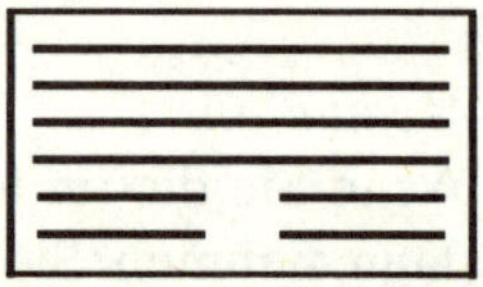

Das Bild
Der Berg steigt zum Himmel an, aber er erreicht ihn nicht, er bleibt vorher stehen. Der Himmel zieht sich vor ihm nach oben zurück und bleibt unerreichbar. Auf die Menschen übertragen zeigt dieses Bild, wie sich der Weise dem zu ihm aufstrebenden Gemeinen gegenüber verhält. Er zieht sich vor ihm zurück, aber er haßt ihn nicht, denn Haß würde innere Beteiligung bedeuten. Der Weise zeigt seine Stärke (Himmel) darin, daß er den Gemeinen selbst an seine Grenzen kommen läßt (Berg).

Die Bedeutung
Das Hexagramm Dun zeigt Ihnen eine Zeit des Rückzugs an, aber nicht aufgrund von Niedergeschlagenheit oder Niederlagen. Es weist Sie darauf hin, daß eine erfolgreiche Phase vor Ihnen ist. Der Erfolg liegt darin, daß Sie es verstehen, sich rechtzeitig und in der rechten Art und Weise zurückzuziehen. Ihr Rückzug zum jetzigen Zeitpunkt ist nicht erzwungen. Sie fühlen sich durchaus stark und haben keinen Grund zur raschen Flucht nach dem Motto »Rette sich wer kann«. Ihr Zurück ist ein freiwilliges Weichen, was übrigens im China der Kaiserzeit einem

Feldherrn als große Weisheit angerechnet wurde. Rückzug war eine strategische Meisterleistung.

Seien Sie also weise und ziehen Sie sich in sichere Gefilde zurück. Da, wo Sie sicher sind, können Sie erst einmal neue Kräfte sammeln und von dort können Sie auch den hinter Ihnen liegenden Feldzug in Ruhe betrachten. Vermutlich haben Sie sich zu sehr auf Menschen eingelassen, die nicht Ihrem Niveau entsprechen. Vielleicht waren Sie auch mit »Saugern« zusammen. Ich bezeichne mit dem Begriff »Sauger« Menschen, deren (oft unbewußtes) Ziel darin besteht, Ihnen ihre negative Energie abzugeben und Ihre positive Energie abzusaugen. Oft hilft da nur ein Rückzug.

Ein Beispiel: Eine Klientin erzählte mir, daß ihre Freundin immer jammere und ganz negativ zum Leben eingestellt sei. Wenn sich die beiden trafen, geschah stets eine Art Energieaustausch. Meine Klientin war nach diesen Treffen wie ausgelaugt, fühlte sich depressiv und niedergeschlagen. Ihre Freundin lächelte freundlich, war voller Tatendrang. Ich empfahl meiner Klientin, die Freundin auf ihre verneinende Stimmung hinzuweisen und mit ihr klar über den Vorgang zu sprechen. Es half nichts. Also empfahl ich dieser an sich fröhlichen und optimistischen Frau, sich von ihrer Freundin zurückzuziehen.

Überprüfen Sie, in welchen Ihrer Beziehungen Rückzug mehr bringt als Auseinandersetzung. Bedenken Sie, daß Sie jetzt in einer ruhigen (Yin-)Phase sind, die ein Kräftesammeln nahelegt. Das bedeutet auch: Überprüfen Sie, von welchen Gewohnheiten oder von welchem Luxus Sie sich zurückziehen sollten. In den Yang-Phasen spüren Sie das nicht, weil Sie da ohnehin Energie verbrauchen sollen. Aber jetzt merken Sie vielleicht: »Das kostet mich alles zuviel Kraft.«

Die Linien

Unterste Linie:

Sie haben keinen Grund, verzweifelt zu sein oder Angst zu haben. Bewahren Sie Ihre Ruhe und halten Sie inne.

Zweite Linie:

Man versucht, Sie von Ihrem Rückzug abzuhalten, und zwar mit

Macht. Ziehen Sie zuerst Ihre Gesinnung aus der Beziehung oder aus der Angelegenheit zurück. Dann spüren die anderen, daß sie trotz ihrer Zähigkeit keine Macht über Sie haben.
Dritte Linie:
Man zieht und zerrt an Ihnen herum, um Sie zu halten. Mit diesen Menschen werden Sie ohnehin nicht viel erreichen. Ihre Rückzugsabsicht entlarvt deren Mittelmäßigkeit.
Vierte Linie:
Sie ziehen sich freiwillig zurück. Für Sie bedeutet das einen Sieg. Lassen Sie sich nicht beirren von denen, die jetzt das Jammern anfangen.
Fünfte Linie:
Nehmen Sie als Freund Abschied, aber bleiben Sie bei Ihrer Entscheidung. Lassen Sie sich nicht wieder umstimmen. Das entspräche nicht dem, was Sie tun müssen, um mit sich in Einklang zu bleiben.
Oberste Linie:
Sie wissen, daß Sie sich zurückziehen wollen und auch werden. Das gibt Ihnen Sicherheit und Gelöstheit. Sie scheiden ohne Verluste und mit einem Lächeln.

Meditation
Wenn Sie die im folgenden beschriebene Meditation machen wollen, dann nehmen Sie sich Zeit dafür. Lesen Sie den Abschnitt genau durch. Gehen Sie dann in die Entspannung, wie es zu Beginn des Buches beschrieben ist. Lassen Sie sich Zeit. Wenn Sie spüren, daß Ihr Körper ruhig und entspannt ist, beginnen Sie mit der nachstehenden Übung.

In der Phase, in der Sie sich im Augenblick befinden, sind die weiblichen Yin-Energien sehr stark. Je mehr Sie in Einklang mit diesen Energien leben, desto wohler werden Sie sich fühlen. Die Mond-Meditation, die ich dem empfehlenswerten Buch von Margit Seitz »Der Meditations-Führer. Wege nach innen« (Schönbergers Verlag, München 1985) entnommen habe, hilft Ihnen dabei.

Beginnen Sie mit dieser Übung einige Nächte vor Vollmond. Setzen Sie sich in Ihrer bevorzugten Meditationsstellung so hin, daß der Mond mit seinem sanften Licht in Ihr Gesicht scheint. Entspannen Sie sich, richten Sie Ihr Bewußtsein auf die Bauchgegend und atmen Sie dann hinein, lassen Sie den Atem ein- und ausströmen. Schauen Sie dann in den Mond. Wiegen Sie sich leicht hin und her und lassen Sie sich von seinem Licht umfluten und erfüllen. Erlauben Sie dem Mondlicht, sich in Ihnen auszubreiten und dort seine sanfte, beruhigende Wirkung zu verströmen. Versuchen Sie, den Mond mit einem inneren, unhörbaren Laut zu charakterisieren. Spüren Sie seine Vibrationen, seine Energie.

Wiederholen Sie diese Meditation jeden Abend bis zum Vollmond, und Sie spüren, wie Sie jedesmal mehr erfüllt werden vom sanften Schein des Erdtrabanten. Nehmen Sie dieses Gefühl tief in sich auf und lösen Sie es in der letzten Nacht durch einen behutsamen Tanz und akzentuiertes Atmen. Atmen Sie die Mond-Energien mit einem befreienden HUH aus.

Suggestion
Ich ziehe mich in meine innere Ruhe zurück.

34. DA DSCHUANG – Ich bin stark

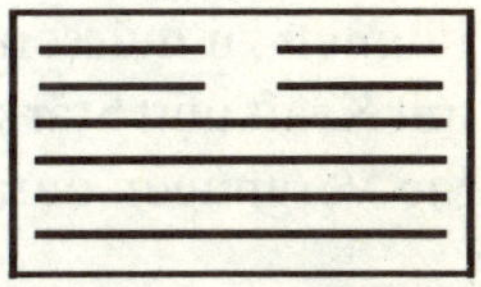

Das Bild
Im Frühling steigt der Donner nach oben. Diese Bewegung harmonisiert mit der Bewegungsrichtung des Himmels. Sie erreicht Großes, weil sie in Übereinstimmung mit dem Himmel ist. Wie oben, so unten. Für uns Menschen bedeutet das: Der Weise bemüht sich, alles in Harmonie mit dem zu tun, was der natürlichen kosmischen Ordnung entspricht. Seine Kraft und Energie setzt er ein für die Gerechtigkeit.

Die Bedeutung
Das Hexagramm Da Dschuang ist ein kraftvolles Zeichen. Aus dem Chinesischen wird es übersetzt mit »Des Großen Macht«. Es kommt

eine Zeit der Stärke und des Einflusses auf Sie zu. Ihre energievollen Yang-Linien überwiegen, werden aber von zwei weichen Yin-Linien aufgefangen. Setzen Sie Ihre Kraft also sanft ein. Das Bild weist auch darauf hin, woher Sie in dieser Phase Ihre Energie beziehen: aus Ihrem Innersten, aus Ihrem Unterbewußtsein.

Das will Ihnen sagen, daß Sie mit einer Stärke rechnen können, die natürlich ist. Es ist keine künstlich aufgeblasene Kraftmeierei, die Sie derzeit spüren, sondern wirkliche Kraft. Die Quelle, aus der sie kommt, verpflichtet Sie auch, verantwortungsbewußt mit dieser Energie umzugehen. Sie haben es nicht nötig, aufzutrumpfen und andere zu beeindrucken. Die Stärke, die Sie ausstrahlen, überzeugt ganz von allein.

Der Aspekt der Gerechtigkeit mahnt Sie, in diesen Tagen angemessen zu reagieren. Schießen Sie nicht mit einer Kanone auf Spatzen. Seien Sie innerhalb Ihrer Familie, im Freundeskreis oder am Arbeitsplatz mild und verständig. Härte oder Unerbittlichkeit haben nur die nötig, deren Stärke von außen aufgesetzt ist.

Gleiches gilt für Ihre Einstellung zu sich selbst. Glauben Sie jetzt nicht, »endgültig« mit Schwächen oder ungeliebten Eigenheiten aufräumen zu müssen. Seien Sie nachsichtig sich selbst gegenüber. Auch mit Kraft und Stärke muß man umgehen lernen. Möglicherweise finden Sie Vergnügen daran.

Die Linien

Unterste Linie:
Bleiben Sie maßvoll und überlegt. Aktivität, nur um Ihre Stärke zu demonstrieren, bringt Ihnen nichts als Probleme.

Zweite Linie:
Hören Sie auf Ihre innere Stimme und handeln Sie dann mit dem festen Glauben an die Richtigkeit Ihres Standpunktes.

Dritte Linie:
Auch die anderen haben Kraft. Lassen Sie sich nicht auf deren Macht-Trip ein, sondern besinnen Sie sich auf Ihre innere Stärke, die kein öffentliches Zur-Schau-Stellen braucht.

Vierte Linie:
Ihre Standhaftigkeit zahlt sich aus. Sie sind Ihren inneren Richtlinien treu geblieben und haben sich nicht zu oberflächlichen Macht-Demonstrationen verleiten lassen.
Fünfte Linie:
Lassen Sie Ihre Starrköpfigkeit. Sie sind stark genug, um flexibel und nachsichtig zu sein. Jetzt ist ein guter Moment gekommen, sanfter zu werden.
Oberste Linie:
Sie merken, daß Sie sich in etwas verrannt haben, und allein diese Erkenntnis wird Sie wieder aus den Schwierigkeiten befreien. Sie haben Ihre Lektion gelernt.

Meditation
Meditation hat keine starren Regeln. Sie kann nicht nur im Sitzen oder Liegen geübt werden. Im Grunde ist Meditation eine Geisteshaltung, ein In-sich-Gehen, eben ein Nachsinnen (lateinisch »meditari«).

Sie haben zur Zeit viel Energie, wie Sie aus Ihrem Hexagramm Da Dschuang und aus Ihrer Erfahrung mit sich selbst wissen. Nutzen Sie diese Energie, leben Sie sie aus, indem Sie jeweils morgens ein wenig laufen (joggen). Ziehen Sie sich bequem an (Trainingsanzug, Turnschuhe) und laufen Sie über eine Wiese, durch einen Park. Aber rennen Sie nicht, als würden Sie für den nächsten Marathon trainieren. Laufen Sie fröhlich, tanzen Sie, hüpfen Sie, bewegen Sie ausgelassen wie ein Kind Ihren ganzen Körper.

Ruhen Sie sich dann auf einer Bank aus. Atmen Sie tief ein und aus. Spüren Sie das Blut in sich pulsieren. Nehmen Sie Ihren Körper wahr. Fühlen Sie, daß Sie inneren Frieden haben. Entdecken Sie, daß Energie auch etwas sehr Körperliches ist.

Wenn Sie das Joggen zu sehr anstrengt, dann probieren Sie die gleiche Übung beim Schwimmen, beim Tanzen, bei der Gymnastik. Finden Sie die Form, in der Ihr Körper am liebsten seine Energie strömen läßt.

Suggestion
Ich bin voll innerer Kraft und Energie.

35. DSIN – Ich steige empor

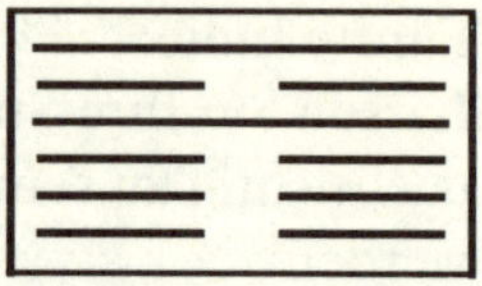

Das Bild
Die Sonne steigt über die Erde empor. Sie kommt aus den trüben Dünsten heraus und strahlt in weitem Umfang in ihrer klaren Reinheit. So geschieht es auch mit dem Menschen, der Weisheit (Erleuchtung) erlangt. Sein Lichtes ist von Irdischem getrübt, aber durch Läuterung steigt er zu seiner ursprünglichen Klarheit empor. Das Zeichen Dsin stellt daher den raschen leichten Fortschritt dar, der Ausdehnung und Klarheit mit sich bringt.

Die Bedeutung
Eine erfüllte Zeit bricht für Sie an. Sie werden aufsteigen – oder sind vielleicht schon dabei – und zu größerer Klarheit gelangen. Das kann bedeuten, daß Sie genau wissen, wie Ihr weiterer Weg sein wird. Es kann ein beruflicher Aufstieg sein oder ein Durchbruch im Verhältnis zu Ihrer Familie, Ihren Verwandten oder Freunden. Sie entdecken den Reichtum, der sich Ihnen öffnet, wenn Sie sich ganz geben, wenn Sie sich aus tiefster Seele für etwas engagieren.

Für mich war solch ein Durchbruch beim Schreiben dieses Buches gekommen, als ich – ich saß gerade im Flugzeug von Europa in die USA, um dort ein Seminar zu besuchen – schlagartig erkannte, welche Gnade es ist, ein jahrtausendealtes Buch, beinahe so oft gelesen wie die Bibel oder die Upanischaden oder der Koran: nämlich das I Ging, neu interpretieren zu dürfen. Von da an ging ich mit wirklicher Leidenschaft ans Werk (ich wünsche mir, daß Sie dieselbe Leidenschaft beim Befragen des I Ging entwickeln).

Immer wenn Sie sich einem Menschen oder einer Sache voll hingeben und dies aus ehrlicher, lauterer Absicht tun, d. h. ohne auf materiellen Vorteil oder auf Ruhm zu schielen, dann mobilisieren Sie das Lichte in sich. Ganz von selbst folgen Sie Ihrer Intuition, Ihrem Unterbewußtsein. Auch vorher Verschwommenes wird plötzlich klar. Es ist ein aufregendes Abenteuer. Spüren Sie die Gnade, daß Sie jetzt diese Erfahrung machen dürfen. Entdecken Sie, welche unermeßlichen Reichtümer in Ihnen stecken. Ob Sie es glauben oder nicht, in Ihrem Unterbewußtsein ist das Wissen der gesamten Menschheit gespeichert. Ich meine hier nicht die Schulbildung oder technisches oder fachliches Spezialwissen, sondern das Wissen um die Zusammenhänge, das, was viele Kulturen als Weisheit bezeichnen.

Öffnen Sie sich jetzt dieser Quelle, die in Ihnen ist und endlich sprudeln möchte. Schließen Sie sich Menschen an, die auf demselben Weg sind, und wundern Sie sich nicht über den Erfolg, der sich dann einstellt. Aber seien Sie dankbar dafür.

Die Linien

Unterste Linie:
Bleiben Sie gelassen, wenn man Ihnen anfangs noch nicht vertraut. Gehen Sie Ihren Weg zuerst allein. Geben Sie den Menschen und sich einfach ein wenig Zeit.

Zweite Linie:
Sie spüren, daß es aufwärts geht, aber der Durchbruch ist noch nicht gekommen. Dafür erhalten Sie Hilfe von einem Förderer.

Dritte Linie:
Inzwischen haben Sie das Vertrauen der Menschen gewonnen. Sie stehen an der Spitze von Gleichgesinnten, es geht nach oben.

Vierte Linie:
Tun Sie sich nicht mit den falschen Menschen zusammen, die nur an ihre Vorteile denken. Sie brauchen Idealisten, die Sie in Ihrer Aufrichtigkeit bestärken.

Fünfte Linie:
Sie hängen sich nicht an Äußeres. Gewinn und Verlust wechseln wie Sonne und Regen. Sie lassen sich dadurch nicht beirren. Daher sind alle Ihre Unternehmungen erfolgreich.

Oberste Linie:
Schließlich erkennen Sie, daß jeder doch für sich allein vorausschreiten kann und muß. Die einzige Kritik, die statthaft ist, ist die sich selbst gegenüber.

Meditation
Wenn Sie die im folgenden beschriebene Meditation machen wollen, dann nehmen Sie sich Zeit dafür. Lesen Sie den Abschnitt genau durch. Gehen Sie dann in die Entspannung, wie es zu Beginn des Buches beschrieben ist. Lassen Sie sich Zeit. Wenn Sie spüren, daß Ihr Körper ruhig und entspannt ist, beginnen Sie mit der nachstehenden Übung.

Sie sind in der Phase eines dramatischen Aufstiegs, einer Bewußtwerdung, einer Öffnung und Entfaltung Ihres Unterbewußtseins. Wenn Sie sich dieses Prozesses bewußt werden wollen, dann machen Sie im Zustand der Entspannung die von Prof. Assagioli entwickelte Rosenmeditation.

Stellen Sie sich eine Rose vor. Ihre Knospe ist geschlossen und von den grünen Kelchblättern umhüllt. Betrachten Sie die Rose in allen Einzelheiten. Nehmen Sie sich Zeit dafür. Sehen Sie dann, wie sich die Kelchblätter langsam öffnen. Die Blütenblätter werden sichtbar, aber sie sind immer noch geschlossen.

Stellen Sie sich nun vor, daß sich die Blütenblätter ebenfalls öffnen – ganz langsam und vorsichtig. Spüren Sie, wie auch Sie sich bei dieser Beobachtung langsam öffnen. Irgend etwas in Ihnen strebt dem Licht zu. Das Öffnen der Rosenblätter, das Aufblühen der Rose ist für Sie bald immer weniger von dem Gefühl *Ihres* Aufblühens zu unterscheiden. Sie sehen, wie sich die Rose dem Licht öffnet und immer schöner wird, aber Sie spüren dabei sich selbst. Es ist eins geworden.

Genießen Sie diese Erfahrung und blicken Sie dann in das Zentrum der Rose. Spüren Sie gleichzeitig dabei in Ihre Mitte. Lassen Sie aus dieser Rosenmitte spontan ein Symbol entstehen. Nehmen Sie jedes Bild an, das in Ihnen hochsteigt.

Betrachten Sie schließlich dieses Symbol und ergründen Sie seine Botschaft. Es ist Ihr Symbol für den Erfolg und für Ihr Erwachen.

Suggestion
Das Lichte steigt in mir empor.

36. MING I – Ich verberge mich

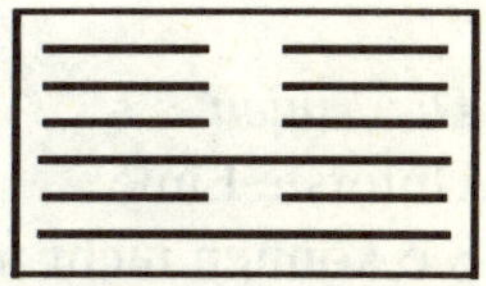

Das Bild
Die Sonne ist wieder unter die Erde gesunken (im Hexagramm Nr. 35 war sie emporgestiegen). Das Licht verfinstert sich. Der weise Mann an der Spitze wird von einem finstren abgelöst. Daher verbirgt der Weise sein Licht und taucht in der Menge unter.

Die Bedeutung
Nicht nur in der Geschichte der Staaten gibt es finstere Epochen. Auch in unserem eigenen Leben ist nicht immer alles licht und hell. Jetzt ist wieder so eine Phase bei Ihnen angebrochen, die weniger strahlend ist als die eben beendete. Lassen Sie sich von den neuen, widrigen Umständen nicht wehrlos mitreißen. Sie haben doch Ihre innere Haltung längst gefunden.

Es wäre jetzt allerdings ungünstig für Sie, dieses Lichte außen zu zeigen. Gerade dadurch, daß Sie nachgiebig erscheinen, können Sie – trotz der Probleme in Ihrer unmittelbaren Umgebung – Ihre Ideale beibehalten und Ihren Willen letztlich durchsetzen. Zeigen Sie Ihre Standfestigkeit, dann ziehen Sie nur die Aufmerksamkeit Ihrer Gegner an. Treten Sie gar energisch auf, sind Ihnen Feinde gewiß.

Tauchen Sie daher lieber in der Menge unter. Schotten Sie sich jedoch gegen das Gerede und die oberflächlichen Gewohnheiten der Masse ab. Folgen Sie weiter Ihren inneren Zielen und halten Sie sich aus den Aktivitäten der anderen heraus. Tun Sie lieber so, als schwämmen Sie mit, statt die anderen zu kritisieren und damit gegen sich aufzuwiegeln.

Wenn Ihnen das als Anpasserei oder Duckmäusertum erscheint, so bedenken Sie bitte, was Ihnen lieber ist: als Held unterzugehen oder

Ihre Ziele zu verfolgen in dem Bewußtsein, daß auch diese finstere Zeit bald vorüber ist. Außerdem zeugt es von größerem Heldentum und Weitblick, sich in solch schwieriger Zeit innerlich treu zu bleiben, statt gegen Mauern zu rennen.

Die Linien
Unterste Linie:
Sie können nicht mit einem Handstreich alle Schwierigkeiten beseitigen. Sie müssen ausweichen und sogar auf einiges verzichten, wenn Sie Ihren Zielen treu bleiben und keine faulen Kompromisse eingehen wollen. Vielleicht paßt das anderen Menschen nicht.
Zweite Linie:
Man hat Ihre Gefühle verletzt und auch die von Gleichgesinnten. Sie werden das gut überwinden, denn Sie stehen erst den anderen bei, bevor Sie an sich denken.
Dritte Linie:
Sie haben die Wurzel des Übels entdeckt, den Urheber entlarvt. Erwarten Sie jetzt nicht gleich, daß damit alle Schwierigkeiten wie weggewischt sind. Dazu sitzen sie schon zu tief.
Vierte Linie:
Sie wissen jetzt genau, woher die Probleme kamen, aber das nutzt nichts mehr. Verlassen Sie besser den Ort, die Situation. Lassen Sie alles liegen und stehen, bevor es zum großen Krach kommt.
Fünfte Linie:
Wenn Sie nicht gehen können, dann bleiben Sie notgedrungen und verbergen Ihre Gesinnung. Seien Sie vorsichtig, damit Ihr Innerstes unangetastet bleibt.
Oberste Linie:
Auch die finsteren Zeiten gehen vorüber. Begeben Sie sich mitten hinein ins Irdische, wenn's denn sein muß, und warten Sie, bis Sie wieder auftauchen können.

Meditation
Eine Zeit des Sich-Verbergens können Sie am besten dadurch ausleben, daß Sie sich auch körperlich von anderen Menschen zurückziehen.

Nehmen Sie sich einen Tag Zeit und ziehen Sie sich in eine einsame Landschaft oder in einen karg eingerichteten Raum zurück. Oder machen Sie eine der vielerorts von Klöstern angebotenen Exerzitien mit. Konzentrieren Sie sich an diesem Tag nur auf das Wesentliche.

Schweigen Sie den ganzen Tag. Fasten Sie und richten Sie Ihre Aufmerksamkeit ausschließlich auf Ihren Atem. Lesen Sie nichts, hören Sie kein Radio, sehen Sie kein Fernsehen. Wenn Gedanken da sind, dann nehmen Sie sie wahr. Aber Sie haben an diesem Tag keinerlei Bedeutung für Sie. Sagen Sie das Ihren Gedanken, ohne mit ihnen zu hadern. Und achten Sie weiter auf Ihren Atem.

Diese Meditation führt Sie näher zu sich selbst und ist ein Reinigungsprozeß für Körper, Seele und Geist. Versuchen Sie es einmal.

Suggestion
Das innere Licht leuchtet in mir, auch wenn ich es nach außen verbergen muß.

37. GIA JEN – Ich wirke ein auf andere

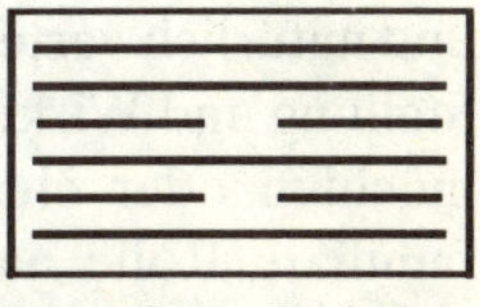

Das Bild
Das Feuer erzeugt Kraft. Es wirkt von innen nach außen. Bei den Menschen haben Worte nur Kraft, wenn sie auf der Wahrheit beruhen – wie die Flamme auf dem Brennstoff. Das Bild des Hexagramms Gia Jen weist auf die Familie hin. Auch dort muß die Wirkung von der eigenen Person auf andere ausgehen. Die Familie ist die Keimzelle von Gruppen, Gesellschaften und Staaten. Sie zeigt dieselben Wirkungsgesetze, die auch Staat und Welt in Ordnung halten: Jeder ist auf seinem natürlichen Platz und wirkt von innen nach außen.

Die Bedeutung

Es gibt die Zeit des Rückzugs ins eigene Innere und die Zeit des Strebens nach außen. Es gibt auch die Zeit, sich seiner selbst in den verschiedenen Lebensbereichen bewußt zu werden. Für Sie ist jetzt die Zeit gekommen, sich Ihrer Wirkung innerhalb Ihrer Familie, Ihrer Gruppen und der Gesellschaft bewußt zu werden und Einfluß zu nehmen (was die Konsequenz aus der Bewußtwerdung ist).

Fragen Sie sich zuerst, ob Sie Ihre natürliche Stellung als Ehefrau, Mutter, Tochter oder als Bruder, Onkel etc. wirklich einnehmen, ob Sie sie bewußt ausfüllen aus eigener Wahl oder nur aufgrund aufgezwungener gesellschaftlicher Regeln. Überprüfen Sie dann, worin Ihre Wirkung auf Ihre Familie oder Verwandtschaft und auf die gesellschaftliche Gruppe, in deren Rahmen Sie sich bewegen, besteht: Haben Sie Einfluß durch Ihre Aufrichtigkeit und Sachlichkeit, durch konsequentes Handeln, oder sind Sie ein Mitläufer, der es vorzieht, sich lieber in allgemeine Reden zurückzuziehen?

Gehen Sie bei dieser Bestandsaufnahme nicht wertend vor, richten Sie nicht über sich. Stellen Sie einfach fest und fragen Sie sich, ob Sie mit dieser Stellung, die Sie innerhalb Ihrer Umgebung einnehmen, zufrieden sind. Wenn ja, dann lassen Sie alles so, wie es ist. Dann sind vermutlich die Rollen innerhalb Ihrer Familie und darüber hinaus gut und natürlich verteilt. Sind Sie jedoch unglücklich mit Ihrer derzeitigen Stellung und Wirkung, dann notieren Sie sich, worin Sie klarer werden möchten oder ehrlicher oder konsequenter. Denken Sie über Ihre familiäre Rolle nach. Die Meditation am Schluß wird Ihnen dabei helfen.

Die Linien

Unterste Linie:

Jeder hat seine spezielle Aufgabe innerhalb einer Gemeinschaft. Halten Sie sich daran und verpflichten Sie die anderen, ebenfalls ihren Teil zu erfüllen.

Zweite Linie:

Es geht nicht darum, gewaltsam eine Gemeinschaft zu erzwingen.

Werden Sie sich Ihrer Pflichten bewußt und beschränken Sie sich auf sie.

Dritte Linie:

In einer Gemeinschaft führt zuviel Streit zu ebenso großem Durcheinander wie zuviel Ausgelassenheit. Stellen Sie zu Beginn Regeln auf, dann hat jeder seinen Rahmen.

Vierte Linie:

Zu einer Gemeinschaft gehört auch das Haushalten. Achten Sie darauf, daß immer jemand für das gesunde Verhältnis zwischen Ein- und Ausgaben zuständig ist.

Fünfte Linie:

Seien Sie ein guter Führer oder dulden Sie nur einen solchen. Seine Eigenschaften sind: innere Stärke, Schaffen von Vertrauen und Liebe zu allen Geführten. Keiner soll Sie oder vor keinem sollen Sie sich fürchten.

Oberste Linie:

Lassen Sie sich als Familienoberhaupt oder Führer von Ihren inneren Prinzipien leiten und achten Sie darauf, daß die anderen sie auch praktisch umsetzen können. Umgekehrt nehmen Sie dies als Beurteilungskriterium für Ihren Vater, Vorgesetzten oder Chef.

Meditation

Wenn Sie die im folgenden beschriebene Meditation machen wollen, dann nehmen Sie sich Zeit dafür. Lesen Sie den Abschnitt genau durch. Gehen Sie dann in die Entspannung, wie es zu Beginn des Buches beschrieben ist. Lassen Sie sich Zeit. Wenn Sie spüren, daß Ihr Körper ruhig und entspannt ist, beginnen Sie mit der nachstehenden Übung.

Konzentrieren Sie sich 15 Minuten lang auf das Wort, das Ihre derzeitige familiäre und/oder gesellschaftliche Stellung beschreibt, z. B. Tochter, Vater, Lehrer, Vorgesetzter, Betriebsrat etc. Sammeln Sie alle Gedanken, die Ihnen dazu einfallen. Wenn Sie wollen, notieren Sie sich das in Stichpunkten. Es wird in den nächsten Tagen noch mehr werden. Überlegen Sie sich dann als zweiten Schritt, welche persönlichen Verpflichtungen diese Stellung beinhaltet. Denken Sie nicht darüber nach, was *man* als Tochter, Vater, Lehrer usw. *tun sollte*, sondern was Sie *glauben*, was zu tun notwendig ist, um dieser Stellung gerecht zu werden.

Listen Sie das auf und treffen Sie als dritten Schritt für sich selbst Vereinbarungen dazu. Sind Sie zum Beispiel als Lehrer der Meinung, für Ihre Klassen auch außerhalb der Unterrichtsstunden ansprechbar sein zu sollen, dann vereinbaren Sie schriftlich mit sich (und teilen dies später Ihrer Klasse mit), daß Sie einmal pro Woche dann und dann in Ihrer Freizeit für Ihre Schüler verfügbar sind.

Wichtig bei dieser Übung ist, daß Sie sich selber schriftlich zu Ihren Vereinbarungen verpflichten.

Suggestion
Ich fülle meine familiäre und gesellschaftliche Stellung verantwortungsbewußt aus.

38. KUI – Ich erlebe Gegensätze

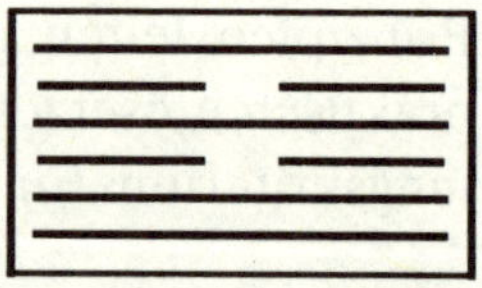

Das Bild
Überall in der Schöpfung gibt es Gegensätze: Himmel und Erde, Feuer und Wasser, Tag und Nacht, Mann und Frau. Diese Gegensätze erzeugen das Bedürfnis nach ihrer Überbrückung, gleichzeitig ermöglichen sie die Ordnung der Dinge. Das Zeichen Kui (oben das Feuer, unten das Wasser) weist auf eine Phase der Gegensätze hin, die durch Ausgleich und Ordnung überwunden werden kann.

Die Bedeutung
Feuer und Wasser vermischen sich nie. Nehmen Sie das als ersten Hinweis des von Ihnen geworfenen Hexagramms Kui. Behalten Sie Ihre Eigenarten, selbst wenn Sie es gerade geschafft haben, unüberbrückbar scheinende Gegensätze zu verbinden. Natürlich sind Sie glücklich darüber – besonders jetzt, wo die ganze Welt aus Gegensät-

zen zu bestehen scheint. Dennoch: Geben Sie sich selbst nicht auf als Preis für einen Kompromiß.

Nutzen Sie das Bewußtsein, das Sie jetzt haben: Daß die ganze Welt aus Gegensätzen besteht. Es zeigt Ihnen, daß wir ohne diese Gegensätze keinen Anreiz hätten, Verbindendes herzustellen, daß Gegensätze uns ermöglichen, Ordnung zu schaffen. Auf der universellen Ebene erkennen Sie, daß Polaritäten nur von unserem Verstand geschaffen sind, um uns der Dinge und unser selbst bewußt zu werden.

Der Geist braucht die Materie, um sich zu manifestieren: Das ist bereits der erste grundlegende Gegensatz. Vielleicht spüren Sie intuitiv, daß damit auch deutlich wird: Geist und Materie sind kein Gegensatz, sondern nur die zwei Seiten einer Medaille. Ebenso ist es mit Mann und Frau, Arm und Reich, Schwarz und Weiß, Gut und Böse.

Es macht daher keinen Sinn, wenn Sie unter diesen Gegensätzen leiden oder um ihrer Überwindung willen sich selbst aufgeben. Die anderen brauchen Ihre Eigenart ebenso als Gegensatz, um daran zu lernen, wie Sie die Eigenarten der anderen brauchen. Das heißt allerdings nicht, daß wir nicht mehr aufeinander zugehen sollten. Gerade das ist die Botschaft dieses Hexagramms: Der Sinn der Gegensätze liegt in ihrer Überwindung, in der Erkenntnis, daß alles aus dem Einen kommt, sichtbar wird im Gegensatz und wieder in das Eine zurückkehrt.

Die Linien

Unterste Linie:

Wenn Sie einen geliebten Menschen verlieren, weil er sich – durch einen scheinbaren Gegensatz irritiert – entfernt, dann lassen Sie ihn ziehen. Er kommt wieder. Wenn sich aber Menschen zu Ihnen drängen, die Sie nicht darum gebeten haben, dann lassen Sie sie die Gegensätze spüren.

Zweite Linie:

Es sind keine Gegensätze, sondern nur Mißverständnisse, die Sie von anderen trennen. Suchen Sie eine ungezwungene Atmosphäre für ein klärendes Gespräch.

Dritte Linie:
Sie würden am liebsten alles hinwerfen, fühlen sich verletzt und gebremst. Halten Sie trotzdem an dem Menschen fest, zu dem Sie sich zugehörig fühlen. Ein Happy-End ist in Sicht.
Vierte Linie:
Sie fühlen sich vereinsamt und verstehen Ihre Mitmenschen nicht mehr. Keine Sorge: Sie werden einen Gleichgesinnten treffen, dem Sie Ihr Vertrauen schenken können.
Fünfte Linie:
Vielleicht haben Sie die Person, die sich Ihnen nähert, zuerst verkannt. Beobachten Sie, wie sie/er sich um Sie bemüht! Kommen Sie ihr/ihm entgegen.
Oberste Linie:
Sie möchten Ihren Freunden/Ihrem Partner am liebsten den Hals umdrehen, aber Sie werden merken: Der andere kommt auf Sie zu. Es waren alles nur Mißverständnisse, weil Sie beide gerade mit sich selbst genug Probleme hatten.

Meditation
Wenn Sie die im folgenden beschriebene Meditation machen wollen, dann nehmen Sie sich Zeit dafür. Lesen Sie den Abschnitt genau durch. Gehen Sie dann in die Entspannung, wie es zu Beginn des Buches beschrieben ist. Lassen Sie sich Zeit. Wenn Sie spüren, daß Ihr Körper ruhig und entspannt ist, beginnen Sie mit der nachstehenden Übung.

Nehmen Sie sich Zeit und holen Sie sich einen Bogen Papier und ein paar Buntstifte. Wählen Sie irgendeinen Gegensatz aus, der Ihnen in Ihrem Leben besonders zu schaffen macht, und überlegen Sie sich ein Symbol dafür. Am besten, Sie lassen Ihr Unterbewußtsein einfach frei phantasieren.

Malen Sie zuerst den einen Pol, die eine Seite des Gegensatzes, auf die eine Seite des Papierbogens und dann die andere Seite des Gegensatzes auf die andere des Bogens. Zeichnen oder malen Sie frei nach Ihrer Phantasie. Sie brauchen kein Kunstwerk für eine Ausstellung zu erschaffen.

Betrachten Sie jetzt, wie die beiden Seiten miteinander in Zusammenhang stehen. Seien Sie ehrlich: Die eine Seite bezieht sich auf die andere, A wäre ohne B nur ein halbes Werk.

Nehmen Sie jetzt einen neuen Bogen Papier und zeichnen Sie darauf die Verbindung zwischen den beiden Gegensatzdarstellungen. Lassen Sie mit den Gegensätzen etwas geschehen. Sie haben ja die Verbindung zwischen beiden geistig schon wahrgenommen. Setzen Sie diese Erkenntnis jetzt bildhaft um. Lassen Sie dabei wieder der Phantasie Ihres Unterbewußtseins freien Lauf.

Stellen Sie sich nach Abschluß Ihres ›Kunstwerks‹ die Frage, worin die Verbindung zwischen den Gegensätzen besteht, wie diese neue Einheit zustandekam und wie Sie die von Ihrem Unterbewußtsein als Malerei übermittelte Botschaft auf das praktische Leben übertragen können.

Suggestion
Die Gegensätze, die mir begegnen, dienen meiner Bewußtwerdung.

39. GIEN – Ich überwinde Blockaden

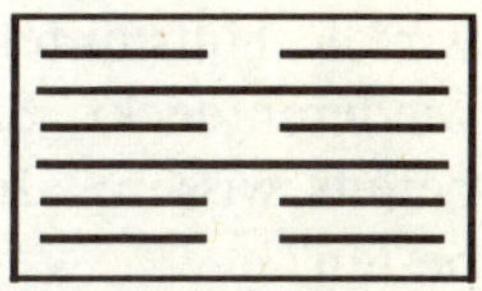

Das Bild
Auf dem Berg ist Wasser, aber es kann nicht seiner Natur gemäß abfließen, weil ein Felsen den Weg versperrt. Es muß stillstehen, vermehrt sich und wird dadurch so viel, daß es sich über die Hindernisse ergießt. So ist es auch bei den Menschen. Der Weise hält bei Gefahren und Hemmnissen inne (= er hält an und blickt nach innen), steigert dadurch seine Kraft und überwindet so das Hindernis (fließt wieder).

Die Bedeutung
Das Hexagramm Gien gibt Auskunft darüber, wie Sie Hemmnisse überwinden können, denn für die Chinesen sind Schwierigkeiten

immer eine Chance zu innerer Bereicherung und Bildung, weil sie den Menschen auf sich selbst aufmerksam machen. Lernen Sie von dieser Wahrheit und suchen Sie nicht die Schuld für Ihre Probleme bei anderen Menschen oder beim bösen Schicksal.

Während noch vor einigen Jahren in der allgemeinen Psycho-Welle die Prägung (Konditionierung) durch Eltern und Gesellschaft für viele als Sündenbock herhalten mußte, ist es beim derzeitigen Esoterik-Boom die Astrologie. Die Ursache einer Hemmung braucht nun nicht mehr erforscht zu werden: Es ist der Saturn, der sie gerade auslöst. Ich halte von derlei Kausalitäten absolut nichts. Es ist anzunehmen, daß Sie in der jetzigen Phase eine Saturn-Auslösung in Ihrem Horoskop feststellen können. Aber der Saturn ist nicht der Urheber Ihrer Hemmnisse, sondern beschreibt nur als Symbol auf der Ebene der Planeten, was Sie auf der Ebene Ihres realen Lebens gerade erfahren. Sie können also während einer Saturn-Auslösung durchaus ein sorgenfreies Leben führen, wenn Sie die Zeitqualität aktiv ausleben, will sagen: wenn Sie von sich aus das tun, was gerade für Sie ansteht. Und weil wir den Zugang zu unserer Intuition (zu unserem Unterbewußtsein), die uns exakt sagt, was jetzt am besten zu tun ist, verloren haben, darum haben wir die Hilfsmittel Astrologie, Runen, Kabbala, Tarot, I Ging usw. wiederentdeckt. Sie helfen uns, zu erkennen, was wir im Inneren bereits wissen: »In welcher Phase bin ich gerade, was tue ich am besten?«

Sie sind in einer Phase der Hemmungen. Gehen Sie in sich. Prüfen Sie, was Sie dahin gebracht hat, was Sie selbst blockiert haben (welchen Felsen haben Sie sich vor die Tür gesetzt?) Das Hexagramm rät Ihnen ferner, sich mit gleichgesinnten Freunden zusammenzutun und sich einem Menschen anzuvertrauen, der der Lage gewachsen ist. Bleiben Sie unbeirrbar, auch wenn Sie etwas tun müssen, was Sie scheinbar vom Ziel abbringt. Die Freunde sind im Südwesten. Meiden Sie den Nordosten.

Die Linien

Unterste Linie:
Sie sehen Probleme auf sich zukommen. Ziehen Sie sich zurück und warten Sie den richtigen Moment ab, zu handeln. Voreiligkeit schadet Ihnen.

Zweite Linie:
Möglicherweise sollen Sie für andere die Kastanien aus dem Feuer holen. In diesem Fall ist es kein eigenes Hemmnis, und Ihre Aktivität dient einem allgemeinen Interesse. Begeben Sie sich in diesem Sonderfall ruhig in den Kampf.

Dritte Linie:
Die zweite Linie beschrieb den Beamten, der für seinen König kämpft. Diese Linie nennt den Vater, der für seine Familie streitet. Er sollte lieber unter den Seinen bleiben, da sie ihn brauchen und hilflos sind, wenn er sich in Gefahr begibt. Bleiben Sie auf vertrautem Boden.

Vierte Linie:
Sammeln Sie erst Freunde zu Ihrer Unterstützung, bevor Sie das Hindernis überwinden. Und bereiten Sie sich gut vor.

Fünfte Linie:
Gerade wenn die Gefahr am größten ist, mobilisieren Sie Ihre inneren Kräfte und ziehen wirklich tatkräftige und zuverlässige Helfer an. Organisieren Sie mit ihnen eine planvolle Zusammenarbeit.

Oberste Linie:
Wenden Sie sich an einen wirklich erfahrenen Menschen um Hilfe. Wenn Sie religiös sind, bitten Sie Gott darum, Ihrem göttlichen Selbst (das durch das Unterbewußtsein wirkt) die rechten Eingebungen zuteil werden zu lassen.

Meditation

Wenn Sie die im folgenden beschriebene Meditation machen wollen, dann nehmen Sie sich Zeit dafür. Lesen Sie den Abschnitt genau durch. Gehen Sie dann in die Entspannung, wie es zu Beginn des Buches beschrieben ist. Lassen Sie sich Zeit. Wenn Sie spüren, daß

Ihr Körper ruhig und entspannt ist, beginnen Sie mit der nachstehenden Übung. Gehen Sie vor dieser Übung auf die Toilette.

Stellen Sie sich eine Quelle auf einem Berg vor. Sie sprudelt stetig, das Geräusch ist sehr entspannend. Das Wasser sammelt sich normalerweise etwa zwei Meter unterhalb der Quelle in einem kleinen See. Er ist vielleicht einen Meter lang und einen Meter breit. Von dort fließt das Wasser in einem Bächlein talwärts. Lassen Sie vor Ihrem geistigen Auge dieses Bild entstehen. Hören Sie das Sprudeln der Quelle und das Plätschern des Baches. Spüren Sie die kühle Frische des Wassers. Gehen Sie so hinein in dieses Erlebnis des Wassers, daß Sie bald selbst so fühlen, als seien Sie das Wasser, das in den kleinen See plätschert und von dort als Bach weiterfließt. Spüren Sie dieses ruhige Fließen in sich.

Plötzlich verstopft ein dicker Ast, der allerlei Gras und Gestrüpp mit sich trägt, den Abfluß zwischen dem kleinen See und dem Bach. Ihr Wasser fließt nicht mehr. Fühlen Sie in sich hinein, wie das ist. Der kleine See füllt sich mehr und mehr. Das Wasser sickert über das Seeufer hinaus. Spüren Sie, wie sich eine ganz dünne Wasserschicht überall verteilt, nachdem der See voll ist. Zuerst füllt das Wasser jede Ritze, dann finden die ersten Rinnsale den Weg zurück ins Bett des Baches. Das Fließen hat sich verändert, das Wasser hat sich neue Wege gesucht. Aber es fließt weiter, seiner Bestimmung gemäß. Ein Teil des Wassers läuft jetzt links und rechts vom Ast zum Bach hinab, ein anderer Teil beginnt, sich unter dem Ast hindurchzugraben.

Erleben und erspüren Sie, wie die Natur des Fließens nicht gebremst, sondern höchstens in ihrer Richtung verändert werden kann. Erkennen Sie aus dieser Erfahrung, daß es auch für Sie kein Hindernis gibt, das Ihr Voranschreiten aufhält.

Suggestion
Ich lasse meine Energien frei fließen.

40. HIE – Ich befreie mich

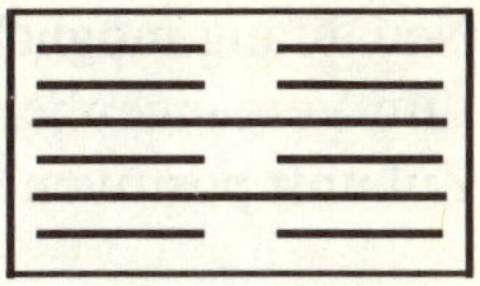

Das Bild

Das Gewitter bricht los. Die ganze Natur atmet befreit auf. Die Spannung ist gelöst, die Schalen der Früchte und Blüten springen auf. So ist es auch beim Menschen. Ein reinigendes Gewitter löst die Spannungszustände, bringt Klarheit, befreit von drückender Last und regt das Leben wieder an.

Die Bedeutung

»Die Zeit der Befreiung ist wahrlich groß«, heißt es im Originaltext. Sie stehen am Beginn einer sehr wichtigen Phase, nämlich der Befreiung und Klärung. Sie werden am Ende dieses Zeitabschnitts Ihr inneres und äußeres Gleichgewicht wiederhergestellt haben.

Machen Sie jetzt klar Schiff. Wenn Sie sich selber oder Ihren Mitmenschen Fehler vorwerfen, dann bringen Sie das in einer einzigen Aussprache auf den Tisch und vergessen Sie es anschließend. Das Hexagramm Hie zeigt das Bild des reinigenden Gewitters und nicht das des Jüngsten Gerichts. Das heißt: Lassen Sie einmal kräftig Dampf ab, spüren Sie die befreiende Wirkung dieses Ausbruchs und gehen Sie dann zur Tagesordnung über.

Gewitter heißt ja nicht, daß die Erde neu entsteht, sondern daß alles an seinem Platz bleibt und neu aufblüht, weil die Spannung beseitigt ist. Verschleppen Sie es nicht, denn die Zeit dazu ist jetzt. Achten Sie darauf, daß *Sie* es sind, der Klarheit will. Das heißt: Ein Gewitter straft nicht oder weist anderen Schuld zu, sondern es bringt nur Entspannung und führt das Leben wieder in seinen Normalzustand zurück. In der Regel sind es ohnehin die eigenen Spannungen, die wir auf die Umwelt übertragen bzw. die diese von uns automatisch übernimmt. Das Gewitter gilt also Ihnen selbst und nicht in erster Linie Ihren Mitmenschen.

Noch einen Rat will Ihnen das Hexagramm Hie geben: Ein Gewitter reinigt vollständig, es bleibt keine Spannung zurück. Vergeben Sie sich und Ihren Mitmenschen alle Übertretungen und Fehler. Nur so ist ein

Neuanfang möglich. Erst wenn Sie die Sehweise ändern, mit der Sie Ihre Vergangenheit (und die anderer) beurteilen, können Sie auf Ihre Zukunft positiven Einfluß nehmen.

Die Linien

Unterste Linie:
Sie atmen erleichtert auf. Hemmungen und Spannungen sind beseitigt. Erholen Sie sich und genießen Sie die Befreiung.

Zweite Linie:
Gehen Sie die Befreiung mit all Ihrer inneren Stärke an. Seien Sie klar und aufrichtig, dann kann sich niemand Ihrer Aktion entziehen.

Dritte Linie:
Bleiben Sie bescheiden. Wenn Sie mit dem, was Sie erreicht haben, prahlen, werden Sie Neid erregen und sich Feinde machen.

Vierte Linie:
Möglicherweise haben Sie sich mit Menschen zusammengetan, die Ihnen in Ihrer kritischen Phase gerade recht waren – obwohl Sie nicht zu Ihnen passen. Lösen Sie sich jetzt von ihnen.

Fünfte Linie:
Warten Sie nicht darauf, bis die anderen es merken, daß Sie sich lösen wollen. Befreien Sie sich innerlich von ihnen, dann spüren sie Ihre Distanz und ziehen sich von selbst zurück.

Oberste Linie:
Es gibt auch Widerstände, Spannungen oder Menschen, die hartnäckig sind. Überlegen Sie, welche Mittel Sie einsetzen, und warten Sie den richtigen Zeitpunkt ab. Dann haben Sie ein leichtes Spiel.

Meditation

Wenn Sie die im folgenden beschriebene Meditation machen wollen, dann nehmen Sie sich Zeit dafür. Lesen Sie den Abschnitt genau durch. Gehen Sie dann in die Entspannung, wie es zu Beginn des Buches beschrieben ist. Lassen Sie sich Zeit. Wenn Sie spüren, daß Ihr Körper ruhig und entspannt ist, beginnen Sie mit der nachstehenden Übung.

Anspannung und Entspannung, Zusammenziehen und Loslassen,

Einatmen und Ausatmen sind Begriffe für den ewigen Kreislauf und Rhythmus der Schöpfung. Beobachten Sie diesen Wechsel im entspannten Zustand an sich selbst, indem Sie jeden einzelnen Muskel Ihres Körpers anspannen und dann wieder loslassen. Da Sie insgesamt ruhig und entspannt sind, ist das eine sehr spielerische Übung. Es ist kein Bodybuilding-Kraftakt, sondern eine Erfahrung des ewigen Rhythmus unseres Kosmos.

Nachdem Sie dies bewußt erlebt haben, konzentrieren Sie sich 15 Minuten lang auf die Begriffe »Anspannung – Entspannung, Zusammenziehen – Loslassen«. Es wird Ihnen vieles dazu einfallen. Beobachten Sie in den nächsten Tagen alles, was um Sie herum geschieht, unter diesem kosmischen Gesetz: Ein und aus, zusammen und wieder auseinander.

Suggestion
Ich bin frei von Spannungen.

41. SUN – Ich verteile neu

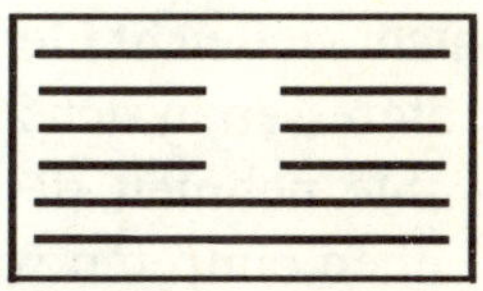

Das Bild
Der See verdunstet. Sein Wasser wird zugunsten der Vegetation des Berges gemindert. Der See gibt von seinem Überfluß und bereichert und fördert so den Berg. Auf die Menschen übertragen symbolisiert der See die unkontrollierten Triebe, die durch Abgabe ihrer Energie auf ein gutes Maß gebracht werden. Der Berg ist das Zeichen für Eigensinn und Zorn, die durch Stillhalten eingeschränkt werden. Durch Minderung dieser niederen Energien werden die höheren Energien des Menschen wie Nachsicht und Liebe gestärkt.

Die Bedeutung
Sie haben eine Phase erreicht, in der Sie ans Neuverteilen gehen sollten; so wie innerhalb einer Gesellschaft durch das Entrichten von

Steuern der Reichtum der Begüterten zugunsten der Armut der Besitzlosen gemindert wird bzw. werden sollte, ist es auch innerhalb eines jeden Menschen. Vielleicht haben Sie eine Begabung zu stark gefördert und dabei Ihre anderen Talente verkümmern lassen. Vielleicht haben Sie eine Menge aggressiver oder sexueller Energie und können Sie nicht loswerden, was Spannung und Unzufriedenheit erzeugt. Vielleicht sind Seiten Ihrer Persönlichkeit zugunsten anderer zu kurz gekommen.

Das Hexagramm Sun fordert Sie dazu auf, dieses Ungleichgewicht zu beseitigen. Überprüfen Sie zuerst Ihre Stärken, Ihre Vorlieben, das, wozu Sie die meiste Zeit aufwenden. Fragen Sie sich dann, ob Sie die dort geballte Energie (an geistiger Auseinandersetzung, Zeit, Geld) nicht etwas zugunsten Ihrer ›unterentwickelten Regionen‹ vermindern können. Ob Sie beispielsweise neben Ihrer Begabung für das Erkennen von Zusammenhängen (Religion, Wissenschaft, Esoterik) nicht auch Ihre Talente für die ganz praktische Bewältigung des Alltags fördern könnten. Ob Sie Ihre aggressive oder sexuelle Energie nicht für das Schaffen von Dingen (Kunst, Gegenstände) einsetzen könnten. Ob Sie nicht vielleicht Gedanken und Zeit investieren könnten, um ganz neue Interessen in sich zu wecken.

Sie nehmen damit einen Wechsel vorweg, der ohnehin in Ihrem Leben eintreten wird. Das I Ging beschreibt immer den Zustand, in dem Sie sich gerade befinden, und hilft Ihnen, gemäß Ihrer Natur (Einklang mit der Qualität der Zeit) zu leben. Jetzt steht bei Ihnen eine Neuverteilung an – auf der geistigen oder auf der materiellen Ebene. Die geistige Ebene geht meist mit der materiellen (Umverteilung Ihres Besitzes) überein, denn oben ist wie unten und innen wie außen.

Die Linien

Unterste Linie:

Helfen Sie anderen, wenn Sie Ihre eigenen Angelegenheiten geklärt haben. Erhalten Sie Hilfe, dann bewahren Sie sich Ihre Sensibilität dafür, wieviel Sie annehmen sollten und wo die Grenze der Belastbarkeit für den Helfer erreicht ist.

Zweite Linie:
Anderen dienen heißt, sich treu zu bleiben. Wenn Sie Ihr Selbstbewußtsein und Ihre Konsequenz zugunsten eines anderen mindern, schaden Sie sich und nutzen dem anderen auf Dauer auch nicht.
Dritte Linie:
Seien Sie lieber allein, bevor Sie das fünfte Rad am Wagen sind. Unter dreien ist meistens einer zuviel. Ziehen Sie sich zurück, dann kommt ein neuer Partner auf Sie zu.
Vierte Linie:
Verringern Sie Ihre Schwächen und Probleme, dann erleichtern Sie es den anderen, Sie zu akzeptieren. Ihre Freunde, die Ihnen bisher trotzdem wohlgesonnen waren, werden es mit Erleichterung aufnehmen.
Fünfte Linie:
Sie werden von jemandem unterstützt und gefördert. Nehmen Sie es auch an. Der andere tut es freiwillig.
Oberste Linie:
Sie erhalten Kraft und Mittel von allen Seiten, weil Sie alles nicht für sich horten, sondern wieder an andere weitergeben. Sie finden alle Helfer, die Sie brauchen.

Meditation
Wenn Sie die im folgenden beschriebene Meditation machen wollen, dann nehmen Sie sich Zeit dafür. Lesen Sie den Abschnitt genau durch. Gehen Sie dann in die Entspannung, wie es zu Beginn des Buches beschrieben ist. Lassen Sie sich Zeit. Wenn Sie spüren, daß Ihr Körper ruhig und entspannt ist, beginnen Sie mit der nachstehenden Übung.

Wählen Sie, nachdem Sie entspannt sind, einen Teil Ihrer Persönlichkeit, ein Talent oder eine Aktivität aus, die Sie bisher vernachlässigt haben und der Sie jetzt mehr Energie und Aufmerksamkeit schenken wollen. Lassen Sie dies als Projekt vor Ihrem geistigen Auge deutlich werden.

Konzentrieren Sie sich dann auf Ihre Aggressionen. Steigern Sie sich ruhig künstlich in die Wut hinein, die Sie vielleicht auf Ihren Nachbarn haben, in den Zorn auf den unzuverlässigen Freund, den Groll auf den Partner, der Ihnen immer wieder Ärger verursacht. Spüren Sie in Ihren Körper hinein, während Sie aggressiv werden. Beobachten Sie, was an Gefühlen hochkommt. Erleben Sie die Energie, die Sie als Aggressivität empfinden.

Lenken Sie Ihre Aufmerksamkeit jetzt wieder auf Ihr Projekt. Stellen Sie sich vor, daß Sie mitten in der Ausführung dieses Projekts sind, und setzen Sie dann, wenn Sie mitten drin sind, Ihre zuvor erlebte aggressive Energie für das Projekt ein. Spüren Sie, welche Kraft plötzlich in Ihrem Ziel steckt, wie Sie beflügelt sind.

Sie können diese Übung auch mit Ihrer nicht gelebten sexuellen Energie machen, indem Sie sich in Situationen hineinsteigern, in denen Sie Ihren Trieben keinen Ausdruck verleihen konnten. Erleben Sie sich dabei und lenken Sie diese Energie dann in Ihr vorher gewähltes Projekt.

Suggestion
Ich verteile meine Energie auf vollkommene Art und Weise.

42. YI – Ich ernte

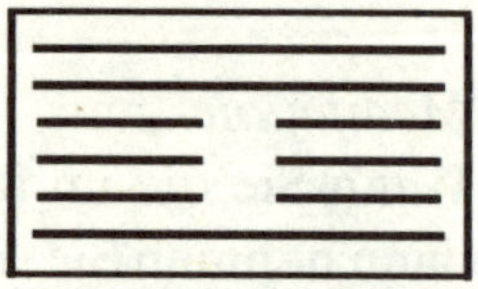

Das Bild
Der Wind verstärkt den Donner. Der Donner setzt das lichte Prinzip in Bewegung. Der Wind zerteilt das Schattige. Beide erfüllen auf diese Weise ihre Natur. Genauso handelt der Weise. Er bewegt sich auf das Licht, auf das Gute zu – er ahmt es nach, wenn er es sieht, und legt das Schattige, das Schlechte, ab. Diese Zeit hat die gleiche Kraft wie jene, wenn Himmel und Erde sich vermählen (vgl. Hexagramm Nr. 2) und die Erde die schöpferische Kraft des Himmels erhält, um die Lebewesen zu erschaffen.

Die Bedeutung
Nutzen Sie die Gunst der Stunde. Dieser Satz könnte überhaupt die Überschrift zu jedem Hexagramm sein, aber auf das von Ihnen geworfene Zeichen Yi trifft er besonders zu, denn Yi versinnbildlicht die kurze Zeit der Ernte. Greifen Sie rasch zu, solange die Früchte reif sind.

Wenn Sie etwas, das Sie angesammelt haben (Haus, Auto, Gegenstände), verkaufen wollen, dann tun Sie es jetzt. Wenn Sie Ihr erlerntes Wissen unter Beweis stellen wollen, dann legen Sie jetzt die Prüfung ab. Wenn Sie schon lange eine Beziehung mit einem Partner eingehen wollten, aber bisher gezögert haben: Jetzt ist der ideale Zeitpunkt, ja zu sagen. Ernten Sie, was Sie schon lange vorher gesät haben. Die Zeit der Ernte ist jetzt und sie ist begrenzt.

Yi geht noch einen Schritt weiter. Sie können Ihren jetzt gewonnenen Reichtum noch mehr vergrößern (den inneren wie auch den äußeren), wenn Sie ihn teilen. Helfen Sie, wo Sie können, tun Sie es, ohne auf Ihren Profit zu schielen, setzen Sie es für die Menschen ein. Dann werden Sie auch nach dieser Ernteperiode Früchte erhalten. Nehmen Sie sich an guten Vorbildern ein Beispiel und legen Sie ab, was Sie an sich selbst als minder betrachten. Um so klarer werden Sie in Ihrer inneren Zielsetzung und Ihrer Ausstrahlung nach außen. Und dieser Klärungsprozeß wiederum mehrt Ihren inneren und äußeren Reichtum. Ernten Sie also für andere – und es wird eine Ernte für Sie selbst sein.

Die Linien
Unterste Linie:
Sie werden von höchster Stelle gefördert. Nutzen Sie diesen Kraftzuwachs und vollbringen Sie das, was Sie bisher nie anzugehen gewagt haben.
Zweite Linie:
Sie sind bereit, sich in den Dienst einer guten Sache zu stellen. Dadurch erreichen Sie Ihre Ziele, wie Sie es sich immer erträumt haben. Bleiben Sie trotz dieses Glücks standhaft und werden Sie nicht leichtsinnig.

Dritte Linie:
Durch Ihre Aufrichtigkeit machen Sie selbst aus Schwierigkeiten einen Erfolg. So verwandeln Sie sogar das, was andere für Unglück halten, in Glück und Erfolg.
Vierte Linie:
Sie sind in eine Vermittlerrolle hineingewachsen. Man schätzt überall Ihren Rat, besonders bei schwerwiegenden Entscheidungen. Ebenso vermag Ihre Intuition alle aufkommenden Disharmonien in Ihrem Innern zu beseitigen.
Fünfte Linie:
Sorgen Sie sich nicht um irgend etwas. Man hat Ihre Güte erkannt und schätzt Ihre großzügige Art.
Oberste Linie:
Vergessen Sie Ihre Basis nicht. Bevor Sie um etwas bitten, muß eine Beziehung bestehen. Und bevor Sie reden oder handeln, sollten Sie sich innerlich im klaren sein.

Meditation
Wenn Sie die im folgenden beschriebene Meditation machen wollen, dann nehmen Sie sich Zeit dafür. Lesen Sie den Abschnitt genau durch. Gehen Sie dann in die Entspannung, wie es zu Beginn des Buches beschrieben ist. Lassen Sie sich Zeit. Wenn Sie spüren, daß Ihr Körper ruhig und entspannt ist, beginnen Sie mit der nachstehenden Übung.

Der übergeordnete Begriff, um den es in diesem Hexagramm geht, ist »Liebe«. Aus welchem anderen Grund helfen Sie Menschen, sind Sie gütig, großzügig etc.? Denken Sie einfach einmal über Liebe nach: am besten, nachdem Sie in die Entspannung gegangen sind. Was haben Sie als Liebe erlebt? Welche Liebe haben Sie erhalten, welche gegeben? Was haben Sie beobachtet, was gelesen oder gehört? Was hält Sie davon ab, zu lieben oder Liebe zu zeigen? Kurz: Erlauben Sie Ihrem Verstand und (!) Ihrem Unterbewußtsein, all das freizugeben, was mit Liebe zu tun hat.

Ich habe schon Klienten erlebt, die sich in diesem Prozeß verloren haben; andere haben Bücher darüber geschrieben. Wenn Sie merken, daß keine neuen Intuitionen oder Gedanken mehr kommen, dann werden Sie sich Ihrer Umgebung bewußt: des Raums, in dem Sie sich befinden, der Gerüche und Geräusche etc. Spüren Sie, daß Sie Liebe in sich haben. Verströmen Sie diese Liebe jetzt in Ihrem Raum, drücken Sie diese Liebe anderen gegenüber aus, ohne danach zu fragen, wie es bei den anderen ankommt oder was Sie dafür erhalten.

Suggestion
Ich ernte, weil ich ständig Liebe säe.

43. GUAI – Ich bin entschlossen

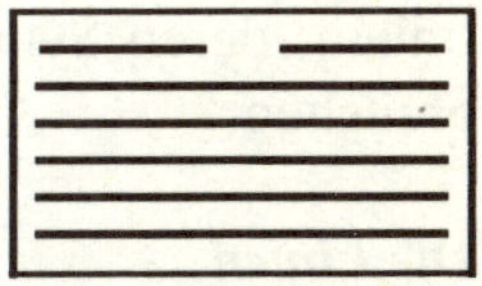

Das Bild
Der See verdunstet und sammelt sich als Wolken am Himmel. Das Wasser wird bald als Regen herunterkommen. Der Fluß steigt über die Ufer, und seine Fluten durchbrechen die Dämme. In diesem Zustand befindet sich auch der Weise. Seine Kraft bricht durch alle Widerstände und verteilt sich. Um einen gewaltsamen Durchbruch zu vermeiden, verteilt er sie ständig. Die freundliche Art, in der er das tut (symbolisiert durch den Himmel), verhindert Hochmut und Trotz.

Die Bedeutung
Zeigen Sie dieses Hexagramm nicht denjenigen, gegen die Sie jetzt antreten werden, denn man wird Sie fürchten. Sie räumen jetzt auf. Sie sind sich der Schwierigkeiten voll bewußt, aber wer könnte Ihre derzeitige Entschlossenheit bremsen? Erschrecken Sie nicht vor Ihrer eigenen Courage. Sie decken jetzt auf, was schon lange im argen liegt.

Wenn es im Beruf ist, so gehen Sie jetzt zu Ihrem Vorgesetzten. Wenn es in Ihrer Familie ist, so schaffen Sie jetzt Klarheit. Wenn es Ihre innere Situation widerspiegelt, so greifen Sie jetzt durch. Es wird Sie nichts und niemand bremsen.

Lassen Sie sich vom Hexagramm Guai dennoch einige Tips geben, die Ihnen Ihre aufrichtigen und zielstrebigen Aktionen erleichtern: Bleiben Sie trotz Ihrer Entschlossenheit freundlich. Es hilft anderen und Ihnen selbst (gegen die Versuchung, arrogant zu werden). Gehen Sie keine faulen Kompromisse ein. Fehler – ob eigene oder die anderer – müssen offengelegt werden. Kämpfen Sie nicht gegen andere oder sich selbst. Gewalt erzeugt immer Gegengewalt, und Kampf gibt Ihrem Gegner mehr Gewicht und Bedeutung, als er verdient. Beseitigen Sie die Fehler oder Schwächen, indem Sie mit Entschlossenheit Ihre Stärken vergrößern und nutzen. Verteilen Sie Ihren inneren und äußeren Reichtum, dann erdrückt er Sie nicht oder bricht nicht unkontrolliert hervor. Außerdem erweckt dieses Geben bei denen Vertrauen, deren Sympathie Sie für Ihre weitreichende Aufräumaktion brauchen.

Die Linien

Unterste Linie:

Aller Anfang ist schwer. Lassen Sie sich von Ihrer Entschlossenheit nicht zu blindem Eifer verführen. Tun Sie nur das, was Ihnen sicheren Erfolg verspricht.

Zweite Linie:

Seien Sie von Anfang an wachsam, dann werden Sie nicht von Schwierigkeiten überrumpelt, die plötzlich auftauchen können. Sichern Sie sich ab.

Dritte Linie:

Es könnte ratsam sein, sich weiter mit dem Übeltäter einzulassen, obwohl Sie dieses Verhalten von anderen Menschen isoliert. Aber es ist der beste Weg, den Gegner zu studieren und ruhig zu halten.

Vierte Linie:

Ihr Eigensinn baut Ihnen Fallen. Sie möchten unter allen Umständen weitergehen. Hören Sie auf Ihre Intuition, nicht auf Ihr Ego.

Fünfte Linie:

Bleiben Sie auf Ihrem Weg, auch wenn die Schwierigkeiten stets aufs Neue wiederzukommen scheinen. Es ist nur ein Test Ihrer Standfestigkeit.

Oberste Linie:
Werden Sie jetzt nicht leichtsinnig. Erst wenn die Probleme mit Stumpf und Stiel beseitigt sind, kehrt Ruhe ein. Nachlässigkeit könnte der Nährboden dafür sein, daß das Übel nachwächst und Ihr ganzer Feldzug vergebens war.

Meditation
Die folgende Übung geschieht (wie so vieles im Leben) von selbst. Sie beginnt bereits, nachdem Sie diesen Abschnitt gelesen haben, denn Sie sind in einer Phase so großer Entschlossenheit, daß dieser kleine Anstoß – das Lesen dieses Absatzes – genügt, um einen Prozeß bei Ihnen in Gang zu setzen, den ich als »Ehrlichkeitskampagne« bezeichnen möchte.

Beobachten Sie einmal eine Woche lang bewußt, was Sie und was andere sagen, unter dem Aspekt, ob es mit Ihrer oder deren tatsächlicher inneren Einstellung übereinstimmt oder nicht. Meinen Sie wirklich Ja, wenn Sie »Ja« sagen? Warum macht Ihr Vater ein verärgertes oder gelangweiltes Gesicht, wo er sich doch so sehr über Ihre beruflichen Veränderungen freut?

Diese Übung soll kein Aufruf zu einem Feldzug wider die Verlogenheit sein, aber doch eine Aufforderung, sich einmal bewußt zu machen, mit wieviel Unehrlichkeit wir tagtäglich umgehen.

Suggestion
Das, was ich sage und tue, entspricht meinem freien inneren Entschluß.

44. GOU – Ich bin wachsam

Das Bild
Der Wind weht unter dem Himmel und kommt überall hin. Das Bild erinnert an das Hexagramm Nr. 20, »Guan – Ich betrachte«. Dort symbolisierte der Wind den Herrscher, dessen Maßnahmen jeden

Bürger erreichen. Hier bezeichnet der Wind den Einfluß, dem der Herrscher unterliegt und aufgrund dessen er das Volk durch Gesetze bewegt, also regiert. Dieser Einfluß ist eine weiche Yin-Linie an unterster Stelle. Das Dunkle trifft auf das Lichte, und das Lichte kommt ihm entgegen.

Die Bedeutung
Die Gefühle werden mächtig. Sie erleben eine Zeit, in der Sie starken Emotionen ausgesetzt sind. Es ist durchaus möglich, daß Sie sich dessen im Augenblick gar nicht bewußt sind, denn Sie fühlen sich stark und entschlossen. Aber gerade darin liegt der Sinn dieses Hexagramms. Die Yin-Kraft schleicht sich ein, und da sie – wie Sie aus Ihrer Erfahrung mit dem I Ging wissen – auf leisen Sohlen kommt, nimmt sie die Yang-Kraft erst sehr spät wahr.

Es geht also im Augenblick für Sie darum, achtzugeben, daß nicht Herz, Gefühl, Emotion still das Zepter an sich reißen. Oder im größeren Rahmen: daß die eher Unentschlossenen das Sagen haben, nicht weil diese an sich schlecht wären, sondern weil jede Störung des inneren und äußeren Gleichgewichts Probleme bringt. In dieser Phase ist die Gefahr des Aus-der-Balance-Kommens besonders hoch, weil die Yin-Energien nicht offen mit den Yang-Kräften im Wechsel stehen, sondern den Drang nach Führung und Herrschaft haben.

Wie oben, so unten, und wie innen, so außen. Ich habe die Erfahrung gemacht, daß Klienten mit diesem Hexagramm *vor* dem Münzwurf bereits das Orakel bestätigt haben. Manche Männer beklagten, daß ihre Frauen im Moment zu sehr dominierten (was an sich ja nichts Negatives ist, es sei denn, man(n) leidet darunter). Andere fühlten sich ihren Stimmungen hilflos ausgeliefert.

Weibliches und männliches Prinzip brauchen einander. Wenn eines davon zu starken Einfluß gewinnt, stellen sich Spannungen ein. Das Hexagramm Gou ermahnt Sie, wachsam zu sein und nicht einem Prinzip zuviel Macht einzuräumen. Macht ist das Gegenteil von Liebe und bedeutet auf die Dauer Leid.

Die Linien
Unterste Linie:
Wehret den Anfängen. Jetzt sieht alles noch harmlos aus, Sie sind nur ein bißchen durcheinander. Aber lassen Sie die (Gefühls-)Verwirrung nicht größer werden.
Zweite Linie:
Sie halten alles unter sanfter Kontrolle, auch Ihren Kontakt zu Ihren Mitmenschen. Lassen Sie sich nicht mit jedem ein.
Dritte Linie:
Seien Sie froh, daß Sie nicht so können, wie Sie wollen. Das bewahrt Sie vor unüberlegtem Nachgeben.
Vierte Linie:
Sie sollten Ihre Gefühle und den Kontakt zu unter Ihnen Stehenden nicht unterdrücken. Sie brauchen beide.
Fünfte Linie:
Sie wissen, daß Sie mit Strenge und Unterdrückung nichts erreichen. Ihre innere Standfestigkeit erlaubt Ihnen, die Zügel locker zu lassen.
Oberste Linie:
Sie haben sich von der Welt und ihren ›niedrigen‹ Gefühlen zurückgezogen und ertragen die Ablehnung durch die anderen. Ändern Sie Ihre Einstellung, wenn Sie darunter zu leiden beginnen.

Meditation
Wenn Sie die im folgenden beschriebene Meditation machen wollen, dann nehmen Sie sich Zeit dafür. Lesen Sie den Abschnitt genau durch. Gehen Sie dann in die Entspannung, wie es zu Beginn des Buches beschrieben ist. Lassen Sie sich Zeit. Wenn Sie spüren, daß Ihr Körper ruhig und entspannt ist, beginnen Sie mit der nachstehenden Übung.

Um gegen eine ›Machtergreifung‹ durch die eine (Yin-) oder andere (Yang-)Seite gewappnet zu sein, lernen Sie sich zu beobachten. Diese Übung hat vielen meiner Klienten geholfen, bewußter zu werden. Ich verdanke sie, wie so manche andere hervorragende Anregung, dem italienischen Psychotherapeuten Dr. Roberto Assagioli. Einige seiner Gedanken sind von seinem Schüler Piero Ferrucci in dessen Buch

»Werde, was du bist« zusammengefaßt worden, das 1984 im Sphinx-Verlag, Basel, erschienen ist.

Nehmen Sie als erstes Ihren Körper wahr. Spüren Sie, was in ihm vorgeht: in seinen Muskeln, in seinen Organen. Beobachten Sie, wie sich Ihr Körper anfühlt auf der Unterlage, auf der Sie sitzen oder liegen. Was empfindet Ihre Haut an den Stellen, wo Kleider sie berühren? Spüren Sie Ihre Atmung. Ist es Ihnen warm oder kalt? Kurz: Beobachten Sie, wie Ihr Körper an den einzelnen Stellen empfindet.

Achten Sie anschließend auf Ihre Gefühle. Was fühlen Sie jetzt? Wenn Sie glauben, gerade nichts zu fühlen: Wie fühlt sich das an, nichts zu fühlen? Wo ist Ihre Wut oder Ihre Freude von vorhin? Beobachten Sie.

Tun Sie dann einen Schritt weiter zum Verstand. Welche Gedanken gehen Ihnen durch den Kopf? Sehen Sie sich jeden Gedanken einzeln an. Ordnen Sie ihn ein, ob er sich auf die Vergangenheit, die Zukunft oder die Gegenwart bezieht. Halten Sie einfach statistisch fest, was da alles kommt.

Stellen Sie sich zum Schluß die Frage, welche Instanz in Ihnen dies alles beobachten konnte. Versuchen Sie die Erfahrung zu spüren, daß diese Instanz mehr ist als Ihr Körper, Ihre Gefühle und Ihr Verstand. Roberto Assagioli bezeichnet diese Instanz als das »Selbst«. Ich nenne es Ihr »Unterbewußtsein«. Es sind zwei Begriffe für ein- und dasselbe vom Standpunkt wirklicher Erfahrung her betrachtet und nicht aufgrund theoretischer Begriffsdeutungen.

Suggestion
Ich weiß, daß ich mehr bin als mein Körper, meine Gefühle und mein Verstand.

45. TSUI – Ich einige mich

Das Bild

Der See ist oberhalb der Erde. Das Bild ist verwandt mit dem Hexagramm Nr. 8, »Bi – Ich schließe mich einer Gemeinschaft an«. Während dort das Wasser über der Erde das Zusammenkommen von Menschen symbolisierte, ist hier der See ein noch stärkerer Ausdruck für Sammlung. Das Wasser droht freilich, sich über die Erde zu ergießen, wenn der See überläuft. So ist es auch beim Menschen. Wo zuviele zusammentreffen, entsteht leicht Streit, und wo sich zuviel Besitz ansammelt, ist der Dieb nicht weit. Dagegen muß man sich wappnen.

Die Bedeutung

Die vor Ihnen liegende Phase ist eine Zeit der Einigung. Einigung und Vereinigung bedeuten nicht nur die Sammlung von Menschen, sondern auch die Ansammlung von Kräften. Ein Energiezuwachs kommt auf Sie zu, weil Sie sich mit anderen zusammenschließen. Ihre Familie steht in dieser Zeit enger und fester zusammen. Ihr Freundeskreis oder Ihre Belegschaft entdeckt den Sinn von Gemeinschaft.

Sie selbst besinnen sich auf die Werte, die Sie von Ihrer Familie und Ihren Vorfahren mit auf den Weg bekommen haben. Vielleicht entdekken Sie die Bande neu, die Sie mit Ihrer Verwandtschaft verknüpfen. Früher wurden die Ahnen geehrt, um sie als Schutzgeister für die Familie zu gewinnen. Heute tun wir das als magischen Hokuspokus ab. Denken Sie einmal darüber nach, wer in Ihrer Verwandtschaft schon zu seinen Lebzeiten so etwas wie ein Schutzengel, ein guter Geist für Sie war.

Eine Gemeinschaft hat nur dann Bestand, wenn sie ein gemeinsames Ziel und/oder eine gemeinsame Grundlage hat. Was ist die Basis Ihrer Beziehungen? Überprüfen Sie jetzt die Gemeinschaften, in denen Sie leben. Meist scharen sich Menschen um eine erfahrene Frau, einen erfahrenen Mann: Ist Liebe zwischen ihr/ihm und den anderen Mitgliedern? Wie steht es mit Ihrer Zuneigung zu den einzelnen und zur Gruppe als Ganzem? Gehen Sie in sich und denken Sie nach. Je ›gesammelter‹ Sie sind, desto besser können Sie Menschen um sich sammeln. Gerade jetzt verspricht das Aussicht auf »große Werke«, wie es im Originaltext heißt.

Nutzen Sie diese Zeit auch, um Vorkehrungen für Notzeiten und Schwierigkeiten zu treffen, so wie das Eichhörnchen schon im Sommer beginnt, Nahrung für den Winter zu sammeln. Aus Ihrer Erfahrung mit sich selbst und mit dem I Ging wissen Sie, daß sich das Leben ständig wandelt. Auf die Zeit des Überflusses folgt die des Mangels und dann wieder die der Fülle usw. Bereiten Sie sich jetzt darauf vor, dann trifft Sie der Wechsel nicht.

Die Linien

Unterste Linie:
Sie möchten sich gern jemandem anschließen, schwanken aber noch innerlich. Bitten Sie um Hilfe, dann wird man Sie von Ihrer Unsicherheit erlösen.

Zweite Linie:
Bemühen Sie sich nicht, jemand Gleichgesinnten zu finden. Vertrauen Sie Ihrem Unterbewußtsein. Es zieht die richtigen Gefährten an.

Dritte Linie:
Sie fühlen sich in der Gruppe, in die Sie eintreten wollen, ›außen vor‹. Bleiben Sie nicht am Rand stehen, sondern gehen Sie zum Mittelpunkt der Gemeinschaft. Der nimmt Sie auf und führt Sie in den Kreis ein.

Vierte Linie:
Sie sammeln für einen höheren Zweck Menschen um sich. Oder Sie lernen einen Menschen kennen, der das tut. Alles wird gut.

Fünfte Linie:
Gewinnen Sie die Menschen, die sich um Sie sammeln, mit Ihrer Aufrichtigkeit, Ihrer Beständigkeit und Ihrem Pflichtbewußtsein. Das wird auch mißtrauische Leute überzeugen.

Oberste Linie:
Sie werden mißverstanden. Geben Sie Ihre Trauer darüber ruhig zu.

Gestehen Sie sie vor den anderen. Das wird diese von Ihrer lauteren Absicht überzeugen, so daß wieder alles ins Reine kommt.

Meditation
Wenn Sie die im folgenden beschriebene Meditation machen wollen, dann nehmen Sie sich Zeit dafür. Lesen Sie den Abschnitt genau durch. Gehen Sie dann in die Entspannung, wie es zu Beginn des Buches beschrieben ist. Lassen Sie sich Zeit. Wenn Sie spüren, daß Ihr Körper ruhig und entspannt ist, beginnen Sie mit der nachstehenden Übung.

Stellen Sie sich (bei geschlossenen Augen) vor, daß Sie an einem drei Meter breiten Bach irgendwo im Gebirge sind. Es ist ein herrlicher Sommertag. Erschaffen Sie sich die Details der Landschaft. Phantasieren Sie drauflos. Sie haben Ihr neues stabiles und doch sehr elegantes Schlauchboot dabei und beschließen, sich hineinzusetzen und vom Bach einfach treiben zu lassen. Sie haben genügend Proviant dabei, sind auf einen erlebnisreichen Tag gut vorbereitet.

Erleben Sie das Gefühl, in Ihr neues Boot zu steigen und von der sanften Strömung des Flusses mitgenommen zu werden. Machen Sie es sich bequem. Spüren Sie die milde Sonne auf Ihrer Haut, hören Sie das Plätschern des Wassers. Die Landschaft zieht rechts und links an Ihnen vorbei. Fühlen Sie das Glück, das Sie haben, die Gnade, soviel Schönheit und Frieden erleben zu dürfen. Lassen Sie sich einfach treiben.

Ganz allmählich wird der Bach breiter. Nach Stunden der Ruhe und des Dahingleitens entdecken Sie, daß ein anderer Bach zu Ihrem hinzuströmt. Schauen Sie genau hin. Ein anderes Schlauchboot kommt Ihnen auf diesem Zulauf entgegen. Der Mensch, den Sie sich genau jetzt als Partner gewünscht haben, sitzt darin. Geben Sie Ihrer Freude über diese Begegnung Ausdruck. Der andere paddelt herbei. Sie binden sein Boot an Ihres. Erleben Sie das Glück, Ihre weitere Fahrt mit jemandem teilen zu können: Ihre Freude, Ihren Spaß, die Schönheit der Natur.

Das Flüßchen wird zum Fluß. Immer mehr Zuläufe begegnen Ihnen, und alle Ihre besten Freunde tauchen in ihren Booten auf. Zum Schluß ist es eine lange Reihe von Booten: zwei jeweils nebeneinander und viele hintereinander. Das Treiben auf dem Fluß wird zu einem großen Fest für alle. Sie schwimmen und singen und essen und trinken. Und Sie erleben die Gemeinschaft. Sie erfahren Ihre Freunde, wie sie alle wie berauscht sind von dem Erleben der Natur, vom unbeschwerten Sich-treiben-Lassen.

Suggestion
Ich stelle meine inneren Prinzipien in den Dienst meiner Beziehungen.

46. SCHONG – Ich bin tüchtig

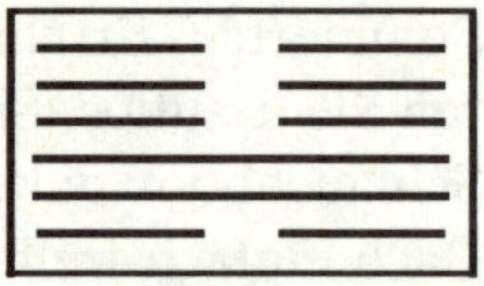

Das Bild
Das Holz wächst in der Erde empor. Es biegt sich um die Hindernisse herum und dringt langsam, aber stetig nach oben. So handelt auch der Weise. Unermüdlich setzt er einen Stein auf den anderen, um am Ende ein Haus zu haben. Schritt für Schritt geht er weiter auf seinem Weg, an dessen Ende Erfolg und Erfüllung warten.

Die Bedeutung
Das Hexagramm Schong kennzeichnet eine Phase des Aufstiegs, eine Zeit der beharrlichen Arbeit. Besinnen Sie sich auf Ihre Willenskraft. Hetze oder Hauruck-Methoden sind jetzt nicht von Nutzen. Entdecken Sie die Freude des täglichen Erfolgs. Sie kommen Ihrem Ziel Tag für Tag einen Schritt näher. Halten Sie jeweils am Abend Rückschau.

Das klingt zunächst nach Mühe und Schweiß, aber diese Zeit birgt die tiefe Befriedigung des steten kleinen Erfolgs in sich, die Freude, dem großen Ziel wieder nähergekommen zu sein. Verstärken Sie diese Erfahrung, indem Sie sich Tages- und Wochenpläne aufstellen. Halten Sie sie ein. Es macht Ihnen nach ein paar Tagen der Anfangsschwierigkeiten Spaß. Bauen Sie für sich kleine Hilfen ein: Treffen Sie sich mit maßgebenden Leuten, die Ihnen bei Ihrem Projekt weiterhelfen können, und nutzen Sie deren Anregungen. Berücksichtigen Sie, daß Sie ausreichend Erholungsphasen brauchen. Halten Sie sich von oberflächlicher Zerstreuung fern während dieser Zeit. Sie lenkt Sie ab und wirft Sie in Ihren Tages- und Wochenzielen zurück.

Dieses Hexagramm rät Ihnen auch, um Hindernisse herumzugehen. Vergeuden Sie nicht Ihre Energie für deren Überwindung. Sie brauchen Ihre Kraft für Ihr tägliches Voranschreiten. Ein Hindernis kann auch das Verzetteln in Nebentätigkeiten sein. Ordnen Sie Ihr Leben jetzt ausschließlich Ihrem Projekt, Ihrem Ziel unter.

Sie haben jetzt die Chance, einen wirklichen Erfolg einzuleiten. Nutzen Sie die Gunst der Stunde. Der Lohn Ihrer Anstrengungen ist »ein geradliniges Aufsteigen zu Macht und Einfluß«.

Die Linien

Unterste Linie:

Die Kraft, mit der Sie die Sache angehen, läßt die maßgebenden Leute eine Wesensverwandtschaft zu Ihnen empfinden. Es ist die Kraft, die aus dem Inneren kommt.

Zweite Linie:

Wenn Sie aufrichtig und geradlinig sind, ist es nicht notwendig, den anderen viel bieten zu können oder vornehm zu sein.

Dritte Linie:

Hemmen Sie die Leichtigkeit, mit der alles fast wie im Schlaf vorangeht, nicht durch Ihre Angst, wie lange das wohl gutgehen mag. Lassen Sie sich lieber davon beflügeln.

Vierte Linie:

Sie haben Erfolg und Sie haben einen maßgeblichen Förderer. Er wird Sie weit über Ihren bisherigen Raum hinausbringen.

Fünfte Linie:

Gehen Sie beharrlich Schritt für Schritt weiter. Überspringen Sie in Ihrer Euphorie keine Stufe. Bewahren Sie jetzt Ihre Ruhe.

Oberste Linie:

Bleiben Sie gewissenhaft und konsequent. Wenn Sie sich nur am Voranschreiten berauschen, verlieren Sie Ihr Ziel aus den Augen.

Meditation
Um den Nutzen dieses Hexagramms für Ihr Leben zu verstärken, empfehle ich Ihnen, sich für die nächsten Tage und Wochen klare Ziele zu setzen, deren Einhaltung Sie strikt befolgen sollten.

Stellen Sie sich als erstes die Frage: Was ist mein Ziel? Definieren Sie es in allen Einzelheiten. Überlegen Sie dann: Welche Arbeitsschritte sind zur Erreichung dieses Ziels notwendig? Schreiben Sie die Schritte detailliert auf, das gibt Ihrem Projekt einen inhaltlichen Rahmen. Lassen Sie sich Zeit für diese Aufstellung.

Übertragen Sie jetzt diese Arbeitsschritte in ein zeitliches Schema: in Tages- und Wochenpläne. Lassen Sie dabei genügend Freiraum für Erholung und Unerwartetes (plötzliche Besuche von Freunden etc.). Seien Sie in der *ersten* Woche flexibel. Möglicherweise finden Sie erst danach heraus, wie Ihr wirklicher Arbeitsrhythmus ist.

Halten Sie die Pläne unbedingt ein. Wenn Sie im Verzug sind, arbeiten Sie das Versäumte ein. Wenn Sie zu schnell sind, machen Sie eine Pause und klären Ihr Projekt noch einmal im Inneren.

Teilen Sie die Befriedigung, die Sie tagtäglich dabei erleben, Ihrem Partner, Ihrer Familie, Ihren Freunden mit. Das bestätigt Sie und ermuntert die anderen, auch zielstrebiger zu werden. Spüren Sie die Genugtuung, die darin liegt, zu sagen: »Ich habe es mir vorgenommen und darum mache ich es auch so.«

Suggestion
Ich erreiche alle meine Ziele.

47. KUN – Ich werde bedrängt

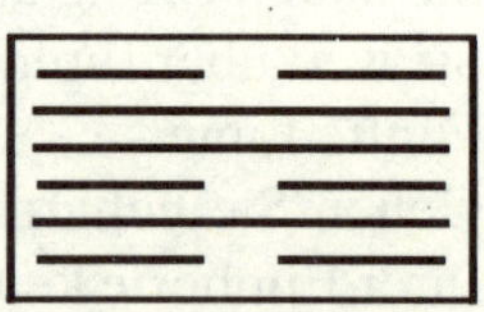

Das Bild
Der See ist oben, das Wasser darunter. Das Wasser ist aus dem See abgeflossen, und der See vertrocknet. Ähnliche Schicksale gibt es auch im Leben der Menschen. Die Kraft hat sich erschöpft. Der Weise

nimmt das als Tatsache hin, denn in seinem Inneren bleibt er unerschütterlich. Er weiß, daß diese Phase der Bedrängnis nur eine Prüfung seines Charakters ist und vorübergeht.

Die Bedeutung

Sie fühlen sich im Augenblick erschöpft, es fehlt Ihnen an Antrieb und Energie. Vielleicht empfinden Sie sogar Ihre jetzige Situation als hoffnungslos und Ihre vorherigen Mühen als vergeblich. Das Hexagramm Kun will Sie nicht in Ihrer Niedergeschlagenheit bestätigen, sondern Ihnen klarmachen, was Ihre derzeitige Bedrängnis zu bedeuten hat, wie Sie sie überwinden und was Sie daraus lernen können.

Die Bedeutung Ihrer Lage liegt darin, zu erkennen, daß Sie jenseits aller widrigen Umstände eine Instanz in sich haben, die das alles übersteht. Ich hatte einmal eine Patientin in meiner Therapie, der waren drei Ehemänner, die sie wirklich liebten, gestorben und zum Schluß auch noch ihr einziger Sohn. Während der Trance erlebte sie eines Tages eine spontane Rückführung in ein früheres Leben, in dem sie von zwei Männern getötet worden war. Ihr Innerstes, ihr Unterbewußtsein, hatte das alles überlebt und gespeichert. Seit diesem Erlebnis wußte sie, daß sie wortwörtlich nichts umbringen kann.

Als Konsequenz bedeutet dies, daß Sie jede schwierige Lage überwinden können, wenn Sie sich auf Ihr Innerstes besinnen und sich selbst treu bleiben. Beobachten Sie einmal Sportwettkämpfe oder lesen Sie Tragödien und Sagen. Der Held steht vor seinem Erfolg oft haarscharf an der Kippe. Seinen Ruhm gewinnt er dadurch, daß er sich gerade durch Bedrängnisse nicht von seinem Siegeswillen abbringen läßt.

Die Lektion, die Sie jetzt lernen sollen, heißt: Prüfen Sie, womit Sie die momentane Lage mitverursacht haben. Gewinnen Sie Ihre innere Klarheit zurück. Korrigieren Sie, wenn nötig, Denk- und Verhaltensmuster. Forschen Sie bei sich, statt Mitmenschen oder das Schicksal verantwortlich zu machen. Denken Sie daran, das Äußere ist nur ein Spiegel Ihres inneren Zustandes.

Die Linien

Unterste Linie:

Gehen Sie in sich und besinnen Sie sich auf Ihr Lebensziel. Wenn Sie Ihre Aufmerksamkeit ständig auf Ihre Notlage richten, machen Sie diese nur noch größer.

Zweite Linie:

Äußerlich fehlt Ihnen eigentlich nichts, aber innerlich fühlen Sie sich leer und ausgebrannt. Auch hier: Besinnen Sie sich. Ein einflußreicher Helfer steht bevor.

Dritte Linie:

Lassen Sie sich nicht von etwas verwirren, das nicht der Rede wert ist, und stützen Sie sich nicht auf morsche Stöcke. Tun Sie lieber nach außen nichts und gehen Sie in sich, damit Sie sich wieder klar werden, wo es langgeht.

Vierte Linie:

Sie haben solange gezögert, bis Hindernisse aufgetaucht sind, und jetzt wundern Sie sich, daß Sie auf andere angewiesen sind. Dennoch: es klärt sich alles.

Fünfte Linie:

Gerade die, von denen Sie Hilfe erwarten, lassen Sie im Stich. Erinnern Sie sich Ihrer eigenen Stärke, und es geht wieder aufwärts.

Oberste Linie:

Sie zögern, einen Schritt zu wagen, weil Sie (zurecht!) bisher abgewartet haben. Jetzt ist der Zeitpunkt, weiterzugehen. Vertrauen Sie Ihrem Unterbewußtsein.

Meditation

Wenn Sie die im folgenden beschriebene Meditation machen wollen, dann nehmen Sie sich Zeit dafür. Lesen Sie den Abschnitt genau durch. Gehen Sie dann in die Entspannung, wie es zu Beginn des Buches beschrieben ist. Lassen Sie sich Zeit. Wenn Sie spüren, daß Ihr Körper ruhig und entspannt ist, beginnen Sie mit der nachstehenden Übung.

Konfrontieren Sie sich im entspannten Zustand mit allen Personen und Dingen, die Sie derzeit bedrängen. Überlegen Sie die Situationen, in denen Sie sich in die Enge gedrückt sehen, und führen Sie sich Ihre gesamte derzeitige Situation vor Augen. Erleben Sie dabei bewußt Ihre Gefühle, Ängste und Sorgen. Steigern Sie sich hinein.

Nehmen Sie sich dann jedes Gefühl einzeln vor. Wenn Sie es spüren (so, wie Sie es normal erfühlen, wenn Sie Angst, Wut etc. haben), dann stellen Sie dieses Gefühl vor Ihrem geistigen Auge als wildes Tier dar. Vielleicht ist Ihre Angst, von anderen ausgenutzt zu werden, der Tiger, der jetzt vor Ihnen steht und Sie wirklich bedroht. Erleben Sie, wie Sie diesem wilden Tier (oder Dämonen) gegenüber fühlen. Schreien Sie, weinen Sie. Akzeptieren Sie, was in Ihnen hochsteigt.

Gehen Sie dann einen Schritt weiter und lassen Sie das wilde Tier kleiner und kleiner werden, bis es so geschrumpft ist, daß Sie es in Ihre Handfläche setzen und damit spielen können. Spüren Sie, daß jetzt das Tierchen vor Ihnen Angst hat. Genießen Sie Ihre Überlegenheit.

Machen Sie die Erfahrung: Was immer an Gefühlen in uns aufsteigt, wir haben sie selbst geschaffen. Wir können uns davon bedrohen lassen oder damit spielen. Es ist unsere Wahl.

Suggestion
In Notlagen erkenne ich meine wahre Stärke.

48. DSING – Ich schöpfe

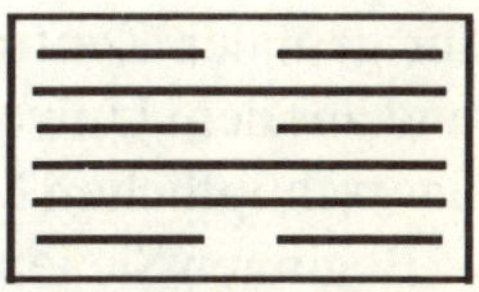

Das Bild
Das Wasser wird aus dem Brunnen geschöpft und spendet den Menschen lebensnotwendige Energie. Die Pflanzen holen sich ihre Nahrung (Wasser) mit Hilfe ihrer Wurzeln aus dem Erdboden. So schöpft auch der Weise aus seiner Quelle: aus seiner göttlichen Natur, seinem Innersten. Er ordnet seine Gemeinschaften gemäß dieser Natur, so daß sie wie die Pflanzen in diesem Fundament (eben der göttlichen Natur) verwurzelt sind.

Die Bedeutung

Das Hexagramm Dsing beschreibt den Brunnen als Symbol der Lebensenergie. Sie stehen vor einer Zeit, in der Sie diese Energie schöpfen können. So wie das Wasser in der Erde vorhanden ist und der Mensch sich nur zu bedienen braucht, so ist in Ihnen ein unerschöpflicher Quell von Lebenskraft – ein Motor, der nicht einmal dann stillsteht, wenn Ihr Körper stirbt. Vielleicht haben Sie Schwierigkeiten, dies mit Ihrem Verstand zu akzeptieren: Das Göttliche in uns, der göttliche Funke, die Seele, das Selbst, das Unterbewußtsein – was ist das? Es ist nicht Teil der stofflichen Existenz.

Sie werden dieses Innerste, das ich auch mit den obigen Begriffen etikettieren könnte, in sich entdecken. Dies meint das Zeichen Dsing. Nutzen Sie die Zeit, um in sich hineinzuschauen: Wo kommt Ihre Lebensenergie her? Was läßt Sie atmen, gehen, sitzen, stehen etc.? Es ist nicht Ihr Verstand (versuchen Sie einmal, einen Tag lang nur dann zu atmen, wenn Ihr Verstand den Befehl dazu gibt!), es ist nicht Ihr Gefühl – es ist Ihr Unterbewußtsein, Ihre Schaltzentrale, in der Ihre gesamten Leben in Bildern gespeichert sind sowie das gesamte Wissen (um die Zusammenhänge) der Menschheit, in der sich Ihre Sende- und Empfangsstation für Ihr Höheres Selbst befindet, das die Verbindung zu jedem Wesen herstellen kann und Sie mit dem Wissen um die natürliche kosmische Ordnung versorgt. Kurz: Ihr Unterbewußtsein ist Ihr genialer Zentralcomputer und Ihr Satellit für Nachrichten in das und aus dem Universum. Sie brauchen nichts weiter zu tun, als sich den unerschöpflichen Möglichkeiten Ihrer Zentrale zu öffnen.

Beginnen Sie jetzt damit, indem Sie Ihrer Zentrale vertrauen. Sagen Sie bewußt jetzt und hier: »Ich möchte es ausprobieren. Ich möchte mich heute und in den nächsten Tagen ausschließlich von meinem Unterbewußtsein führen lassen. Ich schalte meinen ständigen Kommentator, den Verstand, für diese Zeit aus.«

Beobachten Sie, wie Sie eine neue Dimension Ihres Lebens dabei entdecken. Haben Sie Vertrauen.

Die Linien
Unterste Linie:
Sie haben Ihr Innerstes (Ihre Ziele, Ihr Unterbewußtsein) vernachlässigt und sich statt dessen von äußeren Dingen (Umständen, Geld) regieren lassen. Kehren Sie jetzt um.
Zweite Linie:
Sie nutzen Ihre inneren Qualitäten nicht und geben sich mit den falschen Leuten ab. Wenn Sie Ihren inneren Reichtum nicht sehen, können Sie ihn auch nicht genießen.
Dritte Linie:
Sie wissen um Ihren inneren Reichtum und nutzen ihn dennoch nicht. Leben Sie lieber eingeschränkt als frei?
Vierte Linie:
Gehen Sie in sich und bringen Sie Ihre Seele in Ordnung: Machen Sie eine Therapie oder ein Seminar, beraten Sie sich mit erfahrenen Menschen. Klären Sie, wo Sie stehen. Erst dann können Sie wieder aus dem Vollen schöpfen.
Fünfte Linie:
Dringen Sie bis in Ihr Innerstes vor. Dort ist die Quelle. Schöpfen Sie auch aus dem Wissen erleuchteter Menschen. Lesen Sie chinesische Weisheiten oder Bücher von Meistern und Heiligen.
Oberste Linie:
Sie machen eine tief beglückende Erfahrung: Je mehr Sie aus Ihrem Inneren schöpfen, desto mehr sprudelt nach. Die Quelle versiegt nie, sie wird immer spendefreudiger.

Meditation
Wenn Sie die im folgenden beschriebene Meditation machen wollen, dann nehmen Sie sich Zeit dafür. Lesen Sie den Abschnitt genau durch. Gehen Sie dann in die Entspannung, wie es zu Beginn des Buches beschrieben ist. Lassen Sie sich Zeit. Wenn Sie spüren, daß Ihr Körper ruhig und entspannt ist, beginnen Sie mit der nachstehenden Übung.

Stellen Sie sich im entspannten Zustand eine Quelle vor. Hören Sie ihr Plätschern. Riechen Sie die Frische des Wassers. Sehen Sie, wie rein und klar das Wasser ist. Trinken Sie in Ihrer Vorstellung davon und spüren Sie, daß es gesund und heilend ist. Es tut Ihnen gut. Erleben Sie mit Ihren fünf Sinnen diese Quelle. Lassen Sie sich Zeit dafür.

Verlegen Sie jetzt, da Sie diese Quelle ganz deutlich vor sich sehen und fühlen, den Standort der Quelle in Ihren Körper, in den Raum, wo sich Magen und Darm befinden. Spüren Sie, wie es auch dort weitersprudelt. Das heilende Wasser verteilt sich von dort in alle Teile Ihres Körpers. Es fühlt sich an, als würden Sie frische Bergluft einatmen und in die Blutbahnen und Organe verströmen. Sie empfinden eine wohltuende heilende Wirkung.

Lassen Sie dann aus Ihrer inneren Wasserquelle eine Lichtquelle werden. Spüren Sie, daß sich nach der kühlen Reinigung Ihres Körpers mit Wasser wärmendes Licht ausbreitet. Erfahren Sie, daß dieser Lichtquell, der Ursprung wärmender und heilender Energie, in Ihnen ist. Lassen Sie sich davon durchfluten, wann immer Sie es möchten.

Suggestion
Ich schöpfe aus meiner inneren Quelle göttliche Energie.

49. GO – Ich wandle mich

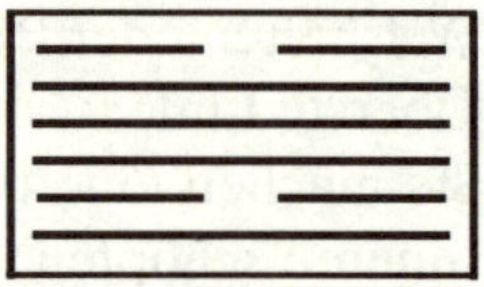

Das Bild
Das Feuer ist unten und der See darüber. Das Wasser löscht das Feuer, das Feuer verdunstet das Wasser. Beide Elemente wirken gegeneinander. Das Feuer wird noch durch Wind und Holz (Sun) verstärkt, der See erhält Festigkeit durch den Himmel (Kien). Ebenso wie es in der Natur Phasen der Umwälzung gibt, muß sich auch der Mensch von Zeit zu Zeit erneuern. Der Weise erkennt die Regelmäßigkeit dieses Wechsels und teilt seine Zeit dementsprechend ein. So kann er sich schon in der Gegenwart auf das einstellen, was ihn in der Zukunft erwartet.

Die Bedeutung
Sie müssen wieder einmal mit weitreichenden Umwälzungen rechnen. Vielleicht sind Sie bisher immer erschrocken, wenn sich in Ihrem Leben so vieles auf einmal verändert hat. Jetzt werden Sie diese Zeit der inneren und äußeren Revolution gefaßt erleben. Das I Ging bereitet Sie darauf vor – wie es Ihnen stets hilft, Entwicklungen schon in ihrem Keim zu erkennen.

Neuerungen geschehen in der Natur und im Menschen in bestimmten Zeitabständen. Für Sie ist jetzt die Phase der Ruhe und Stabilität zu Ende. Es wird wieder aufregend. Bleiben Sie dabei ruhig. Die Änderungen treten von allein ein. So wie sich Ihre Haut alle sieben Jahre komplett erneuert, ohne daß Sie eingreifen müssen oder können, so sind auch in Ihren Lebensumständen von Zeit zu Zeit Wandlungen nötig.

Das Hexagramm Go gibt Ihnen einige Ratschläge, wie Sie diese Phase Ihres Lebens zu Ihrem Vorteil gestalten können: Seien Sie geduldig und warten Sie, bis Sie intuitiv spüren, daß der Zeitpunkt für die Änderung gekommen ist. Wenn mehrere Menschen von der Umwälzung betroffen sind, dann beraten Sie sich mit ihnen. Eine Veränderung auf Kosten anderer ist nicht von Dauer. Prüfen Sie, ob Sie sich aus einem wirklichen inneren Bedürfnis heraus wandeln wollen oder ob das Motiv des Wechsels Profit, Anpassung (Mode) oder Machtausübung ist. In den drei letzteren Fällen bringen die Änderungen keine wirklichen Ergebnisse für Sie auf dem Weg zur Erreichung Ihrer inneren Ziele. Es sind Verstärkungen Ihres Ego, die Sie davon abbringen, Ihrer Bestimmung, Ihrem innerlich von Ihnen gewählten Ziel gemäß zu leben. Vermeiden Sie Hast. Alle Revolutionen werden nicht in den wenigen Tagen gewonnen, in denen der Umsturz stattfindet, sondern in der Zeit danach, wenn sich der beabsichtigte Wandel auch tatsächlich vollzieht.

Die Linien

Unterste Linie:
Halten Sie sich zurück. Der richtige Zeitpunkt für eine Veränderung ist der, wenn sie unvermeidbar geworden ist.

Zweite Linie:
Sie haben alles versucht, durch maßvolle Reformen die Verhältnisse zu bessern. Das half nichts. Wagen Sie daher ruhig den Schritt zu einer tiefgreifenden Umwälzung. Bereiten Sie sie gründlich vor.

Dritte Linie:
Seien Sie nicht vorschnell, aber zögern Sie auch nicht zu lange. Go rät Ihnen: »Wenn dreimal das Wort vom Wechsel kommt (und Sie sich innerlich klar sind), dann mag man darauf eingehen.«

Vierte Linie:
Sie sind von der Änderung so tief überzeugt, daß Sie auch andere dafür gewinnen. Ihre Motive sind aufrichtig und auf das Lichte gerichtet. Sie werden Erfolg haben.

Fünfte Linie:
Seien Sie anderen gegenüber offen, daß und in welcher Richtung Sie sich ändern, dann werden Sie automatisch Verständnis und Unterstützung finden.

Oberste Linie:
Die große Umwälzung ist vollbracht. Die neuen Grundsätze sind bestimmend. Gehen Sie jetzt an die Details. Erst in den Einzelheiten wird sich beweisen, ob die Wandlung wirklich tiefgreifend ist.

Meditation

Wenn Sie die im folgenden beschriebene Meditation machen wollen, dann nehmen Sie sich Zeit dafür. Lesen Sie den Abschnitt genau durch. Gehen Sie dann in die Entspannung, wie es zu Beginn des Buches beschrieben ist. Lassen Sie sich Zeit. Wenn Sie spüren, daß Ihr Körper ruhig und entspannt ist, beginnen Sie mit der nachstehenden Übung.

Lassen Sie, nachdem Sie entspannt sind, alle tiefgreifenden Wandlungen Ihres Lebens vor Ihrem geistigen Auge auftauchen. Bitten Sie

Ihr Unterbewußtsein, Ihnen Szenen aus diesen Lebensabschnitten vorzuspielen. Erleben Sie diese Zeiten wieder.

Nehmen Sie Ihre Gefühle und Eindrücke wahr. Versuchen Sie dann (zusammen mit Ihrem Verstand), die Jahreszahlen dieser Ereignisse zu rekonstruieren und einen zeitlichen Ablauf herauszufinden: In welchen Zeitabständen waren Ihre Umwälzungen (das können auch Einschulung, Hochzeit, Hauskauf etc. sein)? Wie bahnte sich eine Neuerung jeweils an? Gibt es gleiche Abläufe? Bei mir waren beispielsweise wirkliche Veränderungen lange Zeit mit der Trennung von meinem jeweiligen Partner verbunden. Fragen Sie sich schließlich: Haben Sie die Änderungen weitergebracht?

Nehmen Sie sich Zeit für diese Analyse. Denken Sie nach, lassen Sie sie liegen und nehmen Sie den Gedanken wieder auf, bis Sie ein Schema – einen zeitlichen und vielleicht sogar ursächlichen Rhythmus – gefunden haben. Sie wissen dann, wann die nächste Zeit des Wandels zu erwarten ist. Für die jetzige ist es eine Hilfe: Sie sehen, daß Sie diese Phasen schon öfter überstanden haben.

Suggestion
Ich erkenne jeden Wandel rechtzeitig und stelle mich auf ihn ein.

50. DING – Ich transformiere

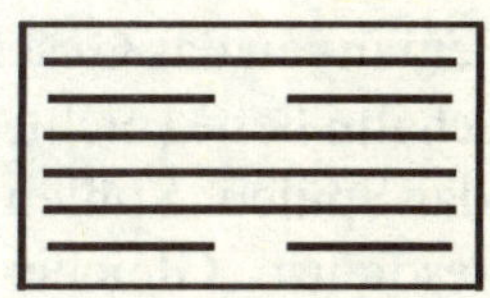

Das Bild
Das Feuer brennt unter dem Topf. Damit wird der kulturelle Überbau einer Gesellschaft oder Gemeinschaft symbolisiert. Während das Hexagramm Nr. 48, »Dsing – Ich schöpfe«, den Brunnen als soziale Grundlage der Gesellschaft und als lebensnotwendige Nahrung (Wasser) für den einzelnen zeigt, ist es hier der Topf als Kunst- und Kultgegenstand, der durch den Geist (Feuer) erwärmt, das heißt mit Energie versorgt wird. Beim Menschen ist es ebenfalls der Geist, der dem Leben Kraft spendet, der das Sichtbare in das Unsichtbare transformiert.

Die Bedeutung
Das Hexagramm Ding ist eine Steigerung des Zeichens Nr. 22, »Bi – Ich verziere«. Dort war eine Zeit angekündigt, in der Sie sich der Schönheit der Dinge, der Kunst bewußt werden sollten. Jetzt ist eine Phase, in der Sie selbst schöpferisch tätig sein können, weniger allerdings im Sinne der in Bi beschriebenen Ästhetik, sondern im Sinne einer Ethik. Jetzt steht der Inhalt im Vordergrund, nicht mehr die Form.

Betrachten Sie daher in dieser Phase Kunst und Kultur einmal unter dem Aspekt der Aussage: Warum haben die Menschen so Gewaltiges geschaffen wie die Pyramiden von Gizeh oder die Akropolis in Athen, den Kölner Dom oder die Hagia Sophia in Istanbul? Das Motiv für diese Leistungen war, einen würdigen Platz zur Verehrung Gottes (oder der Götter) zu schaffen. Selbst in einer scheinbar so atheistischen Zeit wie der heutigen veranschaulichen Kunstwerke das Über-sich-Hinausgehen des Menschen, das Durchbrechen seiner Gefangenheit in der materiellen Welt.

Das Hexagramm Ding fordert Sie dazu auf, Ihr eigenes Leben zu überdenken: Wo verlassen Sie die Ebene des Zweckdenkens und tun etwas um seiner selbst willen? Wann setzen Sie Ihre Energie für einen höheren Zweck ein? Das, was über uns hinausgeht, ist Liebe. Und Religion, die Rückbindung an unser höheres Selbst, ist nichts anderes als Liebe. Ich versuche das mit ganz alltäglichen Dingen: Wenn ich für jemanden das Geschirr abspüle in dem Bewußtsein, daß ich es tue, weil ich ihn liebe (nicht, weil es getan werden muß), dann transformiere ich das Spülen. Spülen wird zu einem Liebesdienst. Liebesdienst ist Gottesdienst. Gleiches gilt für alle anderen, scheinbar so unwichtigen alltäglichen Handlungen.

Beginnen Sie jetzt mit diesem Gottesdienst. Sie werden nicht nur mehr Spaß am Leben haben, sondern auch einen neuen Sinn darin entdecken.

Die Linien
Unterste Linie:
Seien Sie bereit, Ihr Leben auf eine neue Grundlage zu stellen, aber bereinigen Sie vorher Ihr bisheriges Leben.
Zweite Linie:
Je mehr Sie Leistungen aus Ihrem Innersten heraus erbringen, desto erfolgreicher sind Sie. Der Neid der anderen berührt Sie nicht.
Dritte Linie:
Möglicherweise erkennen die anderen Ihre Talente und guten Eigenschaften nicht. Bleiben Sie dennoch beim Vervollkommnen Ihrer geistigen Kräfte, dann wird ein Erfolg nicht ausbleiben.
Vierte Linie:
Wenn Sie eine große Aufgabe nur mit halber Kraft erledigen wollen, brauchen Sie sich nicht über Schwierigkeiten dabei zu wundern. Wählen Sie Ihre Helfer sorgfältiger aus.
Fünfte Linie:
Sie bleiben bescheiden und haben für jeden ein offenes Ohr. Dadurch werden Sie immer die entscheidenden Helfer finden.
Oberste Linie:
Wenn Sie wie ein Weiser milde und aufrichtig vorgehen, zielstrebig sind, ohne Strenge walten zu lassen, dann wird Ihnen die Welt offenstehen.

Meditation
Betrachten Sie Kunst und Kultur in den nächsten Tagen und Wochen einmal ausschließlich unter dem Aspekt, wie beide in ihren Werken ganz normale Vorgänge oder Gegenstände transformieren. Der von einem Maler dargestellte Ozean ist eben nicht nur eine Ansammlung von H_2O und Salz. Er ist Schöpfung – und das Kunstwerk ist Neu-Schöpfung. Studieren Sie die großen Werke der Weltliteratur auf ihren religiösen Aussagewert hin (worin sah der Autor den Sinn, daß Hamlet so oder so handelte). Sie entdecken, daß wirkliche Kunst immer mit den ewigen Wahrheiten zu tun hat – wie auch das I Ging nur Ur-Verhalten der Menschen beschreibt.

Gehen Sie dann einen Schritt weiter und sehen Sie in dem, was Sie tun, dieses Ur-Verhalten und darin die ewigen Wahrheiten: zum Beispiel das Gesetz des Ein und Aus, dieser ewige Wechsel (I Ging – Das Buch der *Wandlungen*), zum Beispiel das Gesetz: wie oben, so unten, wie innen, so außen. Entdecken Sie diese Gesetze in Ihrem Leben.

Üben Sie schließlich die Transformation des Alltags. Tun Sie alles, was Sie tun, bewußt für einen guten Zweck, noch besser: aus Liebe. Wenn Sie joggen, dann sagen Sie bewußt liebevoll zu Ihrem Körper: »Das tue ich für dich.« Wenn Sie auf Ihren Partner warten müssen, dann warten Sie bewußt gern: »weil ich dich liebe«. Und so weiter. Transformieren Sie Ihr Leben in Richtung Liebe. Wenn Sie damit Schwierigkeiten haben, gewinnen Sie dennoch sehr viel aus dieser Übung: Ihre Handlungen werden bewußter, Sie werden sich mehr Ihres Selbst bewußt, selbst-bewußt.

Suggestion
Alles, was ich tue, tue ich in Liebe.

51. DSCHEN – Ich erwache

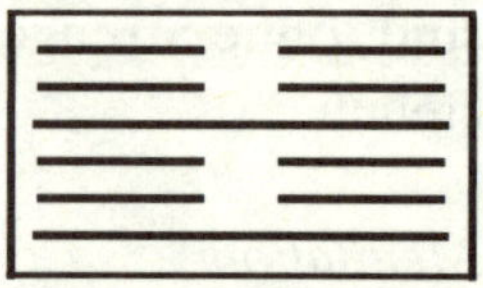

Das Bild
Der Donner bricht mit Macht aus der Erde hervor und verursacht Furcht und Schrecken. Er bewirkt gleichzeitig ein Lösen der Spannungen und erweckt die Lebenskraft. Der Weise läßt sich durch diese Naturgewalt nicht erschüttern, sondern sieht in seiner Furcht die Chance zur Erforschung seines Lebens. Im Unterschied zum Hexagramm Nr. 40, »Hie – Ich befreie mich«, ist hier keine Phase angezeigt, in der man sich selber durch ein reinigendes Gewitter Klarheit verschafft. Dschen symbolisiert das von außen über einen hereinbrechende Gewitter, durch das man reifen soll.

Die Bedeutung

Gerade in Notzeiten stark zu bleiben, ja, in ihnen eine große Chance zur Bewährung zu sehen, ist ein immer wiederkehrender Rat des I Ging. Sie sind derzeit in einer stürmischen Phase. Sie soll Ihnen bewußt machen, daß es in Ihrer Hand liegt, ob Sie sich in Panik bringen lassen und wie gelähmt zum Opfer verurteilt sind oder ob Sie das Donnerwetter als Anstoß nehmen, Ihr Leben zu erforschen und in Ordnung zu bringen. Nicht nur dieses Hexagramm, sondern auch das Gesetz »Außen ist wie innen« legt den Schluß nahe, daß Ihre gegenwärtige äußere Gewitterlage Ihrer momentanen inneren Aufgewühltheit entspricht. Beides ist nicht bedrohlich, sondern heilsam. Die Dinge, die Sie wirklich für sich brauchen, werden Ihnen bleiben. Halten Sie das andere nicht fest. Lassen Sie es vom Gewitterregen fortspülen, dann kann Neues nachwachsen. Später werden Sie Erleichterung über diesen momentanen Verlust verspüren.

Nutzen Sie diese Zeit als Chance, aufzuwachen. Werden Sie sich bewußt, was Sie falsch gemacht haben, wo Sie von Ihrem Weg abgekommen sind. Bereinigen Sie unklare Beziehungen oder Situationen. Lösen Sie sich von Menschen oder Dingen, die Sie nicht auf Ihrem Weg unterstützen. Lassen Sie Gedanken und Vorstellungen fallen, die Sie bremsen, statt Sie zu beflügeln. Seien Sie sich bewußt, daß Sie dieser Reinigungsprozeß zwar vorübergehend in Furcht versetzen kann. Erschüttern kann er Ihr festes Fundament, auf dem Ihr Leben aufgebaut ist, jedoch nicht.

Die Linien

Unterste Linie:
»Wieso muß das gerade mir passieren?« mögen Sie jetzt fragen. Jammern Sie nicht. Klärung und Erleichterung sind der Lohn Ihrer jetzigen Angst.

Zweite Linie:
Es ist gut möglich, daß Sie Federn lassen müssen. Jagen Sie Ihrem verlorenen Besitz nicht nach. Sie erhalten alles zurück, wenn sich die Zeiten wieder ändern.

Dritte Linie:
Die Erschütterung kommt von außen, und Sie reagieren von innen, ohne erschüttert zu sein. Besonnen warten Sie das Gewitter ab, bevor Sie weitergehen.
Vierte Linie:
Manchmal geht es nicht mehr weiter, weder vor noch zurück. Warten Sie auf eine bessere Gelegenheit und erforschen Sie sich inzwischen selbst.
Fünfte Linie:
Es geht derzeit Schlag auf Schlag bei Ihnen. Bleiben Sie dennoch optimistisch: Sie sind jeweils der Gewinner und nicht das Opfer, weil Sie flexibel reagieren.
Oberste Linie:
Ihre Weggefährten sind alle in Panik geraten, und die äußere Erschütterung hat auf ihr Inneres übergegriffen. Machen Sie nicht denselben Fehler. Bleiben Sie ruhig und klar.

Meditation
Wenn Sie die im folgenden beschriebene Meditation machen wollen, dann nehmen Sie sich Zeit dafür. Lesen Sie den Abschnitt genau durch. Gehen Sie dann in die Entspannung, wie es zu Beginn des Buches beschrieben ist. Lassen Sie sich Zeit. Wenn Sie spüren, daß Ihr Körper ruhig und entspannt ist, beginnen Sie mit der nachstehenden Übung.

Stellen Sie sich im entspannten Zustand vor, daß Sie auf einem Scheiterhaufen liegen. Sie sind festgebunden, es gibt kein Entrinnen. Sie nehmen um sich herum die Menschen wahr: betroffene Mienen und neugierige Blicke. Sie zittern vor Angst. Sie bemerken, wie jemand das Reisig anzündet. Sie hören das Feuer prasseln. Die Flammen schlagen hoch, die Hitze ist unerträglich. Der ganze Scheiterhaufen brennt lichterloh, und mit ihm Ihr Körper.

In diesem Augenblick steigen Sie aus. Ihre Seele erhebt sich in die Lüfte. Sie sehen jetzt unter sich das lodernde Feuer. Sie sehen, wie Ihr Körper verbrennt, aber es berührt Sie nicht mehr. Sie beobachten die Menschen um das Feuer. Es ist alles weit unter Ihnen, liegt hinter Ihnen zurück. Spüren Sie den tiefen inneren Frieden, der jetzt in Ihnen ist.

Sie (Ihre Seele) leben (lebt), obwohl Ihr Körper längst ein Raub der Flammen ist. Sie werden einen neuen Körper finden. Wenn Sie wollen, können Sie auch den Film rückwärts laufen lassen und dann wieder vom Scheiterhaufen heruntersteigen und weggehen.

Diese von Bhagwan Shree Rajneesh entwickelte Meditation läßt Sie spüren, daß Sie nichts umbringen kann. Es kann sich höchstens Ihr Zustand wandeln (siehe in der Physik: von fest in gasförmig). Das ärgste Gewitter kann Ihnen nichts anhaben, Sie überstehen die Situation und bleiben sich treu.

Suggestion
Was auch geschieht, ich fühle tiefen inneren Frieden.

52. GEN – Ich halte inne

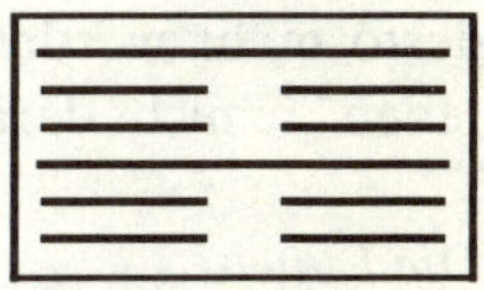

Das Bild
Die Berge stehen zusammen. So, wie sie stillhalten, tut es auch der Weise, wenn diese Zeit gekommen ist. Wie der Berg blickt er auf seine Umgebung herab, ohne sich vom Gewühl und Kampf der einzelnen aus der Ruhe bringen zu lassen. In dieser inneren Ruhe werden ihm die natürlichen kosmischen Gesetze bewußt, und er handelt danach. Er bewegt sich erst wieder, wenn die Zeit für Bewegung gekommen ist.

Die Bedeutung
Halten Sie inne. Das Hexagramm Gen zeigt das doppelte Symbol des Berges. Deutlicher kann das I Ging das Gebot, stillzuhalten, nicht zeigen. Bringen Sie sich zur Ruhe. Meditieren Sie, gehen Sie spazieren, ziehen Sie sich zurück. Fahren Sie an einen Ort, wo Sie wirklich allein sind.

Bringen Sie vor allem Ihre Gedanken und Gefühle zur Ruhe. Beschäftigen Sie Ihren kleinen Kommentator, der Ihnen immer seine Wertungen einflüstert (»Hätte ich das jetzt wirklich tun sollen?« – »Der schaut mich an, als ob er was gegen mich hätte.« – »So ein Mist, ich hätte doch lieber zu Hause bleiben sollen.« Etc., etc.). Geben Sie ihm Futter: Er soll sich ausschließlich mit dem Hier und Jetzt beschäftigen (»Ich habe das jetzt getan und jetzt lese ich gerade diesen Satz.« – »Der schaut mich jetzt an. Sein Blick wirkt im Augenblick auf mich feindselig.« – »Ich bin hier.«).

Disziplinieren Sie Ihre Gedanken auf diese Weise. Sie werden dadurch bewußter, sind weniger Ihren Wertungen und Stimmungen ausgeliefert, und die Beziehungen zu Ihren Mitmenschen werden klarer. Die Ruhe, die im Erleben des Augenblicks liegt, wird sich darin niederschlagen, daß Zweifel, Ängste, Sorgen, Schuldgefühle etc. mehr und mehr schwinden. Sie wissen: Ich lebe hier und jetzt. Alles andere ist Nostalgie oder Spekulation. Sie leben aus Ihrer Mitte heraus, aus Ihrem Zentrum, Ihrem Unterbewußtsein. Je mehr Ihnen dies gelingt, desto mehr werden Sie für andere zum Beispiel. Leben Sie es vor, reden Sie nicht darüber.

Die Linien

Unterste Linie:

Sie halten inne. Ihre Intuition hat Sie genau das Richtige tun lassen. Seien Sie dennoch wachsam: Stillhalten heißt nicht, sich treiben zu lassen.

Zweite Linie:

Hüten Sie sich davor, in Gesellschaft von Menschen zu sein, die vorwärtsdrängen. Sie können sich möglicherweise ihrem Einfluß nicht entziehen und machen mit, obwohl es jetzt für Sie das Verkehrte ist.

Dritte Linie:

Erzwingen Sie die Ruhe nicht. Sie entspringt einem Zustand innerer Sammlung, und diesen Zustand erreichen Sie nicht mit Gewalt. Machen Sie die nachstehende Meditation.

Vierte Linie:
Sie sind auf dem richtigen Weg. Sie kontrollieren Ihre Gedanken und Gefühle, auch wenn sich manchmal noch Ängste und Zweifel einschleichen.
Fünfte Linie:
Überspielen Sie Ihre Unsicherheit nicht mit sinnlosem Plappern. Disziplin in Gedanken und Gefühlen bedeutet ebenfalls Disziplin beim Sprechen. Auch hier halten Sie am besten inne.
Oberste Linie:
Sie haben um die Ruhe gerungen. Jetzt haben Sie sie erreicht. Erschrecken Sie nicht, wenn Ihnen Ihr Verstand von Zeit zu Zeit weismachen will, Ihre Ruhe sei Gleichgültigkeit. Er irrt: Ihre Ruhe ist Weisheit.

Meditation
Wenn Sie die im folgenden beschriebene Meditation machen wollen, dann nehmen Sie sich Zeit dafür. Lesen Sie den Abschnitt genau durch. Gehen Sie dann in die Entspannung, wie es zu Beginn des Buches beschrieben ist. Lassen Sie sich Zeit. Wenn Sie spüren, daß Ihr Körper ruhig und entspannt ist, beginnen Sie mit der nachstehenden Übung.

Ihr Körper ist ruhig und entspannt. Stellen Sie sich eine wunderschöne Wiese in einer hügeligen Landschaft mit einem etwas höheren Berg vor. Erleben Sie die Wiese mit all Ihren Sinnen: Riechen Sie die Blumen, hören Sie die Bienen und Vögel, schmecken Sie die Beeren, die Sie finden, fühlen Sie das weiche Gras und sehen Sie sich satt an der Schönheit der Natur.

Sie haben dieses Erlebnis richtig ausgekostet. Auf einmal haben Sie Lust, den Berg zu besteigen. Nehmen Sie Ihren Rucksack. Packen Sie alles hinein, was Sie bekümmert: Sorgen, Zweifel, Ängste, Schuldgefühle etc. Packen Sie Ihren Rucksack sorgfältig, vergessen Sie nichts. Machen Sie sich dann auf den Weg.

Wenn Hindernisse auftauchen, gehen Sie einfach weiter. Ihr Drang, auf den Berg zu kommen, überwindet alle Hemmnisse. Je weiter Sie nach oben kommen, desto deutlicher erkennen Sie, daß dort oben jemand sitzt. Sie haben das Gefühl, daß er auf Sie wartet. Sie kommen dem Gipfel näher und näher und sehen, daß da tatsächlich ein alter Mann sitzt, der Sie ansieht. Sein Gesicht strahlt Güte, Wärme und Ruhe aus. Sie fühlen sich zu ihm hingezogen. Er hat auf Anhieb Ihr Vertrauen.

Schließlich sind Sie bei ihm. Er sagt, er habe schon seit Jahren auf Sie gewartet, denn er wolle Ihnen Ihren Rucksack abnehmen. Er fordert Sie auf, Ihren Rucksack vor ihm auszuleeren und ihm den Inhalt genau zu erklären. Tun Sie es. Nehmen Sie sich Zeit und vergessen Sie nichts. Sagen Sie dem gütigen alten Mann alles, was Sie bedrückt. Spüren Sie dabei, wie erleichtert Sie werden, und nehmen Sie die Ruhe und die Kraft des weisen Mannes auf. Seine Güte strahlt auf Sie aus. Sie fühlen sich wohl.

Ihr Rucksack ist irgendwann einmal völlig leergeräumt. Sie sind erleichtert und fühlen tiefen inneren Frieden in sich. Die Ruhe des Alten hat sich auf Sie übertragen. Gehen Sie jetzt zurück zu Ihrer Wiese. Hüpfen, tanzen, springen Sie: Sie haben Ihre drückende Last zurückgelassen und statt dessen innere Ruhe mitgenommen. Feiern Sie das auf Ihrem Rückweg und auf Ihrer Wiese. Die Welt sieht für Sie jetzt ganz anders aus.

Wann immer Sie in Zukunft innere Ruhe brauchen: Stellen Sie sich den alten Mann vor, wie er auf Sie wartet, und nehmen Sie seine Ruhe auf. Nach einiger Zeit wird allein die Vorstellung des alten Mannes Ruhe in Ihnen auslösen.

Suggestion
Meine innere Ruhe und mein innerer Frieden sind mein Fundament.

53. DSIEN – Ich schreite fort

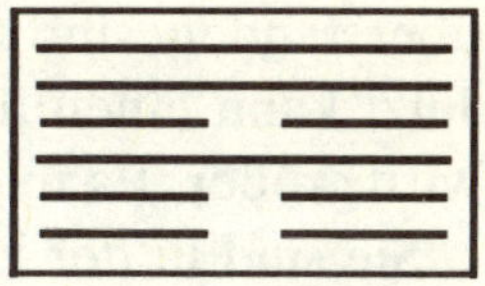

Das Bild
Auf dem Berg steht ein Baum. Er wächst langsam, aber stetig. Bald spendet er Schatten und ist ein markanter Punkt in der Landschaft. So ist es auch beim Menschen. Will er wirklich andere beeinflussen, dann muß er darauf achten, daß seine Persönlichkeit langsam an Einfluß und Gewicht gewinnt. Daher arbeitet der Weise bedächtig, aber stetig an seiner eigenen Entwicklung. Dsien zeigt ebenso wie die Hexagramme Nr. 35, Dsin, und Nr. 46, Schong, eine Entwicklung an. Bei Nr. 35 ist es eine Ausbreitung, symbolisiert durch die Sonne, die über der Erde aufgeht, in Nr. 46 deutet der Baum, der durch die Erde dringt, einen Fortschritt an. Hier, im Hexagramm Dsien, wird auf ein langsames Wachsen hingewiesen.

Die Bedeutung
Gut Ding will Weile haben. Dieses Sprichwort kann als Leitsatz über Ihrer derzeitigen Lebensphase stehen. Im Chinesischen wird dieses Hexagramm auch als Werbung um ein Mädchen interpretiert. Das heißt aber nicht, daß Sie vor einer Ehe oder langfristigen Beziehung stehen müssen (obwohl dies Ihrer augenblicklichen Verfassung durchaus entspräche). Es bedeutet vor allem, daß Sie sich auf ein langsames schrittweises Vorgehen besinnen sollen.

Das Bild der Brautwerbung oder des Baumes auf dem Berg zeigt noch mehr: Ihre Entwicklung vollzieht sich nach bestimmten Regeln. Wie vor der Ehe bestimmte Formalitäten erledigt werden müssen oder wie der Baum nach dem natürlichen Wachstumsrhythmus – geprägt von Frühling, Sommer, Herbst und Winter – gedeiht, so verläuft auch Ihr Fortschritt in bestimmten natürlichen Abschnitten. Auf die anfängliche Unsicherheit und Orientierungssuche (begleitet von ständigen Zweifeln) folgt die Phase der Stabilität und des geradlinigen Wachstums. Meist stellen sich dann Erschütterungen ein, die zeigen, daß die Zweifel immer noch im Innern nisten. Sind diese Bewährungsproben überstanden, sind die Sicherheit und Stabilität auf einer höheren Stufe. Jetzt kann einen nichts mehr so leicht erschüttern. Die innere Ruhe wird größer. Es zeigen sich Fortschritte und erste Erfolge.

Sie sind in der letzten Phase der gesteigerten Stabilität. Haben Sie jetzt Geduld. Die Gefahr dieser Stufe liegt im Leichtsinn und in der Ungeduld. Sie haben einiges überstanden und fühlen sich versucht, mehr zu riskieren. Das Hexagramm Dsien ermahnt Sie, dies nicht zu tun, sondern weiter beharrlich Ihren Weg zu gehen. Nur allzu schnell kommen sonst neue Bewährungsproben auf Sie zu.

Die Linien

Unterste Linie:

Sie setzen sich langsam durch. Beachten Sie Ihre Zweifel und Unsicherheiten nicht und ärgern Sie sich nicht, daß Ihnen keiner hilft. Gerade durch die Anfangsschwierigkeiten machen Sie Fortschritte.

Zweite Linie:

Sie haben sich etabliert, haben Zufriedenheit und Sicherheit gefunden. Teilen Sie Ihr Glück mit anderen. Feiern Sie.

Dritte Linie:

Behaupten Sie Ihre erreichte Stellung, statt wagemutig nach vorn zu preschen. Übereilte Schritte bringen Ihnen nichts. Warten Sie, bis sich die Dinge von selbst entwickeln.

Vierte Linie:

Sie haben sich zu weit vorgewagt oder sind in eine Situation geraten, die Sie fast überfordert. Suchen Sie sich dort, wo Sie jetzt sind, einen ruhigen, sicheren Platz, dann werden Sie die Gefahr überstehen.

Fünfte Linie:

Ihre Umgebung mißversteht Sie, weil sich andere zwischen Sie und Ihre Nächsten gedrängt haben. Aber die Mißverständnisse lösen sich wieder auf, und Sie müssen nicht weiter unter der Gefühlskälte leiden.

Oberste Linie:

Sie haben Ihr Leben Ihren Idealen gewidmet. Ihre Mitmenschen sehen in Ihnen ein Beispiel. Verstrahlen Sie Ihr Licht.

Meditation

Diese Meditation soll Ihnen helfen, in Ihrer Entwicklung stetig weiter fortzuschreiten. Nehmen Sie sich Papier und Schreibgerät und listen Sie folgende Kategorien untereinander auf: Beruf/beruflicher Aufstieg; Geld/Einkommen; Besitz/Lebensstil; Beziehungen/Freundschaften; kreativer Selbstausdruck; Hobbys/Reisen; persönliches Wachstum/Ausbildung. Schreiben Sie jetzt unter jeden/jedes dieser Begriffe/Begriffspaare, was Sie im Vergleich zu Ihrer derzeitigen Situation in den nächsten drei Monaten verbessern oder verändern wollen. Seien Sie spontan, grübeln Sie nicht zu lange.

Nehmen Sie dann ein neues Blatt Papier und phantasieren Sie, wie Sie sich jede der Kategorien *wünschen*. Stellen Sie sich bildhaft den Idealzustand vor. Schalten Sie dabei Ihren Verstand aus: »Das wäre ja schon wunderschön, *aber* . . .« gibt es nicht. Lassen Sie Ihrer Phantasie freien Lauf.

Mit diesem erweiterten Bewußtsein machen Sie sich jetzt noch ein paar Notizen dazu, wie Sie sich in Ihrer Familie, in Ihrer Nachbarschaft, in Ihrer Gemeinde/Stadt, in Ihrem Land und in der ganzen Welt ein ideales Zusammenleben der Menschen vorstellen.

Gehen Sie vom Allgemeinen wieder zu sich zurück. Lesen Sie die sieben Kategorien noch einmal durch. Ergänzen Sie, was Ihnen dazu einfällt. Nehmen Sie sich dann wieder ein neues Blatt Papier und schreiben Sie zu jeder der Kategorien ein Ziel auf, das Sie binnen eines Jahres erreichen wollen. Setzen Sie sich Teilziele, die Ihnen eine stetige Arbeit am Ziel erleichtern. Notieren Sie dazu geeignete Gesprächspartner: »Wer kann mich auf dem Weg zu diesem Ziel unterstützen?« Schreiben Sie dann ans untere Ende Ihrer Liste, wie Sie Ihre Ziele in einem, zwei, drei, vier und fünf Jahren erweitern können.

Heben Sie sich dic Zettel gut auf. Am empfehlenswertesten ist, wenn Sie sich ein I-Ging-Notizbuch anlegen. Überprüfen Sie diese Liste dann jedes Jahr. Sie werden sehen, wie Sie stetig vorankommen.

Suggestion
Ich schreite ständig fort auf meinem Weg zur Erfüllung.

54. GUI ME – Ich setze mich für eine Beziehung ein

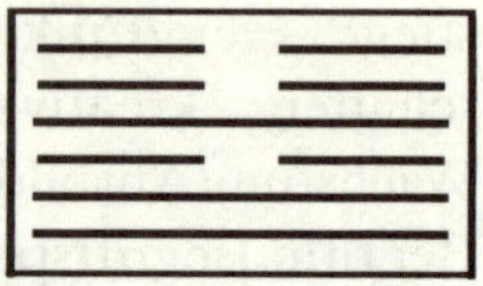

Das Bild
Der Donner ist über dem See. Der Herbst kommt, der alles Vergängliche vernichtet. Wie der Donner das Wasser in Bewegung bringt, so regt auch der Mann die Frau an. Gui Me zeigt einen älteren Mann, dem ein junges Mädchen folgt. Es ist das letzte der vier Ehe- oder Beziehungshexagramme. Zeichen Nr. 31, Hiën, beschrieb die gegenseitige Anziehung eines jungen Paares. Nr. 32, Hong, schilderte die dauerhafte Ehe, und Nr. 53, Dsien, symbolisierte die Vorbereitungen zum Abschluß einer dauerhaften Ehe. Der Weise erkennt in Nr. 54, Gui Me, daß er für die Stabilität einer Beziehung sorgen muß.

Die Bedeutung
Das Hexagramm Gui Me ist sehr vielschichtig. Es kann daher für Sie, der Sie es mit Ihrem Münzwurf ermittelt haben, vielerlei bedeuten. Ganz konkret aufgefaßt kann es sein, daß Sie vor einer dauerhaften Beziehung stehen, vielleicht sogar, daß Sie einen jüngeren Partner kennengelernt haben. Genausogut ist es möglich, daß Sie den tiefen *Wunsch* nach einer Verbindung haben, aber noch nicht die Richtige oder den Richtigen gefunden haben. In beiden Fällen sollten Sie bedenken, daß Sie bei einer Partnerschaft von Dauer auch für die Beständigkeit eintreten müssen. Überlegen Sie daher immer, ob Ihre Gedanken, Worte und Taten Ihre Beziehung stabilisieren oder erschüttern. Wenn Sie bei sich beobachten, daß Sie Ihrer Gemeinschaft eher schaden, sie eher untergraben statt ihr zu nutzen, statt sie zu festigen, dann fragen Sie sich nach Ihrem Motiv. Wenn Sie mit Ihrem Partner zusammenbleiben wollen, dann tun Sie jetzt etwas dafür.

Das Hexagramm Gui Me beschränkt sich jedoch nicht nur auf das Zusammenleben von Menschen, sondern zielt auch auf ihr Zusammenwirken. Auch hier sollten Sie zuerst für sich klären, ob Sie an Ihrer jetzigen Arbeitsstelle für länger bleiben wollen oder sie nur als Durchgangsstation betrachten. Auch hier gilt: Setzen Sie sich jetzt ein, selbst wenn Sie nur für kürzere Zeit bleiben wollen. Nur dann werden Sie befriedigt sein und auch weiterkommen, wenn Sie möchten. Gleiches gilt für Ihre Mitgliedschaft in Gruppen und Gesellschaften, für Ihr außerberufliches Engagement.

Auf einen Nenner gebracht: Sie sollten sich in der jetzigen Phase für den Bestand des Umfeldes einsetzen, in dem Sie derzeit leben. Ziehen Sie dabei immer in Betracht, was Ihr eigentliches Ziel ist. Alles andere sind nur Durchgangsstationen.

Die Linien
Unterste Linie:
Sie wissen, was Sie leisten, und treten dennoch bescheiden hinter den anderen (Partner, Chef) zurück. Ihre Güte sichert Ihnen dennoch genügend Einfluß.
Zweite Linie:
Bleiben Sie sich und dem Partner treu, auch wenn es einmal Enttäuschungen gibt. Ihre eigene Beständigkeit ist das, was Ihnen Ruhe und Sicherheit gibt.
Dritte Linie:
Akzeptieren Sie nichts, was unter Ihrer Würde ist, nur weil Sie auf Biegen und Brechen eine Beziehung wollen. Verzichten Sie lieber auf einige Annehmlichkeiten.
Vierte Linie:
Sie haben ganz recht getan, indem Sic abgewartet haben. Sie haben sich nicht aus der Ruhe bringen lassen und sich viel Zeit für das Schaffen einer Bindung gegeben. Am Ende wird sich Ihre Geduld lohnen, der richtige Partner wird kommen.
Fünfte Linie:
Sie pochen nicht auf Ihre Herkunft oder auf erworbene Fähigkeiten,

sondern setzen sich vorbehaltlos für Ihre Partnerschaft ein. Sie erfüllen damit das Gebot der Stunde.

Oberste Linie:

Sich für die Beziehung (oder Gemeinschaft oder den Arbeitsplatz) zu engagieren, nur um die Form zu wahren, bringt Sie nicht weiter. Ziehen Sie lieber einen Schlußstrich.

Meditation

Wenn Sie die im folgenden beschriebene Meditation machen wollen, dann nehmen Sie sich Zeit dafür. Lesen Sie den Abschnitt genau durch. Gehen Sie dann in die Entspannung, wie es zu Beginn des Buches beschrieben ist. Lassen Sie sich Zeit. Wenn Sie spüren, daß Ihr Körper ruhig und entspannt ist, beginnen Sie mit der nachstehenden Übung.

Betrachten Sie die Ziele, die Sie in Ihrer derzeitigen Beziehung haben. Was möchten Sie körperlich, seelisch und geistig mit Ihrem Partner erreichen? Stellen Sie sich vor Ihrem geistigen Auge einige Idealszenen vor, von denen Sie möchten, daß sie sich in Ihrer Verbindung ereignen. Lassen Sie sich Zeit für diese Traumbilder. Gehen Sie bis in das kleinste Detail.

Überprüfen Sie dann, was Sie davon abhält, diese Wunschvorstellungen zu erfüllen. Schreiben Sie Ihre Bewertungen und Meinungen auf (»Ich kann mit meiner Frau kein erfülltes Sexualleben haben, weil . . .«). Notieren Sie alle Begründungen, die Sie für diese Meinung haben. Vervollständigen Sie diese Liste in den nächsten Tagen.

Drehen Sie dann all diese Bedenken und Meinungen in ihr Gegenteil um. Wenn die Antwort auf das Beispiel mit dem unerfüllten Sex ist: »Weil mich mein Partner zu lange und zu genau kennt«, dann heißt das in der neuen Liste (Überschrift »Projekte«): »Ich zeige meinem Partner Seiten an mir und Vorlieben, die er noch nicht kennt.« Wandeln Sie Ihre negativen Bewertungen in positive Projekte um. Notieren Sie alle Ideen, die Ihnen einfallen, um diese Projekte zu verwirklichen, zum Beispiel: »Ich spreche mit meinem Partner über meine Phantasien. Ich erzähle ihm, was mich besonders erregt (oder erregt hat in letzter Zeit). Ich betrachte ihn wie einen Menschen, den ich gerade kennengelernt habe. Ich erlebe Sinnlichkeit bei allen möglichen Tätigkeiten (Essen, Sport, Körperpflege etc.). Ich rücke Sexualität wieder mehr ins Zentrum meines Lebens.« Und so weiter.

Sinn dieser Projekte ist es, Ihre Kreativität zu mobilisieren, Raum zur Verwirklichung Ihrer Wünsche zu öffnen. Lesen Sie Ihre Listen immer wieder durch, ergänzen Sie sie täglich. Bringen Sie sich damit in den Sog der sich selbst erfüllenden Voraussagen. Verstärken Sie Ihre Projekte mit der Energie positiver Suggestionen (siehe auch Einleitungskapitel), indem Sie sich für jedes Ihrer Ziele eine Suggestion erstellen.

Suggestion
Ich setze meine Kreativität ein, um in meinen Beziehungen Glück und Erfüllung zu erleben.

55. FONG – Ich entfalte mich

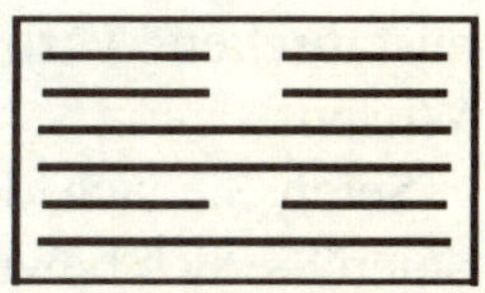

Das Bild
Es kommen Donner und Blitz. Wie im Hexagramm Nr. 21, Schi Ho, ist hier das Zusammenwirken von Bewegung (Donner) und Klarheit (Blitz) angedeutet. Während in Schi Ho beide Elemente nötig waren, um die Spannungen zu beseitigen und Ordnung zu schaffen, ist in diesem Bild Nr. 55, Fong, die Ordnung bereits hergestellt. Beide Kräfte stehen daher für die Entfaltung des Menschen zur Verfügung. Es ist eine Phase der geistigen und materiellen Fülle.

Die Bedeutung
Ihre Sonne steht an ihrer höchsten Stelle. Öffnen Sie die Augen und nehmen Sie den Reichtum wahr, der sich Ihnen jetzt bietet. Geben Sie alle starren Vorstellungen, die Sie bisher hatten, auf: Sie halten Sie nur von dem Erkennen dessen ab, was jetzt auf Sie zukommt. Es ist gut möglich, daß sich nun alle Ihre Wünsche erfüllen. Bleiben Sie dennoch

nicht stehen. Seien Sie wach. Solange die Zeit der Fülle ist, gelingt Ihnen alles – sogar *mehr*, als Sie sich erträumt haben.

Natürlich wird die Zeit des Reichtums auch wieder zu Ende gehen. Schon im Alten Testament ist von den sieben mageren Jahren die Rede, die auf die sieben fetten folgen. Wenn Sie sich auf die Zukunft konzentrieren, werden Sie die Gegenwart versäumen: Sie werden nicht an einem wunderschönen Sommertag zu Hause bleiben, nur weil für den Abend Dunkelheit vorausgesagt ist. Genießen Sie die Fülle. Öffnen Sie sich dem Glück.

Ein weiteres Mißverständnis beschreibt dieses Hexagramm Fong. Viele Menschen glauben, Reichtum – ob geistiger oder materieller – sei etwas, das man horten könne. Versuchen Sie es. Es wird Ihnen auf Dauer nicht gelingen. Sie werden sich nur isolieren und die Zeit der Fülle beschränken. Das einzige Mittel, den Wohlstand zu stabilisieren, ist geistige und materielle Expansion. Nur dadurch, daß Sie Ihr Geld in Umlauf bringen, kann es mehr werden. Und nur indem Sie sich geistig austauschen, verbreitert sich Ihr Horizont und vergrößert sich Ihr Wissen.

Seien Sie sich der Energie bewußt, die Sie im Augenblick haben. Seien Sie sich bewußt, daß Sie Glück und Erfolg anziehen.

Die Linien

Unterste Linie:
Sie haben ein klares Ziel und spüren Ihre Dynamik. Sie werden einem oder mehreren Menschen mit derselben Energie begegnen. Tun Sie sich zusammen.

Zweite Linie:
Stehen Sie zu dem, was Sie als wahr erkannt haben. Dann werden Sie auch diejenigen überzeugen, die durch den Einfluß Dritter eine falsche Meinung von Ihnen haben.

Dritte Linie:
Sie können im Augenblick nichts unternehmen, weil die anderen nicht erkennen, was notwendig zu tun wäre. Bleiben Sie klar und geben Sie den anderen Zeit.

Vierte Linie:
Zu Ihrer Dynamik kommt – aus Ihnen selbst oder mittels eines anderen Menschen – die Weisheit dazu. Das führt zum Erfolg.
Fünfte Linie:
Sie sind klug und nehmen den Rat erfahrener und weiser Menschen an. Dadurch vermehren Sie Ihren inneren und äußeren Reichtum.
Oberste Linie:
Bunkern Sie sich nicht ein oder versuchen Sie nicht Ihren Reichtum zu horten. Nur wenn Sie offen bleiben und sich (auch finanziell!) ausbreiten, schaffen Sie sich eine solide Basis für Ihren Wohlstand.

Meditation
Wenn Sie die im folgenden beschriebene Meditation machen wollen, dann nehmen Sie sich Zeit dafür. Lesen Sie den Abschnitt genau durch. Gehen Sie dann in die Entspannung, wie es zu Beginn des Buches beschrieben ist. Lassen Sie sich Zeit. Wenn Sie spüren, daß Ihr Körper ruhig und entspannt ist, beginnen Sie mit der nachstehenden Übung.

Erleben Sie im entspannten Zustand eine Traumreise ins Glück. Stellen Sie sich vor, daß Sie auf einer wunderschönen Wiese mit Blumen und Bäumen sind. Genießen Sie es. Malen Sie sich alle Einzelheiten genau aus. Lassen Sie sich Zeit, die ganze Umgebung mit Ihren fünf Sinnen aufzunehmen.

Gehen Sie dann ein wenig spazieren und finden Sie sich plötzlich irgendwo an einem herrlichen Strand wieder. (Sie können Ihre Reise auch hier beginnen; überlassen Sie das ganz Ihren inneren Wünschen.) Erleben Sie jetzt diese Umgebung. Und gehen Sie weiter. Finden Sie sich an einem See oder in einem Park wieder, auf einem Berg oder in einer Oase – wo immer Sie Ihre Träume hinführen. Fahren Sie dann mit einem Boot auf eine Südseeinsel. Stellen Sie sich die Farben vor, die Sonne, die rhythmische Musik der Einwohner, die Früchte, das Essen. Genießen Sie. Ziehen Sie dann in ein Schloß Ihrer Wahl um. Erleben Sie eine Party mit Kostümen und Kerzenlicht, Champagner und allem, was Sie sich nur vorstellen mögen.

Reisen Sie durch die Welt und erleben Sie die Erde als Schlaraffenland. Jeder, den Sie unterwegs treffen, erfährt die gleiche Fülle wie Sie – und ist gleichermaßen glücklich. Die Welt ist unerschöpflich in ihren Wundern, so wie Sie unerschöpflich sind in Ihrem inneren Reichtum.

Suggestion
Ich genieße mein inneres und äußeres Glück.

56. LÜ – Ich wandere

Das Bild
Das Gras brennt auf dem Berg. Das Feuer wandert rasch weiter auf der Suche nach neuer Nahrung. So handelt auch der Weise, wenn er auf der Wanderschaft ist. Er verweilt nicht, sondern zieht weiter, um neue Erfahrungen zu machen. Das Hexagramm Lü zeigt das Bild der Wanderung als Symbol für das Leben: Wir gehen von einer Erfahrung zur anderen und wissen oft nicht, wo wir ankommen werden.

Die Bedeutung
In meiner Erfahrung mit dem I Ging zeigte sich, daß es oft eine sehr konkrete Bedeutung hat. So ermittelte ich das Hexagramm, das Sie soeben geworfen haben, wenige Wochen, bevor ich in die USA aufbrach, dort Seminare besuchte (von einem Ort zum anderen wanderte!) und dieses Buch schrieb. Es ist also durchaus möglich, daß Sie tatsächlich gerade im Begriff sind, sich räumlich zu verändern (Reise, Umzug) oder geistig zu neuen Ufern aufbrechen. Auf jeden Fall werden Sie in der nun folgenden Zeit neue Erkenntnisse gewinnen und neue Seiten (Talente, Begabungen) an sich entdecken.

Das I Ging ist ein Handbuch des Lebens, und daher sind in diesem Hexagramm (wie in jedem anderen) auch praktische Tips für die Wanderschaft enthalten. Trennen Sie sich bewußt von alldem, das Sie nicht mitnehmen können. Das bedeutet: Nehmen Sie auch innerlich

Abschied davon. Das ganze Leben ist ein ständiges Zurücklassen und Neu-Aufnehmen. Denken Sie daran: Zuviel Last (geistig und materiell) erschwert das Gehen. Lassen Sie sich von Ihrem inneren Führer, Ihrem Unterbewußtsein leiten. Seien Sie offen für neue Begegnungen. In der Zeit der Wanderschaft gilt es, die Regeln des Neulandes zu beachten und bereit zu sein, wirklich Neues zu erfahren. Gerade jetzt haben Sie dazu die Chance. Versuchen Sie in dieser Phase nicht gleich wieder, irgendwo körperlich oder geistig seßhaft zu werden. Die Zeit der Stabilität kommt von selbst zurück.

Das Zeichen Lü weist Sie schließlich auch darauf hin, das Leben insgesamt als Wanderschaft zu begreifen. Wie oft schon haben Sie Vertrautes zurücklassen müssen und dafür Neues erhalten. Dieser Kreislauf beginnt bereits mit der Geburt, wenn wir den Schutz des Mutterleibes verlassen (müssen), um neue Erfahrungen in neuer Umgebung zu machen.

Die Linien

Unterste Linie:

Wahren Sie Ihre innere Würde. Sie finden in Ihrer neuen Umwelt nicht dadurch Anerkennung, daß Sie sich zum Hanswurst machen (lassen). Besinnen Sie sich auf Ihre Ziele.

Zweite Linie:

Sie sind sich treu geblieben und finden daher Menschen, die Sie mögen. Sie erhalten die Möglichkeit, sich etwas auszuruhen und Neues zu erwerben. Sie haben außerdem einen zuverlässigen Helfer.

Dritte Linie:

Mischen Sie sich nicht in fremde Angelegenheiten. Sie laufen sonst Gefahr, Ihren Ruheplatz und Ihren Helfer zu verlieren.

Vierte Linie:

Sie haben eine Bleibe gefunden und Besitz erworben. Dennoch fühlen Sie sich noch als Fremder. Das ist momentan von Vorteil, denn auf diese Weise schützen Sie sich.

Fünfte Linie:

Sie zeigen einflußreichen Menschen in Ihrer neuen Umgebung, daß Sie

sie schätzen. Dadurch gewinnen Sie deren Zuneigung und damit deren Hilfe.

Oberste Linie:

Werden Sie jetzt nicht leichtsinnig. Wenn Sie Ihre innere Anpassungsfähigkeit und Ihre Bescheidenheit verlieren, setzen Sie Ihr neues Zuhause aufs Spiel. Bewahren Sie sich Ihre Zurückhaltung.

Meditation

Wenn Sie die im folgenden beschriebene Meditation machen wollen, dann nehmen Sie sich Zeit dafür. Lesen Sie den Abschnitt genau durch. Gehen Sie dann in die Entspannung, wie es zu Beginn des Buches beschrieben ist. Lassen Sie sich Zeit. Wenn Sie spüren, daß Ihr Körper ruhig und entspannt ist, beginnen Sie mit der nachstehenden Übung.

Gerade jetzt, da Sie sich auf eine innere und/oder äußere Wanderschaft begeben, ist es hilfreich, wenn Sie Ihren inneren Führer entdekken. Sie können mit ihm in der nachfolgenden Weise Kontakt aufnehmen (ich verdanke diese Meditation den zahlreichen »Awakening«-Gruppen, die es in den USA gibt und deren Ziel es ist, unser inneres Licht zu entdecken).

Gehen Sie in eine angenehme und tiefe Entspannung. Stellen Sie sich dann vor Ihrem geistigen Auge vor, daß Sie auf einem Weg stehen, der sich in der Entfernung am Horizont verliert. Sie beginnen zu gehen. Gleichzeitig sehen Sie, wie etwas aus der Ferne auf Sie zukommt, das klares helles Licht ausstrahlt.

Im Näherkommen erkennen Sie, ob es eine Frau oder ein Mann ist und wie es aussieht. Mit jedem Schritt sehen Sie mehr Einzelheiten: Kleidung, Gesichtsausdruck etc. Jetzt begegnen Sie sich. Grüßen Sie Ihren inneren Führer und fragen Sie ihn, wie er heißt. Es wird Ihnen spontan ein Name einfallen. Zeigen Sie dem Wesen jetzt Ihr Inneres, führen *Sie* ihn herum. Vielleicht machen Sie dabei die eine oder andere Neuentdeckung. Fragen Sie Ihren Führer, ob er etwas zu Ihnen sagen möchte. Stellen Sie ihm Fragen. Die Antworten kommen möglicherweise erst im Lauf der nächsten Tage.

Fühlen Sie die Gemeinschaft mit Ihrem inneren Helfer, solange Sie können und wollen. Danken Sie ihm dann für die Begegnung und seine Hilfe. Bitten Sie ihn um seinen Schutz und darum, daß er wieder mit Ihnen in Kontakt treten möge. Wenn Sie Ihren Führer als eine Ihnen vertraute lebende Person visualisiert haben, so teilen Sie das diesem Menschen mit. Wenn Ihr Führer Ihnen seltsam erschien, wundern Sie sich nicht: Er ändert Form und Namen nach Belieben. Auf der geistigen Ebene spielt die Form keine Rolle. Werden Sie vertraut mit diesem (diesen) Wesen: Er (sie) ist (sind) das, was die katholische Kirche in dem Begriff Schutzengel symbolisiert.

Suggestion
Ich bin beschützt, wohin ich auch gehe.

57. SUN – Ich bin zielstrebig

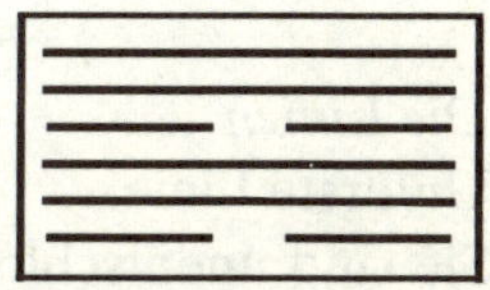

Das Bild
Der Wind treibt die Wolken auseinander, und der Himmel wird wieder klar. Mit sanfter Macht erreicht der Wind, was seine Bestimmung ist. So ist es auch beim Menschen. Die Klarheit eines Urteils beseitigt alle unlauteren Hintergedanken. Der Weise schafft mit seiner Aufrichtigkeit Ordnung – ohne mit Gewalt einzuwirken. Er nutzt die Zeit als seine beste Waffe.

Die Bedeutung
»Steter Tropfen höhlt den Stein.« Schreiben Sie sich dieses Sprichwort als Losung für Ihre derzeitige Lebensphase auf. Es ist die Zeit, in der Sie mit Kontinuität Erfolg haben, nicht mit spontanen Kraftakten. Entwickeln Sie in jedem Ihrer Lebensbereiche eine klare Idee: »Was ist mein Ziel?« Sie lernen, sich dabei auf das Notwendige zu konzentrieren.

Wählen Sie sieben Punkte aus und ordnen Sie Ihr Leben nach ihnen. Fragen Sie sich: »Was will ich erreichen in Arbeit/Beruf, Finanzen/

Einkommen, Besitz/Lebensstil, Beziehungen/Freundschaften, kreativem Selbstausdruck, Hobbys/Reisen, persönlichem Wachstum?« Treffen Sie klare Entscheidungen.

Einige Ihrer Ziele werden Sie schon erreicht haben. Anerkennen Sie sich dafür. Gehen Sie dann geradlinig Ihren Weg. So wie der Tropfen im Laufe der Jahrtausende den Stein höhlt, bis er ihn geteilt hat, können Sie jetzt darangehen, Ihre Ziele stetig und langsam zu verwirklichen. Nur so sind Sie für jene Zeiten vorbereitet, in denen wieder Zweifel und Unklarheiten auftauchen, denn Sie werden dann Ihre Projekte vor Augen haben und sich nicht durch Umstände und neue Entwicklungen aus dem Gleichgewicht bringen lassen. Besinnen Sie sich auf Ihre Ziele und erleben Sie die tiefe innere Ruhe, die von einer geradlinigen Verwirklichung ausgeht. Gleichzeitig erfahren Sie, wie stark Sie sind.

Die Linien

Unterste Linie:
Sie sind unentschlossen. Durchbrechen Sie diesen passiven Zustand. Entscheiden Sie, was als erstes erledigt werden muß, und tun Sie es.

Zweite Linie:
Forschen Sie nach, woher die Störenfriede kommen, die Sie von Ihren Zielen abhalten. Oft sind es versteckte Ängste (wie etwa die Angst vor Erfolg). Werden Sie sich ihrer bewußt – das ist der erste Schritt, sie loszuwerden.

Dritte Linie:
Übertreiben Sie nicht. Nachforschen heißt nicht: ins Grübeln verfallen. Denken Sie auch daran, zu handeln.

Vierte Linie:
Sie sind bescheiden (trotz Ihrer Stellung und Ihrer Erfahrungen). Haben Sie trotz dieser Tugend den Mut, energisch zu handeln. Sie werden Erfolg haben.

Fünfte Linie:
Sie müssen etwas bereits Begonnenes verändern und verbessern. Überlegen Sie zuerst sorgfältig, wie, und prüfen Sie dann nach der Ände-

rung, ob wirklich etwas verbessert wurde. Es ist ein Prozeß, der mehrere Tage lang dauert.
Oberste Linie:
Wenn Sie nur nachforschen, ohne Entscheidungen zu treffen und etwas zu verbessern, wird es Ihre Kraft lähmen. Hören Sie daher mit dem Nachdenken auf, sobald Sie merken, daß Sie es nicht mehr in praktisch verwertbare Ergebnisse umsetzen können.

Meditation
Um das Bewußtsein für Ihre Ziele zu schärfen, rate ich Ihnen zu einem kreativen Vergnügen, das ich »Bilder der Wirklichkeit« nennen möchte. Malen Sie sich zu jedem Ziel der genannten sieben Bereiche ein Bild, in dem Sie am Ende Ihres Zieles dargestellt sind. Nehmen Sie dazu je ein Foto von sich und malen Sie sich, wie Sie glücklich Ihr Ziel erreicht haben.

Stellen Sie dieses Ziel mit Farben dar oder machen Sie eine Collage, indem Sie Fotos und Wörter aus Zeitungen und Zeitschriften ausschneiden und auf ein Blatt Papier oder in Ihr I-Ging-Notizbuch kleben. Es soll kein Kunstwerk sein, sondern Ihnen klarmachen, wie es bildlich aussieht, wenn Sie Ihr Ziel erreicht haben.

Ihr Unterbewußtsein denkt in Bildern. Mit Ihren geschaffenen »Bildern der Wirklichkeit« treten Sie mit Ihrem Unterbewußtsein in Kontakt und sagen ihm, was Ihre Wünsche und Ziele sind. Sie ermöglichen damit Ihrem Unterbewußtsein, die für die Erreichung Ihrer Ziele notwendige Energie zu mobilisieren. Setzen Sie unter jedes dieser Bilder eine von Ihnen erdachte Suggestion.

Ein Beispiel: Als ich das Ziel hatte, dieses Buch in Kalifornien zu schreiben, machte ich eine Collage davon. Ich schnitt aus Zeitschriften und Katalogen verschiedene Fotos vom Strand an der Südküste aus sowie das Foto eines Ateliers mit großem sonnigem Fenster und Meerblick. In dieses Atelier klebte ich ein Bild von mir. Ich schmückte die Collage noch mit Farben und allerlei Schnickschnack aus. Darunter schrieb ich: »Ich sitze hier in einem herrlichen Atelier mit Meerblick und schreibe mein Buch der Wandlungen.« Es ist genauso eingetreten.

Suggestion
Ich habe klare Vorstellungen von meinen Zielen, und sie erfüllen sich.

58. DUI – Ich bin froh

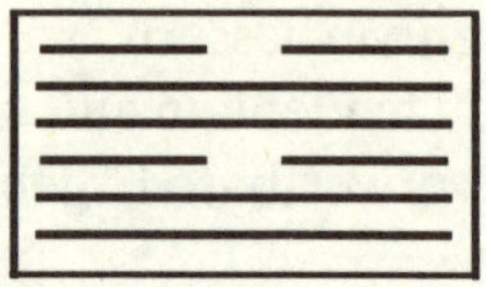

Das Bild
Der See erfrischt die Luft und erfreut die Menschen. Dui bedeutet auch: der Mund. Der Mund kann die Gefühle der Freude ausdrücken. Ein Lachen oder ein Lächeln heitert das Zusammensein von Menschen auf. Daher übt sich der Weise darin, froh und heiter zu sein und die anderen mit einem Lächeln zu erfreuen.

Die Bedeutung
»Froh zu sein bedarf es wenig, und wer froh ist, ist ein König.« Wie in den meisten Volksweisheiten, so steckt auch in diesem Satz viel Wahrheit. Er ist die Überschrift zu Ihrer jetzigen Lebensphase. Es geht für Sie derzeit darum, Freude zu erleben und diese Freude weiterzugeben. Aus Ihrer Erfahrung wissen Sie, daß Sie etwas nur vermehren können, wenn Sie es teilen und weitergeben.

Das Hexagramm Dui spricht von der Freude, die von innen kommt. Es meint nicht die oberflächliche Zerstreuung, die Gaudi, ist eher das Lächeln als das Gelächter, ist eher die Milde nach außen, die sich auf Stärke und Aufrichtigkeit im Innern stützt. Es ist die Freundlichkeit, die sich derjenige leistet, der glücklich und zufrieden mit sich ist.

Sie haben jetzt Anlaß, mit sich zufrieden zu sein (sonst hätten Sie nicht dieses Hexagramm geworfen). Sie haben Ihren inneren Frieden gefunden. Falls Sie es noch nicht bemerkt haben, so schauen Sie jetzt genau hin. Aus dieser inneren Harmonie entspringt Ihre Zuneigung zu den Mitmenschen. Anerkennen Sie sich dafür. Glück bedarf immer auch des Dankes. Sie sind Ihres Glückes Schmied – niemand sonst.

Teilen Sie Ihr Glück und Ihre Freude mit anderen. Auf diese Weise können Sie Ihre Umwelt in Ihrem Sinne umgestalten, denn nicht Macht oder Manipulation sind die Mittel, die anderen zu gewinnen, sondern Zuneigung und Freundlichkeit. Genießen Sie Ihre »Kraft des Herzens«. Ihre Heiterkeit ist ansteckend. Leben Sie im Hier und Jetzt.

Die Linien
Unterste Linie:
Sie erwarten nichts von Ihrer Umwelt, sondern sind mit dem zufrieden, was ist. Diese Einstellung bezeichnet das I Ging als Weisheit. Gleichzeitig bedeutet dieser Zustand (»wunschlos glücklich«) höchste Freiheit: Wer nichts fordert, ist frei von Enttäuschungen.
Zweite Linie:
Sie geben den oberflächlichen Mitmenschen ohne Groll zu verstehen, daß Ihnen deren Vergnügen nichts geben. Daher wird man Ihnen derlei Zerstreuungen (die für viele notwendig sind, um nicht ihren inneren Spannungen ausgeliefert zu sein) nicht mehr anbieten.
Dritte Linie:
Wenn Sie sich auf Zerstreuungen einlassen, brauchen Sie sich nicht zu wundern, daß Sie Ihren inneren Halt verlieren. Schauen Sie sich die Menschen, die Ihnen begegnen, genauer an, bevor Sie sich deren Vergnügungen anschließen.
Vierte Linie:
Sie schwanken noch. Die Vergnügungen reizen Sie einerseits, andererseits spüren Sie hinterher, daß Leere und Langeweile zurückbleiben – wie ein Kater nach zuviel Alkohol. Sie werden sich für die stilleren Freuden entscheiden und zufrieden damit sein.
Fünfte Linie:
Manche Mitmenschen üben einen Einfluß auf Sie aus, dessen zersetzende Kraft zunächst kaum zu spüren ist. Seien Sie wachsam und schützen Sie sich vor dieser Energie.
Oberste Linie:
Wer sich in die Gefahr begibt, kommt darin um. Sie haben sich den Zerstreuungen hingegeben und merken jetzt, daß Sie die Richtung verloren haben und sich nicht mehr steuern können. Gehen Sie in sich, bevor es zu spät ist.

Meditation
Freude ist eine innere Empfindung, die ihres äußeren Ausdrucks bedarf. Wenn Sie Ihre Freude, die Sie derzeit in sich spüren, anderen mitteilen, werden Sie die Erfahrung machen, daß dies Ihr Glücksgefühl noch steigert. Eine Übung kann Ihnen helfen, diese Erfahrung zu erleben.

Setzen Sie sich vor einen Spiegel und schneiden Sie Grimassen – so viele und so lange Sie können. Spüren Sie hinterher, wie sich Ihre Gesichtsmuskeln gelockert haben. Beginnen Sie jetzt zu lächeln. Beobachten Sie Ihren Gesichtsausdruck. Sie sehen genau, wann es ein künstlich aufgesetztes Lächeln ist oder eines, das von innen kommt. Stellen Sie sich vor, daß es Ihnen wirklich gut geht, und nehmen Sie Ihre innere Zufriedenheit wahr. Drücken Sie dieses Glücksgefühl in einem Lächeln aus und sehen Sie – während Sie in den Spiegel schauen –, wie sanft und freundlich Ihr Lächeln geworden ist. Spüren Sie, daß Zuneigung aus Ihrem Inneren in Ihren Blick (Ihre Augen) und in Ihr Lächeln (Ihren Mund) strömt. Sagen Sie zu Ihrem Spiegelbild: »Danke, daß du soviel Liebe und Glück ausstrahlst.« Spüren Sie, daß Ihre innere Freude einerseits und die Zuneigung im Blick und Lächeln Ihres Spiegelbildes andererseits eins werden. Erfahren Sie das Licht und die Wärme, die Sie jetzt fühlen.

Erweitern Sie diese Erfahrung in den nächsten Tagen mit Ihren Mitmenschen. Erleben Sie, wie Sie die Beziehung zu ihnen mit einem Lächeln, das Ihrer Zuneigung entspricht, verändern können. Verstrahlen Sie Ihr inneres Licht und seien Sie bereit für die Wunder, die sich dann ereignen.

Suggestion
Ich strahle meine innere Freude und mein Glück auf alle Menschen aus.

59. HUAN – Ich löse mich von Überholtem

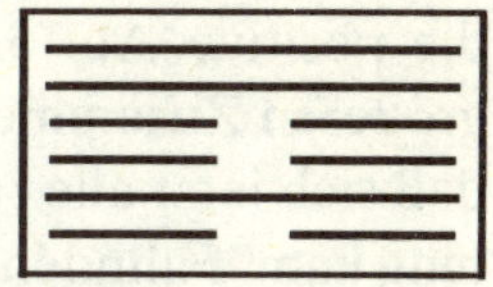

Das Bild
Der Wind fährt über das Wasser und zerstreut es. Er löst es auf in Schaum und Dunst. So handelt auch der Weise. Er zerstreut die durch Egoismus aufgestaute Lebensenergie durch Sanftheit und Liebe. Er löst das Trennende auf, indem er sich auf das gemeinsame Band, das ihn mit allen Menschen verbindet, besinnt.

Die Bedeutung
Sie haben in Ihrer derzeitigen Lebensphase die Chance, Zusammenhänge zu sehen. Möglicherweise ist dieser Lernprozeß auf den ersten Blick für Sie hart, aber gerade darin liegt die Möglichkeit, neue Einsichten zu gewinnen. Es ist eine Zeit der Auflösung. Das kann konkret das Ende einer Beziehung, das Auflösen einer Wohnung, den Konkurs einer Firma, den Verlust eines Arbeitsplatzes usw. bedeuten.

Das Hexagramm Huan will Ihnen helfen, diese Umwandlung zu begreifen, denn es findet nur ein Wandel statt, kein Untergang. Es ist das, was im Leben jedes Menschen ständig geschieht. Wir nehmen es nur oft nicht wahr, weil der Wandel nicht so spektakulär ist wie der, den Sie derzeit erleben. Wenn ein Mitarbeiter oder Kollege die Firma verläßt, ist das ebenfalls ein Wandel, aber er ist nicht weiter beunruhigend. Jetzt vollzieht sich die Auflösung im eigenen Haus.

Geraten Sie nicht in Panik, sondern erkennen Sie die Vorteile. Auflösung bedeutet auch, überholte Vorstellungen, negative Gefühle (Langeweile, Ärger etc.) zurücklassen zu können. Als Deutschland 1945 in Schutt und Asche lag, mobilisierten die Menschen ihren Überlebensdrang, ließen das Alte (Nationalsozialismus, verstaubte Traditionen) zurück und schufen einen neuen Staat, der mit modernsten Maschinen (die anderen Länder mußten ihren alten Maschinenbestand nach und nach abbauen) zu einer der führenden Industrienationen wurde. Beängstigend und negativ sind nicht die Ereignisse, sondern unsere Einstellung zu ihnen. Sehen Sie in der Auflösung des Alten die positive Aufforderung, Neues zu erschaffen. Erkennen Sie den größeren Zusammenhang: »Warum ist es notwendig und gut für mich, daß sich jetzt alles auflöst?« Überlegen Sie, wie es zu dieser Entwicklung kam. Fahnden Sie nach dem Übeltäter, der Egoismus heißt. Seine Kumpane sind Raffgier, Macht und eine Selbstsucht, die im Mitmenschen nicht den Bruder, sondern den Feind sieht. Indem wir alles und jedes ständig voneinander trennen, verlieren wir den Zusammenhang und damit auch die Liebe. Erkennen Sie jetzt, daß Trennung und Abgrenzung eine Illusion sind.

Die Linien

Unterste Linie:

Sie merken, daß sich eine Trennung (vom Partner, von der Arbeitsstelle etc.) anbahnt. Noch ist Zeit, die Mißverständnisse und das Mißtrauen aufzulösen.

Zweite Linie:

Die Auflösung beginnt. Besinnen Sie sich Ihrer inneren Einstellung: Sie empfinden Zuneigung zu den anderen. Sie bleibt auch in diesen Zeiten der Wandlung bestehen.

Dritte Linie:

Gerade wenn Sie alles aufgeben (müssen), gewinnen Sie die Kraft zu großen Leistungen. Verschreiben Sie sich einem Ziel, das nicht mit Ihrem Wohlstand und mit Ihrem Einfluß, kurz: mit Ihrem Ego zu tun hat.

Vierte Linie:

Sie haben das Ganze im Blickfeld und verzichten auf die kleinen Annehmlichkeiten. Der Originaltext des I Ging sagt dazu: »Wer auf das Nahe verzichtet, wird das Ferne gewinnen.«

Fünfte Linie:

Sie brauchen jetzt, wo Sie mitten im Wirrwarr der Auflösung stecken, die klare, erlösende Idee. Überlegen Sie, wo Ihr Ziel liegt, das Sie ansteuern wollen.

Oberste Linie:

Entziehen Sie sich selbst und Ihre Nächsten den derzeit auftretenden

Schwierigkeiten. Verlassen Sie eine Umgebung, die Ihnen nur Übles will und Sie und Ihre Nächsten verletzt.

Meditation

Wenn Sie die im folgenden beschriebene Meditation machen wollen, dann nehmen Sie sich Zeit dafür. Lesen Sie den Abschnitt genau durch. Gehen Sie dann in die Entspannung, wie es zu Beginn des Buches beschrieben ist. Lassen Sie sich Zeit. Wenn Sie spüren, daß Ihr Körper ruhig und entspannt ist, beginnen Sie mit der nachstehenden Übung.

Sie können diese Meditation als Beobachtung in der Natur oder zu Hause als geistige Versenkung praktizieren. Gehen Sie an einen Waldrand oder stellen Sie es sich vor. Es ist beinahe Winter, aber es liegt noch kein Schnee. Der Wind, den Sie spüren, reißt die letzten Blätter von den Ästen der Büsche und Bäume. Die meisten Blätter modern schon am Boden. Irgendwie scheint alles tot zu sein. Die Farben der Natur sind Schwarz und dunkles Braun. Die triste Stimmung droht auf Sie überzugreifen. Lassen Sie das Bild auf sich wirken.

Beobachten Sie weiter. Auf einmal entdecken Sie eine Maus unter dem Laub hin- und herhuschen. Jetzt sehen Sie auch ein Eichhörnchen, wie es geschäftig den Baumstamm auf und ab läuft. In der scheinbar abgestorbenen Natur ist Leben. Die Tiere bereiten sich auf den Winter vor, damit sie im Frühjahr wie neugeboren einen neuen Lebensabschnitt beginnen können. Überall sind bereits Spuren für das neue Wachsen zu entdecken.

Lernen Sie von der Natur. Akzeptieren Sie den natürlichen Rhythmus der Auflösung und des Neubeginns, wie Sie ihn in Ihrer Beobachtung oder in Ihrer Vorstellung wahrgenommen haben. Auf die Auflösung folgen das Innehalten, das Atemschöpfen, der Winter, um die Kräfte zu sammeln. Und dann beginnt wieder das Abenteuer des Neuanfangs, die Dynamik, der Frühling.

Suggestion

Ich löse mich von Altem, um Raum zu haben für Neues.

60. DSIE – Ich setze mir Grenzen

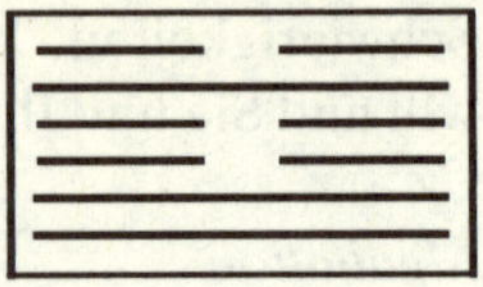

Das Bild

Der See hat nur einen beschränkten Raum, um einen Teil des unendlichen Wassers zu fassen. Das ist seine Eigenheit. So ist es auch bei den Menschen. Der einzelne ist durch seine Eigenheit beschränkt. Diese Schranken sind von jedem frei gewählt. Der Weise erkennt die Möglichkeit, innerhalb der Schranken seine Kraft zu konzentrieren. Die selbstgewählte Pflicht ist für ihn Inbegriff der Freiheit.

Die Bedeutung

»Er stößt an seine Grenzen«, »Schuster bleib bei deinem Leisten« usw. – es gibt eine Reihe von Redewendungen, die das umschreiben, was Sie derzeit erleben: die Beschränkung. Und doch treffen diese Volksweisheiten nicht den Sinn des Hexagramms Dsie. Denn im Gegensatz zum Volksmund ist hier nicht von den schicksalhaften oder naturgegebenen Begrenzungen die Rede, die uns zu bescheidenen und treuen Staatsdienern machen – das Ziel immer noch nicht überwundener Erziehungs- und Moralgrundsätze.

Das I Ging, die jahrtausendealte Weisheit der Chinesen, meint vielmehr etwas ganz anderes: Der Mensch setzt sich bewußt selbst Grenzen, innerhalb derer er wirken kann. Folgerichtig kann er die Grenzen seines Tuns im Laufe seines Lebens immer weiter stecken. Der Chinese ist sich bewußt (und ich bitte Sie, sehr intensiv darüber nachzudenken), daß jeder einzelne seine Begrenzungen selbst gewählt hat. Da ist kein Druck von oben, der uns zum Funktionieren bringen will. Das ist die freie Entscheidung eines freien Geistes, der seine Kräfte kontrollieren kann.

Ersetzen Sie die Disziplin von außen durch Selbstdisziplin. Verpflichten Sie sich selbst, statt sich von anderen in die Pflicht nehmen zu lassen. Kontrollieren Sie sich selbst, statt kontrolliert zu werden. Einer meiner Lehrer, Werner Erhard, hat den Satz geprägt: »Aus deinem Wort heraus leben.« Das, was Sie sagen, ist die einzige wirkliche

Verpflichtung für Sie. Wenn Sie sagen: »Ich werde nie den Nobelpreis erhalten«, dann besteht Ihre Begrenzung in diesem Satz – nirgends sonst. Wenn Sie sagen: »Ich erweitere ständig meine Grenzen«, dann ist der Raum geschaffen, daß es geschehen kann.

Sie haben etwas gesagt, sich zu etwas verpflichtet oder besser: etwas mit sich selbst vereinbart. Das bringt Ihren Motor in Bewegung. Treffen Sie daher jetzt für alle Lebensbereiche Vereinbarungen, stekken Sie Ihren Lebensraum jetzt ab – ohne Beschränkungen von außen, aber mit dem Bewußtsein: »Ich fülle meinen Raum aus, weil ich gesagt habe, daß ich ihn ausfüllen will und kann.«

Hören Sie jetzt auf, Opfer von Schranken und Verpflichtungen zu sein, das heißt, sich als Opfer zu fühlen. Erkennen Sie, daß Sie der Schöpfer Ihres Lebens sind – und damit auch der Schöpfer Ihrer Begrenzungen und Beschränkungen.

Die Linien

Unterste Linie:

Beschränken Sie sich in Ihren Worten. Behalten Sie gerade entstehende Projekte lieber für sich. Nehmen Sie äußere Schranken als Hinweis darauf, was Sie im Augenblick unterlassen sollten.

Zweite Linie:

Ihr Zögern zu Beginn war richtig. Jetzt ist jedoch die Zeit des Handelns gekommen, denn die Hindernisse sind beseitigt.

Dritte Linie:

Erkennen Sie Ihre Begrenzungen, bevor Sie sie durch Leid erfahren. Suchen Sie Ihre Fehler bei sich statt bei den anderen. Hören Sie auf Ihre innere Stimme.

Vierte Linie:

Wenn Ihre Beschränkungen Kraft kosten, stimmt etwas nicht. Überprüfen Sie, wo der Fehler liegen könnte. Natürliche Beschränkung zeigt sich durch Kraftersparnis. Sie setzt Kräfte für Ihr eigentliches Ziel frei.

Fünfte Linie:

Sie beschränken sich selbst und sind damit für andere ein Vorbild. Sie

verlangen von Ihren Mitmenschen keine überragenden Leistungen und haben daher die beste Chance, von ihnen (freiwillig) überdurchschnittliche Leistungen zu erhalten.
Oberste Linie:
Manchmal ist es notwendig, mit sich selbst sehr streng zu sein (z. B. um seine Gesundheit wiederherzustellen oder einem Konkurs zu entgehen), aber dies sind nur die Ausnahmen von der Regel. Zuviel Strenge schadet nur.

Meditation
Nutzen Sie die Phase, in der sich Ihr Unterbewußtsein mit Begrenzungen und Beschränkungen auseinandersetzt, zu einer Bestandsaufnahme. Nehmen Sie sich Zeit, holen Sie sich Papier und Schreibgerät und listen Sie in den folgenden sieben Lebensbereichen auf, was Sie als Beschränkung erleben oder empfinden: in Beruf/Karriere, Geld/Einkommen, Besitz/Lebensstil, Beziehungen/Freundschaften, kreativem Selbstausdruck, Hobbys/Reisen, persönlichem Wachsen.

Durch diese Auflistung werden Sie hinter so manche Ausrede kommen. Ich hatte zum Beispiel eine Reihe von unbewußten Beschränkungen, die ich mir erst bewußt machen mußte, bevor ich sie aufgeben konnte. So war es schon lange mein Wunsch, dieses Buch zu schreiben. Zur Verdeutlichung dieser Übung nenne ich Ihnen einige meiner selbstgewählten Schranken: »Ich muß therapieren, ich habe keine Zeit, das Buch zu schreiben.« – »Ich kann mich nicht für Monate zurückziehen. Dazu reicht mein Geld nicht.« – »Ich müßte meinen Lebensstil ändern, vielleicht einiges aufgeben.« – »Es würde meine Beziehung belasten, wenn ich mich irgendwohin zurückzöge.« – »Vielleicht bin ich gar nicht kreativ genug, um dieses Projekt durchzuziehen.« – »Vielleicht interessiert die Leser meine Interpretation des I Ging überhaupt nicht.« Und so weiter.

Sie sehen, wie kreativ unser Verstand im Erfinden von Beschränkungen sein kann. Sie sich bewußt zu machen heißt, sie zu überwinden und durch vereinbarte Begrenzungen zu ersetzen. In meinem Beispiel war das der mit dem Verleger vereinbarte Abgabetermin, meine mir selbst gegebene Verpflichtung, eine bestimmte Seitenzahl nicht zu überschreiten, nicht zuviel Theorie hineinzupacken, meinen Lebensstil während des Schreibens einzuschränken. Und so weiter. Diese Beschränkungen habe ich schriftlich mit mir vereinbart, sie haben mir während des Schreibens die notwendige Orientierung gegeben.Probieren Sie es aus. Sie werden sich voller Kraft und ganz frei fühlen.

Suggestion
Ich vereinbare, alle meine Begrenzungen selbst zu wählen.

61. DSCHUNG FU – Ich bin aufrecht

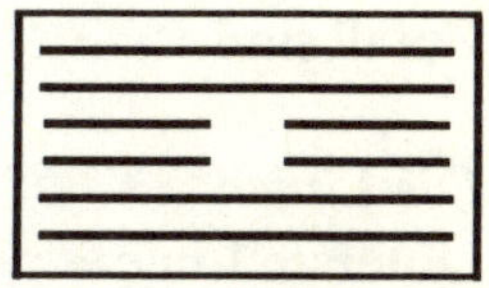

Das Bild
Der Wind weht über den See und bewegt das Wasser. Erst dadurch wird seine Gegenwart sichtbar. Die Kraft des Windes besteht in seiner Sanftheit, mit der er in die Wasseroberfläche eindringt. So erreicht auch der Weise das Innere seiner Mitmenschen, indem er die sanfte Macht der Wahrheit anwendet. Er ist frei von Vorurteilen, öffnet damit das Herz (Innere) des anderen und gewinnt Einfluß.

Die Bedeutung
Sie haben eine Phase vor sich, in der Sie Einfluß nehmen können, und das ist ausschließlich Ihr Verdienst, nicht etwa die Schwäche der anderen. Sie ruhen in sich, haben Ihre Mitte gefunden. Falls Sie sich gegenüber skeptisch sein sollten, dann beobachten Sie jetzt Ihre Mitmenschen: Sie üben eine Anziehungskraft auf sie aus. Sie beeindrukken Ihre Umwelt durch Ihre Aufrichtigkeit und Geradlinigkeit.

Ihr derzeitiger Einfluß beruht nicht auf einem Machtanspruch oder auf einer erdrückenden Energie. Er hat seinen Ursprung in dem, was die Chinesen ein »reines Herz« nennen. Sie sind innerlich ausgeglichen und mit sich im reinen. In Ihrem Herzen ist daher noch Platz für andere. Sie kommen Ihren Mitmenschen entgegen. Statt Arroganz oder Egoismus strahlen Sie Mitgefühl und Verständnis aus.

Sie haben es in Ihrer jetzigen Verfassung nicht nötig, sich von den anderen abgrenzen zu müssen oder durch vorgefaßte Meinungen Barrieren zwischen sich und den anderen aufzubauen. Sie versuchen die Menschen zu verstehen. Sie machen die Erfahrung, daß sich selbst Fremde Ihnen gegenüber öffnen. Nutzen Sie die Mitarbeit, die man Ihnen anbietet. Nehmen Sie die Komplimente an, die man Ihnen macht. Ihre innere Aufrichtigkeit ist über jede Gefallsucht erhaben. Anerkennen Sie sich dafür, daß Sie zu sich gefunden haben. Haben Sie Mut, weiter aus Ihrem Herzen heraus zu leben. Seien Sie sich bewußt, daß die Freundschaften, die man mit Ihnen schließen möchte, kein Zufall sind.

Die Linien

Unterste Linie:

Seien Sie sich Ihrer inneren Aufrichtigkeit bewußt. Beenden Sie alle Heimlichkeiten. Sie bringen Sie nur um Ihren inneren Frieden und gefährden Ihre Selbständigkeit.

Zweite Linie:

Drücken Sie Ihre Sympathie und Ihre Stimmung aufrichtig und klar aus. Die Wirkung Ihrer Worte und Taten wird sich im Echo Ihrer Umwelt widerspiegeln. Sie brauchen sich um die Wirkung nicht zu kümmern.

Dritte Linie:

Es liegt in der Natur der Sache, daß Ihre Kraft Schwankungen unterliegt, wenn Sie sie nicht aus Ihrem Inneren, sondern aus einer Beziehung schöpfen. Das ist weder positiv noch negativ. Es ist einfach so.

Vierte Linie:

Schauen Sie nicht auf Ihr Nebenan, sondern nach innen, wenn Sie Ihre Freiheit und Aufrichtigkeit bewahren wollen. Und seien Sie sich bewußt, daß die wirkliche Hilfe aus Ihrer Kraftquelle kommt, die mit den höheren Mächten in Verbindung ist.

Fünfte Linie:
Ihre Aufrichtigkeit verleiht Ihnen die Kraft, Menschen zusammenzuhalten und zu einigen. Setzen Sie diese Energie für gemeinsame Projekte ein.
Oberste Linie:
Mit Worten allein werden Sie Ihre Mitmenschen (und sich selbst) nicht überzeugen. Lassen Sie Taten folgen. Geben Sie ein Beispiel.

Meditation
Wenn Sie die im folgenden beschriebene Meditation machen wollen, dann nehmen Sie sich Zeit dafür. Lesen Sie den Abschnitt genau durch. Gehen Sie dann in die Entspannung, wie es zu Beginn des Buches beschrieben ist. Lassen Sie sich Zeit. Wenn Sie spüren, daß Ihr Körper ruhig und entspannt ist, beginnen Sie mit der nachstehenden Übung.

Sie sind in einer Phase, in der Sie durch Ihre Aufrichtigkeit die Zuneigung Ihrer Mitmenschen gewinnen. Sie selbst strahlen Verständnis und Mitgefühl aus. Grundlage dieser inneren Einstellung ist Liebe. Die folgende Meditation wird Ihnen eine tiefere Erfahrung von Liebe ermöglichen.

Gehen Sie in Ihre Entspannung und bitten Sie Ihr Unterbewußtsein, Ihnen Bilder aus Ihrem Leben zu zeigen, in denen Sie ein tiefes Gefühl von Liebe hatten. Lassen Sie diese Liebe wieder in sich entstehen. Spüren Sie, wie Sie damals fühlten. Genießen Sie die Wärme, die in Ihnen aufsteigt. Baden Sie sich in diesem Glück, bis Sie Liebe sind, nichts als Liebe.

Lassen Sie jetzt diese Liebe aus sich herausströmen. Schließen Sie alles in diese Liebe ein: den Raum, in dem Sie sich befinden, die Menschen, an die Sie jetzt denken. Gehen Sie dann weiter: Lassen Sie die Liebe von dem Haus, in dem Sie leben, Besitz ergreifen. Sehen Sie warme, hellrote Lichtströme auf die Stadt fließen, in der Sie leben. Spüren Sie die Freude in sich. Jetzt strömt das warme Licht über das ganze Land. Von dort breitet es sich über Europa aus, dann über alle Erdteile, steigt ins Weltall auf und verteilt sich in den Galaxien. Alles ist Liebe. Und Sie sind ein Teil davon.

Suggestion
Weil ich liebe, bin ich immer aufrecht und klar.

62. SIAU GO – Ich übe mich in Sorgfalt

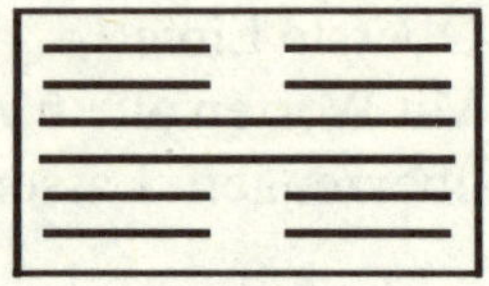

Das Bild
Auf dem Berg ist der Donner. Das Gewitter ist anders als in der Ebene. Im Gebirge ist der Donner ganz nah, aber außerhalb kaum hörbar. So handelt auch der Weise. Er steht seinen Pflichten näher als der gewöhnliche Mensch – auch wenn er dadurch nach außen weniger wirkt und eher gering erscheint. Er ist in seinen Handlungen besonders sorgfältig, obwohl ihm das den Ruf eines Kleinkrämers einbringt. Aber er weiß, daß dies nicht die Zeit für große Taten ist.

Die Bedeutung
Eine Zeit der Bescheidenheit und Gewissenhaftigkeit bricht für Sie an. Erwarten Sie jetzt keine bahnbrechenden Erfolge und keine außergewöhnlichen Leistungen. Die Bewährungsprobe liegt jetzt für Sie im Kleinen. Es ist die Phase der kleinen Schritte.

Seien Sie sorgfältig bei allem, was Sie tun. Kümmern Sie sich um Ihre eigenen Angelegenheiten, nicht um das große Ganze. Tun Sie Ihre Pflicht gewissenhafter, als es vielleicht nötig wäre. Wenn Sie einen Trauerfall zu beklagen haben, dann spüren Sie Ihre innere Betroffenheit – anstatt auf Ihr äußeres Erscheinungsbild zu achten.

Überhaupt ist diese Zeit eine Bewährung für Ihre innere Unabhängigkeit. Sie werden möglicherweise erleben, daß man Sie für einen übertriebenen Pedanten oder eigenbrödlerischen Sonderling hält. Lassen Sie sich davon nicht beirren. Sie wissen um Ihre innere Stärke, bewahren sich Ihre Würde. Was anderen als Kriechertum erscheinen mag, ist in Wirklichkeit Ihr weises Anpassen an die Zeit.

Beschränken Sie Ihren Wirkungsbereich, auch wenn Ihnen größere Angebote gemacht werden. Sie werden in dieser Bescheidenheit gleichzeitig erleben, wie Sie neue Kräfte sammeln. Ich hatte vor einigen Jahren eine dreimonatige Phase, in der kein einziges meiner hochfliegenden Projekte zu verwirklichen war und sich die verlockendsten Stellenangebote am Ende als Seifenblasen erwiesen. Es schien nichts zu gelingen. Ich meditierte und befragte das I Ging. Siau Go war die Antwort. Es war für mich wie eine Erleichterung. Ich wußte, daß ich mich zu bescheiden hatte, bis sich die Zeiten wieder wandeln würden. Seit diesem Zeitpunkt ging es langsam aufwärts. Die Energie, die ich in jener Zeit sammelte, konnte ich hinterher gut brauchen, denn dann war ich in der Guai-Phase (Hexagramm Nr. 43, »Ich bin entschlossen«).

Die Linien
Unterste Linie:
Unternehmen Sie nichts. Bleiben Sie bei dem, was Sie gerade tun. Außergewöhnliche Maßnahmen sind erst dann vonnöten, wenn sie sich nicht mehr vermeiden lassen.
Zweite Linie:
Erfüllen Sie Ihre Pflicht und stellen Sie jetzt keine Ansprüche. Üben Sie sich in Sorgfalt, bis die Zeit reif ist, daß Sie Ihr Anliegen an höherer Stelle vortragen können.
Dritte Linie:
Seien Sie vorsichtig und bedacht. Das ist kein Ausdruck kleinlicher Ängstlichkeit, sondern vorausschauender Klugheit. Nicht immer erkennt man seine Widersacher.
Vierte Linie:
Auch wenn Sie sich etwas noch so sehr wünschen: Halten Sie sich zurück und unternehmen Sie nichts. Man wird auf Sie zugehen.
Fünfte Linie:
Wenn Sie sich Helfer suchen, dann orientieren Sie sich nicht an großen Namen. Die Gefährten, die Sie jetzt brauchen, leben zurückgezogen. Suchen Sie besser in der zweiten Reihe oder im Hintergrund.
Oberste Linie:
Noch einmal: Bleiben Sie im Kleinen. Wenn Sie jetzt hoch hinauswol-

len, haben Sie nur Mißerfolg und brauchen dann Ihre ganze Kraft, um sich wieder von dem Fehlschlag zu erholen.

Meditation
Nutzen Sie die Sorgfalt, mit der Sie jetzt alles angehen, für eine Übung, durch die Sie ein wenig mehr zu sich selbst finden. Machen Sie einen Tag lang (oder, wenn Sie wollen, auch länger) alles, was mit Ihnen selbst zu tun hat, besonders gewissenhaft. Schenken Sie sich einen Tag lang Ihre volle konzentrierte Aufmerksamkeit.

Strecken Sie sich bewußt, wenn Sie am Morgen aufwachen. Spüren Sie, was Sie tun, wenn Sie Ihre Zähne putzen und sich unter der Dusche einseifen. Spüren Sie das Wasser auf Ihrer Haut, fühlen Sie Ihren Körper. Nehmen Sie bis in die Einzelheiten genau wahr, was Sie frühstücken, wie sich die Kleidung auf Ihrer Haut anfühlt, wie es ist, wenn Sie gehen oder fahren. Konzentrieren Sie Ihre Wahrnehmungen jeweils auf das, was Ihre Sinne Ihnen gerade mitteilen.

Wenn Sie essen, nehmen Ihre Geschmacks- und Geruchsorgane etwas wahr. Oft beachten wir es nicht, weil unser Verstand ständig plappert und über scheinbar wichtige Dinge nachdenkt. Wir sind ständig mit dem ›Großen‹ beschäftigt und vergessen, daß sich das Wunder des Lebens in der sinnlichen Wahrnehmung des ›Kleinen‹, des Alltäglichen, offenbart.

Versuchen Sie einen Tag lang, in jeder Sekunde bewußt genau das zu erleben, was Sie gerade tun. Sie werden aus dieser Erfahrung mehr Freude gewinnen als aus noch so vielem Nachdenken über Vergangenes oder Planen von Zukünftigem. In der bewußten Wahrnehmung des Kleinen liegt der tiefere Sinn dieses Hexagramms. Ein japanischer Mönch fragte seinen Meister (Lehrer) einmal, wie er zur Erleuchtung gelangen könne. Da antwortete der Meister: »Geh und wasch das Geschirr ab.«

Suggestion
Ich erkenne die großen Zusammenhänge, weil ich das Kleine tue.

63. GI DSI – Ich bin wachsam

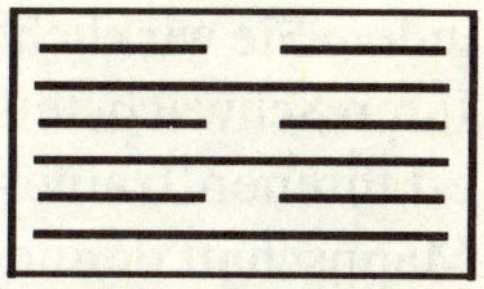

Das Bild

Das Wasser ist über dem Feuer: das Bild der Vollendung. Das Feuer kann das Wasser erhitzen und Kraft erzeugen. Gleichzeitig ist damit eine Gefahr angezeigt. Schwappt das Wasser über, löscht es das Feuer aus; wird das Feuer zu groß, verdampft das Wasser. Ebenso erkennt der Weise in Zeiten, da alle Kräfte ausgeglichen sind und alles vollendet scheint, die Gefahr, daß er durch Leichtsinn das Gleichgewicht (aus den Augen) verliert und alles zusammenbricht.

Die Bedeutung

Eigentlich wären Sie versucht, jetzt alle Viere von sich zu strecken und es sich einmal so richtig gemütlich zu machen. Alles ist gerichtet und in bester Ordnung. Sie haben allen Grund zur Zufriedenheit. Aber gerade jetzt – so warnt das Hexagramm Gi Dsi – gilt es, auf der Hut zu sein. Es ist die Schläfrigkeit, die sich nach einem köstlichen Essen einstellt, die jetzt gefährlich ist, die vermeintliche Sicherheit nach einem soeben errungenen Sieg.

Gerade jetzt sollten Sie nicht schläfrig werden, sondern Ihren Erfolg, Ihre neue Ordnung stabilisieren. Überlegen Sie sich Schritte, die Sie einleiten können, wenn das derzeitige Gleichgewicht Ihrer inneren Verfassung (die Ausgeglichenheit zwischen Körper, Seele und Geist, zwischen Gefühl und Verstand) oder Ihrer äußeren Umwelt (die gesunde Balance von Privatleben und Beruf, von Arbeit und Vergnügen) oder Ihrer Beziehung (ideale Aufgabenverteilung, Gleichberechtigung innerhalb Ihrer Partnerschaft) wieder gestört wird. Seien Sie sich bewußt, daß das ganze Leben ein ständiges Wandeln der Zustände ist (I Ging – Das Buch der Wandlungen). Das hat nichts mit Pessimismus zu tun. Schon gar nicht sollen Sie sich Ihr jetziges Glück vermiesen lassen.

Das Zeichen Gi Dsi fordert Sie nur dazu auf, wachsam zu sein. Erkennen Sie Veränderungen rechtzeitig. Bauen Sie Ihre Basis aus, indem Sie wirkliche Freunde in Ihr Leben einbeziehen. Arbeiten Sie an Ihren Schwachstellen. Ich muß bei diesem Hexagramm immer an einen erfahrenen Trainer denken, der nach einem entscheidenden Sieg seiner Mannschaft dennoch weitertrainieren läßt und das Spiel kritisch analysiert. Tun Sie dasselbe. Fragen Sie: »Wo sind noch Schwachpunkte? Was kann ich verbessern?« Beugen Sie vor – gerade in der Stunde des Sieges.

Die Linien

Unterste Linie:
Sie sind versucht, jetzt immer weiter vorwärts zu marschieren. Halten Sie inne, Sie laufen sonst Gefahr, über das Ziel hinauszuschießen.

Zweite Linie:
Streben Sie nicht nach Anerkennung durch die anderen, nur weil Sie verkannt werden. Warten Sie es ab. Man wird Ihren wahren Wert erkennen und auf Sie zukommen.

Dritte Linie:
Setzen Sie Ihre besten Kräfte ein, wenn Sie auf Neuland vordringen. Neue Errungenschaften und Eroberungen lassen sich nicht mit links machen.

Vierte Linie:
Erkennen Sie rechtzeitig, wenn sich irgendwo Unebenheiten einschleichen. Beseitigen Sie sie gründlich und sehen Sie sie als Aufforderung zu erhöhter Vorsicht.

Fünfte Linie:
Einfache Mittel sind oft wirksamer als komplizierte Mechanismen. Achten Sie auf Ihre innere Einstellung und nicht auf äußere Show. Wenn Sie auf Ihre innere Stimme hören, ergreifen Sie die effektivsten Maßnahmen (und die sind nicht unbedingt die aufwendigsten).

Oberste Linie:
Wenn Sie eine Gefahr überwunden haben, dann gehen Sie weiter. Halten Sie sich nicht damit auf, in der Nähe der Gefahr stehenzubleiben und sich selbstgefällig auf die Schulter zu klopfen.

Meditation

Wenn Sie die im folgenden beschriebene Meditation machen wollen, dann nehmen Sie sich Zeit dafür. Lesen Sie den Abschnitt genau durch. Gehen Sie dann in die Entspannung, wie es zu Beginn des Buches beschrieben ist. Lassen Sie sich Zeit. Wenn Sie spüren, daß Ihr Körper ruhig und entspannt ist, beginnen Sie mit der nachstehenden Übung.

In dieser Zeit geht es darum, daß Sie Ihre Wachsamkeit schulen. Ziel ist die exakte Wahrnehmung aller Vorgänge und Entwicklungen. Oft ist diese Wahrnehmung durch eine Vielzahl von Eindrücken und Ablenkungen gestört. Eine Meditation, die Ihr Bewußtsein auf einen Gegenstand konzentriert, hilft, Ihre Aufmerksamkeit zu sammeln.

Setzen Sie sich in einen kargen Raum und gehen Sie in Ihre Entspannung. Legen Sie einen Stein vor sich oder besser noch einen Kristall. Kristalle sind das konzentrierte Bewußtsein unserer Erde, sie haben eine klare Struktur und eine strenge Form. Lassen Sie bei dieser Meditation ausnahmsweise einmal die Augen geöffnet. Betrachten Sie den Kristall (den Stein). Konzentrieren Sie Ihre Gedanken auf ihn. Wenn andere Gedanken kommen, lassen Sie sie. Beachten Sie sie nicht und lenken Sie Ihre Aufmerksamkeit wieder auf den Kristall.

Betrachten Sie seine Form, seine Struktur, seine schillernden Farben. Spüren Sie die Schwingungen, die von ihm ausgehen. Lassen Sie Ihren Blick immer auf den Kristall gerichtet – und damit Ihre Konzentration. Versetzen Sie sich dann in das Innere des Objekts. Betrachten Sie es von innen. Werden Sie zum Kristall. Sie können diese Konzentrations-Meditation so lange praktizieren, bis Sie müde werden. Sie können Sie jederzeit wiederholen. Es wird Ihnen von Mal zu Mal leichter fallen. Möglicherweise gibt Ihnen der Kristall auch von Meditation zu Meditation immer mehr Energie.

Suggestion

Ich nehme mich und meine Umwelt in jeder Sekunde bewußt wahr.

64. WE DSI – Ich bin vorsichtig

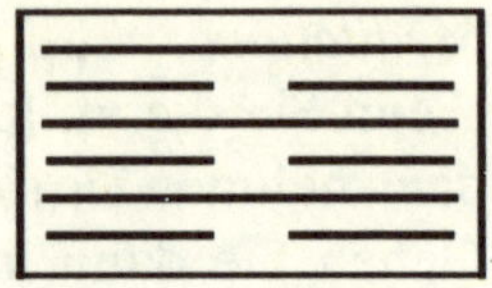

Das Bild

Der alte Fuchs geht vorsichtig über das Eis. Er kommt sicher ans Ufer, weil er auf das Krachen hört und sich die Stellen mit der dicksten Eisschicht aussucht. Der junge Fuchs dagegen macht sich seinen Schwanz naß, bevor er das Ufer erreicht, weil er unerfahren und unvorsichtig vorwärtsgeht. So ist auch der Weise vorsichtig, wenn das Ziel in Reichweite ist, denn er will keinen Einbruch erleiden.

Die Bedeutung

Die Ordnung in Ihrem Leben ist noch nicht ganz hergestellt, aber das Ende der Unordnung zeigt sich an. Seien Sie jetzt ein schlauer Fuchs. Setzen Sie nicht das greifbar nahe Ziel aufs Spiel: Planen Sie Ihre letzten Schritte sorgfältig. Tasten Sie sich ans rettende Ufer, statt aus lauter Vorfreude Fehltritte zu machen und nie ans Ziel zu kommen, sondern sogar unterzugehen.

Gerade jetzt, da alle Schwierigkeiten beseitigt scheinen, ermahnt Sie das Hexagramm We Dsi zu Geduld und Vorsicht. Bei jedem Ziel ist kurz vor seiner Erreichung ein Hindernis. Achten Sie einmal in Theater und Literatur darauf. Es ist die Bewährungsprobe, die zeigen soll, ob Sie auch wirklich *immer* bewußt und aufmerksam sind, besonders jetzt, da Sie den Erfolg schon in der Tasche zu haben scheinen. Im Fußball erweist sich die echte Profimannschaft darin, daß sie einen knappen Vorsprung über den Schlußpfiff rettet und nicht in letzter Minute den Ausgleich oder gar eine Niederlage kassiert.

Lassen Sie sich jetzt durch nichts von Ihrem Ziel abbringen. Beseitigen Sie letzte Hindernisse. Feiern Sie nicht den Erfolg, bevor er eingetreten ist. Kurz vor dem Erreichen des Gipfels ist die Gefahr des Absturzes besonders groß, weil die Kräfte nachzulassen drohen. Sie haben genug Kraft, Ihr einziger Gegner ist Ihre eigene Ungeduld. Bewahren Sie Ruhe. Alles, was Sie sich gewünscht haben, wird bald erfüllt sein. Sie können es schon vor sich sehen: Daher können Sie es auch noch abwarten.

Die Linien

Unterste Linie:

Am liebsten würden Sie mit einer spektakulären Aktion einen großen Schritt nach vorn tun. Hüten Sie sich davor. Die Zeit ist nicht reif dafür.

Zweite Linie:

Nutzen Sie die Zeit des Wartens und sammeln Sie Ihre Kräfte. Behalten Sie Ihr Ziel im Auge und bewahren Sie sich Ihre Entschlossenheit. Üben Sie sich dennoch in Geduld.

Dritte Linie:

Es ist Zeit, den letzten Schritt zu tun, aber Sie brauchen noch mehr Kraft dazu. Bitten Sie Freunde um Unterstützung. Mit ihrer Hilfe schaffen Sie es.

Vierte Linie:

Packen Sie es jetzt an, auch wenn es hart wird. Bleiben Sie bei Ihrem Entschluß. Lassen Sie Ihre Bedenken beiseite. Der Lohn ist der Erfolg.

Fünfte Linie:

Sie sind beständig geblieben, haben Ihre Bedenken beiseite geschoben und gehandelt. Jetzt ist der Erfolg da. Sie haben daran geglaubt, und das bringt Ihnen nun die Bewunderung anderer ein.

Oberste Linie:

Das Ziel ist erreicht. Sie feiern mit Ihren Freunden. Behalten Sie dennoch Maß. Sie wissen ja: Das Leben ist ein Buch der Wandlungen.

Meditation

Geduld und Vorsicht sind die beiden Hauptbegriffe dieses Hexagramms. Ich empfehle Ihnen daher, in dieser Phase möglichst Geduld erfordernde Hobbys zu betreiben. Das können Sticken sein oder ein Puzzle-Spiel, ein naturgetreues Gemälde oder ein Zauberwürfel. Speziell bei Spielen gibt es eine Vielzahl von entspannenden Geduldspielen. Ebenso eignen sich alle künstlerischen Betätigungen, bei denen Sie besonders detailgetreu sein müssen.

Auch praktische Hausarbeit hilft – bewußt ausgeführt – die Geduld zu schulen: flicken, besonders schwierige Reinigungsarbeit. Gehen Sie jetzt auf Behörden, wenn Sie dort schon lange etwas zu erledigen haben: Ämter gehören zu den härtesten Geduldsproben. Führen Sie außerdem bei allem, was Sie tun, die letzte Phase vor dem Abschluß, vor der Vollendung besonders bewußt aus. Lassen Sie Ihrer Phantasie freien Lauf. Immer wenn Sie sagen: »Also dazu habe ich keine Geduld«, dann tun Sie gerade das jetzt ganz bewußt. Möglicherweise entdecken Sie dabei neue Hobbys oder Vorlieben.

Suggestion
Ich gehe mit Vorsicht und Geduld ans Werk.